THE HISTORY OF
FARMING AND READING

杜君立 著

耕读史

杜|君|立|读|史|笔|记

中国出版集团有限公司
华文出版社

图书在版编目（CIP）数据

耕读史 / 杜君立著. -- 北京：华文出版社，2024.
10. -- ISBN 978-7-5075-5942-2

Ⅰ．I267.1

中国国家版本馆CIP数据核字第2024T2A383号

耕读史

著　　者：	杜君立
策划编辑：	胡慧华
责任编辑：	寇　宁
封面设计：	杜君立
插　　画：	绿　茶
书　　法：	大　生
篆　　刻：	林润苗
出版发行：	华文出版社
地　　址：	北京市西城区广外大街 305 号 8 区 2 号楼
邮政编码：	100055
网　　址：	http://www.hwcbs.cn
电　　话：	总编室 010-58336239　责任编辑 010-58336195
	发行部 010-58336267
经　　销：	新华书店
印　　刷：	三河市航远印刷有限公司
开　　本：	710mm×1000mm　1/16
印　　张：	40.25
字　　数：	552 千字
版　　次：	2024 年 10 月第 1 版
印　　次：	2024 年 10 月第 1 次印刷
标准书号：	ISBN 978-7-5075-5942-2
定　　价：	98.00 元

版权所有，侵权必究

目　录

自序　晴耕雨读过一生　*1*

第一 | 历史

考古与经史的重构　*2*
从《海瑞罢官》说起　*13*
明代生祠热　*23*
历史轮回中的晚明困局　*34*
层层加征的"黄宗羲定律"　*46*
灰色财政　*58*
清代的京控　*73*
新闻后来成历史　*88*
宫廷里的晚清史　*100*

第二 | 战争

纸上谈兵不简单　*109*

当诗人遇见战争　*113*
看盛世如何崩塌　*122*
蒙古的征服与抵抗　*138*
火器大分流　*150*
人为什么打仗　*156*
战争的另一种想象　*163*
关于战争的盛世危言　*173*

第三　|　世界

从想象到现实　*181*
西方语境下的全球史　*193*
小人物的美国史　*199*
美国曾经走过的路　*213*
黑暗中的舞者　*220*
西班牙的革命往事　*226*
平庸之恶与正确之恶　*233*
非西方主义的历史困境　*243*
后现代的日本人　*248*
不死的波兰　*253*

第四　|　文化

华夏文明之千古大问　*263*
礼失求诸野　*270*
从传统中寻找现代　*281*
诗人的己亥　*292*
远去的书法世界　*302*

生活在别处　*318*
被遗忘的年馑　*334*

第五 | 经济

开启现代之门　*344*
通往技术之路　*359*
工业时代的巨兽　*367*
技术的诱惑与反噬　*382*
经济增长的秘密　*393*
吃货的历史　*406*
人异于禽兽者　*434*
经济学家的草根精神　*441*
通识经济学的意义　*456*

第六 | 人物

一个人的中国史　*463*
黄仁宇的历史遗产　*467*
历史侦探李开元　*470*
杨斌的历史三书　*474*
教育者的情怀与理想　*479*
许倬云先生的序　*489*
译者戴大洪　*499*
对话俞敏洪　*504*

第七 | 书房

惟吾与书　*533*
书架上的世界　*539*
余音绕梁　*567*
读书先读史　*589*
私人书单　*609*

| 自序 |

晴耕雨读过一生

"耕读传家"——这是我小时候最常见到的四个字。

那时候，农村人都很穷，多数人家没有大门，除了村里的大户人家。那些宗族大家都有一个青砖砌成的高大门坊，门坊上面有块匾，匾上写着"耕读传家"；有的进门还有一个大照壁，照壁上会有"忠厚传家久，诗书继世长"之类的对联。

据说陈忠实写《白鹿原》的缘起，便是白鹿原上一幢镂刻、镶嵌着"耕读传家"的门楼。其实不仅是关中，在中国南北东西的许多乡村，都可以看到"耕读传家"。《章氏家训》云："传家两字，曰耕与读；兴家两字，曰俭与勤。"人们常说"农家乐""读书乐"，在某种意义上，一部中国文化史，也是一部耕读史。

传统社会分工简单，士、农、工、商，士绅知书达理，农民春种秋收，耕读是一个社会主流的生活方式。只是到了现代社会，工商经济才成为核心。

《韩诗外传》云："天子不言多少，诸侯不言利害，大夫不言得丧，士不言通财货。"如果说古代文明强调的是伦理学，那么现代社会最崇尚的则是经济学。细究起来，这其实代表了两种不同的文化和生活方式：传统的耕读崇尚勤俭与克己，注重精神世界；现代经济追求消费与自我，看重的是物质生存。

"耕所以养生，读所以明道，此耕读之本原也，而后世乃假以谋富贵矣。衣取其蔽体，食取其充饥，此衣食之实用也，而时人乃藉以逞豪奢矣。"（《围炉夜话》）对现代人来说，物质生活已经堪称富足，但精神世界却依然贫瘠，或者焦虑，或者无聊。这其实是现代文明的痼疾。

经济学上有一个词语，叫作边际效用；用中国古话来说，就是锦上添花不如雪里送炭。物质生活一旦过了温饱水平，物质带给人的满足感就会迅速下降。这份缺失，最合理的方案是从精神生活上去弥补，而读书无疑是最好的方式。这就是孔子说的"富而好礼"。

耕读自足

"数百年旧家无非积德，第一件好事还是读书。"这是一副著名的对联，它总结了传统中国人最理想的生活追求。

在铁制农具和廉价书写纸出现之前，读书是贵族的专利，所以贵族出身的孔子看不起农民，也不屑于耕田。"君子谋道不谋食，耕也，馁在其中矣；学也，禄在其中矣。"（《论语·卫灵公》）孟子将农民视为劳力者，将读书人视为劳心者，二者是"治人"与"治于人"的关系。

在孔子看来，读书是为了做官领俸禄，所谓"学而优则仕"。与孔子不同，很多读书人不愿意为五斗米折腰，选择了远离权力的耕读生活，出而负耒，入而横经，毕竟自由才是最可贵的。苏轼有"吏民莫作官长看，我是识字耕田夫"；陆游有"颓然静对北窗灯，识字农夫有发僧"。与那些峨冠博带的士大夫相比，躬耕山野的隐士们活得更加自由和洒脱，"半榻暮云推枕卧，一犁春雨挟书耕"。

明代大儒吴与弼一生不应科举，讲学乡间，"雨中被蓑笠，负耒耜，与诸生并耕"；他的学生陈白沙亦淡泊名利，在广东江门耕读一生。其诗云："二五八日江门墟，既买锄头又买书。田可耕兮书可读，半为农者半为儒。"

"清贫乃读书人顺境，节俭即种田人丰年。"虽然浪漫的文人隐士常以农民村夫自谦，其实在古代农耕社会，普通农民要读书极为不易，能够接受教育并参加科举的人主要来自士绅阶层。读书也成为士绅区别于农民的重要标志，宋代理学家黄震说："人若不曾读书，虽田连阡陌，家赀巨万，亦只与耕种负贩者同是一等齐民。"对于士绅来说，文化比钱财更加重要，"富于文者，其富为美；富于财者，其富可鄙"。

所谓读书，其实也有不同的解释：可以为功名而读书，对古人来说就是科举书，对今人来说是教科书和考试书；也可以为完善自我而读书，对古人来说是经史子集，对今人来说是社科人文。

"子在川上曰：逝者如斯夫。"无论权力、财富、名声，任何东西都会过时，但是历史文化和人文主义永远不会过时。阿伦特说过，一个有教养的心灵，知道如何在古往今来的人、事和思想中，选择他的友伴。

"古之学者为己，今之学者为人。君子之学也，以美其身；小人之学也，以为禽犊。"人和动物都拥有生命，最大区别在于人会寻求生命的意义，而不仅是活着本身。我们大多数人穷尽一生，也只不过是个默默无闻的"普通人"。或许人生本身没有意义，但追寻人生的意义这件事却是有意义的。

孔子说，四十不惑，五十知天命。孔子还说，"四十、五十而无闻焉，斯亦不足畏也已"。人到中年还不懂得人生的意义，就不值得人们去尊重他。"一加一等于几"的答案是确定的，而人生的意义是什么却没有固定的答案，它也不是与生俱来的，需要我们用一生寻找，这种追寻自然离不开读书和思考。梭罗为此跑到瓦尔登湖隐居沉思。

有用无用

对现代人来说，"读书"与"上学"是两个概念。读书真正的目的应该是为了满足自己的智识和精神需求，塑造和完善自我。相对于"学以致用"，很多书并不见得能带来实际好处；从实用角度来说，这类书就是那些"无用的书"。

所谓"无用的书",大体可分为三类:一是求真的书,如各种非虚构、严肃的历史类、科学类和思想类著作;二是求趣的书,如各种小说、历史趣谈、新奇科技等;三是审美的书,如各种优美的文学作品、美术作品,唐诗宋词类的古典艺术,也包括那些"心灵鸡汤",而那些励志、权谋和成功学的书,应该除外。

相对于"有用的书",无用的书虽然缺乏功利性,但可以慰藉人的心灵,增益人的智识。"朝菌不知晦朔,蟪蛄不知春秋。"读书是人摆脱无知的必由之路。《庄子》中讲过一棵无用之树的故事,所谓"不材之木也,无所可用,故能若是之寿"。

王小波上大学时,有一次他的数学老师在课堂上讲道:"我现在所教的数学,你们也许一生都用不到,但我还要教,因为这些知识是好的,应该让你们知道。"

读书需要兴趣,没有兴趣,书就读不下去;有了兴趣,读书才能变成一件快乐的事情。孔子说:"知之者不如好之者,好之者不如乐之者。"功利性读书往往难以长久,因为它完全是出于价值理性,缺乏激情支撑。如果说理性是船舵,指明方向,那么激情才是吹动船帆的风。

古人读书重经史轻小说,兼容并蓄。"宋钱思公坐则读经史,卧则读小说,上厕则阅小词,古人之笃嗜若此。故读书者,不博览稗官诸家,如啖粱肉而弃海错,坐堂皇而废台沼也,俗亦甚矣。"(《五杂俎·事部一》)

丁学良先生总结读书的目的,认为一是为求知,二是为学技术,三是为满足好奇心,四是情感的需要,五是为了寻求意义,而对青少年来说,读书可为自己人生道路提供参考。

钱钟书先生建议,一个人应该在成人之前就要把想读的书读完,因为小时候读书没有功利心,读书纯粹是为了满足内心的渴望,从而能够塑造人生的价值观和审美情趣。布罗代尔在谈到他写作《文明史》的初衷时也说过类似的话:"我认为我们的年轻人必须在18岁,在准备从事何种职业前夕,都能初步了解经济与社会的现时问题,初步了解世界的重大文化冲突,初步了解人类文明的多样性。"

读书所得

经常有很多人感叹没有好书看,其实好书还是不少的。当然,不是每本书都会让每个人喜欢,萝卜青菜各有所爱。读书是非常个人化的事情,每个人仍可以根据自己的阅读偏好,找到相应的好书。

授人以鱼,不如授人以渔。在信息时代,知识廉价得近乎免费,但思想仍然难得。如今信息技术发展之快,已经超出人们的理解能力和反思能力。从电影、电视到互联网,再到智能手机,知识(信息)和时间一样,越来越碎片化,在不知不觉中,思想和深度思考便失去了根基。

相对而言,读书是一种传统而古老的智力活动,书也是对知识实现系统化,并促进人类进行思考的最佳载体。斧子是人类最早的工具,卡夫卡说,书是用来凿破人们心中冰封海洋的一把斧子,阅读的作用同样如此。叔本华说:当我们读书时,其实有另一个人为我们思考,我们只是在重复他的心理活动。

对现代人来说,阅读或许是人不同于机器的最后特征。

现代社会中,分工越来越精细,大多数人都成了一枚社会的螺丝钉。忙起来废寝忘食,失去自我;闲下来又无所事事,虚度光阴。只有找到自己喜欢和擅长的事情,人才能真正感受生命的喜悦。正如阿兰·德波顿所说,善良而平凡地生活,努力追求智慧而从未远离愚蠢,有此成就足矣。

对一个喜欢阅读的人来说,每天能见到的好书如过江之鲫,读都读不过来。但对一个不喜欢阅读的人来说,他有一万个理由不读书,或者说没有时间,或者说没有好书,甚至嫌书价太贵。

对一个不读书的人,即使所有的书免费,他也是不会去看的。事实上,现在很多电子书确实都已经可以免费获得了,但中国的阅读人数并没有任何提高。在大多数读书国家，书籍价格恰恰是极其高昂的。

唐诺在《十三邀》中说，买书是全世界最划得来的事。"一个了不起的书写者，一生的时光和天才，加上他的工作，可能只留下几本书。你随便几十块钱就把一个人一生最精华的东西都得到了，世界上还有比这更便宜的东西吗？"

阅读与思考

人的幸福感源自满足。无论物质需求还是精神需求，归根到底都是为了精神上的满足，而精神又比物质更难以满足，因而也更显奢侈，所谓"无财非贫，无学乃为贫；无位非贱，无耻乃为贱；无年非夭，无述乃为夭；无子非孤，无德乃为孤。"

陶行知先生曾经有过这样一句忠告：如果你有两块钱，可以用一块钱买面包，而用另外一块钱来买花。书跟花一样，并不能给你带来什么经济利益，书里没有黄金屋，也没有颜如玉，但书对一个丰衣足食的现代人来说，其重要性不亚于传统时代的食物。食物满足的是肠胃，书籍满足的是大脑。

虽然信息时代里，碎片知识俯拾即是，但书仍是对知识最系统化的表述。电子屏幕带来浮光掠影的浅阅读，也根本无法与深阅读的读书相比。"书痴"博尔赫斯说，阅读很好，比阅读更好的是重读。好戏不怕百遍听，对于一些好书来说，每读一遍都会有新的感受，重读的收获常常要胜过走马观花地读一堆新书。

所谓读书，自然不会只读一本书，读的书多了，也就对书有了自己的选择和看法。对一个真正的读书人来说，光读是不够的，还要思想；要有更深刻的收获，还要写，因为读和写是读书的一体两面。事实上，写的过程能让读者进一步与作者靠近，能够站在作者角度看问题。

孔子说："学而不思则罔，思而不学则殆。"读者读书，并不是复印机复印，而是激发自己的思想和感情，因此会有触动和感想，将这种想法付诸笔端，记录下来，便有了读后感和书评。对同一本书的读者来说，书评不仅是了解这本书的一个参考，也是心得分享与思想碰撞的一个渠道。虽然仁者见仁，智者见智，别人认为好的书，自己并不见得喜欢，但对具有相同阅读兴趣的人来说，书评还是具有相当重要的参考意义。

当然，有些人喜欢对书进行批评，总是能从一本书中找出很多不足和问题来，这样的书评，对一般读者的帮助远不如对作者那么大。在自媒体时代，有些"意见分子"所谓的批评，多少有点吹毛求疵之意，甚至是情绪发泄。

钱大昕是清代乾嘉学派的著名学者，他在《答西庄书》中说："学问乃千秋事，订讹规过，非以訾毁前人，实以嘉惠后学。但议论须平允，词气须谦和，一事之失，无妨全体之善，不可效宋儒所云'一有差失，则余无足观'耳。"

读书笔记

中国古代"以经为史，以史为经"，读书讲究"六经注我，我注六经"，阅读与写作形成一种互文关系，因此留下大量的文人笔记，用浩如烟海来形容也不为过。

这些文人笔记，既是传统读书人的读书笔记，也是他们的作品，如陶宗仪的《南村辍耕录》、沈括的《梦溪笔谈》、洪迈的《容斋随笔》、谢肇淛的《五杂俎》、顾炎武的《日知录》、王夫之的《读通鉴论》、赵翼的《廿二史札记》、张岱的《夜航船》、梁章钜的《退庵随笔》等等。这样的书，作者并没有著书立说的野心和压力，随性随意，洋洋洒洒，思绪飞扬，因此写得很从容，而读者读着也很轻松。

古人写书，大都是留给后世人看的"遗书"，所谓"藏之名山，传之其人"。黄宗羲将他的一部书命名为《留书》，如同时间胶囊一样，直到三百年后才被发现。古人说"退笔如山未足珍，读书万卷始通神"，如今人写书，都是写给粉丝读者的"情书"。有人抱着"出名要趁早"的宏愿，还没有读过几本书，就已经是"著作等身"。如此祸枣灾梨，常常是人还没死，书就没人看了。

古人谈写作，认为文章当从"三易"："易见事，一也；易识字，二也；易读通，三也。"其实对一个读书人和写作者来说，写读书笔记就像记日记一样，是一种日常练习，这从某种程度上也算是一种非正式的书评。写作原本就重在内容，为写作而写作大可不必，所谓"理胜者，文不期工而工；理诎者，巧为粉泽而隙间百出。"客观来说，在中国古代，书评还算不上一个专门的门类。刘勰的《文心雕龙》、钟嵘的《诗品》等，准确地说属于文学评论，不是真正的书评。

现代书评的兴起，应该是新文化运动的产物，从梁启超到胡适，他们的书评不仅影响了人们的阅读，也推动了中国社会的现代启蒙。在西方思想界，本雅明虽然没有成体系的作品，但却因为留下大量的书评而独树一帜，至今仍为人津津乐道。

进入互联网时代，读书和写作都趋于民主，任何人都可以写上两句。一方面，学院化的专业书评越发"内卷"，另一方面，大众阅读层面的书评日益繁荣，尤其是许多自媒体专注于荐书评书，成为一种社会潮流。不仅是梁文道、罗振宇、樊登，甚至连俞敏洪这样的著名企业家也都加入进来。

无论如何，这都是一种好现象，营造出一片全民读书的繁荣盛世。

今天的中国，不缺大学，不缺学者，不缺好书，缺的是读书的普通人。而对大众读者来说，最需要的是书评，这就如同大航海时代需要地图一样。

在一个常识稀缺的时代，如果说重要的事情是让人们拥有常识，那么最重要的事情，首先是让读书成为一种常识，其次是写作一些常识。

读书即读人

培根说，读书使人充实，写作使人严谨，读历史让人明智，读哲学让人深刻，凡有所学，皆成性格。我虽然也写过不少书，但本质上我仍认为自己是一个读者，写作于我而言多少有些"久病成医"的意味。

人们常说，病急乱投医。其实，病人总比医生更了解自己的身体，尤其是知道身体的需要。我读书多了，偶尔会发现一些非常有趣的东西竟然没有人写，只好不顾自己驽马铅刀，"勉强"把它写出来，就这样误打误撞成了作家。这让我想起保时捷的创始人费利·保时捷的那句名言："当我环顾四周，却始终无法找到我的梦想之车时，我决定自己亲手打造一辆。"

其实，我读书是很晚的事情，年轻时懵懂无知，随波逐流，忙于生计，疏于读书，及至中年，才发现青春虚度，走了许多错路和弯路，开始认真读起书来。

清代张潮在《幽梦影》中说："少年读书如隙中窥月，中年读书如庭中望月，老年读书如台上玩月，皆以阅历之浅深为所得之浅深耳。"年轻时常常读不进去书，等有过很多阅历后再读书，就很容易领悟。

常言说，与君一席话，胜读十年书。读书其实就是读人，因为所有的书都是人写的，而那些经典更是前辈贤者智者所著。一个人在现实中能认识的"高人"毕竟有限，但文字打破了地理和时间的局限，让人在书中可以邂逅古今中外的优秀人物，从而提升自己对社会的阅历和对自己的认知。

读书不见得能改变你的人生，但一定会改变你对人生的态度；所谓读书如阅世，别人走过的路也就成了你走过的路。《容斋随笔》谈"士之处世"云："士之处世，视富贵利禄，当如优伶之为参军，方其据几正坐，噫呜诃榷，群优拱而听命，戏罢则亦已矣。"荣华富贵和苦难坎坷都像一场戏、一页书而已，所以"见纷华盛丽，当如老人之抚节物"。

人最终的追求不是成功，不是财富，而是幸福。所谓幸福，就是找到自己喜欢的事情，把它变成职业。大多数时候，我都觉得读书比写作有乐趣，写书评也比写书更有意思，正像古人说的，借他人之酒杯，浇自己之块垒。很多写作者都有这样的感觉，读书时常常有他乡遇故知的快乐，但写作就少了这种乐趣，写作是将自己的想法变成文字而已，一般少有惊喜。当然，有时候也会写出连自己都惊奇的东西。

历史作家塔奇曼曾说，阅读，或者写作，是一个人赋予自己最大的馈赠，这意味着，我们可以借着它的力量在无限的天地中翱翔。正如读书可以读文学，可以读历史，可以读科普，写作也可以写文学、写历史、写科普。虽然都是写作，但不同的内容也会有不同的写作方法。在很多时候，一种好的写法往往比好的内容更能吸引人阅读。人们常说，所谓畅销书，就是将人们都知道的事情换一种说法再说一遍，由此可见写作对阅读的影响。

写作即自由

中国古代有敬惜字纸的传统，对于自己写过的文字，我多少都有些敝帚自珍的不舍，所以才有了这部书。

本书是我近些年写的书评汇编，这些文章大都是读到好书后意犹未尽，匆匆写成的，事后也少有修饰，不在意遣词造句和谋篇布局，没有刻意做文章。文以拙进，道以拙成。其实，这种自觉而无意识地写作是最好的写作状态，所谓"我手写我心"。

明人吕坤说："字到不择笔处，文到不修句处，话到不检口处，事到不苦心处，皆谓之自得。自得者，与天遇。"傅山论书法："宁拙毋巧，宁丑毋媚，宁支离毋轻滑，宁真率毋安排。"任何事都强求不得，真正好的写作就应该跟说话唱歌一样，脱口而出，自然而然，自由自在，无拘无束，思如泉涌，没有任何压力，让写作充满乐趣。其实，读书何尝不应该如此？

对一个读书人来说，写作应该是一种日常习惯。反过来，对一个写作者来说，读书更是写作的前提。如果说写作是一种技艺，那么除非某些天赋奇好的"天才"，一般人要写作，大量阅读必不可少。一个人只有在长期阅读中，才能养成对文字良好的品位与判断，从而更能领悟杜甫所谓"文章千古事,得失寸心知"的微言大义。

此外,写作不仅能加深阅读,还可提高阅读效率。梁启超先生学识过人,他非常重视读书笔记,"读书莫要于笔记,朱子谓当如老吏断狱一字不放过,学者凡读书,必每句深究其故,以自出议论为主,久之触发自多,见地自进,始能贯串群书,自成条理。经学、子学尤要。无笔记则必不经心,不经心则虽读犹不读而已。"

谢肇淛说:"少时读书,能记忆而苦于无用;中年读书,知有用而患于遗忘。故惟有著书一事,不惟经自己手笔,可以不忘,亦且因之搜阅简编,遍及幽僻,向所忽略,今尽留心,败笥蠹简,皆为我用。"(《五杂组》)东坡尝言:"凡文字,少小时须令气象峥嵘,采色绚烂,渐老渐熟,乃造平淡。"(《侯鲭录》)

写作是人与世界相处的一种很好方式。写作并不比阅读更难。依我个人的感受,只要你有个写作的想法,不管是否写成,绝对可以让你读很多书。光说不练,光读不写,如入宝山空手回,通俗点说跟逛超市不购物一样,其实就是闲逛。很多人读书都是漫无目的、漫不经心,效率非常低,很长时间都读不完一本书,即使读完也是一无所得。

虽然读书不要有功利心,但读书本身却要有方向,换句话说就是"问题意识"。一边阅读,一边思考,一边写作或做笔记,读书的收获就会非常大。

美国作家拉莫特说到阅读与写作的关系时说:

"成为写作者能彻底改变你的阅读方式,让你在更深入品味并全神贯注于阅读的同时,也懂得写作的艰辛,尤其要让它举重若轻。你开始从写作者的角度阅读,你关注的焦点也和过去截然不同。你会研究别的作者如何运用新奇、大胆、独创的方式描写事物,留意作者如何在不提供大量相关细节的情况下,具体呈现一个迷人的角色或时代。一旦你领悟到个中巧妙,你可能会将书放下一会儿,在脑海中细细咀嚼、品味。"

罗伯特·达恩顿是一位专门研究法国启蒙运动史的专家,他在谈到当时人们阅读的习惯时说:

"现代读者在阅读时，一般都是按从头到尾的顺序阅读。但与这种习惯不同，近代早期的英国人在读书时喜欢随性阅读，有时可能会在不同的读物之间进行切换。他们把所读的文本分成各种不同的片段，然后根据自己的需要将一些内容记录到摘录簿中的不同部分，从而将那些摘录的信息拼组出新的形式。当重读这些摘录的内容时，又会添加新的摘录，让这些共同拼组而成的信息地图呈现出新的图案。可以说，阅读与写作就是这样成了密不可分的活动。阅读和写作是理解万事万物的途径。因为，我们所处的世界充满了各种符号，每个人都可以用自己的方式阅读它。通过坚持将自己的阅读所得记录下来，你便可以编写出一本只属于你的书，一本刻着只属于你的个人印记的书。"

| 第一 |

历史

> 多读古书开眼界，少管闲事养精神。
> ——郑板桥

考古与经史的重构

——李硕《翦商》[1]

中国有两句古话，一句是"君自故乡来，应知故乡事"，一句是"秀才不出门，便知天下事"。我作为岐山人，《翦商》中的很多历史就发生在我的故乡，但不读历史，就永远不会知道这块土地上曾经发生的故事。所以，那些年在关中意外出土的很多青铜器，被我们当地农民当废铜烂铁卖给国营生产资料公司，有时真就焚琴烹鹤，被拿去炼了钢铁。

很早时看过李硕写的孔子传，也就是《贵族的黄昏》（增订再版名为《孔子大历史》），这两年陆续看了他的《南北战争三百年》《俄国征服中亚战记》和《楼船铁马刘寄奴》，这几本书对我写作《历史的细节》有很多启发。

《南北战争三百年》中对中国古代骑兵的冲击战术进行了详细的研究，从汉匈战争到淝水之战，这场冷兵器时代的"军事革命"影响非常大，让人耳目一新。

《俄国征服中亚战记》和《孔子大历史》一样属于改写，优点是对武器技术的革新如数家珍，这让人对这场征服战争有了一种技术方面的认识。19世纪下半叶正处于无烟火药引发枪炮革命的关键时期，如果说克

---

[1] 可参阅李硕：《翦商：殷周之变与华夏新生》，广西师范大学出版社，2022。

里米亚战争中，俄国因为武器落后而败于英法，那么接下来，他们相对于中亚游牧汗国的武器优势又让他们势如破竹。

三代奠基

我常常认为，写作源自实践，多半出自天赋和兴趣，学校教不了，因为写作很难学习，大学的专业教育并不能让一个人走上写作之路。然而，李硕确实比许多历史专业出身的学者更擅长写作。

在当下这个文凭社会，李硕的学历堪称完美：他是北京大学中文系本科生，清华大学历史系硕士、博士。如果说历史是一门专业学科，那么经历过专门学术训练的李硕在这些写给大众的通俗作品中展示了他良好的专业素养，这不是所有学者都愿意做的和可以做到的。

《翦商》尤其典型地体现了他在这方面的优势。

这部书基本都是基于过去百年间中国现代考古学的最新发现，再加上与传统历史的互相参照，为读者重新勾勒出一段中国早期的历史图景。

早期中国这段历史原本是模糊朦胧的，其中掺杂着许多真假莫辨的神话传说，诸如黄帝、蚩尤、尧、舜、禹、西王母等等故事。在该书中，李硕借鉴以往研究，认真进行了务实的勘探和剖析，让读者有拨云见日、豁然开朗的快感。

比如关于周的起源，就充满神话色彩：姜嫄踩到天帝的脚印，结果意外怀孕生下一个儿子，未婚先孕，这个孩子便被她抛弃了。这个弃婴竟然在大自然风风雨雨中顽强地活下来，他无师自通学会了种植谷物，这就是"后稷"，本名为"弃"。后稷"好种树麻、菽，麻、菽美。及为成人，遂好耕农，相地之宜，宜谷者稼穑焉，民皆法则之。帝尧闻之，举弃为农师，天下得其利"（《史记·周本纪》）。

后稷的子孙在黄土高原多次迁徙，最后到了古公亶父，才搬迁到岐山，周人在此繁衍生息，依靠农耕让人口不断增加，大量的人口带来了扩张，遂逐渐崛起。

按照李硕的说法，周人属于古羌人。

在商代的甲骨文中，"周"字是四四方方的田地中耕种的禾苗，象征着农耕文明。李硕在书中提出，甲骨文属于标准的"男性文字"，这让我想起著名的女性专用的文字——"女书"。关于女书的起源和历史至今仍是个谜，其实甲骨文也差不多如此。

作家阿城曾推测说，文字发明于父系时代，用来记录母系创作的遗传，或者用来窜改这种遗传。而艺术起源于母系时代的巫，原理在那时候大致确立。因为巫是专职沟通人神的，其心要诚。表达这个诚的状态，要有手段，于是艺术来了，诵、歌、舞、韵的组合排列，还有色彩、图形。[1]

中国传统文化中，常常对夏、商、周三代充满崇敬，因为这是中华文明的奠基之时。

《楚辞》称颂"彼尧舜之耿介兮"，尧舜之后是被称为"三王"或者"三代"的三个世袭王朝：由圣人禹创建的夏王朝和由圣人成汤创建的殷商王朝，以及由文王、武王和周公三圣人创建的周王朝。虽然这三个王朝最后都因腐败而衰亡，但由于创业的帝王们是圣人，所以"三代"常常被看成古代中国的理想社会，如《楚辞》云"昔三后之纯粹兮"。

《翦商》全书的内容基本上是跨越"三代"，从二里头的夏文明写起，然后是商代的巫神文化，再是周人在岐山的兴起，最后是牧野之战，周王朝将中国带入古典礼乐文明，以周文王的《周易》和孔子的《论语》结束。

不同于传统历史的道听途说，现代历史往往是实打实的，要以实物考古和文献资料为证据。从这一点来说，中国历史的准确纪年是公元前840年的周厉王时期，严格来说，此前的历史可以归入史前史。当时虽然已经有了文字，但这些文字的记录与留存都是碎片化的，无论是甲骨文还是青铜铭文，都不是完整的历史叙事。甲骨文专家董作宾就曾说：

---

[1] 阿城：《艺术与催眠》，载《常识与通识》，江苏凤凰文艺出版社，2016，第43页。

"这号称十万片的卜辞,我们现在能见能用的又不到五分之一,就这样'从宽'估计,那么甲骨文所能代表的殷代文化,也不过百分之一。用这百分之一的材料,却希望能写出百分之一百殷代文化史,那岂不是做梦?"[1]

事实上,就考古出土本身而言,也具有极大的偶然性和不确定性,仅仅依靠这些出土的一鳞半爪和片言只语去推测历史,其难度可想而知。最典型的如三星堆文明,至今仍众说纷纭、难以定论。

殷周之变

《翦商》的写作颇有特色,一方面基于《诗经》《史记》《尚书》《周易》等历史文本,另一方面也充分吸收了现代考古发现。前半部分主要是殷商历史,后半部分是殷周之变,从商汤立国到武王灭商,叙述了中华文明从原始野蛮走向文明礼教的历程。

对于早期历史,没有可以依赖的"信史",这就像哥伦布发现新大陆一样,需要研究者勇于运用专业学术工具去进行探索和发现。

以往的历史研究大都是粗线条的勾勒,在该书中,李硕试图进行一些细节化的描摹。比如关于大禹治水时的农业,商代的人祭现象,再比如商代造车技术和青铜武器,这些貌似细节的历史如果真的去接近,就会发现真相扑朔迷离,要找出个有理有据的头绪来并非易事。而李硕常常能打破常规和偏见,提出自己独特的观点,比如二里头以水稻为主粮,这无疑是对"南稻北麦"传统观念的一种颠覆。

李硕这部书的写作难度比他之前的几本书都要更具挑战性,而且就图书本身的选题来说,也是一个不讨巧的冷门,更在他的专业研究之外。

中国古人对三代充满各种向往,而现代读者都热衷于读宋史、唐史、明史,能有几人感兴趣于年代久远、语焉不详的夏商周故事?甚至有人

---

[1] 董作宾:《中国古代文化的认识》,《大陆杂志》第三卷第十二期。李定一:《中华史纲》,中国长安出版社,2012,第22页。

对夏代的存在与否都有怀疑。然而，李硕在此体现出专业学者的冷板凳操守，不赶流行，不迎合时尚，用细密的推敲和分析完成了最新考古与古老史籍的接榫工程。如同唐玄奘西行取经一样，这是一桩艰险的旅程，而李硕一路走了下来，其坚持与执着确实令人敬佩。

王国维在《殷周制度论》中说："中国政治与文化之变革，莫剧于殷、周之际。"傅斯年在《夷夏东西说》中说：三代及三代前，古族有东西二系，夏与周居西系，夷与商居东系。殷周的剧烈变革"盖民族代兴之故"，是两个民族、两种文明之间的交替。

所谓"殷周之变"应该是借用史学家常用的"唐宋之变"。秦晖先生也曾经提出"周秦之变"，即贵族封建的周制变革为皇权专制的秦制。武王伐商本身被称为"殷周革命"，将这场王朝革命加以扩展和引申，就是一场关于文明与文化的社会革新运动。也就是说，"翦商"不只是王朝更替，更是华夏精神的彻底变革。

周灭商后，以杀戮和人祭为特色的华夏旧文明戛然而止，取代它的，是周公营造的新华夏文明。周公消灭了旧华夏文明及其相关记忆，打破了族群血缘壁垒，让尘世生活远离宗教和鬼神世界，不再把人类族群的差异看作神创的贵贱之别。这是华夏文明最彻底的一次自我否定与重生。在三千年前的古人类文明中，只有华夏独自走出了神权的掌控，成为一个"异类"。这是一种过于早熟的世俗文明，一直持续到今日。

"周公制礼"后，殷商的"天"崇拜变成了周代的"天子"崇拜，中国从"公天下"变成了"家天下"。也就是说，古代中国从周开始就走向并确立了权力崇拜。这种权力崇拜后来又为秦制所继承。

从这个角度来说，殷周之变跨越千年，其内涵与外延都是非常丰富的，这让作者有了一个很大的叙事空间，从而上穷二里头之夏，下及儒家之周，从石器、玉器到青铜，从祭祀到战争，从神巫到世俗，影响整个东亚的中华轴心文明在此过程中孕育、降生，这就是中国的出处，也即所谓"华夏新生"。

李硕一语道破："周公时代变革的最大结果，是神权退场，这让中国的文化过于早熟；战国时代变革的最大结果，是贵族退场，这让中国的政治过于早熟。"

上古到春秋，一般也叫先秦，这一时期，还谈不上大一统，古代国家机器还没发展起来，李硕认为这属于"国族"时代。

许倬云先生说，周人并不以"周"自称，"华夏"才是周人对自己的称谓；在古语中，"华"与"夏"属于同音字，说快了其实就是一个字。"易经"的出现，证明周在"天命"的意识形态方面迈出了关键一步，颇有开辟鸿蒙的意思。

通俗与创新

正如我们每个人不记得自己出生和幼儿时期的事情，人类历史和中国历史大体也是如此。对于中国读者来说，这是一部关于远古祖先的史诗。

"殷鉴不远，在夏后之世。"慎终追远，民德归厚，历史是人类之根。对现代人来说，历史常写常新，常读常新，每一代人都有每一代人的新历史，正如《诗经·大雅·文王》那句著名诗句："周虽旧邦，其命维新。"《翦商》无疑正是这种历史精神的精彩体现。

历史书汗牛充栋，一般来说，要么学术化，要么通俗化，最难的是将学术通俗化，让每一个对历史感兴趣的普通知识人也能看懂。孔子说："质胜文则野，文胜质则史，文质彬彬，然后君子。"这些年国内出版了许多这类书，对读者来说真是一件值得称庆的事情。李硕和张笑宇、周思成、仇鹿鸣等，也都属于青年学者中的几位佼佼者。其他还有张仲民、路伟东、马俊亚等。他们在学有所成之际，同时又为社会贡献了许多雅俗共赏的佳作，这种勤奋精进与社会关怀的知识分子精神尤其值得称赞。

近年设立的"文景历史写作奖"与其说是一种奖励，不如说是一种鼓励。获得首届文景历史写作奖的周思成曾说：历史写作最重要的是"学"与"识"——传统上历史写作注重考据的功夫，但面向大众的历史写作要更加注意对细节的提炼、把控和展现，见微知著，这是"学"；能够不再重写前人已经写过的东西，而是写出新的内容或者从新视角看待事物，推陈出新，这是"识"。

从《南北战争三百年》到《翦商》，李硕的历史写作在"学"和"识"方面都做得可圈可点、恰到好处。

就《翦商》一书的各方面来说，在学术性和通俗性方面做得都很到位，更难得的是插入了许多插图。中国古人有"左图右史"之说，图与文相得益彰，有些图是文字无法替代的，用文字说不清的东西，有图就一目了然。同时，该书在脚注中详细列出了学术著作的原始出处，这其实是非常重要的一件事。

李硕的专业是中古史和中古战争史，即魏晋南北朝，与《南北战争三百年》不同，《翦商》已经超出其专业范畴。在某种程度上，这是一次面向普通大众读者的通俗历史写作，走的是畅销书的路线。但即便如此，受过历史专业训练的李硕也比一般历史写作者高明得多。面对史料匮乏的商周史，李硕既发挥了通俗历史长于讲故事的特点，又广泛地采纳专业历史成果。这也得到历史学家许宏的肯定。许宏在序言中说："李硕对于考古材料的运用，与古文献和甲金文字一样，已达娴熟的程度，注释与用图，都颇为讲究。"

历史学研究往往强调"无一字无来处"，这句话原本是黄庭坚用来褒扬杜甫、韩愈诗文的，后来演变为史学研究的圭臬。从严谨的学术角度来说，注明出处代表了作品本身的合法性。对于普通读者，也能从这些密密麻麻的学术著作中，认识到现代考古学和历史学的努力与贡献。

虽然戏说历史在年轻人中间风靡一时，但真正的历史仍值得敬畏。历史从来不是正邪两立、黑白分明，在人类文明初期，都免不了关于人祭和人殉的"黑历史",这其实是一种普遍现象,并不奇怪。直到欧洲中世纪晚期,活祭"女巫"的悲剧仍层出不穷。

《圣经》中有个亚伯拉罕献祭故事。亚伯拉罕晚年得子,取名以撒,视若掌上明珠。然而有一天,上帝对亚伯拉罕说:为了我,把你的儿子杀了吧!亚伯拉罕顺从地把以撒带到山上,而当他拿起匕首要杀死儿子时,天使却阻止了他。原来"献祭"只是上帝为了考验亚伯拉罕的虔诚。

在安阳殷墟考古发现中,不仅有甲骨文,也有数量庞大的人殉人祭。在1984年出土的青铜甗中发现的颅骨,据说来自一位15岁少女。商朝人祭频繁。根据现存的甲骨文资料统计,仅武丁时期的人祭就杀死九千多人。这些人祭中,有黄种人,还有白人和黑人;从特征看,白人主要来自高加索,黑人则来自南太平洋和非洲。

秦人曾是殷商的遗民,周灭商后被迁至西陲,春秋时期的秦国依然保持人殉制度。关中凤翔曾是秦国都雍城所在地,那里出土的秦公大墓中就有186具人牲白骨。秦献公废除人殉后,以人俑代替活人陪葬,同样劳民伤财。如今人们去西安旅游,都必去看秦始皇陵的兵马俑。

孔子说:"始作俑者,其无后乎。"孔子不仅反对人殉,连人俑也反对,然而人俑陪葬似乎已成为历代帝王的丧葬传统,一直持续到晚近,从陶人陶马到纸人纸马,不一而足。

现代历史的一个重要突破是考古,展示考古成果的博物馆让历史成为一种普遍的城市景观。历史在某种意义上也走进人们的日常。

现代考古对历史学具有颠覆意义,比如殷墟甲骨直接证实了古史记载中商王朝的存在和安阳小屯为殷商王朝的王庭,将中国信史的上限提早了一千余年,开启了殷墟九十多年的考古与历史研究历程,同时也促进了中国传统文字学的革新与发展。

在传统历史中,关于商代的记载非常模糊。司马迁在《史记·龟策列传》中说:"略闻夏殷欲卜者,乃取蓍龟,已则弃去之,以为龟藏则不灵,蓍久则不神。至周室之卜官,常宝藏蓍龟。"可见古人也知道窖藏甲骨之事，但古人不一定知道甲骨文的存在。

古代圣贤虽崇尚"三代"，但对三代历史却知之甚少，就连博学多闻的孔子也承认文献不足："夏礼，吾能言之，杞不足征也；殷礼，吾能言之，宋不足征也。文献不足故也；足，则吾能征之矣。"（《论语·八佾》）"殷因于夏礼，所损益可知也；周因于殷礼，所损益可知也。其或继周者，虽百世，可知也。"（《论语·为政》）如今信息传播快捷，即使一个普通历史学者所占有的先秦史料，也比孔子司马迁他们要多得多，这足以让我们有可能复原许多历史细节。

在某种程度上，现代考古学让商代历史逐渐重新浮出水面。面对支离破碎的考古现场，这就像福尔摩斯破案一样，草蛇灰线，伏脉千里，非常考验学者的逻辑推理能力和知识储备。李硕充分体现了"我注六经，六经注我"的精神，很多大胆的观点令人称奇。李硕说："我考证的历史，总有人骂脑洞太大，其实现实这东西真比文书脑洞更大，虚构作家的想象力都是很有限的。"但也有人坚持，李硕在书中有一些推测和猜想不能完全当作"信史"。

科学需要创新，历史也需要不断"创新"。现代社会中，人们对历史具有强烈的精神需求，很需要这样思维缜密而又别开生面的历史作品，因此我们期待李硕下一部作品。

后记：写书的代价

中国古人崇尚弓箭，有"年弓月箭"之说；意思是说，制作一支好箭需要一个月时间，制作一张弓需要一年时间。有个故事说，一个弓匠殚精竭虑，用了九年才做成一张弓，最后竟弓成身亡。[1]

写书不是做文章，写文章可以立马而就，写书，尤其是写作一本大

---

[1] 《阚子》记载，宋景公使弓工为弓，九年来见。公曰："为弓亦迟。"对曰："臣不得见公矣，臣之精尽于弓矣。"献弓而归，三日而死。公张弓登台，东西而射，矢逾孟霜之山，集彭城之东，其余力逸劲，饮羽于石梁。

书，则要经年累月，非常不易。如今我们知道，《翦商》一书从孕育到出版用了十年时间。

2012年，李硕写了《周灭商与华夏新生》一文，这篇文章发表在《读库1205》上，受到很多人关注，也被无数平台转载。几年后，李硕在这篇文章的基础上写成了这本书，刚开始的书名叫《夏商周：人祭文明与华夏新生》，出版时改为《翦商》。

在《翦商》走出印刷厂的第一时间，我就收到赠书，非常荣幸能成为该书的最初读者。

该书出版没多久，李硕在网上发布自己罹患重病的消息，并称已安排好了"生前身后事"。"相比人各种死法，目前应该算是最好的结局，不需要开大刀受大罪，一切医学手段都已经失去作用。我最满意。大块劳生，息我以死，我活着也很少能享受生活，总忙忙乱乱操心下面写个什么，现在总算能休息了。"

一时之间，这个不幸的消息在读书界和知识圈引起很大震动，人们都不由发出"天妒英才"的感叹。幸好在社会各界的关注和帮助下，李硕得到了较好的治疗，手术获得成功，病情暂时稳定下来，真是天无绝人之路。

身为写作者，我深知写作对人身体的危害。一本书写到关键时候，大脑长时间处于兴奋状态，就难免会失眠，即使睡着，梦里也是思考和写作（有时梦中确实会带来灵感），长期这样，身心非常疲惫。写作《现代的历程》时，我长期久坐不动，结果身体出了问题。一进医院，医生先问我带了多少钱。可见写作不仅会致穷，更会致病。

写作虽然没有风吹雨淋，但长时间保持静坐，颈椎腰椎都容易损伤，大脑狂热运转，如果不加以节制，生活和身体就难免陷于混乱，甚至崩溃。因为疯狂写作而死亡的作家不在少数，外国有巴尔扎克、普鲁斯特等，中国有鲁迅、路遥、王小波等。从健康来说，写作也算得上是一种危险职业。

明代作家谢肇淛云:"富贵之家,多以酒色伤生;贤智之士,多以思虑损寿。思虑多则心火上炎,火炎则肾水下涸,心肾不交,人理绝矣。故文人多无子,亦多不寿,职是故也。然而不能自克,何也?彼其所重有甚于子与寿也。"(《五杂俎·人部一》)

清代王锡侯为了编写《字贯》,让家人将自己锁在一间小屋里,只在门槛下留了一个递送饮食的小洞。他在小黑屋里青灯古佛,铁砚磨穿,以一己之力终于将这部字典编撰完成,人也到了风烛残年。哪知《字贯》刚刚付梓,就落入乾隆的文字狱,王锡侯被满门抄斩,最后家破人亡。文字狱最著名的是庄氏《明史》案,包括编撰、写字、刻板、校对、印刷、装订以及卖书、购书、藏书、读书,几乎所有与该书有关的人都受到株连。

孟子说:"予岂好辩哉?予不得已也!"奥地利作家里尔克也说过:如果不写作会死,那你就应该去写作;如果不写作还能活着,那你就不需要写作。古今中外,很多写作者都过着苦行僧般的生活,尤其是写书旷日持久,有些写作者甚至自甘沦为作品的囚徒。

卡夫卡就对朋友说:"我经常在想,对我来说,可能最好的生活方式就是,带着写作工具和一盏灯,住在一个巨大的、上了锁的地窖最靠里面的房间。食物会有人送来,就放在远离我的房间的地窖最外面的门口。我穿着睡袍,穿过地窖的拱顶长廊去取食物,这条路也可以用于我唯一的散步。然后我再回到我的桌边,慢慢地小心地用餐,然后又开始写作。那样的话,我会写出什么来!我会写出多么有深度的作品来!"

正是出于对写作这种辛苦劳动的切身体会,我常常对每一个写作者都心怀敬意;每每读到好书,我都愿意写上一篇或长或短的书评,表达自己内心的敬佩和感谢。

从《海瑞罢官》说起

——中国古代监察制度的兴衰[1]

中国戏曲有悠久的历史,其中,清官判案戏是传统戏曲的主要选题之一。《海瑞罢官》由明史学家吴晗编剧,其实属于现代戏。这部戏的影响,已经远远超出戏曲史的范畴。围绕《海瑞罢官》这部戏,曾经引发了一系列巨大的政治风波。

《海瑞罢官》的内容很简单,首辅徐阶的儿子徐瑛仗势欺人,强占民女赵小兰,县令王某受贿,杖毙小兰祖父。海瑞身为应天巡抚,微服出访,查明真相,逮捕徐瑛和王某。徐阶伙同太监,欲罢免海瑞,救出儿子。海瑞果断处斩二犯,然后辞官而去。

这部戏生动地表现了海瑞这个"海青天"形象。

在中国民间,海瑞和包拯都是家喻户晓的清官,其实他们都是中国古代监察史上的著名人物。包拯做过监察御史、谏议大夫,海瑞则是南京都察院右都御史。

一般而言,中国古代官僚体制大体可分为行政、军事和监察三大块。行政以文官为主,负责治民;军事以武官为主,统领军队;监察以言官为主,负责对权力进行监督。用俗话来说,监察就是管官的官。御史的监督对象主要是文武官员,谏议大夫则主要是给皇帝提意见。

---

[1] 可参阅高春平:《明代监察制度与案例研究》,商务印书馆,2020。

无所不纠

在整个世界史上，中国官僚制度是最为早熟的。秦始皇统一六国，以皇权制度建立了一个大一统的帝国，便设立了丞相、太尉、御史大夫。作为皇帝的近臣，御史大夫的地位仅次于丞相，职责是纠察百官失信与违法。

从这一点来说，中国的监察史可以上溯到先秦时期，有两千多年的历史。

汉承秦制，到汉武帝时，全国被划分为十三州，每州设刺史一人，代皇帝监察地方，即所谓"奉诏条察州"。刺史以下，还有督邮负责督察县乡。督邮身为监察官，位轻而权重。在《三国演义》中，刘备在安喜县遭督邮轻侮，张飞怒鞭督邮。

皇权之下的中央帝国，各种权力和资源都集中于京师，也就是首都，这里是重中之重，因此，还特设"司隶校尉"一职，负责纠察和弹劾包括丞相在内的京师百官，权力之大，"无所不纠"。

在秦制基础上，汉代在中央设御史府（台）的同时，增设丞相司直和司隶校尉为中央监察官，此外还设有给事中与谏议大夫。其监察制度之严与监察官权力之大，开历史之先河，也为以后历朝历代树立了制度榜样。

从魏晋隋唐到宋元，中国的监察制度自成体系，垂直管理，更加完善和成熟，甚至出台了专门的监察法规。

从成吉思汗到忽必烈，蒙古铁骑南征北战，统一了一个前所未有的大帝国。忽必烈说：中书省是我的左手，枢密院是我的右手，御史台则是用来医治我的左右手的。一个管行政，一个管军事，一个管监察百官。忽必烈以为如此完善的官僚制度，帝国将长盛不衰。

《南村辍耕录》记载，至元二十四年（1287），中书平章彻里弹劾尚书丞相桑哥，忽必烈以其丑诋大臣，命左右批其颊，就是让人打彻里的脸。彻里大声辩解："国家置臣子，犹人家畜犬，譬有贼至而犬吠，主人初不见贼,乃棰犬,犬遂不吠,岂良犬哉?"自比为狗,让忽必烈大喜,遂罢了桑格,封彻里为御史中丞。《北史·宋游道传》云:"譬之畜狗,本取其吠,今以数吠杀之,恐将来无复吠狗。"

实际上,大元帝国的命运并不比大秦帝国好多少。

一个国家的衰败和走向灭亡,首先是官制的败坏,而官制的败坏则首先是监察制度的失灵。秦始皇在世时,就一意孤行,设官不用,"天下之事无小大,皆决于上。上至以衡石量书,日夜有呈,不中呈不得休息"。等到秦始皇一死,"群臣谏者以为诽谤,大吏持禄取容,黔首振恐"(《史记·秦始皇本纪》)。

强秦如此,以后的汉唐也不遑多让。"天下有道,君子扬于王庭,以正小人之罪,而莫敢不服;天下无道,君子囊括不言,以避小人之祸,而犹或不免。"(《资治通鉴·汉纪四十八》)每个帝国晚期,都呈现出相似的败象:权力失衡,聚敛为奸,官制糜烂,宦官专权,内忧外患,民变四起,王朝周期性的覆灭在所难免。

政治是一项实践性极强的事业,单纯依靠书本知识和道德理想就跟盲目崇拜暴力和权力一样,并不足以维持政治的健康运行。政治依赖于人性,而人性总免不了缺点与弱点。任何政治制度都离不开人,指望明君良臣可以创造一时的清明盛世,但要长治久安,最终还是要依靠法治。

赵冬梅在《法度与人心》中说,"具体的皇帝"与"抽象的皇帝"之间的张力,构成皇帝制度的最大矛盾。传统皇权体制的核心是皇帝,再好的监察制度,其根基依然有赖于皇帝个人的品性,这既有偶然因素,也有必然因素。在皇帝制度下,同一王朝之中的历代皇帝的能力水平通常都是"递减的",越到后面越平庸。

花无百日红,辉煌的盛世总是短暂的。从长远来说,一个王朝的盛极而衰是一种历史必然,就如同皇帝一代不如一代是必然一样。

北宋徽宗赵佶以书法著名,但他经常亲自发号施令,以"御笔"直接下达给政府部门,不经宰执机构审议。为推动这些程序不合法的独裁指令得到执行，崇宁五年（1106）宋徽宗专门炮制了一项"违御笔"罪，凡皇帝的命令，官员只许陈说利害，不许官员援引规章制度来阻挠实施，否则处以"大不恭"罪。"大不恭"属重罪，可杖责，可坐牢，也可杀头，乃至诛九族。

从宋代开始，君主专制倾向越来越强烈，"中国传统政治体系越来越趋向极端君主专制，从根本上说，是由君主中央集权体制内在矛盾的发展所规定好了的，因果相连的一种'业报'。这种体制从其产生之日起，便先天地包含有多重矛盾，其中有君与相的矛盾，君与臣的矛盾，政与军的矛盾，中央与地方的矛盾等等（这里还不包括君、臣与民众的矛盾，它涉及社会控制问题）"[1]。

宋元之后，中国的政治文化和国家治理水平都走了下坡路，一方面官僚机构叠床架屋，官吏群体数量日趋庞大，另一方面是中央集权转向君主集权。明清两朝彻底废弃了宰相制度，皇帝一人大权独揽；在权力结构失衡的同时，人治代替法治。黄仁宇在《万历十五年》中指出，中国两千年以来，以道德代替法律，至明代而极，这就是一切问题的症结。

御史与谏官

在一个现代人看来，中国古代政治属于专制制度，而皇帝是完完全全的独裁者。实际上，皇帝制度是传统政治的普遍现象。在早期中国历史中，虽然没有英国那样限制王权的《大宪章》，中国皇帝也并不像人们所想象的那样可以为所欲为，至少不是所有皇帝都是恣意妄为的独裁者。

在中国古代，监察制度不仅用来监督官员，也用来为皇帝的决策纠错和纠偏。不同于西方政治模式，中国古代监察制度包括两部分：一是御史监察系统，二是谏官言谏系统。

御史以弹劾手段来纠察官邪，肃正朝纲；谏官"讽议左右，以匡人君"。与御史相比，谏官面对皇权这个极权，所承受的压力和风险要大

---

[1] 王家范：《中国历史通论》，生活·读书·新知三联书店，2019，第298页。

得多。常言说，良药苦口利于病，忠言逆耳利于行。劝谏的关键是信任，如《论语》云："未信而谏，人以为谤己也。"无论是谏诤封驳，还是审核诏令章奏，不仅需要政治智慧，更需要巨大的勇气。

《礼记》云："事君，远而谏，则谄也；近而不谏，则尸利也。"孔子曾说："忠臣之谏君，有五义焉。一曰谲谏，二曰戆谏，三曰降谏，四曰直谏，五曰风谏。唯度主而行之，吾从其风谏乎。"（《孔子家语·辩政》）也就是说，孔子比较赞赏相对比较委婉的讽谏。

《战国策》中有《邹忌讽齐王纳谏》一文，邹忌是一位正直的言官，更难得的是齐王从谏如流，能接受臣民的批评——"群臣吏民能面刺寡人之过者，受上赏；上书谏寡人者，受中赏；能谤讥于市朝，闻寡人之耳者，受下赏。"

不管是御史还是谏官，他们的终极任务仍是为皇帝服务，或者说为皇权服务。监察官是"天子耳目风纪之司"，代表皇权监察各级官吏。在某种意义上，监察官扮演着皇帝与官僚之间第三方的角色：一方面，皇权借用御史来控制官僚；另一方面，监察作为官僚一分子，也试图控制皇权。

皇权作为一种至高无上的终极权力，先天地就不愿意接受约束。从秦汉到明清的两千年，监察制度不可逆转地走向畸形，尤其是谏官，逐步被虚置和空转，最后废弃，而皇权最终摆脱一切羁绊，成为一种不受监督和控制的力量。

一个王朝的开国皇帝总是非常英明雄武，但这种英明雄武却无法遗传给后代，因此需要用一个英明的人来弥补这种缺陷，这就是"相"。相的权力来自皇帝授权，"旦握权为卿相，夕失势为匹夫"。

古人常说：马骑上等马，牛用中等牛，人使下等人。上等马能致远，中等牛良善，下等人易驯。（《南村辍耕录》）皇帝为了统治人民，设立了官僚机构，而为了控制官僚，又设立了监察机构。最早的监察机构尚属于官僚体系的一部分，受丞相或少府节制，后来就直接由皇帝控制，即御史由皇帝任命，也只对皇帝负责。

皇帝的权力通过御史发挥出来，御史的权力不断加强，让百官感到震慑，与此同时，谏官却不断边缘化。杜甫曾经做过短暂的谏官，即"左拾遗"，一言不合皇帝的心意，便被贬了。"九龄已老韩休死，明日应无谏疏来。"[1] 据说安史之乱中唐玄宗仓皇奔蜀，每想起诤臣张九龄当年苦口婆心的劝谏，常常懊悔落泪。

《诗经》中有大量讽喻时政的批判内容，尤其是"国风"部分，如《魏风·伐檀》："不稼不穑，胡取禾三百廛兮？不狩不猎，胡瞻尔庭有县貆兮？彼君子兮，不素餐兮。"

据说在《诗经》兴盛的周代，朝廷设有专门在民间采风的"采诗官"，收集民歌，以考察政治得失。白居易在《乐府诗》中就非常怀念这种采诗纳谏的制度——

> 采诗官，采诗听歌导人言。
> 言者无罪闻者诫，下流上通上下泰。
> 周灭秦兴至隋氏，十代采诗官不置。
> 郊庙登歌赞君美，乐府艳词悦君意。
> 若求兴谕规刺言，万句千章无一字。
> 不是章句无规刺，渐及朝廷绝讽议。
> 诤臣杜口为冗员，谏鼓高悬作虚器。
> 一人负扆常端默，百辟入门两自媚。
> 夕郎所贺皆德音，春官每奏唯祥瑞。
> 君之堂兮千里远，君之门兮九重閟。
> 君耳唯闻堂上言，君眼不见门前事。
> 贪吏害民无所忌，奸臣蔽君无所畏。
> 君不见厉王胡亥之末年，群臣有利君无利。

---

[1] 出自宋代晁说之《题明王打球图》。全诗为：宫殿千门白昼开，三郎沈醉打球回。九龄已老韩休死，明日应无谏疏来。

君兮君兮愿听此，欲开壅蔽达人情，先向歌诗求讽刺。

唐代台谏并立，自宋以后，言谏制度不断萎缩，谏官职权彻底转向。

王家范说，《资治通鉴》不仅是一部历史，更是一部推动全部中国政治演进的"发动机"。司马光用一生时间为皇帝编写了一部《资治通鉴》，此外他还写过一篇《谏院题名记》，被收入《古文观止》中。这篇短文强调了谏官的重要作用："夫以天下之政，四海之众，得失利病，萃于一官使言之，其为任亦重矣！居是官者，当志其大，舍其细，先其急，后其缓，专利国家而不为身谋。彼汲汲于名者，犹汲汲于利也，其间相去何远哉！"文章最后说到谏院题名的历史意义："后之人将历指其名而议之曰：某也忠，某也诈，某也直，某也曲，呜呼！可不惧哉！"

宋神宗订了几千个灯笼，货到付款时又故意压价，身为开封推官的苏轼上《谏买浙灯状》曰："卖灯之民，例非豪户，举债出息，畜之弥年。衣食之计，望此旬日。陛下为民父母，唯可添价贵买，岂可减价贱酬？此事至小，体则甚大。"苏轼因此遭到御史弹劾，被贬为杭州通判。苏轼谏一次贬一次，一直被贬到海南岛，他后来感叹："其科号为直言极谏，故每纷然诵说古今，考论是非，以应其名耳。人苦不自知，既以此得，因以为实能之。谅谅至今，坐此得罪几死。"（《答李端叔书》）

宋代虽设有谏院，但谏官的主要职责已不是谏诤君主，而是改成"凡朝政阙失，大臣至百官任非其人，三省至百司事有违失，皆得谏正"。此后，谏官地位每况愈下，逐渐消失。

在谏官退化消失的同时，御史的权力却越来越大，甚至完全官僚化和朋党化，成为贪腐的主力。至此，监察制度已经形同虚设。明朝甚至出现了锦衣卫这样的特务监察机构。

明代废除中书省，监察机构作为一个中央机构仍然继续存在，但却失去了独立性和进谏的权力，它的情报功能仅服务于皇帝。明代监察系统还由吏、户、礼、兵、刑、工六个监督机构组成"科道"，分别稽查六部。每科由若干"给事中"组成，也直接听命于皇帝。

早在汉朝时，刺史就以监察官的身份凌驾于太守之上，成为地方行政军事首长。巡抚本是"巡行天下，安抚军民"，和总督一样，都属于监察事务的临时官职，因事而设，事毕即撤。按理说，总督、巡抚均归属都察院系统，但明清时期，总督与巡抚皆为地方军政大员，合称督抚。

最后的清官

中国古代是乡土社会，官僚制度有严格的回避制度，尤其是地方官，一般都要远离故乡。不仅是高层异地为官，即使底层公职也必须来自省外，尤其是北官南任，南官北任。古代交通困难，一个官员任期只有三五年，常常在路上奔波，确实非常辛苦。但这样做也有一个很重要的益处，就是增强了国家治理层面的统一化，官员频繁交流避免了地方形成利益集团，防止地方出现家族垄断的黑帮化态势。

拿苏轼来说，他出生在四川眉州，考上进士后先是做福昌县主簿，然后是凤翔府判官，接着是杭州通判、密州知州、徐州知州、湖州知州，因"乌台诗案"被贬为黄州团练副使，接着是汝州团练副使、登州知州；做了几年翰林学士后，又出知杭州、颖州、扬州、定州、英州等地，接着被贬惠州、儋州、廉州、永州安置，最后在常州病逝，葬于汝州。

苏东坡为做官几乎跑遍全中国，真是一生宦游，到死也未能再回四川。

中国自古是官本位社会，官吏地位尊贵崇高。监察制度的设计初衷是监督官吏，"以卑察尊"。对监察官最大的激励主要是名和利——从远处说，刚正直言可获青史美名；从近处说，会从皇帝那里得到丰厚的奖赏，"秩卑而赏厚，成劝功乐进"。

御史作为皇权的代表，手握尚方宝剑，官职并不高，但权力却很大，即秩卑权重，以小制大。"官轻则爱惜身家之念轻，而权重则整饬吏治之威重。"（赵翼《陔余丛考》）在西汉时，御史和刺史品秩仅为六百石，相当于低级县令，但刺史依《六条问事》，可监察二千石地方长官。唐代监察御史仅为正八品上，但有权监督六部尚书，奉制巡按，气派"震慑州县"。

贞元十九年（803），关中大旱，韩愈为监察御史，见灾民流离失所，饿殍遍地，而当时负责京城行政的京兆尹李实却封锁消息，谎称五谷丰登。韩愈怒上《论天旱人饥状》疏，提出弹劾。

不幸的是，韩愈的弹劾并没有影响李实的仕途，韩愈自己反受其害，被贬谪到广东清远。韩愈后来好不容易才回到京师，又因上《谏佛骨表》被贬潮州。苏轼在《潮州韩文公庙碑》中称韩愈"文起八代之衰，而道济天下之溺，忠犯人主之怒，而勇夺三军之帅"。不管是弹劾高官还是劝谏皇帝，结果都不妙。

文死谏，武死战，清官反被污吏害。批评普通官吏尚且如此，劝责皇帝这样逆龙鳞的事情更是非常人所为。唐太宗曾说："人臣欲谏，辄惧死亡之祸，与夫赴鼎镬，冒白刃，亦何异哉？故忠贞之臣，非不欲竭诚，竭诚者，乃是极难。"

嘉靖四十四年（1565），海瑞对皇帝提出劝谏，考虑到严重后果，海瑞甚至买好了棺材，安排好后事。《明史·海瑞传》中记载：

> 帝得疏，大怒，抵之地，顾左右曰："趣执之，无使得遁。"宦官黄锦在侧曰："此人素有痴名。闻其上疏时，自知触忤当死，市一棺，诀妻子，待罪于朝，僮仆亦奔散无留者，是不遁也。"帝默然。少顷复取读之，日再三，为感动太息，留中者数月。尝曰："此人可方比干，第朕非纣耳。"

海瑞字刚峰，颇有中国传统士人成仁取义的情结，为此奋不顾身，虽然堪称模范监察官，在现实中却不受欢迎。海瑞讽谏嘉靖，让嘉靖皇帝极其难堪。[1] 海瑞被关进大牢，差点被刑部判处绞刑，幸而被首辅徐阶

---

[1] 海瑞在《治安疏》里固然写下"嘉靖者，言家家者皆净而无财用也"的空前大不敬的话，但前后却有一大段对嘉靖帝极尽歌功颂德之能事的奉承话："陛下天资英断，睿识绝人，可为尧、舜，可为禹、汤、文、武，下之如汉宣帝之励精，光武之大度，唐太宗之英武无敌，宪宗之志平僭乱，宋仁宗之仁恕，举一节可取者，陛下优为之。"一切都只需要"陛下一振作间而已"，"振作而百废俱举，百弊划绝"。嘉靖帝不杀海瑞，也与此有关。

压下来。

徐阶于海瑞有救命之恩,海瑞出狱后任南直隶巡抚,因徐阶占田一事逮捕其弟徐陟,这就是《海瑞罢官》的历史出处。当时徐阶已经退休,无职无权,海瑞并没有受到徐阶的迫害,但一位监察官(给事中戴凤翔)却对他提出弹劾,说海瑞的一妻一妾同时死亡,可能死于谋杀。海瑞被迫辞官。

海瑞再次得到重用,已是十多年后,他已年逾古稀,被任命为南京都察院右佥都御史。

南京官吏众多,贪腐成风。海瑞耳闻目睹,义愤填膺,建议皇帝恢复太祖旧制,对贪污八十贯以上的官员剥皮实草,一时之间,引起舆论大哗,海瑞成为整个官场的怪物和公敌。御史房寰对海瑞提出弹劾:"谓其莅官无一善状,唯务诈诞以夸人,一言一动无不为士论所嗤笑。妄引剥皮实草之刑,启皇上好杀之心。"

万历十五年十月十四日,即1587年11月13日,海瑞在南京任上溘然而逝。

海瑞忠君报国,孑然一身,没儿没女,只留下十余两银子,连办葬礼都不够。[1] 海瑞用过的葛布帏帐和竹床破烂不堪,见者无不悲泣。海瑞死后,皇帝赐谥号"忠介",整个南京休市悼念。海瑞灵柩运回家乡海南时,悼念的民众绵延长达百里。

---

[1] 万历时的官员谢肇淛对海瑞的贫穷甚为不解,他在《五杂俎·事部三》中写道:"官至九卿,俸禄自厚,即安居肉食,有千金之产,原不为过,盖不必强取之民,而国家养廉之资,已不薄矣。今外官七品以上,月俸岁得百金,四品以上倍之,糊口之外,自有赢余,何至敝车羸马悬鹑蔬粝,而后为廉吏也?……近代若海忠介之清,似出天性;然亦有近诈者。疾病之日,人往伺之,卧草荐上,无席无帐,以妇人裙蔽之。二品之禄,岂不能捐数钚置一布帐乎?"

明代生祠热

——施珊珊《小天命》[1]

中国传统皇权制度源远流长，进入现代以来，皇权制度已不复存在，但在历史学家的视野中，关于传统皇权制度合法性的研究成为一个有趣的学术课题。

"合法性"属于一种现代理念，古代社会似乎并没有这种说法，但这不妨碍学者以这种现代思维方式来解释古代皇权政治的运行原理。[2]

按照儒家正统思想，皇权的合法性来自"天命"，皇帝之所以成为皇帝，是因为"天命所归"，即上天将管理天下的命令委托给他。据说秦始皇专门用和氏璧制作了一块玉玺，上书："受命于天，既寿永昌。"韩信曾对刘邦说，皇帝的权力来自"天授，非人力也"（《史记·淮阴侯列传》）。所以朱元璋在《皇明祖训》中说："帝王得国之初，天必授于有德者。若守成之君常存敬畏，以祖宗忧天下为心，则能永受天之眷顾；若生怠慢，祸必加焉。"

萨孟武先生曾说，中国古代政治既不是法家的，也不是儒家的，真正控制中国政治的是董仲舒所代表的阴阳学说。

在传统语境中，"天"是抽象的，虽然有时候会以特殊的"天象"或

---

[1] 可参阅［美］施珊珊：《小天命：生祠与明代政治》，邵长财译，广东人民出版社，2022。
[2] 可参阅［法］马骊：《朱元璋的政权及统治哲学：专制与合法性》，莫旭强译，吉林出版集团，2018。

自然灾害来表达"天意",但天下的民情民意却是具体的。《尚书》所说的"天视自我民视,天听自我民听",意思是上天所看到的来自老百姓所看到的,上天所听到的来自老百姓所听到的。

皇帝作为"天子",改变不了"天意",但对造福民众还是大有作为的。董仲舒《春秋繁露》云:"天之生民非为王也,而天立王以为民也。故其德足以安乐民者,天予之;其恶足以贼害民者,天夺之。"用现代话来说,皇帝的天命不仅有客观因素,也有主观因素;主观上要有德,即关心民众的利益;失德则会失去天命,也必然失去政权。

从现代人的眼光来看,这一切似乎都带有迷信的成分。但应当承认,迷信不仅意味着无知,也意味着敬畏;事实上,无知并不可怕,没有敬畏、"无法无天"才是最可怕的。在中国传统政治中,对天命的敬畏具有不可小觑的意义;在某种程度上,正是这种敬畏,构成对权力制约的唯一力量。如果说制约皇权的是天命,那么制约官权的就是"小天命"。

在《小天命:生祠与明代政治》一书中,美国汉学家施珊珊将"生祠"这种体现地方民意的祀庙称为"小天命"。

生祠之始

在传统观念中,皇权是不受制约的,而官权作为皇权的延伸,也很少受到制约,尤其是不受民众的制约。在一定程度上,民与官是完全对立的,正如君与臣的关系;官与民是牧人与羊的关系,或者父母与子女的关系。

但实际上,所有权力都会有一个边界,只是有的边界特别大而已,天命和小天命就是一种神秘的边界。说它"神秘",是因为这种边界并不是明确的、清晰的、法律化的,但它确实存在:如果说天命体现为历史与天象,那么小天命就体现为生祠。

顾名思义,生祠就是给活人建立的祀祠。传统的祀祠都是为了纪念神灵以及逝去的圣贤和祖先,生祠则是纪念活着的圣贤,尤其是造福一方的州县官吏。

按照《史记》记载，"栾布为燕相，燕齐之间皆为立社，号曰栾公社；石庆为齐相，齐人为立石相祠，此生祠之始也。"（赵翼《陔余丛考·生祠》）从汉以后，为地方官吏修建生祠便成为一种社会现象。司马光说："没而祠之，礼也。由汉以来，牧守有惠政于民者，民或为立生祠。虽非先王之制，皆发于人之去思，亦不可废也。"宋代为离任官员所建的生祠也叫"先贤祠"。

生祠一般由地方民众发起修建。作为一种社会公共空间，生祠必然会引起地方公众的关注，人们在这里对祠主进行参拜和感念。有些生祠会得到长久保留，在祠主去世后成为遗祠；如果可能，生祠的延续往往会比一个人的仕途、生命乃至他所在的王朝都要长久。当然，大多数生祠都会很快荒废。

中国传统士人追求立功、立德、立言"三不朽"，生祠具有不朽的指向。荣誉、享受和自由（或者说成功、舒适和刺激）是人性三大主要心理需求。对一个已经得到（物质）享受和（权力）自由的官吏来说，生祠无疑会满足他对荣誉的最大需求。

生祠既然能为官吏带来满足，那么反过来，官吏就要为这种满足而善待为他修建生祠的地方民众，这在某种程度上构成一种利益的交换。无职无权的普通平民被赋予了发表政治言论、增强政治参与的权利。

正如瞿同祖在《清代地方政府》所说的，地方官员权力来自朝廷，作为皇权的代理人，他执行皇帝的命令，因此并不需要对地方负责。对地方民众来说，皇权和自然灾害一样不可预测，也不可抗拒，给官员建立生祠就如同修建龙王庙和土地庙一样。"君子志于泽天下，小人志于荣其身。"（刘炎《迩言》）通过生祠，官员和平民的利益共同体形成了，从而实现了地方对朝廷、民众对权力的微妙制衡。

利玛窦就发现，"中国人崇拜偶像，但当后者未能实现其愿望时，他们会对其进行惩戒，之后再予以奉祀。"他还认为，官员们在老百姓心目中就像是"人间的神",官员高高在上坐在桌子后面,而民众则要下跪。

对民众来说,比起衙门中森严的现任官员来,生祠中被供奉的前任要更容易接近一些,毕竟他始终安坐在一个开放的公共空间之中。有了生祠,"岁时必谒焉,饮食必祝焉,水旱疫疠必祷焉。事有不平者,必号于庭而诉焉"。

孟德斯鸠说,一个国家里总有一些人以出身、财富或荣誉而著称。中国古代论人,无损于世,谓之善人;有害于世,谓之恶人;无恶无善是圣人,善多恶少是贤者;善少恶多是庸人,有恶无善是小人,有善无恶是仙佛。

在东汉末期,曾有过著名的"月旦评"现象,即许劭兄弟以其才识对当时名人进行点评,据说凡得好评者,如龙之升;得恶名者,如坠深渊。唐朝之后,传统的门阀大族已经从中国政治舞台消失殆尽,平民士人构成官僚阶层的主流。对他们来说,没有出身门第可以炫耀,只能以政声来获得荣誉,生祠便很受欢迎。尤其是明朝,朱元璋以布衣而得天下,官吏大多来自科举,生祠在明代热极一时。

洪武六年(1373),朱元璋诏令各郡县儒学设立"先贤祠"和"贤牧祠",以纪念士大夫和地方官员,这或许成为明朝生祠滥觞之始。整个明朝,官方对旌表贞烈、死后奉祀、名臣入祠等都严加控制,但对生祠极其宽容和默许。

虽然《大明律》禁止为在职官吏建立生祠,但实际上,民间建立生祠并不需要得到官方的批准。顾炎武说:"今世立碑不必请旨,而华衮之权操之自下。"有人估计,明代生祠数量可能多达五万,施珊珊认为最多不超过一万。历史记载中就有"无官不立生祠""生祠不断""处处生祠"等;在当时,一个县出现二十多座生祠也是很普遍的现象。

"生祠"有大有小,小的可能只是一个临时的神龛和画像,大的则可以独立成院;有的生祠规模宏伟,丝毫不逊色于大型寺庙。

"生祠"的习俗也可能与皇帝塑像传统有关。古代皇帝往往喜欢自我神化，不仅要为自己塑像，还要为供奉这些塑像建造神庙。尽管皇帝不能亲身深入民间，但通过塑像甚至立庙的方式，每个臣民都可以亲眼看到自己的皇帝，这对加强皇帝崇拜具有最直观的效果。

隋文帝杨坚在位期间，命令工匠铸造自己的等身塑像放置在佛寺中，"令率土之上，皆瞻日角；普天之下，咸识龙颜"，其意还是为了强化生来就有帝王之相的天命传说。

据《大秦景教流行中国碑》记载，贞观十二年（638），唐太宗下令为到长安传教的基督教聂斯脱里派的传教士修建了"大秦寺"，这座基督教的教堂建好后，朝廷便派人"将帝写真，转摸寺壁"。

唐玄宗在位期间也花费了大量的心血在全国各地制作自己的御容塑像或画像，规模堪称整个唐代之最。尤其是天宝年间令"天下州郡皆铸铜为玄宗真容"，玄宗的仿真铜像遍布大唐境内二十五个州。[1]

生祠的博弈

自南宋以来，中国地方社会逐渐形成一个士绅阶层，虽然君子在野，但他们的影响力却不容忽视。

所谓生祠，大都由地方士绅出资修建，祠主则以为地方做出重要贡献的循吏廉吏为主，一般都是在官员历任之后修建。比如莱芜典史周九川为官清廉，百姓因此立石颂之。新泰知县许文献离任时，"行李萧然，惟图书一箧而已"，当地士民立祠生祀之。湖广巡抚蔡锡"岁饥赈济，全活者数万家肖像祝之"。王阳明平定了江西、福建、广东三省交界处的动乱，当地民众为他修了生祠。

万历年间的岐山知县傅铤在任时，为民众解除了繁重苛刻的税赋，离任时万民相送，为其建生祠，名为"傅天祠"。乾隆《岐山县志》卷五《官师》载："傅铤，直隶灵寿举人，万历四十三年（1615）任。能解一切繁苛，宽然与民休息。祀名宦祠。"由岐山本地乡绅作于崇祯八年

---

[1] 可参阅黄博：《如朕亲临：帝王肖像崇拜与宋代政治生活》，山西人民出版社，2023。

（1635）的《傅公铤去思记》中写道："公但知乳哺百姓，而且脱屣一官，当报最。后偶弗当意，辄醳绂去。至今父老思慕，犹如婴孺之乍离乳哺而啼号不置也。"意思是说，傅大人只知爱民，轻视做官，本来很有政绩，因与上司不合而辞官，后来岐山父老们每念起傅大人便像婴儿忽然离开奶头般伤心不已。

生祠是地方民众能给予一个官员最大的奖赏，正如升迁代表朝廷满意一样。但在一些情况下，这常常是矛盾的。地方民众希望官员清廉公正，减免赋税，但州县官果真如此，那他的仕途必然岌岌可危。反之，他就可能遭到地方民众的指责。

作为地方官，州县官号称"百里侯""父母官"，个人拥有很大权力，他们的主要工作是替朝廷征税和为民众断案。父母终生不变，州县官却是有任期限制的。他们在一个地方的任期很短，常常只有三五年。在短暂的任期内，取悦上级，同时得到地方民众的爱戴，并不是一件易事。

比如贡生王朴在雷州半岛任职时，取消了朝廷的珍珠税，民众为他立了生祠。监生索绍在清河县时，接待嘉靖南巡花费极其节省，朝廷将其调离，当地民众却立祠纪念。夏玑任新淦知县时，当地有富户杀人，夏知县将其下狱，杀人者行贿不成，便活动上级将夏调离，当地人为夏修生祠。

帝制其实就是家长制，地方官自诩为"民之父母"。传统文化崇尚忠孝，但民间对孝的理解也包括"父不慈子不孝""子不教父之过"等双重责任。相对于朝廷的强势，地方民众对生祠的运用多少起到了一种博弈和平衡作用。地方官虽然掌握着对地方的生杀大权，但如果罔顾民意，一意孤行，那他必将名誉扫地，要不没人给他修祠，要不生祠受损，这也是难以面对的一件事。

生祠作为一种公开嘉奖，只能出自他者。如果只是出于对权力的敬畏，那些由朋比为奸者赞助而非出于"公意"建造的生祠，一旦官员离任，注定会被荒废。

人走茶凉，比荒废更可怕的是塑像和建筑被捣毁。顾炎武曾感叹："今代无官不建生祠，然有去任未几，而毁其像，易其主者。"

嘉靖年间的《广平府志》就记载了一件捣毁生祠塑像的事情——

> 赵仲辉任广平知府，政尚苛猛。常以水瓮漫大竹板于堂上，士人有微愆即用是笞之，至于民非犯重律，则弗用也，他政类此。后知所为不善，乃自立生祠以饬之。及疾笃，使人视其祠，所肖像已被乡民打碎，暴露横乱于祠外。仲辉闻之，不胜惭恨，逾夕而死，士民快之。及还葬于家，不数年子孙有丐乞者。

有明一代，生祠跟轿子一样，几乎成为州县官的"标配"，这在一定程度上体现出地方自治色彩，即民众批判官员和朝廷的权利，而且这种批判是公开的和长久的，可以保持对权力长期的影响。它不仅体现在短暂的街头抗议，还会以生祠碑刻的形式传之久远。

对普通平民来说，面对天命赋予合法性的强大皇权，从等级观念上就难以逾越，生祠为平民提供了一种在正统权力体系之外，对"父母官"进行奖励和抵制的神圣感，"小天命"实现了对"天命"的对冲与制衡。

自古以来，中国人就有修庙的习俗，各种神祇多不胜数，为孔子修建的孔庙（文庙）和为关羽修建的关帝庙几乎无处不在，孔子和关羽也都是历史人物。将这种传统加以引申，生祠本身并不显得突兀，一些特别受到民众怀念的地方官吏，他们甚至被尊奉为城隍——城市的守护神，这已经远远超越了生祠的社会影响。

明朝时，城隍属于官方祀典，每个县城都有城隍庙。如今遍布中国各地的城隍庙基本都为明代遗珠。

明朝时期，尤其是明后期，随着美洲白银和西方传教士的到来，全球化对中国的影响日渐显现，其表现为商品经济日渐繁荣，城市兴起，传统的农耕观念受到冲击。在这种历史大变局的背景下，生祠这种"非正式体制"可以被视为"针对早期现代国家现实的、非常理性的适应方式"。正如加拿大汉学家宋怡明在《被统治的艺术》中所指出的，国家政权为了确保政体的稳定，自愿向地方行动者出让一部分主权，进行所谓的"制度套利"。早期现代国家一个共同的特征就是，它们都制造出制度套利的新可能，从而催生出与国家及其代理人互动的新模式和方法。

事实上，明朝生祠热背后，也有官方推波助澜的影响。

在朝廷看来，民众对地方官员的拥护也增强了皇权的合法性，毕竟官员都出自朝廷的任命；同时，生祠也有利于约束那些天高皇帝远的地方官吏，防止其结党营私、滥用权力和激发民变。

总的来说，生祠有利于维持政权稳定和社会和谐，与皇权意识形态并无抵牾。甚至从表面上，无处不有的生祠也营造了一个父慈子孝、遍地皆尧舜的祥和盛世。

魏忠贤的生祠

明朝的官吏，不仅是地方州县官有生祠，驻地方的军队将领也一般都有生祠，甚至连朝廷大员也在大建生祠。东林党人反对魏忠贤建生祠，但他们并不介意给自己修建生祠。

如果说明朝出现了生祠热，那么这场生祠热的高潮便是魏忠贤生祠。

魏忠贤并非地方官，而是一个宫廷太监，但他在天启年间权倾朝野，炙手可热，号称"九千岁"，许多人或是为了谄媚升官或是畏其气焰，争相为他立生祠。这正如《韩非子》中记载的"公仪休相鲁而嗜鱼，一国尽争买鱼而献之"。

天启年间，有"识时务者"上书，将魏忠贤与孔子相提并论，紧接着就大建生祠，就连袁崇焕也在宁远为魏忠贤修建生祠。一时之间，"海内争望风献谄，诸督抚大吏阎鸣泰、刘诏、李精白、姚宗文等争颂德立祠，汹汹若不及"（《明史·魏忠贤传》）。魏忠贤生祠"几遍天下"，"剥民财，侵公帑，伐树木无算"。

最早的魏忠贤生祠是浙江巡抚潘汝桢以杭州织造机工的名义修建的。天启六年（1626）六月，生祠竣工，位于岳飞祠和关公祠之间，备极壮观。潘汝桢等向朝廷报喜，并请赐以嘉名，随后这座魏忠贤生祠被赐名"普德"。

对于修建生祠这事情，魏忠贤自然是乐观其成的，他甚至把是否建祠与建祠多少，作为衡量官员是否效忠自己、是否应该重用的标准。在建祠运动中表现积极的大都获得升迁。

杭州生祠建成后，参与建祠的沈尚文被封为杭州卫百户，为守祠专员，世代祝厘。蓟州巡抚刘诏建生祠后迎魏忠贤像，率文武将吏五拜三稽首。刘诏先升总督蓟辽保定军务，又很快升为兵部尚书。顺天府尹建祠于北京宣武门外，开工时属官们不肯揖拜，他独自行八拜跪伏之礼，旋即升为右都御史。

与此相反，如果有人对建祠不满，便受打压，甚至招来杀身之祸。如蓟州参议胡士容反对建生祠，生祠建成后，又不参拜，结果以监盗仓粮罪捕镇抚司狱，定成死罪。遵化兵备副使耿如杞认为魏忠贤画像垂旒执笏，违背礼制，参拜只做半揖；被刘诏揭发后，魏忠贤将耿投进镇抚司狱，诬称贪赃，送刑部定为死罪。

魏忠贤一手障天，以泰山压卵之势，逆之者辄糜。魏忠贤手握王爵，口含天宪，他的生祠都占据各个州县最上等的风水宝地。魏忠贤在京的生祠，"宜建祠国学西，与先圣并尊"。

为修建魏忠贤生祠，有的占用耕地，有的砍伐树林，有的挖毁坟墓，有的拆毁民房。如临清建祠毁民房万余间；河南建祠毁房一万七千余间。江西巡抚杨邦宪为了在南昌给魏忠贤建祠，捣毁周敦颐、程颐、朱熹的三贤祠，还占用了澹台灭明祠。开封所建生祠，按照帝王的规格，建宫廷九楹，拆毁民房两千多间，大量民众流离失所，敢怒而不敢言。

从天启六年（1626）到天启七年（1627），仅仅一年时间，魏忠贤的生祠就如雨后春笋般遍地开花，包括南北直隶、浙江、山东、山西、河南、陕西、江西、湖广等九省，仅不完全统计就多达92处。

魏忠贤生祠规模宏大，所用物料、工匠、技术等也都经过精挑细选，个个雕梁画栋，金碧辉煌。"飞甍连云，巍然独峙于胜境，金碧耀日，俨如无上之王宫。"（《玉镜新谭》）杭州生祠不仅在规模上超过了关、岳二祠，其壮丽更是无与伦比。延绥生祠采用皇家专用的琉璃瓦；蓟州生祠的金像用的是帝王冕旒。

作为生祠的核心，魏忠贤塑像都是用上等沉香木精雕细琢而成，五官四肢栩栩如生，五脏六腑装满金银珠宝；太监不长胡子，便在发髻上插满四季鲜花。有一个生祠的雕像头部略大，工匠只好加以削磨，这让建祠官员如丧考妣，抱头痛哭，木匠遭到严惩。

正所谓"花面逢迎，世情如鬼；嗜痂之癖，举世一辙"。魏忠贤生祠成为明代生祠的巅峰之作，不仅超越了传统的民间和地方生祠，而且在规模、数量和花费等方面都空前绝后。一座生祠动辄数万两白银，多者数十万两。官员们为此搜刮民财、侵用国库、伐树拆房，权力的"内卷化"对国家和社会造成了严重损害，更严重的是彻底败坏了生祠原有的道德伦理。

权势总是难以长久，其兴也勃，其亡也忽，魏忠贤狐假虎威，倚仗的是天启皇帝，等到崇祯皇帝登基，魏忠贤遭到彻底清算，魏忠贤及其党羽全部被诛杀。就连给魏忠贤生祠题写匾额和碑文的书法家也被判刑。魏忠贤的生祠成为罪证，遭到全国性地摧毁。"不论在京在外，已发未发的，都着通行拆毁，变价助边"；"建在国学，尤属无等，即刻拆毁，不准存留别改"。

魏忠贤的生祠是对明朝生祠热前所未有地亵渎和玷污，或者说是残酷无情地嘲讽与打击。一个盛过大粪的碗再好，人们也不愿意再用它来盛饭。这就是所谓的"锚定效应"。经过这次生祠浩劫，曾让无数官吏梦寐以求的生祠多少已经丧失了原有的光环和荣耀。

历史学家都承认，正是荣誉感的沦丧和僭主政治的失控，使罗马帝国最终走向了衰亡。登峰造极的九千岁生祠如同一场大规模的权力短路，让"小天命"与"天命"发生混淆;或者说,权力僭越了"天命"。对明朝来说,生祠既已失去意义,那么它的"天命"和"小天命"也差不多到了尽头。

历史轮回中的晚明困局
——李文治《晚明民变》[1]

克罗齐说，一切历史都是当代史。

1944年，中国历史走到一个似曾相识的十字路口。这一年，郭沫若在重庆《新华日报》上发表了著名的《甲申三百年祭》，这篇文章表面上是为明朝的灭亡而感伤，其实是为农民起义的失败而遗憾。在这篇长文中，郭沫若对叛军中唯一的知识分子李岩充满欣赏和同情，但文章的最后却抱怨李自成"对于李岩们的诛戮却也未免太早了。假使李岩真有背叛的举动，或拟投南明，或拟投清廷，那杀之也无可惜"。

在后来的日子里，这篇一时应景的文章影响极其深远，这大概是许多人没有想到的。

也是在这一年，李文治用一本书完成了他的"甲申三百年祭"，这就是《晚明民变：底层暴动与明朝的崩溃》。作为中国社会经济史研究领域的专家，李文治的姿态更加细微和客观，他通过对大量史料的爬梳，试图从底层农民的角度复原三百年前的历史场景。

---

[1] 可参阅李文治：《晚明民变：底层暴动与明朝的崩溃》，中国电影出版社，2014。

天灾与人祸

明朝末年，正值小冰河期，天灾不断，特别是进入崇祯时代之后，几乎每年都是大灾之年，"人相食"不绝于书。

如果说刚开始还是由荒致盗，后来则变成了由盗致荒。各种税赋军饷加派一步步将更多的底层民众推上绝境。自然饥荒只是局部的，而人为饥荒却是普遍的。这就是老子所说的"民之饥，以其上食税之多，是以饥。民之难治，以其上之有为，是以难治。民之轻死，以其求生之厚，是以轻死"[1]。

进入万历之后，历经二百多年的大明王朝显现出末日景象，政治败坏，经济破产，社会秩序崩溃，帝国上下彻底沦为暴力为王的丛林社会。

自古以来，中国古代王朝都是这样盛极而衰，衰极而亡，反复循环轮回，大明王朝本身也是这种历史轮回的产物。

对于一个古老的农业国家来说，天灾无可避免；只有当天灾变成人祸时，才是一场真正的灾难。"为君之道，必须先存百姓"。当年，明太祖朱元璋曾经下令，各地遭灾，地方官一定要如实上报，否则问罪。收到灾情报告后，政府要减免当地的钱粮，同时适当发放救济。《大明律·兵律·军政·激变良民》中专门规定："凡牧民之官，失于抚字，非法行事，激变良民，因而聚众反叛，失陷城池者，斩。"

但不幸的是，在灾难深重的明朝晚期，吏治已经败坏到了极点。特别是多灾多难的西北边远地区，因为没有油水可捞，往往被官吏视为畏途，不愿意去赴任，这造成大量的官缺，"百事都废，百弊丛生"。延安、庆阳、平凉三府的州县官缺员达半数以上。

不仅官吏失职，皇帝也消极怠政。从神宗（万历）到熹宗（天启），政治迅速败坏。神宗几十年不上朝听政，官吏出缺也不递补，上至中央

---

[1] 大意为：百姓会贫穷饥饿，是因为在上位者征税太重；百姓之所以会难以统治，是因为在上位者喜欢折腾；百姓不怕死，是因为在上位者穷奢极欲，占用了绝大部分资源，让百姓生无可恋。

政府,下至州县,实际上已陷入瘫痪;皇帝怠工,官吏的奏章也不去批阅,政治停顿。本来救灾如救火,如此坐视不管,小灾变大灾,灾难就变得不可收拾,民不聊生,大明上下俱陷于崩溃之境地。

乡村的崩溃,抽空了帝国的根基,既招不到兵,也收不到饷。钱穆在《国史大纲》中说:"王府久缺禄米,卫所缺月粮,各边缺军饷,各省缺俸廪。此后文武官益冗,兵益窜名投占,募召名数日增,实用日减。积此数蠹,民穷财尽。于是明代便非亡不可。"

因为天灾、税饷和战乱,村镇废弃,田园荒芜,大多数城市尽成瓦砾场,一方面人烟断绝,另一方面盗匪横行。无数破产农民四处逃亡,或者聚集结伙,劫掠造反。时人记录山东的情形,"人民饥死者三,疫死者三,为盗者四。米石银二十四两,人死取以为食"。保定巡抚徐标自江淮入京,走了几千里地,十室九空,没有见到一个种田的农民,倒是不乏豺狼虎豹出没。

崇祯十二年到十三年(1639—1640),南北两直隶及河南、山东、陕西、浙江诸省旱灾与蝗灾并发,粮食贵至每斗数千文,人相食,道路绝了人迹。杞县富豪李信开仓放粮,反招致其他土豪忌恨,被官府罗织罪名逮捕下狱。李信被饥民救出后,只好加入叛军,甚至改名李岩,以示其决绝之心。

《论语·泰伯》云:"好勇疾贫,乱也。人而不仁,疾之已甚,乱也。"孔子说:"好勇斗狠,又憎恨贫穷的人,容易起来作乱。不仁之人,社会如果对他们过分憎恶、逼迫过度,也容易出乱子。"

富者与贫者

唐朝末年,"天下百姓,哀号于道路,逃窜于山泽,夫妻不相活,父子不相救"。刘允章在《直谏书》中提出国有"九破",民有"八苦":

> 终年聚兵,一破也;蛮吏炽兴,二破也;权豪奢僭,三破也;大

将不朝，四破也；广造佛寺，五破也；贿赂公行，六破也；长吏残暴，七破也；赋役不等，八破也；食禄人多，输税人少，九破也。

官吏苛刻，一苦也；私债徵（征）夺，二苦也；赋税繁多，三苦也；所由乞敛，四苦也；替逃人差科，五苦也；冤不得理，屈不得伸，六苦也；冻无衣，饥无食，七苦也；病不得医，死不得葬，八苦也。

朱元璋亲身经历过元末乱世，所以在明朝初期，朱元璋以严刑峻法治官，但事实上，他面对的不是官吏的贪腐，而是人的本性与权力的本性。做过最底层的农民，也做过最顶层的皇帝，朱元璋的"仇官情结"陷入一种悖论：农民恨官，可以不要官；皇帝恨官，却不能没有官。

其实皇帝本身就是最大的官，而皇帝的权力不受任何约束。明朝中后期的几个皇帝无不贪财好货，从神宗到熹宗，一个比一个奢侈。宫廷开支巨大，只好大肆挪用国库，入不敷出，再加大对民间的搜刮。

事实上，明朝不是只有一个宫廷，而是有近百个。当初朱元璋把他26个儿子分封了24个藩王。藩王们子又有孙，孙又有子，这些龙子龙孙最后多得不可胜数。如朱元璋的孙子朱济炫就生了100个儿子，而且都长大成人，除过长子封王外，其余99个都封镇国将军，每次聚会，济济一堂。朱济炫的儿子是如此之多，以至于兄弟之间互相都不认识。到了明朝末年，藩王数量已经达到83个，宗室人口超过20万人，这个庞大的寄生集团所需的巨额宗禄开支造成沉重的财政负担。如嘉靖三十一年（1552），全国税粮总收入为2285万石，而各王府的岁禄开支就达853万石，占全国税粮总收入的37%，供养皇室成员的开支超过了全部官吏俸禄的总和。

从本质上来说，这些藩王就是一群分封在全国各地的土皇帝，宗禄只是其财富的一部分，庄田才是他们最大的私产。为扩大庄田，他们大肆侵占良田，制造了大量失地农民。

如果说在明朝社会里，皇帝和皇族占据食物链最顶层，那么其下就是数量巨大的官僚集团。虽然有科举制度，但现实操作中，钱财成了主流的晋身阶梯，整个官场依靠层层贿赂编织成一个关系网，"以远臣为近臣府库，又以远近之臣为内阁府库"。"隆、万以下，无缺不钻，无官不卖。缙绅家高甍大厦，良田美池，并一切金宝珍玉，歌舞宴戏，皆以非分非法得之。"

皇帝背后有一个庞大的皇族藩王集团；同样，官吏背后也形成盘根错节的缙绅豪右势力。卸任的官吏、功臣仕宦的世家子弟、有功名的进士举人等，互相联姻勾结成一个利益集团。他们垄断地方大量资源，把握着地方经济权，却只承担轻微的税赋，所谓"产无赋，身无徭，田无粮，廛无税"，"富者田连阡陌，贫者无立锥之地"。

许多农民为了逃避重税，只好主动以田产投献于豪右官吏，这进一步加深了土地的集中程度。按照明朝制度，一个农民不仅要承担富人的税赋，还要承担逃亡农户的税赋，这迫使仅存的农民也走向破产和逃亡。

明军的哗变

明朝在二百多年中，一直在不停地修建长城，这些长城一直保留到现在。今天的人们去长城旅游，也会为其雄伟壮观所震撼，尤其是九边四镇边墙，修筑得极其精良，乃至用大理石为墙基，敌楼门框饰以海水纹，完全是无用的奢华。

浩大的长城既是明朝的形象工程，也是一个财政无底洞，官吏贪墨自肥，军人养寇自重，巨大的消耗彻底掏空了明朝的家底。

明代后半期，因为海禁政策，倭患愈演愈烈。明军负责镇守东南沿海地区的士兵，本来他们的任务就是维持海上秩序、消灭走私和海盗行为。但他们当中的一部分人，却正是那可怕的"倭寇"。在东南沿海,很多官兵及军属利用自己在军队中的关系,通过走私或海盗活动发家致富。[1]

明朝财政破产的直接结果,便是无力维持正常的军费开支。地方官吏可以租售手中的权力,而军队一旦用自己的暴力丰衣足食,那就与土匪无异。

明朝军队向来克扣冒领成风,"有兵不练,兵增而饷益匮;有饷不核,饷多而兵逾冒"。士兵的饷银本来就不多,经过层层克扣,到手几乎不剩多少。普通士卒的月饷连基本生活都维持不了,士兵们忍无可忍,开始是私逃,后来公开暴乱。明朝晚期,军人哗变成为家常便饭,甚至形成"哗则饷,不哗则不饷"的恶性循环。

正如秦朝亡于陈胜、吴广的叛乱,如今这些饥寒交迫的底层叛兵溃卒再次成为一个王朝的掘墓人,在西北边镇当兵的王嘉胤、高迎祥、李自成、张献忠就是其中的代表。

军队一旦叛乱,就无所顾忌,抢劫缙绅富豪,获得给养,而负责镇压叛军的军队却缺衣少食。就这样,每次镇压都如同抱薪救火,叛军越来越多,像滚雪球一样,从几百几千迅速发展到几十万上百万。

崇祯四年(1631),御史吴甡报告延绥地区的暴乱,"实塞上之饥军与其失伍之余卒为之倡,而饥民随之。"虽然由饥民发起的民变从未间断,但只有军队叛变之后,明朝才陷入真正的危险。与饥民不同,叛军有精锐的马队和武器,并且有完善的组织和作战经验。兵部尚书时凤翼在给崇祯的奏折中叹道:"贼马多行疾,一二日而十舍可至;我步多行缓,三日而重茧难驰。众寡、饥饱、劳逸之势,相悬如此,贼何日平!"

面对层出不穷的叛乱,明朝在招抚和征剿之间摇摆不定。

熊文灿做福建巡抚和两广总督时,曾成功招抚著名海盗郑芝龙,名

---

[1] [加]宋怡明:《被统治的艺术》,中国华侨出版社,2019,第151页。

利双收，后调任总理，招抚张献忠等叛军，却无饷可发，只好任其四处打劫，熊文灿也分一杯羹。后来张献忠再次反叛，竟然把受贿官吏的姓名、数量和日期等明细公之于众，并宣称"襄阳道王瑞柟，不受献忠钱者，此一人耳。"

"平贼将军"左良玉在夷陵大败张献忠，张献忠派人携重金贿赂左良玉："我在，你才被器重；我亡了，你就不能长保富贵！"左良玉于是网开一面。左良玉在剿寇战争中官越做越大，拥兵自重，没有军饷，就劫掠百姓，打战就像做生意，甚至屠杀百姓，割首冒功，这样的官军其实跟土匪没有什么两样。

在《灯下漫笔》中，鲁迅先生说过这样的事：每逢王朝末世乱军四起之时，人民连做奴隶的资格都没有；官来了，他们属于匪；匪来了，他们又属于官，彻底丧失了生活空间。

对大多数濒临破产的平民来说，官兵远比贼寇可怕，故有"贼梳官篦"之说。崇祯帝多次召问廷臣除寇之策，马世奇说："闯、献二贼，除献易，除闯难。人心畏献而附闯，非附闯也，苦兵也。今欲收人心，惟敕督抚镇将严束部伍，使兵不虐民，民不苦兵，则乱可弭。"回到家后，马世奇叹息说："事不可为矣。"

崇祯新政，本意是减少财政浪费，对久受诟病的驿传进行精简，结果却致使大量驿卒失业，成为叛乱分子。

李自成21岁初为驿卒，屡遭地方土豪敲诈欺凌；后当兵，因平盗有功，升至把总；最后为欠饷反叛，成为叛军首领。崇祯元年（1628），李自成与众啸聚山林，有人羡慕做官的，李自成说："如今做官全靠贿赂，还要写文章，咱们既没有钱，也不识字，做官就别想了，但做皇帝还是有可能的。"

暴力的审判

韩炳哲说："权力塑造等级关系的连续性，而暴力则制造鸿沟和断裂。……无论权力还是暴力,都采用一种折服技术。权力折服异己,直到后者躬身顺从。暴力折服异己,直到后者粉身碎骨。"[1]

每个王朝的建立都离不开暴力,但王朝的统治主要是依靠权力,暴力是权力的出处,而权力的本质其实就是暴力。因为权力不受任何约束,所以能够约束权力的唯一办法就是暴力,即所谓的"革命"。这也是中国古代王朝之所以周期性轮回的原因所在。

每一个王朝末日,几乎都是一个暴力泛滥的"水浒世界":叛军四处游荡,时聚时散,是所谓"流寇"。人数少时,劫村掠寨;人数多时,攻城夺地。每当叛军兵临城下,那些素日作威作福的官吏豪绅就如同遭到末日审判,城内贱民趁机叛乱,城池往往不攻自破。一旦城破,首当其冲的便是平日里贪残虐民的官吏群体。

《容斋随笔》卷五有一篇《盗贼怨官吏》这样写道:

> 陈胜初起兵,诸郡县苦秦吏暴,争杀其长吏以应胜。晋安帝时,孙恩乱东土,所至醢诸县令以食其妻子,不肯食者辄支解之。隋大业末,群盗蜂起,得隋官及士族子弟皆杀之。黄巢陷京师,其徒各出大掠,杀人满街,巢不能禁,尤憎官吏,得者皆杀之。宣和中,方腊为乱,陷数州,凡得官吏,必断脔支体,探其肺肠,或熬以膏油,丛镝乱射,备尽楚毒,以偿怨心。杭卒陈通为逆,每获一命官,亦即枭斩。岂非贪残者为吏,倚势虐民,比屋抱恨,思一有所出久矣,故乘时肆志,人自为怒乎?

明朝晚期,各地民变如星火燎原一般,甚至发展到叛军未至,各地方民众就已经群起响应,朝廷官吏要么弃城逃跑,要么被民众擒获以待叛军。前来镇压的官军反倒屡屡被民众拒之城外。如此,张献忠在中国南方一度兵不血刃,如入无人之境。

---

[1] [德]韩炳哲:《暴力拓扑学》,安尼、马琰译,中信出版集团,2019,第96—97页。

在一个贫富严重分化的社会，穷人造反是为了活着，富人活着就是为了钱财；对一个富人来说，钱财就是生命。武昌被围时，地方绅吏有心募兵守城，无奈府库空虚，只好向富可敌国的楚王朱华奎借钱："与臣十万人饷，当为王保境固城。"结果遭到朱华奎的拒绝。拿不到饷银的守城军士开城，张献忠屠杀楚王宗室，尽收楚王百万家资。

洛阳是福王朱常洵的藩地，当初为造王府，花费二十八万两银子，超出一般王制十倍。朱常洵与其父万历一样，视财如命，酒池肉林。叛军将至，兵部尚书吕维祺请求福王开府放赈，遭到拒绝，仅给了三千两饷银犒赏洛阳守军，还被总兵王绍禹独吞。士兵叫骂："福王贮积着百万金钱，囤积着好多粱肉，却叫我们饿着肚子去拼命！命死贼手，何其不公！"洛阳遂不攻自破。李自成叛军搬运福王府中金银财宝以及粮食，数千人人拉车载，数日不绝，皆运空而去。这笔巨资成了李自成的军队在此之后几年的军费来源。

崇祯十七年（1644）正月，李自成在西安建立大顺政权，在檄文中历数帝国之罪："公侯皆食肉纨袴，而倚为腹心；宦官皆龁糠犬豕，而借其耳目。狱囚累累，士无报礼之心；征敛重重，民有偕亡之恨。"叛军兵出潼关，从山西到北京，一路之上的各个城市，所有官吏非降即逃。李自成攻至宣化府，宣府巡抚朱之冯誓死守城，亲自督战。他下令发炮，却无人应命。他大怒，只得自己去点炮，却发现炮孔已被铁钉塞死。朱之冯长叹道："不意人心至此！"

叛军兵临城下，京师仅有八千军人守卫，且久不发饷。京营虽号称数万，实际大多是冒名领饷，真正能打仗者寥寥无几。李自成已经兵至昌平，京师收到的竟然还是捷报。听说叛军每月饷银有数十两，京城守军几乎不战而降。三月十八日夜，崇祯最信任的太监曹化淳打开彰仪门，迎接李自成入城。

从本质上来说，李自成与朱元璋是同构的；论性格、谋略和手段，李自成和朱元璋如同一对师兄弟。

崇祯最后召集百官，无一人前来；李自成进了北京，百官趋之若鹜，由成国公朱纯臣和大学士魏藻德、陈演率领，集体朝贺劝进。

李自成下令，凡朝廷官吏，按官职高低定额献金，从十万到一千不等。当初崇祯要求百官捐饷，魏藻德只捐了五百两，陈演分文未捐；如今在刘宗敏的酷刑之下，魏藻德献银万余两，陈演献数万两，朱纯臣被活活打死后抄家。周奎被杀后，从其家里搜出七十万两银子。

从北京到直隶、山东、河南，一场清算下来，那些在历次饥荒灾难中得以幸免的官宦世家无不家破人亡。通过严刑拷打，李自成在北京掠得七千万两白银；崇祯十年（1637）加派，不过两千万两。

在四川，张献忠不仅虐杀官吏，连读书的士人也不放过。张献忠诡称开科取士，士人应试者被骗至青羊宫，遭到集体屠杀，死难者达两万余人。有人劝谏，张献忠嘲讽道："还怕没人做官吗？"

五十步笑百步

一部二十四史，始终在皇权帝制这个螺蛳壳里做道场，一兴一亡，一破一立，往复轮回，历史在暴力和权力之间来回切换，从来没有找到一种控制权力和暴力的方法，精英的自私与底层的残暴互为因果。无论是暴力还是权力，它们都激发了人性中的恶。

明人洪应明《菜根谭》云："烈士让千乘，贪夫争一文，人品星渊也，而好名不殊好利；天子营家国，乞人号饔飧，分位霄壤也，而焦思何异焦声？"意思是说，皇帝为社稷存亡和青史美名而殚精竭虑，乞丐为填饱肚子而沿街嘶喊，虽然地位有霄壤之别，但其痛苦却难分彼此。讽刺的是，大明王朝原本就是一个乞丐建立的。

中国历史的法则是胜者为王，败者为寇，这其实与动物世界的弱肉强食是一样的。在动物世界中，如果一只动物病入膏肓，就会成为其他动物觊觎的猎物。对病入膏肓的明朝来说，流寇和满洲女真其实只是那个守株待兔的幸运的"宋人"，而后者无疑比李自成更加幸运。就这样,一个刚刚创立文字的森林部落意外地成为偌大帝国的新主人。对那些"天生"的官吏们来说,他们在李自成这里没有得到的,终于在爱新觉罗·福临身上得到了:"前朝勋臣及子弟,有倡先投顺仍立功绩者,与本朝一体叙用,应给封诰照例颁给,其见有官职已经来朝者,准仍原职。"

崇祯虽死,但半壁江山的南明政权仍然坚持了十余年。颇为讽刺的是,即使苟延残喘的南明小朝廷,也旧习难改,"职方贱如狗,都督满街走,宰相只要钱,天子但呷酒"。弘光帝醉生梦死,直把南京做北京。为了争权夺利,左良玉与马士英的内战打得死去活来。东林党首领钱谦益任南明礼部尚书,清兵进入南京时,其妾柳如是劝他投水自尽,钱谦益说:"水太冷。"不久便剃头做了大清的礼部侍郎。

明朝后期走向衰落和崩溃,其直接原因是财政破产,但根本原因是权力的失控。

在《十六世纪明代中国之财政与税收》一书中,黄仁宇指出,明朝的税收其实并不高,反而是特别低。过低的财政收入导致国家空虚脆弱,低俸的官吏毫无责任感,其结果就是,为了维持政府运转,不得不增加各种额外加派;为了让官吏做事,对权力出租和各种贿赂勒索不得不容忍,甚至鼓励,纵容权力进一步将民众逼入绝境。"人君赋敛不已,百姓既毙,其君亦亡"。

晚明的悲剧,一方面因为国家财政汲取能力的枯竭引发军队叛乱,另一方面因为国家赈灾能力的丧失导致农民起义;失控的暴乱加上财政枯竭,国家的失败已经无可避免。

中国传统政治的理想国是圣人治国,所谓尧舜就是这样的。但战国及秦汉之后,暴力与权力互相推动,导致社会不断陷入流氓化。每一个封建王朝都是从一个流民时代结束,又从另一个流民时代诞生。流民时代是最彻底的丛林社会。成王败寇,打倒皇帝做皇帝,最后力量最强者成为皇帝。

荀子将中国社会分为三个等级——大儒、小儒和众人:"大儒者,天子三公也；小儒者，诸侯大夫士也；众人者，工农商贾也。"帝制权力结构是金字塔式的，从批发到零售，通过层层任命编织成一个无远弗届的权力网络。所有权力的来源均与"众人"没有任何关系，相反，"众人"恰好是权力的索取对象。"王取其丝，吏取其纶；王取其纶，吏取其绔。取之不已，至于欺罔；欺罔不已，至于鞭挞；鞭挞不已，至于盗窃；盗窃不已，至于杀害；杀害不已，至于刑戮。"（《化书》）

如果说明朝亡于万历，那么清朝就是亡于乾隆。乾隆不仅为官吏群体设置了"养廉银"，还给自己开设了"议罪银"，将权力彻底市场化。乾隆之后，清朝重新跌入晚明的滑落曲线。暴力与民变，历史开始了又一个循环。

明朝末年，官吏多空缺；清朝末年，官吏多候补。仅四川一地，候补道员五十多人，知府二十多人，通判、知州、知县更是多达四百多人，以至于有人"到省二十年未得委差，衣食俱乏，冻馁而死"，有人"孑然一身，典质俱尽，自刎而死"。

崇祯九年，即公元1636年，"大清"正式诞生。之前，内秘书院副理事官张文衡向皇太极上《请勿失时机奏》："彼文武大小官员，俱是钱买的。文的无谋，武的无勇。管军马者，克军钱；造器械者，减官钱。军士日不聊生，器械不堪实用，兵何心用命？每出征时，反趁勤王，一味抢掠。……上下里外，通同扯谎，事事俱坏极了。"

光绪二十年，即公元1894年，日本明治二十七年，日本情报专家荒尾精在给参谋本部的报告中称："清国上下腐败已达极点，纲纪松弛，官吏逞私，祖宗基业殆尽倾颓。"

层层加征的"黄宗羲定律"
——曾小萍《州县官的银两》[1]

明朝灭亡后,思想家黄宗羲从历史角度进行了深刻的反思。他认为,明朝和以前的各个王朝一样,都是因为权力层层加码,老百姓负担过重,积重难返,最后走向崩溃。这被秦晖称为"黄宗羲定律"。

在《明夷待访录》中,黄宗羲剖析了历代赋税制度,他发现,每个王朝初期,所订立的税赋标准是比较合理的,但随后各种杂税和附加税便接踵而来,"天下之赋日增,而后之为民者日困于前",使人民苦于"暴税"之三害:"有积累莫返之害,有所税非所出之害,有田土无等第之害"。

在某种意义上,明朝的灭亡与一条鞭法密切相关。

"有明两税,丁口而外有力差,有银差,盖十年而一值。嘉靖末行一条鞭法,通府州县十岁中,夏税、秋粮、存留、起运之额,均徭、里甲、土贡、顾募、加银之例,一条总征之。使一年而出者分为十年,及至所值之年一如余年,是银力二差又并入于两税也。未几而里甲之值年者,杂役仍复纷然。其后又安之,谓条鞭,两税也,杂役,值年之差也。岂知其为重出之差乎?使银差、力差之名不去,何至是耶!故条鞭之利于一时者少,而害于后世者大矣。万历间,旧饷五百万,其末年

---

[1] 可参阅曾小萍:《州县官的银两:18世纪中国的合理化财政改革》,董建中译,中国人民大学出版社,2020。

加新饷九百万，崇祯间又增练饷七百三十万，倪元璐为户部，合三饷为一，是新饷、练饷又并入于两税也。至今日以为两税固然，岂知其所以亡天下者之在斯乎！使练饷、新饷之名不改，或者顾名而思义，未可知也。……嗟乎！税额之积累至此，民之得有其生也亦无几矣。"（《明夷待访录》）

黄宗羲的意思是说，明初的税赋有二税、丁口税和各种杂税，此外又征劳役（力差）和代役金（银差）。万历九年（1581），张居正实行"一条鞭法"改革，把这些税全都合并到一起。"一条鞭法"在短期内确实杜绝了许多苛捐杂税，但好景不长，各种"加派"又纷至沓来，所谓"鞭外有鞭，条外有条"。

万历年间，张瀚担任陕西巡抚和吏部尚书，最后得罪了张居正，回乡赋闲，著成《松窗梦语》，其中写道："郡县徭役，故事官赋止银若干，私有倍一至十者。"

明朝末期，先后加派辽饷、剿饷和练饷，接着，把三饷一并列入"两税"，加派变成法定，帝国的千万农民被彻底压垮。

一条鞭法是将所有皇粮国税都折合为银子统一上交。农民在地里种庄稼，但种不出银子，丰年谷贱，不足交税，只好卖妻鬻子。顾炎武在岐山就看到了这一幕："今来关中，自鄠以西至于岐下，则岁甚登，谷甚多，而民且相率卖其妻子。"[1]

《明季北略》卷九记载："当时兵赋杂沓，荒寇交至，民不聊生，内翰方以智不胜感怆，作田稼荒一词，以悲时事云：田稼荒，农夫亡，老幼走者死道傍。走入他乡亦饿死，朝廷加派犹不止。壮者昼伏夜行归，归看鸡犬人家非。贼去尚余一茅屋，官军又来烧不足。此实事也。"

---

1 顾炎武《钱粮论》："夫凶年而卖其妻子者，禹、汤之世所不能无也；丰年而卖其妻子者，唐、宋之季所未尝有也。往在山东，见登、莱并海之人多言谷贱，处山僻不得银以输官。今来关中，自鄠以西至岐下，则岁甚登，谷甚多，而民且相率卖其妻子。至征粮之日，则村民毕出，谓之人市。问其长吏，则曰：一县之鬻于军营而请印者，岁近千人，其逃亡或自尽者，又不知凡几也。何以故？则有谷而无银也。所获非所输也，所求非所出也。夫银非从天降也，勘效人则既停矣，海舶则既撤矣，中国之银在民间者已日消日耗，而况山僻之邦，商贾之所绝迹，虽尽鞭挞之力以求之，亦安所得哉！"

孔子当年感叹"苛政猛于虎",唐代柳宗元在《捕蛇者说》中记录农民逃到深山。实际上,即使逃到深山,也逃不过官家的税赋。正如杜荀鹤那首名诗《山中寡妇》:

> 夫因兵死守蓬茅,麻苎衣衫鬓发焦。
> 桑柘废来犹纳税,田园荒后尚征苗。
> 时挑野菜和根煮,旋斫生柴带叶烧。
> 任是深山更深处,也应无计避征徭。

所谓永不加赋

中国古代社会的四民(士农工商)结构中,农、工、商都需要自食其力,但士却是寄生性的。无论是提供智力和辩才的文士,还是提供勇敢和暴力的武士,都是需要别人来养的。春秋战国时代,养士就是各国国君的首要大事。[1]

所谓"士"都是中国社会的精华和精英,他们的喜恶向背往往决定了社会的走向,所以在任何社会,他们都处于社会上层或统治者的优势地位。换句话说,任何人要想统治中国社会,首先必须要用威逼利诱的方式征服"士"这个群体。

皇帝虽然贵有天下,却必须与士人共享富贵:士人尽心尽职,则天下太平;士人反目成仇,则天下大乱。士人构成皇帝统治必不可少的技术基础。

苏轼在《东坡志林》中这样总结士人的形成:"三代以上出于学,战国至秦出于客,汉以后出于郡县吏,魏、晋以来出于九品中正,隋、唐

---

[1] 苏轼《六国论》:春秋之末,至于战国,诸侯卿相,皆争养士。自谋夫说客、谈天雕龙、坚白同异之流,下至击剑扛鼎、鸡鸣狗盗之徒,莫不宾礼。靡衣玉食,以馆于上者,何可胜数?越王勾践有君子六千人,魏无忌、齐田文、赵胜、黄歇、吕不韦,皆有客三千人,而田文招致任侠奸人六万家于薛,齐稷下谈者亦千人,魏文侯、燕昭王、太子丹,皆致客无数。下至秦、汉之间,张耳、陈馀号多士,宾客厮养皆天下豪杰,而田横亦有士五百人。

至今出于科举。"

皇帝名义上是全体臣民的统治者，其实皇权社会是皇帝统治士人，士人统治农民。离开士人构成的官僚阶层，皇帝就无法完成威加海内的统治这件事，然而为了养官，农民实际承受的负担远比皇帝想象和规定的赋税要大得多。韩愈《原道》云："农之家一，而食粟之家六。"意思是一农家耕种出粟，而供士、农、工、商、释、道六家之食。纵观历朝历代的赋税史，其实也是皇帝、官僚和农民三者的博弈史。

清朝入关之后，立即取消了"三饷加派"，并订定《赋役全书》，以减轻农民负担，但随着官僚体制逐步完善，各种杂税和加派又死灰复燃。有人对康熙皇帝直言："今日之农不苦于赋，而苦于赋外之赋；不苦于差，而苦于差外之差。"

最为讽刺的是，根据《赋役全书》，官府为了防止多收多征，特意向每个纳税人提供了一份交税明细单，叫作"易知由单"，但同时要收取"易知由单"的印制费，而所谓的印制费远远超出正常印制成本，且该收费并不列入"易知由单"。迫于无奈，朝廷只好取消了"易知由单"，将税收征收条例刻在石碑上，立在衙门前。

鉴于历史教训，康熙皇帝于康熙五十一年（1712）正式宣布将税赋完全固定下来，"今后滋生人丁永不加赋"。此后，雍正皇帝又提出"摊丁入地"，即"丁徭与地赋合二为一，民纳地丁之外，别无徭役"。乾隆皇帝继位，也反复重申"永不加赋"。

在中国历史上，康熙、雍正和乾隆是三位比较有作为的皇帝，他们共同缔造了长达一个多世纪的所谓"康雍乾盛世"。但恰好是在这样的盛世，吏治腐败也达到了某种极致。

洪亮吉（1749—1809）曾记述，在他年轻时，州县官们就已经能携带着足供几代人鲜衣美食的积蓄告老还乡了；到他年长时，州县官们的这种积蓄已十倍于从前。而州县官的薪俸一直没变，这就是说，州县官们在法定收入之外获得的财富增长了十倍。

按理来说,"摊丁入地"意味着没有田地的百姓都应免除官府的徭役。但实际情况并非如此,如直隶(今河北省)临近京师,需要大量兵弁和丁差,便找出各种理由摊派:即使没有田地,只要有牲口,就要服差役;如果没有牲口,就按村庄摊派,或者按牌甲户口,谁也逃脱不了。有的地方干脆按照地亩多少摊征差银,完全与摊丁入地背道而驰。南方一些地区,诸凡"修葺城垣、公署、刑狱,砖瓦灰石派民供亿,而上司过境,勒派民夫多至千数百名,枵腹守候,其苦异常"。这种现象在清朝司空见惯。

清代陕西名臣王杰在给乾隆的奏疏中细数各种差役和摊派:"请先言其病民者:州县管驿,可以调派里民,于是使臣乘骑之数,日增一日,有增至数十倍者,任意随带多人,无可查询;由是管号、长随、办差、书役,乘间需索,差使未到,火票飞驰,需车数辆及十余辆者,调至数十辆百余辆不等,羸马亦然。小民舍其农务,自备口粮草料,先期守候,苦不堪言。……至于州县之耗弊,又有无可如何者。差使一过,自馆舍铺设,以及酒筵种种糜费,并有夤缘馈送之事,随从家人,有所谓'抄牌礼''过站礼''门包''管厨'等项名目甚繁,自数十金至数百金,多者更不可知,大抵视气焰之大小,以为应酬之隆杀。"

耗外加耗

中国古代赋税一直基本都是实物税,农民的田赋是种什么便交什么。明朝中后期,大量美洲白银流入中国,带来了一场前所未有的货币革命。在这个背景下,张居正将一切赋税都以白银形式上交国库,这就是"一条鞭法"。

但白银不同于传统的铜钱,铜钱为铸币,白银都是自然形态的金属,将这些从民间收上来的碎银熔化重铸为大块银锭,难免产生一定的损耗,俗称"火耗"。打个比方说,每人交十两白银的税,十个人的税加在一起,可能是九十九两白银,那少的一两便是"火耗"。为了避免亏空,在征税时加征火耗便成为清朝的常例。但加征的火耗往往要大于实际火耗，这其实就是官吏的灰色收入。

类似的还有"粮耗"，即征收的粮食在运输和仓储过程中发生的损耗，或者被虫吃鼠咬，或者遗失撒漏。这部分"粮耗"也要额外加上去。

火耗加粮耗合称"耗羡"，属于额外加收，加多加少并无明确规定，有加三成的，有加七成的，也有加一倍的。最可怕的是每过一道衙门，便要加一次耗羡，层层加码，如此下来，耗羡常常"数倍于正额"。

加州大学历史博士白德瑞考察清代四川巴县（今重庆巴南）留下的档案，发现巴县农民除了对每 1 两田赋额度加征 0.15 两的火耗，还要再加征负责发放完粮串票的差役们的伙食费、赋税登记时所用的纸笔费、捆绑木柜的绳索费，以及根据从赋税征收地点到县衙的路程长短来定的押运木柜的路费。这些附加税加在一起，很容易就变成在每交 1 两田赋的同时再加征 1.5 两到 2 两银子。但更可怕的是津捐，每交 1 两田赋，就要交 8.6 两津捐。加征部分高出正式税赋不是一点半点。

白德瑞还注意到，对于巴县农民而言，一项税收究竟是法定的还是非正式的，这并不那么重要。农民真正关心的是赋税总数及赋税征收命令的执行力度。

这些尘封的历史档案显示，巴县农民在想尽各种办法抵制清朝政府的横征暴敛，甚至与衙役爆发了严重的冲突。[1]

皇权制度下，从皇帝到各级官吏，都不事生产，之所以锦衣玉食，全靠食租衣税。

《宛署杂记》出自明代宛平知县沈榜之手，书中据实记录，明代宛平县一共八万人口，县衙只有五人享有官府正式编制，即所谓吃皇粮的，然而除了这五人，编外人员还有 38 人，也就是说，宛平百姓不仅要供养那五人，还要供养编外的 38 人。沈榜在书中记载，他刚上任时，宛平县

---

[1] ［美］白德瑞：《爪牙：清代县衙的书吏与差役》，尤陈俊、赖骏楠译，广西师范大学出版社，2021。

财政仅存五十余金，而全县一年的花销却需要六千有奇。要完成这个不可能完成的任务，只能靠"陋规"。

耗羡是清朝官场最著名的"陋规"，这些加耗也成为大小官吏主要的腐败来源，一方面百姓苦不堪言，另一方面朝廷也没有得到收益。眼看耗羡越来越重，朝廷最后也实在看不过去。雍正皇帝便提出"耗羡归公"，首先把耗羡与正赋的比例确定为10%—20%，然后在耗羡中拿出一部分"恩赏"给官吏，美其名曰"养廉银"。

担心基层官吏将耗羡变成正式赋税，雍正皇帝特意提出警告："若将耗羡银两俱比照正项具题报销，相沿日久，或有不肖官员指耗羡为正项，而于耗羡之外又事苛求，必至贻累小民，此风断不可长。"

在巨大的利益面前，雍正皇帝的警告并没有多大实际效果，他很快就发现山东自巡抚到下面各司道，"私受陋规如故"，"养廉银"有时数倍于正式的薪水。到了乾隆时，皇帝干脆将耗羡彻底合法化，变成正式赋税的一部分。至嘉庆、道光年间，此类"羡外加羡，耗外加耗"的情况已毫无掩饰、完全公开化了。

嘉庆时期再次推行"耗羡归公"，"大量合法收入来源被剥夺，地方官员开始求助于不合法的加派、强制性的捐献、陋规、银钱比价上的投机等办法来筹措经费，这没有什么可奇怪的。甚至嘉庆皇帝也被迫承认，地方官员除了依靠陋规外别无选择。他没有同意任意剥削百姓，而是做出了不同寻常的建议：陋规应合法化，制定征收章程。在一百年的时间内，历史就这样完成了一个循环。火耗实际上已等同于正项，同样无法满足各省和地方政府的需求"[1]。

根据郭松义先生统计，光绪间全国地丁银29 781 693两，并征耗银3 490 577两，计33 272 270两，朝廷等于在"不加赋"的名义下又增加了约14%的库银。

---

[1] ［美］曾小萍：《州县官的银两：18世纪中国的合理化财政改革》，董建中译，中国人民大学出版社，2020，第336页。

权力共生

纵观历史，无论是一条鞭法，摊丁入地还是耗羡归公，其初衷都是为了防止官僚体系在政策执行中擅自加征，但最终结果却是将各种加征合法化，因此留下一句俗话："明税轻，暗税重，横征杂派无底洞。"

唐代在安史之乱后，改租庸制为春秋两税制。白居易在关中目睹吏制的腐败和税赋的失控，写下《秦中吟十首》，其中一首《无名税》诗云：

厚地植桑麻，所要济生民。
生民理布帛，所求活一身。
身外充征赋，上以奉君亲。
国家定两税，本意在爱人。
厥初防其淫，明敕内外臣。
税外加一物，皆以枉法论。
奈何岁月久，贪吏得因循。
浚我以求宠，敛索无冬春。
织绢未成匹，缲丝未盈斤。
里胥迫我纳，不许暂逡巡。
岁暮天地闭，阴风生破村。
夜深烟火尽，霰雪白纷纷。
幼者形不蔽，老者体无温。
悲喘与寒气，并入鼻中辛。
昨日输残税，因窥官库门。
缯帛如山积，丝絮如云屯。
号为羡馀物，随月献至尊。
夺我身上暖，买尔眼前恩。
进入琼林库，岁久化为尘。

在《中国大历史》中，黄仁宇先生把中国古代的社会结构称为"潜水艇夹肉面包"：上面是一块长面包，大而无当，此即是文官集团。下面也是一块长面包，大而无当，此即是成千上万的农民，其组织以淳朴雷同为主。中层机构简单，上下的联系，倚靠科举制度。也就是，中国传统社会的主要阶级矛盾是农民与官吏，而非农民与地主。皇帝通过科层化的官僚体系向农民征税，官僚承受来自上面的压力，对上负责，征税本身是政治问题而非经济问题。面对亿万不识字的农民，官吏行使权力的随意性很大，且不受农民监督和批评。他们对纳税的农民不承担任何法律和道义上的责任。

曾做过曾国藩幕府僚的丁日昌在《抚吴公牍》中记载："江苏各州县，有'总书'一职，掌钱粮征收。州县官新任，若逢地税、贡物开征之时，衙门各房吏员为谋此职，争贿上司，其数可达千两之多。俟得此职，即敲诈勒索，随心所欲矣。"

在皇权官僚制度下，官吏面对民众权力不受任何约束，可操作空间极大，每一个官吏都能找到一百种办法来合法地谋取私利，所谓"取民愈广，害民愈深"。

明代李贽《封使君》中云："昔日虎伏草，今日虎坐衙。大则吞人畜，小不遗鱼虾。"宋末元初的隐士邓牧在《吏道》中写道："今一吏，大者至食邑数万，小者虽无禄养，则亦并缘为食以代其耕，数十农夫力有不能奉者。使不肖游手往往入于其间，率虎狼牧羊豕，而望其蕃息，岂可得也？……号为理民者，竭之而使危，夺之而使乱。"

宋朝时，地方官吏故意利用实物折价征收田赋，"既以绢折钱，又以钱折麦，以钱较绢，钱倍于绢；以钱较麦，麦倍于钱。辗转增加，民无所诉"。

按照明朝税制，农民纳税还要包括运送费用，远近不一，有的要送到千里之外，因时不同，因地不同，其代价千差万别，这一切全凭地方官吏一时好恶。

在传统社会，皇帝至高无上，不用直接面对民众，但他也知道"官逼民反"的严重后果，因此，一些有作为的皇帝也试图进行体制改革，像桑弘羊、刘晏、王安石、张居正的改革运动，由此带来一段"中兴"时期。钱穆在《国史大纲》中称唐朝"政权无限制解放，同时组织亦无限制扩大"，中国的皇权政府是"无限"的，征税权也是"无限"的，不受任何有效制约。在这种传统的无限政府模式下，所有改革都只不过是缝缝补补。

日本学者岩井茂树认为，明清的财政制度缺乏弹性，所以导致各种附加性或追加性课征的增大，并造成财政负担的不均衡。明清的财税改革套路都是一样的，合并各种杂税，将其纳入正规的财政预算制度中。一些改革确实可以暂时减轻民众负担，将地方存留的财政费用固定下来，增加朝廷财政收入，但随着经济发展（会带来通货膨胀），行政事务不断增多，使得地方政府开支增大，地方政府为弥补缺口又开始收取新的杂税。一般来说，只要能够优先保证上级权力机构的利益，地方上的"非法"或"不合理"的摊派都会得到纵容。

曾小萍通过仔细研究清朝档案，分析了"火耗归公"这个财政改革的前因后果，最后写成《州县官的银两》一书。书中认为，官僚体系本身并不足以应对中央集权和地方自治间的紧张关系，也不足以应付轻徭薄赋的信念与地方政府的财政要求之间的紧张关系。因为上司也要依靠下属的经费资助，所以额外加征成为非正式收入的来源之一，这是一种下属贿赂和上司包庇偏袒的共生关系。这个死结在皇权官僚制度下根本无解。

权力的内卷

在自然界中，蚂蚁虽然微不足道，但它们却与人类有着惊人相似的特性，比如勤劳、服从、劳动分工、集体智慧等等，最显著的就是其群居性和社会性。蚂蚁虽然没有语言，但它们能通过分泌信息素进行互相沟通。

蚂蚁群总是周期性地发生一种现象，非常诡异地集体赴死。每当领路的"带头蚁"不幸致盲时，就会发出错误的信息素，整个蚂蚁群按照这种信息素指引，便会迷路，只好原地打转，陷入"死亡旋涡"。所有蚂蚁持续转圈直至最后因体力耗尽而全部死亡。

曾有生物学家发现几百只蚂蚁组成的死亡旋涡，一直在原地转圈，就连下大雨都没能阻止它们。大部分蚂蚁死亡后，少数濒死的蚂蚁还在挣扎着转圈，谁也无法改变蚂蚁这种悲惨的命运。

当年，黄炎培先生曾对中国历史的周期性溃败有一段经典的总结：

> 大凡初时聚精会神，没有一事不用心，没有一人不卖力，也许那时艰难困苦，只有从万死中觅取一生。继而环境渐渐好转了，精神也就渐渐放下了。有的因为历时长久，自然地惰性发作，由少数演为多数，到风气养成，虽有大力，无法扭转，并且无法补救。也有因为区域一步步扩大了，它的扩大，有的出于自然发展；有的为功业欲所驱使，强求发展，到干部人才渐见竭蹶，艰于应付的时候，环境倒越加复杂起来了，控制力不免薄弱了。一部历史，"政怠宦成"的也有，"人亡政息"的也有，"求荣取辱"的也有。总之，没有能跳出这周期率。[1]

中国历史也是王朝史，每个王朝似乎都免不了成住坏空的兴亡循环。作为历史规律，在每个中国王朝中后期，官僚体系都会不断走向内卷，从成本较低的小政府变成成本高昂的大政府。随之而来的，是官僚机构叠床架屋，冗员越来越多，人们都想尽办法挤入官员行列，"居其官不知其职者十常八九"；"一职数官，一官数职"。

马克斯·韦伯说："对官僚和官吏来说，一次权力的扩张，便意味着更多的官职，更多的闲差，和更好的提升机会。"如唐甄《潜书》所云："官多则禄不得不薄，禄薄则侵上而虐下，为盗臣，为民贼。"官僚体系

---

[1] 黄炎培：《延安归来》，国家行政管理出版社，2021，第60—61页。

基于自身利益，必然不断吞噬一切社会资源，秋荼密网，层层加征只不过是一种本能反应。

因为官吏数量多了，就需要"没事找事"，增加更多毫无意义的政务，手续和关系更加复杂，每个人都忙忙碌碌，却又于人无益，于事无补，关键是自己有钱赚。

> 从来仕宦法网之密，无如本朝者。上自宰辅，下至驿递巡宰，莫不以虚文相酬应。而京官犹可，外吏则愈甚矣。大抵官不留意政事，一切付之胥曹，而胥曹之所奉行者，不过已往之旧牍，历年之成规，不敢分毫逾越。而上之人既以是责下，则下之人亦不得不以故事虚文应之；一有不应，则上之胥曹，又乘其隙而绳以法矣。故郡县之吏，宵旰竭蹶，惟日不足，而吏治卒以不振者，职此之故也。（《五杂俎·事部一》）

明初洪武时，文武官员只有两万四千人，到嘉靖时翻了几番，达到十二万。史书记载，明代"巡按查盘、访缉、馈遗、谢荐多者二三万金，合天下计之，国家遣一番巡方，天下加派百余万"。

著名的《万历十五年》用这样一段话来作为全书的结尾：

> 1587年，是为万历十五年，岁次丁亥，表面上似乎是四海升平，无事可记，实际上我们的大明帝国却已经走到了它发展的尽头。在这个时候，皇帝的励精图治或者宴安耽乐，首辅的独裁或者调和，高级将领的富于创造或者习于苟安，文官的廉洁奉公或者贪污舞弊，思想家的极端进步或者绝对保守，最后的结果，都是无分善恶，统统不能在事业上取得有意义的发展，有的身败，有的名裂，还有的人则身败而兼名裂。因此我们的故事只好在这里作悲剧性的结束。[1]

---

1 ［美］黄仁宇：《万历十五年》，生活·读书·新知三联书店，1997，第245页。

灰色财政

——洪振快《亚财政》[1]

亚财政

马克斯·韦伯指出，在传统中国，官僚体制是唯一合法的对包括经济、财富在内的"稀缺资源"做配置与支配的力量，权力决定财富，以权力谋取财富，权力与财富密不可分。权力本身虽然并不创造财富，但是权力掌握了社会财富的分配。在分配的过程中，不受监督和控制的权力常常表现出掠夺性，从而形成合法财政之外的"亚财政"。

对一个正常人来说，把这种法定之外的资金叫"灰色收入"也罢，叫"隐性福利"也罢，都无法改变其合法性的缺失。但这种不"合法"，并不代表其"犯罪"；准确地说，在权力的默许下，它处于合法与非法之间的灰色地带。这种灰色资金，根据不同的权力语境，可以是"贪污"的"赃款"，可以是"正常"的"收入"，也可以是"应得"的"福利"。

洪振快的《亚财政》严格遵从史学研究方法，先将亚财政作为一种研究对象，然后遍览史料和相关研究，再选择典型案例，对各个案例集合可能搜集的史料，对内在细节进行详细的考证，然后再推敲成文。每篇文章，都是整个思想链条中的一个点，比如海瑞、李慈铭的例子，是

---

[1] 可参阅洪振快：《亚财政：制度性腐败与中国历史弈局》，中信出版社，2014。

选择了地方官员七品和中央官员五品这两个在"亚财政"分配体系中的中间典型,又代表了中央和地方官员的生活样态;从要表达的思想来说,又代表家庭生活和消费习惯对官员追求"亚财政"动力的影响。

"亚财政"要探究的就是权力和财富的关系。洪振快把财富(实质是人类生活的物质资源)的生产和分配看作解读历史的核心。财政和税收体现了国家与人民在财富问题上的分配关系,也就是国家和人民的关系,这无疑是解读人类历史进程和现代转型的一把钥匙。

洪振快的独特之处,是用严肃的财政技术,对这种灰色经济进行了细致的分析,从而揭示出了权力与财富之间的一种隐秘关系。

无论从数额的规模,还是运行的复杂程度,这种丝毫不逊色于国家财政的"亚财政",其实就是一种由权力衍生的财富流,并按照权力的大小决定资金的流量。大官大贪,小官小贪。洪振快的"亚财政"其实是对权力的金钱换算。

"权力"一词古已有之。《汉书·货殖传》记载,成都大商人罗裒带着数十百万钱在长安做生意,攀附权贵,"依其权力,赊贷郡国,人莫敢负"。发财致富是人的本能欲望,在中国古代社会,最有效的手段不是经济方式,而是政治方式;换句话说,就是通过权力致富。

从财政的角度来说,依靠权力生存的官僚集团其实就是一个庞大而严密的经济集团,其内部以权力为交易核心,通过人身依附、血缘姻亲、朋友熟人等利益关系,建立起一个复杂的组织和网络,然后按照权力等级瓜分所有掠夺来的财富。

美国历史学家巴林顿·摩尔曾将中国与其他国家的政治传统进行过有趣的对比,"在前工业社会,建立大规模官僚机构的努力不久就会陷入困境,因为要想从民众身上榨取足够的资金来发薪饷几乎是办不到的,因而就使得官员会完全依赖他的上级。而统治者力图要解决这个困难的话,那将严重地撼动整个社会的结构。法国解决这个问题的出路是官职可以买卖;而在俄国,由于地域辽阔,所以就建立起农奴制庄园,使沙皇手下的官员收益；在中国，则允许官员或多或少地公开受贿来解决问题。"[1]

陋规下的情与理

中国有着悠久的官僚文化，因而也形成丰富多彩的腐败文化。比如元朝末期的官场，各种权钱交易名目繁多："所属始参曰拜见钱，无事白要曰撒花钱，逢节曰追节钱，生辰曰生日钱，管事而索曰常例钱，送迎曰人情钱，勾追曰赍发钱，论诉曰公事钱。觅得钱多曰得手，除得州美曰好地分，补得职近曰好窠窟。"

加尔布雷斯说过："人们追逐权力，不仅是因为权力能满足个人的利益、价值或社会观念，而且还有权力自身的缘故，因为精神的和物质的报酬存在于权力的所有和使用之中。"权力一旦被作为商品用于交易，必然会被贴上各种不同价格的标签，这就是所谓"陋规"或者"常例"；至于叫"冰敬""炭敬""别敬""程仪"等，还是叫"平规""盐规""关规""漕规""驿规""棚规"等，都只是权力出卖出租的不同背景而已。

乾隆时代，有一位混迹官场三十四年的刑名师爷叫汪祖辉。他在丢官之后，应门生故吏所求，留下了一部堪称官场秘籍的权力教科书。他认为"陋规"虽不合理，但却合情，因此须严格遵守。"凡有陋规之处必多应酬，取之于民，用之于官。谚所谓以公济公非实宦橐也。历久相沿，已成常例，万不容于例外加增，断不可于例中扣减。"

官场上的"陋规"基本与王朝相始终。晚清时期，曾国藩也曾为此辩护，以为要顺利推行政务，就不得不如此。同为清流的代表人物，李慈铭常常抱怨张之洞送他的"礼"太轻，以至于告诉下人，"午后至陶然亭，张之洞来，我避之。"

张宏杰指出，"陋规"并不必然就是腐败。所谓"陋规"，它的产生

---

[1] ［美］巴林顿·摩尔：《民主和专制的社会起源》，王茁、顾洁译，上海译文出版社，2012。

是迫不得已，它的流向也并非如我们所想象的尽入私囊。事实上，它是晚清财政制度不可缺少的组成部分。不过，由于没有财政审查制度，收多少陋规，完全由着官吏个人，"陋规"便给贪腐带来了极大方便。

嘉庆十三年（1808），苏北发生水灾，山阳县令王伸汉将赈济灾民的帑银私吞，被前来查赈的李毓昌发现。王伸汉请出淮安知府王毂说情，遭拒，王指使家奴买通李手下的长随，将李杀害。李毓昌家人京控成功，所有相关者都被处死，连江苏巡抚汪日章也被撤职。在这起"从来未有之奇案"[1]中，李毓昌之所以被害，是因为他拒绝陋规，王伸汉、王毂之所以被处死，也是因为陋规。昭梿在《啸亭杂录》中说："查核故事，凡委员往，漫不省察，惟收其陋规而已。"[2]

所谓陋规，其实是权力作为商品进行交易的利润。与其他商品不同，权力作为商品参与交易，往往是垄断的、排他的、强制的，因此往往具有敲诈勒索的特征。比如清朝的崇文门关卡，就可以当作权力这种商品的典型和榜样。在这里，不仅是商贾小贩，就是封疆大吏经过，也必须接受勒索，而且"官职逾尊，则需索逾重"；左宗棠行经崇文门，"门者留难，索巨贿，始放入"。

孙中山先生在《中国的现在和未来》一文中，讲述了左宗棠的另一件事：清帝传下一道特诏，招他到北京觐见。守门人问他要八万两银子的贿赂，他拒绝了。因此，他到京的消息就没有传到皇帝那里。几个月过后，皇帝传诏问他为什么还没有来。左宗棠照实回答，说财产都充作兵费，没有钱支付这笔贿款。皇帝回文说，这是祖宗古制，所有官员必须服从。左宗棠实在没有钱，他的好友发起认捐，清皇太后还出了总额的一半。凑足银数之后，左宗棠才见到了皇帝。[3]

古人一般将"官府"称作"衙门"，其实在唐宋之前，是叫"牙门"，

---

[1] 清代赵翼《檐曝杂记》卷六之《冒赈大案》。
[2] 冯尔康：《清人生活漫步》，中国社会出版社，1999，第60页。
[3] 《孙中山全集》第一卷，中华书局，1981。

官府门口的旗子叫"牙旗"。"牙门"可谓形象至极,貌似微不足道的"门子",其权力竟然如此之大。

这个权力所带来的利润之所以这么高,是因为出任崇文门监督者都是皇亲贵戚。靠着大树好乘凉,近水楼台先得月。冯桂芬在《校邠庐抗议·罢官征议》中说,粤海关看门人的月薪可达800两银子。

醒贪简要录

正如暴力出于人性一样,权力也是人类最原始的欲望。在某种意义上,权力是中国社会的宗教,它给予生活保障、赋予人生意义,是种种欢乐与痛苦的源泉。罗素曾说,在人的各种欲望中,主要是权力欲和荣誉欲,而获得权力又往往是获得荣誉的最便捷途径。[1]

从政治伦理上说,权力作为公器,其目的是服务社会与国家。但从个人来说,权力只是一种牟利工具,"人们喜欢的是从权力得到的利益。如果握在手上的权力不能得到利益,或者利益可以不必握有权力也能得到的话,权力引诱也就不会太强烈。……权力之所以引诱人,最主要的应当是经济利益。"[2]

孟子说:"士之仕也,犹农夫之耕也。"掌握权力的官吏只是一种职业,这种职业跟农民、商人、工匠一样,有其合理合法的收入;而且与其他职业相比,官吏的俸禄并不低,所谓"尔俸尔禄,民脂民膏"。以汉朝为例,官吏每年的禄米在192石到4200石之间。按照战国李悝的说法,"一夫挟五口,治田百亩,岁收亩一石半,为粟百五十石",五口之家的农民一年收入不过150石,由此可见,官吏的收入最高可达农民的三十倍,最少也强于一般农民。

出身底层农民的朱元璋深知官吏贪腐之可怕,他在洪武二十五年(1392)专门颁布了一部《醒贪简要录》。

---

[1] 参见英国罗素《权力论》。
[2] 费孝通:《乡土中国》,北京出版社,2009。

他又说"四民之中，士最为贵，农最为劳。士之最贵者何？读圣贤之书，明圣贤之道，出为君用，坐享天禄。农之最劳者何？当春之时，鸡鸣而起，驱牛秉耒而耕，及苗既种，又须耘耨，炎天赤日，形体憔悴。及至秋成，输官之外，所余能几？一或水旱虫蝗，则举家遑遑无所望矣。今居官者不念吾民之艰，至有剥刻而虐害之，无仁心甚矣。"

朱元璋站在一个农民的角度，告诫官吏群体应当知足。

按照《醒贪简要录》的算法，七品县令的薪俸需要70多亩地、5个农民的劳动产出，而正一品的俸禄是七品的12倍，每月支米87石，一年就是1044石，大概相当于今天的30多万元。朱元璋认为这些薪水是足够的，"若将所得俸禄养家，尽自有余"，"为官者既受朝廷重禄，尚无餍足，不肯为民造福，专一贪赃坏法，亡家果可怨乎？"

但事实上，朱元璋根本不了解"亚财政"的秘密；或者说，他不知道权力的逻辑。"如何贪官此锁，不足以为杀，早杀晚生"，最后朱元璋黔驴技穷，自叹"才疏德薄，控驭之道竭矣"。

明代官员笔记中这样描写官场禁令："上官莅任之初，必有一番禁谕，谓之通行。大率胥曹剿袭旧套以欺官，而官假意振刷，以欺百姓耳。至于参谒有禁，馈送有禁，关节有禁，私讦有禁，常例有禁，迎送有禁，华靡有禁，左右人役需索有禁，然皆自禁之而自犯之，朝令之而夕更之。"（《五杂俎·事部一》）

即使最严酷的律法，也不能彻底阻止官吏的贪腐。英国历史学家阿克顿勋爵有句名言："权力导致腐败，绝对权力导致绝对腐败。"他还说过："权力，不管它是宗教还是世俗的，都是一种堕落的、无耻的和腐败的力量。"不受控制的绝对权力只会"败坏良知，麻木心灵，使它失去对环境的理解力"。[1]

在清代268年当中，涉及一品和二品高级官吏的贪腐大案共有108

---

1 ［英］阿克顿：《自由与权力》，侯健等译，译林出版社，2011。

件，被判刑的有157人，其中死刑立决者68人，绞监候（死缓）者47人。[1] 土匪出身的一代枭雄张作霖与朱元璋有着同样的感受，他说："中国之坏，就是坏在官吏，办公事的人，只贪图私利。拿京奉铁路说，内中的弊病太多，说起来把人气死。外国人说中国穷，其实中国何尝穷，只不过钱都饱入官吏私囊了。中国财政，只要有个好人整理，官吏都奉公守法，那一点外债算个什么。"[2]

清代最腐败的领域就是河防，真正用于工程的费用不到十分之一，90%以上都落入权力者的个人腰包。最常见的是，为了获得巨额河防拨款，负责河防工程的部门要定期制造溃决灾难，以获得拨款。"每岁经费银数百万两，实用之工程者十不及一，其余供文武元弁挥霍，大小衙门之应酬，过客游士之余润。"河政官员生活之奢靡，连广东洋商和两淮盐商都相形见绌。[3]

"贪污这一现象，假如我们肯细心翻读过去每一朝代的历史，不禁令人很痛心的发现无代无之，竟是与史实同寿。"最严厉的皇帝和最严酷的律法，也不能阻止官吏的贪腐。吴晗先生对此总结道："宋代厚禄，明初严刑，暂时都有相当效果，却都不能维持久远。原因是这两个办法只能治标，对贪污的根本原因不能发生作用。治本的唯一办法，应该从整个历史和社会组织去理解。"[4]

养廉银的失败

为了减少官吏的贪腐，有的皇帝用大棒，有的皇帝用胡萝卜。宋神宗多次增加官吏本来就已经很高的俸银，称之为"重禄重法"；清代雍正和乾隆年间，为了阻止腐败的蔓延和失控，朝廷大力推行"养廉银"制

---

[1] 转引自宋石男：《清代的贪腐与救赎》，载《人人都是自己的历史学家》，中华书局，2013。
[2] 《顾维钧回忆录》，中华书局，1983。
[3] 王振忠：《南河习气：河政与清代社会》，载《千山夕阳：王振忠论明清社会与文化》，广西师范大学出版社，2009。
[4] 吴晗：《论贪污》，载《历史的镜子：吴晗讲历史》，九州出版社，2008。

度，将官吏部分灰色收入合法化。相比之下，这使得正式薪俸反倒显得更加微不足道。一个巡抚年俸为一百五十两银子，养廉银却高达两万两左右，相当于俸禄一百倍以上。

道光二十六年（1846），陕西发生重大灾荒，地方税收大幅减少，导致国家的军粮都停征了，然而陕西粮道要给"督抚将军陋规如常支送"，其中的"抚"就是陕西巡抚林则徐。曾做过陕西粮道的张集馨在《道咸宦海见闻录》中记录当时的礼单：给西安将军三节两寿礼，每次银八百两，表礼、水礼八色，门包四十两；八旗都统二人，每人每节银二百两，水礼四色；陕西巡抚，四季致送，每季银一千三百两，节寿送表礼、水礼、门包杂费；陕西总督，三节致送，每节银一千两，表礼、水礼八色及门包杂费。

张集馨记载，他本人的正常进项只有一两万两，但每年花在请客送礼方面的银子就要五万两，因此每年必须有六万多两银子的进项才能支应。按张集馨所说，这么一大笔额外收入，"虽非勒折，确是浮收"，"缺之所以称美者，不过斗斛盈余耳"。这就是所谓的"养廉银"。

黄仁宇指出，明代的财政制度没有清晰区分国家收入与地方收入，所有赋税收入都归朝廷，哪些钱用于朝廷开支，哪些用于地方开支，皆无章可循，哪怕是泛泛规定的原则也没有。[1]根据现代学者研究，唐代财政，中央与地方收入比为1∶2，明代为7∶3，清代为8∶2，甚至达到9∶1，这导致地方财政严重亏空。

所谓"养廉银"，往往由地方官吏以各种"耗羡"的名义进行加征加派，其数额非常巨大。用这笔银子作为"养廉银"，等于承认地方官吏的加征是合法的，也等于从法令上加重了民众的税收。当然，官吏们绝不会满足于"养廉银"所规定的数额，还要进一步暗中加派，以至于"敲骨吸髓"。"借火耗之名，为巧取之术。盖不知起于何年，而此法相传，

---

1 ［美］黄仁宇：《明代的财政管理》，载《现代中国的历程》，中华书局，2019，第113页。

官重一官，代增一代，以至于今。于是官取其赢十二三，而民以十三输国之十；里胥之辈又取其赢十一二，而民以十五输国之十。"[1]

早在康熙时代，就有大臣（许承宣）在奏折中说：今日之农，不苦于赋，而苦于赋外之赋；今日之商贾，不苦于税，而苦于税外之税。翻看中国古代经济史，因为吏治的腐败，亚财政化的国家财政秩序一片混乱。

王莽曾指斥西汉财税紊乱："汉氏减轻田租，三十而税一，常有更赋，罢癃咸出；而豪民侵陵，分田劫假，厥名三十税一，实什税五也。"从表面上看，清政府每年的财政收入不足亿两，但实际民众的负担却远超其上；至少从规模上讲，"亚财政"远远大于"财政"。

归根到底，"重禄"与"养廉银"制度之所以最后都失败，是因为贪腐根本原因并不是官吏们收入不足，也不是欲壑难填，而是权力市场的存在。只要存在权力商品化，权力可以进行合法和非法交易，那么贪腐就必然发生。

皇帝的议罪银

中国虽然有极度发达的官僚体制，但并没有完善的法治文化，常常以道德代替法律，以人情的感性代替文字的理性。在宗族文化下，权力公私不分，一人得道，鸡犬升天；城楼失火，殃及池鱼。权力在手，无法无天；只许州官放火，不许百姓点灯。这就像费孝通先生说的："中国传统社会里，一个人为了自己可以牺牲家，为了家可以牺牲党，为了党可以牺牲国，为了国可以牺牲天下。"[2] 林语堂也说："贪污受贿，敲诈勒索，对公众可能是罪恶，然而对家庭总是美德。因为所有的中国人基本上都是不错的'好人'。"[3]

---

[1] （明）顾炎武：《日知录》卷十一。
[2] 费孝通：《乡土中国》，北京出版社，2005，第38页。
[3] 林语堂：《中国人》，学林出版社，2007，第186页。

正是这种政治制度的混沌状态,才导致了权力和法律的阴阳两界,因此在正式的薪俸之外,还有"养廉银"。所谓"养廉银",其实就是权力私有化和商品化的市场交易价值。"养廉银"的存在本身就是对贪腐的合法化。

在中国历史上,拒绝贪腐的所谓"清官"凤毛麟角,贪腐才是官场的主流,这是权力逻辑决定的。章学诚说:"上下相蒙,惟事婪赃渎货。始如蚕食,渐至鲸吞……贪墨大吏胸臆习为宽侈,视万金呈纳,不过同于壶箪馈问。"

每个中国王朝虽然都要颁布大量的律例,每年也都有很多人被官方审判核准后"秋后问斩",但其实被官吏集团用各种酷刑和黑狱非法迫害致死者数量要远远超过合法的死刑犯,前者甚至是后者的十多倍。同样,官吏群体的实际收入也远远超过其公开的俸禄收入。汉朝杨敞做过大司农和丞相,死后的遗产近千万;丞相张禹的家产达到八亿。在美国《华尔街日报》的一份世界千年富豪统计中,粤海关最大的行商伍秉鉴的财富达到两千多万两白银,而和珅的财产至少是伍秉鉴的四十倍。这相当于大清帝国二十年的财政收入。

"豺狼当道,安问狐狸?"[1]事实上,与那些贪官污吏相比,拥有最高权力的皇帝才是最大的贪污犯,犹以明清为最。宋朝时的市舶司收入必须上交国家财政;但到了清朝,粤海关收入则全部交到内务府,专供皇室之需。

《乾隆皇帝的荷包》一书中写道:内务府掌管皇室的各种生活事务,广储司则系管理皮藏及出纳的机构,如同皇帝私人荷包,金银财宝都聚积于此。内务府广储司的六库分别是银库、皮库、瓷库、缎库、衣

---

[1] 汉荀悦《汉纪·平帝纪》记载,东汉顺帝汉安元年(142),外戚梁冀总揽朝廷兵权,梁氏一家又姻亲满朝,盘根错节,民众苦不堪言。皇帝诏遣八位使臣巡行天下,惩罚奸佞,奖掖清忠。这"八俊"多为天下名儒,其中张纲年纪最轻,官位最低。他叹道:"豺狼当道,安问狐狸?"遂将车轮埋于都亭,愤然弹劾梁冀"肆无忌惮、贪污受贿、多树谄谀、陷害忠良"等十五项大罪。书奏,"京师震竦",百官惴惴。汉顺帝知道张纲的忠直,但毕竟梁冀是血脉皇亲,加上梁冀亲党互相庇护隐瞒,最后一切都不了了之。

库、茶库。六库藏的金、银、铜、锡、大制钱、珊瑚、玛瑙、琥珀、水晶、玉石、毛皮、绸缎、沉香等琳琅满目，令人目不暇接。乾隆皇帝在位六十年，他私人的三座银库——广储司银库、圆明园银库、养心殿造办处银库，估计总收入在八千万两以上，大约是清代国家两年田赋税收，是整个十八世纪欧洲各国皇室难以匹敌的。[1]

如果说这尚可算是正常薪俸，那么作为所有权力的垄断者，皇帝的额外收入就更多了。与"养廉银"相对，和珅为乾隆定制了"议罪银"，从而构成完整的权力分赃机制。如果说"养廉银"让官吏贪污合法化，那么"议罪银"就让官吏犯罪合法化。"议罪银"一出，皇帝与官吏皆大欢喜，权力市场更加繁荣。

正如历史学家费正清所言，"从康熙、雍正到乾隆，他们做了一件事，就是把中国的官僚体制变成了一个合法的有组织的贪污集团"。"朝廷命官必须对他们治下发生的一切公众事件负责，但不必对所有公款负责。预算和会计手续是非常简陋的。官员们靠我们今天称之为'系统性的贪污'行为来谋生，而这种行为有时变成了敲诈勒索。……在中国，直到近代，贪污受贿仍是个公认的惯例，恬不知耻而且肆无忌惮。"[2]

粤海关的亚财政

许倬云先生曾说，中国历来的皇朝都有皇室和政府财库分开的习惯，只有在清代，皇室可以任意支用政府的库存。黄仁宇先生曾经说过"中国没有数目字管理的观念"，这句话完全适用于清朝的财政制度。[3]

实际上，"万历十五年"或许是一种历史规律。很多历史学家也都认为，清朝从乾隆时代就已经走向没落，其标志就是官僚体制的堕落和权力的腐败。

---

1 赖惠敏：《乾隆皇帝的荷包》，中华书局，2016，导论第6—7页。
2 ［美］费正清：《美国与中国》，世界知识出版社，2008，第106—108页。
3 可参阅许倬云：《说中国：一个不断变化的复杂共同体》。

在"利出一孔"的粤海关，欧洲商人除了被收取正常的税金，还要收多达68项"规礼"，而这些"规礼"数额比正税多得多，英国东印度公司每年因此损失大量利润，而且这些金钱根本无法进行计算和控制。无奈之下，英国人只好冒险派洪仁辉潜入北京，向乾隆皇帝告御状。洪仁辉的"上访"宣告失败，"英国曾经有两次以朝贡的方式，试图用昂贵的礼物去讨好（中国）天子陛下"。特别是马戛尔尼拜会乾隆那次可谓倾尽全力，结果还是不了了之。洪振快在《亚财政》中，极其醒目地揭示了粤海关"亚财政"的运行及其恶果。

鸦片战争后，清政府聘请英国人负责海关。在赫德担任海关总税司近半个世纪的时间里，中国海关基本遏制了腐败，成为整个帝国难得的廉洁机构。1899年，清朝海关的税收达到了惊人的三千万两白银，几乎占了清政府财政收入的三分之一。在赫德时期，整个海关只发生过五起贪腐弊案。恭亲王奕䜣感叹说："要是我们有一百个赫德就好了。"

在赫德的治理下，海关关税成为清朝财政最稳定最可靠的支柱，使得清廷得以苟延残喘长达半个世纪。

权力的解构

中国科举制度以文章选官，所以大多数官僚都是擅长写作的文人，因此留下了大量的历史笔记或日记，这让我们得以了解古代官僚制度的运作和官吏群体的生存状态。

杜凤治是绍兴人，出身官僚世家，在道光咸丰年间担任广东广宁县知县十四年，留下数百万字的日记。这些日记经过学者整理已经出版。

据杜凤治的记载，他在京城当幕僚的月薪只有1.2两，而做知县的月薪是6两；他为了"跑官"花了4680两，到地方后"上下打点"又花了3500两。他后来退休，带走了45000两，这相当于他750年的工资。

杜凤治还是一个清官，他在县衙写有一副楹联：

> 屋如传舍，我亦传舍中一人，明昧贪廉自存公论；
> 堂对绥江，彼皆绥江上百姓，是非曲直何用私心。

与晚明的沈榜（《宛署杂记》）相比，晚清时期的基层官僚机构更为庞大。有人估算，清代全国正式官员大约只有两万七千人，其中两万为文官，七千为武官。除过在京师的，全国一千多个县，每县官员只有三五十人。

按杜凤治记录，广宁县编制衙役七十八人，而实际使用的编外人员达一千人，曾经做过多年师爷的杜凤治如今做了官，也聘请了七位师爷，光一年付给这些师爷的工资就有六千两。

其实与人员工资相比，花销最大的就是人情往来，尤其是上级的道台、知府、布政使、巡抚和总督等，各种婚丧嫁娶都少不了送礼，比如两广总督瑞麟过生日，杜凤治就送了三千两。[1]

曾国藩和杜凤治基本属于同时代人，也留下大量私人笔记。

据张宏杰的研究，曾国藩做京官长达十三年，虽然也多次升迁，但三五百两白银的年俸根本不够花。因为他不仅要养全家大大小小十几口人，还有大量的应酬。刘光第家境贫寒，中进士后钦点刑部主事，因无力支付当京官的花销，竟不敢就任。许多京官除过厚着脸皮"打秋风"，很自然地以陋规敛财，或贪污受贿，或以权谋私。但即使如此，曾国藩依然能洁身自好，克制"利欲"，"不靠做官发财以遗后人"。[2]

当初为资助曾国藩求学，曾家已背负巨债，即使有翰林俸给，他在北京生活也不宽裕，"但随着第一次外派出京，担任四川乡试主考官，情况跟着改观。巴结他的下层官员争相送礼，而通过考试的学子的家人也上门送礼以示感谢。他返回北京时有十六顶轿子随行，轿里装满裘、玉

---

1 可参阅邱捷：《晚清官场镜像：杜凤治日记研究》，社会科学文献出版社，2021。
2 可参阅张宏杰：《给曾国藩算算账：一个清代高官的收与支》，中华书局，2015。

跟银,用来还清他的巨债还绰绰有余。"[1]

如果说曾国藩在京官时期是官小职微,没有机会腐败,他后来在湘军的十几年里已经是封疆大吏,经手的军费不计其数,但他终老时所积"养老钱"也不过两万两白银。相比之下,李鸿章的存款高达八百万两。

李鸿章和曾国藩都是晚清著名的政治人物,但他们对待权力和金钱的态度截然不同。

李鸿章晚年权倾朝野,被称为"李合肥",可谓实至名归。为了表示对"头号大主顾"的敬意,德国克虏伯兵工厂特意为李鸿章塑铸了一座巨大的全身铜像,不远万里运到中国,树立在上海徐家汇。按照清朝陋规,"采买西洋军火器械,有浮报价银两三倍者,并有浮报至四五倍者"。

《亚财政》的大量史料直接来自康、雍、乾时期的奏折、上谕、实录等,并采用不同史料相互印证,以确凿的细节钩稽每个案例的全貌,这种写作不仅需要扎实的历史考证能力,更少不了潜心学术的毅力。

在该书中,洪振快也用"亚财政"解释了中国历代王朝兴亡的原因。"亚财政"使民众在缴纳"明税"之外,还要负担更多的"暗税";"明税"体现了官民博弈均衡,"暗税"的泛滥失控往往会打破这种均衡,从而激发民变和社会崩溃,暴力革命导致政权更替,这就是权力逻辑下的"中国历史周期律"。

在"亚财政"的格局下,权力之间恶性竞争,社会财富被大量掠夺和损耗,整个社会呈现出"抢瓷器"的灾难局面,最后鸡飞蛋打,鱼死网破,一切归零。

一般而言,一个新王朝刚刚建立时,官僚队伍还比较小,相对比较高效和廉洁。随着时间推移,官僚机构越来越臃肿,冗官滥吏,人浮于

---

[1] [美]裴士锋:《天国之秋》,黄中宪译,社会科学文献出版社,2014。

事，道德败坏，法制失效，各种腐败便不可遏制地锈蚀国家机器。金观涛先生将其原因称为"无组织力量"，即官僚机构在维系自身稳定的调节过程中所发生的异化，这种异化在瓦解官僚机构的同时，又不构成新的组织力量。这种无组织力量因为不可逆性和自繁殖性，最后导致一个腐朽王朝走向覆灭。[1]

---

[1] 金观涛、刘青峰：《兴盛与危机：论中国社会超稳定结构》，法律出版社，2011，第91页。

清代的京控
——李典蓉《清朝京控制度研究》[1]

很多研究历史和思想的学者都认为，中国传统政治是道德至上，道德和人情都比法律重要，这与现代社会的法治观念正好相反。如果从现代人的视角去看历史，往往会发现很多问题。当然，研究历史不是为了解决过去的问题，而是为了让我们更理解过去和当下。

古代文人都有写笔记的习惯，清朝郑光祖的笔记叫《醒世一斑录》，记录了很多历史细节，其中有一篇道光八年（1828）的法律判决书。案件起因是同为官僚的兄弟二人争夺家产，兄长担任江西翰林院编修，弟弟担任六科给事中，两兄弟为争产而上控督府。担任总督部堂的蒋大人对此案的判决如下：

> 鹏鸟呼雏，慈乌反哺，仁也；蜂见花而聚众，鹿见草而呼群，义也；鸿雁聚而成行，雎鸠挚而有别，礼也；蝼蚁闭塞而雍水，蜘蛛结网而罗食，智也；鸡非晨不鸣，燕非社不至，信也。彼夫毛虫蠢物尚有五常，人为万物之灵，岂无一得尔。兄弟名仁而不克成仁，名义而不知为义，以祖宗之小产，伤手足之天良。兄藏万卷全无教弟之心，弟掌六科竟有伤兄之意。古云：同田是富，分贝为贫。当羞析荆之田

[1] 可参阅李典蓉：《清朝京控制度研究》，上海古籍出版社，2011。

氏，宜学百忍之张公，过勿惮改，思之自明，如必不悛，按律究问。

《礼记》云："刑不上大夫，礼不下庶人。"古代中国是一个传统宗法社会。中国传统宗法维护的是一种等级秩序，这种秩序不仅要求下者顺从守法，也要求上者自律。

春秋时期，邓析出身贵族却同情庶民，他提出"刑名"之说："天于人无厚，君于民无厚，父于子无厚，兄于弟无厚。"民众有权议政、诉讼。一时之间，郑国"民口欢哗"，邓析遂遇害。消息传到鲁国，宣扬"内圣外王之道"的孔子拍手称快。

在宗法语境下，国与家是同构的。清代的《李氏家法》中说："情以宽君子，法以治小人。"这实际也适用于《大清律例》；所谓国法（王法），不过是家法的放大版；换句话说，《大清律例》就是《李氏家法》的国家版。康熙帝有许多关于法律的言论，"国家设立法制，原以禁暴止奸，安全良善"；"帝王以德化民，以刑弼教，莫不敬慎庶狱"（《康熙政要》）。

从根本上来说，中国传统是反对法治的，所谓"刑期于无刑，民协于中"（《尚书》）；"法令滋彰，盗贼多有"（《道德经》）；或者说，人们对清官的企盼和信任远远超过了对法律的依赖。因为人们确信，有了清官，"王法"才能惩恶扬善，不冤枉无辜；有了清官，一方之民才能受到"王法"的保护，免受滥刑之苦。

在某种意义上，正是因为这种"清官情结"，才产生了上控上诉。"传统中国的统治者要向臣民显现'青天'形象，让人相信问题出在地方官员身上，皇帝还是英明的，所以要给臣民一个来京告状的合法渠道。"

当遭遇一个恶官酷吏之后，受屈者便会想方设法去寻找另一个清官来"讨还公道"。当然，皇帝是人们心目中最大、最理想的"清官"，所以，"京控"和"告御状"便成为最后的救赎。

清末民初有一部小说，叫《带印奇冤郭公传》[1]，主人公郭泰为灵璧县

---

1 也是道人：《带印奇冤郭公传》，百花文艺出版社，1986。

令,为官廉正,被称为"郭青天",因遭上司陷害,他愤而带印"京控",结果被安徽巡抚关进监狱,其子接着去京控,其冤仍不得申,直到清朝覆灭,郭泰才获得自由。

这虽是小说,却比历史更真实地展现了"清官"与"京控"这种梦幻的破灭。

越诉与上控

中国古代很早就设有各种直诉制度,有案情重大、冤抑莫申者,可越过一般受诉官司和申诉程序,直接向最高统治者陈诉。作为一种让底层民众申冤诉苦的司法救济制度,直诉制度源于周朝,隋唐时代臻于完善,明清时代发展到巅峰,最后终结于清朝"京控"。

但在具体操作中,直诉申冤往往要受到严厉限制和惩罚。比如在唐代,到京师向皇帝告御状,构成"越级上诉",唐代法律规定要笞四十;拦轿申冤叫作"邀车驾",也属于"越诉",好在唐代视其为普通的"越诉",即便冲入皇帝仪仗也只是杖六十。

元代法律规定,"未诉省、部、台、院,辄经乘舆诉者罪之"。明朝法律对此处分要严厉得多,告状者冲击皇帝仪仗者,可判绞刑。清朝干脆规定不允许"邀车驾直诉"。

"所谓忠臣,不危其君;孝子,不非其亲。"(韩非《忠孝》)中国古代以忠孝治天下。在传统文化中,告御状本身就是以下犯上的大逆不道之罪,因此很难获得统治者实质的同情和支持。皇帝并不相信这些京控分子。告御状一般都被当作"刁民"的典型特征。

清顺治时代,朝廷就明确规定:凡告御状者,一律先打40大板再说。到了康雍乾盛世,任何到北京告御状者,一律收入刑部监狱。

清中期以后,除了个别幸运者,大多数上诉者都遭受轻重不等的惩处。乾隆皇帝将官吏比作民众之父母,将自己又比作官吏之父母;他曾如此警告上访者:"州县乃民之父母,以子民而讦其父母,朕岂听其一面之词，开挟制把持之恶习。譬如祖虽甚爱其孙，必不使其恃恩而抗其父，此等刁风断不可长！"

最典型的一个案例是，乾隆二十九年（1764），湖南新宁县平民刘周祜向知府控告新宁县县令营私舞弊，知府将案子发回新宁县。刘周祜遭到报复，由此引发新宁工商界罢市抗议。乾隆获悉后指称："抗官之案，虽事涉有司，应行参处，亦必首惩纠众之人。而于官员应得处分，不即汲汲究治，诚虑匪徒因此长奸，不可不防其渐也。"

清朝不许越级上控，"若越本管官司辄赴上司称诉者，笞五十"。保留至今的内乡县衙门房的东间前，放置着一面喊冤鼓，供百姓击鼓鸣冤之用；西间前有两通石碑，分别刻着"诬告加三等""越诉笞五十"的字样。

普遍存在的上控和直诉现象，与传统法制的刑讯逼供有密切关系。唐代酷吏来俊臣编撰的《罗织经》中有刑罚卷，其中云："死之能受，痛之难忍，刑人取其不堪。士不耐辱，人患株亲，罚人伐其不甘。人不言罪，加其罪逾彼；证不可得，伪其证率真。刑有不及，陷无不至；不患罪无名，患上不疑也。"许多古代官员审案，使用严刑拷打和刑讯逼供，导致屈打成招的冤假错案层出不穷，因而造成各种上控和京控。

比如光绪十七年（1891），安徽庐江知县杨霈霖在判决一起遗产继承案中，徇情枉法，滥用酷刑，致人死命。死者的母亲张黄氏觉得自己的儿子死得太冤、太惨，便到府里申控，被杨知县的衙役抓回本县。杨逼令张黄氏写结状、按手印，即承认儿子因病亡故而非刑讯致死。张黄氏不甘心，又到安徽巡抚衙门投控状，被安徽巡抚沈秉成上报朝廷。光绪皇帝发下谕旨，要求两江总督刘坤一"遴派司道大员彻底讯明，秉公议结"，最终使杨知县受到惩处。[1]

这并非孤例，如《清稗类钞》中记载的一个案例：

---

[1] 可参阅张铭新、李贵连：《清朝命案选》，法律出版社，1982。

嘉庆庚辰，陕西渭南县富民柳全璧，以索债事，殴死佣人朱某，乃重贿县令徐润，诬为朱某自跌伤，已完案矣。朱之妻子上控，抚院改委他县令姚洺另审。柳复广通贿，巡抚朱勋、布政使邓廷桢皆有所染。洺承意指，朱妻方临蓐，命差役凌逼赴审，致伤风死。其戚马某屡控，洺加以严刑致毙。朱某有侄，已受贿私和矣。村民不甘，群聚诟之。曰："汝不上控，吾侪即分汝尸！"朱侄不得已，入京上控。御史王松年密劾之，仁宗命那绎堂制府成驰驿往讯，尽得其实，全璧抵死，洺、润等论戍，勋、廷桢降革有差。[1]

京控与叩阍

清朝将上诉分为上控、京控和叩阍。清律规定，凡审级，直省以州县正印官为初审。不服，控府、控道、控司、控院，越诉者笞。上控是对地方衙门的审判不服，向上一级衙门申诉的制度；而"其有冤抑赴都察院、通政司或步军统领衙门呈诉者，名曰京控"。

京控就是上京城告状，即向最高统治者申诉。《清史稿·刑法志》说："其投厅击鼓，或遇乘舆出郊，迎驾申诉者，名曰'叩阍'。""叩阍"的主要方式就是告御状。

按照专门研究清朝京控制度的李典蓉博士的说法，清朝的"京控"是对传统"叩阍"的承继与创新。京控承继的是两千年王朝的直诉制度，创新指的是清代完善了京控制度的呈告、受理、奏交、咨交、发审的整体流程。在明代叩阍并非诉讼常态，清代已经是一个常态，甚至可以说是呈控者启动案件重审的主要方法之一。

京控是在都察院、步军统领衙门、通政司等处投递呈词，叩阍则是直接跪拜宫门，或是叩谒皇帝车驾。相对于京控，叩阍具有极大的不确定性。因此，上访者大多选择京控而不是叩阍。

---

[1]《清稗类钞·狱讼类》，载《清朝野史大观》。

按照清代法律，理论上对平民上诉的权利是认可的，但越级控告必须属实，如若虚假，就要受到严惩。同时，律法不许民众"假地方公事聚众联谋、约会抗粮、聚钱构讼"，以及"代人捏写本状、教唆扛帮赴京"。这些预设性的罪名其实是给了地方官吏和豪强阻止京控的机会。

如道光十六年（1836），四川人陈某去京城上诉，到达北京附近的涿州时，因东西被窃而告官，当地衙役查验现场时搜到状纸一张，州官赶紧通知直隶总督，派人将上诉人陈某强行押回四川原籍，阻止其京控。

清代对于京控的处理流程有明确规定：都察院接受上访后，认为情节较重的向皇帝具奏；情节较轻的，受理之后再转回各省总督、巡抚办理。都察院和步军统领衙门，每年两次催告各省逾期未结的案子，并向皇帝汇报。相对而言，将案件发交地方督抚审理是最为便利的方式。但有些皇帝比较重视民间控告，乃至直接委派钦差审案。

清朝皇帝对待京控的态度各有不同，康熙帝对叩阍尚属宽容，乾隆帝对叩阍处罚很重，即使得实也可能获罪；嘉庆帝对百姓京控非常支持，甚至亲自审阅卷宗；道光皇帝曾要求各省督抚将军都统"遇有京控事件，务须亲为听断"。

从乾隆年间开始，京控数量逐年增长，嘉庆帝亲政初期，广开言路，使京控如潮水般涌来。虽然嘉庆帝亲自过问，平反了一些冤假错案，但却遭到了官僚群体的层层抵制。官官相护的恶习往往将原告变成被告，最后变成诬告。怠惰偷安的官员可以将一件京控案的审结期限一拖再拖，甚至于导致上诉者财尽人亡。贪官污吏劣幕刁讼更乘办案的机会上下其手，敲诈勒索，往往使诉讼双方倾家荡产。旧的冤案未了，又滋生出大量新的冤狱。[1]

京控的失败，打碎了人们对至高无上的皇权的迷信，从而产生可怕的后果——晚清民变四起。

---

1 可参阅崔岷：《洗冤与治吏：嘉庆皇帝与山东京控》，中央民族大学出版社，2012。

疯子与讼棍

从李典蓉收集的乾隆朝到宣统朝400多个京控案例来说，涉及命盗的京控案件比重较大，平均为58%，而从呈控对象身份而论，涉及地方官府的差役、书吏、门丁等的，平均约占27%，官员约占19%，富户地霸则占6%。[1]"州县审判不公，纵匪不办，故小民不得不上控"。

用李典蓉的话说，京控案件日渐繁多，意味着基层司法的诉讼途径上的障碍越来越多，开放京控的"德政"也无法抑制吏治的败坏。[2]

对皇帝来说，虽然京控是防范官吏的有力武器，但反过来，京控者也挑战了官吏群体的权威，因而会遭到各种报复和迫害，被指"无理取闹"，或干脆被诬陷为"讼棍"。

官场从来就是一个帮派林立的利益同盟，为了压制上控者，各种手段和借口都可以使用，有时甚至称上控者为疯子。乾隆三十四年（1769），湖南武冈州民邓宽容京控，其兄邓宽宥因该州修城有蠹书舞弊、派累乡民之事具控督抚，督抚又批回原州审理；该州将邓宽宥以疯病为由监禁。道光十五年（1835），四川三台县民妇陈杨氏京控射洪县役朱明儿等诬赖其子陈玉行窃殴死弃尸，陈杨氏即被当地县府诬告疯病。

事实上，还真有疯子上访并成功的。

乾隆三十四年（1769），直隶冀州人李士诚敲响通政使司前的登闻鼓，他控告的是当时的盱眙县令。他自称亲眼见到同乡裴某一家七口被盱眙县令杀害，而且他也遭追杀。通政使司上奏后，乾隆派钦差大臣到事发地，会同两江总督彻查此案，结果所有当事人均矢口否认，李士诚之母则称儿子得了疯病。此案轰动一时，令人啼笑皆非。李士诚京控不实，按照律例应严惩，但因其疯癫，只是押回原籍了事。

---

1 李典蓉：《清朝京控制度研究》，上海古籍出版社，2011，第156页。
2 同上书，第6页。

中国传统社会一直以官民对立为最大矛盾；用马克思的观点，就是统治阶级与被统治阶级的阶级斗争。在这种背景下，皇帝不信任官吏、朝廷不信任地方、官吏不信任民众；当然，民众更不信任官吏。一物降一物，有时候，这种"不信任"如同"老虎—棒子—鸡"的游戏，会出现民众不得不"信任"皇帝的吊诡结果，但实际上，即使皇帝，也还得依靠官吏来解决问题。

因此，无论任何形式的上访和京控，都无法打破"官官相护"的困境，正如李典蓉在《清朝京控制度研究》一书的最后所说："上控成功与司法正义得到伸张，并不能画上等号。表面上，清朝中央建立的京控制度，保护的是允许百姓上控的传统；在地方的实际操作里，主要保护的却是官僚的乌纱帽。"

日本学者寺田浩明认为，中国不像西方有"权利"的概念，中国人诉讼的内涵是"申冤"。上诉和京控是官方对当事人向地方官权威提出疑问的制度安排，最终是为了追求"天下至公"；换言之，京控制度本身有着德政的寓意，也有预防官吏为非作歹，借百姓申诉以监察官员的意图。

清代法律并无明确的终审制度，一件官司只要原告或被告一方不满意，就可以"蒙冤"控诉，以求"申雪"，京控乃至"告御状"层出不穷，而皇帝作为最后的"青天"，自然也将"为民做主"视为君主最高权威，用来震慑百官。

应该承认，京控确实具有一定的"校正功能"，许多官官相护制造的冤假错案就是被京控揭发出来，最后震惊朝野的。同时，也有许多无赖勾结衙门，指使老弱妇孺不断京控来构陷良家，在反复诉讼中使其倾家荡产，甚至家破人亡。

在《〈大清律例〉与清代的社会控制》一书中，有一段总结可做参考：

清律将行政、司法、立法三权混淆，使得监狱系统酷吏横行。清律设计本来就是"为其压制社会之意多，而监督官府之意少。举立法、司法、行法三大权,尽握于一二人之手。据上流者惟所欲为,莫敢谁何"。正是由于行政、司法权集于一身,才使不法官吏得以作威作福,为害百姓。[1]

"无讼"的理想

自古以来,"无讼"一直是中央和地方政府所追求的"治世"。孔子说:"听讼,吾犹人也,必也,使无讼乎?无情者,不得尽其辞,大畏民志。此谓知本。"[2]

康熙帝出巡时,见叩阍者众多,颇为感慨:"有天下者,惟贵以德化民,使之无讼。即贤能官吏,亦当求讼简刑清,与民相安于无事。若以多讼为喜,开争竞之风,俗疲民困,皆由于此。"(《康熙起居注》)道光帝要求各省督抚将军都统"遇有京控事件,务须亲为听断。冤抑者立予伸理,刁诬者从严惩治。其有任意延宕不结者,即将提解逾限之员、先行参办。以冀谳狱持平,期于无讼"(《清宣宗实录》卷六九)。

人人皆舜尧的以德治国终归是一种理想,在现实中是难以存在的,常见的是对诉讼的压抑与打击。"无讼"、"息讼"和"终讼"的背后,其实是"恶讼""畏讼""禁讼"和"压讼"。不少地方官员一开始,就认定京控原告"有罪",甚至为了"息讼",而不惜围追堵截,清代叫"截拿",结果"这些进京上控申冤的原告往往处于最不利的地位"。

传统社会不重视法治,大多数底层民众一旦遭遇不公,只能倾尽所有的时间、金钱、气力和尊严,去乞求当权者的怜悯和施舍,结果总难免以更大的不公而结束。

就京控制度而言,其象征意义远大于实际意义。百姓来告御状,无疑表达了一种对最高权威的承认和信任。作为最高统治者,看到臣民不

---

[1] 沈大明:《〈大清律例〉与清代的社会控制》,上海人民出版社,2007,第237页。
[2] 引自《论语·颜渊》。意思是说:听诉讼审理案子,我也和别人一样,目的在于使诉讼不再发生。使隐瞒真实情况的人不敢花言巧语,使人心畏服,这就叫作抓住了根本。

远万里，来到京城，匍匐在他的脚下，恳求他的圣裁，皇帝自然感觉良好。然而，当京控者纷至沓来，案件堆积如山时，皇帝又难免心生厌烦。就连热衷京控问题的嘉庆帝后来也愤愤不已："小民来京控告者，动称必须面见朕躬始行申诉。堂廉之分甚远，似此罔识尊卑，其情尤为可恶，并著刑部严定科条，即所控得实亦治以妄越之罪。傥审系虚诬，再加重治罪。"

清朝前期，大多京控案件尚能到达皇帝面前。乾隆时，则多交大臣和有关部门处理，或派钦差大员赴地方审理京控案件。嘉庆后，直接将京控案件交由地方督抚大员审理的情况越来越多。

中国古人认为：天下有道，则庶人不议；官不贪，则民无冤；民无冤，则天下安。传统礼法社会要求的是"和谐"和"稳定"，而不是正义和公正，任何打破这种和谐稳定的举动和声音，无论正当还是不正当，有理还是无理，都会被视为"不安分"的、"好讼"的"刁民"。几乎在所有的京控案件中，被告不一定会获罪，但原告一定会获罪，这常常是京控者的身份决定的。

在清代的司法审判活动中，平反的冤狱和实际存在的冤狱比较起来，实在是微乎其微。光绪元年（1875），给事中边宝泉在奏疏中指出："外省已经办成之案，虽经京控而发交原省审办，平反者百不得一，久已相习成风。"[1]

从根本上来说，京控制度是官民矛盾的产物，或者说想用京控制度来缓解和调和官民矛盾，但从实际运行来看，只不过是把一种官民矛盾转换为另一种官民矛盾，将地方官民矛盾转移到朝廷，最后朝廷引火烧身，不了了之。

毫无疑问，京控制度的设计理想与现实之间存在巨大的落差，这其实是统治者给老百姓画的大蛋糕。

---

1 张铭新、李贵连：《清朝命案选》，法律出版社，1982，第 2 页。

康熙与乾隆

根据清朝律法，皇帝驾临期间，凡是百姓"闯入仗内喊叫，枉自呈奏，杖一百，流放三千里"。但康熙南巡时，宿迁的张抃和邳州的陈肇宪就向皇帝告御状。这两个秀才不仅没有遭到处罚；相反，他们所有的请求都得到了解决。这二人还因此被以后的地方志树为"为民请命"的英雄，甚至被后世编入戏文而名垂千古。

宿迁自古以来流行一句话：不敢滚钉板就不要去告状。秀才张抃就是这样一个敢滚钉板的人。当时苏北一带赋税沉重，民不聊生，正如张抃诗中所写："流民连岁不堪图，尤是今年景象殊。树已无皮犹聚剥，草如有种敢嫌枯？插标卖子成人市，带锁辞年泣鬼途。过往轮蹄多显者，谁传此语到皇都？"

听说康熙路过宿迁，张抃便写了《民本》，准备递给康熙。由于康熙帝这一路上陆续收到了不少民本，也亲眼看到宿迁本地百姓过着贫瘠寒苦的日子，心中怜悯，就在宿迁城北七里的五花桥上，亲手接过了张抃的民本。康熙将《民本》交付户部议覆，"朕巡行至宿迁，亲见民生有劳苦情状"；户部后将宿迁蠲除流民缺丁、荒滩坍地、废地等三款，全县税赋因此减免了三分之一。

这样一来，康熙帝出巡时沿途控诉者越来越多，他就不再接受民间诉状，并告诉侍卫说："此断不可收览。民人果有冤抑，地方督抚等官尽可申诉。今因朕巡幸，纷纭控告，不过希图幸准，快其私怨。一经发审，其中事理未必皆实，地方官奉为钦件，辗转驳讯，则被告与原告皆致拖累。以小忿而破身家，后悔无及矣。"（《康熙起居注》）

与康熙相比，乾隆时代京控、叩阍的数量大为增加，而且花样迭出，这从乾隆七年（1742）修订的《大清律例》中的几条禁令可以看出：

一、擅入午门、长安等门内诉冤枉，奉职勘问得实者，枷号一个月，满日，杖一百；若涉虚者，杖一百，发边卫充军。

二、凡跪午门、长安等门，及打长安门内石狮鸣冤者，俱照擅入禁门诉冤例治罪。若打正阳门外石狮者，照损坏御桥例治罪。

三、凡奸徒身藏金刃欲行叩阍，擅入午门者，不问所告虚实，立案不行，仍杖一百，发边充军。若违禁入堂子跪告者，杖一百。

四、其有曾经法司督抚等衙门问断明白，意图翻异，辄于登闻鼓下，及长安左右门等处，自刎自缢，撒泼喧呼者，拿送法司追究。教唆主使之人，俱杖一百、徒三年。其因小事纠集多人，越墙进院，突入鼓厅，妄行击鼓谎报者，将首犯亦照此例治罪，余人各减一等发落。

乾隆皇帝对待京控的态度也要比之前的康熙严厉得多，"小民等如果实有冤抑，地方官不为审理，原不禁其赴京具控，但若稍涉虚诬，亦必加倍治罪。"[1]

乾隆二十二年（1757），乾隆南巡，路过夏邑，卸任江苏布政使的彭家屏迎谒。乾隆咨问岁事，彭家屏奏："夏邑及邻县永城上年被水灾独重。"在场的河南巡抚图勒炳阿则称"水未为灾"。乾隆过徐州，亲眼见饥民困苦状，便派人去夏邑微服私访。乾隆北返时，遇夏邑灾民张钦和刘元德叩阍，控告地方当局隐瞒灾情和施赈不力。乾隆遂将图勒炳阿革职，夏邑永城两知县也一并坐罪。刘元德被送回夏邑后，供认路费由秀才段昌绪资助。即将罢官的夏邑县知县孙默意外地在段昌绪家里找到一份反清的檄文抄本，这场上诉事件最终以文字狱结束。段昌绪被凌迟处死，彭家屏"从宽赐令自尽"，孙默和图勒炳阿破案有功，仍留原任。

乾隆四十三年（1778），井陉知县周尚亲鱼肉乡里、勒索无度。乡绅梁绿野为民请命，联合李望春、梁进文、李馥等人，到正定府控告周尚亲。知府方立经祖护知县，以梁绿野"挟嫌滋事，敛钱抗官"，上报直

---

[1]《钦定大清会典事例》。

隶总督周元理，周又以此上奏朝廷。梁闻讯赴京告御状，尽管备受酷刑，仍坚持控告。乾隆派人核查后裁定：井陉知县周尚亲处绞刑；知府方立经和总督周元理革职；同时，将梁绿野、李望春等所有控告者以"哄诱村人，敛财聚众，抗官殴差"的罪名，全部斩首示众。

杨乃武与小白菜

《罗织经》云："事不至大，无以惊人。案不及众，功之匪显。上以求安，下以邀宠，其冤固有，未可免也。"自从官僚制度建立后，府衙就常常承担着诉讼功能，这是中国古代政法不分的传统。京控的最大功能，或许就是实现"为民做主""替民申冤"的传统德政理想，以及满足普通民众对平反昭雪——甚至复仇的美好期待，以此来缓和民间潜藏着的不满愤懑和暴力冲动。

然而，京控的结构性缺陷是不言而喻的。同治时期，一件京控案件，少则需要三年两年，多则需要十几年、二十年方可审结，而审理的结果则以"申诉不实""捏词具控"者居多。到光绪年间，关于"近年各省京控，从未见一案平反"，或"州县承审京控上控各案，往往逾期不结"的记载便是极为常见了。

晚清时期，最为轰动的京控案件莫过于"杨乃武与小白菜"。

该案的大致过程是这样的：清同治十二年（1873），浙江余杭县民葛品莲因病亡故。葛品莲之妻葛毕氏颇有姿色，人称"小白菜"，之前葛品莲夫妻赁居于举人杨乃武处时，小白菜与杨曾传出绯闻。葛母疑儿子死亡有隐情，遂赴县衙喊冤。县令刘锡彤经过验尸，认为葛品莲系中毒而死。葛毕氏遭到严刑审讯，被迫供认谋害亲夫，毒药为杨乃武所给。官府据此判决杨乃武论斩、葛毕氏凌迟处死。清代的死刑案件需要逐级审核，在这个过程中，杨乃武屡屡翻供，同时写了许多申诉状，让家人到都察院京控。此案一时成为街谈巷议的轰动新闻。光绪元年（1875），朝廷派浙江学政胡瑞澜重审，维持原判。浙江官场明目张胆地结成一个利益同盟,这引起各界的强烈不满,特别是言官的抨击。刑部直接插手后,经过开棺验尸,验明葛品莲确是因病身死。光绪三年(1877),此案总算水落石出,"凡三次上控,历四年而始白"。制造冤案的许多官员遭到惩处,浙江巡抚和浙江学政被革职,余杭县令刘锡彤被流放充军,"是役也,自巡抚、学政至司、道、府、县,夺职者十有六人;镌级撤任被议者又十余人"。小白菜因与杨乃武同桌共食,不守妇道,杖八十,被判出家为尼,法名慧定;杨乃武因不避嫌疑,与小白菜教经同食,被杖一百,举人身份不予恢复。

此案发展过程中,已非官民之争,而是官场的内讧,或者说是朝廷与地方的博弈。杨乃武姊妹与发妻一连两次京控,使越来越多的人牵扯到此案中;到了最后,此案几乎变成一场清廷上层的权力斗争。四川总督丁宝桢大闹刑部,声称如果这个"铁案"要翻,将来就没有人敢做地方官了。当时光绪的老师翁同龢任刑部右侍郎,他坚决支持"据实判决"。他说:刑名乃一国重典,岂可视为儿戏?像这样的冤案不平反,作为一个有良心的大臣怎能心安?他见两宫太后时,一再"为此陈奏,力请湔雪"。那个冷酷无耻的县令刘锡彤最后技穷,大骂原负责尸检的"仵作"道:"尔当时如何验法?尔误我,尔误我!"仵作回道:"当时大老爷叫小的如此,小的将若何?"刑官笑指刘县令说:"尚有何辞?"刘县令乃语塞,低首无语。[1]

在此案中,杨乃武家人的京控其实并没有起到多大作用;相反,倒是言官颇有"一言九鼎"的力量。清朝的言官是可以"风闻言事"的,即他们以批评官员为职责,却不必要求言必有据。这种制度设计原是为打破官场的利益共同体,便于皇帝对官僚集团的操控和对官僚的威慑。此外,杨乃武有举人的功名,对他刑讯逼供激起了天下士子的公愤和舆论。

事实上,此案与其说是京控的成功,不如说是现代媒体在中国的第一次胜利。由英国商人美查创办的《申报》刚创办一年有余,1874年1

---

[1] 史鹏等:《近世中国十大社会新闻》,湖南人民出版社,1987,第71页。

月6日以《记余杭某生因奸杀谋命事细情》为题,报道了这桩世人哗然的风流"奸杀"案。在此案复审期间,《申报》对该案进行了详细的全程追踪报道,四年间发表了七十多篇相关文章,除转载《京报》有关此案的上谕、奏折等公文外,还有四十余篇报道和评论,甚至公开刊载了杨乃武的几份上告状。

同治十三年(1874)12月2日刊登的一篇题为《论余杭县案》的评论中说——

> 设使此案实系杨乃武受屈,县官全不顾忌,放胆肆私,以枉例害民,古今天下之冤,实无甚于此也,可谓奇而益奇之冤也。查被屈者本有科名之人也,以枉例使有科名无罪辜之人陷法死于非命,又于死前极加五刑,使之七次昏绝,惨虐冤抑,更孰甚于此耶?……本馆屡经说及刑讯之弊,今犹不惮质言厌大事,盖今藉此大案以明刑讯之理实为枉也。夫临民各父母官内自有廉明公正者,顾人性不一,百官之内亦有其秕必矣,乃任之以刑讯之权,小民既每难于上控,故遇肆私之官,而犯人辄迫于忍屈吃亏而已。……现在民人参冤,则上司每委原问官复审,该民既已被原官刑迫,而使之再经其刑迫,此事实如杜禁上控。而特立此法者既于理不符,而未免有涉于忍矣,所谓回护者即为此也。中国刑讯之枉民,于此而尽包括其中。

作为此案一个不为人注意的注脚,在尘埃落定的光绪四年(1878),《申报》主人美查特意聘请杨乃武担任《申报》主笔之职。[1] 此案轰动一时,后来被多次改编为小说、戏曲、评弹、话剧和影视剧,甚至杨乃武本人也专门去看过这样的戏。

---

[1] 《清末四十年申报史料》载。

新闻后来成历史

——沈弘《遗失在西方的中国史》[1]

历史往往是被一些不经意的细节改变的。比如纸张与印刷，虽然最早出现在中国，但真正被发扬光大，却是在欧洲。从某种意义上，古登堡革命直接导致了宗教改革和启蒙运动，从而塑造了现代欧洲。19世纪末，印刷术再次回到中国，一场新文化运动又重新塑造了现代中国。

作为纸张和印刷的典型，报纸的出现改变了人类自古以来的信息匮乏，人类社会一步跨入了现代的大门。从某种意义上，报纸的意义丝毫不逊色于今天的互联网。

因为报纸这种新媒介，一种叫"新闻"的新事物诞生了。在报纸出现之前，人们只能口口相传。语言与文字的差异造成了三人成虎的困局，而真实性一旦失去，新闻也就不存在了。从某种意义上，文字是历史的代名词。文字诞生之前的历史常常被称为"史前"。新闻的出现不仅是文字的创新，也是历史的创新。今天的新闻就是明天的历史，今天的历史其实也是昨天的新闻。从某种程度上，新闻和历史是同构的，真实是他们共同的生命。哲学家黑格尔认为，当新闻取代宗教成为我们的核心指导来源和权威检验标准时，社会就进入了现代化阶段。

汉字的历史可谓悠久，但对中国来说，新闻的历史却极其短暂。在

---

[1] 可参阅沈弘编译：《遗失在西方的中国史》，北京时代华文书局，2014。

新闻出现之前，中国的历史主要背靠官方档案和民间笔记。新闻的出现，无疑为后人提供了一种更鲜活更真实的历史。

历史是一面镜子，人们通过历史认识当下。虽然近代史一直是中国历史的显学，但关于这段历史，却缺乏许多真实的现场记录。因为这对中国来说，恰好是前新闻时代，报纸还没有诞生。

好在当时的世界已经进入全球化的近代，来自西方的记者用他们的眼睛和笔见证了一个曾经的中国。他山之石，可以攻玉。有时候，在他者的视角下，往往更能呈现出真实的面貌。同时，西方也是中国的一面镜子。

近年来，西方的中国史研究和汉学越来越得到人们的关注。令人不解的是，对遗落在西方的中国历史史料的研究整理工作，似乎只有极少数人在做。相比之下，当代人更关心那些遗落海外的文物。在这些史料中，早期西方有关中国的报纸新闻算得上是最方便的。此前，郑曦原先生从《纽约时报》摘选编译的《帝国的回忆》[1]一书出版，曾引起广泛关注。如今，《遗失在西方的中国史》的出版面世，让我们看到一场规模更加宏大的历史打捞。

在19世纪下半叶，英国远比美国对中国影响大，因为前者介入更深，甚至改写了中国的近代化进程。就新闻而言，英国派驻中国的记者数量之多，也是其他国家无法比拟的，甚至当时的中国还不知道记者为何物。

《遗失在西方的中国史》精心摘选了《伦敦新闻画报》上许多关于中国的"新闻"，这些一百多年前的"新闻"无疑构成了最真实最细腻的历史。更为难得的是，在一个没有摄影技术的前视觉时代，一群西方美术家用他们精湛的版画技术，为我们定格了历史的瞬间。

超越《帝国的回忆》一书的是，这套三卷本巨著呈现给中国读者的，不仅包括189篇中国报道，还有442张堪比摄影的版画记录。正如杨葵先生在序文中所写——

---

[1] 郑曦原：《帝国的回忆：〈纽约时报〉晚清观察记1854—1911》，当代中国出版社，2007。

摆在您眼前的这本书，是在翻印一段历史。从社会史角度说，它再现了晚清中国的一段历史；从出版史角度说，他复活了百年前的一份报纸。而此书一旦印成，本身又成了历史。……书籍是记忆传承的载体，原始部落里，长者给年轻人讲祖上口口相传的记忆，年轻人成了长者，又将这些记忆讲给下一辈；而在今天，书籍就是我们的长者。

世界的他者

对古老的中国来说，19世纪不仅是古代传统的终结，也是天下帝国的终结。

中国自古以文明中心自居，将主要来自北方游牧民族的外来文明视为文化落后的蛮夷。遭遇西方文明时，中国第一次发现这些"蛮夷"不仅文化先进，甚至比中国更加"文明"。中国的优越感自此跌落，进而产生了文明自卑感，开始了一场现代化的学习与进步。

《伦敦新闻画报》并非大英帝国的官方报纸，它不仅是民间性的，而且是全球性的。从1842年创刊，直到2003年闭刊，这家百年老店始终坚守了可信与中立的新闻伦理。《小日报》则是法国最流行的通俗类市民报纸，选取的新闻都是一些貌似琐碎的历史细节，这些细节在今天看来却是历史大事。

除个别文章中的时代局限和作者偏见，大多数新闻报道对政治和战争采取了多元化多视角的报道和分析。这种真诚足以跨越时空，以至于在百余年后仍然不失其价值与魅力。[1]。

一百多年来，虽然中国已经改朝换代、天翻地覆，但作为现代发源地的西方世界其实变化并不大，或者说只有量变而没有质变，无论是信仰和文化，还是国体和法律，早在二百多年前甚至更早时期就已经定型。

---

1 ［英］伯纳德·刘易斯：《穆斯林发现欧洲：天下大国的视野转换》，李中文译，生活·读书·新知三联书店，2013。

自光荣革命至今，三百多年来，英国（至少是英格兰）国内基本上没有发生过大的动荡。

客观来说，发端于西方文明的现代新闻业从一开始，就特别强调报道的客观性和公正性。对中国来说，或许也需要从"旁观者"那里寻找"真实"，所以不难理解《参考消息》何以成为中国发行量最大的报纸。

在当时，《伦敦新闻画报》算得上是一份权威的世界级新闻媒体。早在 1863 年，《伦敦新闻画报》每期发行量就达到三十万份。在那个印刷品匮乏的时代，当时的中国人喜欢把它当作时尚新潮的壁纸，贴在自己家里最显眼的墙壁上，甚至有人用它装饰自己船篷。

随着十九世纪下半叶中英关系走向密切，中国不仅成为其重要的发行地区，也被视为重要的新闻热点地区。他们不远万里，向中国前后派遣了多位资深记者和画家。这些"洋记者"深入中国各地，用文字和图像记载了中国的方方面面，不仅有时事新闻，也包括政治、战争、社会、经济、习俗等方面的知识。

对今天的人们来说，这些新闻和记录作为史料，不仅是第一手，而且也是独一无二的。毕竟那是一个没有新闻和记者的古代中国。当时中国仅有的《京报》是清政府刊印并在全国范围内发行的官方内部刊物，主要用于控制公众舆论，还算不上真正的新闻报刊。

前摄影时代的铜版画

在人类文明中，绘画的历史远比文字要早得多。一些早期岩画甚至可以追溯到四万年之前，相对而言，人类有文字记载的历史不过区区三千多年。

绘画与文字一样，其本来功能都是为了记录，但后来却逐渐变成一种艺术审美，记录的功能逐渐淡化。特别是在中国，绘画轻主题而重技法，而文字则艺术化为书法。

相对而言，文艺复兴鼓吹理性主义，西洋画很重视绘画的记录功能。几何学的透视原理在美术上的广泛应用，使西方绘画具有近乎摄影的真实。清朝乾隆帝之所以专宠郎世宁，正是因为西方油画在真实记录方面远远强于传统中国画。

乾隆二十七年（1762），为了记录平定新疆的丰功伟绩，郎世宁等西洋画师奉命绘制《乾隆平定准部回部战图》；图稿完成后，乾隆皇帝决定将其制作成可以大量复制的铜版画。就印刷清晰度而言，欧洲的铜版画远非中国传统木版画可比，尤其是法国铜版画。为了完成这些传世作品，法兰西皇家艺术院院长马立涅侯爵亲自挑选欧洲最顶尖的雕版高手，前后用了整整11年时间。直到乾隆三十八年（1773），16幅铜版及200套精心印制的铜版画，连同原稿全部运抵中国。乾隆看到后非常满意，将他所有的"十全武功"都送到欧洲制作成了铜版画。

虽然中国也有古老的民间木版画，但相对而言，难以达到铜版画那种毫发毕现的清晰度。

从某种意义上，铜版画有着与金属活字印刷技术同样的重要贡献。油画本身是不可机械复制和印刷的。铜版画吸收了油画的很多技法，线条非常细腻，毫发毕现，可以体现出复杂的光影透视，甚至可以人工上色；铜版画可以用铜版作为印版媒介转印于纸上，即使多次复制和印刷，也不会有任何细节损失。这一优点使铜版画被大量用于书籍和报纸的印刷。

在盖达尔的摄影术发明前的19世纪，西洋铜版画发展达到巅峰状态，欧洲涌现出了大量职业插图家和雕版技师。虽然绘画在真实程度上不及摄影，但其制作难度却比摄影大得多。比如这些西洋画家为了画北京的市井风貌，就颇费周折。由于北京的居民大多数都是饱食终日无所事事的满人，提笼架鸟，喜欢四处找乐子，遇见一个洋人在街上画画，他们马上就围个里三层外三层，结果想画的对象和场景反倒都没有了。

与一般以文字为主的报纸不同，《伦敦新闻画报》是世界第一份以图像为主的新闻性周刊，他的创办人是印刷商赫伯特·英格拉姆。在整个19世纪，它一直保持着世界新闻画报的龙头地位，与日不落帝国相始终。

《伦敦新闻画报》创刊之际，恰逢鸦片战争，他们派到中国的记者和画师忠实地记录着他们的所见所闻；特别是图片的魅力，速写的传神加上铜版画的精致，历史就被这张报纸定格了。一些插图堪称"大制作"，这些雕凹线法的铜版画构图布局考究，制作精良，都是由顶级雕版师根据记者发回的速写重新制作的。如1858年10月2日《中英天津条约签订仪式》，富有欧洲历史画的典型风格。

1843年，也就是在《伦敦新闻画报》刚刚面世的时候，英国作家乔治·N.赖特联手雕版画家托马斯·阿洛姆共同创作出版了一本介绍中国的画册，这些表现力极为细腻的钢版雕画为我们保存了极其珍贵的晚清风情图卷。值得庆幸的是，这本画册如今也首次在中国出版，名字就叫《帝国旧影：雕版画里的晚清中国》。

与《伦敦新闻画报》相比，法国的《小日报》要晚20年，但它后来者居上，成为"世界上第一份日销售过百万的报纸"。

《小日报》和《小巴黎人报》等法国画报的最大特色，是以彩色石印版画来报道国内外重要事件。在同一时期在中国影响颇大的《点石斋画报》[1]同样采用石版画，但基本局限于黑白线描。前面说过，法国有极其悠久的铜版画历史，这些新闻画作大多出自当时的名家之手。只不过这些彩色石印版画大都来自副刊，而《小日报》和《小巴黎人报》的副刊发行量很少，因此能保存到今天殊为不易。

作为《遗失在西方的中国史》系列书的后续作品，《法国〈小日报〉记录的晚清（1891—1911）》[2]、《法国彩色画报记录的中国（1850—1937）》

---

[1] 《点石斋画报》为中国最早的旬刊画报，由上海《申报》附送，每期画页八幅。光绪十年（1884）创刊，光绪二十四年（1898）停刊，共发表了4000余幅作品，记录了19世纪末现代化变局下中国各方面的时政和社会新闻。可参阅夏晓虹编：《图像晚清：〈点石斋画报〉》，陈平原注，东方出版社，2014。

[2] 赵红利、赵丽莎编译：《遗失在西方的中国史：法国〈小日报〉记录的晚清（1891—1911）》，北京时代华文书局，2015。

及《中国服饰与习俗图鉴》等，全部都是彩色石印版画。这些新闻画作从内容上比第一部书稍晚。因为是彩色，也更加富于历史真实感，许多动感的场景让人如身临其境。前两部法国画报选集所记内容，包括甲午海战、义和团、中国饥荒、满洲大瘟疫、慈禧和光绪驾崩、中国使团在巴黎、日军在满洲、远东事件、侵占西藏、中国革命等等；同时也记录了很多当时的中国风俗和社会新闻，如中国飞机、蒙古汽车、大众娱乐、剪辫子、楼宇、上海港等，一些政要人物的画像和时政漫画，更具有史料价值，让人回味无穷。

西方对新闻的态度是以负面为主，因此我们在这里也可以看到晚清时期许多丑陋、罪恶和不幸，如暴乱、瘟疫、屠杀、饥荒、战争和酷刑，特别是一幅腰斩的画面，其血腥残酷令人毛骨悚然。

"站笼"流行于明清时期，简直可以被视为中国酷刑的代表作，它给初来乍到的西方人留下了深刻的印象——

> 中国人发明的新式绞刑。将犯人固定在笼子里，脚下垫着砖或石头。时不时地抽掉下面的砖，以迫使犯人踮起脚，直至被绞死。有时犯人家属为了减轻犯人的痛苦，会选择买通刽子手给犯人喂毒药。（法国《小日报》1907年3月17日）

美国历史频道有句响亮的广告词："当你错过历史瞬间。"这套《遗失在西方的中国史》系列就是我们曾经错过的历史瞬间。一百多年后，我们再回看这些制作精美的版画插图和颇有现场感的速写，宛如一场身临其境的穿越，展现在我们面前的，不仅是一个宽广的老中国世俗社会生活图景；同时，这些栩栩如生的新闻纪实，也无一不是精美绝伦的版画艺术佳品。

"夷"与"洋"

作为具有世界影响力的报业鼻祖,《伦敦新闻画报》走过了一百多年漫长的历史岁月,《遗失在西方的中国史》仅仅选取其中很小的片段。该书的内容包括两次鸦片战争、太平天国运动、耆英访问香港、澳门总督遇刺、广州十三行、世博会的唐人馆、耆英号中国帆船、同治皇帝的婚礼、各地风土人情和民间婚姻习俗。上至帝王将相,下至贩夫走卒,衣食住行,生老病死,几乎都有所涉及。

关于鸦片战争,书中有很多报道和评论。

在战争过程中,发生了许多不为人知的细节。比如,两艘英国商船在台湾地区海域触礁沉没,297名幸存者遭到清政府逮捕,最后只有9人活了下来。再比如,英军攻破城市后,会将清政府的粮仓打开,将粮食分给当地的民众。

关于第二次鸦片战争的报道更多,也更详细。"英国水兵们从天亮以来一直在烧杀劫掠,满载着抢来的财物欢天喜地地归来,……在一个乐呵呵的水兵皮带上晃荡着两只活鸡,另一个更为幸运的家伙扛着一头肥猪。每个人背上都绑着席子。有的提着灯笼,有的抱着菩萨。"他们认为两广总督叶名琛极其"残暴":"太平天国叛乱的六个月之内,他光在广州城内就处决了十几万人。我们为他对文明战争仍然一无所知而感到惊诧。"

对于"太平天国",英国人称之为"革命"。1857年正值清朝咸丰七年,在3月14日的报纸上,极其悲观的英国人似乎提前预言了清帝国的覆灭。"清朝政府并没有明显的希望来维持其摇摇欲坠的皇权。中华帝国必定会分崩离析。七年来已获得局部胜利的革命和无数小的起义,在有些省份里甚至导致了无政府状态、连年饥荒和商贸的凋零。某些地区的瘟疫和另一些地区的蝗灾——所有这些,再加上空虚的国库、游民、军饷不足和军官无能等等,都必然会造成清朝的迅速瓦解,无论是否有外国人的侵略。"

100多年前的世界是一个弱肉强食的达尔文时代，强人迭出，强权横行。面对灾难深重的中国，人们都盼望着一个上帝般的强人来做救世主。"这个拥有三亿人口的王国，当你知道了地下埋着的矿藏资源和这片富饶肥沃土地上的人口数量时，你不禁会问，究竟是什么阻碍了这个民族在人类事务中发挥重大的影响。它所缺乏的是一位天才，一个能够汲取这个民族力量和活力的真正伟人。这个国家的人口超过了整个欧洲，而且拥有长达三千多年的文明。假如能够涌现一位才智过人，具有钢铁意志的皇帝，一位决心立即与古代传统决裂，并引导人民跨入进步的西方文明的改革家，我们相信这个民族的振兴指日可待，而眼下似乎非常荒唐可笑的中华民族将会令人们刮目相看，甚至会令那些渴望劫掠这个亚洲古国的列强们忐忑不安。"

对于中国的未来，《伦敦新闻画报》认为："人们完全可以预见，由于英国人不断侵袭闭关自守的中国领土，文明的浪潮将以不可抗拒的势头滚滚而来；无论是中国民众或是其统治者的努力，都无法阻挡对面的光芒以不断增强的辐射力照亮中华帝国最隐秘的中心。"

通过这份报纸，我们还可以知道最早的外国大使馆，其实并不叫"大使馆"。英国公使馆被称为"大英国府"，同样，俄国公使馆称"大俄国府"，普鲁士公使馆称"大普国府"，而美国公使馆则称"大美国府"。

现代的莅临

满汉混杂的北京作为当时中国的权力中心，一直是英国记者停留最多的地方，他们从这里寄回了许多关于北京的风土人情的精彩绘画。"作为征服者，清朝皇帝们在北京和其他主要中国城市里都派驻了大量的鞑靼人口，后者组成了一支军队，以统治当地的汉人。……几乎京师所有的鞑靼人口都靠领取清廷的津贴生活。在京师没有工业和制造业。金钱和粮食不断地涌入京师，但是没有任何东西从京师输出。"

对于当时中国的《京报》，英国记者颇为留心。

"《京报》可以说是代表了中国三亿六千万人口中几乎所有的报纸。《京报》只是宫廷内外供人传阅的小报，其内容只包括政府的告示和法令。……由于缺乏一家有效率的报社，使得中国人甚至对于在自己国家发生的事也一无所知。中国南方的叛乱已经持续多年了，但在北京没有人知道有关叛乱的任何消息。然而这儿有许多人会阅读和书写，所以中国有朝一日将会成为报纸的一个巨大市场。"

1875年的《纽约时报》也有类似的评论——"清国人从未有过大众化的新闻出版行业。并且，更加奇怪的是他们似乎从未感觉到有如此的需要，即使以这种现代化的手段去制造和影响公众舆论，或者让统治者了解他们的需求。"[1]

从西方的记忆中，可以打捞起许多陌生的历史。如果仔细看，就会发现在这次中西文明大碰撞中，有数不清的敌意和误解，但也有很多善意和交流。1841年，中国人在最早见到英国轮船时，曾经很不客气地给它起绰号为"火妖怪"。1851年，英国创办首届世界博览会，中国主题的"唐人馆"吸引了无数人的目光。十多年后，斌椿的出访在欧洲刮起了一场"中国旋风"。

1866年3月7日，斌椿一行从北京出发，先后游历了法国、英国、荷兰、丹麦、瑞典、芬兰、俄罗斯、德国、比利时等11个国家，历时4个多月。"中华使臣，从未有至外国者，此次奉命游历，始知海外有如此盛景。"英国维多利亚女王专门为这个中国来访者举办了一场宫廷舞会。斌椿感慨万千："得见伦敦屋宇器具，制造精巧，甚于中国。至一切政事，好处颇多。且蒙君主优待，得以浏览胜景，实为感幸。"在伦敦照相馆，他留下了生平第一张照片。他的照片立刻成为伦敦最抢手的纪念品，他本人也成为记者追逐的国际名人。很长时间里，关于他的行踪报道占据着各大报刊的显要位置。

---

[1] 郑曦原：《帝国的回忆：〈纽约时报〉晚清观察记 1854—1911》，当代中国出版社，2011，第104页。

在1866年6月23日的《伦敦新闻画报》上，除过关于斌椿的新闻报道，还有一段温暖感人的记者评论。很多年后，当年的新闻已经成为尘封的历史；翻看这些旧新闻，如同一趟穿越时空的旅行。今天的我们看着这些曾经的话语，或许会像斌椿一样，感慨世界的奇妙。

"我们有理由为他的这次旅行不但向中国，而且向整个欧洲表示祝贺。它具有无比深远的意义，因为我们可以视其为中国的一个承诺，即它将冲破过去闭关自守的政策。中国人逐渐形成的妄自尊大以及他们对西方民族的无知和恐惧都将慢慢地被消除，最终必将创造一个人们诚实、聪明、耐心和勤劳，自然资源丰富的强盛中华帝国。它将在我们这个时代自立于世界之林，并且分享兄弟国家的进步。"

从鸦片战争开始，中国就进入了近代史语境，然而却总是一场接一场的悲剧。这种不得不面对的痛苦强迫一个老大帝国从睡梦中苏醒，去迎接"现代"这个不速之客。在这段走向现代的历程中，历史不断地反复，进两步，退一步，或者进一步，退两步。时而激进，时而守旧，时而迎接，时而抗拒。

"天朝的皇帝在大炮下低头，而在皇帝治下的人民却正因神圣不可侵犯的皇帝的低头，反而敢于抬起头来反抗了。"[1]太平天国与义和团构成两个重要历史事件。秦晖先生指出，太平天国的基督教狂热和义和团的反基督教狂热，"文化"方向似乎相反，制度土壤却大体一致，基本上殊途同归。二者既反对儒家传统，又排斥西方现代文明。从"金田起义"到"庚子国难"，中国历史经历了两个"大拐弯"。同样以专制制度为基础，太平天国要以基督教扫除孔孟之道，实现"中世纪式西化"，而义和团要以"各洞诸神仙"扫除基督教，实现"怪力乱神式本土化"。

相比之下，义和团对西方世界的震动要比太平天国大得多，如果说"洪杨之乱"时，西方是隔岸观火，那么到了"庚子之乱"，他们则成为事件的参与者。法国《虔诚者报》将这场"中国危机"称为"反现代化

---

[1] 王亚南:《中国官僚政治研究》，中国社会科学出版社，1981，第134页。

的斗争"——"世界在进步,由不得中国人顽固不化,天朝上国也要引入新的变化。有时突然的外力冲击反倒证明了中国人的思想还是停留在原地。"

1900年6月17日的法国《小日报》是一幅义和团拆铁路的插画,旁边文字写道:

> 中国自古以来就存在着各种秘密的政治团体。而最新诞生的义和团的目的只有一个,就是向定居在中国的外国人发动战争。他们使用各种长枪短炮,以酷刑、损毁房屋等方式继续着他们的这项狂热的运动,而清政府则选择袖手旁观、听之任之。……面对这无休止的起义,面对一个无作为的政府,这样得来的结果又会是多么不堪一击!清政府会逮捕并处决几个倒霉鬼,但真正的罪犯却静静地等待一个更好的时机来绝地反击,而慈禧太后则对义和团的所作所为表示出极大的赞赏。

近代以来,胜者为王,败者为寇日益成为丛林世界的新道德,作为战争的胜利者,西方几乎赢得了一切。回头再看,在这场传统与现代的对抗中,现代似乎暂时获胜了,清朝被民国取代了,但统治中国的还是天朝的权臣袁世凯。

1912年3月3日,袁世凯决定剪掉象征清朝统治的辫子——

> 直到目前为止,袁世凯还一直保留着他的辫子。这个精明的投机分子和谨慎的政客总是想办法躲避这场运动。在前朝时,他自然保留着辫子;在局势动荡时,他依然保住辫子,绝不能太过明显地脱离朝廷的阵营。但是皇帝退位了,皇室放弃了斗争,准备流亡。袁世凯突然觉得自己焕发了青春,命人剪掉了自己的辫子。我们可以说,革命的剪刀剪掉了袁世凯的辫子,旧中国一去不复返了。

宫廷里的晚清史

——张建伟《走向共和》[1]

有位法国先哲说，只有历史故事平淡乏味的国家和民族才是幸福的。从这一点来说，中国的历史故事就显得特别惊心动魄。不知从什么时候开始，历史已经成为一种显学和热点。这种炙手可热几乎可以与二十世纪八十年代的文学热相提并论。当时人们对各种新思想和新文化如饥似渴，以诗歌为代表的文学著作尤其繁荣，在社会上形成一种清新而强劲的文化风气。

在这场"历史热"中，最为火热的当属近代史，尤其是辛亥革命——从传统帝国走向现代国家的这一段历史嬗变，引发了一场持续火热的文化讨论和出版热潮。《走向共和：晚清历史报告》就是其中一本不可忽略的厚重之作。事实上，这部重磅作品原本计划在辛亥革命100周年的2011年出版，但实际直至2012年才正式上市发行。虽然迟到了，但好在它不是新闻，而历史总是迟到的。

宫廷无历史

两千多年前，罗马时代的历史学家波利比乌斯认为，历史是一种周

---

[1] 可参阅张建伟：《走向共和：晚清历史报告》，长江文艺出版社，2011。

期性的政治轮回和政体循环，从君主政体到专制政体，再到贵族政体，再到寡头政体，再到民主政体和暴民政体。一百多年前，1911年为大清宣统三年，1912年为中华民国元年，封建帝制的崩溃与古老国家的新生，历史在这一年跨越了两个世界。

"竟然花去了我十年时间"，记者出身的张建伟，在这部150万字的皇皇巨著中，以一种"历史报告文学"的纪实写作式样，让我们重温了一个世纪之前那段十字路口的中国历史。

鸦片战争证明了一件事，即所有的历史都是世界史，中国传统的历史已经终结，这是"三千年未有之变局"。然而历史总是迟到的，正如黑格尔说的"历史总是重复的"。鸦片战争发生了两次。直到第二次，历史才发生些变化，一场面向世界开放的"洋务运动"粉墨登场，成为"经济单边主义改革"的蓝本典范，所谓"中学为体，西学为用"，三十多年时间果然带来一种后发性的表面繁荣。大清"崛起"了。坐镇武昌的"香帅"张之洞写了一首"爱国歌"："大清皇帝坐明堂，天下人民愿自强。海晏河清寰宇泰，忠臣孝子姓名香。"然而面对"蕞尔小国"的日本，一场海战让"亚洲第一、世界第四"的北洋水师全军覆没。战争揭开了"同光中兴"的浮华假象。

事实上，日本"明治维新"的时间要短于清朝的洋务运动，但不到三十年时间，日本就通过现代化改革，超越了凌驾东亚长达数千年的中央帝国。现代日本的崛起深深刺痛了清朝的精英，破旧立新的现代之路已经无法回避。在"变法自强"的旗帜下，民间自办的学会、学堂和报馆达300多个。光绪二十四年（1898），农历戊戌年，光绪皇帝颁布"明定国是诏"，宣布除旧革新开始现代化进程。这是中国历史上第一个资产阶级改良主义运动。

"同光之际，所变在船舶器械；戊戌以后，所变在法律政制"（钱穆）。借用张之洞的说法，仅仅改变"用"（器用）已经不行了，而必须改变"体"（体制）；换言之，就是从经济体制改革到政治体制改革。这就是张建伟这部《走向共和》的时代背景，"历史"从这里开始。

慈禧说："变法乃吾素志。凡所实行之新政，但不违背祖宗大法，无损满洲权势即不阻止。"历史上的戊戌变法很快从一场面向未来的改革变成一场回到过去的政变与屠杀，这似乎是中国古代宫廷政治无法摆脱的历史宿命。

与马克斯·韦伯齐名的德国经济学家维尔纳·桑巴特在《奢侈与资本主义》一书中说："宫廷的历史就是国家的历史。"虽然他的本意是为了解释欧洲封建时代的经济特点，但这句话却传神地概括了中国两千多年皇权专制历史的核心。如果说桑巴特笔下的"宫廷"是指"宫廷社会"的话，那么张建伟笔下的"宫廷"就是"权力"与"阴谋"。

在中国传统历史中，权力与阴谋是永远的主题。中国素有"贤者在位，能者在职"之说，唯一的麻烦是"贤者"与"能者"由谁来认定。从《春秋左传》《战国策》到《资治通鉴》，中国历史几乎就是一部权谋史。只是司马迁在《史记》中，以"太史公曰"强调了几分政治道德。"君子之权谋正，小人之权谋邪。"从韩非子所著《权术》到刘向《权谋书》，西方的马基雅维利主义真正的鼻祖其实在中国。权谋强调的是手段。从权谋来说，道德也罢，仁义也罢，都是一种手段而已，无所谓对错，只有是否有效，结果会证明手段的正确。

老子说："以智治国，国之贼也。"所谓宫廷政治，常常只是权谋的副产品。从这一点上，张建伟的历史写作是一种继续，而不是超越。因此《走向共和》仍然是一种传统的历史叙述。

在电视剧《走向共和》里，袁世凯循循善诱地开导反对他的参议员罗文时说："背叛一个人和背叛自己的政治道德是两回事。咱们搞的是政治，跟老百姓的道德那是两码事。那些个俗人的道德观念，何足论哉！在政治圈子里，就没有个人道德，团体的利益高于一切，对咱们来说，就是国家利益。"

权力的本能就是"活在当下"。从这一点上，权力是不承认未来的，它也不承认过去，所以权力永远没有历史。一个人只要爱上权力，他就必然失去历史感。"留取丹心照汗青"变成"我死后哪怕洪水滔天"。如果历史就在宫廷，那么这就是宫廷的秘密。在宫廷传统中，所谓历史，就是没有历史。因为权力拒绝历史的存在。对权力来说，历史不足敬畏，甚至说历史只是一种禁忌，永远不在现场。这种反讽与吊诡证实了张建伟的价值，他将宫廷重新置入历史的语境中，然后使历史成为一场末日审判。

试错的代价

在知识泛滥的年代，我们却常常陷于常识的短缺。从知识到常识，这是一个传播的技术。在很长时间里，一些真实的历史一直长眠在历史学者的故纸堆里，直到今天被张建伟转述给普罗大众。

当年戊戌变法，"改革进行到第103天的时候，慈禧太后发动政变，扼杀了它，但过了7年，她却领导了一场比戊戌变法走得更远的政治变革"。上一场改革运动的"叛徒"成为下一场改革运动的"推手"，张建伟为我们重新塑造了一个"历史中"的袁世凯。

事实上，在跨越两个世纪、长达20年的《走向共和》中，袁世凯是绝对的第一主角。张建伟甚至为此专门写作了一部《袁世凯传》。袁世凯在张建伟的笔下如同狮身人面像，复杂多面。

不可否认，袁世凯属于一个在权谋方面长袖善舞的政客，但远算不上一个真正的政治家。民国时期的历史学家李剑农在《中国近百年政治史》中指出，袁世凯"一生的本领就是使贪使诈；他最大的罪恶也是养成社会贪诈之风，务使天下的人才尽腐化于他的洪炉中；至于揽权窃位，犹其罪恶之小者"。

张建伟试图以文学家的亲和力告诉人们历史的本来面目。他认为，"历史没有定论，否则就等于消灭历史"。同时，他反对以道德的庸俗眼光来打量历史，不能让"历史判断被道德判断所取代"；在他看来，"我们今天所熟悉的历史，是一部以道德的名义书写的历史"。

从某种意义上,对历史的"去道德化"也就意味着历史的功利化,这是对历史的实用主义态度。张建伟反复强调克罗齐的那句名言,"一切历史都是当代史"。这实际上是说:当代人写过去的历史,必须为当代人提供新的对历史的认识,否则便是多余的。

这种历史观仍然没有跳出以权谋政治为内容和目的的传统历史的窠臼。柯林武德有句名言:"一切历史都是思想史。"张建伟的真实意思仍是说,一切历史都是权谋史,"成者王侯败者寇是历史的真实与无奈"。他以极其精彩细腻的笔触,为我们塑造了一群"伟大的政治心理学家","有这样一类活生生的政治天才,他们搞阴谋和搞改革同样出色,搞破坏和搞建设同样有才;他们爱国的时候真干成不少好事,而他们卖国的时候,也能做到脸不变色心不跳"。

张建伟在总序中对张鸣的观点深表赞同。如果说权谋本身就是一种政治的功利主义的话,那么在一定程度上,权谋化的传统历史也难以摆脱历史的功利主义。

如果说张建伟笔下的历史有何不同,在于他穿越了幽深宫廷的红墙和帷幕,让我们看到了宏大叙事的历史背后。这些"让读者看得懂并且喜闻乐见的历史"竟然充满这么多不可思议的"权谋"。"戊戌变法和立宪改革,两场改革都失败了。两场改革都违背了改革的初衷,而变成了惊心动魄的最高权力之间的斗争。"当政治沦为赤裸裸的宫廷权力斗争后,实用主义是每个政客信奉的最大法则,"改革因权力的争夺转移而变得无足轻重了"。

"当双方都明确地意识到这有关权力利害乃至身家性命的角逐已经展开时,几乎都是义无反顾,投入了全部精力,开动了一切可能启动的政治机器,运用一切可以奏效的手段,或公开,或隐蔽,或光明正大,或非法无耻。总之,凡是一切可以置政敌于死地的伎俩全都被创造性地运用起来了。在这里,人们会看到政治较量的冷酷和人在权力诱惑面前可能出现的扭曲变态以至疯狂的情形。但是,如此激烈的矛盾和血肉般的拼杀,表面上却声息甚小。一切凶狠的手段都策划于私下,一切恶毒的阴谋都形成于暗室。"

中国人素来对阴谋论津津乐道,特别是宫廷阴谋,更是被当作高深的权术和手腕,因此阴谋就变成智慧,叫起智谋来。政治沦为权力的玩具和游戏,这样也就无所谓高尚与卑鄙,只有成功与失败。政治也就与庸俗无耻的小丑表演无异。正如英国思想家波普尔所说:"大人物和当权者的历史,充其量不过是一出庸俗的喜剧而已。"

作为历史的见证者,号称"中国通"的帕特南·威尔对晚清这段历史也持类似的观点。他在《帝国梦魇》中说过这样一段话:"在中国历史的这一重要时期,自始至终,你都会留下这样的印象:一切仿佛像做梦一样,转瞬即逝的情绪冲动,取代了某些坚实可靠的东西。密谋和反密谋此起彼伏,而且如此迅速,以至于它们的精确记录就像'编年史'本身一样,令人昏昏欲睡。"

历史的局限

蔡东藩在《民国通俗演义》开篇问道:"共和在哪里?民主在哪里?"在王亚南看来,中国传统官僚政治是一种特权政治,"为官僚政治所托命的绝对主义和专制主义正同紧密封闭在棺材里面的木乃伊一样,一经与外界新鲜空气接触,马上就要开始腐烂"[1]。

对于晚清历史,王亚南有一个总结,他说,太平天国反对清朝,不反对专制官僚统治;戊戌变法反对专制官僚统治,但不反对清朝;辛亥革命既反对清朝,也反对专制官僚统治。[2]

"所谓历史就是说它是过去的事情,是有阶段性的,历史人物也不能超越那阶段性。"事实上,每一个历史写作者同样是有"阶段性"的,他不能超越这种"阶段性"。这不仅是历史的局限,也是每一个历史写作者的局限。张建伟对这种"局限"有着清醒的认识,"我永远也当不成历史

---

1 王亚南:《中国官僚政治研究》,中国社会科学出版社,1981,第162页。
2 同上书,第134—140页。

学家了"，"我无力写出一部清末民初政情的历史正传"。

作为一名专业新闻记者，张建伟的历史写作严谨而真诚，这大约就是所谓的"史德"吧。唐代史学家刘知几认为，一个历史写作者要具备史才、史学和史识，章学诚继而提出史义与史德，"能具史识者，必知史德"。这应当就是历史与文学的差异。

毫无疑问，历史是一种理性的言说，也是一种审美的叙事。张建伟将这种言说与叙事发挥到一种很高的境界，这是许多历史学者所不及的。文字是阅读的艺术，这种简约、严谨、节制的叙述使阅读充满一种美妙的快感。比如：

> 君主立宪制死了。无论天时地利人和。它都不占，它必死无疑。君主立宪制死了。但死的不仅是一个，而是两个。随后，共和也死了。
>
> 走向共和，原本说的是国体变更；在专制国家，同样也是政体变更，也就是把专制政体转变为民主政体。这条路在大清国走得艰难。从戊戌变法开始，走了13年，终于在辛亥那年，走到头，亡了国。

对20世纪的人类历史来说，战争是为了革命，革命是为了自由。所以阿伦特在《论革命》中说："法国大革命戳穿了宫廷的阴谋。"然而，去山中贼易，去心中贼难。割掉头上的辫子容易，割掉头里的"辫子"很难。当年鉴湖女侠秋瑾曾发誓："拼将十万头颅血，须把乾坤力挽回。"多年后的蔡济民悲叹："无量金钱无量血，可怜购得假共和。"

作为一部插图本历史读物，《走向共和》收入了许多珍贵罕见的历史照片和古老版画，历史在这一刻体现出新闻的色彩，显得如此逼真，一切就如同发生在昨天。同名电视剧《走向共和》播出后轰动一时，张建伟也是编剧之一。作为这部电视剧的原始文本，五卷本的《走向共和》入木三分地展现了晚清宫廷的历史。大清覆灭了，但中国还在；权力崩溃了，但历史完好无损。

钱穆在《国史大纲》中说："辛亥革命之爆发，这是告诉我们，当时的中国，由政治领导改进社会之希望已断绝，不得不转由社会领导来改进政治。前者牺牲较少，进趋较易；后者则牺牲大而进趋难。"

作为中国近代史的扛鼎之作，陈恭禄的《中国近代史》中有一段发人深省的话："自由人之在中国，盖不甚多。其在政治上不良之影响，则家族之观念太重，国家之观念太轻，得意之时，不问是非，专为一家一族一地设想也。近代政治腐败，民生痛苦，盖非偶尔遽然之事，多本于历史上之遗传，社会之势力，由来久矣，人民于不知不觉之中，视为固然，自怨命运而已。"

"数千年的历史告诉我们，对历史已经反复证明的历史教训，我们仍然一次又一次地重复表演，一处废墟盖住另一处废墟。……我们现代人可以在什么程度上摆脱历史局限性。或者竟像黑格尔所说：人类从历史中学到的唯一东西就是从来没有学到任何东西。这是历史的箴言。"这是张建伟在书中反复念叨的一段话。

"殷鉴不远，在夏后之世"，历史总是重复出现，第一次是悲剧，第二次是喜剧；或者倒过来：第一次是喜剧，第二次是悲剧。晚清诗人罗润璋有《桃花源联》，道尽中国历史的兴亡更替：

卅六洞别有一天，渊明记，辋川行，太白序，昌黎歌，渔邪？樵邪？隐耶？仙邪？都是名山知己。

五百年问今何世，鹿亡秦，蛇兴汉，鼎争魏，瓜分晋，颂者，讴者，悲者，泣者，未免桃花笑人。

| 第二 |

战争

可怜无定河边骨，犹是春闺梦里人

——陈陶

纸上谈兵不简单

——张明扬《纸上谈兵》[1]

对读书人来说，日子是用一本本书写成的。当瘟疫锁城时，人们在家读书的时间便多了起来。如今历史类新书似乎越来越多，其中不乏老少皆宜的大众读物，张明扬的《纸上谈兵》便是其中之一。

所谓书，一般是作者写给读者的。张明扬其实是一名读者，当然，他基本上算是一名"职业读者"。当一个人读书读得足够精深时，便相对于一般读者具有了成为作者的条件。张明扬正是这样。这些年来，他陆续写作出版了一系列读书笔记。这些读书笔记以历史类为主，包括《天命与剑》《此史有关风与月》《史不语》《非常之人》等。这些书基本上都是他读书之后的所思所想。很多鸿篇巨制的历史作品，经他深入浅出地讲解，总能让人别有一番新的认识。

作为一个读书类型的媒体人或者说书评人，张明扬就像是足球比赛的电视讲解员一样，其自身首先对历史非常稔熟，此外又有自己独特的看法和观点，这使得他的书虽然都貌似文人笔记样的小书，但知识的含金量和思想的深度并不比那些历史专著逊色多少。

当然，张明扬的写作与历史专业论文无关，他是写给普通大众读者的，语言都比较通俗易懂。这些书开本也都很小，非常适合放在口袋里，

---

[1] 可参阅张明扬：《纸上谈兵：中国古代战争史札记》，山西人民出版社，2020。

随时随地拿出来阅读；甚至随便打开哪一页，都可以顺利地读下去，一点也不像那些高头讲章般的引经据典，郑重其事。

《纸上谈兵》与他的前几部书还是不太一样。那些书主要关注的是历史中的人物与人性，这本书则偏重于物质和技术；准确地说，这是一本讲述中国古代武器演变的小史。

冯友兰先生在《中国哲学小史》的序言中说："小史者，非徒巨著之节略，姓名、学派之清单也。譬犹画图，小景之中，形神自足。非全史在胸，曷克臻此。惟其如是，读其书者，乃觉择焉虽精而语焉犹详也。……历稽载籍，良史必有三长：才，学，识。学者，史料精熟也；识者，选材精当也；才者，文笔精妙也。著小史者，意在通俗，不易展其学，而其识其才，较之学术巨著尤为需要。"

关于中国古代军事史、战争史、兵器史的书要说也不少，但这些书要不就是专业学术类的浩繁长卷，要不就是以猎奇的写法写成的趣闻轶事，能给普通读者正经地讲述一遍中国古代军事发展史的历史普及类的"小史"并不多见。

作为郭建龙"历史密码三部曲"的收官之作——《中央帝国的军事密码》出版后洛阳纸贵，成为现象级的畅销书。宋杰《中国古代战争的地理枢纽》再版后也是如此，可见对大众读者来说，好的军事史作品是多么受欢迎。在此之前，李硕的《南北战争三百年》同样也受到广泛追捧。

郭建龙《中央帝国的军事密码》从地理学的角度讲述了中国历代战争发生的规律，李硕《南北战争三百年》关注的则是魏晋南北朝时期的战术与武器方面的变革。《纸上谈兵》比以上两部书都小，但却将视野放大到从秦汉到明清的整个中国历史，从长平之战一直讲到准噶尔战争，从弓弩到枪炮，从冷兵器到热兵器，将中国古代主要战争、战术和武器的发展过程勾画出一个粗中有细的大轮廓。

除非那些资深的军事历史迷，《纸上谈兵》作为一本通识小史，对一般读者来说，其知识性和思想性都恰到好处。

因为博览群书，张明扬的写作显得长袖善舞，收放自如，对历史材料的旁征博引，对历史局势的剖析切中肯綮，既没有某些学术专家那样的刻板迂腐，也没有某些口水写作者那样的轻佻油滑。

在我看来，《纸上谈兵》所写的内容虽然不是学术方面的原创，但一字一句多少都透着理工男的逻辑与理性。在以前，通俗历史写作者大都是文采飞扬的文学家，感慨大于思想。

中国自古以来都很重视历史，除过专业著史的历史学家，还有一批擅长评史论史的思想家和文学家，比如贾谊的《过秦论》、苏洵的《六国论》。明清时期，更是出现了大量以读书论史见长的文人笔记，如王夫之的《读通鉴论》《宋论》，赵翼的《廿二史札记》等。

《纸上谈兵》作为一本读书笔记，张明扬并无意去写作一部专业的中国古代战争史或武器史，他更多的是为大家带路，让人们更容易进入历史这扇窄门。在每个章节之后，张明扬都列出了一份详细的书单。这些书单基本属于专业研究领域的学术著作，感兴趣的读者可以按图索骥，对相关历史进行深度了解。授人以鱼不如授人以渔，这貌似举手之劳，其实也体现了作者对读者的体贴。

十年前，我也是抱着和张明扬一样的疑问开始读历史，主要就是战争史一类，想搞清楚中国古代战争是如何展开的，是不是像评书和戏曲上讲的那样"兵对兵、将对将"。在凭着兴趣自我钻研的过程中，我发现这类知识竟然属于极冷极冷的"冷知识"。虽然在博物馆可以看到许多车马坑、弓弩箭镞、马镫马具和原始火炮，但人们对它们的具体历史却知之不多，相关的书籍也很少见，或许在学术界不乏研究者，但从社会层面来说，知识普及工作做得远远不够。

因此，我后来用了几年时间开始爬梳和整理有关马镫、战车、弓箭和火器的相关史料，最后写成《历史的细节》。如今看到张明扬的《纸上谈兵》，免不了见猎心喜。对于他在书中的很多观点和看法，我都心有戚戚焉；书中提到的各种史料和著作，于我也是耳熟能详。

无论读书还是写作,其实都是孤独的事情。读书是一个人读,写作是一个人写,但书却是两个孤独的人彼此之间交流的媒介。因为书的存在,孤独便消失了,或者说,读书和写作是排解孤独的最好方法。可以说,一个读书或写作的人即使孤独,也不会寂寞,因为他知道,这个世界还有人与他有着同样的想法和感受。

物以类聚,人以群分。读书人总是通过阅读来辨别彼此的气味,具有相同阅读兴趣的人往往会喜欢同一本书。每一本书背后,都有一个无形的"知识共同体"。对读书人来说,这就是"纸上谈兵"的乐趣。

当诗人遇见战争

——郑海洋《胡骑啸长安》[1]

如果把唐朝分为初唐、盛唐、中唐和晚唐,那么盛唐无疑是唐诗的高峰时期。以李白、杜甫、王维为代表,盛唐的诗人恰逢开元盛世,这赋予他们豪迈与自信,但后来的天宝之乱,也将这些诗人从天堂带入地狱。这种历史遭际虽然悲惨,但也造就了诗人杜甫。

文字憎命达,国家不幸诗家幸,杜甫在安史之乱中创作了大量诗歌,这让杜甫因此成为唐诗的一座历史丰碑。

《胡骑啸长安》作为郑海洋的第一部原创历史通俗作品,体现的是他的情怀。他本是经济学专业的,但对历史和文学却有着几近痴迷的眷恋。作为体制内的一分子,他颇能对唐代诗人的心态和境遇有几分感同身受,诉诸笔端,让人读来,更有几分对历史之理解与同情。

王朝周期

中国历史自古都是一治一乱,治世与乱世周期性轮回。因为无法解决制度性的根源问题,世袭制的皇权完全依赖于皇帝的个人性格和能力。即使开国皇帝的道德和智力优异,也不能保证后代皇帝同样优秀,因为

---

[1] 可参阅郑海洋:《胡骑啸长安:盛唐诗人的安史离乱》,山西人民出版社,2020。

道德和智力根本不能遗传，所以叫"人亡政息"。在许多情况下，遇到皇帝情商智商正常，就出现盛世；遇到皇帝情商智商不正常，就出现乱世。

在《法度与人心》一书中，赵冬梅试图总结出中国古代各王朝所面临的一些共性，比如官僚的选任，开国之初通常会"急于人才"；四十年之后则难免"员多缺少"、一位难求；再和平发展四十年，家族背景在官员升迁中的权重必定会大大提高。又如皇帝周边势力（后妃、外戚、宦官等）的处置问题，士大夫与皇帝的关系问题，官员管理中的效率与公平问题，中央对地方的有效治理问题，兵权的收放与边防的关系问题，等等，这些共性问题是帝国治理的真正难题，也是"理乱兴衰"的深层原因。

正如郭建龙在《盛世的崩塌》中所说："开元年间和天宝年间的玄宗皇帝从来没有变过，他只是在不停地寻找着适合自己的宰相，经过无数次的试验之后，终于找到最适合的人选罢了。在他寻找的过程中，由于在初期无法突破官僚的限制让自己的私欲去干扰民间，从而无意中造就了盛世，可是一旦找到了那一双能够帮助他实现梦想的手，他对民间的干扰骤然增加，盛世也就成了过去。事实上，中国不缺乏雄才大略的皇帝，缺乏的恰是放手、不干扰民间的智者。"

赵冬梅说："在整个帝制时期，皇帝制度是最大的、具有笼罩性的制度背景。皇帝制度的最大特点是什么？皇帝的权力至高无上，无远弗届，没有任何权力可以对皇权进行合法的强制性约束；用句大白话说，如果皇帝要做昏君，谁也拦不住。"

从名义上来说，皇帝有"三畏"：第一，畏历史；第二，畏古圣先贤、列祖列宗；第三，畏天。但如赵冬梅所说，这三条约束都是软的，没有强制性。中国从秦代到清代的郡县制，与宗法制度、外儒内法的统治结合起来，都迎合了皇权独大、皇权独尊的权力格局。

皇权下的专制社会，不是以法治国，而是以权治国，权力都是鸡犬升天的私相授受，没有公权，只有私权。因为权力这东西跟性一样无法分享，所以在权力面前，他人即地狱。为了权力，父子相残，兄弟互杀，夫妻互害，君臣之间视若仇寇。具有讽刺意味的是，那些丧失性能力的宦官常常能够在权力内讧中渔翁得利。

几乎所有权力都是有限权力，只有皇帝的权力属于无限权力，所以皇帝便成为众矢之的，人人都想取而代之。一般而言，要获得这种顶级权力，不外乎两个渠道：一是政变，二是战争；换言之就是，或者巧取，或者豪夺。一般是外部人用战争，内部人用政变，但这都需要强大的暴力资源，因此这种权力游戏的参与者基本都是武人，文人只能做狐假虎威的技术官僚。

总体来说，中国的皇权政治跟自然环境一样，一直不稳定，而且根本无法预测，只能听天由命，一个国家几百万几千万人的命运不免押注在一个人身上。但历史非常势利，历史只会记载这一个人，对几百万几千万人的死亡和灾难常常付之阙如。

终南有捷径

对《胡骑啸长安》这本书而言，安史之乱只是一个历史背景，该书的主题其实是副书名"盛唐诗人的安史离乱"，主要讲了李白、杜甫、王维三位诗人的故事。

对高适和岑参来说，他们的主要职业是军事官僚，写诗只是他们的业余爱好，他们本身其实是看不起写诗的，更不喜欢以诗人自居，诸如"丈夫三十未富贵，安能终日守笔砚"，云云。但对李白、杜甫、王维来说，写诗就是他们无法摆脱的宿命。除了写诗，他们对其他任何事情都没有兴趣，即使假装有兴趣，其实也做不好。比如他们都梦想做大官，但其实都不通世故，别说做官，连在体制内生存的基本能力都不具备。

"诗言志"是中国传统诗学的核心理论之一。[1] 唐代科举分为明经和进士两类，进士科考的是才华，除了策问，还加试实用性文体，如箴、

---

1 《尚书·尧典》说"诗言志"，《左传·襄公二十七年》说"诗以言志"，《庄子·天下篇》说"诗以道志"，《荀子·儒效》篇云"诗言是其志也"。

铭、论、表，开元时主要考诗赋。这样一来，诗成为必考科目，因此，唐代士人都擅长写诗，而这背后其实也有功名利禄的巨大利益诱惑。换句话说，写得一手好诗是真正的"终南捷径"。

"唐及宋初皆以诗赋取士，虽无益于实用，而人之学问才气，一览可见。且其优劣自有定评，传之后代，足以不朽。"（《五杂俎·事部三》）《中国科举史》中说："从政与作诗毕竟不是一回事，以诗赋文章作试题并不是为了考察应试者的特殊文学天才，而是为了测试其智力水平和文化素养。诗赋可以言志，家事国事天下事、个人抱负和习性好尚皆可以从诗文中曲折表达或明显宣泄出来。只有才情并茂、文理优长的人才写得出好的诗赋。"[1]

然而，真正的诗人并不见得能做好官，科举临场发挥更不见得能作出好诗，李白和杜甫考试并不如意。"开元天宝之间，海内和平，君子得从容于学，是以词人材硕者众。然将相屡非其人，化流于苟进成俗，故体道者寡矣。夫子门生，德行、言语、政事、文学，四者无人兼之，虽德尊于艺，亦难乎备也。"[2]

古体诗虽然格律严谨，但写诗总还是自由的，言为心声，只是体制需要的是技术官僚，技术官僚是不容许有个性的。所以一个真正的诗人是根本无法融入体制的，哪怕假装都不行；此外，政务繁忙，也不见得有那么多时间和精力去写诗。那些稍微有点诗人情结的人，在体制内也大多是失意者和失败者。在杜甫看来，为了做官在长安钻营十年完全是耻辱的回忆，所谓"朝扣富儿门，暮随肥马尘"。

对一个诗人来说，试图进入官僚体制的想法即使不是危险的，也是非常幼稚的。所以，李白、杜甫和王维之所以成为唐代诗人的代表，因为他们都是专业诗人和职业诗人，即使偶尔得个一官半职，也只是业余客串罢了，当不得真，更不能以他们在官场的失败来说明什么，因为他们心不在此，意不在此。虽然他们常常以怀才不遇来自况，如"一生傲

---

[1] 刘海峰、李兵：《中国科举史》，东方出版中心，2004，第101页。
[2] 李华：《杨骑曹集序》，载《全唐文》卷三百一十五卷。

岸苦不谐，恩疏媒劳志多乖"云云。

关于李白、杜甫、王维的传记有不少，当年郭沫若还从阶级斗争的角度专门写过《李白与杜甫》。相对那些个人传记专著，《胡骑啸长安》这本书比较概括，好处是便于了解这些诗人之间的私人交集。

实际上，诗人并不是随随便便写诗的。现代人往往是为写诗而写诗，一般没有明确而固定的目标读者。古代诗人将诗作为一种社交工具，诗人之间交往频繁，以诗相交，以诗会友，他们很多诗都是写给朋友的，诗就是他们的信，每封信都有固定的读者。换句话说，诗歌在古代具有一种实用的社会功能，是一种重要的交往、交际、交流方式。

大概那时候还没有公共写作的风气。到了晚唐时，白居易就更像是一个公共诗人，他写了大量面向社会公众的诗，并将自己的诗结集印刷出版，赚取稿费，这大概是中国印刷术商业应用的最早案例之一。

郑海洋在书中写了很多诗人之间的互帮互爱，比如杜甫和李白没有官位没有俸禄，写诗又没有稿费，养家基本全靠朋友的资助，资助他的基本都是官场的诗人朋友。有趣的是，在大多数时候，他们都能了解彼此的现状，书信沟通貌似非常方便，大概是利用了官方的邮驿系统。

国家不幸诗家幸

人离不开政治，人也离不开历史。宋朝王安石有诗《凤凰山》云：

> 欢乐欲与少年期，人生百年常苦迟。
> 白头富贵何所用，气力但为忧勤衰。
> 愿为五陵轻薄儿，生在贞观开元时。
> 斗鸡走犬过一生，天地安危两不知。

作为后来人，王安石自然知道安史之乱，从贞观到开元也不都是太平盛世，武则天的酷吏黑狱也是一样恐怖。龙陷泥沙，花落粪溷，每个人都是时代的产物，人无法选择时代，就如同无法选择自己的父母一样。这就是中国人常说的"命"。

杜甫在安史之乱中困在长安，"黄昏胡骑尘满城，欲往城南望城北"。在延秋门，他遇见一位皇室贵族流落街头，成为乞丐，感慨之下写了《哀王孙》：

> 长安城头头白乌，夜飞延秋门上呼。
> 又向人家啄大屋，屋底达官走避胡。
> 金鞭断折九马死，骨肉不待同驰驱。
> 腰下宝玦青珊瑚，可怜王孙泣路隅。
> 问之不肯道姓名，但道困苦乞为奴。
> ……

安史之乱这场政治事件对李白、杜甫、王维影响都很大，李白因为加入永王李璘幕府惹了麻烦，王维因为加入安禄山朝廷惹了麻烦。但后来都有惊无险，看来人们还是容易原谅诗人的，尤其他们还是名人。

李白和王维一个号称"诗仙"，一个号称"诗佛"，都貌似那种不食人间烟火的诗人，相对而言，号称"诗圣"的杜甫更懂得民生艰难，用现在的话说是更接地气。

在安史之乱前，杜甫的名气不如李白和王维，但他在安史之乱中像一个战时记者一样，记录了他所见所闻、所思所感，用他的笔书写了一部安史之乱的史诗。可以说，安史之乱成就了杜甫的伟大，也成就了伟大的杜甫。这就是历史的吊诡之处。

经历过北宋靖康之难的李纲谈杜诗："时平读之，未见其工。迨亲更兵火丧乱之后，诵其词，如出乎其时，犁然有当于人心，然后知为古今绝唱也。"杜甫常常叹息李白的遭遇，其实未必不是一种自况——

> 凉风起天末，君子意如何。

鸿雁几时到，江湖秋水多。

文章憎命达，魑魅喜人过。

应共冤魂语，投诗赠汨罗。

——《天末怀李白》

清代历史学家赵翼也写过一首《题遗山诗》——

身阅兴亡浩劫空，两朝文献一衰翁。

无官未害餐周粟，有史深愁失楚弓。

行殿幽兰悲夜火，故都乔木泣秋风。

国家不幸诗家幸，赋到沧桑句便工。

《题遗山诗》是为金末元初文学家元好问的诗文集做的题诗。元好问，字裕之，号遗山，曾经历金元易代之变。

这首诗大意是说：亲身经历过国破政亡、山河易主的大劫难，为修订两朝文献已把自己熬成老翁。入元不仕，有如伯夷叔齐不食周粟的气节，时常忧心故国的文献像楚人失弓一样遗毁。幽兰轩宫殿悲凉的夜里，闪烁着荧荧鬼火，故都燕京的乔木在瑟瑟秋风中如泣如诉。国家的不幸却成了诗人的幸事，在饱经沧桑后，诗句也变得工整，富有深蕴的情感。

欧阳修在《梅圣俞诗集序》中说："予闻世谓诗人少达而多穷。夫岂然哉？盖世所传诗者，多出于古穷人之辞也。凡士之蕴其所有，而不得施于世者，多喜自放于山巅水涯之外，见虫鱼草木、风云鸟兽之状类，往往探其奇怪；内有忧思感愤之郁积，其兴于怨刺，以道羁臣寡妇之所叹，而写人情之难言，盖愈穷则愈工。然则非诗之能穷人，殆穷者而后工也。"

如果加以比较，李白和王维在安史之乱中和安史之乱后几乎没有写多少诗，对他们来说，或许这场灾难打碎了他们风花雪月、岁月静好的生活，一下子就没有了诗兴。上帝在成就一个人的同时，也毁灭了另外两个人，这真是造化弄人。

一场安史之乱，即使没有毁灭唐朝，也是彻底毁灭了唐朝北方。在安史之乱中，李白和杜甫都在南方找到归宿，后来杜甫死在湖南，李白死在安徽当涂，虽然他们都在长安度过了一生中最美好的时光。

> 长安一片月，万户捣衣声。
> 秋风吹不尽，总是玉关情。
> 何日平胡虏，良人罢远征。

闲坐说玄宗

对我们今天的人来说，读古诗多半都是读唐诗，甚至说唐诗是我们每个中国人的文学启蒙。这些唐诗不仅具有文学上的审美价值，更重要的是它们都有一个极其复杂的历史背景，只有读透诗背后的历史，才能真正理解诗本身。这是唐诗的神奇和诡异之处。尤其是杜甫的诗，除了"三吏三别"这样的叙事诗，其他很多诗也都有一个特定的历史背景。

这些诗一旦脱离了它原来的历史语境，就变得索然寡味；只有让它回到历史现场，才会显得意味无穷。比如《江南逢李龟年》：

> 岐王宅里寻常见，崔九堂前几度闻。
> 正是江南好风景，落花时节又逢君。

李龟年本是宫廷乐师，安史之乱，北方沦丧，皇帝奔逃，宫廷乐工流落江湖，杜甫在边远的南方街头遇见当年只为权贵宫廷服务的皇家乐师，那种"丧家犬"的情景，确实令人感慨历史的恶作剧。

一场安史之乱，基本终结了王维的诗人生涯，也让李白失去了那种豪迈与洒脱，中晚唐诗人多以自伤自艾、惆怅悲凉见长，所谓"骨气顿衰"。用作者郑海洋在该书序言里的话来说：再没有"江流天地外，山色有无中",有的只是"日暮苍山远,天寒白屋贫",再不说"直挂云帆济沧海",只看得"野渡无人舟自横"。

在西方,历史是哲学的一种,在中国,历史常常是文学的一种。安史之乱成就了诗人杜甫,也给后世尤其是中晚唐诗人提供了无穷无尽的创作题材。

白居易的《长恨歌》自然是千古名篇,而杜牧的《过华清宫》和元稹的《古行宫》则更有历史感:

长安回望绣成堆,山顶千门次第开。
一骑红尘妃子笑,无人知是荔枝来。

寥落古行宫,宫花寂寞红。
白头宫女在,闲坐说玄宗。

明朝谢肇淛在《五杂俎》中记载:"唐明皇时,长安大内、大明、兴庆三宫,东都大内、上阳两宫,宫女几四万人,侍寝者难于取舍,至为彩局以定胜负,古今掖庭之盛,未有过此者也。"

看盛世如何崩塌

——从《汴京之围》到《盛世的崩塌》[1]

在改革开放之初,除了少数城里人,中国其实还是一个传统农业社会,绝大多数人生活在大大小小的村子里,很少出门,当时书籍非常少,西方人发明的电视和广播在中国出现不久,相比电视,半导体收音机普及得比较快。

人们对收音机的新奇与迷恋,主要是来自评书这种古老的传统民间艺术。几乎是一夜之间,刘兰芳火遍大江南北,她讲的《杨家将》和《岳飞传》成为人们茶余饭后的重要消遣。

对经历过困苦与贫穷,甚至对中国历史一无所知的中国人来说,刘兰芳的评书构成了一个童话般的启蒙。尤其对当时还在童年的我们这一代人来说,这两部评书就是童话,因为当时还没有唐老鸭和米老鼠,也没有白雪公主和迪士尼。

刘兰芳用评书演绎了一个悲壮的大宋,无论是杨家将还是岳飞,最后都死于非命。这对劫后余生的人们来说,颇能感同身受。同时,评书也提示了一个广阔的时代背景,在大宋之外还有大辽,更有可怕的大金国。相比《杨家将》中的"萧太后",《岳飞传》中的"金兀术"就显得

---

[1] 可参阅郭建龙:《汴京之围:北宋末年的外交、战争和人》,天地出版社,2019;郭建龙:《盛世的崩塌:盛唐与安史之乱时期的政治、战争与诗》,天地出版社,2022。

野蛮多了,他被称为"四狼主",他常常将中原的宋人贬称为"小南蛮"。

我因为家里没有收音机,只能去邻居家听评书,人家家里没人,或者人家不听,我也就听不上。好在当时《岳飞传》连环画可以从小伙伴那里借到,连环画总共二十本,第一本是《岳飞出世》,主要叙述时代背景,也就是靖康之难,徽宗和钦宗父子、李若水、张叔夜、粘罕、李纲、宗泽等等,这些人物形象成为我童年里最深刻的一段记忆。

重新认识宋朝

近些年宋史大热,好多人以宋史爱好者自诩,学者们从宋史中寻找"现代文明",白领们从宋史中寻找"城市生活",还有不少热爱"国学"的人,从宋史中寻找身份认同以及民族优越感。但就我个人而言,我对宋朝的美好印象仅限于书法与诗词,就历史而言,总抹不去靖康之乱的底色。

宋朝处于中国古代几大王朝的中间时段,是中国历史中心从长安向北京转场的拐点。一方面,它将中国传统文化发展到极致,包括农业技术、文学、艺术、建筑、园林,也包括官僚制度和儒家意识形态;另一方面,它也将中国传统政治的弊端暴露得一览无余。

宋太祖靠武力夺权篡位,建立宋朝后便大力改革官制,将行政权、财政权、司法权分散在三个机构手中,相互牵制,以分中枢之权,这是宋代自创的中国式的"三权分立";同时,将精兵全部集中于禁军,把练兵权(归两衙三司)、统兵权(归兵部,管行政)和调兵权(由枢密院执掌,权归皇帝)三者分离,"兵不识将,帅无常师"。这样做的好处是消除了安史之乱以来的军阀割据和军事政变,但同时也因为军权分割而削弱了军队的战斗力,北宋经常有箭落马前、军士雇人领俸粮的笑话。用陈登原先生的话说,"以中央独当戎务,集于君主;命出多门,权非一贯;以文驭武,似狗捕鼠;用将不专,兵与将离;各面之官,少有处分,不能统一指挥。谓有宋一代,武力不振,屡败于辽、西夏、女真,盖出于此。"[1]

从某种意义上来说，宋朝所创造的文明达到了中国传统文化的顶峰，但也陷入一片腐朽和泥潭，根本无力自拔。对后来的中国人来说，就是在寻找突破和改变——如何走出这个古典专制的瓶颈。

从辛亥革命到五四运动，现代文明为中国打开了一条救赎之路。历史到此基本有了一个交代，宋人热衷的四大发明成为现代中国的新起点。

对现代中国来说，宋朝只是中国的一部分，此外还包括辽、金、元、西夏等，但在中国传统历史叙事中，只有宋才是真正的中国。因此这段历史有了两种解释，一种是将宋的灭亡看作"三国归晋"的大一统，一种则如顾炎武等人将宋朝的覆灭视为"亡国""亡天下"。这也是我们现代人读历史需要注意的地方。

东方迦太基

作为政经记者出身的历史作家，郭建龙在《汴京之围》前已经出版了两本中国历史专著——《中央帝国的财政密码》和《中央帝国的哲学密码》，这两部书以通俗的语言和现代的视角，对中国古代历史做了贯通性的解读，都非常受欢迎。本来第三部书应该是《中央帝国的军事密码》，结果我们先看到了这部《汴京之围》。

"密码三部曲"应该是通史性质的，虽然角度各有不同。相比之下，《汴京之围》则选取了一个典型历史事件，颇有解剖切片的色彩，这也是记者善用的一种写作方法。对读者来说，用一个历史事件来观察和了解那段历史，乃至理解整个中国史，都是一种不错的捷径。管中窥豹，观一叶而知天下秋，就如同有人用《长安十二时辰》这部网络剧来想象大唐盛世。

可以看出，有前面"密码三部曲"铺垫，郭建龙对《汴京之围》的写作驾轻就熟，对宋、金、辽三方按照同一个时间线分别展开。

---

[1] 陈登原:《国史旧闻》，生活・读书・新知三联书店，1958，第274页。

因为宋代历史和文人笔记保留非常多，最著名的如《三朝北盟会编》《靖康稗史笺证》《靖康传信录》等，所以这段历史的史料极其丰富，而且可以互相对证。

郭建龙在该书中很好地复原了历史场景；同时，叙述节奏也很明快，毫不拖泥带水。这体现了记者写作特有的客观与克制。相比而言，很多文学作家写历史，总喜欢玩弄辞藻，有太多铺排和抒情表达，难免让人读起来经常有出离之感。

"汴京之围"的整个历史事件，郭建龙的叙述多少有点像是一部纪实文学，非常细腻好看，阅读过程就如同在观看一部电视连续剧一样，历史人物活灵活现，但又转眼即逝——历史并不像电视剧一样，会给每个人太多表演机会。郭建龙的叙述基本都是点到为止，并不做过多演绎。对于一些可疑的史料，作者也表现了自己的谨慎。

导致北宋灭亡的靖康之乱是著名的历史事件，人们都略有所知，该书的讲述比较全面，也比较客观，对宋、辽、金各方都有同情，有理解，并没有过分偏倚某一方。作为一场战争，可以总结的不外乎失败者为什么会失败，胜利者为什么会胜利。但实际上，靖康事件更是一场纷争，谈判始终在该书中占有很大的分量，而战争只是谈判的一个补充。这是该书带给我们最有新意的"现场报道"。

全书开篇就点明主题："从盛世到灭亡只用了三年时间。"三年时间几乎以快进的方式浓缩了一部大宋王朝史。

据说宋朝汴京是当时世界上最为繁华富庶的城市，一部《东京梦华录》，一幅《清明上河图》，让今天许多喜欢历史的读者爱上宋朝并引以为荣。然而，当宋朝的首都汴京在十面围城中沦陷，其悲惨也是可想而知，这不免让人想起特洛伊，想起迦太基，想起君士坦丁堡……

金人扣押了大宋帝国的皇帝后，不断勒索黄金。这让人想起皮萨罗扣押印加帝国皇帝后，印加帝国不得不用装满关押他的房间那样多的黄金来赎身（当时关押皇帝的那间房子长7米，宽5.5米，高3米）。皮萨罗得到黄金后就杀了印加皇帝，金人得到黄金后就废黜了宋朝皇帝，并把他们掳掠到北方。

张邦昌在危难之际登上历史舞台，历史给他打上了奸臣的标签。

中原之祸

汴京之围完全是宋徽宗咎由自取。自从澶渊之盟后，宋辽两国就互相交好，近百年不识兵戈。然而随着金人崛起，颟顸的宋徽宗却一举打破了这种平衡，引狼入室。

> 国家与辽结欢，两国之誓，败盟者祸及九族。宣和伐燕之谋，用其降人马植之言，由登莱航海，以使于女真，约尽取辽地而分之。子女玉帛归女真，土地归本朝。时主其事者王黼也，时论多以为不可。宇文虚中在西掖，昌言开边之非策，论事亹亹数千言。设喻以为犹富人有万金之产，与寒士为邻，欲肆吞并以广其居，乃引暴客而与谋曰："彼之所处，汝居其半；彼之所畜，汝得其全。"暴客从之，寒士既亡。虽有万金之富，日为切邻强暴所窥。欲一日高枕安卧，其可得乎？种师道亦言，今日之举，如寇入邻家不能救，又乘之分其室也。两喻最为切当。当事者既失之于女真，复用之于蒙古，而社稷随之矣。(《宋稗类钞》)

郭建龙在该书中的叙述，对人的命运似乎都显得那么轻描淡写，比如将军种师中的战死，比如李若水的自杀，比如郭药师的反叛，比如赵良嗣和张邦昌的被杀。虽然历史就是这些人构成的，但在历史洪流中，每个人都显得那么微不足道。"夫人之得势也，天可梯而上；及其失势也，一落地千丈。朝荣夕悴，变在反掌。"如粘罕，如童贯，这些历史中不可一世的人物，大都不得好死。

王安石曾论及末世风俗云："贤者不得行道，不肖者得行无道；贱者不得行礼，贵者得行无礼。"汴京城破之后，皇宫里的数万人，上到太上皇、皇上，各种王子、郡王、帝姬（公主），连同几万皇妃们，都做了奴隶，被金兵一路从开封押解到北京、辽宁、内蒙古、吉林、黑龙江，一路走，一路摧残，等押解到黑龙江，差不多已经死了百分之九十。

自靖康之后，陷于金虏者，帝子王孙、宦门仕族之家，尽没为奴婢，使供作务。每人一月支稗子五斗，令自舂为米，得一斗八升，用为糇粮。岁支麻五把，令绩为裘，此外更无一钱一帛之入。男子不能绩者，则终岁裸体，虏或哀之，则使执爨，虽时负火得暖气，然才出外取柴，归再坐火边，皮肉即脱落，不日辄死。惟喜有手艺如医人、绣工之类，寻常只团坐地上，以败席或芦藉衬之。遇客至开筵，引能乐者使奏技，酒阑客散，各复其初，依旧环坐刺绣，任其生死，视如草芥。（《容斋三笔》）

宋徽宗是一个艺术家皇帝，喜欢儒道释，人称道君皇帝。他在北国为奴十多年，虽然没写出"故国不堪回首月明中"的诗句，却也生了不少儿女。用伊沛霞《宋徽宗》一书中的话来说，"在陷北期间，徽宗还是保留了一定的尊严"。

宋徽宗和宋钦宗被掳之后，唯一漏网的赵构惶惶如惊弓之鸟，四处躲藏，甚至逃到海上，他从此变得心狠手辣，不再信任任何一个人，无论是岳飞还是秦桧。南宋之后理学兴起，道德桎梏更加深重。靖康时皇族遭遇到奇耻大辱，到崖山时多达数万人蹈海自杀。

自古兵乱，郡邑被焚毁者有之，虽盗贼残暴，必赖室庐以处，故须有存者。靖康之后，金虏侵陵中国，露居异俗，凡所经过，尽皆焚爇。如曲阜先圣旧宅，自鲁共王之后，但有增葺。莽、卓、巢、温之徒，犹假崇儒，未尝敢犯。至金寇遂为烟尘。指其像而诟曰："尔是言夷狄之有君者！"中原之祸，自书契以来未之有也。（《鸡肋编》）

覆巢之下，安有完卵。靖康之难，上至皇族下至贫民，无一幸免。官宦出身的李清照和赵明诚原本在汴京过得岁月静好，经常去大相国寺淘书、收藏古玩字画，"靖康中，遭乱奔徙，所蓄渐散尽。未几，明诚死。再适张汝舟，时至反目"[1]。"猥以桑榆之晚景，配兹驵侩之下材。"李清照从前是"为赋新词强说愁"，如今是愁到无心赋新词。

寻寻觅觅，冷冷清清，凄凄惨惨戚戚。乍暖还寒时候，最难将息。三杯两盏淡酒，怎敌他、晚来风急！雁过也，正伤心，却是旧时相识。

满地黄花堆积，憔悴损，如今有谁堪摘？守着窗儿，独自怎生得黑！梧桐更兼细雨，到黄昏、点点滴滴。这次第，怎一个愁字了得！（《声声慢·寻寻觅觅》）

皇帝的家与国

女真人是森林民族，或者说是狩猎民族，狩猎其实大多是围猎。宋人在战争方面以城池防守为主，宋金战争就变成守城与围城之战，历史让双方各自玩各自最擅长的游戏。最终，宋人败给了女真，阴谋败给了暴力。

暴力是最原始的游戏规则，宋人更擅长的是阴谋，所以个个都是宫斗高手，他们设计了非常复杂的游戏规则，以至于阴谋达到了出神入化的境地，但最后还是败于最原始的暴力。这就如同一只高级灵长目的大猩猩死于冷血的鳄鱼之口。但从战争细节来看，金人除过掠夺钱财之外，最为急切的就是得到宋朝体制中的技术官僚。

《汴京之围》有两个细节，一个是金军构成中，有大量的辽国人和宋人，也就是北方汉人，这些人或怀才不遇或遭遇陷害，只能投奔金国，为金国攻打宋国。另一个就是反复出现的市井流氓群体，这让人联想到

---

[1] （清）潘永因：《宋稗类钞》，中国书店，2023，第240页。

《水浒传》的世界。每到社会秩序崩乱之时，便是这些人大显身手的时候，这种流氓暴力往往比战争暴力更加危险和不可控。

宋朝之所以败于金朝，关键还是军事官僚体制的落后。"宋朝的军事体制落后，不在于将领的军事素养，因为他们也有很好的将军，如种师道、种师中、张孝纯、折可求等，当年的郭药师也曾经全心全意帮助皇帝守卫燕京。但由于指挥系统的紊乱，将军们很难有权力调动起全局资源，来组织一场战争。"

对今天的人来说，很难想象宋朝时人们对国家的认同：是认同皇帝，还是认同朝廷？每个人都是匍匐在皇帝和酷吏脚下的草民，整个国家体制就像蚁穴或蜂巢一样，民众是辛劳的工蚁和工蜂，皇帝则是蚁后和蜂王。所谓国家只是皇帝官僚压榨民众的工具，当国家遭遇外来入侵时，整个国家就如同溃坝下蚁穴，或者失火的蜂巢，乱成一锅粥，既不能进行全民动员，也形不成凝聚力和战斗力。只有皇帝才以国为家，民众与国家的关系就是压榨与被压榨的关系，除此之外再无其他。

"中国古代历史始终在一个巨型的钟摆中震荡。在钟摆的一端，是'忠君爱国'式的教导，并将爱国扭曲成对权力的无限服从，不准反抗，百姓全都浑浑噩噩地活在蝇营狗苟之中。这时，皇帝的权威是无限的、不容怀疑的。可是一旦皇权倒台了，百姓立刻就变成了最恶毒的诅咒者，恨不能对以前的权力进行无休无止的侮辱与谩骂，如果有可能，甚至不惜直接动手将前皇室撕成碎片，这就成了钟摆的另一端。在这两端之间，却缺乏中间状态'家国情怀'。所谓的'家国情怀'在这忽左忽右的不成熟中震荡了两千年。皇帝大都也知道自己享受的无限服从，不是来自爱戴，而是来自武力，因此在任上时会想尽一切办法将权力牢牢控制，试图让人们明白不忠诚的下场，用暴力的方法来维持社会的刚性稳定，将脆断的那一天尽量往后延。大多数情况下，被统治者永远只能用背地里的牢骚发泄不满。在现实中，即便统治者如此无能，百姓仍然无法摆脱。"

宋朝最不幸的是它的北边有另外的"国家"，因此民众有可能选择另一个"国家",虽然这个"国家"并不比宋朝更仁慈。

今天我们读《汴京之围》,也会非常惊讶,小小的女真,竟然在短短数年时间,以不足千人起兵,就灭掉了辽国和北宋,完成了蛇吞象的壮举。貌似不可思议,其实也顺理成章,战争是组织能力的较量。宋辽两大帝国在巨变之时,组织已经崩溃不堪。

人无法选择父母,但人长大以后可以独立于父母发展。宋人无法选择皇帝,如果遇到一个颠顸无能的皇帝,亿万宋人只能跟着倒霉。最讽刺的是,就连皇帝本人也无法选择不当皇帝,比如宋钦宗。宋徽宗是一个天才的艺术家,但却是一个糟糕的皇帝。历史的悲剧就在于此。《宋史》评价说:"自古人君玩物而丧志,纵欲而败度,鲜不亡者,徽宗甚焉,故特著以为戒。"

历史上所谓奸臣,如童贯,如蔡京,如秦桧,如贾似道,他们只是皇帝的选择,甚至是皇帝的替罪羊,而皇帝也是不幸的,他们又有什么选择?就如同宋徽宗和宋钦宗不能拒绝成为"昏德公""重昏侯"。

哪个强梁可万岁,谁家王朝能无疆?古人看重历史,一心想为历史负责,更想为国家(社稷)负责,但实际上,真正的历史时刻来到时,每个人似乎都负不了责任。李纲想负责,却被发配到湖南去了。忠臣良将都死光了,最善于逃跑的赵构活了下来,因此有了南宋。

新历史写作

《汴京之围》写的是中国历史上最为惊心动魄又最为荒诞悲惨的一段历史,作者那记者的文风所表现出的克制与白描,留给我们无限的想象空间,这是读史最大的乐趣。从很多方面来说,历史与新闻是同质的,新闻是当下的,历史是过去的,但我们既活在当下,也活在历史中,因为人类从来没有走出历史,今天的人与古代的人并没有本质的不同,这对于中国人尤其如此。

对于历史,尤其是战争史,我们已经难以真正理解其中的残酷与不幸。陈寅恪先生曾感慨说："寅恪侨寓香港，值太平洋之战，扶疾入国，归正首丘……回忆前在绝岛，苍黄逃死之际，取一巾箱坊本《建炎以来系年要录》，抱持诵读，其汴京围困屈降诸卷，所述人事利害之回环，国论是非之纷错，殆及世态诡变之至奇。然其中颇复有不甚可解者，乃取当日身历目睹之事，以相印证，则忽豁然心通意会。平生读史四十年，从无此亲切有味之快感，而死亡饥饿之苦，遂亦置诸度量之外矣。"（《辽史补注序》）

历史是罗生门，历史不是描述，而是解读，不同时代会对历史产生不同的解读，所以历史虽然古老，但历史又常新，这是历史的魅力所在。

对今天的现代中国人来说，阅读历史是必不可少的公民启蒙，而写作历史则需要一批具有足够现代意识的史家，用钱穆先生的话说就是"新史学家"——

> 今日所需新史学家，必具以下条件：1.对时事现实有恳切之关怀。2.明于察往，勇于迎来，不拘泥于世事现实。3.其人必于天界物界人界，世间各学科知识有相当了解。4.其人必具哲学头脑，能融会贯通而抽得时空诸事态相互间经纬条理者。而后才可以究天人之际，通古今之变，成一家之言。

按照这样的条件，郭建龙不是历史科班出身，但他无疑算得上是中国当下一位值得期待的"新史学家"了。

郭建龙在不到十年的时间里，闭门著书，间或还译书，以一年一部的惊人速度，陆续推出"帝国密码三部曲"（《中央帝国的财政密码》《中央帝国的哲学密码》《中央帝国的军事密码》）和《汴京之围》《丝绸之路大历史》等历史大作，此外还有历史游记《穿越百年中东》《穿越非洲两百年》《穿越劫后中亚》，翻译了《一把海贝：从奴隶贸易兴起到革命年代的西非》《墨洛温王朝：创建与变革》等。在这个人人都忙于名利和社交的镀金时代，能青灯古佛孤守书房，如此勤奋的写作者，不仅显得珍贵,更是令人惊叹和敬佩。

《汴京之围》出版于 2019 年盛夏,当时郭建龙和天喜文化的同人一起来西安,在"中国书展"上举行了盛大的首发式,本人有幸受邀作为嘉宾参加。我当时就建议郭建龙在写完"汴京之围"后接着写一部"安史之乱"的书。从历史来说,长安之围远比汴京之围更加重大,直接改变了中国历史的走向。

如今来看,郭建龙确实是从那时候开始收集积累资料,2020 年闭门写作了整整一年,到 2021 年初完稿,2022 年夏天,《盛世的崩塌》出版。

历史的空白

正如 20 世纪 80 年代的文学热和诗歌热,进入新千年后,历史热几乎压倒了传统的文学热,而诗歌热早已成为明日黄花,变成诗人小圈子的文化自娱。历史热,或是现代化和城市化的必然结果,传统的农耕社会是文学的、诗歌的,而现代的城市社会则是历史的、哲学的。

如果说现代文明源自启蒙运动以来的理性革命,那么历史就是现代人的乡愁。历史热是写作者与读者共同激荡的结果:在初期阶段,是近代史和戏说历史的热潮;这些年,世界史似乎正成为历史阅读的主流,出现了许多外版历史图书品牌。与此同时,中国历史的写作走向更成熟和专业的阶段。

虽然安史之乱在中国历史上非常重要,但我很早就发现,关于安史之乱的书中,缺乏严肃且通俗的大众历史读本。2020 年,郑海洋出版了《胡骑啸长安》,这是一部叙述唐代诗人在安史之乱中遭际的大众书,虽然安史之乱只是历史背景,但作者还是进行了详细的讲述,只是重点不在安史之乱。

我看完郑海洋这部书后,又陆续收集了许多关于安史之乱的书。

这些书主要有两类,一类是偏学术性的,比如仇鹿鸣《长安与河北之间》、王炳文《从胡地到戎墟》、李碧妍《危机与重构》等，此外还有一些海外汉学家写的《安禄山叛乱的背景》和《安禄山：皇帝宝座的觊觎者》等，这些书都着眼于学术研究，可读性较差；另外一类是比较文学化和小说化的传统历史叙述，这类书比较多，甚至有点泛滥，虽然读起来很热闹，但让人不知真假，难以信任，作为历史显得极不严肃。

总体而言，虽然关于安史之乱的书也不少，但面向社科历史读者的严肃、全面而有深度，又比较好看的大众作品却很少见到。遗憾之余，我甚至也想试试，但又自觉学识功力有所不逮。

2022年初，张明扬的《弃长安》出版，与他以往的书相比，这部书非常受欢迎，这也验证了我的判断，即关于中国历史上最为重大的安史之乱，确实缺乏比较成熟好看的通识历史作品。不久之后，袁灿兴的《大唐之变》也出版了，同样极受读者追捧。

整个2022年，出现了包括《盛世的崩塌》在内的一系列关于安史之乱的通俗历史作品，而且几个作者都是当下很活跃的青年历史写作者，这或许是近年来很少见的选题"撞衫"，由此也可见这个历史话题的图书空白期有多长。

依我看来，郭建龙是写作安史之乱的最合适人选，尤其是他的《汴京之围》获得极大成功之后。作为历史写作者，郭建龙非常善于梳理庞杂的史料，同时又兼具历史、文学、思想、经济、军事、政治等方面的专业分析能力。郭建龙有极其少见的大历史观，除了优异的天赋，这与他读书多、经历多有很大关系。他的叙述非常成熟到位，有条不紊，条理清晰，大视野下粗中有细，克制冷静，而又不失温度和同情。

有《汴京之围》在前铺垫，《盛世的崩塌》的阅读感觉一如既往，让人拿起来就想一口气看完。书中几幅彩色手绘地图非常贴心。这部书虽然出来较晚，但在我看来，却大有后来者居上之势。

写历史与写小说一样，虽然不是自传，但都有作者自己的影子和个人情怀。《盛世的崩塌》一开篇，郭建龙就将读者带到他曾经走过的帕米尔高原，然后又回到他生活的云南大理，历史与现实就这样巧妙地连接起来，仅从这一点就能看出，郭建龙写历史的天赋有多高。

历史的押韵

宋代陆游《老学庵笔记》中有一段记载：

> 宣和中，保和殿下种荔枝成实，徽庙手摘以赐燕帅王安中，且赐以诗曰：保和殿下荔枝丹，文武衣冠被百蛮。思与近臣同此味，红尘飞鞚过燕山。

王安中是宋代一位填词作赋的文人，曾师从过苏东坡。按照陆游记载，宋徽宗千里迢迢给王安中送荔枝，王安中简直享受到了杨贵妃当年的待遇，让人总觉蹊跷。

王安中仅是一个长于辞章的迂腐文人，虽然官居燕山知府，但他似乎还不足以让皇帝这么牵肠挂肚。细读历史，就会发现陆游的记载是皮里阳秋的春秋笔法。宋徽宗送荔枝的真正对象是燕山统帅郭药师，王安中只是主管行政的知府，郭药师才是掌握军队的"燕帅"。王安中在燕京唯郭药师马首是瞻，而宋徽宗对郭药师的宠信当世没有第二人。书不可尽信，陆游或为尊者讳，怕人由徽宗千里送荔枝想起唐玄宗与安禄山的糗事，故意张冠李戴。

北宋中后期，久无战事，武备废弛。宣和四年（1122），辽国金吾卫上将军郭药师投降宋朝，他率领的八千常胜军"虏中最号劲兵"，成为宋朝最为倚重的王牌军。宋金联手灭辽后收复燕京，宋徽宗就将燕京交给郭药师防守。后来的故事几乎是安史之乱的翻版，郭药师几乎是照着安禄山的人物剧本逼真演出，而宋徽宗也对其宠信得恨不能以国相许，金钱美女豪宅，应有尽有，"赐赏之厚不可殚名"，比之当年唐玄宗信任安禄山有过之而无不及，毕竟唐玄宗还没有给安禄山千里送荔枝。

想当年，唐玄宗崇爱杨贵妃，不远千里要从南方往长安送荔枝，如今宋徽宗已把荔枝树移栽到了汴京。保和殿前的荔枝刚刚红透，徽宗就亲手摘了，一骑红尘地送到燕京，与郭药师分享——"思与近臣同此味，红尘飞鞚过燕山。"

有句话说，历史不一定会完全重复，但确实会押韵。仅从千里送荔枝这件小事上，就可以看见安史之乱与靖康之围是多么惊人的相似。

宣和七年（1125），郭药师突然叛宋降金，自告奋勇充当金人的马前先锋，如此反戈一击，仅22天就兵临汴京城下，而当时宋徽宗还兴冲冲地要封郭药师为燕王。

此次汴京之围，导致徽宗的皇帝生涯提前结束。钦宗随即登基，改元靖康，两年后，汴京二次围城，北宋灭亡，徽钦二帝被俘。

宋人笔记中记载，宣和四年（1122）镇压方腊起义，"用兵十五万，斩贼十五万，杀平民不下二百万，改睦为严州，歙为徽州"[1]。在传统历史中，平民永远只是一个简单的数字；即使这样的数字，也很少见诸官方正史。

"徽宗在1120年底听到方腊起义时，他不可能知道自己的王朝将要凄惨地结束；或是他为修建一座新园林而耗费巨资，在六七年之后会显得非常荒诞，因为到时政府甚至无力为前线将士提供足够的食物。"[2] 倾尽举国之力从南方搜集来的奇石异木，在汴京之围中或是沦为投石机的子弹，或是沦为薪柴被付之一炬。

宋徽宗为得到燕山，几乎倾家荡产，"宣和用兵燕云，厚赋天下缗钱，督责甚峻，民无贫富，皆被其害"。在郭药师叛变前，宋使许亢宗路过燕山府，"是岁燕山大饥，父母食其子，至有肩死尸插纸标于市，售以为食。钱粮金帛，率以供常胜军，牙兵皆骨立，而戍兵饥死者十七八，上下相蒙，上弗闻知。"[3]

---

1 （清）潘永因：《宋稗类抄》，中国书店，2023，第142页。
2 [美]伊沛霞：《宋徽宗》，韩华译，广西师范大学出版社，2018，第435页。
3 《许亢宗行程录疏证稿》，载贾敬颜《五代宋金元人边疆行记十三种疏证稿》，中华书局，2004，第225页。

盛世之后是废墟

我老家是岐山蔡家坡,距离马嵬坡并不远,地形地貌也很像,每次回老家,都要路过。其实,班固墓也在马嵬坡附近。

明万历《岐山县志》记载,当年"明皇自岐幸蜀"路过岐山,"唐天宝十五载,玄宗出奔幸蜀,军士乏食,大肆剽掠,岐民惊扰逃避,累岁未复。"这让我想起唐代杜荀鹤诗《旅泊遇郡中乱》——

> 握手相看谁敢言,军家刀剑在腰边。
> 遍搜宝货无藏处,乱杀平人不怕天。
> 古寺拆为修寨木,荒坟开作甃城砖。
> 郡侯逐出浑闲事,正是銮舆幸蜀年。

"明眸皓齿今何在?血污游魂归不得。"如今马嵬坡杨贵妃墓作为旅游景点,里面的亭台楼阁和雕塑,大多是最近几十年新建造的。据说以前还有一些历史遗迹,但晚清以来关中民变饥荒不断,所有砖瓦树木都被挖掘一空。

如今我所在的延秋门,正是当年唐玄宗夜逃出长安的地方。

当时杜甫跑来长安参加科举,不幸遇到安史之乱,被困于长安。他在延秋门遇见一位皇室子弟,可怜他只落得衣衫褴褛,体无完肤,沦为乞丐。杜甫问他姓名,他死活不肯说。杜甫因此写下一首《哀王孙》。

"回首可怜歌舞地,秦中自古帝王州。"安史之乱后,唐朝又苟延残喘了百余年,到了宋辽时期,长安基本上就变成一座被历史遗忘的城市。当时,有一位叫张礼的书生游历废都,写下一篇游记,郭建龙以此作为全书的尾声,让《盛世的崩塌》与《汴京之围》恰好构成历史的回声——

在两百年前,长安是帝王之都,这里车水马龙、聚集着天下的豪杰和文人。他们有的享受了盛世,有的经历了乱局,但他们可能都认为长安的大幕是永远也不会落下的,他们都不相信那美丽雄伟的宫殿会成为废墟,并被埋入地下。

但是,仅仅一百多年后,长安就变成了一片荒凉之地,北宋时期的汴京迅速取代了长安,成了全国最繁华的所在,也是当时世界上最发达的大都市。

当张礼游览长安时,他的心中一定在拿长安与汴京比较。他会发现,与汴京的繁华比起来,长安只是一个偏远的小镇。作为天下之中,汴京经历了著名的仁宗盛治。人们常常以为开元盛世是中国古代王朝的顶峰,但如果从经济上看,宋代的仁宗时期,比唐代还要发达得多。但仅仅过了四十年,靖康元年和二年,金人的两次围城,就让汴京这座"永恒之城"追随长安而去了。

在漫长的口语时代,延秋门后来变成了人们口中的"雁雀门",很少有西安人知道延秋门。口语时代有音无字,书面时代有字无音,在前印刷时代,手写字非常随意,一音多字,以讹传讹的事情非常普遍,延秋门就这样叫着叫着变成了雁雀门。

2019年郭建龙来访,我请他在延秋门吃了一碗臊子面,当时我还不知道雁雀门就是延秋门。《南史·陶弘景传》云:"读书万余卷,一事不知,以为深耻。"历史就是这样,不懂历史,就只知道雁雀门而不知道延秋门,哪怕在这里住一辈子。

蒙古的征服与抵抗

——从《隳三都》到《最后的抵抗》[1]

历史总是在特定的时间、空间和人群中发生的,虽然时间会变化,但空间和人群其实都是相同的或类似的。所以,历史在后人看来,就具有极大的相似性,尤其是中国战争史,常常是以轮回的方式发生的,今天的胜者可能沦为明天的败者。

在某种程度上,靖康之乱几乎是安史之乱的重演,而金朝的灭亡又是北宋灭亡的重现。

宋朝人重视历史,司马光专门为皇帝写了一部《资治通鉴》。但历史并没有给宋人和后来的人带来多少借鉴,历史仍然一次次地重演。辽国的历史在金国重演,金国的历史在蒙古人身上重演,北宋的历史在南宋重演。关于这段历史,宿巍的《最后的抵抗》和周思成的《隳三都》写得同样精彩,在叙述方式和文风等很多方面,与《汴京之围》非常相似。

北宋靖康二年(1127),金军大将粘罕在汴京城外的青城接受北宋钦宗的投降。金朝天兴二年(1233),金哀宗逃之夭夭,但皇太后、皇后等皇族全部被送到青城的蒙古大营。时隔百年,开封再次陷落。郝经

---

[1] 可参阅周思成:《隳三都:蒙古灭金围城史》,山西人民出版社,2021;宿巍:《最后的抵抗》,太白文艺出版社,2018。

《青城行》嘲讽道：

> 天兴初年靖康末，国破家亡酷相似。
> 君取他人既如此，今朝亦是寻常事。

金朝的中国

亚里士多德认为，悲剧的主角不能太优秀，因为好人遭殃，徒增观众反感；悲剧的主角又不能穷凶极恶，否则观众会觉得他活该。最能同时激发道德感、怜悯和恐惧的悲剧主角，是平庸的，和我们一样的人。按照古希腊人的审美品位，武王伐纣写不出动人的悲剧，金朝的灭亡却可以。

这是《隳三都》开篇的一段话，全书讲的是蒙古灭金的战争，所谓"隳三都"指摧毁金朝的三座都城，即三次围城大战，"三都"是指中都（北京）、南京（开封）、蔡州。

在传统历史叙事中，人们都以宋朝为正朔，将女真统治的金朝视为少数民族政权，而实际上，金朝比之前的辽朝疆域更大，不仅囊括整个中国北方，甚至连汉水和淮河流域都属于金朝，面积相当于南宋的两倍。

中国自古有"华夷之辨"，孔子说："诸侯用夷礼则夷之，进于中国则中国之。"入主中原的金朝无疑继承了中原即中国的传统观念，常以"中国"自居，反而将南宋看作偏安的南方小朝廷，比如哀宗就在与臣僚的对谈中指出，"北兵（蒙古军队）所以常取全胜者，恃北方之马力，就中国之技巧耳。我实难与之敌，至于宋人，何足道哉？"金朝大臣张天纲被宋朝俘虏后威武不屈，慷慨就义，临死前嘲讽宋人说："国之兴亡，何代无之！我金之亡，比汝二帝何如？"

作为北京大学历史学博士，周思成不偏不倚，史观很正，对这段历史的写作基于古今中外的史料和严格专业的考证，真实而细致地复盘了蒙古的征服与金朝的抵抗，让这段尘封的历史走进大众的视野。

与一般历史著作相比，该书颇有史景迁式的文学笔法，在叙述战争始末的同时，也生动地描写了各种历史人物的精神表现，尤其是普通平民在历史大变局下的命运，这体现了新史学的现代气象，值得称道与激赏。

蒙古南下灭金正值其巅峰时期，拖雷汗联合南宋，兵分三路，从战略战术上"堪称教科书级别的示范"。三峰山之战是蒙古灭金的关键一役，书中这段话写得颇有深意：

> 靖康元年冬，金军围攻北宋汴京，当时也下了一场暴雪，粘罕率军趁着大雪，加紧攻城，他仰天长笑："雪势如此，如添二十万新兵！"如今，百年方过，三峰山下的金军僵立在齐腰深的大雪之中，瑟瑟发抖。刀枪剑戟，寒不可触，弓弩缠冻，无法施展，还有官兵三天没吃饭。金军士气和战斗力一落千丈，这"二十万新兵"却是添给了蒙古人。

主持南京之围的蒙古主帅是横扫世界的西征名将速不台，"这位将军马不停蹄，越过帕米尔高原上白雪覆盖的群山、满目黄沙的大漠、碧浪翻腾的里海、清澈见底的多瑙河；花剌子模算端、罗斯王公、条顿骑士，在他面前像麋鹿一样惊逸；中亚的山城、罗斯的木寨、东欧的石堡，无不被他踩在脚下"。

周思成对古代军事技术有专门的研究，他详细介绍了当时的攻城机械和守城技术，以及专门的军事著作。应当说，蒙古军是当时世界上最强大的武装力量，而金朝和宋朝一样，都是东亚世界的强国。因此，这场战争也是东方巨人之间的对决。

> 围城，单是这一种战争形态，就兼技术密集型、劳动密集型、资本密集型三大特征。围攻大型城池，对技术、人力、物力、时间

的要求更加苛刻。且不算数以百计的攻城器具和坑道作业，光是弩箭这一项，一日的消耗量就可能以百十万计算。这样的消耗，只有大型的政治体才承受得起。

同样一个开封城，比起当年宋朝的汴京之围来，金朝的南京之围更加悲惨，瘟疫、饥荒、兵变，持续不断，可谓惨绝人寰——

> 粮食价格早已飙升到白银二两买不到一升米，直追当年中都围城。可是，由于"殍死者相望"，谁还顾得上吝惜那些饥不可食、寒不能衣的金属疙瘩？人人"视金银如泥土，使用不计"。稍微富庶一点的人家，纷纷捧出平日视若身家性命的"珠玉、玩好、妆具、环佩、锦绣衣衾"，每天在天津桥上摆起摊子，巴望能换回一点米、豆，救救家中快饿死的老小。刘祁回忆，家里有一件上好的皮袍子，"极细密鲜完"，他抱着换了八升粗米，又用祖传的金钗换回一肩牛肉，当时毫不心疼，恨不得越快出手越好。平日鲜衣怒马的"缙绅子女"，甚至有不顾身份到集市上讨饭的。

蒙古军兵临城下，金哀宗出逃，朝中无主，崔立开城投降，元好问被迫撰文为其歌功颂德，找不到石碑，便把宋徽宗的《甘露碑》磨掉字迹，刻上碑文。权力下的历史就是朝三暮四，虚情假意，这样被刻又磨，磨了再刻。

元好问是北魏皇室拓跋氏后代，在金朝为官多年；金亡后，元好问在蒙古统治下又生活了二十四个年头。在此期间，他搜集了金朝百年的诗人作品，汇编成《中州集》，给前朝的历史辑录了百余万字的材料；他更写下了数以千计的诗作，其中有不少是专为金故都燕京、汴京创作的怀旧名篇。

元宪宗二年（1252），元好问觐见忽必烈，他希望说服忽必烈尊信儒学，任用儒士治国，并请他为"儒教大宗师"。

战争与惩罚

古语说,螳螂捕蝉,黄雀在后;鹬蚌相争,渔翁得利。当初,北宋联金灭辽,后为金所灭,如今,南宋联蒙灭金,又为蒙所灭。

在蒙古灭金的战争中,宋军作为同盟军参与了这次联合军事行动,而且宋军最先攻入蔡州。宋军主帅孟珙将金哀宗的尸体分为两段,金国就这样被宋蒙瓜分。在蔡州之战中,孟珙与蒙军先锋张柔并肩作战,而且还救了张柔一命。后来,张柔的儿子张弘范率领元军灭南宋于崖山。

马克思曾说:"野蛮的征服者总是被那些他们所征服的民族的较高文明所征服,这是一条永恒的历史规律。"[1] 如果以中国历史来佐证,那就是南方农耕民族与北方游牧民族的战与和,前者有政治和文化优势,而后者有战争和暴力优势。因此,在南北战争中,常常是北方战胜南方。而且一旦胜利的游牧者成为政治上的统治者,他们又免不了被农耕的文化所征服或同化,从而丧失战争和暴力优势,最后又被新来的北方游牧者打败。

正因为如此,辽打败了宋,金打败了辽,而蒙古又打败了金,所谓"金亡于儒",其实是金朝走向中国化的必然结果。用清朝人的说法,金亡于学习汉人风俗,以致逐渐文弱,终为蒙古所灭。

一部人类史也是一部战争史,同样,一部中国史也是一部战争史。战争与国家、民族密不可分;在某种程度上,国家与民族完全是战争的产物。战争的本质是有组织的暴力。因为战争的需要,国家强化了对社会的整合和控制,大众增强了对国家和民族的认同。

作为中国最早的历史,《春秋左传》和《战国策》的主题其实都是战争史。同样,四大名著之一的《三国演义》更是一部恢宏的战争史诗。

---

1 [德]马克思:《不列颠在印度统治的未来结果》,载《马克思恩格斯选集》第一卷,人民出版社,1995,第767—773页。

战争最能体现人性与社会中最隐秘的部分，战争史也是历史中最有趣的一个章节。

与《隳三都》相比，宿巍的《最后的抵抗》文笔非常通俗，将宋蒙战争的来龙去脉讲得非常清楚，从中可以看出蒙古能够接连灭亡金朝和南宋的一些深层原因。

宋朝亡于蒙古，有一个根本因素，宋朝组织体系是官僚化的，军事只是其中很小一部分，且不受重视；从制度上，宋军是以文制武，以文代武，文官领军很普遍。

相比之下，蒙古完全就是一个军事集团，组织完全是军事化的，组织成员几乎全部都是军人，在战争中自然淘汰，能打仗就成为将军。

在《规训、惩罚与征服》一书中，周思成曾对蒙古的军事体制有过系统的研究，并借鉴中国古代的军礼与军法制度进行了详细解读。在南征北战中，成吉思汗以札撒的形式颁布了各类军法和军令，这些军法和军令在某种程度上构成了元帝国的根本大法《大札撒》。[1] 由此可见，蒙古军的军事体制非常完整且先进，已经远远超过了比较原始的匈奴、鲜卑、突厥等游牧民族。

依靠强大的骑兵力量，蒙古征服战争之惨烈可谓空前绝后，"蒙古旋风"所到之处如风卷残云，摧枯拉朽，势如破竹。他们尤其善于运用心理战术，以残酷的大屠杀制造恐怖，使敌人丧失抵抗的勇气，不战而降。

郑思肖《心史·大义略叙》记载，在襄阳之战（1268—1273）中，"（吕）文焕坚守六年，拆屋薪穷，军疲如鬼。忽樊城先破，鞑贼尽杀樊城军民，积叠骸骨，架为高山，使襄阳望见，胁吓其心"。

至元十二年（1275），伯颜的南征大军攻陷常州，并血洗该城，守将刘师勇逃奔平江。一些元朝将领请求追击，伯颜认为没有必要，"师勇所过，城守者胆落矣！"后来，南宋下令投降的诏书所到之处，各州县马上归附大元。可见"常州效应"十分有力地推动了南宋州郡望风归降。

---

[1] 周思成：《规训、惩罚与征服：蒙元帝国的军事礼仪与军事法》，山西人民出版社，2020，第159页。

"暖风熏得游人醉，只把杭州做汴州。"《南村辍耕录》中专门记载了作为"临安"和"行在"的杭州之遭难：

> 杭民尚淫奢，男子诚厚者十不二三，妇人则多以口腹为事，不习女工，至如日用饮膳，惟尚新出而价贵者，稍贱便鄙之，纵欲买又恐贻笑邻里。至正己亥冬十二月，金陵游军斩关而入，突至城下，城门闭三月余，各路粮道不通，城中米价涌贵，一斗直二十五缗。越数日，米既尽，糟糠亦与常日米价等，有赀力人则得食，贫者不能也。又数日，糟糠亦尽，乃以油车家糠饼捣屑啖之。老幼妇女，三五为群，行乞于市，虽姿色艳丽而衣裳济楚，不暇自愧也。至有合家父子、夫妇、兄弟，结袂把臂，共沉于水，亦可怜也。一城之人，饿死者十六七。军既退，吴淞米航凑集，藉以活而又太半病疫死。岂平昔浮靡暴殄之过，造物者有以警之与！

游牧与农耕

蒙古帝国与其说是一个民族国家，不如说是一个军事集团。从成吉思汗到忽必烈，蒙古人几乎全民皆兵，整整三代人，除了打仗没干别的，战争是他们的日常和爱好，或者说是专业特长。战争考验的是双方的集体组织力量，业余的毕竟干不过专业的。

战争是硬碰硬，宋军在组织方面根本无力对抗强大的蒙古军。蒙古打宋朝打了四十五年，等于打了两代人的时间，这中间，双方的对阵成员也换了好几茬，好比两支球队反复打了好多场比赛，这考验双方的排兵布阵水平。

其实，作战双方在武器和兵力等方面差距并不是很大，因为蒙古军队也有大量的汉军，而宋军也不乏归降的金朝军队。但宋朝对军人的管制非常多，军人地位也极其低下，这在战争时代是明摆着要倒霉的。宋朝最后灭亡了，留下了许多悲壮的诗句，这是文人的专长。

宋朝在军事方面逊色太多，文官化的宰相负责制和皇帝制度，损公肥私是基本原则，这与蒙古军简单实用的战争体系形成鲜明的对比。当然，宋朝也不是没有人才，甚至宋朝人才比蒙古要多，但这些人往往不得重用，或者不得善终，因为权力最终掌握在善于内斗和谄媚的官僚手中。

在个别战役中，宋军打得蒙军落花流水，但下次再战，上次大胜仗的宋朝领军者可能就已经被罢官了。钓鱼城可以阻击蒙军很多年，但类似钓鱼城的很多易守难攻的要塞往往不战而降，仅仅是因为守军将领畏战，或者用人不当。

在宋军序列中，一些民兵性的民间自发军事组织往往非常有战斗力，这是因为他们较少受到官府的干涉。

近年来，宋朝一直是历史阅读的大热门，从数量上来说，关于宋朝历史的畅销书远超其他历史书。蒙古征服宋朝属于中国历史上游牧文化与农耕文化的一次巅峰大对决，这段历史也让很多历史爱好者百读不厌，相关的书也非常多。比如石之轩的《山水与朔漠的怨怼》，该书以口语体写成，诙谐幽默，除了写蒙古与金宋的战争，对胡汉对比也有许多浓墨重彩的叙述和分析。[1]

在某种意义上，游牧与农耕这两种文明的冲突构成中国古代历史的主旋律，两千年间，这两种异质文化互相渗透，"胡化"与"汉化"并行不悖，最后构成"民族大融合"的现代中国。对此，除了海内外历史学家的学术著作，王文剑的《弓与犁》[2]和波音的《草与禾》[3]作为面向大众读者的通俗历史作品，颇值得一看。

汉唐时期，中原王朝一支独大，到了宋代，中原王朝之外还有强大的草原王朝。

与中国大多数王朝一样，大宋王朝也是依靠战争建立起来的。当年赵匡胤灭南唐时曾说："江南有何罪，但天下一家，卧榻之侧，岂可许他

---

[1] 石之轩：《山水与朔漠的怨怼：蒙古铁骑的灭宋之路》，万卷出版公司，2019。
[2] 王文剑：《弓与犁：草原与中原的和与战》，山东画报出版社，2018。
[3] 波音：《草与禾》，中信出版社，2019。

人鼾睡。"但除了攻灭北汉，宋朝对辽和金的所有北伐都归于失败，即使想要与那些北方游牧王朝共生共存，也已是奢望，只能屈尊求和。随着蒙古崛起，强邻在北，宋朝时刻面临亡国的危险。

总体来说，宋朝的统治从一开始就是向内的，赵匡胤杯酒释兵权，而与士大夫共天下，便是重文轻武，重内轻外，这与盛唐时正好相反。

以前人们总说宋朝在军事上很弱，其实这种弱，完全是自我限制、自我边缘化的结果，所谓"求仁得仁"。宋军也不是不能战，一旦遇到组织得力的军事将领，宋军照样可以打败金军、蒙军，就如同汉武帝时代打匈奴一样。

可惜千军易得一将难求，在宋蒙战争中，蒙军的名将如过江之鲫，而宋军方面就少得多，仅有的，也大多昙花一现而已。

当年孟珙灭金，皇帝问他怎么看与蒙古议和之事。孟珙回答："臣介胄之士，当言战，不当言和。"孟珙出身岳家军，对南宋来说，是岳飞之后数一数二的军事天才，后来守卫钓鱼城的王坚和守卫襄阳的刘整也都出自其手下。但就是这样一位不世出的英雄，最后也是壮志难酬，郁郁而终。

国家是由人组成的，尤其是人才对国家的重要性，再怎么强调也不为过。国家与国家之间的战争，其实也是对军事人才的争夺，得一人以兴邦，失一人以丧邦。孟珙和张柔两人的命运和遭际，在某种程度上也代表了宋蒙两国的国势走向。

战争与组织

端平元年（1234），南宋趁蒙古北撤之机，出兵北伐，"抚定中原，坚守黄河，占据潼关，收复三京"。三京是指原北宋的三个都城：东京开封府（即河南开封）、西京河南府（即河南洛阳）和南京应天府（即河南商丘）。此时距离金亡仅四个月，宋军所到之处，金兵金人纷纷来投。然而，经历战火兵燹后，整个中原早已荒芜，千里无鸡鸣，曾经人口超百万的开封只剩下居民千余家。宋军缺衣少食，守无可守，在蒙古骑兵的冲击下一败涂地。轰轰烈烈的"端平入洛"以失败而告终，由此拉开了蒙古灭宋的序幕。

写宋朝史的书很多，关于宋朝灭亡的书也不少。《亡天下》[1]与《最后的抵抗》基本属于同一选题，将时间聚焦于南宋最后亡国之际，从襄阳之战写到崖山海战，写法略有不同，也很好看。

南宋德祐二年（1276）正月初五，太后任命丞相，只有六人来上朝，众官员眼见大厦将倾，纷纷挂冠跑路。气得太后将布告贴上大街，谴责官僚失职失德——"我国家三百年，待士大夫不薄。吾与嗣君遭家多难，尔小大臣不能出一策以救时艰，内则畔官离次，外则委印弃城，避难偷生，尚何人为？亦何以见先帝于地下乎？"

礼部侍郎陆秀夫等人代表宋朝乞和，蒙古元帅伯颜对宋使说："你们宋朝昔日从孤儿寡母中得到天下，现在又从孤儿寡母中失去天下，这是天道轮回啊。"

宋朝最后几年，皇帝宋度宗恰好是个和晋惠帝一样的傻皇帝，智力极其低下，而贾似道又贪财好色，玩弄权术，进一步加重了国家危局。两个军事集团的最后决战，最高指挥者和统帅直接决定了战争的结局。

在传统政治体制下，皇帝和丞相人选有极大的运气成分，宋朝遇到这样的坏运气，也正好给蒙古人带来千载难逢的好运气。许多精兵良将甚至民众，如刘整、吕文焕，最后被逼上梁山，从失望到绝望，投靠了蒙古。宋朝实际上只能走向灭亡，换句话说其实是自生自灭，最后自杀。当伯颜大军兵临城下，"满朝朱紫尽降臣"，临安的南宋朝廷重蹈北宋朝廷的靖康覆辙。

农耕帝国总体是内向的，以官僚体系层层桎梏，专注于对内的掠夺和镇压，对军事力量非常害怕，唯恐武力坐大，喧宾夺主。宋朝的困境

---

[1] 郭瑞祥：《亡天下·南宋覆灭史：1268—1279》，团结出版社，2023。

其实也是明朝的困境。

处于原始封建甚或部落联盟时代的草原游牧民族，往往比中原大一统的中央帝国表现出更强的活力和更高的战斗积极性，为自己打仗总比为皇帝打仗要卖命。元千户制、清八旗制，这些带有浓重"封建"色彩的制度，一再击败丧失活力的宋、明中原王朝。

中央王朝中，官僚集团一般内部倾轧非常普遍，互相拆台，落井下石，见死不救。

蒙古军内部也有不同民族和派别，但由黄金家族直接领导，一般情况下各自作战，虽然也有内斗和宫廷阴谋，但一般都会很快选出一个优秀的领袖和组织方案，从成吉思汗到窝阔台，到贵由、蒙哥、忽必烈，个个神勇不凡，这种连续性保持了蒙古军在战争中不犯错误或少犯错误。

值得一提的是，成吉思汗建立大蒙古国后，就确定作为最高领袖的大汗要通过忽里勒台大会选举产生。虽然由诸王推举的大汗也都出自成吉思汗的子孙，但无不以军功能力和实力作为主要竞选指标。这在某种意义上，具有民主和公平的现代性，比宋朝皇位完全基于血亲的传递制度要高明得多。日本历史学家杉山正明甚至将蒙古大汗制度与美国总统制度相提并论。[1]

再伟大的帝国，一旦权力继承出现问题，所遇非人，瞬间就能从辉煌走向灭亡，秦始皇的大秦帝国便是如此。元朝最后灭亡，也与忽里勒台大会被废除有一定关系。

打个比方，一个文官化的政治官僚体系面对一个完全组织化的大型军事集团，就如同一个满腹经纶的书生面对一个大狼狗，书生什么都能干，但在打仗这件事上，他并不比狼狗更擅长。最后的结果是狼狗咬死书生。

一个文官政府下面附带有一支军队，与一个军队中附带有一些文官，是完全不同的两码事。在战争中，后者更专业，也更高效，结果是更有

---

[1] ［日］杉山正明：《蒙古帝国的兴亡：军事扩张的时代》，孙越译，社会科学文献出版社，2015。

战斗力。

军事是个系统工程，而官僚体系往往人走茶凉，没有连续性。

战争说到底，是考验双方在战争资源方面的组织能力和动员能力。雅典打不过斯巴达，这样的历史场景，可以找到很多类似的案例，如南明亡于清等。

火器大分流

——欧阳泰《从丹药到枪炮》[1]

作为一个西方汉学家,欧阳泰师承史景迁,但在很多方面,他颇具贾雷德·戴蒙德之风。几年前出版的《1661,决战热兰遮》[2]就有些史景迁加戴蒙德的意味。

史景迁和戴蒙德都擅长写历史畅销书,前者以描述动人,后者以剖析见长。欧阳泰的书也非常好看,走的是中西技术对比史的路线,选择的话题也都是中西碰撞的历史。《1661,决战热兰遮》与这本《从丹药到枪炮》在内容上也有交汇之处,比如关于热兰遮战争,两本书中都有,只是后者的着眼点仅限于火器和舰船。

在拙作《历史的细节》中,我曾专门写过火药的历史。一方面,这让我对火药的历史影响有一定的了解;另一方面,也让我对火药史方面的书籍非常感兴趣,所以很早便注意到欧阳泰和他的这两部书。

中国火药

跟《1661,决战热兰遮》一样,《从丹药到枪炮》先前就已在中国台

---

[1] 可参阅[美]欧阳泰:《从丹药到枪炮:世界史上的中国军事格局》,张孝铎译,中信出版社,2019。
[2] [美]欧阳泰:《1661,决战热兰遮:中国对西方的第一次胜利》,陈信宏译,九州出版社,2014。

湾出版，名为《火药时代》，全书讲述了黑火药的发展史，也是关于黑火药的战争史，但主要线索仍是中国战事以及中国与西方的战争，中国以外并非该书的主题。所以该书的副标题是"世界史上的中国军事格局"。

关于中国火药火器史，有很多历史大家都写过专著，著名如周纬（《中国兵器史》）和王兆春（《中国火器史》）。欧阳泰在前人基础上重新写作，意在采用一些新方法，发现一些亮点；具体一点说，是引入了"李约瑟难题""戴蒙德之问"和彭慕兰的"大分流"等历史观点。

李约瑟在《中国科技史》中提出，为什么中国古代有很多科技贡献，但却没有科学和工业革命？戴蒙德在《枪炮、病菌与钢铁》中提出，为什么是欧洲人征服了现代世界，而不是亚洲人、非洲人或美洲人？彭慕兰在《大分流》中提出，古代中国与西方长期处于相似的发展水平，但在工业革命时期发生分流，西方因为工业技术和美洲资源而大大超过了中国。

具体到该书中，欧阳泰讲述了中国对火药的发明和改进过程，如从助燃到爆炸和助推，爆炸与助推直接导致了枪炮的出现，而欧洲则没有将火药作为助燃剂（类似"希腊火"）的阶段，直接接受了已经定型并实用的火药和火铳，将其专门用于战争。

火药最早出现在唐朝，但是广泛应用是在宋朝。宋朝时期的中国其实是一个"三国时代"，北宋、大辽、西夏，以及南宋、金国、蒙古，这样一个打得你死我活的时代，让火药技术得到迅猛发展，交战各国彼此军事竞赛，火药和火器技术的交流也非常快，常常是一方刚刚发明了一种新火器，另一方就马上学会了。

宋朝人发明的火器，不久就成为蒙古人用来屠杀宋朝人的凶器——

> 火药炮还出现在更出名的元军屠城——1275年的常州之围中。这是宋元战争主要战役的最后一场。伯颜率军临城，昭告城内"如果你们……拒绝投降……我们就掏空你们的尸体做枕头"。警告无人

理睬。于是元军对这座小城狂轰滥炸，最终破城，开始屠杀。大约有25万人被屠杀。伯颜的部队得到新枕头了吗？没有记载。但似乎埋人的巨大的土冢倒是存在了几百年。20世纪之后还能在那里发现尸骨。

蒙古人以残酷的暴力——包括火药和火炮——征服中国和亚洲，火器技术又被他们带到了西方世界。

这一时期，火药主要是用作助燃，使用形式以火箭为主。后来，火药的爆炸功能也被开发出来，用来制作炸弹，如"震天雷""铁火炮"之类，但已经出现小型火铳。

洋枪洋炮

火药到达欧洲时，恰逢欧洲中世纪晚期，列国争霸，频繁的战争及其烈度，致使各国展开武器竞争，因此导致火器发展日新月异。而同一时期的中国，却经历明朝朱棣之后一两个世纪的和平阶段，火器技术一度停滞不前，中西火器出现了第一次分流。

西方世界主要是利用火药的助推功能，从铳发展出枪和炮这两个不同方向：火枪兵取代了长矛兵，火炮从小型炮发展为大型炮，并且炮管越来越长，射程和杀伤力越来越大。

16世纪下半叶到17世纪上半叶，也就是明末清初前后，中国进入战争时期，在中西碰撞中互相交流，中国大量吸收和引进佛郎机、红夷大炮和日本火绳枪，中西又处于同一水平。甚至郑芝龙仿造了一批西式战舰，而郑成功则在台湾地区打败了荷兰人。戚继光比欧洲人更早地采用了分层轮射的新战法，并强调军事操练的重要性。

18世纪末，西方科技发展和工业革命导致了第二次大分流，其结果便是中国在鸦片战争和以后的一系列失败。

作者认为，第一次分流尚可以在短时间内弥补和赶上，第二次分流则要难得多，这才引发了轰轰烈烈的自强运动和洋务运动——

> 引进佛郎机铳、日本火绳枪、红夷大炮都相对直接，真正难的是引进19世纪的技术。历史学家当然早有此见，但细节才是重要的。何种知识、何种技能、何种练习、何种工具才是现代化所必须？现代化的推动者如何看待自身的无知？答案是惊人的。比如说，缺少技术制图和机床被证明是最大的掣肘。
>
> 第二次大分流之所以拉开了东西世界的巨大差距，除过科学革命和工业革命，还有"军事革命"，也就是历史学家常说的，欧洲战争的频度和烈度要远远超过东方。"频繁的战争造就了创新的大熔炉，促使欧洲发展出全世界杀伤力最猛烈的枪炮、训练最精良的部队、武力最强大的船，以及防护最坚固的堡垒。"

中国在康雍乾时代经历了长达两个多世纪的承平盛世，在文化上又极端封闭自守，思想桎梏，文字狱持续不断，而满人统治者又将骑射视为国粹，对汉人和火器持有怀疑，这导致在火器技术上不进反退，连明末都不及。最明显的证明就是1661—1668年中国（郑成功）打败了荷兰舰队和他们驻守的热兰遮（当时荷兰是世界最强大的国家），而到1842—1860年，中国被英国远征军两次打败（鸦片战争和第二次鸦片战争）。

所有武器都是战争的产物，没有战争便没有武器。作者在书中有一张中西战争对比图表，就非常直观地展现了这种差异。

在经历了一系列武器和技术引进后，两个古老帝国之间展开了一场关于东方霸主的争斗——甲午战争成为最后一场黑火药战争。作为火药的发明者，中国在这场战争中依然惨败。在一部电影（《甲午风云》）中，清军大炮里填的竟然不是火药而是沙子，因为买火药的钱被官吏贪污了。

甲午之后，黑火药从此走完了千年历程，退出战场，成为纽约和伦敦上空的烟花。悄然登场的无烟火药让杀人者变得更加隐蔽，也更加阴险,战争更加残酷了,这完全是西方人的发明创造,他们接下来还创造了两次世界大战。

中西差异

关于火药历史,最著名的论断出自马克思和培根,他们将火药说成推动现代社会发展的"三大发明"之一,即火药摧毁了骑士的城堡,黑暗的中世纪随之灰飞烟灭。

欧阳泰以此专门论及中国的城墙,中国的夯土城墙远比西方石头城堡结实厚重,因此火药和火炮在中国并没有发挥出像欧洲那样天翻地覆的作用。反而是欧洲为了应对火炮攻击而改进创造的棱堡,在很多方面借鉴了中国城墙的修筑原理,比如坡面和夯土。

在17世纪下半叶发生的热兰遮战争和雅克萨战争,中国分别对荷兰和俄国作战,双方火力相近,但面对典型的西方棱堡,郑成功的明军和郎坦的清军却一筹莫展,由此可见中西军事技术的差异。

同样的事情也发生在海战中,在火炮相似的情况下,西方的战舰要比中国战船更大,也更好操作,因而西方人对中国人的海战优势比较明显,但中国人采取以多胜少的火攻战术却屡屡奏效。在台湾海战中,荷兰舰队因为一个炮手不小心引燃了火药库,导致了整个战争的失败,否则,郑成功在海上要赢荷兰并非易事。这大概就是历史的偶然性。

关于古代火器史,中外相关历史研究颇为丰富。随着科技史和全球史的兴起,普通读者也对这类边缘史很感兴趣,比如戴蒙德的《枪炮、病菌与钢铁》就成为超级历史畅销书。

最近这些年,还有不少这一类的新书出版,如黄一农《红夷大炮与明清战争》、周维强博士《佛郎机铳在中国》、尹晓冬博士《16—17世纪西方火器技术向中国的转移》、宋海龙《17—19世纪中欧枪械比较研究》、冯震宇《明末西方传华火器技术研究》和李湖光《明帝国的新技术战争》。李伯重的《火枪与账簿》以及茅海建的《天朝的崩溃》中,也有大量篇章来分析中西军事技术尤其是枪炮火药的差异。

在该书中,欧阳泰借鉴了中西方多种历史资料,还原了许多有趣的历史细节,这是过去我们所不清楚的,比如雅克萨战役,前后共打了两次,俄方以少敌多,实际上并未失败。清军以三千之众围攻几百人驻守的雅克萨,死伤过半,从1686年7月到10月仍未攻克,但频繁的火炮攻击使守军只能蜗居在地下,最后因为食物短缺、粪便和尸体堆积,守军大量死亡,只剩下24人(其中就有主持修筑雅克萨城的普鲁士人贝盾)。

发生在1662年热兰遮城的情况也类似,郑成功久攻不下,只好采取围困战,最后因为一个日耳曼人叛变,荷兰遭到了失败。

可想而知,战争的残酷是方方面面的,不仅仅是杀戮,也包括饥饿和瘟疫,以及叛变和出卖。

人为什么打仗
——约翰·基根《战争史》[1]

"人类有文字记载的历史基本上是一部战争史。"战争一直是人类文明史中的热门命题，最著名的战争思想类著作当推《战争论》。伟大的军事学家克劳塞维茨说，战争是政治通过另一种手段的继续。但军事历史学家约翰·基根对此深不以为然："战争比国家、外交和谋略的出现早几千年，战争几乎和人类一样古老，它触及人心最隐秘的角落——在人的心灵深处，自我挤掉了理性的目的，骄傲、情感和本能占据着主导地位。"

在基根看来，克劳塞维茨不仅是一位军事理论家，他也是一位历史学家。实际上，《战争史》并不像《激战时刻》[2]那样是一部讲述战争历史故事的书，它更像是一部战争思想史。全书从克劳塞维茨的《战争论》开篇，作者颇有创见地将《战争论》与马克思的《资本论》、亚当·斯密的《国富论》相提并论。从某种意义上，如果再加上达尔文的《进化论》，那么这四部巨著确实构建了主导我们现代社会的核心思想体系。

---

[1] 可参阅［英］约翰·基根：《战争史》，林华译，中信出版社，2018。
[2] ［美］詹姆斯·莱西、威廉森·默里：《激战时刻：改变世界的二十场战争》，梁本彬、李云天译，中信出版社，2015。

战争的原因

在心理学家看来，战争是人最重要的一个非物质的情结。弗洛伊德认为，人之所以喜欢打仗，是因为"人的内心深处有对仇恨和破坏的渴望"。

但在社会学家看来，战争是因为人口过剩，也就是马尔萨斯陷阱——战争起到了控制人口的作用。这种说法其实是把战争的动机归结为争夺稀少的资源，比如女人、土地、水源、财富、权力等。这种说法确实得到了很多历史学家的承认，中国历史之所以总是一治一乱的轮回，因为每过一段时间，就需要通过战争来修正人口与资源之间的平衡。

在中国传统农耕时代，战争与人口一直保持着微妙的互动关系。战争初期，往往以杀戮来消耗"多余"的人口，同时削减对方人口；到了战争后期，因为"丧众"而又转向掳掠人口，以扩大自己的势力。

将人口史与战争史相对照，就会发现，中国人口从公元2年（全面进入铁器时代）达到六千万的极限之后，直到明中叶的一千五百多年，一旦人口达到四千万以上，就预示着资源极限临近，战争的危险一触即发，然后战争杀戮使人口迅速降低到两千万左右，东汉末期甚至降至数百万。

但这种资源紧张的说法似乎并不能圆满解释20世纪最惨烈的两次世界大战。因为进入现代工业社会后，人类已经成功摆脱了马尔萨斯陷阱。

基根指出："过去两个世纪间，人类在改善物质生活方面取得了空前的成功，……人们期待在基本上打败了疾病、匮乏和愚昧，并且减轻了体力劳动的艰辛后，能继续努力，最终也许能消灭战争。"这时或许有必要重新回到克劳塞维茨的《战争论》——"战争既然是一种暴力行为，就必然属于感情的范畴。即使战争不是感情引起的，总还同感情或多或少有关，而且关系的大小不取决于文明程度的高低，而取决于敌对的利害关系的大小和久暂"；"火药的发明、火器的不断改进已经充分地表明，文明程度的提高丝毫没有妨碍或者改变战争概念所固有的消灭敌人的倾向"。

人与人之间既相爱又相杀，相爱时恨不为对方而死，相恨时恨不食肉寝皮。文明没有——也不可能制止战争，只会造出更先进的杀人方法。正如房龙在《人类的故事》中所言："个人的野心、个人的恶意和个人的贪婪与战争的最终爆发并不相干。这一切灾难的祸根在于我们的科学家开始创造出一个钢与铁、化学和电力的新世界，而忘却了人类的头脑比谚语中的乌龟还要缓慢，比出名的树懒还要懒惰。"

战争的衰退

赫胥黎曾说，知识分子是发现了比性更有意思的东西的人。有人因此指出，所谓文明人也就是发现了比战争更能带来满足感的东西的人。

一个社会一旦达到了原始以上的文明水平，不愿打仗而宁肯做别的事情的人即随着经济资源的增加而增加，无论是种地还是制造，或者建筑、教书，以此获得与他人的交流。在现代思想中，这种理想主义者认为，全球合作的商业贸易将取代征服战争，但实际上，现代经济本身就是从殖民战争开始的。商业不仅没有取代战争，反而与战争进一步融合，变成战争经济学——"战争成为国家的一种产业"。如果说大英帝国是从一场场海战中崛起，那么美国则崛起于两次世界大战。

被称为终极武器的原子弹的出现，同样没有消灭战争。

在1945年8月9日之后，全世界没有一个人死于核武器；自那以来因战争死亡的五千万人中，绝大多数是被大规模生产的廉价武器和小型弹药杀死的，那些弹药比同时期泛滥全球的半导体收音机和干电池贵不了多少。

但基根也承认，现代人类所面临的战争危险已经大大减小。"人是会思考的动物，他的思想指导着他捕猎的欲望和杀戮的能力。"这种说法似乎已成共识。

根据战争史学家杜普伊的研究，从远古到现代，越来越先进的武器使人类的杀伤能力提高了两千倍。但美国心理学家斯蒂芬·平克通过图表统计发现，进入现代以来，人类暴力大为减少，古代部落间的战争死亡率比二十世纪的战争和大屠杀要高出九倍。[1]

历史学家伊恩·莫里斯指出，在石器时代，人们生活在争斗不休的小社会中，有十分之一甚至五分之一的可能会死于暴力。与之相反，在二十世纪，即使人类经历了两次世界大战等大小战乱，每一百个人也只有不到一个人死于暴力。[2]

莫里斯将战争减少的原因归结于战争本身，战争打造出了利维坦式的大型中央集权国家，从而能够确保和平稳定，这颇有"以战止战"的意味。

对此，奥地利经济学派大师米塞斯在《人的行为》中有一段正好相反的战争宏论：

"战争是无用的。一次战争下来，多少人被残杀，多少财富被破坏，多少地方遭蹂躏，为的是什么？为的是国王和少数统治者的利益。战争胜利了，对于人民没有任何好处。他们的统治者扩张了统治区域，并不使他们富有。对于人民而言，战争是不值得的。武装冲突的唯一原因，是专制君主的贪婪。民主政制替代君主专制，会完全消灭战争。民主政制是和平的。国家领域的或大或小，不是民主政制所关切的事情。领土问题的处理，不凭偏见和激情，而诉之于和平谈判。要使和平得以永久维持，就要废除独裁政制。这自然不是循和平的途径所能成功的。国王的佣兵必须完全击溃。但是，人民对于专政君主的这种革命战争，将是最后的战争，也即根绝战争的战争。"[3]

1　[美]斯蒂芬·平克：《人性中的善良天使：暴力为什么会减少》，安雯译，中信出版社，2015。
2　[美]伊恩·莫里斯：《战争：从海盗到机器人，文明的冲突和演变》，栾力夫译，中信出版社，2015。
3　[奥地利]路德维希·冯·米塞斯：《人的行为》，夏道平译，上海社会科学院出版社，2015，第760—761页。

游牧民族的战争优势

几乎所有的国家都是战争的产物,只是有的国家是战争结束的产物,有的国家是战争胜利的产物。反过来,并不能说战争是国家的产物。

在《战争史》一书中,基根将战争起源追溯到原始狩猎时代,从狩猎到战争无疑是一件顺理成章的事情。对原始人来说,杀死猎物(动物)跟杀死人并没有本质的区别,甚至被杀死的人和猎物一样都是食物。基根从武器技术和社会组织模式的发展角度对人类战争史进行了细致的梳理,指出弓箭、金属、马和火药等,均在人类历史上引发几次重大的战争革命。

要用一本书讲清楚整个人类战争史显然不是一件容易的事情,这对专注于此的基根来说,则做得驾轻就熟,尽管他为此耗费了四十年心血。从历史的角度,基根对依靠战争改变人类文明版图的游牧文化有独到的分析。

虽然希腊方阵、罗马军团、十字军骑士团和马穆鲁克都曾纵横一时,但在整个前现代的世界,北方的游牧民族才是最可怕的战争主导者,"游牧民族身体上强壮、后勤上机动、文化上对流血司空见惯、道德上没有禁止杀生或奴役外人的宗教制约,对于他们来说,打仗有利可图"。对阿提拉和成吉思汗来说,"他们打仗就是单纯地为了打仗,为了抢夺财物,为了战争的危险和刺激,也为了胜利所带来的动物性满足"。

游牧民族不仅有战争的优势,"他们因为有保护畜群、防御猛兽的经验,所以保留了狩猎者的精神,而这种精神在农耕人口中已经荡然无存,只有贵族除外。在对牲畜的管理中,无论是聚拢成群、驱赶买卖、淘汰老病,还是宰杀吃肉,他们都完全不动感情,就事论事;通过对待牲畜,他们学会了如何威吓、包抄、合围,最后从容地杀死大群徒步的人,甚至是技差一筹的骑马的人。原始的狩猎者对要猎取的动物有着同感共鸣的关系,对自己杀死的猎物怀着神秘的尊敬,他们与骑马民族的这些做法从根本上是格格不入的。骑马民族使用的主要武器复合弓本身就是用动物的筋骨做成的,对他们来说,从远距离射箭,与射杀的对象不仅在实际空间上拉开了距离,而且感情上无所挂碍;这已经成了他们的本能。这种感情上的疏离是骑马民族犯下令定居者惊怖畏惧的残暴行为的根本原因"。

在《战争史》中,基根综合了诸多其他军事史学家的研究成果,为读者打开了一个更宽广的历史视野。

战争文化

战争史本身自然要涉及武器史和兵制史。根据基根的研究,人类战争形式经历了从有限到无限,从精英到大众,从原始到现代的发展过程。早期的战争是贵族的武士(骑士)战争,逐步发展到雇佣兵战争,接下来是义务兵(民兵)制度和常备军。

基根对克劳塞维茨的战争思想有进一步的挖掘与延伸。

关于战争与政治的关系,他敏锐地发现,义务兵役制常常会推动选举权的扩大,对国家的认同也必然促进公民意识的增长。这种现代战争文化可以上推到雅典和罗马时代。

作为战争的主体,军人无疑是一个极其特殊的群体。他们既是战争的发起者、主导者和参与者,也是战争的受益者和受害者。

作为一名军人出身的历史学家,基根承认"军人的价值观和技能属于另一个世界,那是一个非常古老的世界,与日常的世界并存但不相属"。与其说军人文化是一种男性文化,不如说是一种古老的部落文化或行会文化,用中国的说法是江湖文化。

基根发现了一个有趣的现象,即军事奴隶制在人类历史上长期占据主流地位,其形式多种多样,"所有军队其实都是一种奴役制度,不过是程度不同而已。……我们无法想象,一个人怎么能掌握着武器,却没有自由"。

现代社会通过战争摧毁了奴隶制,这不仅解放了平民,也解放了军人本身。对现代人来说，虽然面临的战争已经越来越少，但军人依然重要，甚至可以说不可或缺。基根特别指出的是，现代军人是文明的保卫者，而非文明的敌人，这是他们与古代军人的最大不同。

与基根相似，玛格丽特·麦克米伦也是一位著名的战争史学家，她获得过一项军事写作终身成就奖，著有多部战争史作品，《战争：人性、社会与被塑造的历史》堪称一部集大成之作，从战争的发生、发展，到战争中的人与社会，乃至关于战争的记忆和影响，都有细致的剖析和解读。

正如霍布斯《利维坦》所揭示的，从历史来看，国家既是战争的产物，也缔造了和平，这种悖论恰好也说明了战争的神秘与矛盾。

许多历史学家和经济学家都承认，现代社会最大的矛盾是贫富悬殊，而战争可以起到缩小贫富差距的作用。首先战争可以刺激就业，让劳动力变得更有价值，工资和福利都会上涨，同时富人会自愿缴纳更高的税费，或者发现他们难以避税。在战争结束后，社会福利计划也更容易获得支持。[1]

在某种程度上，这似乎也正呼应了德鲁克在《经济人的末日》一书中关于"群众的绝望"的说法。

---

[1] ［加］玛格丽特·麦克米伦：《战争：人性、社会与被塑造的历史》，巴扬译，岳麓书社，2023，第 26 页。

战争的另一种想象
——基根《战争的面目》[1]

《战争的面目》作为基根的成名作,写作时间应该在《战争史》之前,但《战争史》在中国出版得更早一些。

《战争史》从思想史角度,讲述了世界不同民族和国家在不同时期的战争,也包括军事对政治和社会的影响。当然,其视角是西方式的,作者基根对蒙古征服的评价,大概也代表了今天西方对东方世界的理解和想象。在他们看来,整个东方完全是蒙古征服的产物,专制是根深蒂固的。

相比《战争史》,《战争的面目》完全着眼于西方世界,准确地说,是以英国为中心。全书由五篇长文构成,第一篇是对一般军事史和战争史著作的对比解读,最后一篇是战争的发展演变和未来的各种可能,另外三篇分别是关于阿金库尔战争、滑铁卢战争和索姆河战争的军事专业讲述。

美国军事史学家汉森曾经写过一部《杀戮与文化》,他认为从马其顿方阵到罗马军团,从中世纪骑士到西班牙火绳枪,西方人比东方人更嗜血好战,但他不认为这是坏事,他称之为"杀戮的艺术""文明的

---

[1] 可参阅[英]约翰·基根:《战争的面目:阿金库尔、滑铁卢与索姆河战役》,马百亮译,中信出版社,2018。

暴徒"——

相比其他文明，西方文明在军事领域中，乃是唯一能够在纪律、士气方面达到如此高度，同时在技术上取得高深造诣的文明体系，也只有这样的文明会在凡尔登会战里将杀戮的艺术推向疯狂的极致——工业文明下永无止境的杀戮远比部落时代最血腥的屠场来得可怕。无论是来自北美印第安部落的武士，还是祖鲁族的军人，在组织、后勤与武备方面都无法达到现代西方军队的水准——他们也无法杀死或者替代——数以十万计的西方士兵，这些人花费数年时间浴血奋战，只为了民族国家所秉持的一条抽象的政治路线而已。

这段话完全可以作为美国南北战争和西班牙内战的一个简练总结。

战争的本质

对于大众而言，关于战争的理解，主要是来自文学作品和历史作品，前者包括小说、电影、诗歌；此外，现代纪录片出现以后，也有一些战争参与者个人的回忆录或访谈。相比之下，来自军事学家的作品并不多见。

基根在该书中，并没有将自己完全局限在一个专业军事学者的位置上，他在不同视角和不同层面记录和观察，并以三场战争来解读战争的发生过程，试图最大可能地进入战争现场。

当然，对于战争，一个从未经历过战争的普通人只能依靠自己的想象来认知，但基根在此为我们提供了更可靠、更清晰也更全面、更真实的想象空间。

人们常常以为参与过战争或经历过战争的人可能更了解战争，尤其是那些指挥或发动战争的将军、国家元首，更是如此。但基根在这本书里告诉我们，事实并非如此，在许多战争中，作为个体的人往往渺小到虚无，即使指挥战争的将军们，也往往只能看到战争的一部分，而作为战争的参与者和牺牲者的士兵，他们更是只能看到战争的一个小小细节罢了。

即使对于同一场战争，每个人的观察和了解都是不同的，不仅是敌对双方，即使同处一方的人也是如此。

基根的写作方法，如同电影摄像所采用的多镜头拍摄，既有远景的大场面，也有近拍的特写。概括起来，战争可以从很多方面去分析，比如军队、武器、战场（地貌与天气）、兵种（军官与士兵）、战术（指挥策略）、士气（意志）、个人视角、后勤供应、俘虏伤员处理、后果影响等。

战争不仅是政治的延伸，也是关于死亡的一种社会文化。

政治与死亡，都是最令人兴奋的话题，再深一步，必然进入人性探讨的层面。从这个意义上回顾战术与武器的配置，就会发现战争其实并不像许多军事家和将军所标榜的，仅仅只是一种技术，或者科学。基根的价值就在于对战争进行兼顾广度和深度的复原，以揭开战争的面纱，让战争在我们面前露出它真正的面目，用他的话说，就是看到"战争的本质"。

战争的本质是意志的较量。基根用登山这种"勇敢者的游戏"对战争进行了类比，他说：登山运动一直是对胆量和体能的考验，但是极限登山者的疯狂已经将之变成一种消耗战，其中最重要的就是意志力和耐力。在此过程中的伤亡人数也能和消耗战相提并论。

从1935年至1958年，共有70位登山者挑战艾格峰，其中17人遇难。在1941年德军入侵克里特的战斗中，800名士兵伤亡了150人，伤亡率为18%，而对艾格峰最早的13次挑战中，伤亡率为24%。

可见，最危险的战争也不见得比那些勇敢的人进行的消遣更危险。

对战争的研究，总是对恐惧的研究，通常是对勇气的研究；总是对领导艺术的研究，通常是对服从的研究；总是对强迫的研究，有时是对

第二　战争　| 165

反抗的研究；总是对焦虑的研究，有时是对欢欣或宣泄的研究；总是对动摇和怀疑、误报和误解的研究，通常是对信仰的研究，有时是对远见的研究；总是对暴力的研究，有时是对残忍、自我牺牲和仁慈的研究；最重要的是，它总是对团结一致的研究，通常也是对分崩离析的研究，因为战争的目标就是使团体瓦解。

战争与死亡

弗洛姆是弗洛伊德的学生，他在《人类的破坏性剖析》一书中有过不少论述。他认为，战争是经济社会出现以后一种长久的建制，他说：

> 战争建制，就像王国与官僚政治一样，是人类的新发明，约产生于公元前30年左右。那时和现在一样，战争的起源并不是人类的心理因素（如人类的侵犯性），而是外在处境使战争变得有用。当然，这里面夹杂着国王和官僚们的权势欲与荣耀心，战争的产生则激发并扩张了人类的破坏性与残忍行为。

关于战争的起源，还有一个著名的"修昔底德陷阱"。

修昔底德在名著《伯罗奔尼撒战争史》中分析了希腊和斯巴达之间必有一战，"使战争无可避免的原因是雅典日益壮大的力量，还有这种力量在斯巴达造成的恐惧"。当年，雅典和斯巴达落入修昔底德陷阱，战争导致了希腊世界的衰落，北方强国马其顿崛起。2000多年后，历史重演。英国和德国落入修昔底德陷阱，导致了欧洲的衰落，美国趁机崛起。

在索姆河战役中，英军一共损失了6万人，其中2.1万人阵亡，大部分是在发起攻击后的第一个小时，可能是最初的几分钟。基根引用了一句话，"战壕就是第一次世界大战的集中营"。

那些温顺的年轻人排着长长的队伍，穿着粗制滥造的军服，背着沉重的负担，脖子上挂着身份牌，拖着沉重的步伐，穿过毫无特色的地形，走进铁丝网内部，走向自己的灭亡。

对于读者和听众来说，对索姆河战役的讲述所引发的情感和对奥斯威辛集中营的描述差不多，有内疚，有着迷，有难以置信，有惊恐，有厌恶，还有怜悯和愤怒，不仅性情温和者和慈悲心肠者如此，军事史学家也如此。

战争是电影的一个重要主题，战争电影有两种：一种是美化战争的，让人觉得战争是人世间最美好的事情，尤其是让敌人家破人亡地惨死；一种是反战的，展现战争中人性的扭曲和丑恶，以及血肉横飞下各种恐怖和死亡。

实际上，战争最恐怖的不是死亡，而是对身体的各种损毁。

虽然现代战争已经让战争医疗技术有了很大进步，但相比冷兵器时代，现代战争对人的身体的伤害程度也更加可怕。滑铁卢战役中，隆隆的炮声让很多士兵失去听觉；索姆河战争时，毒气弹和泥泞让长期匍匐在战壕里的士兵精神崩溃。

从古代到现代，战争持续的时间越来越漫长，空间也被无数倍地拉大，身处战争中无可逃避的战士，其命运并没有本质上的改变。无论随军牧师还是战地医生，都不是无所不能的拯救者，一个士兵的灵魂和身体，最后常常变成战争的纪念碑。

基根从身体杀伤角度描述战争的一个演变：

滑铁卢战役留下的伤口虽然不会马上致命，但是在很多情况下会造成极其不愉快的后果，其中最明显的是致命的败血症和腹膜炎。但是，总体来说，滑铁卢战役造成的伤口（除了炮火伤口）很单一，只有长矛或低速子弹造成的穿透伤和刀剑造成的切割伤。如果它们造成的出血不太严重，如果泥土没有进入伤口，没有伤害到内脏，伤员的生存概率比我们想象的要高。

索姆河战役留下的伤口更加多样，也严重得多，是滑铁卢战役中的医生所没有见过的。尖利武器造成的伤口已经几乎消失，因为虽然在一些尸体上发现了刺刀留下的痕迹，但通常被认为是在受害者死亡之后留下的。现有的数据显示，尖利武器留下的伤口占第一次世界大战中所有伤口的1%。子弹伤口要多很多，占所有新伤口的30%左右，炮弹和炸弹所造成的伤口通常占到70%左右。炮弹导致的伤口最可怕，因为炮弹爆炸会对人体造成多种伤害。最糟糕的情况是将人炸得粉身碎骨，什么都无法辨别出来，有时什么都不会留下。

战争中的人

索姆河战争中使用了马克沁机枪。基根在《战争史》中说："马克沁机枪的枪手实质上不过是穿军装的工业流程操作工人，因为他做的事只限于扣动机关枪的扳机，再就是使用机械装置把枪口转来转去进行扫射。"

在该书中，基根进一步强调了工业化对战争的介入和影响，他说："机枪最重要的一点就是它是一部机器，一部相当先进的机器，它在有些方面类似于一台高精度机床，在其他的方面类似于一台自动印刷机。和机床一样，它需要设定，这样才能在期望的、预定的范围内工作。和自动印刷机一样，只要简单的触发，它就开始不断地执行其功能，只需要很少的注意力。它会自动提供动力，只需要持续不断地供应原材料和一点常规的维护，它就能够在整个工作时间高效运转。总之，最好将机枪手看作一种照看机器的人，其主要任务就是：为机枪喂弹，而这是可以在机枪火力全开时进行的；为水冷套筒加水；在射击平台设定的范围之内左右来回移动机枪。机枪的出现，与其说对杀戮行为进行了管理，不如说使其变得机械化或者工业化。"

机器的设计初衷是为人带来舒适和享受，但人们发明武器的原则却是尽最大可能来给人制造身体上的痛苦和死亡。虽然普通人厌恶战争，爱好和平，但对人类来说，战争并不太像是毒药，倒像是一种毒品。事实上，在战争中，毒品往往比食品更受欢迎。在战争时代，不仅需要大量的外科医生,也需要许多牧师和心理医生。

战士作为一个人,他常常是勇敢的,但也是懦弱的,面对战争的焦虑和恐惧,会让人精神崩溃,失去四肢行动能力、语言能力或视力,军队方面称之为"炮弹休克症"。在一些战争中,最高会有30%的人精神崩溃。

"战争是一件令人兴奋的事,固然它会使人冒着生命的危险并且要经受肉体上的许多痛苦,但它仍旧是兴奋刺激的东西。如果我们考虑到一般人的生活多么无聊,我们就不会惊奇于他们想投入战争了。投入战争,为的是结束那种无聊、厌烦和僵化的生活,去从事冒险的事情。而事实上,对一般人来说,战争是他一生中所能盼望的唯一冒险机会。"

弗洛姆说,人类的历史是残酷的破坏性与残忍的记录,而人类的侵犯性远远超过人类的动物祖先。人与绝大部分的动物都不一样,人是不折不扣的"杀人者"。只有人才会觉得毁坏生命是一种乐趣,只有人才会去追求这种乐趣,会为了毁坏而毁坏。

正如暴力和残忍是人性的一部分,战争也是人类文化的一部分。战争说白了就是杀人,尽管战争是反人性的,但人类仍然会发动战争,甚至以参与战争为荣,而这一切也是基于人性。

人性是复杂的,人们发动战争是为了伟大的正义,承受战争的残酷是为了美好的理想。正像巴巴拉·塔奇曼在《八月炮火》中的描述:

"人们如果不怀有某种希望,就不能忍受这样一场规模巨大而痛苦的战争——他们希望这场战争的浩劫今后将永不再发生,他们希望在战争不管怎样打到结局的时候,它将为未来的美好世界奠定基础。……正是这个美好的幻影,使残酷无情的进攻具有真正的价值和意义,不惜付出成千上万的生命,来夺取十码之地的阵地或夺回一个潮湿的战壕。每当秋天来临,人们总是说战争不会再打过冬天,到了春天仍看不到战争的结束。这时使士兵和各个国家继续战斗下去的,只是通过这场战争人类将能获得些美好生活的希望。战争终于结束了,它带来了各种各样的结果，其中最为突出而又非其他一切可比的结果是：幻想破灭了。"[1]

基根一生致力于对战争的研究，其实他常常步入对人性的剖析，这种困惑也是战争必然的结果。

就战争本身而言，战争就是杀人，但人们发动战争，往往并不是为了战争本身。换句话说，那些政治家和军事家并不在乎战争的过程，他们只关注战争的结果。承受战争过程的是普通士兵和大众，他们遭受杀人和被杀的双重恐惧。

在著名的战争小说《西线无战事》中，有一个经典的桥段：

有一位迷路的法国士兵跳进了一个弹坑，而一个德国兵保罗正躲在里面。保罗出于本能刺杀了他。机枪扫射迫使活着的保罗只能和死掉的法国士兵待在一起。保罗开始对自己的杀人行为懊悔起来，他翻检了法国人随身携带的信和照片，他是排字工人，家里有妻子和女儿。保罗难过起来："如果你再次跳进这里，我再也不会这样做了，原谅我吧，伙计，你怎么成了我的敌人呢？如果我们扔掉这些来复枪和这套军服，你本来可以做我的兄弟啊。"

战争的美德

在美国电影《锅盖头》中，有一段著名的台词，即士兵不是人，而是一种武器，武器则是士兵的性器官。

在许多生产技术比较落后的战乱国家，武器要比士兵更加受到重视，因为武器需要国家投入资本和技术来生产，而人则是自然生长的，所以人是低值易耗品。这样的理念必然不重视士兵的生命和后勤保障，导致军用品质量低劣。

基根特别提到，苏联的AK-47自动步枪代表了一种战争文化，即粗糙但容易大规模生产的武器才是最好的。

战争的最初设计完全是为了结果，而过程必须服从于结果，为了结

---

[1] ［美］巴巴拉·塔奇曼：《八月炮火》，张岱云等译，上海三联书店，2018，第350页。

果，过程就只是一个技术问题，因此也就不重要了。虽然很多军事迷们津津乐道战争的技术性，其实从有权发动战争的人来看，这是非常可笑的，因为无论如何，都改变不了战争的罪恶。孟子说：春秋无义战。

古代战争中，总会有很多士兵选择逃跑，但现代战争彻底堵死了士兵的后路，他们可以选择投降，但仍然逃不过惩罚。

基根最后悲叹地说，所有战争都是被强迫的，这是普通战士无法逃避的命运。1891年德皇在波茨坦的征兵演讲中对新兵说："你们的身体和灵魂都属于我，如果我命令你们向你们的父母开枪，你们必须一言不发地遵照我的命令。"

克劳塞维茨把战争看作是一种"大规模的决斗"。骑士时代的决斗有一个原则，就是公平。而战争毫无公平可言。战争之所以发生，恰恰是因为不公平，当一个强者面对弱者时，或者当一方自以为自己强大到足以打败对方时，战争就爆发了。

战争的美化

战争一旦开始，就停不下来，因为谁也无法承担战败的后果。一旦走进战场，杀人或者被杀，别无选择。

"人们并没有预见到，像法国这样一个阶级分化的社会，那些来自完全不同阶级的人们能够达成完全一致的品性，他们放弃了自己在农田、作坊、政府、学校甚至王宫中宁静安逸的生活，迅速响应号召，投身于这场重大与非凡的冒险行动中，这些看似不可能发生的事情却真实地发生了。"

第一次世界大战爆发时，古斯塔夫·勒庞刚完成《战争心理学》。这位群众心理学大师试图揭开人类发动战争的心理成因。但他同时又宣称："任何以理性和逻辑来解释连锁的历史事件的行为都是徒劳无功的，就像人们尝试用纯粹的理性角度来研究第一次世界大战却一无所获一样。其起源和发展都是不可思议的，即使是最理性、最睿智的人也不可能预见。"

基根说,和以前任何时代的人相比,二十世纪的人更加具备成为好士兵的潜力。在现代社会,战争体现的是国家的意志,在国家面前,个人是微不足道的。

拿破仑就是这样的例子。

拿破仑所打的战争大都是大规模的征服战,他并不是为了法国,也不是为了自己,而是为了更大的权力。他被囚禁在圣赫勒拿岛上时感叹:"我要是有屠云尼那样的助手,我早就是世界的主人了。"他依靠军队和战争偷窃了法国大革命的果实,无耻地为自己加冕,但在后来的历史中,无数人却将他视为英雄。这种政治悖论不仅嘲讽了道义,也是对人性最残酷的揭露。

关于战争的盛世危言
——拉蒂夫《未来战争》[1]

自媒体时代,读书变得越来越富于仪式感。与电子书相比,实体书仍是不可替代的,如果说电子书是一张美女照片,那么实体书就是美女本人。但随着电子书的普及,现在有些实体书越来越泡沫化和形式化,哪怕很薄一本书,往往都做得字大行稀,形式大于内容,一些看起来漂亮的书,读起来却兴味索然。有时候,我倒是比较怀念早期的图书在装帧上的朴素大方,比如《五角丛书》《走向未来丛书》,还有《大家小书》。这些书都做得非常好,至今仍让很多喜欢藏书的书迷爱不释手。

一本书的价值不在薄厚,而在于内容,一些看起来很小的书,却具有极高的思想力和独创性,这样的书不仅是一本好书,甚至称得上是名著。一部两万字的小说《阿Q正传》,胜过多少动辄上百万字的长篇冗文。

让我印象深刻的一些小书,如费孝通的《乡土中国》、蒋廷黻的《中国近代史》、雷海宗的《中国的兵》等等,《中国的兵》虽然薄薄一册,却极富创见,让人读罢茅塞顿开。类似的还有《欧洲历史上的战争》(迈克尔·霍华德著),也是一本"干货"满满的经典小书。

《未来战争》也是这样一本有思想的小书,在某种意义上,它也可以

---

[1] 可参阅［美］罗伯特·H.拉蒂夫:《未来战争:科技与全球新型冲突》,林华译,中信出版社,2019。

叫作《美国的兵》。

雷海宗写作《中国的兵》是在抗日战争时期，出于对当时中国军队建设的关心有感而发，《未来战争》则着眼当下，作者在书中提出了诸多关于美军未来发展的忧虑、批评和建议。

《未来战争》的作者罗伯特·H.拉蒂夫是武器工程师，曾参与过美国政府的许多重大军事项目，作为美国空军少将，退役后，他在大学从事科技与伦理方面的研究。这种身份背景让他对美国军事发展的过去、现状和未来都能言之有理、切中肯綮，让读者能跟随他的目光，透过美军华丽的表面，看到更深层的问题。

战争的技术与伦理

人类历史有一半都是战争史，战争从古代，一直持续到现在。冷兵器时代，战争基本属于游牧民族的战争；进入火器时代之后，战争越来越变成武器的大比拼。随着新的武器不断出现，战争形式也在发生着巨大的改变。

在武器进步的同时，整个人类社会的文明程度也发生了天翻地覆的巨变，尤其是人权观念的出现。对现代军人来说，他们与古代军人所不同的不仅是武器装备，还有文明观念。如果只关注技术和武器的改进，在文明伦理观念上不与时俱进，那么就还是一个原始野蛮人，完全够不上现代军人和现代军队。

作为当今世界军事第一强国，美国的军队不仅是其他一些强国的假想敌，也是他们极力学习和模仿的榜样。美国军事所面临的问题，其实也是当下世界各国所必须面对的问题，这是全球化时代的普遍现象。

该书的副标题为《科技与全球新型冲突》，科技只是该书的主题之一。关于未来军事的高科技发展的书非常多，该书基本点到为止，并没有做过多的细节解读，虽然作者在武器工程方面足够权威，但作者重点关注的是正义、伦理和国家这三个层面。

军事作为一种暴力形式必须基于正义原则，这也是美国一直强调人权的法理基础。作者认为，美国对伊拉克的入侵战争（尤其是虐囚事件）无疑有损于正义原则。作者还举例了1988年美国导弹驱逐舰击落一架伊朗民航客机的惨案。

高科技武器极有可能进一步加重这种反正义化，尤其是机器替代人做出判断，从开火的过程中剔除道德因素，"一旦打仗没有了风险，人们就会更轻易地决定动武"。

美国因为领先的科技水平，其军事技术远远超过世界其他国家，这在一定程度上造成美国人的自信和自负，让他们误以为军事问题只是一个技术问题，而他们的技术足以碾压世界。如果罔顾战争的正义原则，那么军事行动就丧失了合法性，而这将直接导致军队与暴徒无异。

当政客谎称伊拉克有大规模杀伤性武器而发动战争时，美国军队实际上就已经处于失控状态。

二十世纪，美军经历了巨变。两次世界大战和灾难性的越南战争之后，军队变得大异于前，越来越不愿卷入目的不明确的冲突，越来越难以接受伤亡，对高科技武器的胃口似乎永无餍足。越战之后，美军经过重新设计、重新组织，用现代武器和现代战法把自己重新武装起来，成为一支强大的高科技队伍。

美国在"二战"中实行征兵制，军人数量从不到十八万人猛增到一千三百万人，同时在亚洲和欧洲战场开战，并取得了胜利。但在越南战争中，征兵制引发了无数军人家庭的反战抗议，最后战争草草收场。

在对伊拉克和阿富汗的战争中，美军基本都是职业化的志愿兵，其中有很多少数族裔的美国人，同时还有更多数量的私人军事承包商。普通美国人因为不再服兵役而彻底远离了战场，即使战争爆发，政府也没有向民众加税，这让人们从此不再关心军队和战争。对他们来说，打仗只是国家出点钱的事情，与他们没有什么关系。对前方作战的士兵来说，他们也遭到社会普遍的遗忘和漠视。对普通美国人来说，了解战争主要是电视新闻和好莱坞电影，但已经完全被娱乐化和边缘化了。

武器试验场

另一方面，技术也改变了战争本身，对那些屏幕前操纵无人机进行轰炸的士兵来说，技术麻木了他们的感觉神经，不用像过去一样产生直面杀戮的恐怖和惊悸，敌人只是屏幕上一个消失的圆点。没有恐惧，战争就会变成单方面的大屠杀，这样一来，道德就失去意义，战士与暴徒又有什么区别？

现代反恐战争失去了两军对垒的形式，也让敌人消失在人群之中，敌人与平民之间的差别越来越模糊，这对美国军人造成极大的困惑，这种困惑不仅是战术层面的，也包括道德伦理方面。

对政客或者对普通人，没有人真的在乎前线战士的感受，从伊拉克回来的军人再也体会不到"二战英雄"的荣耀感。与此同时，为了获得战争优势，武器不断升级，战争成为新技术的试验场，而战士不可避免地沦为各种新技术和新武器的试验品——

"我们不断推进计算机、人工智能、机器人学和自主载具的发展，试图让没有生命的机器模仿人类的行为。与此同时，我们又通过物理、神经、药物或提升表现的手段给战士增能，试图让人的行为更接近机器。在这两种情况中，我们都模糊了人之为人的概念。作为道德行为者，人绝对应当为自己行动的后果负责，而战士增能对此发起了挑战。增能技术旨在提高战士的杀人效率和他在战斗中存活的机会，而这可能会削弱他的人性。"

武器研发人员只知道制造更可怕更有杀伤力的武器，他们很少从道德方面去考量。从制造原子弹的曼哈顿计划、星球大战到窥探公民隐私的"全面信息了解"计划，美国投入天文数字的巨资用于研发和制造各种新武器和新技术，很少对它们进行伦理道德和社会影响方面的审查与评估，这是非常危险的。

现代人都沉迷于技术，或者说都对技术上瘾。"我们一旦发展并应用了新武器,就把注意力转向下一个'诱人'的东西,或者说是下一个亮闪闪的新物件。新式飞机或舰艇才列装完毕,就开始寻求资金去发展更新的飞机或舰艇。有时的确需要新武器去应对真正的威胁。有时我们觉得需要某种新武器,因为敌人可能有那种武器。然而,还有的时候我们只要看到一种新能力,就非得到不可。"

一种技术或武器要被使用,仅仅是因为它被发明出来或被制造出来了而已。比如有了面孔识别技术,便马上普遍使用,从未有人去问这样做有什么不良后果。更严重的是,技术本身也成为技术发展的理由,为什么要发明5G,一个主要的理由是因为4G已经有了。技术往往就这样自己推动自己发展,完全不在乎人的主观需要和需求。

"我们正处于一个十字路口:或者被技术夺走控制权,或者找到控制技术的办法。我更倾向于把这个问题看作技术和能力间的差距。技术变得越来越复杂,我们理解技术的能力和愿望却在下降。"

"新型武器如此快速、复杂,越来越超出我们的理解能力,公众又对军事和技术问题冷淡隔膜,这些因素加起来为未来勾勒出一幅极为暗淡的图画。"

战争的代价

军事的高技术也意味着专业化和复杂化,军事越来越与普通人无关,甚至连国会也对其视而不见,军队、军火制造商和军事承包商包揽了关于战争的一切事项,他们为了自己的利益,甚至为了自身的存在而发动战争。面对这种局面,置身事外的普通公民既不关心,也无能为力。"自从美军改为志愿兵役制,高层领导人越来越多地动用军队、诉诸武力,却很少遭遇经济或政治上的反弹。"

战争总是要付出惨重的代价,承担这种代价的,首先是军人,他们会沦为权力的牺牲品,其次还有普通民众,他们承担的税费不知不觉就化为乌有。最大的威胁是对国家,"军人生活在自己的世界中,经常难以理解平民社会。"美国立国思想承袭自雅典民主制度，全民皆兵，军人即公民，公民即军人，将军人与公民割裂，尤其是军方的特立独行，必然会危害公民社会的健康发展，最后损毁美国人最引以为豪的民主制度的根基。

随着一些发展中国家崛起，美国实力相对走向衰落，其中一个原因，是美国做了过多"世界警察"类的行动。其实，对美国来说，铸剑为犁，化干戈为玉帛，和平是比战争更好的选择，战争是零和游戏，而经济合作则是双赢。尽可能地不使用军事手段，才能体现一个负责任大国的格局。

当年，美国国务卿奥尔布赖特对国防部长鲍威尔说，既然美国军队天下无敌，为什么不打一仗呢？一位曾经在伊拉克服过役的退伍军人说："如果有更多领导人亲身承受过战争的代价，他们就不会这么轻易地让下一代年轻士兵打仗。"经济越繁荣，战争就显得越没有必要，高科技下的战争依然是战争，即使无人机的战争，其代价依然是人。"我们以为战争是手术刀，而不是血迹的剑，这是对死亡工具的错误描述，也是对我们自己的错误描述。"

中国智者老子说："佳兵者不祥之器，圣人不得已而用之。"《司马法》曰："国虽大，好战必亡；天下虽平，忘战必危。"在人们心目中，美国似乎是一个好战的国家，但美国也不乏反战克制的理智人士，比如像该书作者这样的军事专家就对国家和军事有深刻的了解，面对未来，忧国忧民，爱好和平。

这本书虽然不厚，只有几万字，却充满真知灼见，可谓字字珠玑，微言大义，说它是一部美国版的"盛世危言"也不为过。

"许多调查都显示美国人的科学知识少得可怜。在科学、技术、工程学和数学方面，我们排在许多国家后面。美国 25 岁到 34 岁之间有大学学位的人数是世界第 12 名，数学和科学的教育质量在 139 个国家中才排到 52 名。我们的医疗系统是世界上最贵的，但成果一直平平。尽管医疗费用占了将近 18% 的国内生产总值（GDP），但美国与 11 个其他工业化国家相比,在医疗服务的享受效率和质量等方面都是最后一名,或接近垫底。"

对一个军事强国来说,时刻警惕穷兵黩武,是非常有必要的。现实一点说,这无疑是有利于美国经济繁荣的,只有少挑战端,才能真正减少税收,缩小政府规模。亚当·斯密说过,战争和革命将会很轻易地榨干通过商业贸易积累起来的财富。用艾森豪威尔的话说,每一支造好的枪,每一艘下水的军舰,每一枚发射的火箭,在最终意义上,都相当于对那些饥饿无粮者和寒冷无衣者的"偷窃"。穷兵黩武的世界,不仅只是消耗了钱财,也消耗了劳动者的汗水、科学家的才智及下一代的希望。

一个有能力的人应该奉献社会,一个有思想的人应该影响社会。类似该书这样的作品,在西方是有一定写作传统的,马汉的《海权论》、克劳塞维茨的《战争论》,都是在这样的背景下写出来的。这种文化现象的存在,离不开一个自由的思想市场,比如思想自由、良心自由、集思广益,见贤思齐,让最具人性、美德和智慧的思想影响社会,成为一个社会的主导,从而让国家和民族能够健康顺利地发展,实现全社会的福祉。

| 第三 |
世界

历史是个邪恶的老师,只对自由人述说真相。
唯有自由人才有资格和能力从中汲取历史教训。

——阿克顿勋爵

从想象到现实

——郭建龙《丝绸之路大历史》[1]

"汉家天马出蒲梢,苜蓿榴花遍近郊。"正是石榴和葡萄成熟的时候,郭建龙的新书《丝绸之路大历史》出版了。在这本书中,郭建龙告诉我们,石榴和葡萄都来自西域,是通过丝绸之路传到中国的。

在当下这个镀金名利的时代,郭建龙是一个另类。他常常远离人群和手机,长时间闭关写作,这让他在创作上一直保持着令人汗颜的高产和质量,几乎保持一年一部的惊人创作量。

现在人经常说自己没有时间读书,因为大量时间都被用在手机和社交上。鲁迅先生说,他的时间都是挤出来的,他是把别人和朋友喝咖啡的时间用来写作。郭建龙甚至卸载了手机上的微信,这种严格自律让他掌握了自己的时间,也有足够时间来读书写作。

中国人十分重视历史,甚至有所谓"史外无学"之说。不过,过去研究历史、从事历史著述的只是官史机构和专业史学工作者。当今从事历史研究、历史著述的人士,不仅仅是历史学科出身的,还有学文学的、学经济学的、学新闻学的、学哲学的。很多理工科和医科专业出身的人也从事历史研究和写作。比如欧阳莹之,她的职业原本是物理学家,退休后她开始研究历史,并出版了一系列历史作品,其中比较有名的是

---

[1] 可参阅郭建龙:《丝绸之路大历史:当古代中国遭遇世界》,天地出版社,2021。

《龙与鹰的帝国》[1]，许倬云先生还亲自给写了序。

与一般历史写作者不同，工科出身的郭建龙曾经做过较长一段时间"码农"。如今写历史跟他当初写代码一样，多多少少都带有一种机械逻辑的节奏感和秩序感，尤其是他所有的书几乎都是统一的十六开本，甚至连体量薄厚都完全一样。这些书放在一起，简直跟一摞砌墙砖一样整齐。

虽然历史写作不同于文学写作，但郭建龙的作品总是带有强烈的个人色彩。

跟"中央帝国密码三部曲"（《中央帝国的财政密码》《中央帝国的哲学密码》《中央帝国的军事密码》）一样，《丝绸之路大历史》也是一部关于中国的通史性作品。这部书与"密码三部曲"有一定的相关性，征服时代带有"军事密码"的地理解读，贸易时代带有"财政密码"的经济分析，信仰时代带有"哲学密码"的意识形态演变史叙述。

该书的主题貌似"丝绸之路"，但细读之后就会发现，它与一般的丝绸之路史有很多不同。

米尔斯在《社会学的想象力》中说："作为一门学科的历史学，的确鼓励人爬梳细节，但它也倡导人开阔眼界，领悟那些左右社会结构发展趋势的划时代事件。"[2] 无论是从中国史还是从世界史来说，丝绸之路既是细节，又在某种意义上引发了许多"左右社会结构发展趋势的划时代事件"。

丝绸之路向来是历史热门，但其实真正面向大众读者的书并不多。刘迎胜先生写过不少丝绸之路的书，具有深厚的专业学术性。前两年引进出版的彼得·弗兰科潘《丝绸之路：一部全新的世界史》，属于畅销书之列，以丝绸之路为主题撰写了一部世界通史。

相比之下，《丝绸之路大历史》则立足中国本土，以丝绸之路为切

---

[1] ［美］欧阳莹之：《龙与鹰的帝国：秦汉与罗马的兴衰，怎样影响了今天的世界？》，中华书局，2016。
[2] ［美］查尔斯·赖特·米尔斯：《社会学的想象力》，李康译，北京师范大学出版社，2017，第200页。

口,讲述了一部中国对外关系史,这种关系包括但不限于官方层面的外交关系,甚至包括也不限于丝绸之路本身。这正像书中对"丝绸"这种商品一笔带过一样。准确地说,这部书所讲述的并不是"中国对外关系史"或"中西关系史",它更接近于"中国域外史"一些。

"中国"二字最早的文字记载出自西周青铜器何尊,意思是指王城成周(洛阳)。后来"中国"扩展到中原,很多"化外之地"不断被囊括进来,最后才发展为指代一个国家的概念。

中国的扩展过程,不仅是疆域的扩大,也是对域外、化外的探索和了解的过程。在不断对外碰撞中,"中国"的边界逐渐清晰和明确起来,"域外"与"域内"最终形成不同的世界,"域外"成为世界,"域内"成为中国。一部中国发展史,既是一部域内整合史,也是一部域外探索史。

总体来说,《丝绸之路大历史》就是一部中国域外史:经过探索与碰撞,一部分域外变成域内,一部分域内又变成域外,而大部分域外则永远是域外。

中国的世界

按照历史划分,现代世界始于1493年,这一年,哥伦布发现新大陆。

所谓新大陆,是相对于旧大陆而言的。旧大陆指的是欧、亚、非三大洲构成的大陆。在1493年之前,欧、亚、非世界与美洲大陆是互相隔绝的,彼此不知道对方的存在。实际上,即使哥伦布本人也不知道自己发现了新大陆,他以为自己到了印度,所以把新大陆人称为印第安人,也就是印度人。

哥伦布的认知具有典型的历史特征。在一定程度上,中国古人对于中国以外的域外认知也大体如此。

英国作家艾兹赫德在《世界历史中的中国》一书中,以帕米尔高原为分界点,将欧亚大陆分为东亚和中亚欧两个地理区域。在相当长时间内,这两个地理区域跟新旧大陆一样,也是互相不知道对方的存在,而

第三 世界 | 183

丝绸之路的重要意义就在于它将这两个互相隔绝的地理区域连接起来。所以张骞和哥伦布一样，他对丝绸之路的发现被视为"凿空之旅"。

郭建龙对于东亚地理也有类似的看法：

> 在旧大陆，中国是唯一一个具有天然的完整边界的巨型国家，在这个国家的中心是巨大而又连通的华北平原、两湖盆地和长江中下游地区、周围的山地以及东南滨海地区，对这个核心区域形成了完美的保护，使得中国在历史上大部分时间里能够维持着统一和向心力。
>
> 与之对比，不管是欧洲、印度还是非洲，都缺乏如同中国的地理完整性，在历史上充满了分裂倾向，小国林立，无法形成统一市场，大部分时间里都处于支离破碎和战争状态。
>
> 正是在这片幸运的土地上，中国人建立了数个富裕的朝代。正是中国地理环境的制约，以及其本土比周边更加富裕的现状产生的巨大向心力，使得中国人过于关注本土，缺乏对周边地区的好奇心，也形成了所谓"中央之国"的世界观，更进一步束缚了中国人的脚步，让我们很少能走出国门，探索世界。

电影《冰河世纪》中讲了一个故事，大洪水之后，一只劫后余生的猛犸象历经千辛万苦，想要寻找到另外一只和它一样的猛犸象。其实人类也是如此。据说现代人类都来自非洲，然而当他们分居在世界各地后，却彼此失去了联系，人类以不同族群各自发展。当他们发展到一定程度时，就产生了寻找同类的需求，或者是为了贸易，或者是为了征服。总之，人类之间的"大串联"就开始了。[1]

中国位于欧亚大陆的最东方，在哥伦布之前，唯一可以连接的对象只能是西方。从秦汉起，中国就一直不断向西试探，最早有周穆王西巡，

---

1 ［英］克莱夫·甘布尔：《定居地球：深层人类历史的考古学》，郭建龙译，山西人民出版社，2023。

后来有张骞通西域。

除了向西，中国也不断向南发展，从长江到珠江，最后进入南海。向西的结果是将西域（安西）纳入中国势力范围，向南则囊括了大半个越南（安南）。相对而言，向北方（西伯利亚）和向东方（朝鲜和日本）的探索就少得多，反倒是对方找上门来。

人类学家王明珂曾经写作过一部《华夏边缘》，他以田野调查结合历史分析，讲述了中国边疆地带的文化认同问题。[1]这部书给了我们一个认识中国历史的新奇视角，即他者的变迁。

中国作为东亚的核心文明，具有极其强大的向心力，域外的他者不断地被这种核心文明所吸引、所同化，最后变成域内，化外变成化内，中国文化以"天下"为己任，最终成为一种独特的"世界文化"，这在某种程度上，也导致中国成为现代世界文化的一个例外。

世界的例外

东方是相对于西方而言的，正如西方是相对于东方。古希腊人将波斯和印度称为东方，罗马人将帕提亚（安息）视为东方；同样，这些地方又被中国视为西方。伴随着大航海运动，中国与西欧终于相遇，从此以后，中国成了"东方"，西欧成了"西方"。

现代思想有地缘论一说，中国的地理封闭形成思想观念的封闭，传统的儒家学说和华夷之辩进一步加重了这种保守思想。对中国来说，域外只是一种想象，并不值得真正去探索。中国文化的向心性，始终关注的是中央朝廷，即首都和皇帝，这就如同太阳系的运行围绕太阳一样，边缘地带的小行星都是可有可无、无足轻重的。

从古到今，来自北方草原的入侵是一种强加的域外文明，来自海洋的西方炮舰也是一种强加的域外文明，中国对待这些域外文明的态度，其实都是一以贯之，即不主动接近，只被动接受，但中国传统文化的中

---

[1] 王明珂：《华夏边缘：历史记忆与族群认同》，浙江人民出版社，2013。

心地位始终无法动摇。即使中国被嵌入世界地图，中国依然位于地图中央。在一个中国传统精英看来，现代文明于中国而言，也只是丰富了器用，改善了耕织，域外并不值得中国去过多关注。

这种对待外界事物的态度在清朝就很典型，清朝康雍乾三代的宫廷中有大量西洋钟表，也豢养了一大批西洋画师和精通天文地理的传教士，但清朝编撰的《明史》中对欧洲国家却语焉不详。明末时期，利玛窦就为中国绘制了世界地图，到了清后期，爆发鸦片战争，清廷上下依然对西方世界不甚了解。这种无知主要是没有兴趣，所以魏源编撰的《海国图志》也备受冷落，被扔进故纸堆中。

郭建龙从历史角度，大体上将中国域外史分为征服时代、信仰时代、贸易时代、帝国时代。

秦汉以战争立国，对域外以武力征服来进行控制，这其实是世界历史的普遍现象。武力强盛时，域外变成域内，被置于中国保护和统治之下；武力衰落时，天高皇帝远，鞭长莫及，域内又变成了域外。

唐朝文武兼施，不仅南征北战，东征西讨，在武力征伐之外，也以文化交流和兼容并蓄来加深对域外的了解。从东晋到唐朝，从法显到玄奘，佛教连接起中国与印度，征服人心而不仅是征服疆土。宗教信仰自由让中国出现了前所未有的大唐气象。

宋、辽、金时期，中国处于一个新三国时代。在国家关系中，化干戈为玉帛，贸易活动被纳入国家财政，专门负责外贸的市舶司对自由贸易进行保护，经济文化日趋繁荣。最有意思的是朝鲜非常重视中国文化，总想获得中国的图书，而宋朝总不想给，最后通过民间贸易，大量图书甚至被刻板输送到朝鲜。

元代中国作为蒙古帝国的中心，也成为世界中心，中国史变成世界史的一部分。蒙古大交流，使得丝绸之路全线贯通，从陆地到海上，交通的风险变得很小，马可·波罗、白图泰等西方旅行家纷至沓来，汪大渊等也扬帆西洋。从贸易到文化，中国正成为世界的一部分。

"元代之所以成为分水岭，在于蒙古帝国对中国和西方产生的不同影响。由于蒙古帝国横跨了整个亚洲内陆，西方人可以毫无障碍地通过蒙古人领地，从西欧直达中国，这给他们带来了巨大的知识震撼和好奇心，进一步刺激了他们对世界的探索。可是，蒙古帝国作为外来势力对中原的入侵，却让此后的中国变得更加保守。南宋的理学本来就是一种保守的哲学，遇到蒙古入侵之后，整个中国南方排外的风气达到了顶峰，这种风气又经过朱元璋渗入了明朝统治者的血液之中，最后又传给了清朝统治者。"

明清时期，西方进入后哥伦布时代，挟现代文明之威重塑世界，恰在此时，中国因蒙古征服而走向内敛，进入一个后帝国时代。虽然中国的丝、瓷、茶畅销世界，新大陆的白银也源源不断流入中国，但明清官方仍坚持海禁。

树欲静而风不止，海禁不仅未能阻断贸易，反而酿成一系列灾难，从倭寇之乱到鸦片战争，中国一直挣扎在世界的边缘，对域外的警惕成为一种杯弓蛇影的普遍心态。

丈量世界

对今天的人来说，哥伦布无人不知，但在历史中，哥伦布式的人物并不少见，他们每个人都有一个勇敢而传奇的故事。用郭建龙在书中常说的话，这些人不仅是探险者，他们也是情报人员；用通俗一点的话来说，他们就是007那样的间谍或特工，最著名的如茶叶大盗福琼。现代社会信息极其发达，但其实在传统时代，情报和信息也是非常重要的，甚至会更加重要。

《丝绸之路大历史》以时间线为写作顺序，讲述了许多不为人知的哥伦布式的人物，如张骞、班固、法显、鸠摩罗什、玄奘、苏莱曼、丘处机、马可·波罗、白图泰、鄂多立克、周达观、汪大渊、郑和、皮列士、利玛窦、马戛尔尼等等。其实，在这些人之外，还有很多人并没有出现在该书中，比如郑芝龙郑成功父子、卜弥格、闵明我、斯坦因以及

"丝绸之路"一词的发明人李希霍芬等等。

我个人觉得，卜弥格比利玛窦的故事更加神奇。他是和汤若望在同一时期来到中国的，也是一位耶稣会传教士，但他深深介入到明末清初的中国政治中，甚至为大明殉国。卜弥格作为南明的使节不远万里赴罗马教廷求援，等他回到东方，南明皇帝已经死于缅甸，他最后死在越南。

在政治之外，卜弥格还是欧洲第一个真正研究马可·波罗的学者，也是第一个发现《大秦景教流行中国碑》的西方人，卜弥格最早将中国古代科技文化尤其是中医介绍给西方，这比李约瑟要早得多。尤其是卜弥格编撰的《中国地图册》和《中国植物志》对西方影响甚大。[1]

对于中国历史，人们都知道周、秦、汉、唐、宋、元、明、清，但其实真正的历史比这复杂得多。在这些主流王朝之外，还有许多数也数不清的小王朝小国家，有的国祚绵延数百年，有的兴也勃，亡也忽，只是昙花一现，它们中有许多都是少数民族的部落国家。说起高句丽、吐谷浑、南诏（大理）等，或者前秦、后秦、南凉、西凉、北凉，或许很多人都一头雾水。

关于这些边缘史，以前高洪雷写过一部《另一半中国史》，就主要讲述了中国历史中的匈奴、契丹、鲜卑、突厥、蒙古、女真、党项、羌、粟特、回鹘、吐蕃、柔然等。高洪雷作品多少有点文学家言的样子，和余秋雨一样多有抒情。他按照每个民族分类写作，是典型的民族史写法。

相比之下，郭建龙将这些边缘史置于中国史的大叙事之中，常常貌似一笔带过，但其实精确地展示这些边缘史在历史中的分量。在真实历史中，这些少数民族并不是一成不变的，匈奴与突厥之间，突厥与蒙古之间，鲜卑与契丹之间，常常存在民族融合和继承关系。在地理和历史交织中，它们之间的关系错综复杂。

仅从语言文字来说，域外与域内、古代与现代就有极大的不同，各

---

1 可参阅［波兰］爱德华·卡伊丹斯基：《中国的使臣：卜弥格》，张振辉译，大象出版社，2001。

种误读误解就让人难分难辨。同样一个地名，在不同时代就有不同的名称。比如马可·波罗笔下的鞑靼、契丹和蛮子，就让很多西方人看得糊里糊涂，不明就里，到底哪一个才是中国。这个谜团直到卜弥格游历完中国之后才解开。这就像是明朝晚期的"佛郎机"一样：当时的中国人将法国人叫佛郎机，将葡萄牙人叫佛郎机，将西班牙人也叫佛郎机，甚至将马六甲叫佛郎机。

再比如，汉代时候西域大小国家林立，再加上宗教变迁和民族融合，现代人读汉代历史，弄不好就变成刻舟求剑——船已经不知跑到哪里去了，人却还在原先的地方按图索骥，必然是以其昏昏使人昭昭。

余秋雨的历史文学曾经风靡一时，一咏三叹，荡气回肠，其实历史写作最重要的真不是文笔，而是思路，思路一定要清晰。叙述的历史越是复杂，越是能看出作者的写作功力。郭建龙的理工科思维让他总是思路很清楚，条理分明，每个细节都交代得清清楚楚。

这本书的阅读之中，我常常惊讶于作者对宗教信仰和地理概念等这些复杂问题的解释，这完全得益于"读万卷书，行万里路"。宗教流派和内部演变非常复杂，经文和习俗更是众说纷纭，郭建龙读万卷书的优势给他带来帮助。中亚、印度和东南亚的地理地貌非常复杂，多民族带来语言杂乱，单单地名就是一个麻烦，一个地方有各种各样名字。这时候，郭建龙走万里路的优势帮助了他，很多地方都是他用脚丈量过的。

旅行不同于走马观花、游山逛水的旅游。在西语中，"旅行"（travel）一词源于"艰苦劳动"（travail），它总是与坑坑洼洼的泥土路、贫乏的食物、海上的颠簸及其他艰难困苦联系在一起。郭建龙曾在阿富汗被绑架，也曾在非洲感染重度疟疾，这是真正意义上的旅行。

在成为专职作家之前，郭建龙曾在某媒体长期担任国际记者，这让他能够去世界很多地方旅行，并能够超越普通人进行详细的社会观察。这或许是许多其他历史写作者所无法企及的地方。

白居易有诗云："胡旋女，出康居，徒劳东来万里余。中原自有胡旋者，斗妙争能尔不如。"人们常用井底之蛙和夜郎自大比喻见识短浅，而旅行无疑是扩展眼界和胸怀的最好方式，这甚至比博览群书更加有效，所谓"百闻不如一见"。

从利玛窦到卜弥格，从卫礼贤到李约瑟，他们甚至比有些中国人更懂中国也更爱中国。卫礼贤虽然是德国人，却有一颗"中国心灵"，"我有幸在中国度过了生命中二十五年的光阴。像每一个在这块土地上生活了许久的人一样，我学会了爱这个国家，爱他的人民"[1]。

法国作家福楼拜到埃及旅行后，狂热地喜欢上了古老的国度，"与其说我是现代人，不如说我是古代人；与其说我是法国人，不如说我是中国人。祖国的观念，亦即一个人必须生活在地图上用红色或蓝色所标示的一小块土地上，并且仇恨那些生活在用绿色或黑色标示的地块上的人们，在我看来，这是狭隘、蒙昧和极端愚蠢的。我是所有活着的生物的兄弟，是人的兄弟，同样地，也是长颈鹿和鳄鱼的兄弟"[2]。

历史的写作

英国作家哈特利有一句名言："往昔如异域。"《丝绸之路大历史》写的是异域的往昔，或者说是往昔的异域。如此视野的历史作品在国内尚属少见，因而显得弥足珍贵。

这些年来，随着历史阅读的一步步升温，面向大众的历史写作在选题上更加广泛，已经从早期将周秦汉唐宋元明清的宫廷权谋斗争史进一步发散开去，发展到财政、制度、物价、民俗、经济、技术等专题史方面，这不仅是读者市场细分的结果，也是写作者群体的一种文化自觉。

想起《现代的历程》刚出版时，在各大电商的世界史类图书排行榜前100名中，几乎是唯一一部由中国作者撰写的书；如今中国原创的世界史已经越来越多，世界史全是引进外版书的局面一去不复返。

---

1 ［德］卫礼贤：《中国心灵》，王宇洁、罗敏、朱晋平译，国际文化出版公司，1998，前言。
2 ［英］阿兰·德波顿：《旅行的艺术》，南治国等译，上海译文出版社，2010，第97—98页。

历史虽是一门学科，其实是个"杂科"，与各门学科都有交集，暗通款曲，治史既要"专精"也要"博通"，不仅要擅长资料收集和信息检索，还能梯山航海地走出书斋，开阔眼界，读万卷书，行万里路。以此来说，研究历史并不容易，需要长期的积累和摸索，不到中年都难进历史的门。从现代人的功利来说，历史不仅带不来现实利益，更不存在短期利益。前途漫漫，只有像郭建龙这样的人才会孤独前行。

我一直认为，历史学术研究与历史图书写作正越来越按照专业分工原则发展，学术研究的并不见得擅长写作，写作的也不见得擅长做研究。随着第一届文景历史写作奖拉开帷幕，关于面向大众读者的历史写作引起更广泛的关注。"探索汉语历史写作的公共意义与多样可能"，这个奖项及其口号正指明了历史写作的独立性与专业性。在过往，人们总是以学术性来批评历史写作者，这纯属荒谬。相比学术研究，历史写作有更强的公共性和社会性，以及更为广阔的受众和思想空间。

每个人的追求不同，最重要的是在自己擅长的领域有所成就，郭建龙的这部书充分展现了他驾驭历史写作的超凡能力。他对任何大历史题材都能举重若轻，对史料取舍剪裁恰到好处，这些貌似信手拈来，实则在背后下足了功夫。

对一个历史写作者来说，阅读和涉猎是极其重要的，但仅靠阅读还不够。很多写作过这类通史类型大历史的人都知道，现代资讯发达，最大的考验不是史料匮乏，而是史料泛滥失控，最后被史料淹没，没有了头绪。这时候就能看出作者强大的信息处理能力，关键是如何分清主次，将乱七八糟的史料梳理出来。

我认为，《丝绸之路大历史》最值得赞赏的，就是把中国大历史背后许多不为人知的小历史挖掘整理出来，这些历史的细节在过往是被人忽略的。

在这部书中，读者在不经意中就了解到五胡十六国和五代十国的历史演变；也会学到关于佛教宗派典籍和伊斯兰教分化的相关知识。在许多地方，作者为了更方便地处理这些信息，改用表格形式来处理，这无疑是一种创新。一般而言，表格在学术论文中比较常用，事实上，这本书所关注的主题和涉及的深度已经与学术研究非常接近。

总体来说，《丝绸之路大历史》是一部大书。首先是信息量大，世界跨度大，人物众多，地域广阔；其次，从内容上囊括地理史、战争史、宗教史到观念史。但即使如此，这并不是一部史诗性的大叙事。名为"大历史"，其实这本书的写作非常细碎，很多事情都只能一笔带过，就连玄奘和郑和的故事也是着墨不多。即使在文字上这样克制精炼，这本书的厚度也非常可观，字数足有四五十万字。

同样一段历史，不同作者有不同的写法，关于丝绸之路的书很多，以丝绸之路为线索写出一部中国通史的不多。郭建龙的《丝绸之路大历史》不仅体现了郭建龙独特的写法，更重要的是，这部书或许也只有他能写，只有他才能将这些碎片化的小历史攒在一起，构建起一部关于中国域外演变的大历史。

郭建龙在写到汪大渊时，专门加了一条脚注，注明参考了我写的《汪大渊下西洋》一文，这种细心非常让我感动。历史写作不同于文学写作，凡事要讲求出处，对史料既要博采，又要严谨。在这部书最后，是长达十五页的参考文献目录。由此可见写作一部扎实的历史是多么不易。

对许多不做专业研究，只为满足自己好奇心的普通读者来说，历史学术研究固然令人尊敬，我们同样应该尊敬像郭建龙这样的严肃历史写作者，他们将那些湮没在故纸堆和学术论文中的历史打捞挖掘出来，精心诚意地奉献在我们面前，让我们能够以轻松和信任的态度进入历史，获得知识和思想上的教益，所谓兹事体大，功莫大焉，善莫大焉。

西方语境下的全球史

——赖因哈德《征服世界》[1]

西方霸权与遗产给现代世界留下了深刻烙印,当今世界超过三分之二的国家曾经是西方国家的殖民地或保护国。西方文明的影响不仅在美洲、非洲国家的发展史中清晰可见,也波及包括中国在内的亚洲强国。

可以说,正是在西方人向全球扩张的过程中,形成了我们当下所生活的现代文明世界。这样的历史变迁,正是《征服世界》这本书所讲述的内容。

全球史与世界史

《征服世界》是一部以西方世界为叙事主线的全球通史,从大航海运动写起,叙及征服新大陆、殖民与全球贸易、移民与革命、世界大战与非洲的独立运动等等。

对于生活在全球化当下的 21 世纪人来说,无论是哪里人,无论身在何处,这部皇皇巨著都值得一读。通过它,可以了解眼下这个世界的由来,以及自己所面对的这个社会。对于任何一个读者,它既可以作为一

---

[1] 可参阅[德]沃尔夫冈·赖因哈德:《征服世界:一部欧洲扩张的全球史,1415~2015》,周新建、皇甫宜均、罗伟译,社会科学文献出版社,2021。

部西方扩张史看，也可以作为一部全球现代史来阅读。

从内容到体量，《征服世界》一书都让人想起已经成为世界名著的《全球通史》。斯塔夫利阿诺斯的《全球通史》几经修订，如今已经出到第七版，但最令人津津乐道的还是第一版。当时这部书被上海社会科学院出版社引进出版时，分为上下两卷：1500 年以前的世界和 1500 年以后的世界。上卷主要讲述了人类的起源和几大古文明，下卷作为重头，则主要是西方扩张史。后来几版经过反复修改，已经与首版判若两书，从历史批判性来说，首版非常犀利，后来的修改则圆滑了很多。

赖因哈德的《征服世界》与斯塔夫利阿诺斯的《全球通史》都写作于二十世纪八九十年代，《征服世界》初版时书名直截了当，为《西方扩张史》，虽然如今两书都经过与时俱进的修订，但核心主题并没有大的改变。

对于历史爱好者来说，如果说《全球通史》是必读书，那么《征服世界》则如同书的脚注一样不可或缺，或者说它适合作为《全球通史》的配套书和说明书来看。虽然在主题上基本相似，但写法上《征服世界》更加注重细节和史料爬梳，《全球通史》则更注重史论。与《全球通史》相比，《征服世界》在历史细节上如数家珍，让人读起来如入宝山，欲罢不能。

从概念上，世界史（world history）和全球史（global history）略有不同：世界史比较传统，属于满天星斗式的，就是把各个国家、区域、族群的历史相加，像拼图一样把这些"国别史"和"民族志"罗列在一起；全球史则比较现代，也被称为"新世界史"，它属于台球撞击式的，通过一些重大事务和事件，讲述它们在全球范围引发的震动与互动效应，让人更透彻地理解现代世界的形成。

1963 年，麦克尼尔的《西方的兴起》出版，在此基础上，麦克尼尔经过重新写作，又出版了《世界史：从史前到 21 世纪全球文明的互动》。在这本书中，作者以文明为单位，书写全球文明的互动，让之前隔离、孤立的世界史，变成动态、交互的世界史，绘制了一幅人类文明的交互网络图。这被认为是全球史的开山之作。

人类从原始、孤立、分散的状态，发展成为一个密切联系的整体，这是一个复杂而漫长的历史过程。马克思在《〈政治经济学批判〉导言》中指出："世界史不是过去一直存在的；作为世界史的历史是结果。"从本质上来说，所谓全球史也是以西方为中心的文明碰撞史，正是基于这种视角，费正清等汉学家才提出以"冲击—回应"看待中国近代史。

最近几年，随着全球化的影响，全球史类图书在中国成为大热门，在三联、商务和中信等老牌出版社之外，出现了甲骨文、索恩、后浪、汗青堂、万有引力、万川等几家在世界史新书引进方面出尽风头的出版品牌。比如由后浪引进出版的《棉花帝国》和中信引进出版的《哥伦布大交换》，这两部书都从历史细节讲述了西方扩张和殖民的历史进程，既富于阅读趣味，又有强烈的思想启发性。如果读者喜欢这两部书或这两部书的写法，那么自然也会喜欢《征服世界》这部书。

文明的进程

如果说中国历史始于《尚书》《春秋左传》，那么西方历史则始于希罗多德的《历史》，《历史》写的其实是地中海史。

在《征服世界》这部书中，赖因哈德是从大西洋写起——在大航海之前，大西洋是未知的、神秘的"亚特兰蒂斯"；在大航海之后，大西洋变成了"西方世界的地中海"。对大西洋的征服拉开了对大海征服的序幕，接下来便是征服整个世界。

西班牙人征服了新大陆，葡萄牙人在非洲、印度和中国的海岸登陆。历史学家格鲁金斯基在《世界的四个部分》中写道："从安第斯山脉地区结冰的高山到菲律宾那令人窒息的密林，一些人承受着地球上的另一个地区的统治，而他们对那个地区直到那时依然是全然未知的。"

这场全球化的重要意义，不仅在于物质的流动，更是"文明的进程"。除了商业或军事的扩张，这些来自伊比利亚半岛的水手、士兵、商人和牧师还将他们的宗教信仰、哲学思想、行为模式、经济制度、建筑、音乐及艺术风格甚至时尚输出给所到之地。

从 1580 至 1640 年，正值葡萄牙和西班牙帝国在腓力二世的统治下形成一个以伊比利亚联盟为基础的"全球帝国"。当时一位西班牙诗人禁不住写道："经由腓力二世之王土，可以走遍全世界。"[1]

大航海只是欧洲几个毗邻大西洋的西欧小国发起的探险运动，但后来的历史却被它完全改变，西欧不仅影响和改变了整个欧洲，而且彻底改变了全世界。

正如斯塔夫利阿诺斯所说，西欧的崛起是近代初期阶段中具有世界意义的重大发展。

在 15 世纪末，欧洲仅仅是欧亚大陆四个文明中心之中的一个，而且绝不是最重要的一个。到 18 世纪末，西欧已控制了外洋航线，组织起遍及全球、可谋取暴利的贸易，并征服了南北美洲和西伯利亚的广大地区。因此，这一阶段作为从 1492 年以前的诸地区彼此隔绝到 19 世纪西欧建立世界霸权的过渡时期，在世界历史上具有突出地位。

应该承认，西方在扩张和殖民过程中，不仅对欧洲，更对世界其他地区和人民犯下了数不清的罪恶。探险之旅导致了大量人口被奴役、灭绝种族的征服以及对整个新大陆的掠夺。军事力量的扩张和技术传播让战争无所不在，无数地区因此生灵涂炭。

然而，我们也要承认，西方给包括中国人在内的人类带来了物质极度丰裕的现代文明，让大多数现代人能够免于饥荒和贫困的威胁。

赖因哈德在该书中的叙述重点是扩张，但实际上，扩张只是西方崛起的一个结果。从根本上来说，是发生在 15 世纪之前的文艺复兴赋予了西方扩张的基因。冰冻三尺非一日之寒，这是一个文明孕育的过程。

---

[1] ［法］塞尔日·格鲁金斯基:《世界的四个部分：一部全球化历史》，李征、李雪涛译，东方出版社，2022。

从西方化到现代化

读任何一部现代史，都多少免不了西方视角，这是一种历史底色，就如同中国古代史离不开秦始皇。虽然有不少人对《全球通史》将世界各国历史一视同仁津津乐道，但就如同一部电影，总不得不承认主角光环的存在。既然这种主角光环总还是无法抹杀，那就不如认真地做好历史叙事本身。

从这个角度来说，《征服世界》可谓是一部充满历史诚意的作品。

之所以有西方中心论的存在，根本原因还是现代世界的发展不平衡，而这又与西方扩张和殖民历史有一定的关系。借用一种说法，这也是西方国家无法摆脱的"原罪"。

著名经济史学家格里高利·克拉克在《告别施舍》中说过一段意味深长而又颇具讽刺的话："现代社会是以欧洲对世界的侵略和征服开始的，但今天的情况却是发达国家在千方百计保护自己不要受穷困国家的侵略：防止非法移民。目前为止，西方国家没有能为穷国开出一剂有效的致富处方。而如果真正想要提高穷国人民的生活水平，最有效的方式就是开放移民。"

中国从改革开放以来，大量利用西方的技术和资金，很快实现了经济的腾飞，但从心理上却始终面临一个身份焦虑，如果说中国是传统的，那么现代是不是就必然是西方的，有没有中国化的现代？对很多非西方国家来说，都存在一个从西方化到现代化的过程，但如何在现代化的过程中去西方化，则充满挑战性。

古代中国自成一体，只知天下，不知世界。即使如今，对于很多中国读者来说，所谓世界史多半就是西方史，这些读者对中国历史的了解远胜过对世界史的了解。读中国史，多半都是周秦汉唐宋元明清的帝王将相史，尤其是权谋阴谋史，这让很多读者和历史写作者津津乐道、如数家珍。但实际上，今日之中国与古代中国已经完全不同，传统乡村农耕社会正在瓦解，几千年一脉相承的宗族和皇权荡然无存。即使在一些乡村地区，公交站牌和语音报站也已经实行中英双语，而唯独没有人们祖祖辈辈说的方言。

应该承认，现代化席卷一切，其征服范围之广已经到了让人不忍直视的程度。对于今天的中国人来说，人们对全球化和现代化的痴迷和执着甚至超过始作俑者西方人。

写到这里，我想起赖因哈德在书中的一句话："现实发展不仅驳斥了欧洲中心论，同样也驳斥了从属理论。因为一系列当年的殖民地和被视为毫无希望的欠发达国家，如今是全球资本主义成功的参与者，在这方面中国列于首位。"

小人物的美国史

——拉塞尔《叛逆者》[1]

美国是当今世界的超级大国，然而在它刚刚诞生时，还只是一个微不足道的蕞尔小国。

1776年，属于大英帝国的十三个北美殖民地宣布独立，并发表了《独立宣言》，美利坚合众国就这样诞生了。对中国人来说，很容易从枪杆子里出政权的角度来看待美国独立战争。但对美国来说，独立战争并不等于建国。从1776年打赢独立战争，到1787年制宪，前后经过了十一年，大家一直在讨论要不要建立一个统一的国家，以及建立一个什么样的政府。

从本质上来说，美国作为国家不是打出来的，是谈出来的。

在人类历史上，一个国家的诞生和一个国家的灭亡一样，都是司空见惯的事情，虽然没有一个国家在它诞生的时候会想到自己的灭亡。美国之不同，在于它从诞生那一天起，就开始思考如何防止国家走向失败和灭亡。就这样，人类历史上第一部宪法诞生了，美国也成为世界上第一个建立在文字和宪政之上的现代国家。

《美国宪法》由来自美国十二个州的五十五个代表共同制定，时间是

---

[1] 可参阅［美］撒迪厄斯·拉塞尔:《叛逆者：塑造美国自由制度的小人物们》，杜然译，山西人民出版社，2013。

1787年5月。经过反复的辩论、争吵和妥协，他们通过三权分立、间接选举、限制选举权、司法审查等方式，将美国设计成一个充分制衡的政治机器。这是世界上第一个没有国王或者皇帝的国家。在这个国家，总统是权力最大的人。但按照宪法，总统只有执行权，而没有立法权；也就是说，他的权力是被限定的，他没有制造权力的权力。宪法的出现，终结了权力不受限制的历史。

在相当长的时间内，美国几乎拥有世界上唯一的民主制度，这也是托克维尔为美国着迷的重要原因。所谓民主，就是人民成为国家的主体，一切国家权力都来自人民的授权，并将保障人民（公民）的权利作为国家的主要目的。

对于说着英语的美国人来说，他们的权利传统源远流长，可以追溯到英国早期的盎格鲁－撒克逊人的习惯权利。

被后人视为英国自由传统的基石的《大宪章》诞生于1215年。《大宪章》确立了普通法的精神，每个人可以自由地使用、支配他的财产、工具、牲畜、粮食及其他。国王不能改变那里的法律，也不能未经人民同意就夺取人民的东西。作为光荣革命的硕果，《权利法案》确立了议会至上的原则，宣告专制王权彻底终结。

作为英国的殖民地，美国民主仍是英国民主的延伸，但无疑美国走得更快更远。美国创制出一种新的社会生活；在这里，一种新式公民确定了他与政府之间的关系。对比同一时期的欧洲王权国家，美国更像是松散化的无政府状态，每个人都得到了充分的自由。卢梭强调共同意志，梭罗则追求个人至上。

尤其是，美国的分散化主权与同一时期英国的少数精英统治广大民众形成鲜明的对比：当美国的白种人掌握着自己命运时，英国的济贫法正将大量的穷人赶进"血汗工厂"；当美国的民主走向大众时，英国正在镇压要求普选权的工人。

与欧洲不同，在美国，城镇没有围墙，路上没有关卡，人们可以自由地迁徙。与欧洲相比，美国的税收也要低得多。

美式个人主义

当十七世纪的英国清教徒来到美洲大陆时,这里还是一片石器时代的森林和荒原;仅仅一个世纪,这里已经成为欧洲人心目中的财富伊甸园。可以说,美国是一群清教徒披荆斩棘、胼手胝足开创出来的。他们以不可思议的效率清理林地、追猎野兽、开垦土地、采掘矿物、开挖运河、运输货物。如果说英国领导了第一次工业革命,那么到了第二次工业革命,美国已经成长为世界经济的新霸主。

在十九世纪的美国,人们认为工作是辛苦的,但工作也充满乐趣;工作是独立自主的象征,每个公民首先是一个生产者。以富兰克林为典型,清教徒不仅反对酗酒和嫖娼,更反对懒惰,只有工作才是最大的美德。按照马克斯·韦伯的观点,资本主义与新教伦理是密不可分的。无论是之前的英国工业革命,还是美国资本主义的崛起,都离不开一群每周工作一百多个小时的劳动者。泰勒主义创造了福特流水线等一系列经济奇迹,"许多白种美国人把自己变成了世界上最能吃苦的工人"。

受清教徒思想的影响,一方面,勤劳的美国人对财富有着狂热的追求;另一方面,他们对物质生活又非常克制节俭,这种精神自律形成了强烈的自我意识和个人主义。从知识分子、神职人员、商界精英、劳工领袖到政客法官,这些精英阶层始终以这种美国精神为荣。最典型的莫过于亨利·戴维·梭罗。

博尔赫斯曾说:"我相信在新教国家里道德更为强大。相反,在天主教国家里,人们都认为罪孽是无关紧要的,只要忏悔,一个人就能获得赦免,然后他又重犯同样的罪。我相信在新教徒之间,有一种更强的道德感。"[1] 在一个美国精英眼中,财富是实现个人价值的最好方式,但财富本身并不是其目的。钢铁大王卡内基一生勤奋工作,全年无休,最后把所有的财产都捐给慈善事业;石油大王洛克菲勒比卡内基更有钱,一生

---

1 [阿根廷]博尔赫斯、费拉里:《最后的对话》,陈东飚译,新星出版社,2018,第20页。

不抽烟、不喝酒，他有三女一子，却连新衣服都舍不得给买，总是小的轮流穿大的的旧衣服，最小的儿子约翰八岁时还穿着姐姐的裙子。

摩尔在《专制与民主的社会起源》中，将二十世纪世界各国进入现代化的政治形式分为三种：一是以英、法、美为代表的西方民主道路；二是以德、日、意为代表的法西斯主义道路；三是以苏联和中国为代表的共产主义道路。他认为一个社会的商品化程度和人民的身份变化决定了其政治选择。

有恒产者有恒心，财富唤醒了权利，权利重新塑造了自我。从某种意义上，美国精神与清教徒精神是一脉相承的。对美国人来说，他们试图用共和政体中公民的内在约束，来代替专制主义政权对臣民的外在控制，这就是现代的意义。换言之，使人类放弃自由的同时，又相信自己拥有自由的唯一办法，就是个人的自律。用梭罗的话说，就是"我有权承担的唯一的职责是，在任何时候做我认为正确的事情"。

个人主义是美国文化的精髓。个人主义至少包括几个层面的意思：所有的人都是独立、自由和平等的；每个人都应当对自己的行为负责；自制自律是人格独立的前提；独立的个人不仅是社会的本原和基础，也是社会的终极价值；个人与他人、社会和国家之间有一道界限。国家因为个人而存在，不是个人因为国家而存在，这与中国先贤孟子的"民为贵，社稷次之，君为轻"不谋而合。

精英与大众

虽然古希腊和古罗马也有悠久的公民传统，但美国的民主政治完全是现代的产物。

美国的民主并不是一蹴而就的，它是一个循序渐进的过程。在整个19世纪，美国虽然不再将财产作为公民资格的依据，但只有白人成年男子才可拥有公民身份，白人妇女和黑人男子则处境卑微，他们都被排除于政治之外，而黑人妇女的地位更为低下。

政治作为一种利益博弈，在传统王权国家，国王就是法律——所谓的"王法"；对现代国家来说，"法律就是国王"。换句话说，就是法律高于权力。相比阴谋与暴力，文字和法律更加公开和稳定。亚里士多德说过，"法律是排除了激情的理性，因而它比个人更可取"。无论过去还是将来，法律和制度总是比人更加可靠。

托克维尔在《论美国的民主》中曾说："在美国，几乎所有的政治问题迟早都会变成司法问题。"无论是种族歧视、经济垄断，还是总统选举等问题，都可以在法庭上得到解决，这就是美国的"政治司法化"。从根本上说，美国作为国家完全是建立在法律之上的。法律精神也是契约精神，美国的一致同意原则，是建立在相互约束的契约观念之上的。美国人根据这一契约首先建立了单个的殖民地，后来又确立了统一体。毫无疑问，《五月花号公约》具有不可磨灭的历史意义。

法律条文虽然是确定的，但从现实操作来说，审判往往充满不确定，因此便有了独特的陪审制度。托克维尔认为，陪审制度一方面对判决的形成起着最强劲有力的作用，另一方面也增长着人民的天然智识。

一般人很难想象，一群对法律知之甚少的普通人，竟可以凌驾于职业法官之上，对有争议性的重大案件是否应当立案起诉做出决断（大陪审团），或对被告人是否构成刑事犯罪或民事侵权做出裁决（小陪审团）。事实上，陪审团能够基于人性和常识做出公正而诚实的裁决。

法律是人类文明的最典型标志。一个社会所谓的文明，就是不用通过暴力来解决矛盾。对美国人来说，陪审制度不仅仅是一种司法机制，也不仅仅是宪法的一个组成部分，它其实是一盏明灯，向全社会每个人显示着良心与正义的存在。

所谓民主的历史也是从精英到大众的历史，当权力从国王一个人或贵族等少数人手中分散到普通大众手中时，民主就自然而然地出现了。

对美国来说，从"五月花号"上的清教徒到《独立宣言》的开国元勋们，这些精英创造了美国历史，但为数更多的黑人、女性、印第安人、外来移民和普通劳动者，这些芸芸众生和小人物并不是历史的旁观者。

正如刘瑜所说："历史的进步并非必然，它由无数具体的人在每一个历史的十字路口的选择所推动。"

美国的政治传统一直是民主与自由、平民主义与精英主义之间的博弈。联邦党人的"精英治国"和"充分制衡"精神，以及反联邦党人的"平民自治"和"权利底线"精神，构成美国政治的两大支柱。在相当长的时期内，联邦政府主要由"天然的贵族"掌控，而地方州政府则主要控制在民主团体手中，他们代表大多数人民的利益。联邦党人和共和党人誓不两立。汉密尔顿害怕民众，杰斐逊则相信民众，或者说杰斐逊不信任政府，就如同汉密尔顿不信任民众。

杰斐逊认为，权力必须掌握在占大多数的民众手中，这样才能避免暴力；其次，每个人都有权力参与政府事务，教育和言论自由是权力的解毒剂。杰斐逊当初之所以重视大众教育，其目的就是"使得每个人对于怎样做将会保障自由、怎样做将会危害自由，有能力做出自己的判断"。

从二十世纪六七十年代开始，劳工领袖、女权主义者和民权活动家走上政治舞台，草根阶层的崛起宣告一个真正的美国世纪的来临。

美国暗黑史

1980年，一本名为《我反抗》的书风靡全美，这部以人民反抗运动为主题的美国史很快就进入许多大学和中学，成为美国最受欢迎的历史教科书。作者津恩说："我希望人们以任何一种方式记住我，记得我为他们引入了一种重新看待世界、看待战争、看待人权、看待平等的方式，记得我促使越来越多的人以这种全新的方式思考。"[1]

与《我反抗》类似，《叛逆者》一书所书写的，其实也是一部另类的美国史。美国是通过反抗英国而从一个殖民地获得独立建国的。用作者的话来说就是，美国的历史就是叛逆和反抗的历史。

---

1 ［美］霍华德·津恩：《我反抗：一部独特的美国史》，汪小英译，浙江人民出版社，2014。

在 1770 年的波士顿惨案中，有五名参与叛乱的平民被枪杀。亚当斯在随后的法庭辩护中，称这些叛乱者是"野孩子、黑鬼和黑白杂种、爱尔兰佬和野蛮的水手这样一群三教九流组成的乌合之众"，然而就是这些"乌合之众"的反抗，却成为美国革命的开端。

美国思想家弗洛姆曾说，普罗米修斯和亚当、夏娃一样，因不服从而受到惩罚，但他没有后悔，没有要求宽恕，相反他自豪地宣称："我宁被铁链锁在悬崖上，也不做诸神驯服的仆人。"

从最早的独立战争、反禁酒运动，到后来的嬉皮士运动和反战运动，乃至 21 世纪的占领华尔街运动，在一次次的对抗中，叛逆已经成为美国人性格中最鲜明的一部分，但最后他们还是返回到清教徒和国父们的价值观。

梭罗不仅是瓦尔登湖的隐士，也是一位著名的斗士。最为讽刺的是，那些沉迷摇滚乐、最具叛逆精神的嬉皮士最后往往成为最决绝的自然主义者，比当年的清教徒更加自律和虔诚。

美国历史上存在许多不堪回首的黑暗时期。关于这方面的书有不少，比如《另一半美国史》[1]《老师的谎言》[2] 等，无论在美国还是在中国都很受读者喜欢，这说明人天生对黑暗的东西比较敏感。正因为人类这种与生俱来的警惕与批判，人类才不断进步，走向光明和文明。

美国的新闻媒体号称第四种权力。在二十世纪初，出现了一大批专门报道官场滥权不法"丑闻"的记者，他们将政府高官和大企业结为利益集团徇私舞弊的秘密公之于众，这被当时的美国总统称为"耙粪运动"。这些耙粪者激发起人们的正义感，引导美国大众走向社会改革和完善法治。[3]

---

1 [美]霍华德·津恩、安东尼·阿诺夫:《另一半美国史:民主进程中被掩藏的声音》，汪小英、邱霜霜译，浙江人民出版社，2017。李守民:《另一半美国史:美利坚的道义黑债与救赎》，解放军出版社，2015。

2 [美]詹姆斯·洛温:《老师的谎言:美国历史教科书中的错误》，马万利、刘北成译，中央编译出版社，2009。

3 [美]林肯·斯蒂芬斯:《耙粪者自述》，朱晓译，海南出版社，2012。

美国历史就是一部试错的历史。禁酒令之所以被称为"恐怖闹剧"，是因为很多自我标榜的政客都喜欢喝酒，却反对卖酒，结果导致腐败与禁酒形成一种无所不在的共生关系。禁酒令实行十年之后，堪萨斯的酒精消费量增长了十倍。1928年的《纽约电讯报》提问：曼哈顿岛上有什么地方可以买到酒？答案是："在开放的酒馆、餐厅、夜总会、猫眼后的酒吧、舞蹈学校、药店、熟食店、雪茄店、糖果店……"此外还有油漆店、麦芽糖店和搬家公司等，"在以前，你从来不会想过要到渔产品店里去买酒。"[1]

镀金时代

1900年正值电力和内燃机掀起的第二次工业革命，美国异军突起，一举超越老牌帝国英国，成为世界经济的领头羊。马克·吐温将1900年前后的美国称为"镀金时代"，主流历史一般称为"黄金时代"。

所谓黄金时代，其实并不怎么光彩。当时，加利福尼亚发现了黄金，但也引发了美墨战争。淘金热不仅引发席卷世界的移民潮，也造成了当地印第安土著领地被侵占，印第安人被屠杀，甚至被灭族。那些来自世界各地的淘金者，确实有人一夜暴富，但大多数人倾家荡产，血本无归，甚至是命丧他乡。[2]

十九世纪后半期，奴隶制度已经废除，美国联邦政府发起了一场社会纯净运动，饮酒和嫖娼遭到禁止，所有的酒馆和红灯区都被关闭，大量妓女被送入管教所，新法律甚至允许对犯罪分子、变态、白痴和低能儿施行绝育手术，至少有四万名妇女被强行绝育，其中大多数是妓女。芝加哥议会还授权警察对每一部公映的电影进行审查。

这场由国家发起的轰轰烈烈的道德运动最大的硕果之一，就是催生

---

[1] [美]丹尼尔·奥克伦特：《最后一杯：美国禁酒令的立与废》，钟志军、罗梦玲译，中国民主法制出版社，2022，第486页。

[2] [美]H.W. 布兰兹：《黄金时代：小人物在大时代的处境和选择》，李文君译，北京联合出版公司，2016。

了垄断私酒卖淫的黑帮势力。一些颇具亚政府色彩的黑手党一度成为美国民众眼中的英雄。正是在这些帮派势力的保护下，米高梅、环球、派拉蒙、二十世纪福克斯和华纳兄弟等一大批影响世界的电影公司孕育而生，那些银幕上被称颂的"英雄"，其实都是一些鄙视权威崇尚自由的流氓和恶棍。当这些"英雄"逐渐成为美国的主流时，美国也就改变了。

美国历史学家常常将1880—1920年称为"进步时代"。当时，美国社会正经历从农业社会向工业社会的急剧变革，经济高速发展，产生了大量的社会问题。美国因此出现了许多关于社会、政治和经济的改革实践，如反垄断、环境保护、禁酒、妇女参政权、儿童保护、产品质量控制等。大政府、大企业和大工会三方联盟，加上积极的海外扩张，基本形成了美国这个超级大国的现代政治经济体系。

《独立宣言》说："我们认为这些真理是不言而喻的：人人生而平等，造物者赋予他们若干不可剥夺的权利，其中包括生命权、自由权和追求幸福的权利。"从某种意义上，美国是作为乌托邦诞生的。在这个号称"宽容"和"平等"的民族大熔炉中，来自世界各地的移民"美国化"的过程，也是美国多元化的历史。美国历史上曾经有过臭名昭著的"排华运动"，但这无法改变美国作为移民国家的本色。无数来自世界各地的移民在潜移默化中改变了美国，也塑造了美国，最后成为美国的一部分。

当年那些被称为"白色黑人"的意大利移民，有不少都参与黑手党或犯罪集团，他们与警察玩猫捉老鼠的游戏，最终推翻了禁酒令，后来，这些意大利移民成为美国警察的重要组成部分。从叛逆者到执法者，大概没有比这更有讽刺意味的了。爱尔兰移民与意大利移民有类似的历程。在十九世纪的美国，爱尔兰移民被称为"白色黑鬼"；这些喜欢暴乱和犯罪的爱尔兰黑帮后来也成为执法者。

尤其值得一提的是犹太人。自古以来，犹太人都在欧洲遭受排挤和歧视，甚至遭遇到残酷的种族屠杀，但他们最终在美国找到了他们的"诺亚方舟"。尽管犹太人在美国人口中属于典型的极少数，但他们依靠自己的智力和努力，以会计、律师或医生的高智力形象成功进入美国主流社会。

消费时代的英雄们

作为新兴国家的美国横空出世，让欧洲变成了"老欧洲"。在一个老派的欧洲贵族眼中，大多数美国人都是不停工作的"下等人"，或者是嗜好暴力的"野蛮人"；更让他们无法忍受的是，在美国，清洁工也被尊称为"先生"，而妓女更是被尊称为"女士"。在一些美国学者看来，美国正是用消费资本主义完成了对欧洲的改造，使其走向"现代化"和"美国化"。[1]

按照马克思的观点，美国是典型的资本主义国家，一方面金钱至上，另一方面金钱也带来了平等。换言之，资本主义创造了机会平等和消费平等。正如《制造消费者》[2]一书所写的，从可口可乐到福特汽车，从柯尔特手枪到西部片，如果说英国开创了一个工业化的生产社会，那么美国则开创了一个工业化的消费社会。作为美国资本主义的象征，亨利·福特的汽车生产线创造了一个大批量生产的时代，同时也开创了一个消费主义时代。

一个值得玩味的事情是，黑人向来对政治和战争持冷漠态度，他们可以忍受政治上的歧视，但却无法容忍消费上的不平等。南方许多非洲裔美国人之所以反对种族隔离政策，是为了方便他们进入公共场所消费。这场消费面前人人平等的抗争具有强烈的梭罗风格，但对反对消费主义的梭罗来说，他做梦都想不到，人们抗争的目的竟然是为了消费。

1955年12月1日，黑人妇女罗莎·帕克斯拒绝在公交车上给白人让座，被警方逮捕。有人说她当时太累。她说："我并不比平时更累，但我厌倦了逆来顺受。"

---

1 ［美］维多利亚·格拉齐亚：《不可抗拒的帝国：美国在20世纪欧洲的扩展》，何维保译，商务印书馆，2014。
2 ［法］安东尼·加卢佐：《制造消费者：消费主义全球史》，马雅译，广东人民出版社，2022。

罗莎的行为引发了一场大规模反种族隔离运动。

当年，罗斯福"新政"虽然将美国从大萧条的泥潭中拉了出来，但美国国会的政客们仍然怀有深深的种族偏见，白人与黑人的种族界限仍不容挑战，三K党四处横行，私刑被到处滥用，没有公民权利的黑人一直生活在恐惧之中。

历史不仅仅是一种宏大叙事，也是一种细节刻画。《叛逆者》一书试图提醒人们，美国不仅仅是清教徒、知识分子和政治家开创的，也是酒鬼、娼妓、奴隶、同性恋、黑手党甚至歹徒——这些"坏人"塑造的。

"妓女是性革命的先遣部队，砸开了美国人的色欲生活之门。"在1866年的一次统计中，仅纽约一地就有8000家酒馆，700家妓院，4000名妓女。无处不在的酒馆和妓院成为民族大融合的理想场所。虽然当时各州的法律禁止黑人进入酒馆，但事实上，黑人是很多酒馆的常客。如果说，酒馆最早拉开了黑人与白人平等的先例，与此同时，娼妓进一步加强了这种平等。对一个妓女来说，不存在白人还是黑人的区别，他只是一个愿意付钱的男人。

在工业革命的经济浪潮中，与大多数家庭妇女不同，妓女成为最早实现经济自由的女性，以至于有人抱怨："今天妇女的穿着，让她们看起来都像是妓女。"确实，"妓女是美国历史上最早一批身着亮丽色彩服装的女性"，"在当时的美国女性中，娼妓的工资最高"。她们中的一些人不仅创业成功，成为有名的老鸨和女富豪，还有一些嫁入上流社会。

人们往往想当然地以为奴隶制度是白人强加于黑人的，但其实反对废奴的黑人并不比白人少。有经济学家研究认为，不仅大部分奴隶享有温饱的生活和稳定的家庭，而且他们能获得他们绝大多数劳动成果。[1]

因为奴隶制度，来自非洲的黑人与来自欧洲的白人在陌生的土地上

---

1 ［美］罗伯特·威廉·福格尔、斯坦利·L.恩格尔曼：《苦难的时代：美国奴隶制经济学》，颜色译，机械工业出版社，2016。

相遇了，这完全是两种不同的文化之间的碰撞。在崇拜金钱和工作的白人精英看来，美国的奴隶制度制造了一群懒虫。因为非洲社会大多没有财产概念，黑人奴隶更重视享乐而非工作，喜欢自由而非顺从。而且讽刺的是，这些"好吃懒做"的黑人奴隶常常可以免于刑罚，因为他们本身就是昂贵的财产。奴隶制度废除之后，获得解放的奴隶终于自由了，但却必须工作。对这些新自由人来说，让他们接受工作就如同让爱斯基摩人用耳朵走路一样不可思议。

林肯虽然遇刺身亡，但奴隶们获得了解放。自由民局在南部各地建立了近四千所学校，有近二十万名获得自由的奴隶生平第一次接受了正规的教育。很多年后，这些厌恶工作的"懒虫"给美国和世界带来一场惊喜，从爵士乐到踢踏舞，从阿里到乔丹，乃至奥巴马成为美国第一位黑人总统。

发明美国

与《叛逆者》类似，刘宗坤的《追求幸福》一书也是一部为小人物立传的书，不过他着眼于法律，尤其是关键的法院判例。刘宗坤作为法学博士，也是一位美国的执业律师。他通过挖掘美国法院判例中的普通人生活史，书写了卑微的"小人物"是如何通过法律，去逐步争取到追求幸福所不可缺少的基本权利。

在美国最高法院的很多重大判决中，案子的原告都是社会上的小人物，代理律师也往往是小人物，但就是这些无职无权的小人物，却依靠法律改变了自己的命运，也改变了更多美国人的命运。作为民主宣言，从美国的《独立宣言》到法国的《人权宣言》，它们书写了自由、平等和人权，它们阐释了关于生命、财产和追求幸福的权利，它们鼓舞这些小人物去挑战大教条、挑战大人物。

幸福不是毛毛雨，不会从天上掉下来。作者说，政治乌托邦承诺的人人幸福固然是精神鸦片，但法律保障普通人追求幸福必不可少的那些基本权利却是现代文明秩序的基础。从种族平等，到教育平权，到婚恋自由，到女性权利，美国的民权其实是通过一场又一场官司争取来的，这中间经历了漫长的一个半世纪。[1]

美国历史学教授韩德写过一部书，叫《美利坚独步天下》[2]。书中认为，美国在当今世界的霸权并非短时间形成的，而是顺应了全球史的方向和时间，创造和把握了全球化趋势的四条途径：

首先，美国从一开始就是一个北大西洋世界各种力量博弈的产物。在以后的日子里，美国人分享了这些财富和雄心壮志；换句话说，美国从葡萄牙、荷兰、英国、法国等前现代帝国中，继承了帝国的野心。

其次，美国是现代全球化的产物，美国的出现是全球各种力量共同作用的结果，这让美国建立了一个强有力的政府。

第三，美国依靠机器工业大生产，建立了一个平民化的"消费共和国"，从而颠覆了传统的自给自足的农耕社会，彻底改变了全人类的理念和行为，这样就创造了一个现代世界。

此外，技术创新成为美国获得全球权力和财富的重要源泉，美国汇聚了全球最顶尖的各行各业的人才，从汽车、电话、电视、空调到电脑，每一次技术革命，都让美国拥有对全世界的话语权和控制力。

美国人热爱发明新事物，其实美国也是这样发明出来的。发明的初衷是对现状不满，需要逆向思维和批判思维。

美国政治一直想防止的一件事情，就是有权的人太有钱，有钱的人太有权。如果在一个国家里，一个群体既有权又有钱，那么社会就会因为失衡而走向崩溃。

人类社会处处充满不平等，但只有一种不平等可以容忍，那就是智

---

[1] 刘宗坤：《追求幸福："小人物"在美国法律秩序中争取平等权利的历程》，山西人民出版社，2023。
[2] ［美］韩德：《美利坚独步天下：美国是如何获得和动用它的世界优势的》，马荣久、牛悦、孙力舟、杨光译，上海人民出版社，2011。

力的不平等。在美国，真正的英雄并不是什么贵族后代，而是那些富于创造能力的人物，如莱特兄弟、爱迪生、福特、迪士尼、托马斯·沃森（IBM）、比尔·盖茨、雅诗·兰黛、拉里·佩奇、谢尔盖·布林（GOOGLE）、史蒂夫·乔布斯、李维·斯特劳斯（牛仔裤）、伊莱莎·奥的斯（安全电梯）、刘易斯·塔潘（信用评级）、乔治·伊士曼（柯达）、马尔科姆·麦克莱恩（集装箱航运）、埃德温·兰德（宝丽莱）、露丝·汉德勒（芭比娃娃）、泰德·特纳（CNN）、艾达·罗森塔尔（胸罩）、雷蒙德·达马迪安（磁共振）……

群星灿烂的美国创新史也是人类现代史，这些出自民间的平民共同构筑起一个前所未有的现代文明史。他们追求的不是权势，而是成功，他们用自己的智力去帮助别人，造福社会，让更多人能够用上原先只有少数人才能享有的东西。

美国曾经走过的路
——《许倬云说美国》[1]

每个人心中都有一个不同的哈姆雷特，许倬云先生眼中的美国不同于很多人心目中的美国，他对美国更多的是失望和批判。相比这本书，他在前著(《说中国》《台湾四百年》)中，对中国则要温情得多。

许先生一生，生在中国，老于美国。九十多岁的许先生，对中西文化都有深刻的理解，以其阅历，从时间和空间上都有我们所不及的经验与眼界。这本书实际体现的是一个他者眼中的美国。许先生自始至终，对美国都抱着一种欣赏与审视的目光，从经济、历史、政治、社会、族群等各方面一一展开，娓娓道来。我读着书，如同回到故乡，听村里老人讲村里的往事今事，言语间充满怀旧与感伤。

梦断铁锈带

许先生说，历史是万年鉴，时间最长的是自然，最短的是人，比人稍微长一点是政治，比政治稍微长一点的是经济，比经济稍微长一点的是社会，然后是人类文化，再然后是自然。从自然来说，美洲是上天赐予人类的一块沃土，这自不必论。从文化来说，美国如同人类社会的一

---
[1] 可参阅许倬云:《许倬云说美国：一个不断变化的现代西方文明》，上海三联书店，2020。

个乌托邦实验，从清教徒到开国者，从原住民到后来的移民，美国并不像我们想象的那样是一个大熔炉，而更像是一座由无数陌生人共同营建的巴别塔，这座巴别塔似乎永远也无法完工，甚至有倒塌的危险。

许先生对人类满怀悲悯，他关注最多的是普通人如何工作，如何生存，如何抱有自尊。

"如果有任何机会到了新地方，务必张开眼睛，仔细看看周围环境和各种人的行为，你会看见许多书上读不到的事物。这也就是我在离开中国台湾前，一位老朋友吴克先生告诉我的：你要去读美国人和美国社会这本大书。"

无论是作为国家，还是作为一种文化，美国始终是多面的，它既有精英统治的一面，也有底层苟活的一面，既有自由民主的理想，也有不择手段、冷酷无情的黑暗历史。用许先生的话来说，在号称自由的土地上奴役他人；在征服的土地上宣告主权；在奴役他人时宣称自由；永远在战斗，把战斗当作自己的历史使命。

在英国之后，美国扛起工业革命的大旗，在持续一个多世纪中引领世界现代潮流。在整个大湖区，从匹兹堡到芝加哥，形成一个被称为"铁锈带"的工业地带，这里的钢铁工业和汽车工业曾经非常繁荣，造就了作为美国中坚力量的庞大的中产阶级。但如今，随着经济形态的变迁，"创造性破坏"使得传统工业已成明日黄花，铁锈带日益凋敝没落，贫富差异越来越大，各阶层之间彼此异化程度拉大，阶层固化成为残酷的现实。

马克思早就指出资本主义社会血淋淋和赤裸裸的贫富悬殊问题，他将之定义为阶级矛盾。在经济洪流的浅水湾，那些抛落于边际的人口，已经没有任何可以凭借的资源改变自己的命运。将近一半人口，犹如大浪淘沙一般，被遗留于过去，被推挤到社会边缘。《下沉年代》《扫地出门》等近些年引进的社会非虚构作品中所描写的美国底层穷人的生活，让人读罢感到触目惊心，"美国的现状是一种极度的不平等、是不给人机会翻身、是对人类基本需求的否定与罔顾、是看着人无端受苦还去充当帮凶——这种现状对于美国秉持的任何一项价值而言都是莫大的讽刺。任谁都不可能找到一派道德、一条伦理、一部宗教经典或任何一篇圣者的教诲,可以为美国的现状辩护。"[1]

美国是人类史上第一个现代国家,或者说,美国是人类社会所进行的第一个现代化实验。每个人都想过上美国人那样的富裕生活,这便是美国梦。

"今天的美国梦有两个:一个是外国来的新移民,他们的美国梦是在世界最富的国家有立足之地,以美国低收入的工资,换算成他们故乡中等以上的生活标准;另外的美国梦则是城市中的中产阶层。他们的孩子以为可以从新兴的产业中,由于创新或者冒险,靠着一个新的发明或是新的服务项目,忽然变成另外一个盖茨,或是另外一个索罗斯。后者有梦,却难以实现。"

美国中产阶级曾经走过的路,或许也是中国中产阶级将要走的路;美国人所经历的许多坎坷,中国人也将有机会亲身感受。这是许先生作为一个长者在该书中带来的重要提醒。

人类本来是合群的动物,人类的社会本来是以小的自然群体作为单位的结合:家庭、家族、邻里、乡党,都是自然的群体,最后组合为国、族以至全人类的共同意识。现代社会的分工化和功利化,让传统的人情社会走向离散,家庭关系也逐渐瓦解,每个人都变成孤独的个体,整个社会充满"孤独的群众",尤其是智能手机的出现,更加强化了这种状态,这种社会状况不仅出现在美国,实际上已经变成世界景观。

一直居住在匹兹堡的许先生亲眼看见了铁锈带的破败与陨落,他对此唏嘘不已——

"人与人之间的疏离代替了温暖,合作变成一时互相之间的利用——

---

[1] [美]马修·德斯蒙德:《扫地出门:美国城市的贫穷与暴利》,胡䜣谆、郑焕升译,广西师范大学出版社,2018,第1页。

这是美国文化和社会结构最大的隐忧。当人与人之间只能以'利'相处时，人间不会再有人类情感，也不会再有共同信仰。美国社会将会退化：城市之中处处是人，却随处可见低头独行的孤独者，在各处挣一口食、过一天日子。"

"比邻隔山岳，同室如天涯。"在瘟疫肆虐的 2021 年读这本书，更让人感慨万千，岂止人与人之间走向疏离，国家与国家之间的国际合作似乎也正在分崩离析……

美国的忧患意识

美国的现代化经历了一二百年、几代人的时间，中国的现代化从改革开放至今，仅两代人的时间，就从传统乡村农耕社会彻底变成了后工业化城市社会。急剧的社会变革对人的思想观念形成强烈的冲击，也引发了许多社会问题，尤其是未富先老更让人忧虑。

从文化传统来说，美国人崇尚自由和商业成功，中国人追求的则是生存和享乐。对美国人来说，生存并不存在问题，问题是自由和成功；对中国人来说，如何从衣食住行和教育医疗层面解决生存问题，就足以困扰大多数人一辈子。

在家庭中，婚姻意味着分享，生育意味着奉献，在一个独生子女构成的未来中国，年轻一代普遍以自我为中心，缺乏分享精神，更不愿奉献，再加上教育和房产的重压，生存主义和享乐主义正将中国带入一个独身不育时代。传统的以家为中心的文化共同体不免走向瓦解，这对中国的将来意味着什么，现在还很难说得清。

人世间充满不幸和灾难，但人与人之间的感受并不相通。鲁迅先生说过："楼下一个男人病得要死，那间壁的一家唱着留声机；对面是弄孩子。楼上有两人狂笑，还有打牌声；河中的船上有女人哭着她死去的母亲。人类的悲欢并不相通，我只觉得他们吵闹。"

在该书中，许先生对多元文化下美国的族群撕裂忧心忡忡，尤其是

2020年发生的弗洛伊德事件,似乎更加印证了这种担心。但从历史来看,美国制度的纠错能力和弹性还是比较强大的,宽容和多元始终是美国文化的一个重要特征。

20世纪70年代初,美国正处于危机之中:理查德·尼克松不光彩地辞去总统职务,越南战争正走向灾难性的结局,大学正从学问的殿堂堕落成疯人院……在人们对美国的未来感到悲观失望时,保守主义思想家拉塞尔·柯克出版了《美国秩序的根基》。他在书中指出,《旧约》的先知时代,古希腊和古罗马,中世纪和宗教改革,整个西方文明孕育了现代美国:耶路撒冷的信仰和伦理、雅典的理性与荣耀、罗马的美德与力量、伦敦的法律与市场,所有这一切都将融会到由清教徒肇始的美国秩序之中。

在柯克看来,美国的成功之道似乎可以概括如下:宗教信念派生出有秩序的自由观;有秩序的自由观派生出自由市场和有限政府的制度安排;自由市场和有限政府的制度安排则为美国经济、社会和个人活力的发挥提供了尽可能多的保障。[1]

看不见的手

"任何大的人类共同体,其谋生的部分是经济,其组织的部分是社会,其管理的部分是政治,而其理念之所寄、心灵之所依则是文化。以个人生命作为比喻,文化乃是一个共同体的灵魂。"

亚当·斯密生活在美国初创时期,他发表《国富论》时正值美国发表《独立宣言》,斯密通过他的两部著作,即《道德情操论》和《国富论》,对现代社会的文明发展表示了极大的乐观。他首先赞赏人类的美德本能,即道德力量。人类社会能发展到今天,就是因为这种道德力量,富人也有乐善好施的一面,因此才有了福特的五美元制度。即使今天,从福特到洛克菲勒,从盖茨到扎克伯格,都是如此。

---

[1] [美]拉塞尔·柯克:《美国秩序的根基》,张大军译,江苏凤凰文艺出版社,2018。

另外，斯密推崇自由市场的力量，即"看不见的手"，自由市场是法治的产物。在公正的法治下，人性自然会呈现出善的一面，自由的市场也必然会带来经济的繁荣和社会发展。

许倬云一直主张，读书固然重要，更要读"社会"这本大书——制度、规章、书本，往往与当下发生的社会现实存在相当程度的距离。许先生在美国四十多年，亲身见证了美国的辉煌，也目睹了美国的衰落。他在书中特别提到了贪得无厌的孟山都，也提到了慷慨慈善的洛克菲勒：

"美国的生物公司孟山都，几乎已经将世界各处的农家都转变成他的客户。他每年选出的基因改造品种，可以抵御各种疾病，也可以提高产量。其后果则是没有一个农家再有机会能自足地在春季播下自己选择的种子。全世界大部分的农田，相当于都受孟山都的控制。而且任何品种如果中途发生问题造成灾害，其规模之庞大、波及范围之广也是前所未有的。在农业科技方面的趋向也一样造成财富的迅速集中：垄断利益者，乃是大的科技公司和他们的代理商。农家已经无法脱离这些掌握品种上游的公司——无形之中，全世界的农户都已经变成这些大公司的佃农。"

"洛克菲勒留在人间最大的贡献，是设立美国第一流的大学芝加哥大学，并资助兴建了无数教会学校和教会医院。中国第一家现代医学院协和医学院及其附属医院，就是他捐助的。洛克菲勒基金会持有的总财富，大概比整个台湾地区的财富总量还要巨大。这个基金会支持和补助的各种公益工作遍及全世界，尤其在落后地区如非洲、南美洲等处。与卡耐基、洛克菲勒同时代的巨富，例如福特、贝尔、梅隆等人，均捐出大笔财富推动公益事业。"

大多数美国人认为，言论自由即良心自由，言论一旦自由，社会就必然呈现出正义和理性；市场自由即劳动自由，一个人天然地拥有自己的劳动，市场一旦自由，经济自然会充满活力。言论自由体现的是人性对智慧与善意的追求，市场自由体现的是人性对财富和平等的追求。没有言论自由，邪恶和愚昧必然统领一切；没有市场自由，贫穷和掠夺就大行其道。

归根到底，国家和社会体现的是人性，而人性是复杂的，人性既有善的一面，也有恶的一面。

美国的发展历程基本验证了斯密的观点，即人性中的善是可以信赖和利用的，权力常常是对人性最大的威胁，因为权力常常体现了人性中恶的一面。人性如同植物的生长，不需要刻意的灌溉和施肥，它也会自然而然生长得很好，而对人性、对社会最大的威胁来自权力。如果说美国正日益没落的话，那只能说权力正试图逃出法律的笼子，即许先生所说的"僭主政治"。

需要说明的是，许先生写这本书时，正值特朗普担任美国总统。

黑暗中的舞者
——雅各布斯《集体失忆的黑暗年代》[1]

城市设计师王琰说："人是最具交互感应的群体，主动积极的感应推动了社会进步和发展。现代城市把尊重个体视为己任，个体之间的差异不仅仅是多样性的基础，也促成了相互影响和感染的社会环境。"[2]"二战"结束之后，美国拉开一场天翻地覆的城市化运动。在政府的规划中，那些位于中心城区的所谓的"贫民窟"，将变成设计蓝图上美丽的现代化大城市。为了汽车交通，一条高速公路即将横穿人口密集的曼哈顿下城。政府的规划遭到前所未有的抵制，最著名的反对者就是雅各布斯。

简·雅各布斯，这位连大学也没有上过的业余写作者，面对这场城市化运动，如同堂吉诃德一般，挺身而出。她不仅写请愿书，还四处征集签名，直到作为游行示威组织者而被警察逮捕。数年后，《美国大城市的死与生》的出版给她带来令人瞩目的荣耀，但她并没有忘记曼哈顿。作为"阻止修建曼哈顿下城高速公路联合委员会"主席，雅各布斯奔走游说，甚至被以"暴乱"罪逮捕，但她最后成功了。直到今天，整个曼哈顿城区没有一条高速公路横贯，从而保持了城市的宁静与繁荣。

毫无疑问，雅各布斯是一位真正做到知行合一的知识分子。如果说

---

[1] 可参阅［美］简·雅各布斯:《集体失忆的黑暗年代》，姚大钧译，中信出版社，2014。
[2] 王琰:《城市·生命力：七股力量推动现代城市发展》，中国城市出版社，2022，第50页。

她十二年不屈不挠的努力影响了曼哈顿，那么她的《美国大城市的死与生》则影响了世界。

土耳其诗人希格梅说："人生有两张面孔不会忘记。一张是母亲的面孔，一张是城市的面孔。"当三百年前佩恩规划费城时，美国还没有诞生，全世界97%的人口还生活在乡村。现代城市将人们从农耕的中世纪带入工业化、信息化的现代社会，现代的栖息方式重新塑造了人们，从根本上改变了普通人的生活方式。正如王琰所说，当城市成了人类的新家园，驱动现代城市发展的不再是设计师的蓝图，而是所谓的"七股力量"，即亲和力、凝聚力、约束力、拓展力、感应力、持续力和内生力。

同样，雅各布斯对局限于物质性空间的正统城市规划理论也提出强烈批判。她强调城市首先是一种社会性和政治性空间，城市规划首先应满足市民生活和公共利益，而不是为了设计师迷恋的视觉和政客追求的政绩。雅各布斯从一个生活于城市社区的市民和主妇的角度，将人们的眼光带回现实，提醒城市规划回归常识和人性。

作为"这个时代最伟大的思想家之一"，雅各布斯的作品除过《美国大城市的死与生》，还有《城市经济学》《分离主义的问题》《城市与国家的财富》《生存系统》和《集体失忆的黑暗年代》。《集体失忆的黑暗年代》是雅各布斯最后一部著作，出版于2004年；两年之后，雅各布斯去世。2007年，该书的中文版由中信出版社出版；2014年，该书再版。

《集体失忆的黑暗年代》这本书虽然不如《美国大城市的死与生》那样厚重，但视野更加宽广。年近九旬的雅各布斯基于时光赋予她的历史感和责任感，从社会学、经济学和历史学的角度，对现代文化的种种弊端提出反思。

黑暗年代

历史作为集体记忆，说到底就是文化传承；当集体失去记忆时，文化就必然出现断裂，从而使社会陷入一种类似黑洞的焦虑和迷失，这就是所谓的黑暗年代。

从某种意义上，这与汉娜·阿伦特的观点不谋而合。

阿伦特将"黑暗时代"归因于制度和权力，"历史中有许多黑暗时代，在其中公共领域被遮蔽，而世界变得如此不确定，以至于人们不再过问政治，而只关心对他们的生命利益和私人自由来说必须考虑的问题。"

在《黑暗时代的人们》一书中，阿伦特写了莱辛、罗莎·卢森堡、龙卡利、雅斯贝尔斯、迪内森、布洛赫、本雅明、布莱希特、古里安、贾雷尔等许多知识分子。他们每个人在黑暗时代有不同的反应与作为，但是有一点是共同的，那就是以一种"行动"的力量，努力去改善现状。雅各布斯无疑也是这样的人。

如果失忆导致黑暗，那么人类历史上经历过无数次的黑暗年代。

人们常说"黑暗的中世纪"。对现代人来说，互联网出现之前无疑是个黑暗年代；如果真是这样，那么印刷术出现之前呢？甚至没有文字的史前呢？所以说，所谓的黑暗其实都是相对的。

雅各布斯所忧虑的，是现代性导致的自然失忆性；换句话说，就是慢慢被遗忘。她甚至将遗忘与"饥荒、战争、瘟疫、死亡"所谓的"四骑士"相提并论。

事实上，从作为人类发源地的"新月沃地"到"郑和宝船"，从迈锡尼文明到玛雅文明，人类历史上因为集体失忆而导致的黑暗年代数不胜数。

罗马帝国崩溃之后，欧洲分崩离析，列国为敌，城堡林立；语言文字逐渐分化，拉丁语被英语、法语、西班牙语取代；传统的家庭被领主庄园取代；文字没有了，作家和学校也消失了，文盲和军人成为社会主流；曾经辉煌的希腊-罗马文化，也都被人们慢慢遗忘。

故此有黑暗的欧洲中世纪之说。

再后来，哥伦布发现新大陆，绝大多数原住民在欧洲人的"枪炮、病菌与钢铁"中死亡。虽然还有少数幸存者,但文化已经断裂,对他们来说,子女教育、宗教仪式、家庭结构、社会组织、衣食住行,乃至关于正义、尊严、荣誉和法律的概念,一切都发生了改变;更不用说,许多语言、手艺、技术和传统都完全灭绝了。

随着持续数千年的传统农业时代走向终结,现代新人类正面临着一个文明崩塌的黑暗时代。雅各布斯指出,作为现代社会生存与发展的基石,家庭与社区、大学理念、批判性思考能力、高效政府和职业道德无不陷入衰败堕落的可悲境地。

小心机器

与许多思想家的看法类似,雅各布斯对机器和科技持保留态度。

科学不同于宗教,科学本身是中性的。科学满足了人类更多的需求,也放大了人类的欲望。人们可以更轻易地砍伐森林和捕捞鱼虾,许多危险而残酷的技术被用于战争和统治。

"你每次用信用卡购买的东西、订阅的每种杂志、买的每种药、去过的每个网站、收发过的每封电子邮件、得到的学校成绩、在银行的每笔存款、订过的飞机票、参加过的每个活动——所有这些交易和通信都会进入国防部所称的虚拟集中的海量数据库。"《纽约时报》的这段描述足以令每个人不寒而栗。

雅各布斯着眼于文化的存在与传播形式,认为技术并不能替代人本身。就文化的本质而言,虽然人类因为文化而走向繁荣,但文化本身是极其脆弱的。文字、印刷和互联网给人们带来一种虚幻不实的安全感,以为文化是永恒的。其实,文化是复杂的,它主要靠言传身教,而不是靠文字和图像来流传,特别是大量的细节。

在这本书中,雅各布斯的思考仍然没有离开她所关心的城市与社区,因为这是每个人和家庭的基本生存空间。她对汽车的过度发展表示极大的焦虑——

汽车导致人与人之间的疏离，使社会沦为一片沙漠，"今天我们在美国郊区开车，见不到一个车子外面的活人"；雅各布斯甚至说，美国社区的头号杀手并非电视或毒品，而是汽车。

身在美国的许倬云先生也有类似的担忧："人工智能会对包括历史在内的人文学科造成什么改变？""我不担心AI超越我们，我担心我们忘了别人——人跟人之间不再有面对面的接触，人把自己封锁在小盒子里边，忘了外面有血有肉的别人。"

记忆是人类的本性，或者说，人是一种怀旧的动物。相对于传统农业社会，现代化是外来的、殖民的、侵略性的、机器的、消费主义的。现代化已经席卷全球。在世界范围内，无远弗届的西式建筑让无数城市实行了广泛的"现代化"；承载着历史基因的个性化老城，不是被铲除，就是成为观光客眼中的遗物。

雅各布斯的话语令人感同身受，如果人们成为城市的"他者"，那即使在自己国家，也不免陷入深深的文化挫败感和身份迷失。

雅各布斯将日本视为一个成功的文化保护范例。

从佩里时代到麦克阿瑟时代，日本在走向现代的同时，一直在孜孜以求地保护自己的文化和身份；无论是传统建筑还是古老的和服，甚至如相扑、艺伎这样的非物质文化，在日本都得到很好的保存。她特别提及日本古风犹存，路不拾遗，昼不闭户。

"我于1972年在日本亲眼看见日不闭户的安全感：商店（往往有贵重货品）在店主离开去吃饭或做别的事时，店门依然敞开，让客人任意浏览而不用店员照顾；主人走开，行李没人看管；以及许多贵重物品，如照相机、收音机、装满新买衣物的购物袋，还有鞋子，放在寺庙神社的大门外，没人看管。"

作为文化的主要载体，教育首先承担了保持集体记忆的功能，但现代教育正在背离教育的本质。现实是残酷的，现代分工使大家庭走向解体，劳动被工作取代，人格教育变成职业教育。对一个美国人来说，工作就是他（她）的生活目标；换句话说，生命的目的就是一份有保障的工作，或者一个铁饭碗。在美国政府眼中，就业就是最大的政治。

作为一个没有上过大学的大学教授，雅各布斯对文凭主义提出强烈批判，她担心商业化的文凭正在控制教育的走向。

在传统农业时代，国家依靠战争扩张和资源掠夺来增加财富；在贸易全球化的现代，国家主要依靠和平的文化交流来创造财富，缺乏文化和创造力的国家面临失败的危险。这种巨变在停滞的传统时代是不可思议的。不仅仅是重农轻商的古代中国，也包括中世纪的欧洲，在所有的前现代社会，教育和文化都阻止个人的好奇和创新，因为创新和变化会破坏社会安定。

从工业革命开始，欧洲率先实现了现代化；无论愿意不愿意，亚洲、非洲也只能亦步亦趋地走向现代化，这是一种别无选择的无奈。雅各布斯担心的是，这种"欧洲化"或者"现代化"，将不可避免地导致更广泛的"集体失忆的黑暗年代"。

西班牙的革命往事
——博洛滕《西班牙内战》[1]

著名意大利导演瑟吉欧·莱昂以西部电影而闻名世界，在他的"镖客三部曲"之外，还有"往事三部曲"，相比《西部往事》和《美国往事》，他的《革命往事》算是一个不被人注意的遗珠之作。这部带有乌托邦色彩的史诗电影，以隐喻的手法诠释了十九世纪下半叶到二十世纪上半叶的百年革命史。

在电影《革命往事》的片头，莱昂引用了毛泽东在《湖南农民运动考察报告》(1927) 中写过的一段话："革命不是请客吃饭，不是做文章，不是绘画绣花，不能那样雅致，那样从容不迫，文质彬彬，那样温良恭俭让。革命是暴动，是一个阶级推翻一个阶级的暴烈的行动。"[2]

在很多后来的革命者眼中，毛泽东在二十世纪堪称世界革命的领袖。也因此，大概没有什么比他的这句名言更能准确地概括"革命"二字的现代意义。

《周易》中说："天地革而四时成。汤武革命，顺乎天而应乎人，革之时大矣哉！"在现代语境中，"革命"不是战争，不是暴动，不是造反，甚至不是起义，革命首先是一种话语权。

---

[1] 可参阅［英］伯内特·博洛滕：《西班牙内战：革命与反革命》，戴大洪译，新星出版社，2016。
[2] 《毛泽东选集》第一卷，人民出版社，1966，第 17 页。

在法国大革命中，国王的巴士底狱遭到巴黎民众的围攻。消息传到宫廷，路易十六惊呼："这是造反！"利昂库尔公爵纠正道："不，陛下，这是革命！"[1]

然而讽刺的是，路易十六被推上断头台是革命，罗伯斯庇尔被推上断头台也是革命。阿伦特曾说：革命是以自由对付暴政，革命的目的是缔造自由。"从历史上看，战争是有史以来最古老的现象，而革命，确切说来，在现代以前并不存在，只有在最近的重要政治资料中，方可找到它们。与革命相比，战争的目的只在极少数情况下才与自由有关。"[2]

革命作为现代性的一个重要命题，其意义和内涵远比我们想象的要神秘得多。

在西方话语中，"革命"一词最早源自"法国大革命"，同样，"反革命"一词也是孔多塞在法国大革命中创造的，用革命者的话来说："反革命不是一场颠倒的革命，而是革命的对立面。"[3]

如果说战争有正义与非正义之分，那么革命就是为战争正名，革命让战争和暴力变得"名正言顺"。从历史来说，战争与革命塑造了现代世界，也决定了二十世纪的面貌。

与一般的战争史相比，革命史似乎属于冷话题，而相比"一战""二战"，甚至与法国革命相比，西班牙内战（西班牙革命）也较少受到大多数历史爱好者的关注。但从历史的趣味性而言，西班牙内战或许比两次世界大战更有意思，似乎也比法国大革命更有某种戏剧性和现代性。不夸张地说，当时的西班牙简直像个现代政治（尤其是革命）的大戏台或"实验室"。

虽然关于西班牙史和西班牙内战史的书不少，就西班牙内战这个话题，《西班牙内战：革命与反革命》这本书无论如何都是一部无法绕过的

1　[英]富勒：《战争指导》，李磊、尚玉卿译，广西人民出版社，2008，第11页。
2　[美]汉娜·阿伦特：《论革命》，陈周旺译，译林出版社，2011，导言第2页。
3　同上书，第7页。

经典的集大成之作。

现代转型之痛

从大航海开始，人类世界的现代曙光最早出现在西班牙，但现代文明的火炬最终却由英国和美国点燃。西班牙经历了两场战争，先是输给了英国（无敌舰队覆灭），后又输给了美国（失去了菲律宾）。在英美之后，老旧的西班牙如年老的堂吉诃德，步履蹒跚，开始了艰难的现代转型，而内战就是这次转型的阵痛。

自从拿破仑战争以来，西班牙在十九世纪连续发生了五次内战，成为西欧最为动荡的国家。发生在二十世纪三十年代的西班牙内战是当时欧洲最重要的政治和军事斗争，它不仅分化了西班牙，也在全欧洲和美国引起了强烈反响。

这场狂热的战争被当时的人们赋予各种定义：左翼人士和许多自由主义者将它描述成"法西斯主义对抗民主主义""人民对抗寡头"（或者"人民对抗军队"）"革命对抗反革命"，甚至是"未来对抗过去"。不同时期的右翼人士和保守派则称其为"基督徒对抗无神论者""西方文明对抗共产主义""西班牙对抗反西班牙""律法与秩序对抗颠覆破坏"的斗争。虽然这些说法貌似互相矛盾，但也多少反映了西班牙内战的复杂与真相。

实际上，英国的现代化也经历了残酷的内战和动荡，尤其是在十七世纪也同样经历了君主与共和的实验，最后由光荣革命确立了君主立宪的现代政治格局。法国从十八世纪末到二十世纪四十年代，政治体制经历了多次震荡，君主制与共和制多次反复，不仅出现了拿破仑这样的独裁者，甚至还一度沦陷于希特勒的纳粹征服。意大利、德国、俄国的现代之路更不用说。土耳其、中国、日本等传统国家也经历了一连串对内对外战争，由此引发了脱胎换骨的政治变革。

现代文明的特征之一就是全球化。西班牙内战爆发在二十世纪三十年代,在某种程度上完全是世界冲突的一种映射;一般认为它是第二次世界大战的序幕,是全世界进步力量和德、意法西斯之间的首次较量。《西班牙内战》这部书其实并不是写整个内战,而是着眼于内战中共和派阵营内部的权力斗争。以此而言,西班牙内战并不是我们惯常所以为的简单的民主与法西斯的斗争。

在共和派内部,因为意识形态针锋相对,政治派系林立,有无政府主义者,有共产党(共产国际),有社会工人党,有马克思主义统一工人党,有托洛茨基分子,有统一社会主义青年联盟……除过西班牙人,还有来自世界各国的记者、军事顾问、外交官和"国际纵队"。参与其中的,不仅有工人、农民、政客、记者、暴徒和狂热分子,还有诗人、作家、艺术家和知识分子,如奥威尔、海明威、加缪、毕加索等。甚至可以说,没有西班牙的亲身经历,奥威尔就不可能写出《动物农庄》和《一九八四》这样的反乌托邦杰作。

奥威尔在西班牙加入了马克思主义统一工人党(马统工党)的民兵部队"列宁师",主要负责站岗、巡逻和挖战壕;不到两个月,就被狙击手打中脖子,子弹从气管和颈动脉之间穿过,侥幸没死。奥威尔养伤期间,马统工党成员遭到共和党的清洗,奥威尔虽然又一次侥幸逃脱,但这场"内战中的内战"给他留下深刻记忆,也让他的理想主义彻底破灭。离开西班牙后,奥威尔将他的经历写成非虚构的《向加泰罗尼亚致敬》。

精通西班牙语的海明威深深地介入到西班牙内战中,他不仅创作了剧本《第五纵队》,还用长篇小说《丧钟为谁而鸣》为参加西班牙内战的国际志愿者树碑立传。小说题记引用的约翰·堂恩的诗句最为人们熟知:"谁都不是一座岛屿,自成一体;每个人都是欧洲大陆的一个碎片,那广袤大陆的一部分。如果海浪冲掉一块泥巴,欧洲就小了一点;如果一座海岬,如果你朋友或你自己的庄园被冲掉,也是如此。任何人的死亡使我受到损失,因为我包孕在类之中。所以绝对不必去打听丧钟为谁鸣;丧钟为你鸣。"

第三 世界 | 229

在西班牙内战时期，奥尔特加写作了《大众的反叛》，书中写道："和所有的群众运动一样，它们的领导人都是些平庸之辈，他们被推上历史舞台完全出于偶然，因此，他们不但缺乏对历史的记忆，而且缺乏一种'历史的良知'。在这些运动的一开始，它们的领导人就犹如历史的遗孑：尽管他们生活在当代，却全然属于一个过去的时代。""在我们这个时代里，国家已经变成了一台庞大的机器，这台机器以其非凡的方式在运转着，其精确无比且数量惊人的手段所带来的效率之高，令人叹为观止。一旦当国家在社会中拔地而起，只消轻轻一按钮，它就可以启动无数操作杠杆，并以它们势不可挡的力量作用于社会结构中的任何一个部位。"[1]

作为一个欧洲小国，西班牙政局几乎完全被当时的世界政治强国和强人所操纵、影响，所谓内战，处处可见外国势力幕后伸手。西班牙内战表面上是西班牙国内的共产党等左派和法西斯右派之间的战争，但实质上却是苏联与德国、意大利在西班牙的角逐。共和派这场"内战"，最后结果是西班牙共产党的崛起和苏联的胜利，他们高举共和和民主的旗帜，但作者认为，这只不过是一种"精心的伪装"，面对狂热的革命者，向来以革命自居的西班牙共产党其实扮演的是"反革命"的角色，所以该书的副标题就是"革命与反革命"。

该书作者认为，在这场"内战中的内战"中，共和派内部的矛盾甚至都大过了共和派与佛朗哥法西斯之间的矛盾。有个寓言说：狮子、老虎、狼计划去野炊，邀请羚羊一起去。羚羊受宠若惊，问："我需要带点什么？"狮子说："你什么都不要带，自己来就行了。"一场革命运动，汇集了无数革命者，这些革命者中，有的人成了主人，有的人成了客人，还有人成了菜肴。

这是一段错综复杂的历史，远比一般宫廷历史的权斗更加惊心动魄。每个政治派别和派系之间都钩心斗角，每个派系都可以分为左派、右派、

---

[1] ［西班牙］奥尔特加·加塞特：《大众的反叛》，刘训练、佟德志译，吉林人民出版社，2004，第87、第114页。

偏左或偏右。暴力、谎言、欺骗，各种政治手段都无所不用其极，"事实与谎言，真假难辨地交织在一起，骗人者同样受到欺骗"。对于西方历史不熟悉的人，可能会对一个接一个、冗长冷僻的外国人的名字望而生畏。但如果认真读进去，这部书会带来令人惊奇的收获。

作者与译者

历史的有趣之处，就在于相似和对比。作为西方殖民新大陆的两大势力，西班牙与英国用同样的剧本却上演了不同的结局，这种对比非常鲜明——西班牙殖民了中南美洲，英国殖民了北美洲；英国不仅通过工业革命改变了人类生活，而且将民主的火种传播到美国和全世界，而西班牙则和拉丁美洲一样，始终沉迷在暴力和聚敛的传统中，政治极其腐败和黑暗。

在美西战争后长达一百多年的时间里，西班牙历经君主王朝、德·里维拉的独裁统治和短暂的第二共和；在漫长的佛朗哥独裁政权之后，最终迎来君主立宪时代。然而，无论政体如何更替，西班牙始终旧习难改，政治混乱不堪，官僚政客和独裁者们腐败无能、任人唯亲、卖官鬻爵、大肆敛财，为维持统治，暴力和恐怖无处不在，致使国家走向分裂、暴力和贫困。

《百年腐朽：一部西班牙政治史》一书中说："正因为几百年里西班牙一直内乱不断，人们就理所当然地更喜欢通过血腥暴力解决政治和社会问题，而非通过理性辩论。步入现代，腐败和政府无能同样导致了某些形式的社会暴力。由于选举黑暗，民众游离于有组织的政治活动之外，要么冷眼旁观，要么诉诸暴力革命。"[1]

对西班牙来说，三年的血腥内战使这种暴力革命与权力斗争达到某种极致，恐怖和死亡吞没了一切，按照党同伐异的规则，最无耻最狠毒的独裁者获得最终胜利。这是战争中的人们无论如何都没有想到的，这

---

[1]〔英〕保罗·普雷斯顿：《百年腐朽：一部西班牙政治史》，何晓鸿译，广东人民出版社，2023，前言。

或许也是西班牙人无法摆脱的宿命。

厚厚三卷本的《西班牙内战》读起来不易，不仅漫长，而且沉重，可以想象作者在写作过程中的辛苦付出。作者博洛滕虽然不是一个职业历史学家，但他为了写作该书，经过了几乎一生不遗余力的努力。他不仅是历史的亲身经历者，更在后来的大半生中，搜集和穷尽了各种史料，采访了无数当事人，进行了严谨缜密的研究和写作。在前两次书稿的基础上，这是他第三次写作，最后在他去世前，这部传世之作终于得以完成。

与戴大洪翻译的《古拉格：一部历史》一样，很多书中的情节对于中国读者而言，并不那么陌生。在西班牙内战同一时期，中国同样陷于一场内战而不能自拔。

"国际主义战士"白求恩这个名字几乎人人皆知。身为加拿大人，白求恩在来到中国之前，就曾在西班牙，投身于那场战争。

值得一提的是，该书译者是戴大洪先生，他曾因《古拉格：一部历史》而获得 2013 年致敬译者奖。为翻译该书，他潜心两年多时间，而原作者博洛滕写作此书则倾尽一生。从写作到翻译，该书都是一部倾心力作。

在该书出版的同时，中信出版社也推出了同名的《西班牙内战》，该书作者斯坦利·佩恩是一位著名的历史学家，他为该书撰写的序言中，对"业余作者"博洛滕和他的这部作品推崇至极——

"本书不仅是一部更为厚重、更加完整的研究著作，而且在许多方面进行了几乎属于权威性的、颇有新意的描述，第一次从头到尾、细致入微地对西班牙革命和共和派控制区的政治活动进行了全面而准确的考察。它竖起了一座将使未来的研究者永久受益的学术丰碑，同时也为作者的不懈努力竖起了一座纪念碑。几乎没有什么人曾经在如此重要而艰巨的事业上取得如此辉煌的成就。"

平庸之恶与正确之恶

——从《艾希曼在耶路撒冷》到《冒牌上尉》[1]

从一部电影说起

在好莱坞的光环之下,欧洲电影一直不为大众所关注,其实意大利电影曾经独领一时风骚,法国新浪潮电影更是彪炳史册。相对而言,人们对德国电影所知不多,但近年来,一些反思"二战"的德国电影令人刮目相看,比如《冒牌上尉》。

电影《冒牌上尉》很像《窃听风暴》和《帝国的毁灭》,全片采用黑白风格,一下子将人带回到一个古老蛮荒的"史前时代"。

电影有两种,一种是虚构的,一种是非虚构的。这部电影是根据真实历史改编的,连主人公的名字都没有改,故事很简单:一名年仅19岁的德国士兵威利·赫罗德,在第二次世界大战结束前的乱局中,冒充上尉,并自称是希特勒的特派员。他进入德国埃姆斯兰县的监狱后,越过一切规章制度,将全部在押的囚犯屠杀一光。他因此被后人称为"埃姆斯兰刽子手"。

---

[1] 可参阅[美]菲利普·津巴多:《路西法效应:好人是如何变成恶魔的》,孙佩妏、陈雅馨译,生活·读书·新知三联书店,2015;[美]汉娜·阿伦特:《艾希曼在耶路撒冷:一份关于平庸的恶的报告》,安尼译,译林出版社,2016。

电影一开始，这个赫罗德只是一名贪生怕死的逃兵，像一只穷途末路的兔子一般，被一群德国宪兵追杀。但他幸运地逃脱了，并且捡到了——或者说是偷到了一套全新的上尉军服。

当时纳粹德国已经日薄西山，兵败如山倒。在遍地都是逃兵，兵荒马乱的帝国末日下，这套并不合身的军服不仅给卑微的赫罗德带来一种从未有过的荣誉感，更赋予他一种神秘的权力。

在西方军队中，上尉并不是什么高官，大概相当于中层的连级或副营级。当时的战场形势是大厦将倾，高官们都手眼通天，逃之夭夭。在许多普通士兵和基层军官看来，上尉就已经是不得了的大官了，更何况他言必称元首，自称是元首亲自派来的，所以连对其身份轻微的质疑都几乎没有遇到。

赫罗德利用这套官服，假戏真做，狐假虎威，竟然在一群残兵败将之中混得风生水起，如鱼得水，动辄表扬表扬这个，提拔提拔那个，很快就成了一群逃兵的领袖。

就这样一个冒牌上尉，领着一群乌合之众，误打误撞，闯进一所德军看守所，三下五除二，一举手一投足，就把看守所里的主管们给唬住了。一身笔挺的官服，加上冠冕堂皇高大上的官话套话，让一干人等，都对他心服口服，毕恭毕敬，唯他马首是瞻。

当时看守所里关押着128名违反军事法的德国军人。在赫罗德的指挥下，这些可怜的军人不论罪责轻重，未经任何审判就被全部屠杀。在屠杀之前，赫罗德并没有放过对这些囚犯进行抢劫和毒打的机会。

看守所遭到毁灭之后，赫罗德一行人又流窜到一个城市，将当地的长官枪杀之后，他们成为这个城市的统治者，尽情享用着这里的豪宅美酒美女。这神仙般快活的日子很快就告一段落，赫罗德被整肃地方治安的宪兵部队逮捕。等待他的，不仅是被扒去了官服，还有审判。

这部电影最为高潮的部分其实就是这段审判——

在军事法庭上，赫罗德慷慨陈词，对他的所作所为供认不讳，但他毫无悔罪之意，用他的话说，一切都是为了元首和祖国。审判官依据法律判处他死刑，但检察官则表示反对，他说：当下帝国正是危难之际，人心惶惶，人人自危，一将难求，人才难得，虽然赫罗德是个假上尉，但却比很多真上尉更有忠心，更有能力，意志坚决，勇往直前，我们现在最需要的，就是这样忠诚勇敢的优秀战士，将这样的战士处死才是犯罪！

赫罗德就这样逃脱了法律的制裁。

耶路撒冷的艾希曼

这部电影基本忠实于历史真实：赫罗德出生于德国中产阶级家庭，从小受过良好的教育，他本来的愿望是想大学毕业后成为律师，但他看了希特勒的演讲后，一时冲动，弃笔从戎，成为一名普通士兵；到了血淋淋的战场，残酷的现实和炮灰的命运，又让他成为逃兵。

事实上，赫罗德并不是狂热的纳粹党徒，也没有所谓的政治信仰。他所作所为，其实只是一种乱世下出于求生本能的投机心理，他自命不凡，偷军服，吓唬人，甚至无所不用其极地杀人，都是一种自我保护。

在一种弱肉强食的丛林法则下，他利用人们对权力和政治的敬畏和恐惧，装神圣装高大，以一己之力制造了一只不存在的"老虎"，让他这只"小狐狸"获得安全感。也就是说，赫罗德虽然不够勇敢，但却足够残忍，尤其是当他面对弱者时。这种人是一种极端自私的人，为了烤熟自己的红薯，不惜烧掉别人的房子。在他眼里，并没有什么真正神圣的东西，属于"极端的利己主义者"。

在这部电影里，最大的真相，不是赫罗德制造的"皇帝新装"，而是那场来自纳粹检察官的审判。这场审判证明了赫罗德的"政治正确"，在"政治正确"的语境下，从来只问动机而不问行为。就实质来说，这场审判为赫罗德的犯罪进行了一次权力背书，让赫罗德更加恃无恐。

赫罗德并不是什么臭名昭著的党卫军，他的所作所为完全是一种个体行为，但从表面来看，他又与党卫军毫无二致，都是十恶不赦的杀人狂魔。赫罗德并没有科层制下的合法权力，他只有一件偷来的军官制服。但讽刺的是，他未经任何学习和培训，就已经做得比一个真正的盖世太保还要像盖世太保。他其实只懂一件事，那就是领悟了什么才是政治正确，有了政治正确这把尚方宝剑和挡箭牌，他就可以无所不用其极，而且越是极致越是极端，就越是安全。

在纳粹时期，像赫罗德这样的恶人固然不少，但更多的是艾希曼这样的恶人。

阿道夫·艾希曼 1932 年加入纳粹党，成为党卫军成员。从此以后他一直参与希特勒对犹太人迫害的核心工作。1942 年艾希曼被任命去协调和管理将犹太人押往死亡营的后勤工作。1960 年在阿根廷被捕后，艾希曼自称是一个对工作非常负责的人，他只是在认真执行元首的命令，是在做"自己该做的事"。

阿伦特在《耶路撒冷的艾希曼》中，提醒人们警惕"平庸的恶"；平庸的恶，也是恶的平庸，对这种恶，人们甚至难以痛恨。阿伦特指出，像艾希曼这样屠杀犹太人的刽子手只是一些敬职敬业的小公务员，他们并没有对犯罪行为的判断能力，他们只是完成自己的工作，他们不具备对政治、法律、道德、人性等等层面的思考能力，他们是平庸的，他们虽然作恶，但却不知道自己作恶，也不知道自己为什么作恶。

艾希曼跟赫罗德不同的是，他从来没有想过自己所执行的任务是不是正确的，是不是应该而且值得去做的。他之所以没有良心，不是因为本质上的邪恶，而是因为缺乏个人的思考和判断——他是一个从来不问为什么的人。为此，阿伦特提出了"良心"与"思考"之间的关系：在具有批判性思考的习惯的地方，人们的行为更为善良和正直。

然而，趋利避害是人的本性，在法庭审判中，艾希曼推脱罪过实则是一种本能，正如"二战"之后，每个德国人都认为自己是无辜的，一切罪恶都应该由希特勒承担。

在《耶路撒冷之前的艾希曼》[1]中，作者贝蒂娜·施汤内特以翔实的历史资料，包括艾希曼流亡时期的笔记与纳粹沙龙上的录音带，为人们还原了"平庸"面具之下这个刽子手的真实面貌。艾希曼绝非盲从于上级命令的普通公务员，而是一个善于伪装、老练世故的操纵者与谋杀犯，作恶的人清楚地知道自己在作恶。

20世纪的历史证明，权力的可怕在于它首先是诱惑，其次才是压迫。"如果你跟我们走，你可以得到晋升，得到机会，得到物质回报，至少，你可以得到安全。"

《纳粹医生》一书描写了一位普通医生门格勒，他在奥斯威辛专门"以残忍为乐趣"：他会仅仅因为一个人皮肤有疤痕而将其送往毒气室，因为他"痴迷干净与完美"；他会为了证明某个病人"的确得了肺结核"而枪杀他，从而解剖他"看个究竟"；他随意切掉囚犯的睾丸以研究人的生育机制；他甚至"在一个犹太节日中举办了一场音乐会"，然后在音乐会中筛选送往毒气室的人……在奥斯威辛这个小世界中，他成了掌控生死的上帝。人们如此恐惧他，以至于囚犯们都极力"讨好他，几乎就像是一种引诱"。[2]

斯坦福监狱实验

基于对法国大革命的考察，法国社会学家勒庞专门研究了大众心理和集体行为的关系，他在1895年出版的《乌合之众：大众心理研究》一书中写道，无论是谁，也不管生活方式、职业、性格和智力有多么不同，一旦他进入一个有着集体心理的群体中，就容易被集体心理的行为特征所左右，"群体中的个人不再是他自己，他变成了一个不受自己意志支配的玩偶。孤立的他可能是个有教养的个人，但在群体中他却变成了野

---

[1] [德]贝蒂娜·施汤内特：《耶路撒冷之前的艾希曼：平庸面具下的大屠杀刽子手》，周全译，北京日报出版社，2020。

[2] [美]罗伯特·杰伊·利夫顿：《纳粹医生：医学屠杀与种族灭绝心理学》，王毅、刘伟译，江苏凤凰文艺出版社，2016，导言，第9页

蛮人——即一个行为受到本能支配的动物，他表现得身不由己，残暴而狂热"。

20世纪70年代，美国斯坦福大学做过一个非常知名的"监狱实验"。实验者津巴多教授是一位自由主义者，他把心理学系大楼的地下室改装成监狱，花15美元一天请来了一批学生参与实验。这批学生要参加实验必须先通过一次测试，以证明他们是"心理健康、没有疾病的正常人"。

在实验中，实验者分别扮演囚犯和狱警。所有的"囚犯"进到"监狱"后，都要赤身裸体接受检查，然后换上一个囚犯的制服，跟着报数，每人安排一个号码，比如说1609，这个号码表示从现在起就是一个囚犯，被剥夺了原来的背景和人性，进入了这个体制内。

另一方面，"狱警"们也穿上狱警的制服，并戴上深色的墨镜。一切开始发生变化。"狱警"开始镇压"囚犯"的"反叛"。所谓的"反叛"，就是"囚犯"视"狱警"为平等的人。接下来，囚犯继续策划叛乱，然后又被更残酷地镇压和羞辱。这说明，即使一点微小的权力，也会让人马上变得十分凶暴，哪怕他在自己家里是一个好爸爸、好亲戚、好邻居。

狱警指定一些囚犯作为囚犯代表，这些囚犯代表感到非常荣幸。到了探监的日期，囚犯的家人都来了。很多家长都小心地对狱警请求："我可以跟孩子握手吗？"当家长问到监狱生活情况时，狱警一咳嗽，囚犯和家长都马上噤声。5486号"囚犯"始终坚持这是个实验，不是真正的监狱。因此狱警对他进行严厉镇压，他逐渐相信了自己果然是个囚犯。416号囚犯用绝食来抗议对他的虐待，结果招致更为严重的羞辱。

在实验进行到第二天，8612号"囚犯"开始歇斯底里地哭泣咒骂，精神濒临崩溃，只好让他退出了实验。之后出现了一些囚犯效法8612号以试图换取"释放"。

"典狱长"由津巴多教授扮演。随着实验的投入，他竟然也开始恨这些囚犯，觉得他们不合作，而且他赞扬非常凶悍的狱警。无论囚犯还是狱警，随着实验的进行，每个人都越来越投入。一些囚犯向狱警行贿——如果可以得到一丝优待的话，他愿意在实验结束后给"狱警"一笔钱。

当宣布实验结束时，大多数"狱警"都非常失望，只有一个"狱警"感到高兴。可见"狱警"们都极其享受权力快感。而"囚犯"们始终保持着对"狱警"的仇恨，即使实验结束以后。

事实上，无论"囚犯"还是"狱警"，他们都是我们常见的那种"好人"，是学校里非常受欢迎的好学生。而问题是，为什么所有的"好人"在这座监狱中都变成了"恶棍"？

俗话说，木头一旦做成了斧柄，就会砍削它的同类。这个残酷的实验曾三次搬上荧幕，被好莱坞拍成电影。

这场监狱实验揭示了极权统治的一个秘密，它无需把每个人改造成恶魔，而只需要每个人都跨过一个小小的道德门槛，"只要人人都献出一点恶"就足够了。在这里，作恶是一种集体责任，而行善却需要个体的觉醒。

德国思想家雅斯贝斯指出，现代机器塑造了一个群众社会，群众是社会的主人，群众没有生命，没有信仰，但却主宰一切，包括每一个人；当一个人融化在群众之中时，他就不再是他个人，而是成为群众中的一员，他的所作所为代表群众的意志。当群众秩序的巨大机器出现之后，每个人都不得不服从于它，"群众秩序形成了一种普遍的生活机器，这机器对于真正人的生活的世界是一种毁灭性的威胁"[1]。

万湖会议

如果说艾希曼是"平庸的恶"，那么赫罗德则是"正确的恶"。

在政治生活中，如果说低智是一种道德缺陷，那么暴力就是一种智商缺陷。作为一种典型的恶，暴力往往是对智力缺陷的一种补偿；也就是说，暴力与智力成反比。在动物界中，越是智力低下的低等动物，暴力攻击性越强。一个思维健全的动物，往往具有控制暴力冲动的本能。

---

1 ［德］卡尔·雅斯贝斯：《时代的精神状况》，王德峰译，上海译文出版社，2013，第14页。

弗洛姆在《逃避自由》一书中专门有一章"纳粹主义心理学",他认为,纳粹思想和纳粹制度都是"权威主义"性格结构的极端体现方式,希特勒正是以此吸引了无数与他有相同性格结构的人。"权威主义性格的本质就是同时具有施虐和受虐冲动。施虐冲动的目的在于拥有控制另一个人的无限权力,其中多少夹杂着破坏欲;受虐冲动的目的在于把自己完全消解在一个强大权力中,借此分享它的力量与荣耀。施虐和受虐倾向的原因都在于个人无法忍受孤立,需要借共生关系克服这种孤独。"[1]

与平庸的恶不同,正确的恶更加积极主动,更有攻击性和侵犯性,擅长变本加厉,放大人性中的恶,也更容易扩大化和极端化,失去控制,滥杀无辜,殃及池鱼,让一场小灾难变成巨大的人祸。

在法国大革命中,死去的不仅有暴君和贵族,更多的则是普通农民和工人。随着革命一步步深化与扩大,最后被杀的人越来越多,以至于连刽子手都不够用,而很多刽子手也被塞进了断头台。司法部长丹东曾向罗伯斯庇尔哭诉道:"如果你不是暴君,那你为什么用己所不欲的方式对待人民呢?这样疯狂的境况是不会持久的,它与法国人民的良心格格不入。"后来,始作俑者罗伯斯庇尔也未能逃过革命的铡刀。

回顾人类历史上的很多灾难,都是这样风起于秋萍之末,依靠极少数善于投机钻营的"积极分子",在一连串"正确的恶"作用下,推波助澜,形成层层加码的多米诺骨牌效应,最后让社会秩序彻底失去控制。所谓"乱世用重典",酷刑相加,人性沦丧,变成一场旷世浩劫。

在德国达豪集中营入口处,刻着17世纪一位诗人的警世名言:"当一个政权开始烧书的时候,若不加以阻止,它的下一步就要烧人!当一个政权开始禁言的时候,若不加以阻止,它的下一步就要灭口!"

1946年,奥斯威辛集中营的纳粹指挥官霍斯在纽伦堡接受审判,美国心理学家吉尔伯特质问他:"希姆莱向你下达所谓的'最终解决'命令

---

[1] [美]埃里希·弗洛姆:《逃避自由》,刘林海译,国际文化出版公司,2000,第149页。

后，难道你从没想过拒绝吗？""没有。"霍斯答道，"我们所接受的训练让我们不可能产生拒绝命令的念头，不管是什么样的命令……我想你没法理解我们的世界。服从是我们与生俱来的要求。"[1]

所谓"最终解决"就是对犹太人实施种族灭绝的血腥计划，这个计划由一群技术官僚经过反复研究讨论后确定，这就是臭名昭著的"万湖会议"。根据历史拍摄的《万湖会议》被评为没有一个流血镜头的恐怖电影。

霍斯和其他很多德国士兵一样，战败后想让全世界都以为他们是一群机器人，不管自己的真实想法是什么，永远只能机械地服从上面给他们的各种命令。而事实上，霍斯跟机器人有着天壤之别。1941年下半年和1942年上半年，霍斯的创造力得到了最大程度的发挥，他并不是简单地服从命令，而是积极主动地改造奥斯威辛，好消灭更多的囚犯。

在这个关键时期，有类似想法和行动的并不只是霍斯一人，许多纳粹分子都为此尽心尽力。下层的主动性和推波助澜，是种族灭绝朝着越来越激进的方向发展的重要原因。战争结束后，霍斯与数百名纳粹同伙一样，试图让这个世界相信做出决定的只有一个人，那就是阿道夫·希特勒。

进入1945年，纳粹帝国奄奄一息，败局已定，柏林四面楚歌，但在一大批像赫罗德这样的骗子的蛊惑下，纳粹分子仍困兽犹斗，最后玉石俱焚。从4月15日到4月30日，半月时间，柏林城被从地球上抹去，三十万苏军和近百万德军白白沦为希特勒的陪葬品。

孟子的学生告子说："性可以为善，可以为不善；是故文武兴，则民好善；幽厉兴，则民好暴。"意思是说，人性可以为善，也可以为恶，它纯粹取决于环境。周文王、周武王施行仁政，百姓也愿意行善，人性变善了。等到周幽王、周厉王当政，推行暴政，百姓为了自保，也不得不作恶，人性就变恶了。

如果说不诚实的人是骗子，有智商缺陷的人是傻子，那么赫罗德就是骗子，而艾希曼则是傻子。

---

[1] [英]劳伦斯·里斯：《奥斯维辛：一部历史》，刘爽译，广西师范大学出版社，2016，第68页。

从技术上来说，希特勒的大清洗运动只需要极少数像赫罗德这样的"骗子"，就可以顺利地进行下去，但具体而琐碎的"脏活"，却需要大量像艾希曼这样的傻子——群氓化的傻子向来是权力的基石。

子曰：德薄而位尊，知小而谋大，力小而任重，鲜不及矣！历史学家亨利·亚当斯将权力称为"一种以杀死患者的同情心终结的肿瘤"，从这一点来说，权力不仅是反人性的，也具有反人类的危险特性。中国古语云："人虽极善，然一入公门作胥曹，无不改而为恶。"心理测试发现，在权力影响下，被试者的行为仿佛遭受了撞伤性脑损伤，变得更加冲动，风险意识突然降低，更重要的是，变得不善于从别人的观点观察事物。

刘瑜在分析恐惧如何对人性进行摧残时说："保全生命的本能、寻求个人发展的愿望、寻找社会归属的渴望，使绝大多数人不得不选择服从。最好的情况是沉默；最坏的情况，这种服从可以表现为对同类的积极迫害。"

在著名的"斯坦福大学实验"中，原本普普通通的一个"好人"，一旦掌握了对他人生杀予夺的权力，瞬间就变成了无恶不作的恶棍。"路西法效应"提醒人们，权力一旦不受控制，就会迅速堕落成为一种作恶权。

事实上，在政治正确面前，权力确实是不受任何控制的，宁可错杀三千，不能放走一个，无所不用其极，权力不可避免地走向极端，变成一种可怕的极权。正如有人说的，当尖锐的批评不被容许后，赞扬不够卖力也是一种犯罪。

所有的时间都是历史，而历史是公正的。中国人常说，善恶终有报，天道好轮回，不信抬头看，苍天饶过谁！

电影结束了，赫罗德的好运气也很快用完了。随着纳粹帝国灰飞烟灭，战争结束了，一场末日审判即将来临。在英军最后的审判中，赫罗德仍然信誓旦旦，慷慨激昂，自吹自擂，这些官话套话让英国人笑掉大牙，最后像处死一个小丑一般绞死了赫罗德。

值得一提的是，他只活了21岁。

非西方主义的历史困境

——拉索《被抹去的历史》[1]

有句话说，历史是胜利者书写的。现代世界形成之后，西方历史学家一直把持着历史书写的强势地位。随着现代历史学向全世界扩散，非西方历史学家也逐渐成长起来，当然，他们也都是在西方历史学家的哺育下成长起来的。

这些非西方历史学家在传统的问题意识之外，还有一个独特的身份意识，即他们自觉不自觉地总要对西方中心主义进行批判，这方面最著名的或许是萨义德的《东方主义》。讽刺的是，"东方主义"这个反西方主义的名词本身就是西方主义的；或者说，东方主义也只是在西方主义的前提下才成立——没有西方主义，自然也就没有东方主义。

就该书而言，似乎也摆脱不了这种与西方主义相对比的他者眼光。"被抹去的历史"和"无人诉说的故事"都是相对西方主流历史学而言的；也就是说，这本书所说的历史是被西方历史学抹去（篡改）的，以及被西方历史学家拒绝诉说的；如今，终于有一位非西方的历史学家站出来书写和发声。

该书并不是一部技术史的书。准确地说，这是一部社会学和政治学

---

[1] 可参阅［巴拿马］玛丽萨·拉索：《被抹去的历史：巴拿马运河无人诉说的故事》，扈喜林译，广东人民出版社，2021。

的观察报告,叙述了哥伦比亚和巴拿马因为巴拿马运河而被美国肢解、摧残和毁灭的黑暗历史。通过该书,作者试图复原一个美国入侵之前的现代化巴拿马图景。

作者有一个有趣之处,就是以现代化价值观来作为一个社会文明的标杆,因此,该书的历史叙述都是在西方现代思想的语境中展开的。作者对现代文明的理解其实也是一种典型的西方文明,即现代化在政治上表现为公民民主和共和政体,在经济上表现为全球化自由贸易,在技术上表现为城市建设与农业科技。从这三个方面来说,巴拿马在美国入侵之前都已经发展得非常好,甚至比美国更为超前和发达。作者甚至提出,在美墨战争之前,墨西哥也比美国更加民主和现代。

作者也承认,美国在技术创新方面有极大优势,但巴拿马在技术引进和应用方面总是走在世界前列,比如美国人发明的铁丝网很快就在巴拿马中小农场得到普及。巴拿马的黑人共和国发展程度也远远超出美国人所想象。但美国入侵之后,故意伪造了一个原始、落后、野蛮的巴拿马,甚至连热带也变成一种极具侮辱性的地域歧视。为了创建一个美国人心目中的现代巴拿马,大量巴拿马原住民被强行迁出,运河区变成一个人口稀少、没有政治生活和私人房产的地区。

"1912年的人口迁移令从运河区的版图上抹掉了这里丰富的政治和城市历史。巴拿马城镇消失的同时,它们的市政传统、共和制政治选举、参与19世纪全球经济的历史也一并消失了。"

正如美国历史学教授艾恺所言,现代化是一个古典意义的悲剧,它带来的每一个利益都要求人类付出对他们仍有价值的其他东西作为代价。

"现代化一旦在某一国家或地区出现,其他国家或地区为了生存和自保,必然采用现代化之道。现代化乃是一种理智化和效率化的过程,其效果则见于能有效地动员一个国家和地区的人力物力,并且在国家体制的有效管理下和民族国家的理念之催化下,强化这一国家和地区。现代化本身具有一种侵略能力,而针对这一侵略力量能做的最有效的自卫,则是以其矛攻其盾，即尽快地实现现代化。现代化在物质生活中所起的成效显而易见、立竿见影，而对整个社会的冲击所造成的隐患，则难以察觉。现代化真正的影响是深刻而长远的，就拿个人的社会生活方面为例，它造成了社会的群体向个体的转变，功利观念的加强以及个人私利的计算，这一倾向在现代化的社会中有增无减，发展趋势难以预测。"[1]

现代文明最大的问题就是将一切都技术化，人最后也沦为技术下的物品。这种现代化所到之处，人类社会得到技术，却失去了人，而历史只有人才需要，技术本身并不需要历史。

现代技术在本质上是一种权力工具，所有权力都热衷于技术，因为技术是权力的放大器。依靠技术，权力常常无所不能。在古代社会，埃及法老要修建金字塔，秦始皇要修建长城，这些工程就其本质来说都是一种权力技术。金字塔是法老的荣耀，正如长城是秦始皇的荣光。无论金字塔还是长城，都与他们的修建者无关，唯一有关的就是他们必须付出血汗甚至生命。

在现代主流的历史叙述中，哥伦布发现了新大陆，阿姆斯特朗登上月球，但事实上，新大陆并不是月球，新大陆上生活着几千万人，他们建立了阿兹特克和印加等帝国。但在西方殖民者眼中，这是一块从未被开发的处女地。

作为现代文明的领头羊，美国无疑占据文化霸权地位，但另一方面，应该承认美国文化的多元与宽容，可以说，美国有着许多富于思想原创力和批判精神的知识分子。在某种意义上，美国的知识分子向来是与强权对立的，他们具有人类天生的良知与反省精神。

对于巴拿马运河事件，美国电影中有很多涉及，大多是批判和讽刺的。电影作为美国大众文化的风向标，《阿凡达》是有史以来票房最高的，卡梅隆的这部电影或许就是对印第安人和巴拿马人遭遇的一种文化隐喻。

1　[美]艾恺：《持续焦虑：世界范围内的反现代化思潮》，生活·读书·新知三联书店，2022，前言。

我们常常认为现代就是进步的，而传统则是落后的，这种观念最早就源自西方，尤其以美国为甚。对于美国主流的盎格鲁－撒克逊白人精英来说，任何与他们不同的异质文化都是野蛮和愚昧的，亟需他们来拯救和改造，为此"高尚"目的，甚至不介意使用残酷的暴力。这其实是强者面对弱者时最常犯的一种观念错误，由此造成的人类灾难罄竹难书。

回到这本书，作者以温情的笔墨详细描述了巴拿马的形成史。

这座自大航海运动而形成的港口移民城市一直享有着类似中世纪威尼斯城那样的繁荣，并且深受马尼拉文化影响，还有为数不少的中国移民。美国人修建了巴拿马铁路，之后又沿着铁路修通了巴拿马运河。事实上，巴拿马运河的最大受益者是美国而非巴拿马，因为运河沟通了美国的东西两岸，与五大湖运河正好形成互补，这使美国在公路和航空出现之前就实现了国家整合。这与英国当年为了沟通印度而出兵占领苏伊士运河区是一个道理，一切都基于国家安全考虑。

现代文明另一个严重问题就是国家主义，在国家面前，个人乃至人类本身都显得微不足道。巴拿马危机本身就是美国国家主义的灾难，一方面是因为哥伦比亚和巴拿马作为国家比起美国来显得太过弱小；另一方面，在美国这个全球最大的国家机器面前，无论是巴拿马人还是美国人——包括印第安人、黑人乃至白人——都属于无足轻重的牺牲品。

所以对该书来说，作者想要诉说的一件事似乎就是：因为美国，巴拿马只有运河而没有人，世界上只有巴拿马而没有巴拿马人。这是因为对美国来说，他们本来就只想要运河，而不想要巴拿马，更不想要巴拿马人。对美国这个国家来说，最重要的是利益而非人。所以，巴拿马人变成无足轻重，无家可归。这是多么令人愤怒而又无奈的现实。

我们都爱读历史，历史的乐趣或许就在于此。同样一场战争，在宫廷中发动战争的政客与冻死在疆场的士兵，他们的感受绝不相同。问题是，我们读到的历史都是拿破仑的历史，几乎没有士兵的历史。这并不是因为这个士兵已经死去，他即使苟活于世，也很少有人去写他的历史，更残酷的事实是也很少有人去读他的历史，因为他只是个微不足道的士兵。

失败者没有历史，这或许是历史的悲哀之处。这也是该书的独特之处。

该书注定不会成为人人喜欢的畅销书，这让我想起《乌鸦印第安人》。这本人类学名著中有一句话，或许可以作为《被抹去的历史》的另一种解释："简言之，白人的影响不管在其最终结果上具有多大程度的破坏作用，但是白人文化并不是唯一的破坏因素。在数千年的历史中，土著民族之间已经在相互借鉴，试图将一种文化作为完完全全的原生本土文化而隔离出来，这显然是过于简单化了。"

后现代的日本人
——橘玲的《(日本人)》[1]

二十多年前,柏杨先生的《丑陋的中国人》风靡中国,其实它不过是《丑陋的日本人》的翻版。

应当承认,就古代文明而言,中国是日本的老师;但就现代文明而言,美国才是日本的老师。从佩里到麦克阿瑟,日本正是在美国的影响下步入世界主流。如果说與那霸润的《中国化的日本》强调了日本的中国文化色彩的话,那么橘玲的《(日本人)》则强调了日本的美国化趋势。

讽刺的是,当年"黑船来航"的开国历史,日本人不仅没有怨恨佩里将军,还给他塑像纪念。

世界的日本

关于日本国民性的研究和书籍不少见,最为人们熟悉的便是新渡户稻造的《武士道》和本尼迪克特的《菊与刀》。前者将日本的封建制与欧洲的封建制做了类比,后者则从道德体系上将日本与欧洲进行比较。相对而言,作为土生土长的日本人,橘玲的《(日本人):括号里的日本人》则强调了日本的普遍性,他并不认为日本人有多么独特。如果说到独特

---

[1] 可参阅 [日] 橘玲:《(日本人):括号里的日本人》,周以量译,中信出版社,2013。

的话，那么也是一种现代世俗文化的结果。

著名学者金克木先生曾说："文化就是'国情'，就是'国民性'，日本文化就是'日本人'。"橘玲在该书中试图解构所谓国民性，并指出萨义德的"东方主义"本身就是个伪命题，因为人是可以通过自己认识自己。"我们在成为日本人之前，首先是人。不论人种、国籍，人有共通的本性。"

三十多年前，出生在中国、国籍在美国的爱尔兰人安德森在《想象的共同体》一书中，将民族这一现代文化定义为"一种想象的政治共同体"。橘玲在《(日本人)》中完全走出了民族的局限，"西方人与东方人明显不同，但这个不同是由文化决定的"。

如果说到独特，日本人唯一不曾改变的是他们的世俗性价值观，日本佛教也是一种彻底世俗化了的宗教。从万叶时代以来，历经江户时代的封建制、明治时代的天皇制、战后的民主制，日本始终是世俗的，每个人都信奉快乐的当下。

书中特意举例了战后日本的种种社会反应：作为日本的"太上皇"，美军司令麦克阿瑟收到的民众来信超过五十万件，这些信不约而同地称其为"世界的主人""我等伟大的解放者"；有人希望前往美国留学，有人希望加入美国的军队，甚至充当间谍，还有的甚至想与麦克阿瑟生个孩子。

一个女孩写道："为了让日本重新变成和平之国和文化之国，请允许我前往美国留学。"一个日军家属写道："为日本之将来及子孙考虑，祈愿美国将日本纳入其国家领属。"

一个毕业于早稻田大学政治经济学系的知识分子写了一份长信，其中写道："日本国民十分信赖贵国，我们将整个日本都托付给贵国，按照您的指示行事。我们对贵国的信赖程度与日俱增，认为将整个日本都托付给你们，以贵国的慈悲心怀使日本得以复兴，除此之外别无他法。"

在较早之前一份涵盖世界各国的民意调查中，仅有15%的日本人会为了国家积极参战（中国是75.7%）；仅有57%的日本人为自己的祖国而自豪（中国是 78.9%）；仅有 3% 的日本人认为权威应该受到尊重（中国是 43.4%）。从这些对比来说，当代日本是一个自我意识和个体意识极其强烈的国家，甚至说，他们对国家并没有过分的认同。

按照橘玲的说法，这与日本的地理走向有关。根据戴蒙德的纬度理论，人类的文化传播一般沿同一纬度进行，不同纬度的传播要慢得多，因此同一地理纬度更容易产生文化认同。就国家来说，日本与中国和美国恰好处于同一纬度。

从地理上来说，中国离日本很近，美国离日本很远；但从政治、经济和文化等很多方面来说，现代日本距离美国很近，距离中国很远。在近代史上，日本的两次"体制转型"——十九世纪的明治维新和二十世纪的战后改革，都是因为美国。在某种意义上，今天的日本完全是一个美国化的日本；准确地说，是一个全球化和世界化的日本。

日本的现代性

日本人一般结婚都要改姓，或者改为丈夫的，或者改为妻子的，血统文化就这样被人为地模糊了。进入现代社会后，家族和家庭进一步解体，日本人完全成为一个个独立而自由的个体。

高度发达的技术摧毁了传统社会，制造了各种各样的"现代病"。抑郁症的根源之一是孤独，"对一个社会性的物种，最糟糕的惩罚便是被孤立，但现代的组织并不见得好多少。它们多半是由竞争者组成的，几乎没有血缘关系，只有偶尔遇到的一两个志同道合的朋友。随着每个人各奔前程，大的家族结构已经瓦解了。即使是核心家庭，社会中最后一个稳定的组织，似乎也在走向末日。超过半数的家庭因离婚而解体，越来越多的儿童是在单亲家庭里长大成人的"[1]。

按照橘玲的说法，"丈夫是一个家庭，妻子和孩子是一个家庭"；"许

---

[1] ［美］伦道夫·M. 尼斯、乔治·C. 威廉斯：《我们为什么会生病》，易凡等译，湖南科学技术出版社，2018，第 249 页。

多家庭里的人连用餐时间都各不相同,家人之间互不打照面";"人们平常都是一个人生活"。书中说,早在二十世纪七十年代,日本就形成了"一人一个房间"的"超未来社会",人人自由,谁也不想受到来自他人的约束。有人将之称为原子化的"无缘社会"。[1] 许多日本人没有社会交往,"无社缘";家庭关系疏离,无血缘;失去故乡,无地缘。因为与社会失去交集,孤独难免使人产生生命的虚无感,自杀现象有所增加。作者将这种文化归结为"货币空间侵蚀政治空间"的结果。

政治空间即人际关系,货币空间即金钱关系。当一切都可以用金钱来量化和购买时,家庭、学校等政治共同体便走向崩溃,爱情、友情也走向破灭。只要有钱,一个人同样可以生活下去,甚至还不错。

如今的日本以动漫文化、电子产品和机器人闻名于世;对于一些后现代的新人类来说,日本几乎成为他们"心中的圣地"。他们认为,作为"一个世界上数一数二的消费文明社会",日本既民主又多元,日本人享有充分的文化与文明;这里有全世界最开放的信息平台,各种媒体,如书籍、报纸、电影、电视、网络平台都非常丰富。这些人与其说认同日本,不如说认同全球化。

作者在书中写了一些日本老人。一对叫滨田的老年夫妇在他们八十岁的时候,将日本的家产全部变卖,来到菲律宾安度晚年。他们认为"无论哪里都一样"。对菲律宾,滨田认为"在我有生之年要为这个国家做出点儿贡献",而"日本已成为遥远的异国他乡"。

橘玲说,"全球主义其实是一种乌托邦思想"。彻底城市化的当代日本人无疑已经集体失去了故乡和血缘。有些日本人抛家舍业跑到中国荒漠中植树治沙,有些日本人帮助当年的中国劳工和"慰安妇"向法院起诉日本政府,有些日本人著书论证钓鱼岛属于中国,这完全是世界主义精神的典型特征,已经远远超越了民族和国家这种"想象的共同体"的

---

[1] 可参阅日本 NHK 特别节目录制组编著:《无缘社会》,高培明译,上海译文出版社,2014。

局限。

与中国相比,日本的历史要短得多,日本人习惯于面向未来。三十多年前,中国的人均国内生产总值(GDP)只有日本的三十分之一,如今这一差距已经缩小到四分之一。如果说日本早已进入全球化的后现代社会,中国也即将进入这个阶段,从家庭到社会,日本都为我们提供了一个未来的前景参照,比如老龄化问题,人口减少和青年失业问题等等。

不死的波兰

——万昌华《波兰政治体制转轨研究》[1]

万昌华先生是一位执着的历史学者,长期致力于政治体制转轨的研究,特别是对韩国、南非、西班牙等国家转型问题,多有独到洞见和深度考察。早在 2000 年,我就从《读书》杂志上读过他的《韩国政治现代化的历史考察》一文,印象极其深刻。万昌华先生十年磨一剑,对波兰的政治转轨付出的心血最多,2012 年出版了《波兰政治体制转轨研究》。如今斯人已逝,但这部书却让人常读常新,算是他留给这个世界最好的礼物。

在苏联和整个东欧剧变中,波兰无疑是最独特最具代表性的一个国家。波兰的转轨不仅发生得早,而且也最为顺利,以和平的方式避免了暴力革命,实现了和平的历史转向。虽然研究苏联和东欧当代史的学者和著作不少,但就波兰转轨这一波澜壮阔的历史进程中的细节研究来说,万昌华先生的专著即使不是唯一的,也是最深刻的。

东方使者卜弥格

波兰有上千年悠久的历史,人民资质聪明、气度恢宏、宗教信仰深

---

[1] 可参阅万昌华:《波兰政治体制转轨研究》,齐鲁书社,2013;[英]哈莉克·科汉斯基:《不折之鹰:二战中的波兰与波兰人》,何娟、陈燕伟译,中国青年出版社,2015。

厚，近代以来却命运多舛。在欧洲民族国家大多作为专制君主国家崛起的15、16世纪，波兰创造性的发展起贵族民主制，国王由全体贵族选举产生，只有议会才能制定法律。这是一个有国王的共和国，与英国政体颇为形似。但它没有英国的富有和四面环海的天然屏障，也没有山脉构成的屏障和确定的边界，而邻国是与它敌对并虎视眈眈觊觎着它领土的俄罗斯、普鲁士、奥地利这三个大君主国。关于波兰的状况和处境，史学家威尔斯是这样说的："一个贫穷的、天主教的、内陆的不列颠，完全被敌人而不是海洋包围着。"

波兰堪称古典欧洲文明和骑士精神最完美的继承者，庄严凝重，威武不屈。在人们印象中，美人鱼都是温顺柔弱的，但在华沙有一个著名的美人鱼雕塑，却一手拿剑，一手拿盾，完全一副战士形象。这或许就是波兰民族气质的最好表达。读完《波兰政治体制转轨研究》之后，我对波兰这个民族国家产生了深深的敬意。特别是对波兰历史有了进一步了解之后，我越发惊叹于这个英雄的民族和伟大的国家。有道是"卢梭文笔波兰血，拼把头颅换凯歌"（秋瑾《吊吴烈士樾》）。

从公元9世纪基督化之后，波兰就是一个根深蒂固的天主教国家。波兰人对宗教非常敬畏和虔诚，波兰人口中有90%以上是天主教徒。波兰人的贵族精神与宗教情结结合在一起，形成一种罕见的信仰的力量，因而也塑造了一种圣徒般高贵的品德和勇敢的牺牲精神。这种民族性格极其鲜明地在哥白尼和卜弥格身上得到印证。

虽然身为虔诚的天主教徒，但哥白尼还是勇敢地提出日心学说。对哥白尼来说，上帝就是真理的化身。从历史的角度来看，《天体运行论》是当代天文学的起点——当然也是现代科学的起点。一直以反基督教著称的思想家罗素在《西方哲学史》中说："哥白尼是一位波兰教士，抱着真纯无瑕的正统信仰……他的正统信仰很真诚，他不认为他的学说与《圣经》相抵触。"

卜弥格生于波兰勒阿波城一个笃信天主教的贵族家庭，1639年加入耶稣会，三年后被派往中国。在中国期间，卜弥格不顾战乱游历了中国各地，绘制了第一份《中国地图册》。

1650年（南明永历四年），卜弥格受流亡的南明朝廷之托，携永历皇太后书信出使欧洲，以寻求罗马教廷和欧洲的军事援助。中国当时的政局变化已经为欧洲所知，卜弥格搭乘葡萄牙商船到达果阿后，遭到亲女真的葡萄牙当局阻拦。卜弥格只好改走陆路，整整两年之后才到达威尼斯。"既然中国皇帝陛下把这个艰难而又光荣的事业托付于我，为了这件大事，我便冒着各种危险，经过澳门、果阿、莫卧儿、波斯、亚美尼亚、拉脱维亚，来到士麦那，又从这里到罗马去。"罗马教廷为这个"中国使臣"的到来召开了三次会议，直到三年后，才由教皇亚历山大七世签发了仅限于礼节性的复书。有了教皇的书信，卜弥格得复书后，顾不得回波兰老家省亲，立即启程返华。卜弥格又从里斯本搭上葡萄牙的商船，沿着当年达·迦马的海上路线赶往东方。

1658年，也就是清顺治十五年，卜弥格抵达暹罗（今泰国）。此时中国已经彻底变成大清。卜弥格徘徊于中国边境，数年奔波，沧海桑田，物是人非，百感交集，不久即溘然而逝。卜弥格在罗马曾经说过："我要回到中国的战场上去，即使付出名誉和健康的代价也在所不惜。"为了中国，这个虔诚、执着、勇敢的基督徒付出了更高的代价——生命。值得一提的是，卜弥格是第一位将中国古代的科学和文化成果介绍给西方的欧洲人。[1]

从卜弥格身上，典型地体现出波兰的世界主义精神。波兰人的世界公民情结是如此强烈，以至于创造出一种新的人类语言——世界语。

贵族与民主

很久以前，斯拉夫人起源于今天波兰东南部的维斯瓦河上游一带，到6世纪前后，逐渐分化为东斯拉夫、西斯拉夫和南斯拉夫，其中西斯

---

[1] ［波兰］爱德华·卡伊丹斯基：《中国的使臣：卜弥格》，张振辉译，大象出版社，2001。

拉夫更接近西欧，文明程度最高。波兰人是最大的西斯拉夫族群，也是最开化的斯拉夫人。从波兰到乌克兰都是适合农业耕作的大平原，气候温暖，因此西斯拉夫被称为"欧洲的粮仓"。波兰一词源于斯拉夫语Polanie，意思是居住在平原上的人。古代波兰只是波兰、维斯瓦、西里西亚、东波美拉尼亚、马佐夫舍等几个西斯拉夫部落组成的联盟，965年，梅什科一世皈依基督教，波兰开始基督教化。借鉴希腊字母，波兰有了自己的文字，波兰的历史由此拉开序幕。9世纪后半期，10世纪时期，勇敢者博莱斯瓦夫一世被罗马教皇加冕为波兰国王，波兰成为一个强大而统一的国家。

12世纪，成吉思汗的蒙古铁骑从东方席卷而来，波兰成为保护欧洲的重要屏障，特别是在东斯拉夫沦为蒙古帝国的金帐汗国之后。此后，从蒙古人到土耳其人，波兰如同欧洲文明的卫士和基督教世界的钢铁长城，以自己的牺牲阻止了来自东方的入侵。很多年后，马克思将波兰称赞为"欧洲不死的勇士"。

对人类文明来说，波兰最伟大的贡献或许当推其独特的"贵族民主制"。在古代文明中，贵族是拥有自由权利的特殊群体，这种自由权利使贵族成为古代社会文明的标志。托克维尔说，一个没有贵族的社会很难避免专制，因为只有贵族可以与专制权力抗衡。贵族并不只是出身和财富，还有一种精神与责任，对真正的贵族来说，荣誉大于一切。

在堪称黄金时代的波兰-立陶宛联邦时期，波兰逐渐发展起这种独一无二的贵族制民主政体。在这个政体中，所有拥有一定财产的贵族都拥有对国家的政治权利，他们通过议会立法和选举君主。贵族强大，君主弱小，这种原始的民主与现代宪政有诸多相似之处。在中世纪时期，欧亚大陆还是一片专制的海洋，到处都是中央集权和宫廷王朝，只有波兰大胆地采用权力分散的联邦制贵族民主制度，甚至做了包括宗教宽容和和平主义的尝试。

从1569年到1795年，这种贵族民主制度持续了长达226年，作为一个多民族的多元文化的国家，波兰－立陶宛联邦成为欧洲移民的天堂，不同信仰的几十个民族生活在这里，这在欧洲乃至当时世界也是绝无仅有的。波兰也一度成为欧洲最为强盛、面积最大的国家之一，17世纪的波兰，其疆域是现在的六倍。波兰－立陶宛联邦作为一个贵族共和国，包括现在的捷克、斯洛伐克、匈牙利、白俄罗斯、乌克兰、波罗的海三国等。

贵族政治的长期浸染，使波兰成为世界丛林中最为卓尔不群的一个国家。奥尔特加·加塞特在《大众的反叛》中说："不管人们愿意与否，人类社会按其本质来说，就是贵族制的；甚至可以这样说，只有当它是贵族制的时候，它才真正成其为一个社会；当它不是贵族制的时候，它根本就算不上一个社会。当然，我这里说的是社会，而不是国家。"[1] 在奥尔特加看来，贵族不仅是出身高贵，更重要的是，"贵族"代表一种不懈努力的生活，这种生活的目标就是不断地超越自我，并把它视为一种责任和义务。

从本质上来说，在封建制度下，贵族与专制是对立的，因此真正的封建社会并不是专制的，反而是自由的，只有君主集权体制才是真正的专制社会。英国思想家培根在《论贵族》中写道："在君主制度下，如果没有贵族阶级的存在，那么这个国家就只能成为独裁专制的帝国——像东方的土耳其那样。因为贵族的存在可以牵制帝王的权力。"[2]

1773年，卢梭应波兰贵族威尔豪斯基伯爵的请求，写了《波兰政府论》。这就是马克思所说的"卢梭曾为波兰人草拟过最好的政治制度"。卢梭在书中写道："民族庞大、国土辽阔，这是人类不幸的主要根源"，"王位世袭制防止了纠纷，但却导致奴役；选举维护了自由，但每一度的登基都要动摇国本"。自称"世界公民"的卢梭强调，按照共和国宪法，公民不论贫富，都是平等的，所以应该享有平等的教育权利。[3]

---

1 [西班牙] 奥尔特加·加塞特：《大众的反叛》，刘训练、佟德志译，吉林人民出版社，2004，第14页。
2 《培根人生随笔》，何新译，人民日报出版社，1998，第51页。
3 [法] 卢梭：《论波兰的治国之道及波兰政府的改革方略》，李平沤译，商务印书馆，2014。

不死的勇士

17、18世纪是帝国崛起的时代，沙皇俄国不断扩张，成为欧亚大陆的巨兽。在17世纪时期，波兰军队多次攻入俄国和莫斯科，逼迫俄国举行贵族大会选举沙皇；进入18世纪，俄国军队反倒多次攻入波兰和华沙，强迫波兰议会任命他们中意的人为波兰国王。

虽然都属于斯拉夫民族，但与波兰的文明不同，暴力集权已经渗透进俄国人的精神深处。彼得一世时期，俄国处死的高级贵族就有一千人之多，杜马和主教都被废除，所有权力都集于沙皇一身。18世纪晚期，野心勃勃的叶卡捷琳娜二世将俄国送上一个前所未有的巅峰，俄帝国成为横跨欧亚大陆的军事强国。同一时期的腓特烈二世也带领普鲁士走上军事扩张的道路。1772年，俄国、普鲁士和奥地利三个君主集权国家在彼得堡签订了瓜分波兰的条约。

受法国大革命的影响，1791年5月3日，波兰议会通过了《五三宪法》，但《五三宪法》很快就在俄军的刺刀下作废，女沙皇叶卡捷琳娜二世让她的情夫波尼亚托夫斯基做了波兰国王。1793年，俄普两国对波兰再次进行了瓜分。在镇压了波兰民众的反抗后，1795年，俄普奥三国又一次"聚餐"，彻底瓜分完了最后的波兰。

波兰作为一个独立国家灭亡了，成为欧洲的一个牺牲品。但就在波兰不再是一个国家时，波兰人的民族意识却被激活了。

亡国之后的波兰曾一度将拿破仑视为救星，因为俄普奥也是拿破仑统一欧洲的敌人，无数波兰人参加了拿破仑的战争。可惜拿破仑很快就失败了，波兰作为俄国的殖民地，沙皇就是波兰国王。沙皇的暴政使大批波兰社会精英流亡国外。这场大移民使波兰人遍布欧美各国，其中不乏一些著名人物。虽然流亡他国，但这些波兰人仍然心系祖国，如音乐家肖邦死后葬于巴黎，心脏归葬华沙；居里夫人两次获得诺贝尔奖，她将发现的新元素命名为波兰的字首Po。

第一次世界大战改变了欧洲的政治格局，波兰的三个宗主国——德意志帝国、奥匈帝国和沙皇俄国——在这场旷日持久的战争中先后崩溃。根据《凡尔赛条约》，东欧一些民族国家纷纷独立，被瓜分长达123年的波兰终于光复。被称为"波兰拿破仑"的毕苏斯基走出德国监狱，成为波兰共和国的元首。

俄国没有了，刚刚诞生的苏联继承了沙皇的所有遗产。1920年，八十万苏联红军兵临华沙城下。在法国的帮助下，波兰不仅免于亡国，还逼和苏联，签订《里加和约》。苏军铩羽而归。西方不亮东方亮，苏维埃红色革命浪潮转向遥远的东方。

波兰作家卡普钦斯基将苏联称为"帝国"。他"跟帝国的初次相遇"就是在苏德瓜分波兰的1939年，不久之后波兰就沦为"帝国"的一部分。[1]

复国与转轨

1939年8月23日，斯大林和希特勒签订了《苏德互不侵犯条约》，同时还背着波兰，秘密签订了一份瓜分波兰的《附加秘密协议书》。

一周后，即9月1日，德国从西面攻入波兰。9月17日，苏联从东面攻入波兰。第二次世界大战全面爆发。9月18日，苏军与德军在布列斯特—利托夫斯克会师，两军举行联合阅兵式。

波兰诗人米沃什将苏德夹缝中的波兰形容为"一只苍蝇反抗两个巨人"。华沙的最后抵抗伟大而悲壮，血战到9月28日，波兰沦陷。幸存的波兰军人不是成为德军的俘虏，就是被苏联红军俘获。9月29日，苏德瓜分波兰的《德苏边界友好条约》正式签字，波兰作为一个国家再次被消灭。东线的30万波军放弃抵抗，向苏军投降。随后发生卡廷森林惨案，两万多波兰军官遭到秘密屠杀。

苏德联盟破裂之后，波兰被德国全部占领。1944年，苏联红军直逼德军驻守的华沙，华沙民众举行武装起义，苏军作壁上观，直至起义者被德军全部消灭，华沙成为一片废墟。

---

[1] ［波兰］雷沙德·卡普钦斯基：《帝国：俄罗斯五十年》，乌兰译，生活·读书·新知三联书店，2018。

"二战"以反法西斯联盟的胜利结束。作为波兰的解放者，苏联从波兰这块蛋糕上割走约18万平方公里，再将波兰边境向失败者德国推移了14万平方公里，对波兰来说也算"失之东隅，收之桑榆"。

波兰虽然名义上获得独立，但在政治上仍接受苏联的领导。在美、英、法等西方国家共同签署《北大西洋公约》后，以苏联为首的欧洲社会主义阵营国家——包括波兰和德意志民主共和国（东德）——也在波兰首都华沙签署了《华沙公约》。北约和华约的成立，标志着冷战正式开始。

此时的波兰基本与苏联捆绑在一起，从经济到政治，一切都唯苏联马首是瞻。随着赫鲁晓夫在苏联推动"非斯大林化"，曾被斯大林投入监狱的哥穆尔卡重新复出；即使赫鲁晓夫亲临华沙，也未能阻止哥穆尔卡当选为党中央第一书记。

当波兰从国家层面逐步走向独立自主之后，国家内部矛盾便慢慢浮出水面。

从哥穆尔卡到盖莱克，再到雅鲁泽尔斯基和瓦文萨，波兰政府、教会与民间反复博弈，一次又一次地罢工与镇压。最后，在革命还是镇压之间，波兰的精英们选择了谈判，一场圆桌会议拯救了波兰。执政的波兰统一工人党和团结工会坐在一起，讨论政治改革问题。作为圆桌会议的成果，波兰从集体领导制转向议会民主制，胜利完成了体制转轨。

回首往事，连瓦文萨、米奇尼克和雅鲁泽尔斯基他们自己都没有想到，历史就在他们手里诞生。波兰的转轨引发了多米诺骨牌式的东欧剧变。经过长达四十年的分裂与对抗之后，柏林墙倒塌，欧洲重新走向一体化。

描写波兰"二战"史诗的《不折之鹰》一书这样结束："波兰一直自认为处于欧洲的心脏，是分隔西方文明和异质的东方文明之间的最后一道屏障。共产主义时期是波兰经历的唯一一段与其历史传承不符的时期，她被迫成为苏联，这个波兰东边强大邻国的卫星国。共产主义在波兰的终结意味着波兰人现在又可以朝西看了：波兰人民也因此为波兰于1999

年加入北约、2004年加入欧盟而感到骄傲。波兰的返乡之路历经了漫长的岁月,如今波兰又一次获得了自由,第二次世界大战的最终章也终于因此而完成。"[1]

文化

旧学商量加邃密,新知培养转深沉

——朱熹

华夏文明之千古大问

——许倬云的中国文化史[1]

作为著名历史学家钱穆先生的弟子，严耕望出身农家，名为耕望，字为归田，他一生不仅学术成就非凡，还将自己的治史经验写下给后辈，这便是金针度人的《治史三书》。

严耕望先生认为，相对于年轻人，老年人更适合研究历史；一个人要在历史学上有成就，必须有相当积累，一般都要在五十岁以后。对于历史研究，青年时代，应做小问题，但要小题大做；中年时代，要做大问题，并且要大题大做；老年时代，应该做大问题，但不得已可大题小做。"人到老年，学力深厚，就他本人言，可谓学识已达最高阶段，但体力精神却渐衰退，很难支持大规模而且精密的繁重工作，所以只能小规模地做工作，写札记式的论文，最为切当。因为他学力深厚，不妨就各种大小问题提出他个人的看法，是否有当也不必认真提出实证。"[2]

许倬云先生已是耄耋之年，仍然不断推出新的史学作品，这些作品关注的基本都是"大问题"，也确实都是大题小做，举重若轻。很多人

---

1 可参阅许倬云：《说中国：一个不断变化的复杂共同体》，广西师范大学出版社，2015；许倬云：《中国文化的精神》，九州出版社，2018；许倬云：《经纬华夏》，南海出版公司，2023。
2 严耕望：《治史三书》，上海人民出版社，2016，第56页。

惊奇，许先生做了一辈子学术研究，没想到老而弥坚，离开学术之后，反倒迎来了一个著作喷发高潮期，最近十几年，几乎每年都有新作问世，每次出版都成为读者热点。仅从这一点来说，许先生本人便是一部神奇的历史。

与很多后辈学人不同，许先生写书已经到了无欲无求的化境，名利和生死都已看淡，写作于他真的变成了遗言和遗书，这其实也是中国古人著书立说的一个传统美德。许先生的这些书大都是直抒胸臆，哪怕对于复杂的思想阐述，也很少使用学术语言，所以任何人读起来都比较浅显易懂。正如项飙教授所说，学术的东西能用大白话讲出来，才是真正想明白了。

许倬云先生作为一个学贯中西，对中国和世界有很多亲身体验的大家，对现代文明和中国传统文化都有其独特的见解，用许纪霖先生的话说，是大格局、大气象。关于中国历史，许先生的《万古江河》已成经典。如今，他用《经纬华夏》《说中国：一个不断变化的复杂共同体》和《中国文化的精神》分别从地理、历史纵线和文化横线做出了一个粗线条的勾勒，"中国三部曲"堪称对《万古江河》的最新延展，每个中国读者都可以从这"中国三部曲"中理解一个有深度、有广度、有温度的中国，这能让我们面对全球化的现代文明，更容易看清楚前面的道路。

何以中国

许倬云先生的《说中国》，这本书的副标题是"一个不断变化的复杂共同体"，由广西师范大学出版社出版。

在我看来，许倬云先生不仅是一个历史学家，也是一位历史学的思想家。《说中国》一书，是许先生最新以"中国"为话题而撰写的一部简明历史读物。虽然我们每个当代中国人都以"中国人"自诩，并为"中国"而感到自豪和骄傲，但如果真的追问起"中国"到底为何物，想来大多数人都会感到茫然不知。

《说中国》认为，"中国"作为一种群体认同，在历史上是不断变化的，不同的时代有不同的"中国"。

"中国"二字，最早出现在周代青铜器"何尊"（1963年出土于宝鸡）的铭文中。之前，曾有葛兆光先生写作了《宅兹中国：重建有关"中国"的历史论述》，葛先生为该书特意撰写了一篇万字长文。

《经纬华夏》的推荐序出自考古学家许宏之手。该书的谋篇布局非常有趣，很难想象这是一位九十三岁的老人口述写成的。在该书中，许先生将中国历史归纳为时间之序列、空间之扩散，从而理解人类的移动轨迹，以及族群之间、国别之间互动的形态。

所谓"经纬华夏"，"经"指的是历史时间，历数中国几千年文明大变局；"纬"指的是地理空间，探究中华大地各处的考古发现；或者说，是将考古学与中国地理联系在一起。在"中原—南方—沿海"三大核心区的空间框架下，"中国的成长不是依靠帝国的征服，是一波又一波人通过持续的努力而慢慢形成的。所以中国是一个天下国家，是一层层文化的自然发展"。

《经纬华夏》不同于中国本位的内向传统，用大历史重构了华夏内外的历史演变，以及不同人群、族群和文化的互动与融合。正像许先生的其他书一样，《经纬华夏》依然是把中国放置在全世界的宏观视野里去考察。许先生说："中国文化是以大宇宙来定义一个人间，形成一个大的文化圈，是一个大宇宙涵盖其上，一个全世界承载于下，居于二者的我们，究竟该如何找到安身立命之所？这是我写这本书的命意。"

从孔子时代起，中国就是一种文化概念，按照本尼迪克特·安德森的说法，就是"想象的共同体"——"中国者，聪明睿知之所居也，万物财用之所聚也。贤圣之所教也，仁义之所施也，诗书礼乐之所用也，异敏技艺之所试也，远方之所观赴也，蛮夷之所义行也。"（《战国策·赵策》）"孔子之作《春秋》也，诸侯用夷礼，则夷之；进于中国，则中国之。"（韩愈《原道》）所谓"中国有恶则退为夷狄，夷狄有善则进为中国"，这种"有教无类"的优越感，主要是来自文化而不是种族。

如果再进一步,"中国"在文化演变史上,一直存在着(北方)游牧文化与(南方)农耕文化的对抗。"中国"在这种话语权对抗中不断地扩大,最后从一个以农耕文化、汉文化为主体的"中国",变成"农耕+游牧"、汉胡合一的"中国"。在历史变迁中,这种族群文化的"共同体"从"华夏"到"中国",从"天下帝国"到"征服王朝"。

在《经纬华夏》中,许先生特别指出,这种农耕与游牧的文化对抗史不仅塑造了中国,同时也影响了世界。"在世界历史上,游牧民族征服中原政权或者被中原政权往西边推,于是东方的变动形成一股压力往西方传,建构了中东和西欧的历史。"

许先生高屋建瓴的识见,确实令人耳目一新。这在某种程度上也达到了"充实而有光辉"的史学最高境界。孟子曰:"充实而有光辉之谓大。"许宏的序言中写道:"许先生一直是一位前瞻者,他从前现代走来,身处现代文明的漩涡,窥见了许多后现代的问题。这位世纪老人的警世恒言,处处散发着思想的辉光和对人类文明的终极关怀。"

微言大义

《中国文化的精神》不同于以往探讨中国文化的著作,如梁漱溟《中国文化要义》。许先生更注重庶民层面的社会文化,其实这也是许先生一直坚持的历史精神。

"我从普通民众的角度来看这些问题,当然与哲学家、思想家、宗教家们自上而下精微细密的讨论有所不同。庶民所持的精神生活观念笼统地继承了传统,在继承到实践之间,他们会有所拣选,也有所阐释。庶民所持有的观念,与学者高头讲章的精微细密不能同日而语。但这些笼统的原则却结合成了一个整体。"

许先生从中国人的时间观念写起,这种农耕时间与士大夫的田园诗交织在一起,很快就将我们带入一个共话桑麻、耕读传家的久远年代。这让我想起明代诗人毕九歌的《春农绝句》:"芍药花残布谷啼,鸡闲犬卧闭疏篱。老农荷锸归来晚，共说南山雨一犁。"

在中国的古老年代里，天人合一，也就是说，人与时间、空间是三合一的，人、天、地是并列的，而时间是周而复始循环的。从金木水火土五行到阴阳，从祭祀中医到风水堪舆，从差序格局到乡村自治，从城隍到妈祖，从鬼神崇拜、神话传说到佛道儒，从易经卜卦到《水浒》《三国》《西游》《封神》，举凡能想到遇到的神秘困惑，在书里都能听许先生娓娓道来。

耄耋之年的许先生如同古老年代里一位博学多识的长者，把那些我们听说过但没见过、知其然不知其所以然的祖先故事、古老风俗，都讲得头头是道。这里面，也有很多许先生自身的经历。他讲到抗战时期他十一岁，和一群抬滑竿的苦力翻越湖北大巴山时拜山神的经历。

"那时候年纪轻，不懂得宗教，然而在后来，我读社会人类学、民族学和宗教学的课程时，在山神庙前被慑住的那一份经验，总是清清楚楚呈现目前。正是因为在大自然面前显得如此渺小，我们才会设想有一位伟大的力量，我们将他人格化为代表各种自然力的神祇，如天神、地母、山神、水仙等。"

读到这里，感觉就像我和一群后生席地而坐，听许先生在一棵树下讲往事。所谓微言大义，就是这种神奇的意境，而这种神奇与温暖或许是一本好书能给一个读书人带来的最美好的体验。

在《中国文化的精神》结尾，许先生对中国文化给予无限期许——

> 在时间观念方面，西方文明聚焦于当下此时，中国人选择了过去、现在、未来无始无终的延续。中国人的生命观，也并不是将生和死割裂为两截：生和死是连续的，也只有将代代的生命连成一串，才能慎终追远，将个体的生命纳入群体的生命，从而超越个人的生命。
>
> 中国与西方两种文明互相配合，以激励个人自尊自重，使修己

的工作更能以慎重庄严的态度，致力自我提升，最后经过推己及人走向人类的大同——"天人一体"，体现个人与自然之间的一致性。

1930年，陈寅恪在冯友兰《中国哲学史》卷上的审查报告中提出，研究古代思想史应具"了解之同情"——"凡著中国古代哲学史者，其对于古人之学说，应具了解之同情，方可下笔。"这后来成为一种历史共识，比如钱穆先生就曾经说，一个中国人读中国史，要怀有起码的敬意和温情。许先生虽然身在海外，但他对中国、对中国历史都充满这种敬意和温情，尤其是对这些庶民文化。即使对那些饱受现代人士批判的中医和风水等传统文化，许先生仍报之以同情和理解。这种宽容气度和文化精神令人肃然起敬。

中国传统经史专注于士大夫精英文化，许先生为我们讲述了一个庶民中国，这种目光是独特而珍贵的。"一般老百姓，很少会在谈话时引用四书五经、二十四正史，他们的历史观，就是这些故事串联在一起的一套评价体系。他们认可的价值，也就是人与人之间彼此对得起，人间必须有公道，世上必须有正义。"

总体上来说，这是一本写给普通中国人的很好看的小书，写的都是人人皆知又不甚了解的生活常识、社会常识，而这些常识却又是一个人之所以是中国人的基本知识，所以非常值得一读。

千古大问

许先生的历史写作既现代又传统，在全球史的语境下，又始终秉承着传统通史观，究天人之际，通古今之变。

许先生常常自觉不自觉地将中国传统文化中的"天下"与现代文化中的"世界"相提并论。他或许设想，将来可以将"天下"这一个中国化的"世界"推而广之，从而能够实现现代中国与现代世界的完美对接。他希望，到那时，四海之内皆兄弟，自古以来就令人心驰神往的"大同世界"能够变为现实,中国古人理想中的"三代之治"也将成为全人类的共同追求。

应当说,这种思想并非许先生一人所想,面对近代以来的"古今之变",从当年的康有为到孙中山,甚至毛泽东,古老中国在走向现代化之初,几乎每个人都有过这样一个带有乌托邦色彩的"大同梦"。比如1909年出版的科幻小说《电世界》中,"新中国"发明了一种电翅,只需不到三个小时就可以环绕地球一周,中国因此在"黄震球"的领导下统一全球,建立起了一个"大同世界"。

挥手自兹去,萧萧班马鸣。《经纬华夏》作为许先生的"收官之作",书中记录了他一生的思考,同时也袒露了他这些年著书写作的初衷。

> 这些考虑都是为了解答一个千古大问:为何到了近代两百年来,中国无法抗拒那些乘潮而来的欧洲人?在奔入世界大海洋这一关键性的时刻,为何中国文化的反应机制无法适当地感受变化,发展出应有的调节与更新?
>
> 这个大问题,才是我写作本书的主要动机:我要从世界看中国,再从中国看世界。没有这一番内外翻覆的呕心吐血,我们将无法顺利面对欧洲领导的近现代文明。没有这一番自省,我们将无法采人之长,舍人之短,在我们源远流长的基础上,发展一个对于未来全人类有益处的选择。全人类只有在东与西的冲突与疏离之后,熔铸一个未来真正的全球化文化的初阶,才可以在更远的未来继长增高。
>
> 拳拳此心,以告国人。我的岁月有限,就望未来一代又一代,都有人愿意参与这一个缔造世界文化的大业。

礼失求诸野

——狄马《歌声响处是吾乡》[1]

一个人对自己小时候的事情总是记忆最深刻。对狄马来说，他在陕北乡村的成长经历让他一直保持着对乡土的浓厚感情，最后在他天命之年时凝聚成为这本《歌声响处是吾乡》。

我和狄马、袁凌年龄基本相仿，也都经历过差不多的乡土别离，如今在西安的大街上碰了头。袁凌在年初出版了《在别处》，狄马在年末出版了《歌声响处是吾乡》，这一年似乎大家都在怀念乡土中走过。对于我们这一代人来说，乡土与童年、爹娘是不可分割的，而我们只是在成年后背井离乡，被抛入一个完全陌生的城市。

海子在诗中写道："村庄，在五谷丰盛的村庄／我安顿下来／我顺手摸到的东西越少越好／珍惜黄昏的村庄／珍惜雨水的村庄／万里无云如同我永恒的悲伤。"

大约在二十多年前，互联网刚刚兴起，就有一群写作者在网上发起"每个人的故乡都在沦陷"的非虚构写作行动，当时包括熊培云、冉云飞、十年砍柴、韩浩月等一批新生代自由写作者参与其中。与路遥、贾平凹、莫言、陈忠实等老一代为稻粱谋的作家不同，这是一场民间自发的乡土写作运动，因而更加具有草根特色。

---

[1] 可参阅狄马：《歌声响处是吾乡》，天津人民出版社，2021。

其时，狄马也写了一篇怀念故土的文章；遗憾的是，他这篇二十年前的文章似乎并没有编入这本书。

神奇的陕北

幸福都是相似的，而不幸则各有不同。同样，城市都是一样的，而乡土则各有各的乡土。我生在关中，袁凌生在陕南，狄马生在陕北。虽然同属一省，但关中、陕南和陕北是截然相反的三个地理区域。

关中即渭河平原，土地极其肥沃，是中国农耕历史最悠久的富饶之地，也是周秦汉唐等无数代帝王之"天府"。陕南多山，雨水丰沛，清代美洲作物引发大规模森林开垦运动，秦岭南麓大多是湖南、湖北和四川移民。

陕北虽处于黄河以南，却沟壑纵横，地无三尺平，陕北人称为山、沟、峁、梁、崖、畔、砭、塬等。这里干旱少雨，小麦生长困难，只能以耐寒的谷子或美洲作物为主，农牧参半，以黄河和长城为界。

陕北自古都是中原农耕文化与草原游牧文化碰撞之地。从生活习惯与社会文化方面，陕北与甘肃、宁夏、内蒙古、山西等接壤的河套地区构成一个相似的文化单元。陕北文化与陕南文化一样，都与关中文化差异极大，完全是两个不同的世界。

因此，当我读到这本书时，竟然有一种面对异域文化的猎奇感。当然，从乡土中国这个大背景来说，我又能感同身受。

关中是中国传统戏曲的发源地，秦腔是中国最古老的戏曲，我从小耳濡目染都是各种秦腔戏。这些戏不仅有排场的大戏，还有十人八人演的小戏，也就是木偶戏和皮影戏。但关中没有说书，也没有民歌。陕南则主要流行花鼓戏，唱起来很热闹，与秦腔大不一样。关中因为平坦如川，虽然东西长达八百里，但东府（渭南）与西府（宝鸡）在风俗习惯、语言上大致一样，比较同质化。相比来说，陕北沟沟壑壑，加之地缘因素，在文化多样性上远胜关中。

坐火车从关中最西边的宝鸡到关中最东边的渭南，看着渭河缓缓流淌，波澜不惊，一路上几乎没有多少涵洞和桥梁，但从西安去延安（陕北），或者从西安去汉中、安康（陕南），却见火车几乎一直在隧道中穿行。可以想象，这要是在火车出现之前，交通该是多么不易。一直到三四十年前，从陕北或陕南一些地方到西安，有时候仍要绕道山西或河南，从潼关进入关中。当年张维迎（陕北吴堡人）考上西北大学，就是东渡黄河到山西，然后坐火车，经同蒲线转陇海线，最后到达西安。

我在包头上中专时，正流行"西北风"，大家都唱"我家住在黄土高坡"，还有齐秦的"我是一匹来自北方的狼"。每次开学或放假，我都要坐两天两夜的火车，从关中向西绕道宝鸡、兰州、银川、乌海，要不向东绕道西安、太原、大同、呼和浩特，有一次还绕了一个大圈，顺路逛了郑州和北京，从京张线向西回到学校，这一路走了四天四夜。

那时候没有互联网，书籍也少，信息极其短缺，我查地图后发现，包头与关中的直线距离非常近，但没有铁路，而坐火车总要绕几倍的路。有一年暑假，我联系了几个乡党，准备骑自行车走直线回家。我们从包头出发，向南过了黄河，就进入荒漠地带。一路上杳无人烟，柏油公路上仅有一些拉煤的大车，半天才遇见一辆。我们计划第一天骑到东胜（鄂尔多斯），第二天到成陵（成吉思汗陵），然后就进入陕西境内的榆林，从榆林向南是延安，延安向南是铜川，接着就到西安了。

计划得挺好，头一天刚到响沙湾，就遭遇沙尘暴。飞沙走石，天昏地暗，眼睛都睁不开，甚至无法呼吸，我们几个人很快就失散了。勉强辨别方向后，只好往回一步一步地走，人和自行车几乎都要被吹倒，只能艰难步行。等灰头土脸、饥寒交迫地回到包头，已经是深更半夜。几个人互相见面，都庆幸自己捡了一条命。

实际上，我们幸亏没有真的骑行回西安。如果真是骑行，陕北的道路会非常艰难，那是我们从未经历过的。我们总以关中的通衢大道来想象陕北，其实那只是想当然。从地图上来看，延安距离西安近在咫尺，但无论是大宋王朝还是国民政府，却只能据守西安，对延安无可奈何。

逝去的乡土

古代中国基于农耕，安土重迁，让传统文化具有强烈的地方性，但在现代文化冲击下，一切地方藩篱都荡然无存。地域性和地方文化不仅受到主流的压制，甚至遭到本地人的嫌弃，这种文化自卑往往是经济落后的一种投射。

现代文明本质上是一种自我出卖，或者出卖资源，或者出卖人力。为了发展，人们只好邯郸学步，放弃自我，紧追潮流，统一的文化取代地方文化，标准的语言（普通话）取代方言。

这就是当下我们经历和正在经历的历史变迁。

关中因为交通便捷，传统的乡土文化早就荡然无存了。相对而言，陕北因其闭塞，其乡土文化反而保留得很多，消失得慢一些，这让狄马能够打捞出许多让人惊叹的细节。

在该书出版之前，我就已经从狄马的公众号上断断续续看了一些篇章。以前看过他很多杂文，现在看他这些历史文化随笔，别有一番趣味。狄马的这些文章写得极其细腻而充满温情，读着书，常常让我感觉如听老汉讲古，一切都历历在目。

据《柳青年谱》记载，柳青在晚年曾和朋友感叹："我们读的书太少太少！""出了牛棚，我把各朝代的野史读完，把不同人编的中国通史对照分析后，深感知识欠缺。"其实不只是柳青，中国整整一代作家都是如此，缺乏对历史的基本认知。

说到陕北，路遥和柳青一样，都是绕不过去的文学大家。柳青是一个疯狂时代里的好人，而路遥是小说界里的老黄牛。从这一点来说，他们都是值得后人尊敬的。对他们来说，唯一的遗憾或许是时代的局限性，对此我们也应有"同情之理解"。

我曾经将狄马与路遥做过比较，他们虽然都毕业于延安大学中文系，但狄马读书要比路遥多得多，因而在思想文化方面比路遥走得更远，这让他的杂文具有超越时代的影响力。或许是时代原因，总体来说，路遥既不是一个传统乡土的陕北人，也不是一个理性批判的现代人，正如小说《人生》中的高加林一样，内心是撕裂的、痛苦的。相对而言，狄马在思想观念上已完成了现代启蒙，同时又在内心深处始终保留着一个传统陕北人的身份认同。这就像是他在书中写的两个陕北说书家——韩起祥与张俊功一样。

在这本书里，狄马所叙述的内容是乡土的，但他的叙述手法是现代的。

与很多陕北人相比，狄马的普通话讲得一点也不"普通"，但他却能说能唱，深谙人情世故。很多陕北土话从他嘴里说出来让人忍俊不禁，比如"割下驴球敬神——神也得罪了，驴也死球了"。

狄马每每以"老汉"自谦，把自己的太太叫作"婆姨"，这都是一种不自觉的文化坚持。如果让狄马摘下眼镜、戴上白羊肚手帕去陕北的峁梁上放羊，估计不会有太大的违和感；尤其是作为招牌，他的信天游唱得荡气回肠，那种沙哑和沧桑是如今的网红表演者无论如何也学不出来。这让我想起远在深圳的关中作家杨争光，他能唱得一嗓子好秦腔，尤其是《斩李广》的七十二个"再不能"，总让人拍案叫绝。

对今天的人们来说，乡土时代基本已经成为一种过去，与现代人之间产生了隔阂，让人难以理解。或许，也只有像狄马这样的作者，才能够带领我们进入其中，让我们沉浸其中，去感受那些在黄土高原唱歌的人们。正所谓世界匆匆变化，唯有歌者长存。

民歌与戏曲

人为什么要唱歌？这其实跟人为什么要写作一样。大概没有鸟会问鸟为什么要唱歌，但人却常常会问起这个古老的问题。并不是所有人都爱唱歌，其实绝大多数人都不会唱歌。在人类社会中，会唱歌且爱唱歌的人总是极少数，而在陕北这块最贫瘠的土地上，却盛产各种天才歌者，这是多么令人惊异的事情啊。

民歌和戏曲都属于方言文化。陕北民歌包括秧歌、山曲、酒曲、道情等等，一般也叫信天游。其实这些民歌在整个黄土高原都非常流行，名称各异，但形式和内容都大同小异，宁夏、甘肃一带有花儿，内蒙古、山西一带有二人台。在外地人看来，因为这些地区方言相似，他们的歌曲（戏曲）也都很相似。

除过民歌，陕北还有腰鼓和说书。腰鼓作为一种群舞，有传统神巫的特点。其实说书也有这种属性，狄马在书中叫作"哄神神"。

在传统社会中，农民靠天吃饭，人是大自然的一部分，并处于逆来顺受的弱者地位，生存和生活具有极大的不确定性，因此对未知的事物只能求诸神灵，祭祀是一种日常，也是一种必需。也就是说，传统社会中的人并不以求知为荣，科学观念是现代人才有的。

在一个现代人看来，无知者无畏是可笑的，有知识的人才有权利无畏。现代人自认为掌握了知识——知识就是力量，那么就可以天不怕地不怕，现代人上天入地，甚至要改造自然，让山让路，让河断流。

对古人来说，他们不知道科学，也没有多少知识，但他们知道敬畏，所以他们虽无知但有畏，神巫和祭祀就是这种敬畏的体现。这种敬畏文化让他们谨小慎微，得以生存至今。这种敬畏和神巫文化对现代人来说是不可理解的，因为现代人破除了一切迷信，只迷信一样东西，就是科学知识；只敬畏一样东西，那就是权力。

西北有一种民歌流派叫作花儿。对植物来说，开花是一件非常奢侈的事情，不是每一种植物都会开花，而开花的植物又不一定能结果。一朵好看的花对于植物和对于人来说，或许都毫无意义，因为它不能当吃喝。花的处境就像艺术的处境。艺术从来都是奢侈品，因为艺术成本高昂，既不能吃，也不能喝，但讽刺的是，现代社会将许多传统的奢侈品都变成了日用品，唯独艺术依然是奢侈品。

艺术最大的缺陷在于它与商业常常是先天对立的，很多艺术本身就反商业，或者与商业性毫无关系，也就是说，很多艺术赚不到钱。艺术本身常常缺乏实用性，剪纸也是艺术，但它作为窗花多少有了些实用性，

第四 文化 | 275

因而可以得到一些商业利益，但戏曲就相对困难一些。传统戏曲主要还是作为祭祀文化而存在，破除迷信之后，传统戏曲就变成了无根之木。

现代戏曲只是娱乐的一种，但它随着方言文化的式微走向衰落不可避免。娱乐作为大众消费，主要是现代社会才有的事情，以至于如今一切皆娱乐，是所谓"娱乐至死"。

君子与艺人

在传统社会中，戏曲同样属于奢侈品，传统戏曲基本都是由财大气粗的商人资助起来的，秦腔来自关中陕商，晋剧来自晋商，昆曲和京剧来自徽商。传统戏曲也是神巫文化的一种，主要是服务庙会。戏曲班子不仅需要大量的专业脱产演员（他们从小学戏），还需要大量乐师，以及造价昂贵的戏服、化妆、道具和乐器，当然也少不了专门的戏楼。即使皮影和木偶戏，要置办齐全套装备也是花费极大。按照传统规矩，这些行头都归老板（出资人）置办，艺人只负责表演。

传统社会中，男耕女织，人人勉强糊口，生产力落后，农业剩余极其有限，只有这些大商人甚至商人帮会才能养得起戏班，置办得起戏衣，建得起戏楼。郭德纲常说，无君子不养艺人。君子首先得是有钱人。也只有在城市较大、村镇密集和商业繁华的平原地区，成规模的戏曲班子才能维持和生存。一般而言，唱三天戏的费用相当于中等家庭几年的生活费，更别说养一个戏班了。大多数戏班仅仅靠唱戏是无法生存的，必须有"贵人"慷慨资助。

陕北一方面是商人群体较少，资金实力有限，另一方面是乡村极其分散，人口密度极低，所以戏曲因其规模成本难以发展起来，但低成本的说书正好填补了这个文化空白。即使如此，说书人要生存依然非常艰难。大多数说书人都是盲人和残疾人，他们也只是为了糊口。用狄马的话说，陕北说书起源于乞讨；可以想象，他们看起来跟叫花子有几分相似，只是多了一把三弦。

应当说，陕北说书属于中国传统说书的一个地方品种。在说书的形式、配器和内容上，陕北说书与河南坠子、莲花落、山东快板、大鼓书、评弹等都有相似之处。《水浒传》中渭州经略府鲁提辖三拳打死镇关西，起因便是为说书人金翠莲打抱不平，可见陕北说书非常流行。

说书由一两个人表演，且连说带唱，这种简易的曲艺形式其实属于戏曲的一种替代品，同样也是讲古说史，教化人心，以才子佳人、忠臣良将、清官断案为主。这些地方说书跟地方戏曲一样，互相之间进行移植改编，或俗或雅，各有千秋，但作为口语文化，都会保留大量的地域特色。这是书面文化所不具备的。

君自故乡来，应知故乡事。我们和鲁迅一样，小时候都生活在这种乡土口语文化中，鲁迅对他童年最大的记忆便是社戏，对我来说是乱弹（秦腔），对狄马来说就是说书了。他在书中特别写到一个长篇说书《善士亭》，让听书的人泪流满面，甚至我读到这段故事的时候也心头一酸。我想起秦腔里的《窦娥冤》和莎士比亚的《罗密欧与朱丽叶》。这就是悲剧的力量。即使只靠一把三弦和一张嘴，这种力量之感人也丝毫没有损减。

《歌声响处是吾乡》以陕北乡土文化为纲目，收入了狄马写的十几篇文章，这些文章长短不一，时间上也跨越十八年，涉及内容包括陕北的方言、历史、人物、曲艺、艺术、古迹等等。我一边看书，一边打开手机听着书中写到的歌曲和说书，倒也颇有趣味。

我以前只知道民国时期陕西的大书法家于右任，而在书中，我第一次知道王雪樵，一看他的书法作品，果然令人惊叹不已。在我们这片贫瘠的土地上，很多像王雪樵这样的大艺术家都湮没在历史尘埃中。正像狄马在书中所写的，王雪樵的大量书法作品都被农民拿来糊窗户——

> 直到1948年，武绍文回贺家坡省亲，仍能见到该村村民用王雪樵的作品"糊窗户"，只有少量作品被保留了下来，因为武氏要拿它们"替鞋样"。

无人继承的遗产

以前看过郝杰的电影《美姐》，讲的是一个内蒙古二人台艺人的故事，这是一部极受好评的文艺片，里面就有信天游、陕北说书和酒曲等桥段。与《美姐》相比，《百鸟朝凤》就逊色得多，这或许与导演和演员对乡土的陌生程度有关。

最近看了一部乌克兰的"申奥片"《守护》，讲的是斯大林时期，乌克兰的民间说唱艺人被全部装进列车，千里迢迢流放到西伯利亚荒野。可见盲人说唱者是全世界都存在的民俗现象，甚至连古拉格中也少不了这些盲人艺术家。只是，这些盲人说唱者既不被容许给劳改犯说书，也没有能力参加劳动，因此处境更加悲惨。乌克兰说书人的遭遇或许是乌克兰大饥荒中最典型的历史现象。

史铁生在《命若琴弦》中讲了一个故事，一老一少两个瞎子以说唱为生，心中寄望着"弹断一千根琴弦的时候"就能拿到药方并看见光明。当琴弦断了一千根时，老瞎子得到的只是一张白纸，但他告诉小瞎子"要弹断一千二百根琴弦"。

有人说小说是一个民族的秘史，对现代人来说，方言是一个地方人群的秘史。随着乡土时代的逝去，乡土文化也风流云散。农业生产方式没有了，乡村生活方式没有了，方言文化在全球化湍流中也失去了独立地位。跟关中秦腔的困境一样，陕北的民歌、说书、腰鼓等也都变成了"文化遗产"，在一个物质时代，这是一份无人继承的遗产。事实上，这也是一份没有人能继承的遗产。张俊功死了，从此人间再无张俊功。

从明末李自成、张献忠起，陕北就是中国暴力革命的主要发源地之一。中华人民共和国的诞生与陕北关系极其密切，可惜，陕北的传统民间文化并没有因此而得到更多关注。就我所知，关于陕北民歌的节目非常少，尤其是陕北说书，不像苏州评弹或京韵大鼓一样得到广泛传播。我从小就喜欢戏曲和曲艺节目，在收音机上听过各种地方评书和大鼓书，却很少在广播电台或电视台上听到陕北说书。

此外，路遥作为一个土生土长的陕北作家，他一生的足迹也没有超出陕北太多，尤其是他的作品素材几乎全部来自陕北那块土地；然而，在他的作品中，同样很少看到陕北地方性的传统民间文化留存。这无疑是一件很让人遗憾的事情。很多人读路遥的小说，常常会忘记他与陕北之间的关系，他对官场的稔熟远胜于乡村。

从地方文化来说，陕北从来都是一个神奇的存在，然而陕北的民间性常常遭到忽略和遗忘。

人们常说，贫穷限制了人的想象力。其实恰好相反，正是贫穷才激发了人无穷的想象。在这块贫瘠和苦难的黄土地上，曾经诞生过如此丰富多彩而又透着幽默睿智的口语文化，但在如今的暴富年代，这些文化都灰飞烟灭了。富裕让现代人只剩下刷屏和点赞，人的想象力已经萎缩到了极点。

很多年前有一部非常轰动的电视片，用信天游作为片头曲，里面有个片段，一个记者问唱歌的放羊娃：你为啥放羊？放羊娃回答：为了娶媳妇。又问：为啥娶媳妇？答：为了生娃。再问：为啥生娃？回答：为了放羊。这个只会唱歌的放羊娃几乎遭到当时全国人的嘲笑。如今想想，我们忙忙碌碌刷着抖音，既不唱歌也不生娃，难道真的就比那个放羊娃"高级"吗？

在一个传统的中国人看来，天地在则神在；人在做，天在看；天看不到的东西，要把它写下来，给上天看。这或许就是关于四大发明最古老的出处。狄马的书和张俊功的书一样，虽然一个是写的，一个是说的，但他们都是献给祖先和神灵的。从这一点来说，这是一本神圣之书，不是一本赶时髦的娱乐之书。

特别值得一提的是，这本书的装帧设计师张金亮也是拙作《历史的细节》的设计师，但我明显感觉该书的设计要用心得多。为了设计封面，狄马专门从陕北给金亮寄去了十斤黄土，据说邮局对这种粉末状物品疑虑重重，检查了很久才勉强接受。金亮告诉我说，他用黄土洒在纸上，洒在书上，洒在字上，这就是我们现在看到的封面。

中国远古传说女娲创造人类，就是用黄土造的人。土是生命的来源。其实不只是陕北人，几乎所有人类都依赖土地而活，最后死去，重新归于土地。只是对于现代人来说，已经很少再看见土了。对一个深居摩天高楼玻璃窗后面的现代人来说，对泥泞和尘土避之唯恐不及。

对于一代手机新人类来说，传统文化已是远古的传说。赶潮流的人们早已斩断一切根的羁绊，向往着诗和远方，迷恋着星辰大海，最酷的事情莫过于在酒吧和歌房流连，或者在各种好声音选秀中出人头地。在那些把黑头发染黄的年轻人那里，西方乡村音乐、爵士和嘻哈饶舌非常流行，但他们不知道也不关心的是，西方民谣与陕北信天游、爵士嘻哈与陕北说书，其实都是同样出自乡土。

从传统中寻找现代

——吴钩"宋史系列"[1]

世界著名的畅销书作家凯文·凯利在《失控》结尾有一个神奇的断言,他说:历史上每一次进步,都会将从前高深的技术和专家"贬值"为大路货,特别是写作。今天的信息技术发展如此迅速,各种在线博物馆、古今中外的书籍都变得触手可及,这让那些皓首穷经的传统历史学家突然要面对无数业余历史爱好者的"包围","专业"与"业余"之间的界限越来越模糊,甚至有些"业余"丝毫不逊色于所谓的"专业",即使从"学术"角度来审视。

在当下这场业余历史写作浪潮中,吴钩便是其中一个典型案例。

在《重新发现宋朝》走红之后,吴钩更上一层楼,在一年之后推出了大部头的《宋:现代的拂晓时辰》(以下简称《宋》),并由以学术精神著称的广西师范大学出版社出版。无论史料、史识,还是装帧、设计,这本书有很大的超越。翻开这部厚重精美的著作,细细读来,其中不乏可圈可点之处,让人对历史、对中国、对世界,都不由产生许多思索。如果加上后来出版的《风雅宋》和《知宋》,吴钩这三部以宋朝为主题的

---

[1] 可参阅"吴钩宋朝系列",包括吴钩:《宋:现代的拂晓时辰》,广西师范大学出版社,2005;吴钩:《风雅宋:看得见的大宋文明》,广西师范大学出版社,2018;吴钩:《知宋:写给女儿的大宋历史》,广西师范大学出版社,2019。

大部头可称为"宋朝三部曲"了。在几年中连续出版的这三本宋朝系列丛书，其风格和题材基本相同，内容上有互补。

对喜欢历史尤其是宋史的读者而言，通过这套书，基本可以一览宋朝历史全貌，尤其是文化经济史方面，更是浓墨重彩，入木三分。虽然宋史类的图书一直是大热门，但出自业余爱好，由非专业历史研究者写的历史通俗读物中，吴钩的这套书无疑是比较成功的，也非常有代表性。

宋代的奇迹

吴钩的职业是媒体人，随着自媒体兴起，他成为非常活跃的自媒体人，对宋朝极力推崇。

虽然《宋》这本书也属于词条式的写作方式，很适合用来发表在自媒体上，但自媒体毕竟过于碎片化，通过纸本书，人们还是对吴钩的宋朝研究能够了解得更全面一些，作者的思路也显得更加完整和成系统一些。

在《宋》这本书中，吴钩将"现代性"作为全书主题和线索，由宋朝出现的各种现代化（近代化）展开枝节叶脉，分门别类，用点点滴滴的细节，拼凑了生动的历史大局——"瓦舍勾栏"描述宋人过着像宋瓷一样的精致生活；"契约时代"展示宋人从身份社会到契约社会；"全民皆商"细描了中国的重商主义年代；"共治天下"则充分体现了宋朝制度的分权与制衡之美。

全书分为生活、社会、经济、法政四个部分，每个部分都用极其细节的"词条"解释来展开。这种"词条"式的写法，其实是向"百科全书"靠拢，显示了作者意图囊括历史方方面面的野心。

与许多学术性专著不同，该书语言平实，以普通历史读者为阅读对象，为此在书中插入了一百余幅宋代风情画。

中国传统绘画重写意，因此常常很难将绘画作为历史的记录工具，但宋朝绘画却有所不同，出现了大量写实性的美术作品，而且这些代表中国古代艺术巅峰的作品有许多都流传至今。《宋》的封面就是一幅完整的《清明上河图》。有时候，图片的信息量远远超过文字。这些图片与文字相得益彰，使《宋》就如同一幅文字版的《清明上河图》一样，将古老的宋朝在读者面前徐徐展开——宋朝的夜生活、瓦舍勾栏、贵族的娱乐活动、美食、节假日，甚至宋朝人的沐浴、刷牙及天气预报、城市化、福利体系、书院都一一呈现。这个充盈着拂晓之光的古代王朝，显现着不输于当今社会的人性化、法制化、商业化的迷人之处。作者以富于时代感的文字，将宋朝的城市化、福利体系、书院、民风等，描绘成一幅趣味横生的充满生活气息的历史长卷。

按照西方历史学家的说法，一切历史其实都是当代史，只是穿上了炫目的外衣而已。历史书写者所能做到的最好状态，就是把最接近的当下，写成最真实的历史；反过来说，也是把最真实的历史，写成最接近的当下。

可能是为了便于大众读者理解历史，作者在写作中采用了大量现代语词，比如宋代开封的"城市白领"不在家中做饭，而是"叫外卖"；再比如"GDP考核""官二代""猫粮专卖店""证券交易所"和"灯箱广告"等。在《生活在宋朝》一书中，吴钩更是做了大量与当下的类比，几个大标题就是：宋人也有"黄金周"、舌尖上的宋朝、假如一千年前有诺贝尔奖等等。

历史写作离不开各种史料。从《宋》的脚注看，全书所引史料极多，从正史到野史、笔记，以及国外汉学著作，不一而足。作者通过对各类记述宋朝的文献和各种各样的宋画的解析，从生活、社会、经济、法政四个层面，展示了中国古代历史上可能最为文明、现代，且具有划时代意义的时代。

该书在广告中称其"区别于'×朝那些事儿'等文化快餐"，吴钧想还原宋朝文明的本来面目，其实也就是大多数普通民众的生活方式和生活状态。对普罗大众来说，一个朝代或时代的最大"文明成就"，不是疆土多么辽阔，不是宫廷阴谋多么出神入化，杀戮多么酣畅淋漓，也不是某个独夫民贼的威加海内、万邦来朝，而是社会宽松一些，人民富庶一些。这其实也是历史的本来面目。

长期以来，人们的历史观念多少有点扭曲和变形。虽然写宋朝的通俗历史书不少（如金纲《大宋帝国三百年》、王佳《风雅大宋》等），但大多局限于政治斗争和战争故事，着眼于历史全貌乃至社会细节的书屈指可数；其实大众的历史才是真历史，而宋朝确实出现了大众化的市民社会。

与那些高头讲章的所谓"大历史"相比，吴钩的宋朝三部曲，或许只能算是冯友兰所说的"小史"。大历史有大历史的意义，小历史有小历史的价值。

总体而言，这本厚重洗练的历史专著基本概括了有关宋代物质文明与精神文明的各个方面，借助前人所不具备的信息技术，囊括大量一手或二手史料，广征博引，披沙拣金，堪称一本宋代百科全书。

严耕望先生曾建议年轻学者多研究宋史，因为中古史的史料太少，明清史的史料又太多，只有宋史不多不少。"材料愈少的时代，所需要的学力就愈高，上古中古时代材料较少，须有高度的学力才能创出好的成绩；宋代史料多，但又非多到不能控制的地步，能下大功夫固然必能产生大成绩；纵然不能下大功夫，也可获得相当的成绩，不至于找不到材料，写不成论文。"[1]

宋代文化发达，文人和民间写作者甚众，各种野史笔记多不胜数。因为印刷技术的普及，流传下来的宋代史料远远超过以手写为主的汉唐。但相比明清史而言，宋史研究还是要冷清许多。早先曾有历史学家漆侠先生的黄钟大吕之作《宋代经济史》，如今吴钩在《宋》中展现了其对史料的重新解读能力。

---

[1] 严耕望：《治史三书》，上海人民出版社，2016，第140页。

如果说《宋代经济史》仍然属于有些枯燥生硬的学术著作的话，那么《宋》一书，则出自一个业余的历史爱好者之手，在吴钩颇通俗时髦的现代话语叙述之下，那些枯燥的商业信贷、冶金煤矿、制造工业及对外贸易等历史显得极其栩栩如生，让人看到一段有血有肉、似曾相识的中国历史。

早产的文明

虽然有不少人对于吴钩对宋朝的爱不以为然，但就《宋》一书的主要观点而言，其实都不是独创。《宋》这本书的书名就来自法国学者埃狄纳，他称宋朝为"现代的拂晓时辰"。著名历史学家钱穆先生在《中国经济史》中同样说过，"中国在唐代以前可称为古代社会，自宋代起至现在可说是近代社会。宋代经济是划时代的近代经济的开始"。

在世界经济史研究领域，一般也承认宋代中国属于当时全球最为繁荣的地区："公元11世纪后期，中国人是丝绸、茶叶、瓷器、造纸和印刷领域的大师，指南针和火药自不待言。他们使用多轴传动的纺车和水磨，还有雨伞、火柴、牙刷和纸牌。他们用煤制成焦炭，冶炼优质铸铁；他们一年要生产12.5万吨生铁。他们利用水力纺织粗麻线。他们有精致、华丽的水钟。整个长江三角洲，人们都勤勤恳恳地遵循'男耕女织'的儒教教诲，农民劳作谋生，也换取现金，用现金来消费商品。艺术、科学和工程蓬勃发展。桥梁和宝塔处处涌现。雕版印刷满足了群众对文学的迫切渴望。简而言之，宋代出现了极其复杂的劳动分工，很多人都消费着彼此生产的东西。"[1]

关于宋代中国的近代化和现代化特征，很多历史学家和研究者也都有不同程度的认可。

如黄仁宇说，宋代中国"好像进入了现代，一种物质文化由此展开。货币之流通，较前普及。火药之发明，火焰器之使用，航海用之指南针，

---

[1] ［英］马特·里德利：《理性乐观派：一部人类经济进步史》，闫佳译，机械工业出版社，2011。

天文时钟、鼓风炉、水力纺织机、船只使用不漏水舱壁等，都于宋代出现"。

如果将蒸汽机看作一场革命的话，那么火药和火器何尝不是一场革命呢？世界著名的兵器史学家奥康奈尔坦言，"火器在中国的发展，开始于一场以工业革命的萌芽为主要特征的经济腾飞"。

让当代中国人民族自豪感大增的"四大发明"中，指南针、火药、（活字）印刷术大都兴起于宋朝时期。伟大的马克思称它们为"预告资产阶级社会到来的三大发明"；换句话说，四大发明简直就是"资本主义之母"，因此有"宋朝资本主义"（汪晖语）之说。

为什么这些伟大的发明都"出现"在宋朝？所有发明都是以自由为目的的，发明是一种创造，创造源自自由的文化。在《宋》中，吴钩并没有停留在浅层次的史料罗列，而是从文化的深度上做了大量的挖掘和解读，这其实就是关于"现代性"这一著名文化理论的现实论证。

一切历史归根到底都是政治史和制度史。在作者看来，宋代的现代性体现在比更晚的元明清的领先与文明。在一个文明社会中，尊严与自由是必不可少的。在大多数中国历史（特别是元明清三代）中，外部禁锢与自我阉割导致自由与尊严极度缺失。相对而言，宋朝显得比较"现代"。

欧阳修在《五代史》中写道："天子宁有种邪？兵强马壮者为之。"中国历代王朝都是通过暴力战争建立的，所有开国皇帝也基本上都是军人（军事将领）。从秦汉隋唐到宋元明清，在中国两千多年的王朝历史中，宋朝恰好处于一个中点。与其他王朝相比，宋朝因"陈桥兵变"而建立，之后"杯酒释兵权"，是杀戮最少的。赵匡胤是一个典型的职业军人，但他却将文化地位推到了历史最高点。

宋代在官僚制度上建立了一个全面的文官政府，军队也实现了文官管理，"以文驭武"，这无疑具有一定的现代性。

此外，宋朝是中国历史上唯一一个没有因为政变（兵变）和（大规楼）民变而衰落灭亡的王朝，但也是唯一一个直接被异族灭亡的主流王朝。相比之下，秦汉隋唐元明清这七个大王朝，无一例外都是亡于民变。前者死于"他杀"，后者死于"自杀"。从这一点来说，宋朝的治理结构相对而言是比较合理和健康的，从而保证了社会的长治久安。

古希腊曾有举世瞩目的文明，但这并不能避免它被野蛮异族所灭亡。在一千多年后，中世纪的欧洲从已经湮灭的希腊文明中找到现代的火种，掀起一场改变欧洲的文艺复兴运动。有人称同一时期的宋朝为中国的文艺复兴，事实上，当下中国倒是有必要重温已经消逝的宋代文明。

如果读下当时的记载，如孟元老《东京梦华录》以及相似的《都城纪胜》《西湖老人繁胜录》《梦粱录》等宋人笔记中关于昔日百万人口都会"繁华"的叙述，所谓"金银彩帛交易之所，屋宇雄壮，每一交易，动即千万"，"酒肆瓦市，不以风雨寒暑，白昼通夜，骈阗如此"云云，宋人的"华胥一梦"如今又让很多现代人产生"梦回大宋"的冲动。

陆游在《老学庵笔记》中记载："蔡京赐第，有六鹤堂，高四丈九尺，人行其下，望之如蚁。"蔡京的六鹤堂或许算得上当时的摩天大楼或高层建筑了。

在写给儿子司马康的《训俭示康》一文中，司马光对北宋汴京（开封）的消费与奢靡之风感叹不已——

> 古人以俭为美德，今人乃以俭相诟病。嘻，异哉！近岁风俗尤为侈靡，走卒类士服，农夫蹑丝履。吾记天圣中，先公为群牧判官，客至未尝不置酒，或三行、五行，多不过七行。酒酤于市，果止于梨、栗、枣、柿之类；肴止于脯、醢、菜羹，器用瓷、漆。当时士大夫家皆然，人不相非也。会数而礼勤，物薄而情厚。近日士大夫家，酒非内法，果、肴非远方珍异，食非多品，器皿非满案，不敢会宾友，常数月营聚，然后敢发书。苟或不然，人争非之，以为鄙吝。故不随俗靡者，盖鲜矣。

再如《南村辍耕录》中对南宋临安（杭州）消费社会的记载：

> 杭民尚淫奢，男子诚厚者十不二三，妇人则多以口腹为事，不习女工，至如日用饮膳，惟尚新出而价贵者，稍贱便鄙之，纵欲买又恐贻笑邻里。

这两段话如今读来颇有一种后现代之感，这也与宋朝商业化、城市化与世俗化的发展有关。无论从政治、文化，还是科学、经济来说，宋代的结束无疑是一个历史的拐点。

对于当代中国人来说，主流历史叙述通常认为宋朝贫弱，究其原因，其实在于历史评价体系的功利化。宋朝亡于落后的游牧文明，这极大地颠覆了中国传统的文明自信。在《宋》中，吴钩用大量的篇幅将宋代与明清两代进行了对比，使读者更易认识到宋代文明对社会的历史意义。

江南地区作为宋代的核心地带，至今依然是中国最富裕和最文明的区域。这从某种意义上也能提醒人们些什么。人类文明在发展过程中，游牧、农耕和商业是三种典型的社会形态，游牧社会最为原始，定居性的农耕社会催生了等级化的专制帝国，而商业社会最容易发展出现代文明。宋代的"曙光"就体现在中国已经开始从农耕向商业过渡，但这一"商业革命"很快就被野蛮的暴力打断，中国由此错失了一个发展转型的良机。

现代的门槛

"中国所以成为今日现象者，为宋人所造就十八九。"从某种意义上，严复的这句话基本可以概括《宋》的大部分内容；换句话说，作者吴钩试图从遥远的宋代找到今天中国社会的一切根源，有时甚至让读者产生"今不如昔"的感慨。但历史毕竟不同于现实，现实正在发生，而历史已经逝去。历史依赖于记载和记忆，历史因此与真实之间存在一段不可逾越的距离。人们往往将现实和自己的愿望投射于历史，一厢情愿地以点带面，以细节来拼凑还原大历史，所谓"一切历史都是当代史"，关于历史的争议往往也正在于此。

在《现代的历程》一书中，我认真梳理了人类世界走向现代化的坎坷历史。我认为"现代"更多的是一种文化和文明概念，而非时间概念。

宋代关于现代文明的体现并不是完全的和成熟的，"现代的拂晓时辰"毕竟还不是真正意义上的"现代"。拂晓介于黑夜与白天之间；从文明上来说，宋代同样介于古代与现代之间。在强调宋朝"现代性"的同时，读者不应忘记它毕竟还是一个"古代社会"——哪怕是一个具有一定现代性的古代社会。在自序中，吴钩用"一个站在近代门槛上的王朝"来形容宋朝，这实际也暗示了宋朝与现代化之间存在一个不可逾越的瓶颈。这个瓶颈其实就是文化和制度造成的。

费正清先生将中国与西方的差别比喻为女人与男人的差别，中国就好比一个女孩，她在一定时期或许看起来跟男孩很相似（"假小子"），不仅从外形上很像男孩，而且还喜欢像男孩一样探索和冒险，但"儒家的性特征"最终还是决定了她是个"女人"。从新加坡和韩国的现代化历程来看，现代终归跟儒家文化没有多大关系，甚至必须从国家层面"去儒家化"，即黄仁宇说的"脱胎换骨"。王小波先生看过《万历十五年》后评论道："罐子里养王八，养也养不大，儒学的罐子里长不出现代国家来。"

当然在有些历史学家看来，"现代"并不必然与"文明"画等号，现代文明也并不见得就比古代文明好。古代中国已经成功延续了三千多年文明，而现代世界才不过二三百年（影响中国才一百五十年），就不断引发人类关于未来的焦虑、绝望与幻灭感。

"华夏民族之文化，历数千载之演进，造极于赵宋之世。"宋代的文明有目共睹，但这些文明并不能简单地视同于现代文明，一些历史学家对此都曾做出提醒。他们认为，即使有改变世界的"三大发明"，宋代的现代性及商业革命与现代工业社会之间，并没有内在的逻辑关系。

表象类似并不能证明内部逻辑也相同，就好比"2×2"与"2+2"，虽然参与元素"2"和结果"4"相同，但不能说它们（乘法与加法）是一回事。同样，富裕程度接近的农耕社会与商业社会也是两码事，而开明专制与君主立宪有着质的区别。赵鼎新先生指出，工业资本主义"主要是政治现象，而非经济现象"，这就很好地解释了何以宋代之后，并没有出现持续的近代化进程。历史学家刘子健认为，"造就宋代中国种种变化的，与促使欧洲最终迈入近代化的，是全然不同的环境和力量。宋代中国既有新的创造，也有对既定观念的革新；既有对新领域的开拓，也有对传统生活方式的重建，所有这一切都以独一无二的中国道路行进"；"宋代中国有着专制的头脑、官僚的躯干和平民的四肢。……宋代是中国演进道路上官僚社会最发达、最先进的模式，其中的某些成就在表面上类似欧洲人后来所谓的近代，仅此而已"[1]。

今天的人都喜欢夸赞宋朝文化多么繁荣，政治多么开明。其实宋朝文字狱与历朝历代毫无二致，只不过较少杀人罢了。宋朝几乎每个皇帝都颁布过"禁止擅镂"的诏令，并设有专门的图书审查和禁书机构。绍兴十五年（1145）诏令称，"自今民间书坊刊行文籍，先经所属看详，又委教官讨论，择其可者，许之镂板"；书籍出版必须由"选官详定，有益于学者，方许镂版，候印讫送秘书省，如详定不当取勘施行，诸戏亵之文，不得雕印"（《宋会要辑稿·刑法》）。

不仅文字不自由，就连民众穿衣都受到严厉管制。清代徐松《宋会要辑稿·舆服》记载，宋仁宗于庆历八年（1048）下诏："闻士庶仿效胡人衣装，裹番样头巾，著青绿及乘骑番鞍辔，妇人多以铜绿兔褐之类为衣。宜令开封府限一月内止绝；如违，并行重断。仍仰御史台、阁门弹

---

1 ［美］刘子健：《中国转向内在：两宋之际的文化转向》，赵冬梅译，江苏人民出版社，2012。

纠以闻。"政和七年（1117），宋徽宗下诏："敢为契丹服若毡笠、钓墪之类者，以违御笔论。"《庆元条法事类》记载，南宋百姓同样被禁止穿四夷服饰，违者杖责一百。

正如苏轼《许州西湖》诗所叹："但恐城市欢，不知田野怆。"很多写作者都关注宋代的城市化，却有意无意地忽略了广大的乡村，毕竟绝大多数人都是生活在乡村的农民。我们应该想到，城市生活是建立在对乡村和农民的掠夺上的。《愧郯录》记载："今世郡县官府，营缮创缔，募匠庀役，凡木工，率计在市之朴斫规矩者，虽启楔之技无能逃，平日皆籍其姓名，鳞差以俟命，谓之当行。"

宋朝工商业发达，但同时应当指出的是，宋代手工业其实也是"官局工业"，技术工人属于官府的"工奴"，根本没有人身自由。官方的手工场生产并非追求利润，工奴也没有工资，这些都与资本主义没有任何相似之处。从政治制度上来说，宋代中国仍然无法摆脱其浓重的"前现代"色彩。

作为宋史研究领域的专家，赵冬梅曾对吴钩的宋史作品有过评论。她承认吴钩"也会用史料，有引用，也读学者写的东西"，但她也看到，吴钩会把宋朝历史中看上去非常"现代"的事项单独抽出来，加以放大，最后服务于"宋代是现代的"这个结论。就单独的历史史料解读而言，吴钩善于写作和叙述，但如果对这些史料进行逻辑分析，吴钩的结论就值得推敲。她认为，从学术的角度来看，吴钩的写作内容是"非历史""反历史"的。

我个人觉得，吴钩的宋史系列，仍然继承了中国传统文人笔记的写法，并不是向现代历史学科的学术研究靠近。宋代文人多，宋代文人也都有写笔记的习惯，尤其是历史笔记，流传下来的非常多。这不仅给吴钩写作带来了充分的资料，同时也在无形中成为他效仿的对象。另外一点，吴钩还很年轻，他的历史写作才刚刚开始，未来的发展不可限量，只希望他能不断突破自己，越写越好。

诗人的己亥

——从龚自珍到余世存[1]

对中国人来说,诗是一种启蒙。每个人从牙牙学语开始,就接触到诗,而且是古诗,从"鹅鹅鹅,曲项向天歌,白毛浮绿水,红掌拨清波"到"锄禾日当午,汗滴禾下土,谁知盘中餐,粒粒皆辛苦",还有李白的"床前明月光"。诗赋予一个中国人独特的文学和审美体验。

许倬云先生曾说,李白《忆秦娥》有"西风残照,汉家陵阙";"西风"写季节,"残照"写时间,"汉家"写王朝,"陵阙"写生死;两句诗,八个字,言简意赅,写尽了天地人间,这就是古诗的魅力。

《尚书·尧典》曰:"诗言志,歌永言,声依永,律和声。"《诗》《书》《礼》《乐》《易》《春秋》,在远古的时候,《诗经》就诞生了。从先秦、魏晋、唐宋、明清,直到现代,古诗虽然风格多变,但最终基本固定了样式。

唐诗宋词无疑是中国古诗(词)的一个高峰,这与当时的科举考试有密切关系。唐宋考试取士的科目虽多,对进士最重要的是文辞诗赋。司马光曾说:"国家用人之法,非进士及第者,不得美官;非善为诗赋论策者,不得及第;非游学京师者,不善为诗赋论策。"(马端临《文献通考》)

---

[1] 可参阅余世存:《己亥:余世存读龚自珍》,四川人民出版社,2019。

两千多年来，写诗作赋始终是传统精英和知识分子言情状物的重要表达方式，也是普通读书人相互之间附庸风雅的最好方式。

"李杜诗篇万口传，至今已觉不新鲜。江山代有才人出，各领风骚数百年。"李白斗酒诗百篇，据说乾隆皇帝写过好几万首诗。在我上学的时候，小学语文课本上，不仅有鲁迅、柳亚子的古体诗，还有许多政治人物的古体诗。中学以后，语文课专门讲解了押韵平仄等古诗规范，我也写了不少古体诗。虽然这些诗不见得多么好，但也自得其乐。

诗歌的形式

在我心目中，几乎没有任何格律限制的现代诗与古体诗完全是两种不同的文学形式，就如同古典音乐与现代摇滚乐的区别，后者与其说是音乐，不如说是歌曲。如果一个人对中国传统文化尤其是古典文学有深层的理解，那他就会坚信一点。只有古诗才是真正的诗，而现代诗与译为汉语的外国诗一样，只是一种有点诗的意境的散文罢了，甚至比歌词和戏词距离诗更远。

任何高级的和高度复杂的艺术都有一定的传承、形式（格式）和仪式感，有时候甚至非常严格，用龚自珍的话说，就是"精严"（"文侯端冕听高歌，少作精严故不磨。诗渐凡庸人可想，侧身天地我蹉跎"）。书法是这样，诗也是这样。不是任何人拿起毛笔都是书法家；一个没有临过碑帖的人随便用毛笔涂鸦，那不是书法，最多只是毛笔字。没有任何限制和尺度的现代诗，本质上就是一种文字游戏和文学涂鸦。

诗包括内容，也包括形式，缺乏任意一种，也就没了诗意，诗就不存在了。

中国古诗的魅力并不在于韵律和它要表达的思想内容，而是极其丰富的修辞与用典；排比、对仗、比拟、互文、通感等只是基本的创作手法，而最重要的其实是典故。典故是文字背后的故事和文化，这些故事和文化包括了中国几千年积累下来的所有思想和艺术。每一首诗都有无数前人的古诗为其背书，一字一句都有可能在前人的诗作中找到出处。

"熟读唐诗三百首，不会作诗也会吟"，古人写诗有一个重要前提，就是必须饱读诗书，非读书无以写诗。读过的诗和书多了，人便像蚕吐丝一样可以随时随地、触景生情地写出诗来。很多好诗都是妙手偶得，自然流露，在无意间一蹴而就，并非人为刻意炮制。不像现在一些所谓的"诗人"，没有读过几本书，甚至根本不读书，仅是认识一些字，便能写出一大堆"诗"来。古诗不是这样，古诗背后依靠的是整个中国传统文化。对一个读古诗的人来说，他往往会从一首诗中读出无数首诗。每一首古诗都代表着一个庞大的文化和审美体系。古诗创作虽然不讲求"无一字无来历"，但一些"有来历"的文字能达到一字千言的效果。

比如龚诗中"何敢自矜医国手，药方只贩古时丹"，就有两个典故。一个出自古语"上医医国，其次疾人"；一个出自苏东坡的话："药虽呈于医手，方多传于古人。若已经效于世间，不必皆从于己出。"

又比如龚诗中"许身何必定夔皋，简要清通已足豪"，背后也有一段有趣的典故。

> 杜甫曾说他的自我期许是要做虞舜时代稷和契那样的贤良大臣，他后来感慨说，"许身一何愚，窃比稷与契。"在我看来，如果立志投身于经国安邦的事业，何必一定要做虞舜时代的夔和皋陶那样的名臣。办事敬业尽职，简要通达就足够了。奇怪的是，官吏们做事，越来越倾向于官僚化，就是烦琐、拖拉、不作为。《世说新语》称赞人物，"裴楷清通，王戎简要"，应该是做人的典范啊。

典故与语境

诗言志，写诗的人与读诗的人通过短短几行文字进行交流，每个字所传递的信息是极其有限的，但通过共同了解的典故，诗所传递的信息就超越了字的限制。诗所具有的韵味也就出来了，这种韵味或者说意象超越了文字字面所表达的意义，只可意会不可言传。

典故不仅是诗人与读者双方共同的文化背景，也是一种文化方言，或者说是密码，只有在相同的知识和文化背景下，才能实现诗的美感和艺术感染力，从而达到心有灵犀的一刻。在这一过程中，诗的语境便诞生了。

也正因为这个缘故，很多古诗具有完全相同的语境，可以像工业时代的标准件一样进行重新搭配，组装成天衣无缝的新诗。很多文人都喜欢这样的"集诗"游戏。

龚自珍的《己亥杂诗》多达三百余首，由同一个人创作于同一时期，所以很多诗都可以进行重新组合，这被称为"集龚"。现代散文大家冰心曾翻译过泰戈尔的《吉檀迦利》，她就擅长"集龚"。该书的作者余世存也是一位"集龚"高手。比如他集的这首诗，恰好表达了龚自珍在己亥年南下出京的决绝：

华年心力九分殚，进退雍容史上难。
何敢自矜医国手，几人怒马出长安。

中国人常说：人同此心，心同此理。对古体诗而言，如果没有相应的语境，换句话说，如果将诗单独抽离出来，变成一种单纯装酷的文字游戏，文字是陌生的文字，那就会让人感到莫名其妙。失去了诗意，诗本身的价值也就不存在了。

对当下中国人来说，现代的到来是一场文化断裂，我们不仅不再会用毛笔写字，甚至有时不能理解传统文言文的典籍。除过个别成语，现代汉语与文言文几乎完全脱离了关系。从这个意义来说，现代汉语中基本是不存在典故的。再加上现代城市生活的巨变，乡土社会瓦解，人际关系疏离，这都让古诗失去了应有的语境，我们已经不再能理解古人的生活。要读古诗，只能不停地查阅各种注释。当阅读都不可能时，创作就更谈不上了。在当下的现代文化下，出现了大量自说自话的"现代诗人"；没有人能懂他们在说什么，实际上他们也不知道自己在说什么，很多现代诗如同痴人梦呓一般不知所云。

以我的观察，在没有诗的现代，最尴尬的或许是书法家。书法与诗都非常古老，这两种不同的文化样式在很多时候是共生的，即书法是对诗的书写。当人们既不会写诗又读不懂诗时，书法家只能抄写古人的诗，好的时候还能借古人之杯酒浇今人之块垒，但更多情况下已是"矮人看戏何曾见，都是随人说短长"，书法家根本不知道也不在乎他写的是什么。

古诗的重读

诗作为中国最典型的传统文化，遭遇现代文明时便死去了，只留下满大街的"诗人"。作为今天的中国人，想要重回那个诗的年代已是不可能。但好在中国走出传统的时间还不是很长（从改革开放算起只有四十年时间），尤其在政治、社会等很多方面，仍然保留和遗传了许多传统文化，这为我们理解一些古诗提供了最后可能的一点语境。

马一浮先生说：诗不仅尚其辞而已，诗之外大有事在。今人诗所以不及古人者，只是胸襟太小。古人所感者深，今人所感者浅，古人所见者大，今人所见者小，故判然是两个天地，不能相比。如果自己之所感与古人同其深远，自己之所见与古人同其真切，则发而为诗，自然亦可上追古人，但却非易事耳。诗教之意甚大，非心通天地不足以语此。但学者若能常常体会此理，则胸中滓秽日去，清虚日来，久而久之，不知不觉间，气质自然变化了，故诗可以陶冶性情。作诗是游于艺的事，但必须先志于道、依于仁。诗人所见者大，则其所言者远；其所积者深，则其所发者厚。不假安排，不事穷索，信手拈来，全是妙用。

龚自珍的《己亥杂诗》恰好写于中国古代的末期和现代的初期，这种新旧交替的"三千年未有之大变局"所构成的语境和背景，对今天的我们来说，也在某种程度上能够感同身受，因此，我们完全有可能从《己亥杂诗》中去重新找到一个诗意的中国和中国的诗意。

1840 年，中英这两个当时世界上的大帝国发生了"鸦片战争"。前一年，四十八岁的龚自珍从官场辞职，在南下的旅途中写下了三百一十五首诗。1839 年是农历己亥年，故名《己亥杂诗》。

中国传统农历是轮回的，2019 年也是己亥年。在一百八十年后的今天，我们再读《己亥杂诗》，多少还是可以找到一些相似的语境，尤其是余世存先生的解读，让我们能够轻易回到一个诗意的己亥。

早在小学四年级时，语文课本里就有那首著名的《己亥杂诗》："九州生气恃风雷，万马齐喑究可哀。我劝天公重抖擞，不拘一格降人才。"但当时并不知道《己亥杂诗》竟然有三百一十五首之多。

《己亥：余世存读龚自珍》一书并不是一本简单的《己亥杂诗》编注，而是作者余世存对这三百一十五首诗的散文化重述，这种重述也不是简单的"翻译"——从古诗的文言文译为现代白话文，而是作者以"灵魂附体"般的方式进入龚自珍的精神世界，用现代散文化的语言重构了一幅龚自珍所在的"己亥"。原诗中大量的典故经过作者"解压"后恢复了几分古诗应有的韵味，让现代读者能够毫无违和感地进入其中。

古诗对于今人已经产生明显的"隔"，特别是含义丰富、涉及广泛的《己亥杂诗》。在这本书中，余世存以他一己之力，试图打破这个"隔"，为我们贯通今古，化用龚自珍的诗来说，就是"今方能贩古时丹"。

诗人与诗

"何敢自矜医国手，药方只贩古时丹"，在某种程度上，如今能够做到这一点，并对龚自珍《己亥杂诗》有深刻理解、同情的，天下真没有几人了。余世存既有古代诗人的情怀，又有现代哲学的思考，也不乏对现实和历史的关照。这些年来，他致力于中国传统文化与现代文明的接榫，阅人阅世，从古人口中寻找智慧，为今人心中点燃希望，其文也雅，其心也善，每每有书出版，都打动读者无数。很多年后再看，余世存先生会是影响中国一代人的杰出知识分子。

余世存先生在他四十九岁的时候，正式进入龚自珍的《己亥杂诗》世界，那一年，龚自珍也是差不多的年龄。两个相隔一百八十年的中国知识分子，在这样一本书中相遇了，如同俞伯牙邂逅钟子期，一个写诗，一个读诗，这是两个诗人的文字合奏，也是两个诗人的心灵对话。

余世存曾经写过很多书，文史哲在他笔下融为一体，从来都不失理性与温雅，但这本有关"诗与诗人"的书，无疑激发出他前所未有的感性和思绪，如对人生的况味，对家国的情怀。在字里行间，处处流露着一个中国传统知识分子的执着与不甘，用他之前"立人三部曲"的书名来说，就是安身与立命、世道与人心、盗火与革命。

《己亥杂诗》第三〇二首说："虽然大器晚年成，卓荦全凭弱冠争。多识前言畜其德，莫抛心力贸才名。"

余世存在书中讲出了龚自珍在这首诗中的许多感慨，包括一些言外之意：

> 老子的金句是"大器晚成"。确实如此，天地间的杰作不可能一下子完成，人的学问、人生成绩也是如此。但是，要出人头地，要超出一般水平之上，是不能指望晚年才去学去求的。就是说，一个人的才、学、识全要靠自己在二十岁的弱冠年华里争取，就像有人说，在青年时代，要把一生会用到的书读完。《易经》中说，"多识前言往行，以畜其德"，就是这个意思。朱子（朱熹）说过，我们今天读古人的书，是为了蓄养自己的德行，而不是实用地东读西用，现学现卖。如果一个人读一本书，就能滔滔不绝地说很多话，写很多文章，夸夸其谈，心并不在里面，这样读书，终究跟自己是没有关系。
>
> 说到才气，我也有资格谈论才气，我年轻时就有才名了。外公玉裁老人曾劝告我"勿为名士"，王芑孙先生则劝我"勿做高谈之士"，我的一生走了很多弯路。在我看来，一个人的才气需要基础，这基础就是学问。所以在青年时代争取把学问做好是重要的，莫要消耗精力去追求才子的名声。

"秀出天南笔一枝,为官风骨称其诗。野棠花落城隅晚,各记春骊恋縶时。"对于这首诗,余世存这样解读:

> 丹木兄是云南石屏人,他可算是南方一枝高标秀出的大才。他做地方官时,风骨一如他的诗篇。在野棠花凋落时,我们曾在城边谈到天晚,两人都回忆起那段系马郊游的日子。辛弃疾有词,"野棠花落,又匆匆过了,清明时节"。青春逝矣,韶华不再,那些美好的时光是多么令人留恋啊。

"我的愁绪像天地一样永恒,积压得我无法跟人诉说。但现在一过长江,到了焦山,我的心安顿下来了,那些曾经的愁绪就像漫天的飞雪,又像是无数的飞仙在天上飞舞,奇丽而壮阔。"这是余世存对龚自珍原诗"古愁莽莽不可说,化作飞仙忽奇阔"两句的解读。汉语之美,溢于笔端,流淌于纸上,让人读之有余音绕梁之感;孔子说"三月不知肉味",大概也不过如此。

诗不是文字游戏,而是语言的艺术,汉语博大精深,从文言文转换为现代汉语,那种韵味之美常常会折损殆尽,余世存先生在此体现出他神奇的汉语功底,这背后离不开他长期以来对文言文的浸淫,以及他超出一般人的悟性与多情。

龚自珍其人传奇甚多,《己亥杂诗》中经典名句俯拾皆是,余世存的重述更是别有一番风韵。诗虽然有很多首,但诗的特点是简练,龚自珍的诗题材广泛,涉猎极多,又颇多用典,余世存知识广博,阅历丰富,对龚诗的理解显得长袖善舞,游刃有余,文字表达干净明快,十分到位,在意境营造上含蓄蕴藉,让人读罢有意犹未尽之感。

龚自珍的"衰世"

近年来,古书新读成为一种现象,比较热门的如《浮生六记》《曾国藩家书》《夜航船》等。这些"古书新读"基本上只停留在文字上的"翻译",意译为读者更容易理解的现代汉语。

无论是龚自珍的《己亥杂诗》或者余世存的思想深度,该书的意义和格调要远远高于那些"大众畅销书"。在一个岁月静好、人人向往成功的励志年代,还会有谁去在乎一个官场情场两失意的"失败者",更不用说他的心境与感受,而这恰好就是一个思想者的价值所在——"百年心事归平淡,删尽峨眉《惜誓》文。"

开卷有益,这是一本精致的小书,随手翻翻,就大有可圈可点处。读诗是读人,读书其实也是读人,在这本书里,余世存在读龚自珍,我们在读余世存,合上书卷,最后却发现读的原来都是自己。《幽梦影》云:"对渊博友,如读异书;对风雅友,如读名人诗文;对谨饬友,如读圣贤经传;对滑稽友,如阅传奇小说。"诗只有写给有共同经历和处境的人才能懂,书也是如此,所以每本书都是一面镜子,通过读书,我们会遇见真实的自己,也会看清楚身后的那个世界。

托马斯·索维尔在《知识分子与社会》中说:知识阶层中的许多人,把他们自身看作"变革"的代言人。在任何文明社会里,知识分子都是一只知更鸟。历史会产生距离,但历史作为一种智慧却跨越时空。

清朝经历康雍乾百年盛世,进入十九世纪,内忧外患日益加重,社会方方面面都显现出颓势。在《乙丙之际箸议第九》中,龚自珍痛斥晚清为三等"衰世":"左无才相,右无才史,阃无才将,庠序无才士,陇无才民,廛无才工,衢无才商,抑巷无才偷,市无才驵,薮泽无才盗;则非但鲜君子也,抑小人甚鲜。"意思是说,朝廷之中没有才能的宰相,也没有才能的史官,军队没有才能的将军,学校没有才能的读书人,田间没有才能的农民,城市里没有才能的工人,大街上没有才能的商人,甚至巷子里都没有才能的小偷,草泽间也没有才能的强盗。不光君子少见,连小人都少有。

黔首本骨肉，天地本比邻。
一发不可牵，牵之动全身。
圣者胞与言，夫岂夸大陈？
四海变秋气，一室难为春。
宗周若蠢蠢，娄纬烧为尘。
所以慷慨士，不得不悲辛。

龚自珍的这首诗用当下流行语来说就是，时代的一粒沙，落在普通人身上就是一座山。覆巢之下，岂有完卵。

"出乎史，入乎道，欲知大道，必先为史。"（龚自珍《尊史》）在中国思想史上，龚自珍是一个承前启后的重要人物。按照陈旭麓先生的说法，龚自珍是转折时期上一段的最后一个，新的阶段的最初一个诗人、文学家和思想家。所谓上一段，就是他已经看出即将解体的封建社会。从晚清中国来说，龚自珍和梁启超可以并列在一起，堪称两个泰山北斗式的思想人物，也是中国最早一批现代知识分子。今天的读书人读他们的作品，一方面是对上一代知识分子的重温与回顾，另一方面也想从历史中寻找中国的出处和出路。

梁启超和龚自珍都活得不算长，也都是失败的"变革者"，而且龚自珍更"失败"一些。梁启超比龚自珍晚得多，当他第一次读到龚自珍的文集时，像是被雷电击中了一般（"若受电然"）。与梁启超研究热相比，知识界对龚自珍的关注要少得多，余世存满怀深深的传统文化底蕴，为了人们打捞起龚自珍和他的《己亥杂诗》，这体现了他非常关怀大时代下，一个传统知识分子的自处与命运。所以他选择了一个"衰世"下的龚自珍，选择了他的《己亥杂诗》。

远去的书法世界
——白谦慎《傅山的世界》[1]

东晋永和九年（353），正是江南暮春三月，"天朗气清，惠风和畅"，王羲之和他的朋友相约雅集，在会稽山阴的兰亭行"修禊"之事。面对"崇山峻岭，茂林修竹"，这些文人雅士"流觞曲水"，"畅叙幽情"，"仰观宇宙之大，俯察品类之盛"。书圣王羲之情不自禁，当场奋笔疾书，写下千古绝唱《兰亭序》——"后之视今亦犹今之视昔"。

一纸《兰亭序》，从此让多少人为之魂牵梦绕，怀想至今。与其说这是因为文学的魅力，不如说是因为书法的魅力。

作为一位出身政治专业的学者，白谦慎先生在后半生致力于中国书法史研究，先后出版了一系列颇有影响的书法史作品。从这些作品来说，他的书法史研究具有鲜明个人特征，尤其运用了很多社会学的研究方法，为中国书法这个神秘的传统文化打开了一个别开生面的新天窗。无论是否喜欢书法、是否了解书法，通过他的叙述，都能得到许多新的认知和领悟。

《傅山的世界》堪称白谦慎的代表作，这也是他在耶鲁大学攻读艺术史专业的博士论文，原文用英文写成，初版距今已有三十年。白谦慎用傅山的经历叙述了明清易代这段历史下中国文人的心路历程，同时讲

---
[1] 可参阅白谦慎：《傅山的世界：十七世纪中国书法的嬗变》，生活·读书·新知三联书店，2015。

述了中国书法从帖学到碑学的复古之路，即所谓"十七世纪中国书法的嬗变"。

明清之际，山西商人极其活跃，与此同时，山西也成为当时北方文坛的交流中心。其时，江苏的顾炎武、广东的屈大均都流连于此，王铎、董其昌、傅山、八大山人等一大批遗民沉迷笔墨，创造出一个奇特的书法盛世。有些匪夷所思的是，傅山以发明创造各种无人认识的异体字为乐。

在书法史上，傅山一反唐宋以来的帖学道路，崇古尊碑，从金石篆隶中寻找灵感，从而形成自己的书风。他大胆地将晚明的狂草与清初的金石书法结合在一起，成为承上启下的一代书法巨擘，被誉为中国最后一位草书大师。在某种意义上，于右任是傅山的精神继承者。

除了《傅山的世界》这部专著，白谦慎还写作了许多关于书法的中短篇论文和专栏文章，这些文章有不少曾发表在《中国书法》《书法报》等专业报刊或学术专著，如今汇编成书，分别是《与古为徒和娟娟发屋》《白谦慎书法论文选》。细细读罢，颇为受益，可圈可点处甚多。

白谦慎从书法这个大命题出发，讲到了许多关于书法的亚文化，比如瓷器上的题跋书法、书法对联、信札书法、应酬书法、书法收藏、书画家的画押、美术字与书法、篆刻与书法等等，此外还写到了许多书法史上的人物事迹，如八大山人和吴大澂等，让我印象最为深刻的便是沈尹默与张充和的书信往来。

白谦慎具有明显的跨学科知识背景，又具有世界视野。他不仅治中国书法史，也非常关注当代书法的现状、困境和发展，对于当下书法圈的各种怪相深表忧虑。

不可否认，书法的市场化早已吸引来资本的疯狂投机，各种商业炒作和包装之下，名不副实的书法走向泡沫化。"即使尊贵如中国美术馆，作为国家最重要的美术展览机构，现在也是出了钱就可以展出。"[1]

---

[1] 白谦慎：《白谦慎书法论文选》（增订版），上海三联书店，2024，第609页。

书法的启蒙

正如诗歌是每一位中国人的童年启蒙教育读物，我们小时候都练习过"毛笔字"，主要是"描红"。在我们那一代，物质艰难，写毛笔字或许是当时农村孩子唯一可以付诸实施的艺术训练——只需要一支廉价的毛笔即可。

在《与古为徒和娟娟发屋》中，白谦慎曾对民间书法做过专门的分析和研究，尤其对小巷偶见的"娟娟发屋"这个普通手写美术字的牌匾品头论足。实际上，这些并未受过专业训练的素人书法，或者说日常书写，最为生动地体现了书法的实用性。在白谦慎看来，那些著名的古代金文篆籀、摩崖石刻、汉魏碑刻及现代出土的竹简帛书、敦煌写经等等，其实也都是无名氏的非书法作品，甚至属于古代美术字，但它们却被后来的书法家奉为范本学习临摹。

对当下的人们来说，实用书法已经越来越少了。启功、孙晓云那一代人的书法生涯始于"大字报"，我们这一代很多人的书法启蒙主要是过年时写的"春联"。

不像现在，五十年前的中国农村还非常传统，虽然大多数人不识字，但对文化人很尊重。每逢年关，家家都要请书法好的先生写"对子"，贴在头门上。书法这事有关体面，马虎不得。刚过了祭灶（腊月二十三），先生家里排队请"对子"的人总是络绎不绝。

现在的春联都是印刷的，但对我们那一代人来说，先生给写的春联可能是关于书法的最普遍启蒙。当时不少父母供娃念书，就是指望娃大了能识字算账，能给家里写好对子。这种基于实用需要的"毛笔字"或许还算不上"书法"，但它确实很受人待见。写得一手好字是一件很光彩的事。学校里也有专门的写字课，先生教我们在米字格里一笔一画学写"大字"。

如果说书法是传统时代的文化，现在回顾那段时光，就会发现它已经变得有些遥远了。我至今还记得冬天研墨时的情景：砚台里的墨水冻成冰，两只小手也长满了冻疮。那时候，乡村很贫穷，钢笔尚属奢侈品，但很多人家都有毛笔和砚台。对我们来说，练习大字最大的障碍是买不起纸和墨，一般农民家里也没有旧报纸，只能找块平整的石头，在上面蘸水写字。没有字帖，就临写村里庙庵或祠堂的老碑，或者请书法好的先生给写个帖子。

这种自由生长式的练习其实与"书法"关系不大，唯一的好处是养成了毛笔书写的习惯。到了中学时期，不仅心智已经成长，有了一定的审美能力，而且学习条件大为改善，笔墨纸砚齐备，一些基本的字帖都能得到，同学之间也可互相切磋交流。因此，我们上学时期书法非常流行——那是一个"黑板报"的年代。

孔子说："志于道，据于德，依于仁，游于艺。"书法内涵丰富，作为"艺"，书法离不开道、德、仁的支撑。言为心声，字为心迹，写字写的是一个人的内心世界。书法的美好，说到底是人的思想和精神状态的美好，它承载的不是"正确"的外在形式，而是人的天资和悟性。

书法存在的前提是书写，这是一种审美的教育；只有当一个人在用书写去表达自己的思想时，书法才有最真实的温度与质感。苏轼说"书初无意于佳，乃佳尔"，陈文蔚说"写字不要好时，却好"，都是一个意思，就是书法不能太刻意做作。傅山在《训子帖》中特别提出"四宁四毋"——宁拙毋巧，宁丑毋媚，宁支离毋轻滑，宁真率毋安排。可以说，书法正体现了中国传统审美的"道法自然"。

文字是人类文明的最大成果，也是历史的重要起点；世界上有很多文字，但似乎只有汉字才有这种将书写上升为艺术的所谓"书法"。所有的文字都是符号，"在书法家那里，汉字的意义就不仅仅是一种符号了，它成了一种具有可塑性极强的外观形体的事物"。作为现代仅存的象形字，汉字的形体美，再加上毛笔的聚散分合，以及墨汁的浓淡润涩，这一切使汉字的书写成为一种极富技巧和表现力的抽象艺术形式——书法。

古人说：楷书须如文人，草书须如名将。如果说书法是线条的艺术，那么草书就是将书法艺术化的极致；对一般现代人来说，草书几乎完全去除了实用性，变成一种抽象的水墨线条艺术。在各种字体中，一般人对草书和篆书最不易辨认。练习草书的门槛在于，不仅每个字都有其特殊的写法，而且任意两个字或多个字一起连写时也有特定的处理方法，因此没有三五年或十年的工夫是无法熟练掌握这种技巧的。

近百年前，于右任曾发起草书的标准化和规范化运动，并出版了《标准草书》一书。按照其说法，楷书主要用来印刷，草书主要用来手写。草书的最大好处是书写速度快，可以"节约全体国民之时间"。

进入现代社会后，传统的笔墨纸砚都退出日常，先是毛笔被钢笔取代，接着纸被电子屏幕取代；除了签名，现在的文字书写基本变成电脑拼音的输入与输出。即使书法作品本身，在传播上也越来越走向数字化，依赖非纸质媒介。虽然现在人们触目所及，几乎概莫能外使用了标准的电脑印刷字体，但"延安博物馆"就因为采用电脑字体而引起了争议。略懂书法的人都会发现，它使用的"华康新篆体"严重忽略了汉字的准确与传统，也谈不上美感。

文字代表着历史，从历史来说，人类用脚直立，用手劳作，书写是文化人的本能。在这个没有书写的时代，手写和书写更像是人类的一种与生俱来的文化本能。然而如今，在去掉原有的实用功能之后，书法已经变成一种纯粹的艺术活动。

中国传统文化是士大夫文化，春秋战国时代就有"六艺"（礼、乐、射、御、书、数）之说，从李斯到蔡邕、钟繇，书法构成官僚仕途的通行证。尤其是隋唐大兴科举之后，书法是六个必考科目之一，更是吏部选拔官员的"四才"（身、言、书、判）之一。所以唐代擅长书法的人跟会骑马的人一样，比比皆是。大体来说，在古代时，字写得不好就不得做官，做官的也没有字写不好的。

"凡百技艺，书上矣，卜筮次之，棋损闲心，画为人役。其它术数，致远恐泥，苟精其理，皆足成名，而高下之间，判然千里。"（《五杂俎·人部三》）进入现代社会，书法逐渐丧失了实用性，从而沦为一种用来展示甚至表演的纯粹艺术形式，书法家也从"业余"变成了"专业"。

有人说，自从有了书法家，就没有了书法。这或许有一定道理。在古代，大概没有职业上的"诗人"（除那位"奉旨填词"的柳永），或许也没有职业书法家和纯粹的书法作品，因为每个读书人的日常就是用毛笔"写字"。康有为和梁启超都善书，但并不以书法显名。梁启超是以政治思想家身份进入大众视野的，然而实际上，他不仅是一位卓越的书法家，还是一位书法理论大师。民国时期的于右任、沈尹默也都不以书法家自诩。如果细究起来，著名的《兰亭序》《争座位帖》《祭侄文稿》等，其实都是古代文人的手稿或信札，张旭的《肚痛帖》更只是一张小纸条。

中央美术学院教授邱志杰说："我们曾经的书法因为业余而伟大。业余不是书法的劣势，而是它的伟大之处。那样的艺术在二十世纪被改造成了一种用来展览的艺术，书法家开始知道，我写这张字是要拿去展览的。而过去不是，过去的书法家要写一个招牌，写一封思想汇报，写一个账目。"

书法家和书法市场是现代社会大分工和商品化的产物。一方面，书法遭到资本和权力的强势介入，各种商业包装和宣传炒作泛滥成灾，德不配位、名不副实的所谓"大师"比比皆是；另一方面，书法在实用性上全面退却，书法距离普通人的生活越来越远。

书法的内涵

书法作为一种古老的艺术，在某种意义上，它是中国传统文化的根脉。越是民族的就越是世界的，正是在当下这个全球化时代，书法才被视为一种国粹。对普通中国人来说，了解自己祖先的生活和历史仍然是有必要的，由笔墨纸砚构建的书法无疑是一个美好的了解方式。

读书和读帖都是阅读，写作和写字都是书写，貌似而实不同。比如，很多人是从书法字帖的角度去关注孙过庭的《书谱》，事实上，《书谱》也是一部关于书法的重要论著。中国从来不缺书法家，而缺乏真正的书法理论家和书法评论家。

中国古代虽然技术发达，却没有产生真正的科学，形而上者谓之道，形而下者谓之器，书写只有从"器"上升到"道"的层面，才叫书法。自古至今，没有无学问的大书法家，书法家陆维钊先生说过："书家之传于后者，类多人格高尚，学问深湛，文辞华美；非此者，其修养之不足，必不易于寿世。"现在很多"书法家"写了一辈子字，却从来没有想过什么是书法。

梁启超曾不遗余力地推广书法教育。他认为书法虽然只是一种雕虫小技，但要写好字并不容易，唯一的办法是养成写字的习惯，而这对现代人来说却是最难的。

书法和写诗都是需要天分的，后天练习固然能从技术上有所提高，但要想在艺术上有所创造，还是需要妙手偶得的神来之笔。一个优秀的书法家不仅需要超高的天赋，也离不开岁月的沉淀、心性的磨砺和思想境界的提升。

唐穆宗向柳公权请教书法如何才能写得好，柳公权说："用笔在心，心正则笔正。"说到底，书写是一种人格培养，让人成为一个完美的人。书法始于书写，最终也要回到书写，离开书写，就变成照猫画虎的抄写。我小时候之所以辛苦练字，进步却不大，很大程度上是因为"无心"——小和尚念经，有口无心。对没有文化底蕴的人来说，谈不上什么书写。现代书法家最大的问题是粗鄙无文。

北宋宰相何执中跋米芾《多景楼诗册》云："不独仰其翰墨，尤服造语之工。"苏东坡爱海岳翁，有云："清雄绝俗之文，超妙入神之字。"腹有诗书气自华，好的书法与文史哲关系更为密切，离开内容就谈不上书法，文字之美也是书法之美。"文"离不开"字"，"字"也离不开"文"。

一个人练习书法，离不开其天然禀赋和文化积淀，也需要理论指导。唐人张怀瓘在《书断》中记载王羲之幼年学书，"十二见前代《笔说》于其父枕中，窃而读之。……不盈期月，书便大进"。

书写是一种表达，书法的意境表达了书家的情怀和德行。书法是瞬间的艺术，一件书法作品可以在瞬间完成，但这一瞬间体现的却是一生的功夫与学养。

> 写字，一笔下去，好就好，糟就糟，不能填，不能改，愈填愈笨，愈改愈丑。顺势而下，一气可成，最能表现真力。有力量的飞动、遒劲、活跃，没有力量的呆板、委靡、迟钝。我们看一幅画，不易看出作者的笔力，我们看一幅字，有力无力，很容易鉴别。（梁启超《书法指导》）

明人吕坤说，书法如圣人处世，贵在自然。楷体字像圣人正襟危坐，既端庄又充满和气；草体字像圣人应对万物，知进退存亡，辞受取予，变化不测，顺其自然，不刻意造作，才能恰到好处。[1] 另一明代文人谢肇淛则强调人品对书法的重要性："书名须藉人品，人品既高，则其余技，自因附以不朽。如虞、褚、颜、柳皆以忠义节烈著声，子瞻（苏轼）、晦翁（朱熹）书不甚入格，而名盖一代者，以其人也。不然，彼曹操、许敬宗、蔡京、章惇皆工书者也，而今安在哉？"（《五杂俎·人部三》）

王羲之在《书论》中说："夫书者，玄妙之伎，自非达人君子，不可与谈斯道。"书法是中国文化的典型体现，从"尚法"到"尚意"，一个人必先有道德文章，而后才能有墨迹传世。人的天性就是爱屋及乌，恶其余胥。傅山年轻时醉心于赵孟頫的书法，等到年长，才知赵孟頫是个"贰臣"，顿时觉得其书法"浅俗""无骨"，于是转向忠烈楷模颜真卿。傅山的转变体现了人们对书法的传统观念，即"书，心画也"，人品的高

---

1 吕坤《呻吟语》卷四：真字要如圣人燕居危坐，端庄而和气自在；草字要如圣人应物，进退存亡，辞受取予，变化不测，因事异施而不失其中。要之，同归于任其自然，不事造作。

下决定着书品的高下。

孟子说："颂其诗，读其书，不知其人，可乎？"写字是技术层面的事情，是形而下的，而思想、学识、人品则是艺术层面的东西，是形而上的。屈原若是升官发财，也就不可能有离骚。悲愤出诗人，孤独出哲人，磨难出英雄，很多书法名作都是苦难之作。颜真卿在悲痛欲绝时写出了《祭侄文稿》："父陷子死，巢倾卵覆，天不悔祸，谁为荼毒，念尔遘残，百身何赎！呜呼哀哉。"苏东坡在失意落魄时写出了《黄州寒食帖》："自我来黄州，已过三寒食。年年欲惜春，春去不容惜。今年又苦雨，两月秋萧瑟。卧闻海棠花，泥污燕支雪。暗中偷负去，夜半真有力，何殊病少年，病起头已白。春江欲入户，雨势来不已。小屋如渔舟，蒙蒙水云里。空庖煮寒菜，破灶烧湿苇。那知是寒食，但见乌衔纸。君门深九重，坟墓在万里。也拟哭途穷，死灰吹不起。"

苏轼一生名满天下，谤满天下。他才华横溢，却不适合做官，在官场屡受打击。在黄州担任闲职五年，因住在东坡，他从此便以"东坡居士"自诩。与苏东坡相比，黄庭坚的运气更坏。黄庭坚一生颠沛流离，几乎都是在贬谪途中度过。历代书家中我最喜爱黄庭坚，他写字不择笔纸，但这无损于他书法的大气磅礴。

苏黄二人命运多舛，受尽磨难，相比之下，蔡京、秦桧则享尽荣华富贵。论书法，后者并不逊色于前者，但论人品，两者却有云泥之别。后人无不推崇苏黄而嫌弃蔡秦。苏东坡的黄石诗配上黄庭坚的题跋，成就了一幅千古名帖和一段佳话。所谓文章憎命达，这种悲凉沧桑的艺术美对现代人来说，已经越来越有隔膜了。

欧洲印象派大师马奈曾说："一个人要舍弃对一切事物的眷恋，唯独钟情于画，这样的人才称得上真正的画家。"这句话对书法也是成立的。书法是不可重复的艺术，只有不断超越自我，才能到达一个很高的境界。王羲之一篇《兰亭序》将二十一个"之"字写得千姿百态，现代白话文却让书法失去了它应有的语境。

书法的困境

书法是形象的艺术,具体来说是文字的艺术。对一幅书法作品,文字是其根本。所谓书法,首先是写什么,其次才是怎么写。三代的钟鼎彝器,两汉的丰碑巨碣,魏晋的书帖,北魏的墓志、造像,唐代的铭字,宋代的诗文,明清的条幅、对子、扇面,民国的信札等,都是把"写什么"放在第一位的。

网上有一段话,专门谈到古今书法的差异:"如果说古代书家和现在书家最大的区别,书法本身倒在其次,主要在于书写的文本内容。古代流传下来的经典法书,无不是书家自己撰写的文字,《兰亭序》如是,《寒食帖》如是,《祭侄文稿》亦如是。这些法帖的文本内容本身就很有温度,配上相得益彰的书法才成为真正的佳作。而现在的书法作品呢?看看现在的书法展,绝大多数都是抄录一段古人的文字,然后落上自己的名字,就成了一个作品,如此这般借古人酒杯浇自己块垒,连自己的句子都没有,空谈技法、格调,休矣。"

正如很多文化学者所言,如果说文字是书法的灵魂,那么现代书法或许只是徒有其表。这其实是许多传统文化共同的困境,如中国传统山水画,其中必有亭下对弈品茗的先生童子,但这种情景早已消失了,山间不再有先生和童子,只有桥梁隧道和高大的铁塔。又如曾经流传千百年的皮影戏,如今戏已经消失了,只留下皮影被装入相框——这种相框也常常用来装一幅高价拍得或低价路边捡来的书法作品。类似的还有现代戏,没有了长长的水袖和厚厚的靴子,戏曲就不是原来那个样了。

书法与戏曲有相似的困境。不仅现代白话文取代了古典文言文,现代书法家也失去了古代书法家的生活方式和文字底蕴。"为书而书"导致书法的市场化和商业化。很多书法家不仅不会写作,甚至很少读书,这在某种程度上也使得现代书法变得浅薄和媚俗。在一个泥沙俱下的书法江湖里,鱼目混珠,皂帛难分,一些艺术评论家为书法的功利和沉沦而痛心疾首。

与现代书法家不同，古代书家以文会友，很多书法作品都是文人之间的友情馈赠甚至信札。在传统时代，一个人书法造诣的高低是通过他的书信是否能在社会精英中被收藏、流传、欣赏来判定的。虞龢《论书表》云："桓玄爱重书法，每宴集，辄出法书示宾客。"古代书法家很少鬻书卖字，认为这是不体面的事情。即使是迫不得已公开挂润例卖字的文人，朋友求字也并不收钱，润例只针对陌生人。这个习俗一直延续到民国时期。

傅山一生没做官，靠行医为生，但因为书法而大名鼎鼎，前来求字的人非常多。他曾慨叹："文章小技，于道未尊，况兹书写，于道何有！吾家为此者，一连六七代矣，然皆不为人役，至我始苦应接俗物。"傅山对迫不得已的应酬书写深恶痛绝。傅山留下的许多行草书是这类应酬之作，他自己认为这些写给俗物的书法"一无可观"，属于僵尸字，"凡字画、诗文，皆天机浩气所发。一犯酬酢请祝，编派催勒，机气远矣。无机无气，死字、死画、死诗文也。徒苦人耳"[1]。

作为近现代的著名书法家，于右任脾气耿直，一生不爱钱、不贪财，常年穿的是老布袍子，脚上穿一双老布鞋，连袜子都是土制的，一身浩然正气、君子之风。曾有人送他一幅文天祥亲笔手卷，他随手便送人了。上海富商周湘云逝世之后，他的家人要求于右任写一个墓志铭，花的时间很多，后来送于右任一笔墨金，于右任坚决不受。事后改送一副文房四宝，砚台是很大的一个端州砚，墨是古墨，笔是精制的狼毫，纸是两匹乾隆纸，他见了爱不释手，笑而受之。[2]

如今，像于右任这样淡泊名利的书法家很少见了，很多书家不顾一切地自我炒作，高声叫卖，堪比娱乐明星和路边商贩，书法只是发财牟利的一种生意手段。事实上，很多娱乐明星和商人正转战书法界，常常炮制出天价拍卖毛笔字的花边新闻。

客观来说，书法的商业化也与传统文人阶层的消失有关。现代人虽

---

1 白谦慎：《傅山的世界：十七世纪中国书法的嬗变》，生活·读书·新知三联书店，2015，第275页。
2 陈存仁：《银元时代的生活史》，云南人民出版社，2024，第249页。

然都在上学读书，甚至还有专门的文科专业，但却没有真正的文人（文化人）。晚明时期，一个文人日常的文化活动名目繁多，焚香、试茶、洗砚、鼓琴、校书、候月、听雨、浇花、高卧、勘方、经行、负暄、钓鱼、对画、漱泉、支帐、礼佛、尝酒、晏坐、翻经、看山、临帖、刻竹、喂鹤，皆一人独享之乐（陈继儒《太平清话》）。陈继儒有句诗："朝市山林俱有事，今人忙处古人闲。"如今人人识字，却并非到处有"文化"。在处处是屏幕的时代，毛笔和书法正离人们远去。对一个普通的现代人来说，书写似乎只剩下签名这个用途。对某些胸无点墨的"书法家"来说，大概也只有签名这几个字是自己的。以前有个笑话，说是一个书法家出来打秋风，竟然没有随身携带印章。一幅书法作品，没有签名不行，没有印章恐怕也不行，但很多印章不见得是书法家自己篆刻的。

古人认为，诗书画印是一体的，但如今书法家大多仅会用笔写字而已。在现代文化背景下，书法越来越像是书写的表演，展现的是笔意和墨法，与文字本身的距离越来越远，文字只是一种载体，书写本身才是主题所在。这类似于当下图书市场上，国学很受追捧，尤其是心学大师王阳明，更被炒得火热，但其实没有几个人真的去研究王阳明，因为大家都静不下心来。媚俗即能得到流量，没有钻研，没有传播，只有贩卖。

白谦慎说，无论再怎么提倡书法，都改变不了这样一个基本事实：中国书法已经不再是当代中国的社会精英所青睐的艺术。[1] 这多少有点沉痛和无奈。书法作为一种古老的文化技艺，在现代社会确实面临着许多尴尬处境，最大的问题还不是书法家的退化和沉沦，而是文化大众对书法的疏离。如今的城市遍布招牌字匾，却大多是电脑或机器产出的字，即使偶有手写字体，也往往是拙劣不堪的"名人书法"。不仅书法如此，许多传统文化遗产都面临这样的问题，最典型的莫过于戏曲、武术、中医和中国古建筑。戏曲的没落有目共睹，武术和中医也不断走向边缘化，

---

[1] 白谦慎：《与古为徒和娟娟发屋》，广西师范大学出版社，2016，第 254 页。

传统古建筑虽然还有许多得到保留，但也仅仅是保留而已，这种古老的技艺更多的是用来修修补补，而不是进行创造和营建。

进入现代以来，中国经济突飞猛进，如何在富裕之后懂得美，是人们关切的重要问题。在这种情况下，东方化的审美极有可能焕发出新的魅力，这或许将是书法未来的价值所在。

物质可以一夜之间改变，但文化的持续性是极其漫长的。对一个中国人来说，不管他怎样穿西装吃西餐，他的审美仍然是偏传统的。不管怎么说，文字的展示性将是未来书法主要的竞争力之所在。对一个中式风格的庭院和居室来说，没有几幅中国字画和楹联是不完美的；事实上，这些艺术作品反而是一个东方文化空间的灵魂所在。

在古代社会，书法在审美上的价值并不是它的全部，但如今这已成为书法的仅有价值。如此一来，书法的创作与复制之间的差异将越来越模糊，书法变成一种可以不断复制的流水线产品，只是有时候是机器复制（放大），有时候是人工复制——有的书法家一辈子只写"大江东去浪淘尽……"，这跟有的歌唱家一辈子只唱一首歌一样。当一切书法作品都是为了市场而定制时，书法家也就沦为了人肉复印机。

一个人一旦做了职业书法家，"应酬书法"就必然会成为日常"工作"。颜之推是颜真卿的先祖。在《颜氏家训》中，颜之推对书法持保留态度。颜之推很喜欢书法，但他又认为"此艺不须过精。夫巧者劳而智者忧，常为人所役使，更觉为累"，可谓长者之言。王羲之多才多艺，但人们只知道他的书法；萧子云也被当成书法家，他呕心沥血撰写的《晋书》却被人们遗忘。

书法的传承

"手是心灵的窗户"，现代科学已经证明这种说法确实是有道理的。在人类的肢体里面，手是最灵活的，能做出各种动作。科学研究表明，手的动作和触觉影响了人的大脑思维，所谓心灵才能手巧，手巧才能心灵。

有趣的是，中国民间有抓周试儿的习俗，就是孩子周岁的时候，在他面前放一些物品（男用弓、矢、纸、笔，女用刀、尺、针、缕），其中抓到毛笔是最好的，抓到毛笔象征孩子长大后读书、写字、做官。《红楼梦》中，贾宝玉抓了女人用的胭脂钗环。

书法的技术与其叫"笔法"，不如叫"手法"。"笔法"这个词不够准确，好像没有灵魂，说"手法"才是大实话。书法以五指执笔，所谓"擫、押、钩、格、抵"，即拇指按、食指压、中指勾、无名指顶、小指抵，指实掌虚，从而形成毛笔的"起、收、提、顿、转、折"。所有的书法都是用手写出来的，书法的训练其实也是对手的训练。黄庭坚就说："凡学字时，先当双钩，用两指相叠，蹙笔压无名指。高提笔，令腕随己意左右。"书法作为一种技艺，体现的其实是手的表现力，与音乐演奏相比有过之而无不及。

当初阿尔法围棋（AlphaGo）打败世界围棋冠军时，都是人替AlphaGo下棋走子，可见AlphaGo有脑无手，连从棋盘上捡起一枚棋子都无法做到。人类在围棋上被人工智能打败之后，如今的机器人已能够用"手"执毛笔，挥毫泼墨了，反倒一些书法家开始在宣纸上用身体书写，乃至用女人的身体代替宣纸，让书法这种表演艺术彻底变成了荒诞的行为艺术。书法的种种乱象，其实与书法本身关系并不大，追名逐利，鱼龙混杂，这只是书法在现代文化下光怪陆离的镜像而已。俗话说："乱世黄金，盛世收藏。"现代社会浮华喧嚣，艺术品市场过度商业化，人们对书法的鉴赏过于重技法而轻学养，一些书法家不学无术，难免被权势名利所俘挟，争名于朝，争利于市，趋炎附势，名不副实者不乏其人。

波兰科幻作家莱姆在《技术大全》中说："艺术被技术征服，被经济规律支配，开始表现出通胀和贬值的迹象。"做中西对比的人常说，西方人长于技术，东方人长于艺术。就书法而言，它既是技术也是艺术。书法对欣赏者来说，多半是一种艺术，但对写书法的人来说，大概属于一种技术。要获得这种技术，或者需要天赋，或者需要长久的训练学习，让手形成特殊的肌肉记忆。被称为当代"草圣"的于右任自幼练字,"朝临石门铭,暮写二十品",绝非妄言。

师傅领进门,修行在个人。"人各殊气血,异筋骨;心有疏密,手有巧拙;书之好丑,在心与手,可强为哉?"技术可以模仿和学习,而艺术则需要创新,这就是齐白石所说的"学我者生,似我者死"。苏轼在《书黄子思诗集后》中说:"予尝论书,以谓钟王之迹,萧散简远,妙在笔画之外。"所谓"笔画之外"其实就是"技术之外"。

对现代人来说,虽然用毛笔写字的机会几乎没有了,但就学习书法而言,又具有前人所不具备的物质条件,不说廉价的纸墨,各种字帖和教材也是唾手可得,这对古人来说做梦都想不到。多年前,本雅明写了一篇文章《机械复制时代的艺术作品》,他预言复制技术将改变艺术的生态模式:艺术创作群体将越来越小,而艺术欣赏者——也就是艺术品消费群体——将越来越大,艺术品市场将更大,穷人也可以接触艺术。富人囤积原作,穷人购买廉价的复制品。音乐复制技术导致音乐爱好者越来越多,音乐演奏者却越来越少。如今中国书法或许也处于这种状态。

在机器时代,草书最能体现书法的艺术性。启功先生说:"草书是'解散楷体(隶体)'并变通其用笔而重新组合起来的字体,再加上点画勾连环绕,把许多字变得面目全非,让一般人很难认识它,所以草书作为交际工具的实用价值并不很大;不过,草书作为书法品式的一种,它的艺术价值却很高。"在当代书坛,草书被视为成名成家的终南捷径,所谓"草书名家"如过江之鲫,但真正基本功扎实、技法熟练的人尚属凤毛麟角,更遑论能跳出名利束缚,有才情有天赋有境界的草书大家。正如评论家钱念孙所说,当下书坛,书家为种种世俗的欲望和羁绊所束缚,很少能够真正"散怀抱""超鸿蒙",进入"淡然无欲,翛然无为,心手相忘,纵意所知"的境界,因而很难创作出"无意于佳乃佳"的出神入化的狂草佳作。[1]

1　钱念孙:《今人为什么难以写好草书?》,《中国艺术报》2013年3月6日。

陈远曾是一位非虚构作家，采访过很多著名的学者和知识分子，中年以后专注于书法。他认为欣赏一幅好的书法有四个维度：人的维度（气度）、学问的维度、才气的维度、技法的维度。这其实也是人们对书法的传统看法，即字如其人，书者与书法不可分割，书法作品本身就代表着一个人的品德、学问和才华，可惜如今的书法只剩下了技法。在陈远看来，这恰恰是书法的"邪门歪道"。毕竟，太过于强调技法，那么书法也就算不得一种艺术，而只能沦落为工艺美术的一种。但反过来说，古代那么多没有姓名的工匠（书手和刻工）所留下的大量手抄经、墓志铭和碑刻，不是照样被后人奉为书法杰作吗？正如白谦慎所说，古代早期的金文篆隶，在某种程度上不也是当时的美术字吗？清代碑学兴起，传统的书法体系受到冲击，一些匠人甚至素人书法大受推崇，"不作篆隶，虽学书三万六千日，终不到是处"（傅山语）。

书法跟中医一样，对现代人来说充满神秘、玄妙乃至矛盾之处，但作为中国人，对传统文化总有一种与生俱来的乡愁和亲切。在我看来，懂得欣赏一幅书法艺术作品远比会写几笔毛笔字有意义得多。在一个充斥粗鄙之作和赝品的年代，眼高手低或许并不是一件坏事。约翰·伯格在《观看之道》中说：观看先于语言。对书法来说，观看也先于书写。

生活在别处

——袁凌《在别处》与《记忆之城》[1]

看到袁凌的新书《在别处》，我不由想起那些年很火的米兰·昆德拉的《生活在别处》。

相比袁凌之前的一些书，这本书写得充满温情。昆德拉的那本书中有句话："温情只有当我们已届成年，满怀恐惧地回想起种种我们在童年时不可能意识到的童年的好处时才能存在，温情是成年带给我们的恐惧。"

写作是袁凌的职业。相对于他的年龄，他的作品已经足够多。孔子说，四十不惑，五十知天命。如今的袁凌应该也到了知天命之年，从这个年纪回看童年和过去，或许真的有点不一样。这时候，人更能勇敢地面对恐惧，也更能激发出温情。

时间不止改变世界，也会让人发生很多改变。就像是某个作家写的，他幼年时非常害怕一个凶神恶煞的坏人，如今他成年了，原本想去惩罚这个恶棍，却发现对方已经变成了风烛残年的老人——原来坏人也会变老的。面对一个将死的人，作为一个正常人，当年的恐惧固然没有了，连愤怒也已经平息，甚至会生出些许同情与怜悯来。

昆德拉说："只有当一个人上了年纪，他才能对身边的人，对公众，

---

[1] 可参阅袁凌:《在别处》，天地出版社，2021；袁凌:《记忆之城》，花城出版社，2022。

对未来无所顾忌，他只和即将来临的死神朝夕相伴，而死神既没有眼睛也没有耳朵，他用不着讨好死神，他可以说他喜欢说的东西，做他喜欢做的事情。"

确实，人生除过死没有大事，日常生活都是各种庸常小事，生活就是应付这些琐事。很多人常常把琐事当成大事，结果真到死的时候，才发现自己从来没有做过自己喜欢的事情，也没有说过他想说的话。

袁凌的天赋

我相信作家是有天赋的，作家就是那种爱唱歌的鸟。当所有的鸟都忙着觅食时，只有这只鸟在忙着唱歌。唱歌并不能果腹，但却是它最喜欢的事情。虽然人人都在上大学，但真正能做学术研究的凤毛麟角，因为这需要极高的天赋，就跟鸟唱歌一样。即使每个人都可以上大学，但不是每只鸟都会唱歌。

据说做学术研究，最重要的是要有问题意识。在中国这一代写作者中，袁凌对死亡有着近乎偏执的迷恋；用《新京报》2017年特别致敬年度青年作家的评语说，是"持久地凝视和追问"。他的第一本书就是《我的九十九次死亡》，此外还有不久前出版的《生死课》。事实上，无论《寂静的孩子》还是《青苔不会消失》，其中一个核心，就是都充满对死亡这个命题的思索。

海德格尔说"向死而在"，庄子说"其生若浮，其死若休"。死亡是个沉重的话题，或者说已经超越文学，变成一个哲学命题。"艺术的前提是其与死亡的深刻关系。唯在向死而生中，文学的空间才得以打开。写作从来都是面向死亡的写作，在某种程度上，卡夫卡已死，死亡已被给予他，死亡的天赋与写作的天赋相关。"[1] 因为对死亡的"凝视"，袁凌的文学叙述显得有些"生命不能承受之重"。

读袁凌的书，就像看阿巴斯的电影，一点也轻松不起来。难得的是，

---

1 ［德］韩炳哲：《沉思的生活，或无所事事》，陈曦译，中信出版社，2023，第14页。

袁凌的文字有一种电影镜头语言般的魔力，很容易就让人进入阅读状态，这也是袁凌的书非常受欢迎的原因之一。

读书如同照镜子，人总会在一本书中遇见"自己"。读书的乐趣之一，就是能够借他人的杯酒，浇淋自己心中的块垒。正如袁凌在书中反复提及的路遥《平凡的世界》，路遥作品表现的是"文革"后一代人的多舛命运，而袁凌作品则代表了"文革"后一代人的成长轨迹和心路历程。事实上，路遥小说于当代读者而言，抛开其记录历史的特殊价值，更多的是被出身底层的穷后生当作附骥登龙或励志成功学的畅销书来追捧。

应当承认，"文革"后这一代人是当下中国社会的中坚。他们普遍出生在原始闭塞的农村，处于工业时代早期的社会边缘，然后通过官方的考试制度，像是中奖一般进入城市和体制，一步步见证现代化浪潮对中国官方体制和民间文化的冲击。

虽然同样经历了从乡村到城市的历史大变局，但这一代人中的一些人生活已经不那么沉重，更加多元化，身心也更加自由。从这个角度来说，这是一代真正的现代人，从思想精神到物质生活，他们有着上一代人所不具备的自省精神。

这半个世纪的现代化与城市化，缓慢而沉重，无数"农民的儿子"背井离乡来到城市，他们不仅面临着生活方式的革命，也要接受思想上的一场从里到外的洗礼。对此，袁凌在书中所书所写，其实也是整整一代中国人的心路历程。

露从今夜白，月是故乡明。对中国人来说，所有的文学都是乡土的，路遥、莫言、贾平凹、阎连科他们那一代人，穷其一生都走不出乡土，他们的写作始终是乡村时代的自传；现实与小说纠缠在一起，让人欲罢不能。文学创作是空中造楼，离不开虚构，而虚构必然具有某种欺骗性。我们这一代人其生也晚，赶上开放和互联网时代，阅读和视野已远超过那一代人，也多了一些更深层的思考和追问，这导致很多人对自传和小说丧失了言说的兴趣，目光投向一个更加宽广的世界，尤其关注那些底层人和边缘人。

正如"树上的公爵"所隐喻的，卡尔维诺曾说："我仍然属于和克罗齐一样的人，认为一个作者只有作品有价值，因此我不提供传记资料。我会告诉你你想知道的东西。但我从来不会告诉你真实。"千禧年之后的这一代写作者中有许多从小说走向纪实，从虚构走向非虚构，开始直面残酷的现实。

在中国，这种历史性的文学转场，以袁凌和梁鸿等人为代表，提醒着中国乡土小说的终结，一种新乡土写作如今正拔地而起。只是，这场乡土写作运动完全是一曲曲历史的挽歌，献给那个被现代和城市杀死的古老乡村。

正如莫言的高密和贾平凹的丹凤，如果加以回顾，袁凌的写作其实都离不开他的故乡底色。位于陕南安康地区的平利县八仙镇，这是袁凌的故乡，也是他的出处。他的许多写作都可以追溯到这里，所谓故乡情结，这不是袁凌一个人才有，而是从鲁迅算起，中国整整几代被卷入现代浪潮的人的心理状态。

在互联网刚刚兴起的时候，一群写作者曾发起一场写作运动，将他们的作品名称统一命名为《谁的故乡不在沦陷》。如今，这类怀念故乡的作品依然是出版界的常规选题，比如朱学东的《江南旧闻录：故园归梦长》和韩浩月《世间的陀螺》，此外还有林贤治的《故园》、傅国涌的《开门见山》和熊培云的《追故乡的人》。

故乡的洄游

随着春节临近，春运拉开了一场全民乡愁活动，关于故乡的话题也多了起来。故乡是一代中国人的根，叶落归根，但现代人注定是没有根的新人类，只能在城市坚硬的钢筋水泥中飘荡。德国思想家赫尔德说过一句很有哲理的话："乡愁是一种最高贵的痛苦。"

鸟类中，有成年后迁徙回到出生地的现象；鱼类中，也有成年后洄游到出生地的大马哈鱼。《在别处》无疑是袁凌的一次心灵洄游。

在此之前，他已经出版过《从出生地开始》《我们的命是这么土》，也都是书写故乡、童年和自身经历的非虚构作品。

袁凌是文学科班生，文笔优美委婉，一切都充满真情实感。极其自我的个性经历也赋予他对人情世故的体味，尤其是对细节的关注，更体现了他的细腻。这些况味流露笔端，落在纸上，也都恰到好处，让人读罢，或喟叹，或感伤，或莞尔，处处都可会心。

虽然所有写作尤其是小说都有自传的色彩，但自传体小说向来都是文学的主流之一，卢梭写过《忏悔录》，高尔基写过《我的大学》。但如果将《在别处》归为自传，它其实不是传统的自传。作为一个职业化的非虚构作者，袁凌在该书中所展现的文本也完全不同于熊培云那种文学体写作，当然，更不是《我们仨》那种。袁凌的写作体现的是卑微而又不屈的草根精神，于残酷中透着温情，于黑色里夹杂着幽默，这是他独特的风格。这一点对他的很多读者来说，应该已经成为其文字的魅力。

自传体文学体裁，一般都有一个突出的主角，那就是"传主"或者"我"本人，其他人都是配角，但在非虚构作品中，"我"其实是隐身的。"我"只是一个写作者和观察者，"我"始终是"出戏"的。打个比方，如果说自传体（小说）类似故事片，那么非虚构作品就类似纪录片，而"我"就是那个摄像机镜头。

读《在别处》，虽然处处都有袁凌的影子，但读者其实是跟着袁凌一路游走，在一个个陌生的城市，透过他的眼睛去看"花花世界"里的一切，那些袁凌遇见过的人和事，还有那些山和水。只是这里没有那么多阳春白雪和岁月静好，也无关什么正能量。

农村是凝固的，城市是流动的。城市远比农村大得多，大到让人感觉不到自己的存在。这里人来人往，背景复杂，乡村社会的血缘纽带、邻里关系和世代生活等传统情感全不复存在。城市里的人每天都要与各种不同的人打交道，但这种接触完全是功利的、肤浅的、碎片化和程式化的。

　　传统社会是乡土的，城市寄生在乡村之上，可有可无。现代社会远离乡土，以城市为中心，乡村先是被边缘化，接着便是不断被城市吞噬，直到变成了博物馆里的出土文物。

　　西方人相信，上帝按照自己的样子创造了人类。哥伦布发现了新大陆后，美洲就变成了另一个欧洲，对欧洲殖民者来说，"它按照自己的面貌为自己创造出了一个世界"。四十年改革开放近乎重塑了一个新的中国。与乡村相比，城市的变化更是天翻地覆。人们在这种剧烈的动荡中浮浮沉沉，如同置身于一叶惊涛骇浪中的小舟上，不知道哪里才有一个风平浪静的港湾。

　　借用朋霍费尔的话来说，在人类历史的进程中，确实没有哪一代人像我们这一代人这样，脚下几乎没有根基。城市里有的是人群，却没有真正的人，每个人都像沙粒一样孤独着，这里只有崭新的废墟。虽然钢筋水泥的森林里全是房子，但对现代人来说，每个人从内心深处却都无家可归。

　　人生天地间，忽如远行客。面对现代的火车呼啸而来，马克思曾叹息："一切等级的和固定的东西都烟消云散了，一切神圣的东西都被亵渎了。"所谓现代，就是让人以为有无限可能，却又没有任何可能。对我们这一代人来说，父母已经逝去，田园没有了风光，各种交通四通八达，但却让人觉得无处可去。

　　斯宾格勒在《西方的没落》中说，农民是一种植物。农民一生都守着庄稼，农民的生活也像植物一样扎根泥土，四季轮回。当一个人离开农村，走向远方，就像一棵树被移栽到陌生土地，每一次移栽都要被砍去枝干和树根，移栽一次也就是死亡一次。诗云："昔年种柳，依依汉南。今看摇落，凄怆江潭。树犹如此，人何以堪。"

　　自笑年来常送客，不知身是未归人。一个人漂泊经年，当青春不再时，再故地重游，常常感觉恍如隔世，就像一个死去多年的人，突然"诈尸还阳"，重新回到人间。在他面前，当年的城市与人，既熟悉又陌生,但这里已没有自己的空间和时间,身处其中,会显得莫名其妙的突兀和多余。真是年老不要归故乡,归来泪两行。

钱德勒在《漫长的告别》中写道:"说一声再见,就死去一点点。"其实应该是,说一声再见,就死去一次。百金买骏马,千金买美人,万金买高爵,何处买青春?

非虚构的细节

《在别处》作为一本书,其实是由一篇篇相对独立的文章构成的,具体来说,是九篇文章。这些文章按照各自不同的场景来写作,倒也比较有特色,比如第一篇《北漂纪》,就以北京为场景,后面的《候车室》《在县城》《西安往事》《过秦岭》等等,也都是不同场景。

袁凌是一个非常善于观察的人,而且记忆力非常好,连六岁时的情景都记得清清楚楚。

如果说非虚构写作是一个人的纪录片,那么袁凌就是一个镜头捕捉能力非常强大的导演。除非大人物大事件,对于非虚构作品的阅读,要有平常心,其中很多细节处常常给人留下非常深刻的印象。

比如袁凌在北京"埋葬"充气娃娃的诡异遭遇⋯⋯

比如袁凌在安康上学时,妈妈来看他,提出要看看火车,他陪着妈妈去看火车,他们走了二十里路,这是他和妈妈第一次看到火车。

比如他的一个同学李纹的爸爸,当年考上西北农学院,为了节省路费,硬是从陕南翻越秦岭,千里跋涉,一路徒步走到了杨陵。

再比如一个叫徐涛的县志编辑,以前当兵时砍树伤了身体,复员后当会计,赶上"文革",噩运不断——

> 他并没有什么言论,只是因为出身和喜欢去新华书店买书,就被打成"读书党",下放黑沟监督劳动。后来又一时想不开,到药材组找了几十片速可眠服下,不料被救过来,添了畏罪自杀的罪名,

被开除公职，只好把剩下的书卖了一百斤，买了一把锄头到农村落户。直到从林区乡文书调入县办公室，方才苦尽甘来，晚年才结了婚，也来不及有子女。五十六岁那年，他终于如愿入了党。但大半的人生，都留在大树的那一道茬口上了。

如同贾樟柯的电影一样，袁凌在书中记录了很多二十世纪八九十年代的社会情况，比如无处不有的坑蒙拐骗和敲诈勒索，比如陕南茅屋和石板屋的传统营建方式。

仔细想想，书名《在别处》意味深长。故乡自然是回不去的，城市也难以安身。浮华的城市没有泥土，水泥丛林里盛行的是弱肉强食的法则，每个人不是成为猎人就是沦为猎物。

毛姆在《人生的枷锁》中写道："一个人一生必须艰苦跋涉，越过一大片土地贫瘠、地势险峻的原野，方能跨入现实的门槛。"对每一个从故乡走出来的年轻人来说，从农村到城市的路远比想象得要长得多，也要艰难得多。

乡村是人情化的、熟悉的，而城市是功利的、陌生的。在这里，不仅心灵无处安放，高起的房价也让这些异乡客无处安放自己沉重的肉身。最后的结果，只能是身在这里，心在别处，或者心在这里，身在别处。

非虚构的意义

以何伟的《江城》《寻路中国》为典型，这些年来，非虚构写作已经蔚然成风，大有取代传统文学小说的主流地位的架势。在每年年末的各种年度好书评选中，非虚构也赫然独树一帜。这种新气象已经引起很多传统文学写作者尤其是小说作家的忧虑和反思，比如不久前去世的黄孝阳先生，生前曾为此写过几篇文章，发表在《天涯》杂志上。

文学体裁样式很多，小说是其中一种，任何一种体裁，都与当时的历史环境有关。比如远古的前文字时代就没有历史，都是传说。进入古代后，文字虽然出现，但缺乏普遍的印刷技术，在这样的一个口语社会中，诗歌是主流文学体裁。印刷工业化导致识字人口大增，小说又取代了诗歌的地位。中国从口语文盲社会到书面识字社会，这场剧变其实就发生在过去几十年，这一时期先后经历了诗歌和小说的狂热浪潮。

随着互联网这个后印刷时代到来，传统的文学体裁不可避免地走向边缘化，连报纸电视也是刚刚兴起便走向式微。如今的现实世界不仅变化更快，也更加复杂，其复杂程度远远超出文学家的想象。

以前人们常说，文学来源于生活而高于生活，现在看来，这句话有点太自负了，文学能跟上生活的脚步就已经不错了。很多作家闭门造车为稻粱谋，即使再怎么"体验生活"也弥补不了江郎才尽的困境。

正是在这个时代背景下，忠实记录现实尤其是细节和局部的非虚构作品出现了，它一改以往史诗性大写意的文学理念，将笔触停留于日常和民间，关注生活的一点一滴，尤其是最不为一般人们所留意到的底层与边缘人群。

非虚构作者不是体验生活，而是观察生活，他们不是道听途说，而是亲眼见证。正是这种描摹性的写作，其真实与复杂直接"秒杀"了很多毫无想象力的平庸小说家。

叔本华始终坚信"人的存在是一种错误"。自古以来，人与人的痛苦从来都是不相通的，但非虚构为我们打通了这一层铁壁，激活了人的同理心和同情心，让人性更丰富、更完整。这在某种意义上，也是小说勉为其难的事情。小说不可改变的一个重要前提便是虚构。虚构本身并不可怕，尤其是在传统印刷社会，但到了流动、多元和复杂的信息社会，到处都是欺骗和虚假，虚构便成为一个先天缺陷，即使再大的想象力也无法弥合。

人们虽然都生活在同一个世界里，但读书人另外还有一个世界，那就是书的世界，读者与作者通过文字和书，共同营造了一个"平行世界"。书的世界其实是现实世界的镜像，有些在现实世界看不懂的东西，在书的世界里可以看得清清楚楚；有些在现实世界看不见的东西，在书的世界历历在目。

最近几年，在畅销书作者中，有两个人很令人惊叹，一个是郭建龙，一个是袁凌。他们都是记者出身，一个走遍世界，一个走遍中国，而且都是关注那些贫穷危险的边缘人群。他们都是非常勤奋的作者，而且每部作品都保持了相当水准，有洛阳纸贵似的影响。在读书人中，读万卷书者很多，行万里路者很少，因此他们显得少有的勇敢，令人佩服。

感谢袁凌这样的作者，用他冷峻而又带着温度的目光和文字，为我们打开了一个尘封的私人世界。作为非虚构来说，这是一种信任，也是一种相知。这正像封面上青山与都市之间印着的那句话，我们面对的不是一本书，而是"一位非虚构作家彻底摊开的内心"。

青春只是一场记忆

据说"非虚构"这个概念最早出现于"镀金时代"的美国，在此之前，人们将"现实"视作规范。只有在我们这个时代，才会以如此"负面"的方式描述现实世界。"虚构"（也即"非现实"）显得如此真实自然，以至于现实本身要被称作"非虚构"。

社会学家孙立平在他的微信公众号上写道：

> 我们生活在一个越来越平凡的世界。这个世界的节奏越来越快，一切都是直奔主题。这个世界越来越世俗，与功利无关的，皆被视为多余和累赘。这个世界越来越单调，标尺也只剩下了一个。这个世界将没有情感，没有诗歌，甚至连故事和谈资也没有。诗和远方，成了极少数人最疲惫时候的一种遐想。甚至故事，也要翻阅历史。

很多年前，我正在深圳蔡屋围的出租屋里一集一集地追看美剧《老友记》,间或读到宁肯的《蒙面之城》[1],这是一部类似《灵山》那样的小说,文艺、浪漫而又有几分叛逆。在当时,很流行"非主流"这个词。

那时中国刚刚进入互联网时代,文化精英的世界突然之间被打开了一道窄门,但绝大多数普通人甚至连手机都没有,人们依然过着土豆般的生活。正如宁肯说的,"人人都按部就班过着相同的生活,人与人之间就像土豆与土豆之间,互相厌烦,难有区别,又害怕区别;种群庞大,确是相互重复的结果"。

袁凌的《记忆之城》似乎是《蒙面之城》的 B 面,一切理想都已经破灭,一切偶像都已经崩塌,只有尘世依旧真实与不堪。正像王小波在《万寿寺》的结尾的一句话:"长安城里的一切已经结束,一切都在无可挽回地走向庸俗。"

到今天,王小波已经逝去二十多年了。对我们这一代人来说,从二十多年后再回忆那个时代,会突然发现以前没注意的许多细节。二十多年时间,我们已经从前互联网时代步入后互联网时代,所谓后互联网时代,文化精英已经淹没在一片土豆之中,或者说,被无数土豆淹没了,甚至说,这是一场土豆的踩踏与狂欢。没有了诗和远方,只求苟活便好。

社会学者严飞将这种生存状态称为"悬浮"——"整个社会,就像一列高速前行的列车,轰鸣着一路向前,车上的我们,也像是在赶早高峰的地铁,被后面的人潮推着往前走。我们在追求更高、更快、更强的时候,却逐渐堕入欲望的陷阱,在追求不断向前的现代社会里丢掉底线和尊严;在追求利益最大化的时候,扩大了社会不公,导致向上流动固化、向下流动加速,底层的生活愈加困顿和边缘化,从而引起了道德价值的失落和生活方式的改变。"[2]

青春和故乡一样,都是记忆的产物,或者说只有失去以后才能意识到它的存在。在昆德拉看来,文学的意义就在于记录人类生命中逝去的瞬间。他在《被背叛的遗嘱》中写道:"我们可以努力地坚持记日记并记

---

[1] 宁肯:《蒙面之城》,作家出版社,2001。
[2] 严飞:《悬浮:异乡人的都市生存》,广西师范大学出版社,2022。

录所有的事件。有一天重读笔记，我们会明白它们不能使我们回忆起任何一个具体的印象。更糟的是，想象不能前来帮助我们的记忆重建那已被遗忘的。因为当下——当下的具体，对于我们已是一颗未知的行星；我们既不善于在我们的记忆中留住它，也不善于通过想象重建它。人们死去，却不知曾生活过的是什么。"

在袁凌的作品谱系中，《记忆之城》或许算得上是《在别处》的一个续篇，或者说，《在别处》就像是《记忆之城》的预告片。《在别处》中写到的作者目睹的一些悲惨事件，在《记忆之城》中都一一重现，只是这次作者讲述得更加详细和从容，而不是浮光掠影。

鱼城的棒棒

《记忆之城》名为小说，其实还是非虚构的写法。

这部自传体小说大体划分为三个年代，第一部分是2019，写的是小芹之死，小芹是一个出身悲苦、混迹底层的舞女，最后得了癌症，跳江自杀。小芹死的时候，这个城市正在开世界马克思大会。作者回到鱼城，想去寻找曾经的记忆，一切都已物是人非，跨江索道已经涨到二十元，只有供棒棒们栖身的铺位仍旧是五元钱。

棒棒们的生存状态让人想起著名的"三和大神"，三元可以在路边吃一顿棒棒饭，五元可以在树阴里找一次"棒棒鸡"——"那些穿着丧气的衣服，毫无姿色的女人们，看起来就像他们原配的妻子，双方却在黄桷树的阴影下交易，据说吃快餐只要五块钱一次，比棒棒饭贵两块。"

北京曾经因为满大街的"骆驼祥子"而闻名，正如重庆的"棒棒"，这些出卖力气的苦命人挣扎在社会最底层，向来没有人去关注。

列维－斯特劳斯在《忧郁的热带》中说：到印度去的每个欧洲人，不管他喜不喜欢，都会被一小群叫作"搬运者"的男跟班包围。在《记忆之城》中，棒棒们无处不在，让人在阅读之中，不知不觉发现自己也不过只是一个挣扎的棒棒而已，只是，有的棒棒幸运一些，仅仅因为他们年轻时候结了婚生了一个小棒棒，这样就不用到七十岁时还在做棒棒。

正如社会学家所说，底层人在城市中享有的资源很少，为了生存，他们互相争夺有限的资源，常常彼此伤害。对他们来说，尊严完全是一种奢侈品。

从2001年到2003年，借助袁凌的目光，我们走进一个被尘封的鱼城的世界，这一副市井百态，宛若一个被隐藏和被折叠的地下城，夹杂着各种犯罪、贫困、灾难。房东老太被小偷抢去耳环时，连耳朵都被扯流血了；家庭贫困的女孩因为交不起全班春游的费用而吃酵母自杀；还有个被轮奸后抛弃在路边等死的女孩……

尤其是这一段——

几年前，这里附近有个小学教师，也是县城人，经常星期六回城。有一回大雾蒙蒙的，她独自走在这路上——似乎就是这一段，给人拿砖头砸了一下，昏了，那人强奸了她，是附近的一个农民，威胁她说"你要告了你也完了"。她偏去告了，那人给抓了，可是她的男朋友吹了，农民家里说她害了他们家的儿子，煽动人到学校闹，周围农民也都讨厌她。学校说她影响不好，停了她的工作。她申请调走没人理。后来她就疯了。

诺贝尔文学奖获得者埃尔诺谈到自己的写作时说：我给文学置入了一些坚硬的、沉重的，甚至是暴力的东西。在我作为一个阶层跨越者的情况下，写作是我能做的最好的事情。我的小说一部分内容其实并不是自传，反而是社会自传，他们是用非个人的方式来分析个人的激情。在这些文本中，与其说是讨论自我或者是找到自我，不如说是迷失自我，让自我迷失在更广阔的现实中，迷失在一种文化、一种境遇、一种痛苦中。我感觉有了一种阔大的、强烈的自由。在我拒绝虚构的同时，边界消失了，一切可能性都向我敞开。

在埃尔诺看来，写作是刺向现实世界的一把刀。她选择用"毫不安逸的方式"写作。当有人将她与另一个法国女作家杜拉斯相提并论时，埃尔诺直言：杜拉斯的文本缺乏历史感和社会现实感，她把她的一生变成虚构，相反的是我坚决地拒绝一切虚构。[1]

袁凌在小说最后写到了著名的"红卫兵墓"，让人越发产生一种穿越之感。想想不久之后，鱼城再一次因为"唱红打黑"而闻名天下，文学的想象力在现实面前只能望洋兴叹。

户口的隐喻

英国作家尼克·霍恩比说："读书，其中一个益处，是能填补个人人生阅历的苍白。别人多少年才走完的路，几十天、几天甚至几小时，如同电影镜头为你回放。那些原本要历经沧桑才能体会的心情，现在却有幸在岁月还未耗逝的时候就一窥究竟。"

袁凌是文科博士，专业属于思想史领域，但他后来专注于非虚构写作，此外也写过很多文学评论、现代诗和小说。这部小说带有强烈的非虚构色彩，或者说是用小说笔法重构了非虚构。

有人说：写作如同对爱人耳语。青春的印象就像一幅发黄的照片，照片上，有的人留在家乡，有的人走向远方。在人们的记忆中，青春总是懵懂、幼稚而又慌张和残忍的，但它也有许多不可替代的真诚与美好，如作者与小芹和阿絮之间的爱情。

古人写诗：天若有情天亦老，月如无恨月常圆。人总是对青春的记忆刻骨铭心，袁凌以冷冽的刀笔刻画了自己在重庆的青春岁月，这一切因这部书而成为永恒。

本雅明说："在漫长的岁月里，青年度过人们难以理解的生活。那是一种处在充满献身与不信、尊敬与怀疑、自我牺牲与自己本位之间冲突、矛盾的生活。这样的生活体现了青年的德行。无论怎样的事物，无论怎

---

[1] [法]安妮·埃尔诺：《写作是一把刀：与费雷德里克–伊夫·热奈的访谈》，栾颖新译，上海人民出版社，2023。

样的人,都不能战胜青年。"[1]

本雅明还说:"在爱情中,大多数人寻觅一个永久的家园,但还有很少一些人则寻求永远的漂泊。后一种人属于犹豫者类型。他们尽量避免与母土发生联系,他们寻找能够使他们远离家乡愁苦的人。"[2]袁凌无疑就是本雅明所说的后一种人。

对于喜欢非虚构的读者来说,如果将这本书与何伟的《江城》一起读,会看出一位美国作家与一位中国作家的相似与差异。这两部书描述的空间和时间大致重合,如果说《江城》是形而上的,《记忆之城》就是形而下的。《记忆之城》让人感觉更加细密和真实,甚至也让人感到压抑和黑色。在某种程度上,读袁凌的书有点像是看科恩兄弟和贾樟柯的电影,有点阴郁,却又充满诱惑,一口气读了大半,如同听老友聊天讲述,言语之中,处处共情。

在这部书中,作者同时还讲述了朋友陈天的故事,这是小说的一条副线。

有意无意中,他将户口最终转回到出生地这件事,在我看来就像是一个人生的隐喻:这个所谓的户口,完全是青春遭遇现实规训的产物,户口既无法安置肉身,更无法安放灵魂,它完全是一个无用的枷锁,但这个枷锁的存在,却始终让人无法彻底自由和释怀。漂泊经年,青春已经随风逝去,户口在一个又一个老女人的电话中显示它的存在,似乎户口不是人存在的附属物,而人却变成了户口存在的附属品。

杜甫《佳人》中有一句:"在山泉水清,出山泉水浊。"一个人离乡的游子,如果长久在外面漂泊,难免浑身沾满异乡的烟尘。当他回看故乡,不仅是故乡变得熟悉而又陌生,就连他自己也变成故乡人眼中熟悉的陌生人。自古以来,这种欲说还休的心理况味,曾引发多少文人骚客反复书写和感慨,这也构成袁凌写作的深深底色。

---

1 [德]本雅明:《本雅明论教育》,徐维东译,吉林出版集团,2011,第17页。
2 [德]本雅明:《单行街》,陶林译,江苏凤凰文艺出版社,2015,第8页。

写作者都知道，要成为作家，自律比天赋更重要。有人甚至说，才华就是持久的耐心。有一位资深编辑在谈到写作时说："我认为才华无关紧要。我看重的是恒心、勤勉、刻苦、专注、意志、渴望。"[1] 从《我的九十九次死亡》《从出生地开始》《我们的命是这么土》《青苔不会消失》《寂静的孩子》到《在别处》《记忆之城》，袁凌在最近几年如同井喷一般佳作频出，每一部作品都引发关注。其实，这也说明非虚构写作正成为后互联网时代大众阅读的一个主流趋势。

我个人觉得，袁凌的写作风格已经非常成熟。这本书写得行云流水，驾轻就熟，细节铺陈都点到为止，收放自如，有趣处颇多。从文字到布局，一切都已渐入佳境。

罗曼·罗兰在《米开朗琪罗传》里写道："世上只有一种英雄主义，就是在认清生活真相之后依然热爱生活。"无论是什么题材，袁凌始终关注的是人，尤其是底层的普通人，他不仅用笔，更是用心和用情去描写普通人的生活与感情。因为他从不见外——从来没有觉得自己在普通人面前是个冷眼旁观的"外人"。袁凌的貌似冷峻的背后，其实是他极度的隐忍与克制，这或许也是许多底层中年人在历经苦难，度尽劫波之后的人生收获和一种草根精神。

---

[1] [美]彼得·奇尔森、乔安妮·B. 马尔卡希：《旅行写作指南》，陈觅译，文汇出版社，2023。

被遗忘的年馑

——张浩文《绝秦书》[1]

关中的气候,夏季是酷暑,冬季是严寒,唯有春光明媚,秋风袭人,不热不冷,可惜春秋都极其短暂。

在我的记忆里,关中的秋季总是伴随着一个漫长的雨季,从白露到霜降,一场雨接着一场雨,不断线地下三个月。唐代贾岛写诗说:"日日雨不断,愁杀望山人。"秋风秋雨愁煞人,雨季唯一能做的事情就是听雨,所以雨季也是听雨的季节。

古人说晴耕雨读,"春雨宜读书,夏雨宜弈棋,秋雨宜检藏,冬雨宜饮酒"。每年这时候,大概没有比读书更适合的事情了。就是在这样的雨季里,我读到了这本写历史上关中旱灾的小说——《绝秦书》。

每一个人都有一个启蒙阶段,文学常常是启蒙的一种主要方式。先是诗歌(儿歌),再是小说(故事)。进入成年阶段之后,诗歌远去了,小说也渐被生活取代,这时候,人常常会琢磨一些道理。至少对我来说,已经很多年不看小说了,特别是中国的小说。我记得最后一次看的小说是《百年孤独》。相对于残酷的现实,中国的小说家们越来越显得想象力不足。

很多作家常常忘了一件事,小说是给人看的。古谚云:博士买驴,

---

[1] 可参阅张浩文:《绝秦书》,新星出版社,2019。

书券三纸,未有驴字。事实上,很多小说盛名之下,废话连篇,根本言不及义,不知所云,让人难以卒读,正所谓"痛可忍,而痒不可忍;苦可耐,而酸不可耐"。

正因为这样,张浩文先生的《绝秦书》算得上是一部好小说了,起码它是可以读得懂的——我用了一个晚上在床上看完了。如果一气呵成说的是写作快感,那么一口气看完就是阅读快感了。对一部纯文学作品来说,这确是一种久违的感觉。

有一段时期,大饥荒的灾难突然进入主流话题,冯小刚的电影《一九四二》成为大众话题。事实上,关于饥荒的小说向来不乏精品佳作,最著名的如余华的《活着》。

我之所以对《绝秦书》这本小说如此感兴趣,或许是因为我也曾经想写一部同样题材的小说。民国十八年年馑,这是作为关中人的我和张浩文共同的历史记忆。虽然我曾经用了几个月搜集关于这场大饥荒的史料,但最终只写了一篇两万多字的历史随笔。[1] 相对而言,张浩文所做的工作浩大得多,仅仅写作就用了三年时间,最终著成了这部将近四十万字的"浩文"。

最后的关中

在中国文化传统中,小说家属于百家中的杂家,"小说家出于稗官,街谈巷语,道听途说者之所造"。古代文化的主流是历史,小说成为主流,基本上是现代文明的产物。小说不是历史,小说更多的是用文学手法描述一种生活状态和社会变迁。

在《绝秦书》中,作者用细致的笔墨再现了这些历史画面。在这样一种历史场景中,我们的祖辈们复活了,他们胼手胝足挣扎在这片黄土塬上。渭河、周原、祠堂、社火、偷龙王、祈雨、乱弹、老碗会、乡绅、土匪、狼、鸦片、银圆、饥荒、万人坑……这些元素组合在一起,重构

---

[1] 参阅拙作《民国十八年年馑》,载《历史的慰藉》,华文出版社,2015。

了一个九十多年前的关中。

所有的好小说都有一个好的开头，《百年孤独》的开头已成经典中的经典，《绝秦书》的开头同样不同凡响："土匪早就来了。土匪是敲锣打鼓来的，周家寨人不知道。可狗知道，狗知道也不顶事，任凭它们对着社火大叫，就是没有人理会……"

《绝秦书》跟大多数农村小说一样，以周家寨和绛帐镇这种典型的传统乡村为舞台。人物脉络也并不复杂，以乡绅周克文为叙述主线，以周克文的兄弟周栓成、周克文的三个儿子周立德、周立功、周立言和引娃、石猴等构成辅线。整个小说按照时间线顺序推进，大体可以分为两部分：前半部分展现传统时代的中国乡村社会，最大的故事就是凤翔剿匪；后半部分进入大饥荒，整个周家寨彻底崩溃，甚至人相食，这里面有许多惊心动魄的可怕细节，小说最后戛然而止……

"一等人忠臣孝子，两件事读书耕田。"在当代文学中，传统乡绅的文学形象大同小异，《绝秦书》中的周克文与《白鹿原》中的白嘉轩似曾相识，甚至连周家三子（立德、立功、立言）也与白家三子（孝文、孝武、孝义）从身份和经历上半斤八两。与其说孙县长代表了一个民国时代，不如说体现了视民众如牛马的冷酷统治。这样的文学语境多少算一种寓言式写作，作者不仅是在讲述一个久远的往事，更是在叙述一个永恒的苦难与状态。

关中不仅是中国文化的重要出处，也是中国农耕的发源地。《诗经·大雅·绵》中赞美道："周原膴膴，堇荼如饴。"意思是说周原这里土地肥沃，连堇和荼这样的苦味野草尝起来也是甘甜的。可以说，中国农业就是从这里刀耕火种起步的，由此出现了大多数人被叫作农民的传统中国。"绝秦书"的"绝"字可谓一字千金，一针见血，一场旷古奇灾，几乎让一个农耕的关中社会走向崩溃和灭绝。

对于今天的关中人来说，祖先已安埋于黄土之下，农耕已成博物馆里的尘封往事，一切都沦为久违的历史。如今，《绝秦书》用一本书复活了一个传统时代的关中——这也是最后的关中。

用文字抗拒遗忘

老子说：天地不仁，以万物为刍狗；圣人不仁，以百姓为刍狗。在权力－暴力的铁血统治下，依附于土地的中国农民永远无法摆脱其不幸的历史命运。丰收之年，他们像牛马一样劳作；大灾之年，他们像苍蝇一样死去。无论自然还是权力，都可以轻易地给农民带来一场灭顶之灾，天灾与人祸难分伯仲。

鲁迅说，中国历史就是吃人的历史。即使冠冕堂皇的官方正史中，"人相食"的记载也目不暇接。民国十八年年馑仅仅是其中不经意的一页。从另一个层面来说，当中国最古老的乡村遭遇一场灭顶之灾，这更多的是一个历史的讽刺，或者说是一个寓言。

在历史语境中，士绅文化曾经是中国的精英文化，那些有教养的士绅是乡村的灵魂，正是他们造就了一个关于田园牧歌的传说。遗憾的是，传统早已经崩塌了，在当代人的记忆里，只留下一个荒诞的游戏——"斗地主"。在娱乐至死的时代，对大多数所谓的历史爱好者来说，他们往往对帝王将相的历史更加感兴趣。一个哪怕极其平庸的皇帝或者暴君之死，总比无数农民沦为饿殍更像"学问"，更像"历史"。

这是一个功利和娱乐的时代，历史越来越成为小说家的情怀，正如小说正在由一群记者和广告人在耕耘。

从文学角度来说，《绝秦书》算不上名篇巨著，但从历史来说，《绝秦书》这本大书第一次使"民国十八年年馑"赫然地进入当代人的眼底，这无疑是一场迟来的祭奠。至少对每一个关中人来说，这本书是沉重的，字字句句都值得珍藏。在轻描淡写的笔墨下，每一个不幸的亡魂重新复活，有血有肉，有情有爱，而不再是史料和旧报纸上冰冷冷的死亡数字。

《绝秦书》之前，同属陕西文学的《创业史》和《白鹿原》中曾简略地提到民国十八年年馑。在饥荒深重的年代，柳青先生写作了著名的

《创业史》,小说就以民国十八年年馑开篇:

"一九二九年,就是陕西饥饿史上有名的民国十八年。阴历十月间,下了第一场雪。这时,从渭北高原漫下来拖儿带女的饥民,已经充满了下堡村的街道。村里的庙宇、祠堂、碾坊、磨棚,全被那些操着外乡口音的逃难者,不分男女塞满了。雪后的几天,下堡村的人,每天早晨都带着锨头和铁锹,去掩埋夜间倒毙在路上的无名尸首。庄稼人啊,在那个年头遇到灾荒,就如同百草遇到黑霜一样,哪里有一点抵抗的能力呢?"

作为一部主旋律小说,《创业史》是在传统乡村的葬礼上演唱的一曲欢歌,欢呼"生产合作化"新时代的来临。面对不堪回首的灾难和历史,人们总是习惯于选择性失忆。有一本名叫《1942饥饿中国》的书,封面上有这样一句话:"如果我们总是遗忘,下一场饥荒会将我们埋葬!"

一位美国作家说,"写作是出于对现实的报复,出于想象和参与他人生活的渴望"。文字和文学的意义在于记忆,《绝秦书》如同一曲悲绝的乡村安魂曲,将最后的关中深深地雕刻在历史碑记中。

张浩文来自关中农村,他的《绝秦书》获得过柳青文学奖。

"文学的职责在于抵制遗忘",这是张浩文写在后记里的一句话。面对逝去的童年和乡土,张浩文比柳青更多了些深层次的思考,而不仅仅是停留在时代的表面——农村经济的凋敝、社会组织的解体、士绅阶层的退化、传统价值观的溃败、暴力的循环……

古今至文,皆血泪所致。思想是文学的灵魂,没有思想的作品只是辞藻的堆砌和文字的游戏,是纸上的行尸走肉。因为思想和批判,《绝秦书》超越了一般意义上的文学作品,它带给读者的不仅仅是印象,更多的是思考……

细节的力量

人过中年之后,往往会越来越喜欢历史。对爱视频的当代人来说,读书更像是一件形式大于内容的事。其实，阅读带来的许多乐趣是不可替代的，特别是读到一本可圈可点的好小说。在一个魔幻穿越的时代，一部严谨的历史小说更能体现作者的功力和诚意，它让我们懂得珍惜生活和缅怀历史。

亚里士多德说过，诗比历史更富有哲学意味。从某种程度上说，小说是历史被垄断的结果，当历史沉默时，小说就成为历史的代言人。或者说，当历史除了人名是真的，其他都是假的时，在小说里，除了人名是假的，其他都可以是真的。

《绝秦书》不是历史，却胜似历史。它以小说的身份介入历史最幽暗的深处，正如米兰·昆德拉所说，小说不是作者的忏悔，而是世界变成陷阱时对人类生活的勘探。

很多中国人之所以信佛，概因佛教认为人生皆苦，苦海无边，人无时无刻不在受罪，无有出期。一部饥荒史，仿佛暗无天日的无间地狱。在历史中，民国十八年是一场灾难；在小说里，民国十八年是一场悲剧。与真正的历史相比，小说的力量在于细节——

民国十七年（1928），久旱不雨，北山的灾民蜂拥到绛帐，卖儿卖女。周家寨偷来龙王祈雨，为了显示诚意，从集市上买了两个12岁的"童男童女"，活活下油锅献祭……

周栓成趁灾年地价暴跌，用尽积蓄大量置地，终于成为周家寨第一号地主。随着灾情持续，竟然无米下锅，最后夫妻双双饿死……

随着饥荒的蔓延，树皮已经被剥光，草根也已经绝迹，实在无可果腹的人们争相捡拾大雁粪。因为有一些未被消化的草籽，腥臭的大雁粪竟然成为人们眼中的美食……

灾民饥寒交迫，为了躲避夜里的风寒，争相挤进余温尚存的灶膛，到了早晨，"他们的尸体密密麻麻地插在灶膛里，就像香炉里插满了香头"……

饿殍遍野，地方只好组织收尸队，将尸体集中埋葬在万人坑。黑丑和毛娃为了挣一个救命的馍，参加了收尸队。他们抬一个瘦男人的尸体时，死人突然活了过来，"给我吃一点吧，我不想死"。毛娃答应给他一个糠团子，"我给你吃了，你就要去死啊，说话算数"。那个瘦男人果然咽下糠团子后就死了，"同时眼角里却渗出两行眼泪来"……

兔娃爹饿死了，兔娃妈带着兔娃走投无路，就把兔娃推进井里。兔娃没死，在井里苦苦哀求。兔娃妈泪如雨下，最后还是硬着心肠将一块块石头填进井里……

年过花甲的周有成不忍儿女艰难，一心求死，死在家里对儿女不吉利，死在路上会被人吃狗刨，便求单眼趁儿女外出背粮，将自己活埋在塬上……

单眼为了活命，偷偷从死人身上割肉煮食，后来嫌死人肉难吃，就暗地里劫杀老弱妇幼，专吃活人肉。因为与父亲口角，失手将父亲打死，"不吃就可惜了"，便把亲爹烹食了。周克文领着村里人来质问单眼，单眼毫无愧疚地用一锅肉来款待乡亲，乡亲们也大快朵颐……

一段题外话

我与张浩文有着一些相似的出身和经历，都是关中西府人，在二十世纪七八十年代离开乡土。我们这一代人算得上第一代离开乡土的农民，或者说最后一代农民的儿子。若不是上学，我们或许现在还在农村。事实上，张浩文的兄弟姐妹至今也都还在农村种地。

农村出身是我们那一代人无法抹去的底色，我们的童年里，没有安徒生童话，我们是在老人讲史中长大的，民国十八年年馑是从小就被刻在骨子里的。对我们这一代关中人来说，童年、乡土，都离不开这场饥荒的历史叙事。

我像许多读书人一样，一直以为读书就是读文学书，尤其是读小说。所以，在我成年后的很长时间里，我都在读小说，我因此读了很多小说，但许多当代中国作家的小说让我读不下去，或者说读不懂，虽然每个字都认识，这些字凑在一起，却不知他们在说什么。难道文学已经堕落成为玩弄修辞不知所云的玩意儿了吗？如今，想找一本说人话、能让人读懂的小说还真是不容易。以至于我一气之下，自己动手写了一部长篇小说《乱弹》。

我后来主要是看一些历史类和思想类的书，读文学书越来越少了。读《绝秦书》多少算个例外。

跟陈忠实一样，张浩文也是大器晚成，一部《绝秦书》堪慰平生矣。

我刚搬到西安时，张浩文从扶风来看我，专门给我带了一把麦子。后来我帮他在西安和宝鸡的万邦书店组织了两场签讲活动，一场年馑，勾起一代关中人的记忆，场面非常感人。

我将同是扶风人的老愚介绍给浩文认识，没想到他们竟然还是亲戚。隔两年，老愚将《绝秦书》在新星出版社再版。

新版《绝秦书》在文字等细节上调整很大，基本上还原了传统乡土生活的风貌。这对现在城市人或许陌生和新奇，因为乡土风俗文化随着乡土的瓦解已经彻底逝去了。好书需要时间的沉淀，《绝秦书》出版数年后，也得到了很多反馈意见，这次新版最大的调整就是结局的改变，这在一定程度上也是张浩文听取了老愚的意见。从整体来说，说它是"臻于完善的文本"是当之无愧的。

新版封面以干涸龟裂的黄土地为大背景，三个影影绰绰的逃难者，配上作者张浩文亲笔书写的书名，画面简单，而又寓意深刻。

民国十八年年馑已经过去近百年，亲历过那场饥荒的人应该是非常少了，如果有健在的幸存者，也都到了老眼昏花的耄耋之年。作为一种完全依赖于口头传说的民间记忆，这场年馑随着那些老人的离世，也终将被人们彻底遗忘。

新版书即将付印前，张浩文突然打电话，他让我找找相关史书中关于民国十八年年馑的记载。我记得当时已经很晚了，但他要得似乎比较急，大概是出版社临时提出的要求。

我因为写历史通识类作品，收藏的各种历史图书非常多，便把这些书都挨个儿翻了一遍。不翻还好，一翻之下，连我都感到吃惊，竟然所有正式的官方历史中都没有关于这场饥荒的记载，哪怕片言只语。

一场死亡几百万人的大饥荒，在所有官方历史中却没有任何记载，包括《剑桥中华民国史》，只有《中国人口史》中有几行文字，这就是底层大众的命运。

> 1928—1930年，陕西、甘肃两省持续遭受了长达三年之久的大旱灾袭击，此次旱灾由于持续时间长，并且伴随着传染病的流行，死亡人数远远超过1920年那次旱灾。陕西省在三年的灾荒中，死于饥饿及传染病者高达三百万人，甘肃省死亡人数也高达250万—300万。另外，旱灾也波及了山西、河南、河北、绥远等省。[1]

韩炳哲说，人是一种叙事动物。然而马克思在谈到法国农民时却说："他们无法表述自己，他们必须被别人表述。"农民像植物一样，祖祖辈辈扎根于一片土地，像草一样生长、死去，不留一点痕迹。直到如今，一个农民的儿子认识了字，才开始记载他们的历史，便有了这本《绝秦书》。

---

[1] 侯杨方:《中国人口史》（第六卷），葛剑雄主编，复旦大学出版社，2005，第584页。

| 第五 |

经济

仓廪实而知礼节,衣食足而知荣辱。
——管仲

开启现代之门

——从《西方的兴起》到《欧洲之变》[1]

大约六十多年前，英国著名汉学家李约瑟提出了一个问题，即为什么现代科技出现在西方而不是中国。这个"李约瑟难题"一直以来都是学术界的热点，甚至也引起社会的广泛关注。对此众说纷纭，人们试图从不同角度来回答这个问题。事实上，李约瑟难题可以换个更大众化的说法，那就是一直落后的欧洲何以在近代崛起，从而创造了现代文明。

在"一战"的狼烟四起之时，斯宾格勒正在贫民窟的烛光下写作《西方的没落》。半个世纪后，随着战后婴儿潮一代长大成人，西方世界再次迎来一个辉煌的巅峰时刻，麦克尼尔因《西方的兴起》而声名鹊起，书中将1500年至今的历史称为"西方统治的时代"。[2] 李约瑟难题其实也是这一时期的产物。

对于李约瑟难题，一般人给出的答案是，当其他地区因为路径依赖还在传统的老路上继续蹒跚前行时，欧洲发生了一系列革命性剧变，从而另辟蹊径，走上了一条叫作"现代"的快车道，结果与传统世界分道扬镳，这就是彭慕兰所说的"大分流"。在某种意义上，所谓"大分流"，

---

[1] 可参阅〔美〕帕特里克·怀曼：《欧洲之变：震撼西方并塑造现代世界的四十年 1490—1530》，朱敬文译，中信出版社，2023。

[2] 〔美〕威廉·麦克尼尔：《西方的兴起：人类共同体史》，孙岳等译，中信出版社，2015。

只不过是李约瑟难题的另一个版本。

彭慕兰在《大分流》一书的序言中也承认：世界史的大多数重要课题都是研究"西方的崛起"和"其余地区"所谓的停滞之间的差异，大多数早期的宏观历史著作在写作时至少隐含有阐明这一分流之前因的目的。[1]

这个话题，近年来一直是图书出版的热点选题，每年都有大量相关外版作品被引进，尤其以中信出版为多。2023年出版的《欧洲之变》便是此类书的典型之作。或者说，《欧洲之变》也是一部回答李约瑟难题的著作。

所谓"欧洲之变"，其实是指欧洲从一个保守封闭的中世纪封建社会走向全球化现代社会的"蝶变"，即现代之门是怎样开启的。

西方的兴起

李约瑟曾说："除了希腊人的伟大思想和制度，从公元1世纪到15世纪，没有经历过'黑暗时代'的中国人总体上遥遥领先于欧洲。直到文艺复兴晚期发生科学革命，欧洲才迅速领先。"[2]

《欧洲之变》的作者怀曼是一位聪明的历史畅销书作家，他将这段历史限定在15世纪末到16世纪初短短的40年中，这与李约瑟所说的"文艺复兴晚期"基本相合，但他的目光没有局限于"科学革命"。

为了便于叙述，作者采用常见的人物列传方式展开写作。著名的《中世纪人》[3]和《万历十五年》也都是这样的叙述形式。

《欧洲之变》选取了九个典型的历史人物作为叙事线索，分别讲述了古登堡的印刷革命、哥伦布的航海探险、马丁·路德的宗教改革，以及火药引发的军事革命中，西班牙女王伊莎贝拉、奥斯曼帝国的苏莱曼一世、神圣罗马帝国的查理五世、德意志骑士贝利欣根的命运，此外还有

---

1 [美]彭慕兰:《大分流：欧洲、中国及现代世界经济的发展》，史建云译，江苏人民出版社，2010，序言第9页。
2 [英]李约瑟:《文明的滴定》，张卜天译，商务印书馆，2016，导言第1页。
3 [英]艾琳·鲍尔:《中世纪人》，韩阳、罗美钰、刘晓婷译，北京时代华文书局，2018。

银行家富格尔和羊毛商人赫里蒂奇的兴衰。作者将那些改变历史的重大事件与事件背后的历史细节联系在一起，娓娓道来，以极具历史现场感的形式将当时的欧洲与世界连接起来。

作者指出，一切变革的根本是制度创新，依靠制度创新，欧洲社会在政治、军事、宗教、金融、贸易等方面都发生了革命性巨变，由此奠定西方的领导地位，影响了整个世界的发展进程。

发生在现代黎明时分的这场空前绝后的"大分流"把西欧从旧世界的偏僻角落变成了世界秩序的新中心。作者认为，到1527年，通往"大分流"的路径已依稀成形。即便还只是粗略的轮廓，前路依然漫长，但未来世界的雏形已逐渐清晰。从尼德兰和不列颠，亦即"大分流"之前的"小分流"发生地开始，欧洲先是缓慢而痛苦地，继而非常突然地在技术成就、政治权力和经济产出上飞速超越它最强劲的对手。

正如作者在引言中所说，1490—1530年这40年，在这还不到人一生长度的短短几十年间，一系列剧烈转变使得欧洲从相对落后的状态一跃成为超级强权。导致这些强烈扰动的并非任何单一进程或变量，而是好几个。航海探险、国家扩张、使用火药的战争、印刷业的扩散、贸易与金融的开展以及它们所酝酿的全部结果——宗教剧变、暴力蔓延和全球性扩张——以复杂和不可预见的方式相互影响。因为每一项进展本身都事关重大，聚到一起自然具有爆炸性。在这段短暂而冲突激烈的时间里，它们的组合与冲击戏剧性地改写了世界历史，给与今日情况极其相似的未来奠定了基础。[1]

在这个关键的时间节点上，欧洲创造了一整套经济制度，尤其是信贷观念，特别适合推动需要大量资金且充满高风险的战争、探险和技术创新。

无论是国家战争还是民间贸易，都离不开资本的支持。金融的兴起

---

[1]［美］帕特里克·怀曼：《欧洲之变：震撼西方并塑造现代世界的四十年1490—1530》，朱敬文译，中信出版社，2023，引言第18页。

奠定了欧洲内部的交换网络，为后来的军事–财政国家奠定基础。西欧因频繁的人员流动、文化交流和商品贸易而日渐融为一体。从当时的眼光看，火药战争、远洋探险和印刷、贸易都是费用高昂的资本密集型行业，技术、资金的需求量极大，但投资收益也不可限量。在1500年前后的几十年，所有进程都因为资本的流入而被打了强心针，不仅开拓了许多新行业，甚至发现了新大陆。

如果说最早是欧洲发现了美洲，那么后来则是英国发现了美国，这二者对现代世界具有同样重要的意义。卡伯特就是英国的哥伦布。1553年，卡伯特率领的英国探险队带着爱德华六世的亲笔信，从伦敦出发前往中国。"在一个精于算计、讲求实效且本质保守的世界里，这是一次向着未知领域大胆而富有想象力的挺进，它将对英格兰产生巨大的影响。后来不列颠成熟的商业帝国传统就起源于这个16世纪50年代初在伦敦及其周边地区发展起来的雄心勃勃而颇为轻率的项目。"[1]

伦敦作为世界金融之都有着漫长的历史，在某种程度上，《伦敦的崛起》就像是《欧洲之变》的一个脚注，"如果16世纪初，在英格兰处于极端边缘化的情况下，伦敦的崛起引人瞩目，那么同样值得人们惊讶的是，在随后的几十年中，当欧洲大陆在宗教战争、大屠杀和叛乱中遭到破坏时，这座城市却在蓬勃发展"[2]。

与《西方的兴起》不同，《西方世界的兴起》是一部经济学作品，或者说属于经济史范畴。

在《西方世界的兴起》一书中，经济学家诺斯通过对经济史的梳理分析，试图改变一个传统观念，那就是从某一偶然的技术革新来解释发生工业革命的成因；诺斯关注的是现代所有权体系和社会制度是如何形成的，即用制度经济学的方法来寻找欧洲出现经济增长的原因。

---

[1] [英]斯蒂芬·奥尔福德:《伦敦的崛起：商人、冒险家与资本打造的大都会》，郑禹译，九州出版社，2020，第82页。
[2] 同上书，前言第4页。

诺斯的观点是，有效率的经济组织是经济增长的核心，有效率的经济组织在西欧的发展才是西方兴起的根本原因。

诺斯在书中写道，商人利用的支付手段从现金交易扩大到延期支付等。长期资本来源于对国家的贷款并受这一贷款的支配。例如，查理五世已成为欧洲最大的债务人。富格尔家族乃是西班牙王权最大的债权人。一个有效率的资本市场不仅支持工商业繁荣，也帮助国王度过财政危机。[1]

诺斯的经济学思想也恰好印证了《欧洲之变》中的历史叙述——每一样东西都有成本，欧洲的优越性并不在于它有资源或有某种文化特性，而在于它此时此刻正好有能促成这些事情的经济结构。

每个人，从底层的打零工者到国王，都使用信贷，而且经常用。这样一来就在整个欧洲大陆织就了一张致密的交易和债务网络：起初是城市之间，后来又深入乡村。约翰·赫里蒂奇的羊毛大多通过英格兰控制下的加来港进入低地国家，那里的匠人把它织成毛呢，再出口到欧洲大陆各地。其中每一个阶段都牵涉债务和信贷，双方通过承诺达成交易，于是这些绝大部分停留在理论层面的钱，被记录在一本本账簿里，而维系这个商业系统的就是彼此的信赖。每个人都欠别人钱。

信贷给赫里蒂奇的事业，也给整个欧洲的商业提供了燃料。赫里蒂奇是一个普通得不能再普通的人，他那朴实的逐利思想和以市场为导向的行为告诉我们，这就是欧洲经济的根本。能够造就赫里蒂奇等人（并令他们无处不在）的社会肯定是一个愿意进行风险投资的社会——从海外远航到火器战争，再到印刷事业，而且根本不考虑在这个过程中谁会受苦，谁将受益。[2]

---

1 [美]道格拉斯·诺斯、罗伯斯·托马斯：《西方世界的兴起》，厉以平、蔡磊译，华夏出版社，2009，第202页。

2 [美]帕特里克·怀曼：《欧洲之变：震撼西方并塑造现代世界的四十年 1490—1530》，朱敬文译，中信出版社，2023，第200、第202页。

数目字管理

社会学家米尔斯曾说:"作为一门学科的历史学,的确鼓励人爬梳细节,但它也倡导人开阔眼界,领悟那些左右社会结构发展趋势的划时代事件。"[1] 在《欧洲之变》中,作者说来说去,最终强调的还是"制度"这把开启现代之门的金钥匙——制度决定一切,包括政治和经济。

所谓制度,指的就是最基本的大家对某一游戏规则的共同认识;更广义地说,制度所包含的还不止规则,也包括促使人们采取某种行为方式的体制、信念、准则和组织。

制度使人们遵守规则,延续规则,并不时对规则做出调整,让使用者受益。用书中的话来说,"大家对待资本、投资和信贷的态度相同,对背后支撑它们的制度都深信不疑,由此舰船才得以扬帆起航,满载黄金、香料和奴隶而归"[2]。

制度制约的是权力,所以制度从来都要比权力更长久;支撑制度的是信用,正如支撑权力的是暴力;然而遗憾的是,暴力盛行的地方常常没有信用的容身之地。

可做对比的是同时期的中国。中国当时正值明朝中期,郑和下西洋因为巨额亏损而难以为继,海禁政策导致可怕的"钱荒","大明宝钞"如同废纸,官员的工资和军队的薪饷屡屡拖欠,不得不用郑和留下来的胡椒和苏木来抵偿。直到明朝末代皇帝崇祯自缢煤山,明朝政府一直无法解决资金短缺的难题。包括黄仁宇在内的很多历史学家都承认,明朝灭亡的主要原因是财政破产。黄仁宇甚至直言,不懂得在数目字上管理、以道德代替法律和制度才是明亡的根本原因。

"一本账簿初看来就是枯燥乏味、没有生命的东西:每行每列都是数字,还有一些外行人看不懂的晦涩符号系统。"然而,真正的历史就藏在

---

[1] [美]查尔斯·赖特·米尔斯:《社会学的想象力》,李康译,北京师范大学出版社,2017,第200页。
[2] [美]帕特里克·怀曼:《欧洲之变:震撼西方并塑造现代世界的四十年1490—1530》,朱敬文译,中信出版社,2023,第36页。

这枯燥乏味的账簿后面。"说到底,就一本账簿而言,重要的并不是它采用的方法,而是其中反映的冲动和心态。"就羊毛商人赫里蒂奇来说,"不论他是不是采用了最先进的会计方法,它所反映的都是一名资本家的心态"。[1]

经济史学家李伯重在《火枪与账簿》中说:"火枪意味着新型暴力,账簿意味着商业利益,因此'火枪加账簿'就是早期经济全球化时代世界的写照。"

"由一批精明能干、受过良好教育的官员来打理长期公债"是欧洲列强崛起的关键因素,在此之前,欧洲并不比中国明朝更有钱,反而穷得多。

《欧洲之变》透露,1492年哥伦布第一次航行去新大陆的总耗资是200万马拉维迪,大约相当于5300杜卡特,当时一般人的月收入是2到5杜卡特。哥伦布所花费的这笔钱相当于一个中等贵族一年的收入,对航海来说并不算多,根本无法与郑和船队的任何一次航海费用相比。但即便如此,从哥伦布到达·伽马,航海背后最关键的是极其复杂的投资组合和风险分成制度。"远航的资金几乎全部来自私人,绝大部分利润也进了投资者的腰包,通常都是热那亚人的口袋。对葡萄牙而言,这种说法反映的是15世纪末和16世纪初大西洋扩张的真实情况。"[2]

驱使哥伦布这位热那亚水手驶入惊涛骇浪的大西洋水域的,并不是探险的梦想,而是对利润的无尽贪婪。在某种程度上,当时的欧洲正是依靠制度创新,能够用贷款在风险与收益、今天与明天之间获得资本突破,从而以小博大,打开了一道财富之门。

"若要向大西洋开出一艘船或一支舰队,就需要为舰船、补给和充当船员的劳动力做大量先期投资。这段时期,各国都缺乏从子民那里榨取足够现金遂其所愿的能力,它们必须用未来的收入做抵押,换取贷款和

---

[1] [美]帕特里克·怀曼:《欧洲之变:震撼西方并塑造现代世界的四十年 1490—1530》,朱敬文译,中信出版社,2023,第319、第191页。
[2] 同上书,第34页。

先期资金。贷款的主要目的是支付越来越庞大的火器战争的成本。打仗是生意，一上来就需要大笔资金，初期的资金由私人的军事承包人来承担，他们用自己的信用借钱来招兵买马，筹集粮草。印刷业比起军事征战或到印度探险要便宜，但在能创收前也需要为字模、印刷机、纸张和雇专业的操作人员投入不少资本。"[1]

读到这段精彩的叙述，我们不妨想象一下，假如崇祯皇帝也能像西班牙的伊莎贝拉女王一样向民间大财团借贷巨款，发行公债，用来支付昂贵的战争费用，民间定期从朝廷岁入中获得利息，那么明朝和崇祯帝或许能够免于一死，那样历史或将会被改写。

然而，我们不应忘记金融的本质是信用。中国古代在金融方面并不缺乏如飞钱、纸币之类的技术创新，明朝之所以大幅度落后于欧洲，其根源还是在于信用的缺失。正如关于沈万三的历史传说一样，没人敢和皇帝做生意，或者借钱给他，因为皇帝的信用非常低。

中国纸币不可谓不古老，但却始终没有发展成为信用货币，也没有发展成为银行的钞票、支票、本票或期票，也就没有出现资本主义。纸币本身没有价值，它唯一的价值来自信誉，所谓"符信一加，化土芥为金玉"。两宋之后，纸币已经成为官方的法定货币。这种颇具现代性的货币体系一直延续到元朝和明朝，通货膨胀总是周期性地爆发。每一次王朝崩溃的背后，都离不开滥发纸币的阴影。

钱穆先生说，现代中国大体是由明开始的，可惜的是西方历史这一阶段是进步的，而中国这一阶段则退步了，至少就政治制度来讲，是大大退步了。[2] 黄仁宇在《万历十五年》中的一段话堪作注脚："李贽的悲观不仅属于个人，也属于他所生活的时代。传统的政治已经凝固，类似宗教改革或者文艺复兴的新生命无法在这样的环境中孕育。社会环境把个

---

[1] ［美］帕特里克·怀曼：《欧洲之变：震撼西方并塑造现代世界的四十年 1490—1530》，朱敬文译，中信出版社，2023，引言第 20 页。
[2] 钱穆：《中国历代政治得失》，生活·读书·新知三联书店，2001，第 92 页。

人理智上的自由压缩在极小的限度之内,人的廉洁和诚信,也只能长为灌木,不能形成丛林。""本朝的法律也没有维持商业信用、保障商业合同的规定,以此国际贸易无法开放,否则就会引起无法解决的纠纷。"[1]

黄仁宇曾参与过李约瑟《中国科学技术史》的编撰工作,《万历十五年》其实也是一部回答"李约瑟难题"的作品。他在自序中专门解释了资本主义为何没有出现在古代中国——

"资本主义是一种组织,一种系统。即马克思在《资本论》第二卷中论述资本主义的流通方式,其公式亦为 C-M-C,即商品交换为货币,货币又再交换为商品,川流不息。但是货币是一种公众的制度,它把原来属于公众的权力授予私人。私人资本积累愈多,它操纵公众生活的权力也愈大。同时商业资本又是工业资本的先驱,商业有了充分的发展,工业的发展才能同样地增进。这是欧美资本主义发展的特征。中国的传统政治既无此组织能力,也决不愿私人财富扩充至不易控制的地步,为王朝的安全之累。"[2]

黄仁宇后来在接受央视《读书时间》采访时专门解释了"数目字管理"。他说:"管制人类的方法基本上只有三个,第一个是精神上的激劝,像牧师、政治指导员,鼓励人民为善;第二个方法是武力强迫你就范,官方诠释这个条例是怎么样的,你违反了就要惩办;第三个方法就是激励每个人都去追求自己的兴趣,然后造成一个系统,每个人彼此都互相竞争又互相合作。所以不管你是好人还是坏人,只管你是合法或者非法,有了一个客观的标准。这种办法就是变成一个全面货币管制的办法。全面的货币管制就是工资、财政、税收、公债、私人的交易经理、法律,全部只有一个标准,就是说可以在数目字上管理。"

王家范先生对黄仁宇的"在数目字上管理"也有过一番解读。他认为,所谓"在数目字上管理",与西方现代化进程里特有的"资本主义"作为一种"组织"、作为一种"运动"的大论点是紧密关联的;甚至可以

---

[1] [美]黄仁宇:《万历十五年》,生活·读书·新知三联书店,1997,第211、第238页。
[美]黄仁宇:《万历十五年》,生活·读书·新知三联书店,1997,自序,第3页。

说，前者是后者的简化、通俗化。核心的一点，便是社会一切的一切，最终都得听从"货币"的指挥、调度，国家的管理，特别是法制必须转变到为这种"货币"的自由流通和公平原则服务，为之提供可靠的保障。在这种过程中，先是商业资本扮演了先驱的角色，而作为金融资本化身的"银行"的出现，才是关键的、具决定性的环节。[1]

从古到今，无论东方还是西方，任何一个国家的兴衰都受制于一个根本的问题，那就是"钱荒"。大航海的目的除了寻找丝绸、香料这些奢侈品之外，就是到东方寻找金银。大航海对西欧的根本影响在于现代财政金融体制的建立和完善，这使得政府信用和私人部门信用得以同时扩张，信用扩张又推动了资本的快速积累，进而使原本技术落后的欧洲率先爆发了工业革命。[2]

历史没有假设，但历史是打开现实世界的钥匙。今天的世界早已经是后全球化时代，然而世界格局依然泾渭分明，不能不让人回望现代早期那场历史大分流的起点。正如《欧洲之变》中所言，欧洲崛起带来的增长和冲击构成了上一个千年后半叶的主要历史进程，如果不认真思考这段进程，我们对现代世界的了解就不完整。

这让我想起复旦大学国际关系与公共事务教授唐世平先生的谆谆告诫："在我看来，过于沉迷于中国古代甚至近代历史中是极其不健康的。中国公众和精英更需要的是理解现代世界的形成，因为不理解现代世界的形成，就无法理解现代中国的形成，也无法理解当下的中国。因此，我们应该少一点中国历史，多了解世界文明。"

为什么是欧洲

自从麦克尼尔在1963年出版《西方的兴起》以来，引发了以西方为中心的全球史热潮。其中，"西方的兴起"从来都是引人遐想的话题，与

---

[1] 王家范：《中国历史通论》（增订本），生活·读书·新知三联书店，2019，第7页。
[2] 殷剑峰：《成事在人：人口、金融与资本通论》，社会科学文献出版社，2023。

《欧洲之变》类似的作品不胜枚举，这里简单介绍一些新书和过往的经典之作。

法国著名史学家布罗代尔所著的三卷本《15 至 18 世纪的物质文明、经济和资本主义》堪称一部充满历史细节的经济史巨作。作者从城市角度有新发现：相比东方"通常是国家赢了，于是城市隶属于国家，受到强有力的控制"，"欧洲城市享有无与伦比的自由；它们自成天地，自由发展。城市势力之大，竟能左右整个国家"。他将这种东西方城市迥异的历史命运比喻为一输一赢的"两名赛跑选手"，"这一巨大事件的起源还没有研究清楚，但是它产生的重大后果十分明显"[1]。

布罗代尔还指出，欧洲人独立地发现大西洋，是欧洲市场经济发展中具有关键意义的伟大业绩，"这胜利为欧洲人打开了（通向）世界七大洋的大门和通道。从此，世界的整个海洋都为白人效劳"。对此，王家范评论道，这句话背后隐藏着一个冷酷却又非常实在的经验事实——"从传统的市场经济到现代市场经济的过渡，仰赖于一个决定性的驱动力量，便是市场活动空间的最大限度的拓展。"[2]

与《欧洲之变》的观点相似，历史学者麦克伦南在《欧洲》一书中同样强调了文艺复兴的重要作用——

> 欧洲在数百年间都落后于中国，也缺乏伊斯兰文明的扩张能力。相对来说，欧洲的面积更小，文明较为落后。欧洲之所以能够实现华丽转身，变成一个影响全世界的文明体系，关键在于文艺复兴。文艺复兴是人类历史上最大的文化运动，它激发了方方面面的新发现，并让人类最终发现了自己生存的这个世界。文艺复兴形塑了一种新思维方式，使欧洲文明脱颖而出，一骑绝尘，领先于所有其他文明。文艺复兴使欧洲人得以把知识和文化用于自我改进、成长和

---

[1] ［法］布罗代尔：《15 至 18 世纪的物质文明、经济和资本主义》第一卷，生活・读书・新知三联书店，1992，第 650、第 651、第 608 页。
[2] 王家范：《中国历史通论》（增订本），生活・读书・新知三联书店，2019，第 327 页。

对外扩张，并推动科学发明和技术革新，使人们的生活条件大大改善，文明发展到新高度。这一文化运动使所有知识领域都发生了变革，对人类产生的深远影响一直延续到现在。[1]

伊恩·莫里斯在《西方将主宰多久》[2]中认为，西方能主宰人类历史进程，关键在于地理因素。除了地理因素，更应当看到西方一种独特的世界观、价值观和方法论。正如菲利普·尼摩的《什么是西方》所指出的，西方和西方文明是法治、民主、自由、科学和私有制等一系列历史因素共同作用的结果。[3]

人类学家戴蒙德在《枪炮、病菌与钢铁》[4]中主要将中世纪晚期的欧洲与美洲大陆进行了比较分析，这与克罗斯比的《哥伦布大交换》[5]异曲同工。

克罗斯比被视为环境史研究的奠基者，他的《哥伦布大交换》启发戴蒙德写出畅销书《枪炮、病菌与钢铁》。他的《生态帝国主义》[6]类似于《哥伦布大交换》的续篇，这部生物政治学作品强调了欧洲人扩张的生态优势：欧洲生物比新大陆的生物有优势，这使得欧洲的疾病、动植物的扩张和人口的增长成为可能，这些帝国主义者摇身一变成为新土地的主人。

"西欧人，如果不是最早，肯定也在最早发明机械时钟、几何上精确的地图、复式记账法、严谨的代数和音乐符号，以及透视法的人之列。

---

1 ［西班牙］胡里奥·克雷斯波·麦克伦南：《欧洲：欧洲文明如何塑造现代世界》，黄锦桂译，中信出版社，2020，第7页。
2 ［美］伊恩·莫里斯：《西方将主宰多久：东方为什么会落后，西方为什么能崛起》，钱峰译，中信出版社，2014。
3 ［法］菲利普·尼摩：《什么是西方：西方文明的五大来源》，阎雪梅译，广西师范大学出版社，2009。
4 ［美］贾雷德·戴蒙德：《枪炮、病菌与钢铁：人类社会的命运》，王道还、廖月娟译，中信出版社，2022。
5 ［美］阿尔弗雷德·W.克罗斯比：《哥伦布大交换：1492年以后的生物影响和文化冲击》，郑明萱译，中信出版社，2018。
6 ［美］阿尔弗雷德·W.克罗斯比：《生态帝国主义：欧洲的生物扩张，900—1900》，张谡过译，商务印书馆，2017。

第五 经济 | 355

到 16 世纪，与世界其他任何地方相比，西欧都有更多人习惯定量思考。这些人也因此成为科学、技术、军备、航海、商业实践和官僚机构中的世界级领袖，并创造了西方音乐和绘画历史上的许多最伟大的杰作。"克罗斯比在《万物皆可测量》中从精确思维角度着重分析了测量技术的历史影响。"我认为，西方人的优势，起初并不源自他们的科学与技术，而在于他们具备的思维习惯。这种思维习惯的运用，既让他们适时地在科学与技术方面取得了迅速进展，也使得他们在行政、商业、航海、工业和军事方面掌握了具有决定性意义的技术。"[1]

经济史学家埃里克·琼斯的《欧洲奇迹》最早出版于 1980 年，可谓一部集大成之作；他以文艺复兴和工业革命为核心，最远追溯到旧石器时代。书中重点指出欧洲具有独特的自然环境和政治体系，欧洲各国之间有一种有利的相互作用关系，从而带来经济崛起；与之相反，奥斯曼帝国、印度和中国等大帝国则是破坏性的相互作用关系。[2]

经济史学家霍夫曼就"欧洲何以征服世界"提出了一个有趣的"锦标赛"模型，这与琼斯的"诸国体系"概念非常类似，有"多难兴邦"的意味。他特别强调了疾病和火药技术，这其实也并没有超出戴蒙德的《枪炮、病菌与钢铁》的观点太多。

"欧洲征服世界背后的根本原因不是文化、地理或频繁的战争，而是政治史：过去政治事件的特定序列，这些事件形成了国家的规模，决定了欧亚大陆各部分在锦标赛模型中作为外生变量的独特价值。西欧人是否最终从他们对世界的征服以及从他们在火药技术上的所有进步中获利？从来自拉丁美洲的白银和奴隶所制造的糖与咖啡开始，西欧人当然赢得了掠夺和殖民的战利品。他们也获得了玉米和土豆这样的新世界农作物。但是欧洲人也为此付出了代价，尽管他们所付出的代价远远少于奴隶和美洲土著人。奴隶和美洲土著人不仅死于疾病，征服者还摧毁了

---

1 ［美］艾尔弗雷德·W. 克罗斯比：《万物皆可测量：1250—1600 年的西方》，谭宇墨凡译，广西师范大学出版社，2023。
2 ［英］埃里克·琼斯：《欧洲奇迹：欧亚史中的环境、经济和地缘政治》，陈小白译，华夏出版社，2015。

他们的整个社会。美洲的许多白银资助了欧洲王子们发动更多的战争,而欧洲王子却不需要承担军事探险的成本。"[1]

剑桥大学教授杰森·沙曼反对夸大欧洲的军事优势。他认为在近代早期,欧洲军事优势并未发挥重大作用,对印度和中国主要是依靠海洋贸易。因此,欧洲的征服是"脆弱的",他们的胜利也并非必然,历史有其复杂性和多样性。

在沙曼看来,在欧洲的早期扩张中,巧妙的外交策略、完善的后勤保障、财政支持和对海洋的控制等,所起的作用可能更大。但沙曼也承认,"工业革命确定无疑是一个分水岭,它改变了欧洲政权与非洲、亚洲和其他地区的对手之间的力量对比,但非军事领域的技术、政策及后勤等因素比先进的武器更为重要"[2]。

《现代世界的起源》[3]一书则完全放弃了欧洲中心论,认为从1400年到1800年,世界经济最发达的核心地区在亚洲,也就是中国和印度。在早期现代的大部分时间里,西欧相对来说是落后的,正是为了努力追赶发达的亚洲经济,西方才发生了一系列技术和文化革命,尤其是工业革命,欧洲因此而后来者居上,成为现代世界的领跑者。

在某种意义上,这与李约瑟、彭慕兰的大部分叙述形成了一种呼应。作者尤其指出,现代世界的激烈竞争与贫富差距正对人类未来的福祉构成严重威胁。这让人不免想起马克思。

《现代西方的兴起》更像是一本《西方的兴起》的效颦之作,全书以通史的方式叙述了从中世纪直到当下的西方发展史。作者谦卑地认为,欧洲之所以能够在后来崛起,并没有什么秘密,唯一的秘密就是善于学习,用中国古话说就是"见贤思齐",远学阿拉伯、印度和中国,近学罗马和希腊,最后是"青出于蓝而胜于蓝"。

"从中世纪起,欧洲人便乐于向他人学习并尝试新事物,之后其规

---

[1] [美]菲利普·霍夫曼:《欧洲何以征服世界?》,赖希倩译,中信出版社,2017,第203页。
[2] [英]杰森·沙曼:《脆弱的征服:欧洲扩张与新世界秩序创建的真实故事》,黄浩译,重庆出版社,2022,第182页。
[3] [美]罗伯特·B.马克斯:《现代世界的起源:全球的、生态的述说》,夏继果译,商务印书馆,2006。

模、范围和强度都不断增长。在过去的1000年间,欧洲一次次被重塑,在最近的几个世纪更是一再经历重大变革。有些剧烈而迅速,而在另一些例子里,则是量变引起质变。几百年来,它们持续嬗变,就像可控的链式反应,神奇般延续至今,展现出一个将不断创新与改变刻入基因的人类社会。"[1]

---

[1] [美]乔纳森·戴利:《现代西方的兴起》,童文煦译,文汇出版社,2021,前言第7页。

通往技术之路
——《技术史》[1]

牛津大学于 1954 年开始推出《技术史》，到 1984 年，用了三十年时间才将这套书出齐。这套书的作者总共有二百多位，都是来自全世界各个领域的顶级专家。

在 2000 年的时候，作为中国"十五"重点图书出版规划项目之一，上海科技教育出版社曾经出版过这套书。当时，这套书就非常受欢迎，成为很多科研机构、大专院校和厂矿企业图书馆的镇馆之宝。很多个人读者也对它很感兴趣，市场很快断货。遗憾的是，这套书后来一直难以买到，一书难求之下，某些二手书被炒到五六千元，高出定价十几倍。

如今，中国工人出版社将这套书重新出版，对中国读者来说，真是一件值得庆幸和感谢的有功德之事。单看书页上的团队阵容，这套书堪称黄钟大吕，想必也是今年出版界的一件大事。

虽然这套书的写作时间距今已有半个世纪左右，但历史总不会过时，这是写历史的好处。这套皇皇巨著秉承狄德罗《百科全书》的传统，几乎对每一种技术都有详细的讲解，并且以大量的图解和表格加以说明，无论是对专业人士还是业余爱好者，都显得非常认真和到位。

---

[1] 可参阅［英］查尔斯·辛格等编著：《技术史》（共八卷），王前等译，中国工人出版社，2021。

技术的生命历程

我们常常将科学与技术相提并论,其实科学主要是现代产物,而技术则非常古老。用西班牙哲学家奥尔特加的话来说:"现代科技是资本主义和实验科学二者相结合的产物,并非所有的技术都是科学的:旧石器时代没有任何科学可言,但人们还是掌握了制造石斧的技术;中国人从未想过物理学的存在,但这并不妨碍他们在技术上达到一个很高的水平;唯有欧洲的现代技术拥有科学的基础,正是这一点赋予了它独特的性质,并使之具有无限进步的可能性。"[1]

任何事物都有历史,技术也不例外。了解技术史的好处,是可以知道技术是如何生成的,它又经历过哪些发展。

我们所看到的很多技术是静态的,比如汽车、火车、桥梁等等,无论走到哪里,几乎都是那一副样子;事实上,它们并不是一"生下来"就这样,而是经历了漫长的发展和演变,很多人为此付出了智慧和劳动。

在现代社会里,技术至上,每个人从上幼儿园起,就要为学好技术做准备。在上学阶段,所谓考试,原本是为学习技术打基础;事实上,考试本身也已经变成一种技术,比如衡水中学和毛坦厂中学,就已经成为与蓝翔技校差不了多少的考试技工学校。

在某种程度上,教育就是让一个人掌握技术,这与给一台计算机安装程序非常类似。

接下来,不管能否进入大学,每个人都不得不踏上一条通往技术之路,成为工程师、成为律师、成为医生、成为教师,不管将来做什么,所谓职业也罢,工作也罢,其实都是从事一种技术工作。

现代社会是一个技术社会,但我们却对技术的历史所知甚少,这在某种程度上,导致我们都成为技术的功利主义者,只知其一,不知其二。很多人对技术的态度就是利用,而不愿意了解技术背后的东西。

---

[1] [西班牙]奥尔特加·加塞特:《大众的反叛》,刘训练、佟德志译,吉林人民出版社,2004,第104页。

实际上，所有技术都是复杂的，复杂的并不是技术本身，而是技术形成和发展的复杂过程。如果说生命意味着一段时间线上的旅程，那么也可以说，所有技术都是有生命的。

了解技术的历史，能让我们在应用技术的同时，对技术有更深层次的理解，甚至会让技术在我们手中发挥出更完美的效用。

张笑宇在《技术与文明》一书中说："历史学家只能等待重大事件发生后再去记录，但技术早已为重大事件在什么时间以怎样的形式发生埋下了伏笔。我们有石器时代的情感，中世纪的组织，却有着神一样的技术，这是最可怕的事情。"

张笑宇的意思是说，现代社会最让人担心的事情是使用技术却不了解技术，知道技术的现在却不知道技术的过去和将来，知道技术的好处却不知道技术的害处。而技术远比我们想象得要复杂和危险，不了解技术而迷信技术，人类的未来就岌岌可危。

当我们使用手机时，我们不会也没有必要去思考这里面的中央处理器（CPU）、传感器和触摸屏技术到底是怎样交互的，又是怎样融合到一起的；刷头条和抖音时，也并不关心它背后的分发算法究竟是怎么发展的。我们知道的是，如果手机出了问题，就把它扔给售后。我们大多数人的思维模式是：产品背后的东西与我无关，那是工程师和专家的事。

张笑宇特别引用了一段马克斯·韦伯的话："我们完全可以，而且是颇具哲理地以这样一种方式来评说资本主义文化发展的最后阶段，'专家没有灵魂，纵欲者没有心肝；这个无用的东西幻想着它已经达到前所未有的文明高峰'。"

技术的逻辑理性

作为一种对比，《技术史》很自然地让我想起宋应星的《天工开物》。无论是插图还是叙述方式，《技术史》与《天工开物》极其相似，甚至可以说，宋应星早在三百多年前就写出了中国版的《技术史》，而且是以一己之力完成这部巨著。

但令人汗颜的是，在宋应星之后，中国并没有出现像《技术史》这样的巨著，唯一可以提起的是李约瑟的《中国科技史》，而李约瑟还是一位英国人。从这一点来说，英国人或许对技术有一种天生的痴迷，或者说，他们在技术方面特别有天赋。

英国不仅是工业革命的发源地，也是现代社会的出处。

从纺织到陶瓷，从蒸汽机到车床，从造船到火车，从抽水马桶到煤气照明，从滚筒印刷到摄影术，从电报到计算机，英国人几乎创造了我们当下所能用到的一切技术。

张维迎有一次去苏格兰，结果发现这里只有八百多万人，二百年前才一百多万人，但可以数出几十位为人类做出了巨大贡献的杰出苏格兰人。比如，发明分离式蒸汽机的瓦特是苏格兰人，钢铁大王卡耐基是苏格兰人，发明电话的贝尔也是苏格兰人，还有好多这样的人。

这套书虽然免不了西方中心主义的色彩，但确实要承认，西方特别是英国在技术方面曾有先天优势。

从这套书来说，字面上看到的都是各种技术的创新、发展、改进等过程，但在字面之下，我们看到的其实是一种思维方式。

我们看到，没有一种技术从一开始就是完善的，甚至是有用的，好比一个孩子刚下来时一样，没有力气，没有思想，甚至连吃饭走路都做不到，但接下来，在人们耐心的努力下，技术慢慢开始发挥作用，乃至后来改变了世界。

蒸汽机刚出现时，只是一台水泵，而且特别费煤，以至于连一些煤矿都用不起它。抽水马桶刚出现时，弄得屋里臭气熏天。但后来我们都知道，蒸汽机成为现代工业文明的基础，而抽水马桶让我们过上了洁净、卫生、体面的城市生活。

对于我们今天的现代人来说，技术似乎真压倒了一切，一切问题都变成技术问题。但仅有技术是不够的，何况绝大多数后发国家的技术都是照抄过来的，就像一个学生抄别人作业一样。有时候，一个人可以靠抄作业得一百分，但与被抄者的一百分是无法同日而语的。

过去四十年中国经济增长所依赖的技术和产品，大多数都是引进的，我们可能对其中一些技术做出了改进，但许多核心的东西还都是别人创造的，并且很成熟了。用一些经济学家的话来说，西方积累的技术为中国创造了巨大的套利空间，这是经济高速增长的主要原因之一。套利型增长比较快，不光是中国，日本、韩国、新加坡、泰国以及非洲一些国家（如博茨瓦纳）等，在1965年到1995年之间，都有过近三十年的经济高速增长。

科学史学家吴国盛先生说过，后发国家在开始发展阶段，常常是依靠模仿来迭代，这是一种"从1到100"的创新，但到了后来，就需要"从0到1"的原始创新，这才是决定一个国家竞争力的根本。没有科学就没有技术，从这个角度来说，没有功利的基础学科才是技术的根本，而我们常常只看到枝叶繁茂，却没有看到深扎到泥土里的树根。

有人说，中国用了四十年的时间走了西方二百年的道路，这种说法忽略了一个基本事实：中国过去四十年经济的高速增长，是建立在西方二三百年技术积累的基础上。正是西方过去二三百年创造的技术、产品、思想、管理方法，为我们这种赶超式的发展、超常规的增长提供了可能。模仿总是比创新容易。别人在前面修路，我们在后面跟着走，我们走的速度快，一点也不奇怪。

冰冻三尺非一日之寒，任何技术都有一个发展过程，所谓循序渐进。不了解历史，就无法理解现在。英国哲学家休谟说："历史不仅是知识中很有价值的一部分，而且打开了通向其他许多部分的门径，并为许多科学领域提供了材料。"

对待技术，只知其然却不知其所以然，就像只管低头走路却从不抬头看路一样。很多技术专家，对技术史和技术文化如秋风过耳，漠不关心，这样的"工具人"和"机器人"缺乏是非善恶的基本辨别能力，不能不让人忧虑。

在技术无所不在的今天，对拥有了全球最大的"工程师"群体的中国来说，或许有必要去了解现代工业技术最初是怎么形成的，后来又是怎么演变的，技术的将来会怎样，而这就是《技术史》这套书带给我们的启示。

西学东渐说翻译

《技术史》不仅编撰者众多，该书的翻译团队同样人才济济，很多都是业内专家。这让《技术史》的影响不再局限于大众读者，它也成为专业人员的必读书籍。

人类世界是一座巴别塔，不同语言的阻隔让知识思想难以自由流通，翻译是跨越这道语言鸿沟的桥梁。西方文艺复兴运动便起源于古希腊和古罗马文献的翻译和重现。

中国古语说：他山之石，可以攻玉。中国还有一句俗话：远来的和尚会念经。要引进新文化新思想，就离不开翻译。中国最早的翻译运动或许当推玄奘、鸠摩罗什、义净、真谛四大佛经翻译家，据说大雁塔便因译经而建。大航海运动之后，西风东渐，明末掀起一场西方科技热潮，大量西方著作被翻译引进，同时中国经典也传播到西方；到了清末，翻译已经变成官方和民间的自觉行动。

大体来说，中国历史上总共出现了三次翻译高潮——东汉至唐宋的佛经翻译、明末清初的科技翻译和鸦片战争后至"五四"前的政治思想与文学翻译。中华人民共和国的翻译高潮主要出现在改革开放以后，以商务印书馆的"汉译名著"和"走向未来丛书"为代表。随着互联网的兴起，翻译走向大众化，影响最大的或许是字幕组这类草根翻译者。

明代晚期的翻译活动其实是由西方传教士发起和主导的。这些传教士本身就精通拉丁语，他们学会汉语后，都给自己取了中文名字，如利玛窦、邓玉函、汤若望、卜弥格、白晋、张诚、蒋友仁等。他们的传教工作并不顺利，但确实给古老的中国带来了很多现代科学技术的福音。

西方传教士利用他们的语言和知识优势，联合了一批中国传统士大夫，用翻译打开了东西方文化的大门，其历史意义不可谓不大。最先引进的是西洋历法，后来逐渐扩展到数学、物理、化学、采矿、天文等范畴。从明末到清初，陆续引进的西方科技作品有《几何原本》《泰西水法》《奇器图说》等。

令人惊奇的是，很多西方最新科技发明发现都在第一时间被翻译到中国，全球时代的中国在某些方面确实做到了与世界同步。

哥伦布发现新大陆和麦哲伦舰队环游地球没多久，利玛窦就用汉字绘出了中国第一幅世界地图《坤舆万国全图》。利玛窦的这张世界地图对中国的震动，丝毫不亚于欧洲人发现新大陆；至明末，它在中国南北被翻印了十余版，还有数不清的盗印。

1610 年，伽利略发明望远镜。1618 年邓玉函来华携带了一架，并于 1634 年献给崇祯皇帝。汤若望与李祖白合作翻译了《远镜说》，详细介绍了望远镜的性能、原理和制作过程，是为西方物理学中光学原理传入中国之始。该书还详细介绍了伽利略用望远镜观测天体的成果。

清代从文化上闭关锁国，直到鸦片战争后才放眼向洋看世界，清廷建立了专事翻译的同文馆，聘请美国传教士丁韪良为总教习，最先翻译的便是《万国公法》。与同文馆相比，江南制造局翻译馆的实力更强，翻译数量和质量都要高出一大截。

图书为中国打开了世界之窗和现代之门，19 世纪下半叶，引进译书已达 600 种，其中 400 种属于自然和科学类，其余为历史和社科类。这一时期涌现出一大批中国翻译家，如李善兰、徐寿、华蘅芳、李凤苞、赵元益、马建忠、王韬等，他们翻译了大量科技图书，为洋务运动推波助澜。

清末，以严复、林纾、梁启超为标志，中国对国外图书的翻译引进基本进入现代时期。亚当·斯密的《国富论》首次由严复翻译成中文后取名《原富》，该书很快就成为大学教科书。

当代翻译家何兆武先生曾经评价说:"严复一个人所译的《天演论》《原富》《法意》《名学》几部书,实在要比一大批帝国主义分子与洋务官僚们三十年间所出的全部作品和书籍,更能响应这时代的要求,更能满足这个时代的热望。"[1]

严耕望先生称赞陈立夫主持翻译李约瑟《中国科技史》是"一项不朽之盛事",并特别提及,"一般人看轻翻译工作的原因,是以为翻译易而著作难,其实好的著作固很难,好的翻译也决不容易。著作居于主动地位,比较自由,不懂的可以避而不谈;但翻译是被动的,不懂处不能逃避,所以真正好的译本,决不容易;轻视翻译也是浅人之见"[2]。

1911年之前,中国出版的书籍总数量为8万到10万种。据李泽厚先生统计,从五四运动到20世纪末,中国翻译引进的西方书籍共计106 800册,中国书籍被西方翻译引进的仅为800多套。

---

[1] 何兆武:《广学会的西学与维新派》。转引自马祖毅:《中国翻译简史:五四以前部分》,中国对外翻译出版公司,2004,第374页。
[2] 严耕望:《治史三书》,上海人民出版社,2016,第197页。

工业时代的巨兽

——《巨兽：工厂与现代世界的形成》[1]

用了整整一个多礼拜时间，才啃完了这部不大不小的书。对我来说，这是一部值得认真阅读的好书，书中很多史料和观点都让人受益匪浅。

历史类的书现在非常多。现在人眼界开阔，因此读历史，已经不限于那些宫廷权谋史的东西。就这部书的内容和写法，可以归为工业史、经济史、技术史和社会史一类，或者兼而有之，总之读起来不轻松，因为信息量极大。

现代社会始于工业革命，工厂和工人曾经是现代文明的一种象征，当中国成为世界最大的工厂时，工厂和工人在不知不觉中变成人们视而不见的东西。放在世界史的范围内，工厂的没落令人唏嘘，唯有资本和权力依然坚不可摧。

工业与工厂

现代史是历史研究的一个主流内容。讲述工业革命的书非常多，但讲述工厂史的书似乎只有这一本，从这一点来说，这本书就显得弥足珍贵。

---

[1] 可参阅［美］乔舒亚·B.弗里曼：《巨兽：工厂与现代世界的形成》，李珂译，社会科学文献出版社，2020。

这本书不只是讲述工厂的历史，也包括工人阶级的发展历程，包括罢工运动史，以及军工厂的发展史。作者从工厂延伸开去，将工厂作为一种文化现象进行很多解读，比如工厂引发了工业建筑设计及工业主题的美术运动。

大体来说，工业革命中开始出现工厂，资本家从丝织厂、纺织厂开始，逐渐扩展到钢铁厂，丝织厂、纺织厂以女工和童工为主，钢铁厂却全部都是男人，而且钢铁厂的机器更大，规模也更大。随着工厂越来越大，工人也越来越多，然后工厂化的城市就出现了，人们不仅在这里工作，也在这里拖家带口过日子，工厂成为现代人类的栖息地。

正如马克思所说，工人也同机器本身一样，是现代的产物。在辉煌的工业时代，工人们废寝忘食，醒着的大部分时间都是在工厂里度过的。虽然从理论上来说，资本家与工人之间的劳资关系是市场化的合作关系，但双方的谈判地位明显是不平等的。

在福柯看来，工厂的作用不仅在于生产，它也是一种对人的"规训"，从儿童（童工）、妇女（女工）到成年男人，都无法逃脱。这种"规训"不仅使工厂和企业更加趋于完美，同时也在某种程度上塑造了现代国家与社会，所以鲍曼说："工厂生产出许多各式商品，但是除此以外，所有工厂都制造了现代国家顺从的主体。"[1]

"尽管美国主义作为一种技术和意识形态体系在整个欧洲产生了相当大的影响，但是，也许令人惊讶的是，它最大的影响是在苏联产生的。苏联拥有什么样的工业，其实革命前就已经注定了。"[2]列宁提出共产主义就是苏维埃加电气化，苏联在短短几十年中便通过巨型工厂实现了从农业到工业的飞跃，很多工厂同时也是一座城市。

《巨兽》中写道："在苏联，大型工厂被视为一种手段，用来实现宏伟的社会和政治目的：工业化、现代化、国防和社会主义的创造。虽然

---

[1] ［英］齐格蒙特·鲍曼:《工作、消费、新穷人》，仇子明、李兰译，吉林出版集团，2010，第56页。
[2] ［美］乔舒亚·B.弗里曼:《巨兽：工厂与现代世界的形成》，社会科学文献出版社，2020，第175页。

早期的大型工厂被认为是一种扩大型生产的方式,但在苏联,大型工厂被看作一种改造社会、文化,并最终改变世界历史的方法。"[1]

在工业革命之前,传统社会是一个生产社会,农民种地,工匠造物,绝大多数人都是个体化的生产者。那时候,农民住在村子里,匠人住在作坊里,正如农民只需要几件简单的农具,工匠所要的工具也不多,作坊就是匠人的家。"中世纪时期,匠人在他们工作的地方睡觉、干活和抚养子女。当时的作坊是居家之所,面积往往很小,至多可以容纳十来个人;中世纪的作坊和动辄可以容纳成百上千人的现代工厂毫无相似之处。"[2]

虽然传统社会也有一些大型手工工场,但作为主要生产场所的工厂是工业革命的产物。进入工业时代,不仅农民消失了,传统的手工业者和小业主也消失了,企业规模越来越大,人们不可逃避地沦为企业雇员。米尔斯在《白领》一书中写道:"19世纪早期,虽然没有准确的数据,大约4/5的从业人口是自雇型企业家;到了1870年,只有1/3的从业人口,到了1940年,更只有1/4的从业人口仍然跻身于这个老式中产阶级行列。现在,余下来的4/5的人中有许多是靠为仅占人口2%—3%的人打工谋生的,后者占有美国私人财产的40%—50%。在这些打工者中有的是新中产阶级成员,以薪水为生的白领。一如雇佣劳动者一样,对他们来说,美国已经成为一个雇员国家。"[3]

现代社会基本上是一个消费社会,人们的第一身份是消费者,生产只是少数人的事业,而且基本交给了机器;换句话说,机器在生产中完全居于主导地位。可以说,现代文明完全建立在机器大生产之上,机器远比工人更加显赫,也更加昂贵,而工厂就是机器的家。

从福特汽车厂开始,工厂的建筑设计成为建筑业的新宠,独树一帜。福特主义和泰勒主义席卷世界,无论资本主义还是社会主义,都对它趋

---

[1] 同上书,第280页。
[2] [美]理查德·桑内特:《匠人》,李继宏译,上海译文出版社,2015,第49页。
[3] [美]C.莱特·米尔斯:《白领:美国的中产阶级》,周晓虹译,南京大学出版社,2016,第59页。

之若鹜。

正如英国技工帮助美国发展起最早的工业，苏联的现代工业也完全来自美国专家。

在美国专家指导和帮助下，西伯利亚依靠劳改犯建立起许多工厂城市，这里包括生产区和生活区，还有学校、医院、体育场、俱乐部等等。当苏联完成工业化起步之后，又派来苏联专家，帮助中国建设同样的工厂城市。后来，中国专家又被派到很多第三世界国家。

按照《巨兽》书中的叙述，福特帮助苏联建设了斯大林格勒拖拉机厂和高尔基汽车厂，连厂房都是照搬福特的，设计师都是卡恩。卡恩在设计了斯大林格勒拖拉机厂后，又起了更大的作用。1930年年初，他的公司与安托格贸易公司签订了一份为期两年的合同，内容是让他的公司成为苏联所有工业建筑的顾问。

除了福特公司，美国公司还参与了许多苏联重大项目的建设：杜邦公司帮助苏联建立了化肥厂，赛伯林橡胶公司协助苏联在莫斯科建造了一个大型轮胎厂，C.F.西布鲁克在莫斯科修建了公路，其他一些公司为煤矿产业提供了咨询，这些公司可以列出一个长长的名单。[1]

国有工厂

中华人民共和国建立后，便开始了从农业国家向工业国家的现代化转型，老一辈革命家曾经这样设想北京——站天安门上望过去都是烟囱。

1949年后，中国掀起一场前所未有的工业浪潮。之所以说前所未有，是因为无论是晚清的洋务运动还是民国的实业救国，都没有达到后来的深度和广度。当时的歌曲《我们的田野》中唱道："伐木的工人请出一棵棵大树，去建造楼房，去建造矿山和工厂。"《咱们工人有力量》这首歌更是唱响中国大江南北。

在整个"一五"计划期间，人们对工业和钢铁的崇拜达到一种极致，

---

[1] ［美］乔舒亚·B.弗里曼：《巨兽：工厂与现代世界的形成》，社会科学文献出版社，2020，第194页。

每个省都设立了机械工业厅，每个市县都有工业局，国家机构中，更是设立了八个机械部，所谓"四个现代化"，其实落脚点也都是工业，没有工业现代化，也就谈不上农业、国防的现代化。除了发行了大量工业题材的邮票，早期的人民币票面也大都以工业、工厂和工人为主题。

在二十世纪九十年代之前，进入（国有）工厂是每个中国人的最大梦想，因为工人阶级地位高，他们被叫作"大哥"，而农民则是"兄弟"。当时中国几乎所有的大学都是为了工厂而设置的，人们无论是考上大学还是去当兵，其最终目的都是为了进入工厂，成为工人阶级一分子。

当时每一座工厂都巨大无比，工厂本身就是一个生产生活单位，工人和他的家人一生都在此生老病死，几乎不与社会发生任何关系。比如著名的中国核工业总公司第四零四厂（404厂），这个制造原子弹的工厂不仅有学校、医院、俱乐部、公园和游乐场，还有醋厂和雪糕厂，甚至还有法院和监狱。

当时还有很多工厂城市，即一个工厂就是一个城市，一些城市也完全是为了工厂而建，因工厂而起。尤其是在与"美帝""苏修"为敌的情况下，国家将很多工厂都建在深山老林之中，这些所谓的三线工厂仿照苏联模式，全部都以数字邮箱代号为厂名，比如陕西汽车制造厂是93号信箱，陕西汽车齿轮厂是94号信箱。这种代号与其说是为了蒙骗外国情报机构，不如说体现了一种准军事化管理。在机器设备严重落后的状态下，军事手段是保证生产的基础。

当时，每一个大工厂都完全是一个封闭的空间，这样的工厂既不是城市，也不是农村，更像是一个独立部落。电影导演张杨就出生和成长在这样的工厂，他很多电影都是以此为背景。

改革开放之后，除了少数重点央企，许多国有企业因经营不善和长期亏损而倒闭拍卖，工人被迫"下岗"，工厂工人一度成为处境最为尴尬的社会群体。

1993年，纺织工业部没有了，中国纺织工业高歌猛进，轻工业部撤销，中国成为世界工厂；1998年，机械工业部没有了，中国制造开始崛起并走向世界。中国加入世界贸易组织（WTO）之后，2003年对外经贸部撤销，中国成为世界工业制造品最大出口国。

从1978年到1995年，国企在工业生产总值中占的比重持续下降，由最初的77.6%减少至1990年的54.6%，到1995年更是只有34%。从1992年到1995年，私人企业的注册资金猛增了20倍。当中国成为世界最大的制造业基地，从事制造的主要是私人工厂和外资工厂。这些工厂的工人都来自农民，他们被叫作农民工。他们从事着最辛苦的工作，但工厂只要他们的劳动而不要他们的人，这与以前国有工厂的"铁饭碗"不可同日而语。

当世界最大的工厂富士康出现后，跨国公司都以代工形式来摆脱马克思笔下的"剥削"，那些代工流水线沦为"血汗工厂"的替罪羊。

二十一世纪所谓的工厂，常常成为最不为社会所关注的地方，工人也成为被遗忘的人群，甚至连工人的罢工都被当成一场闹剧，几乎得不到任何社会关注。如今的社会人人都想上大学，家长和老师吓唬不爱学习的孩子时常说的一句话是"不好好学习将来只能进工厂当工人"。"玻璃大王"曹德旺不无失望地说："上一辈人都以进工厂为荣，如今的年轻人正好相反，以进工厂为耻。在这一代年轻人眼里，工人就是低等工作。"

今天，全世界的人都生活在一个物质极度丰裕的时代，这些商品依然都来自工厂，就如同所有粮食依然来自土地一样，但今天的工厂似乎被埋入地下，或者说更像是一个远离城市的开放式监狱，工人劳动时如同囚徒一样，他们确实也在从事着囚徒一样的工作——重复枯燥、加班加点的劳动一点也不像是工作，更像是苦役犯的煎熬。

当年的福特汽车工厂和瓦特蒸汽机工厂曾被当作现代文明的宫殿，受到全社会的瞩目，甚至成为观光胜地。福特和瓦特大概做梦都想不到今天的境况。

仅仅三十年前，中国的城市里还到处都是工厂，每个城里人不是这个厂的,就是那个厂的,工人是城里人的基本身份。上海在最高峰时期的工厂数量达到两万多个。当时的城市完全是以生产为主,几乎没有消费可言,整个城市一般只有一两个百货大楼。

四十年的去工业化与房地产运动互为表里,如今的中国城市里,几乎找不到几家工厂,当年的工厂被拆除一空,然后地皮卖给房地产商,最后开发成住宅和商场。今天的城市不再是生产的空间,只是一个消费的空间。北京机床厂变成了建外 SOHO,北京 798 电子厂变成了 798 艺术区,人们对工厂的记忆几乎被完全擦写。贾樟柯应邀将这擦写的过程拍成电影《二十四城记》,算是记录了一段历史。

巨兽与人

社会学家布洛维一生颇为传奇。他年轻时在剑桥大学学数学,偶然看了《自杀论》——这是一本社会学的名著,书中认为,一个人之所以自杀,主要原因在于社会。从此布洛维喜欢上了社会学,后来成为著名的社会学家。

布洛维不是那种书斋里的学者,他把工厂当作自己的"田野",将近四十年时间,他在各种不同的工厂从事过各种各样的工种,从矿井、机械车间、钢铁厂、香槟酒厂到家具厂,从赞比亚、美国、匈牙利到俄罗斯。他因此亲身经历了资本主义和社会主义、殖民主义和后殖民主义等不同政体下的工业与工厂。

在布洛维看来,正如劳动创造了人,工厂不仅生产产品,也创造了一个为数众多的劳动者阶层。对一个现代人来说,工厂带来了某种社会性的身份认同。正如《生产的政治》一书所说,工厂不仅是工作场所,也是再生产场所,这种再生产使得他们能够继续扮演"工人"这个角色。[1]

从社会学来说,工厂对工人的重要意义也源于对爱的需求,因为工

---

[1] [英]麦克·布洛维:《生产的政治:资本主义和社会主义下的工厂政体》,周潇、张跃然译,上海人民出版社,2023。

作是决定人们所能获得尊敬和关怀多寡的最关键因素。然而按照马克思《政治经济学批判》的观点,在自由竞争中,自由的并不是个体,而是资本。自以为自由的个体在本质上不过是资本的生殖器官,服务于资本的繁殖。

在现代分工社会里,每个人都需要出卖自己的劳动,有些工作需要出卖力气,有些需要出卖技术,有些则需要出卖人格,资本是唯一的买主。不管怎样,对每一个普通个体来说,职业已经成为现代人格不可分割的一部分;人们认识一个人,首先关心的就是他的职业。一个人失去了工作,不仅是失去了收入这么简单,严重一点来说是失去了他的社会身份。这不仅让人陷入贫困,更会让人彻底迷失。

美国去工业化以后,留下著名的铁锈带,如底特律、匹兹堡等,许倬云先生在《许倬云说美国》一书中对此进行了许多描写。美国畅销书《乡下人的悲歌》其实也不是写乡下农民,而是作者回忆自己在位于铁锈带的俄亥俄州如何度过自己悲惨的童年。作者在序言中说:从我记事起,这座城市的工作岗位就在不断流失,人们也逐渐失去希望。美国蓝领阶层的没落确实令人感叹。

中国虽然没有留下什么铁锈带,但当年深挖洞、广积粮,辛辛苦苦建成的那些三线企业,如今大都已经人去楼空,留下一座座被爬山虎占据的红砖厂房。苏联专家早已经从人们记忆里消失,曾经工厂林立的东北也日渐没落,这让很多人倍感失落,就像电影《铁西区》《钢的琴》所表现的那样。

万能青年旅店的《杀死那个石家庄人》其实是一首挽歌,歌中所唱的华北制药厂从辉煌走向衰落用了三十年——

> 傍晚六点下班,换掉药厂的衣裳
> 妻子在熬粥,我去喝几瓶啤酒
> 如此生活三十年,直到大厦崩塌

云层深处的黑暗啊，淹没心底的景观

有个笑话说，在未来的工厂里将只有两种活物——人和狗。人的工作是喂狗，狗的工作是确保人什么都不碰。今天的工厂里，需要的人正越来越少，今天的工人需要掌握的技术技能也越来越少，因为几乎所有的工作都交给了机器人。在这样的工厂，工人只是机器人的助手，要不了多久，机器人连助手都不需要时，工人这种职业就彻底消失了，但工厂仍会继续存在。这就好比现代农业产业的情况，虽然地里还在种粮食，但农民作为一种职业基本已经消失了。

如今，白领取代蓝领成为职业人群的主流，写字楼取代工厂成为人们的工作场所，但事实上，很多东西依然没有太大改变，比如"966"和过劳死，资本家对劳动剩余价值的剥削与马克思时代似乎一样。经常有新闻爆料员工加班猝死甚至自杀的事件，证明写字楼不过是新式工厂罢了，每个格子间的白领所从事的工作跟以前流水线上的工人一样，也只不过是机器上的螺丝钉。

1934年，西蒙娜·薇依抛下哲学教师的身份，像布洛维一样进入工厂。在将近一年的时间里，她做过切割工、包装工和铣床工，经历疾病、事故、解雇的折磨，遭受羞辱和不公，她将自己的观察和感受写成《工厂日记》。从早到晚，她和工友们都在艰难应对无情的机器、对工作速度的苛刻要求，尤其是被压迫、被奴役的屈辱感："我自己也是竭尽全力才能维持尊严……几周这样的生活差不多足以将我变成一头温顺的野兽，只有在周日我才能恢复点自我意识。"[1]

霍布斯将国家比作巨兽，弗里曼将工厂比作巨兽，对当下的人们来说，公司作为巨兽，从视觉上体现为写字楼和商场。在巨兽面前，作为个体的人不仅是渺小的，而且是微不足道的。作为一种人造物，巨兽虽

---

[1]〔法〕西蒙娜·薇依：《工厂日记》，王天宇译，上海人民出版社，2023。

然没有生命,但它永生不死,因此它注定在面对个体的人时优越感和凌驾感。

不同于布洛维,薇依认为,工人面临的不幸与政治制度和社会形态无关。我读丁燕的《工厂女孩》[1]与安徒生的《卖火柴的小女孩》,似乎其中也存在着一种剪不断的同构。

日本女作家小山田浩子写过一部超现实主义小说《工厂》(2010)。小说主人公是一名工厂的碎纸员,她在地下室工作,每天在碎纸机旁边一站就是八小时,用手不断地将废纸放入机器。因为时间一长机器会过热,所以她每过一会儿就要换一台机器,不过工厂的机器比工人多。机器可以休息,但人不能休息。对工人来说,工作连一个脑细胞都用不上。

后工厂时代

在工业史中,工厂其实并不重要,重要的是人,即工人和资本家。历史的发展如同剧本,有时候根本没有新意。道具和背景换了,但剧本还是那个剧本,主角还是主角,配角还是配角,每个人的命运并没有改变。

在工厂刚刚诞生不久的19世纪,马克思就揭示了工厂的本性——没有了封建主义的羁绊,"它使人与人之间除了赤裸裸的利害关系,除了冷酷无情的现金交易,就再也没有任何别的联系了。"(《共产党宣言》)"(经济学)把工人只当作劳动的动物,当作仅仅有最必要的肉体需要的牲畜。"马克思认为,付给工人的工钱就像"为了保持车轮运转而加的润滑油"。"工作的真正目的再也不是工人了,而是金钱。"[2]

在《1844年经济学哲学手稿》中,马克思强烈批判工厂劳动对人的"异化"——

工人生产的产品不但不为工人所拥有,工人生产的产品越丰富,他

---

[1] 丁燕:《工厂女孩》,外文出版社,2013。
[2] 转引自[英]阿兰·德波顿:《身份的焦虑》,陈广兴、南治国译,上海译文出版社,2009,第100页。

就越贫穷；工人提供的商品越多，他自己就越是变成廉价的商品。工人在劳动中不是肯定自己，而是否定自己，不是感到幸福，而是感到不幸，不是自由地发挥自己的体力和智力，而是使肉体受折磨，精神受摧残。工人的劳动不是自愿的劳动，而是被迫的强制劳动。只要肉体的强制或其他强制一停止，人们就会像逃避瘟疫那样逃避劳动。对工人来说，这种劳动不是他自己的，而是别人的，劳动不属于他，他在劳动中也不属于他自己，而是属于别人。工人的活动也不是他的自主活动。他的活动属于别人，这种活动是他自身的丧失。[1]

鲍曼在 1982 年出版的《阶级的记忆》一书中指出，进入 20 世纪后，西方世界已经从以工厂为斗争场所的生产型社会转型为以市场为中心的消费社会，消费欲望取代了生产和工作伦理成为社会的主导力量。在生产型社会，穷人没有钱消费，而在消费型社会，穷人没有尊严。消费者时代的统治模式是以"诱惑取代镇压，以公共关系取代警察，以广告取代权威性，以创造出来的需求取代强制性规范"[2]。

"无产阶级"是生产型社会的产物，因为工人不拥有机器——生产资料。随着资本主义制度的发展与成熟，生产型社会的"无产阶级"就演变为消费型社会的"中产阶级"。从福特公司的日薪"五美元"开始，有房有车的中产阶级日益成为资本主义社会的主流。

西欧人临海而居，向海而生，非常依赖渔业和海上贸易，这就催生出一个相对独立的工商业阶层。他们不同于依附于土地的传统贵族或骑士，相对独立的经济地位使他们既敢于挑战教权和王权下的专制政府，又勇于探索新事物和新思想，开拓新领地和新市场，正是这种精神孕育了现代的西方。

在吕思勉先生看来，所谓中产阶级根本不能算作一个阶级，因为他们在本质上也是依附于资本家而出卖劳动力的无产阶级。一旦失业，中

---

1 ［德］马克思:《1844 年经济学哲学手稿》，载《马克思恩格斯全集》第 42 卷，第 93—94 页。
2 ［英］齐格蒙特·鲍曼:《工作、消费、新穷人》，仇子明、李兰译，吉林出版集团，2010，译者导言。

产阶级照样一夜返贫,与穷人无异。[1]

按照一种说法,传统工人阶层被称为"蓝领",而新兴中产阶级则被称为"白领"。凡勃伦的《有闲阶级论》中说,现代社会中产阶级寄生的专业复合大工业化组织,如同变形金刚这一奇怪的庞然大物,资本主义的异化劳动,正在使白领的工作失去意义。中产阶级对于地位升迁的过度追求,以及希望通过消费来维护个人声望的常见手法,已经使得这一阶层的生存竞争在很大程度上转变为一场维护体面的斗争。在研究美国中产阶级的《白领》一书中,米尔斯指出,20世纪的白领既没有农场主曾有过的那种独立性,也没有早先商人们的那种发财幻想。他们总是从属于他人,或是公司,或是政府,再或是军队;他们被视为缺乏远大前程的人。在美国人的视野中,自主业主的衰落和非自主的雇员阶层的兴起,和美国人心目中特立独行的个体的消失及凡夫俗子的大量涌现是一个并行不悖的过程。[2]

从政治经济学来说,资本的核心是一种社会关系,即劳工和资本之间形成的阶级关系。资本主义的发展特点是,在制造了巨富的同时也制造大量的穷人,而且在穷人变得更穷时,富人也更富,也就是劳动者的贫困程度与他们创造的财富价值成正比。技术越来越进步,生存却越来越辛苦;看似无所不有的时代,无数人却几乎一无所有。

如今的白领被称为"办公室工人",而那些从事信息科技的年轻人自称"码农"和"IT民工"。虽然这些"高科技无产阶级"没有风吹日晒雨淋之苦,且受过高等教育,但每天所从事的机械"搬砖"工作还是让他们充满焦虑。在今天的工厂,先进的技术使监视变得更加容易,工作也往往更加高强度、高压力、非人性化,人与人之间的隔离又使他们很

---

[1] "所谓中产阶级,当分新旧两种:旧的,如旧式的小企业等,势将逐渐为大企业所吞并;新的,如技术、管理人员等,则皆依附大资本家以自存。其生活形式,虽与上层阶级为侪,其经济地位的危险,实与劳工无异。既无上升之望,则终不免于坠落。所以所谓中间者,实不能成为阶级。"

[2] [美] C. 莱特·米尔斯:《白领:美国的中产阶级》,周晓虹译,南京大学出版社,2016,导言第4页。

难一起捍卫自身权利。[1]

现在，虽然我们摆脱了工业时代奴役我们、剥削我们的机器，但是数码设备带来了一种新的强制、一种新的奴隶制。基于可移动性，它把每一个地点都变成一个工位，把每一段时间都变成工作时间；从这个意义上来讲，它的剥削甚至更为高效。可移动性的自由变成了一种可怕的强制，我们不得不时刻工作。在机械的时代，仅仅因为机器的不可移动性，工作和非工作就被明确地区分开来。工位与非工作空间有明显的界限，人们必须自行前往。如今，在很多职业中，这些界限和区分都已经完全消失。数码设备让工作本身变得可移动。每个人都如同一座劳改所，随时随地把工位带在身上。因此，我们也就无法再从工作中逃脱。[2]

当工厂变成平台

历史一旦进入现代，就像按下了快进键。短短二三百年时间，工厂消失了，甚至工人也消失了，但失业永远不会消失，而且会愈演愈烈。

进入现代社会后，人类总体上变富了，但却是通过消灭工作致富的，机器先是取代了牛马，最后取代大量人类。对普通人来说，工作或许是唯一的致富手段。如今科技进步，生产效率提高，社会创造出更多的财富，但工作机会却在减少，穷人只会越来越穷。

从欧洲、日本、韩国到中国，随着后工业时代的来临，人口出现减少，社会生育率不断下降。年轻人一方面失业率居高不下，一方面奉行不婚不育的生活方式。用资本论的说法，劳动力已经无法实现劳动力本身的再生产。吊诡的是，当八小时的劳动报酬不足以养活家庭时，十二个小时的过长劳动又会降低人们对于生活的欲望，如社交和学习，因此结婚率必然降低。

---

1 ［英］乌苏拉·胡斯：《高科技无产阶级的形成：真实世界里的虚拟工作》，任海龙译，北京大学出版社，2011。
2 ［德］韩炳哲：《在群中：数字媒体时代的大众心理学》，程巍译，中信出版社，2019，第 52 页。

最讽刺的是，自动化并没有减少人的劳动时间，就如同没有减少失业一样。对许多人来说，数字技术似乎正在消除无需技巧的重复劳动，但这并没有让人的工作更有意义。

《数字工厂》一书描述了数字化时代下真实的劳动场景：亚马逊仓库的拣货工人，游戏行业的金农，通过互联网协同合作的众包工人，以及被隐藏在算法背后的社交平台审核员。[1]

谷歌是世界最大的互联网公司之一，它的员工队伍中有超过十万名像图书扫描员这样的临时工、供应商和承包商；在类似脸书和推特这样的社交媒体，担任内容审核的人更是有数百万之多。他们都被隐藏在砖墙和数字界面背后，他们执行的任务往往会被大多数人以为是由算法完成的。[2] 不仅是在谷歌和脸书，这类工人在其他地方也经常被忽视，尽管他们是当代数字资本主义中至关重要的一部分。

与人们想象的不同，机器人和人工智能并不可能完全取代人类劳动。数字技术让一切都变得可以获取、计算、控制、操纵、统治和消费。正如《外卖骑手，困在系统里》一文所写，如果说数字化改变了什么，它只不过是把全世界变成了一个大工厂。正如工厂实行代工生产，平台也实行劳务外包，互联网公司摆脱了一切责任。如今从事数字劳动的人越来越多，如外卖骑手、网约车司机、数据标注师等，他们与传统的工人并没有什么两样，即习惯于不假思索地服从机器的指令，习惯于从事毫无意义的工作。

大学教师邢斌做了一个月外卖员后，深有体会地写了一篇纪实文章，他这样描写平台的运行："它的一切设计，在大数据和人工智能的加持下，变得更精密、更准确，'恰好'能获取适量的劳动，'恰好'能让骑手们维持最基本的生活，让他们积累不下休养生息、以钱养钱的些微资

---

1 ［德］莫里茨·奥滕立德：《数字工厂》，黄瑶译，中国科学技术出版社，2023。
2 ［美］莎拉·罗伯茨：《幕后之人：社交媒体时代的内容审核》，罗文译，广东人民出版社，2023。

本,像驴一样,被牢牢拴在这台磨上。"[1]

鲍曼在《工作、消费、新穷人》里引用了桑巴特的一段话:新的工厂系统需要的是人类部件:就像一台复杂机器中没有灵魂的小齿轮。需要剔除的是人身上那些无用的部分,比如兴趣和雄心,还有天性中对自由的渴望,它们不仅与生产力无关,还会干扰生产需要的那些有用的部分。[2]

事实上,所有平台都是一个圆形监狱,也是一个无形工厂,在这里,每个人既是囚犯又是狱警,既是生产者也是消费者,消费也成为生产的一部分,而机器仍然在工厂中占据显赫的统治地位。

在一个技术高度发达的后现代社会,机器由极少数科技精英发明,由极少数资本精英控制和拥有。在精英的眼里,大众总是平庸的,穷人总是大多数,富人才是社会的主流。正如福柯所指出的那样,"穷人这角色之所以是必要的,原因不仅在于它不可能被压制住,还在于它使财富的积累变得可能。如果穷人多劳动而少消费,就能使国家富强,使国家致力于经营土地、殖民地、矿山,生产行销世界的产品。总之,没有穷人,国家就会贫穷。贫困成为国家不可或缺的因素。穷人成为国家的基础,造就了国家的荣耀。"[3]

从更为遥远的层面去看,随着生产越来越被机器接管,人类作为生产者和劳动者正从工厂里全面消失。这场古今之变,使人类从完全的生产者彻底沦为纯粹的消费者,人类除了消费之外一无是处。人既然越来越"没用",人类也就失去了"劳动力再生产"的动机和动力,所以现代人正在放弃生育,使人类这个群体走向自动消亡。这早已成为很多末日科幻电影永不厌倦的主题。

---

1 邢斌所作《2022 年冬,我在临沂城送外卖》。
2 [英]齐格蒙特·鲍曼:《工作、消费、新穷人》,仇子明、李兰译,吉林出版集团,2010,第 38—39 页。
3 [法]米歇尔·福柯:《疯癫与文明:理性时代的疯癫史》,刘北成、杨远婴译,生活·读书·新知三联书店,2003,第 213—214 页。

第五 经济 | 381

技术的诱惑与反噬
——张笑宇《技术与文明》[1]

有朋友给我推荐了张笑宇的《技术与文明》这本书,他说很像我的《现代的历程》。我看了下目录,确实内容比较像。

《技术与文明》的书名让我一下子想到芒福德的书。芒福德的《技术与文明》已经成为经典,他当时写《技术与文明》时,计算机和互联网技术还没有像现在这样发达。在芒福德之后,就很少再看到类似的书。技术对人类现代文明影响如此巨大,而且越来越大,但相关研究并不多。最近一些年,关于人工智能的文化探讨成为一个热门,但人们似乎仍没有将人工智能作为技术的一种来进行更大范围的思考。

我最早对技术话题的兴趣来自戴蒙德的《枪炮、钢铁与病菌》一书,从戴蒙德的这本书逐渐延伸到芒福德的《技术与文明》、麦克卢汉的《机器新娘》和茨威格的《人类群星闪耀时》,这让我眼界大开。我以前虽然是做技术工作的,但从来没有看到过从技术角度来思考人类历史和文明演变的书,实际上,中国大学的工科专业也很少有此类课程。就好比一个军事工程师只学习怎么更残酷地杀人,但从来不会去理解为什么要杀人、杀人到底对不对。

中国人喜欢历史,但中国一般的历史话题都是帝王将相,所谓历史

---

[1] 可参阅张笑宇:《技术与文明:我们的时代和未来》,广西师范大学出版社,2021。

书多半也都是人物传记，相比这类以整个人类为对象的大文明史，传统历史的格局和视野明显不在一个层次，也难以引发人对世界的思考。

写作《现代的历程》《历史的细节》《新食货志》，其实不是我多么喜欢写历史，而是因为读不到这样的书，不得已，才自己动手搜集资料，连编带写弄成书。书出来后，连自己也不甚满意，这十年几乎一直在修改。我一直都感到困惑的一件事，就是这类思考人类文明大历史和思想史的新书太少，尤其是中国作者很少去写这样的书，但这类书并不是没有读者，尤瓦尔·赫拉利的《人类简史》其实就是这样的书，赫拉利的人类文明三部曲卖到百万册，便证明了仍有大量读者喜欢深度思考。

我至今还记得《人类简史》出版前，中信出版社给我寄来样书请我试读，我读过后，觉得思想史成分太重，恐怕读者市场会很小，但结果让我大吃一惊。这次读到张笑宇的《技术与文明》，又让我想起当初读《人类简史》的感觉。

十四种技术范式

在中国传统中，历史是文学的一种，在西方则更接近于哲学，其实真正好看、有深度的历史应该将文史哲打通。在当下历史畅销书中，不少书都以笔头文字功夫取胜，不乏幽默搞笑的历史冷知识，但真正具有哲学思考能力的作者不多。从这一点来说，政治哲学专业出身的张笑宇无疑具有得天独厚的优势。

在作者张笑宇心中，或许想让《技术与文明》对标《人类群星闪耀时》，但其实对标的应该是《人类简史》，虽然书中选取了十四个话题，但那只是形式，作者的叙述方式和思考深度完全是尤瓦尔·赫拉利式的，即将话题置于整个人类文明的语境下展开。相对于《人类简史》，《技术与文明》分别就十四个主题进行深入讲述，所以从细节深度方面，可读性和趣味性更胜一筹。

在该书中，张笑宇深厚的学术功底显示出了很不简单的宽度和深度，让人读来茅塞顿开，受益匪浅。

张笑宇在书中分别探讨了十四个话题，每个话题都充分地展开，从历史、文化、思想等各方面进行了细致和大胆的解读、分析、讲述。

1. 秦弩开创了中国大一统格局，作者提出墨家与法家对大秦帝国创建时期的贡献。
2. 古希腊学术体系对现代学术的铺垫。
3. 中世纪教士的技术发明。
4. 圣殿骑士团的汇兑制度。
5. 古登堡印刷机。
6. 火枪步兵方阵的军事流水线。
7. 纽卡门到瓦特的蒸汽机革命。
8. 铁路与德国军国主义。
9. 机枪的军事革命。
10. 原子弹革命。
11. 哈伯制氨法对人口的增长贡献。
12. 计算机进化史。
13. 中国崛起之谜。
14. 瘟疫生成机制。

在这些话题中，秦弩、蒸汽机、铁路、机枪、原子弹、计算机等，我都在《历史的细节》或《现代的历程》中写过，但张笑宇完全是另外一种不同的写法，他写得比我更深刻，也更专业。我只是将它们作为技术细节做了历史性的大体概括，张笑宇则将它们作为一个个专题，对来龙去脉进行了细致的复盘。这或许也正是《人类群星闪耀时》的写法。

总体而言，我是维基百科式的知识性写作，他则是论文体写作，因此显得更有逻辑性和思想性，也更有层次感。这让我在自愧不如的同时，也深受启发。对一些学识深厚的人来说，读书或许是一种消遣，对我这样学识不足的人来说，读书便是学习。这本书让我学到了很多。

无论从哪个方面来说，《技术与文明》都是一本可圈可点的年度好书，若读者不带偏见和傲慢，那么这本书应该比《人类简史》更值得阅读和关注。

这两年，我读到郭建龙的"中央帝国密码三部曲"，让人大呼过瘾，这次又看到张笑宇的"文明三部曲"，更是大喜过望。郭建龙以财政、军事和意识形态等三种角度来解读中国历史，张笑宇以技术、商贸和产业来讲述世界史。这两个作者都是山东人，都颇有大格局和大视野，文史哲"三位一体"，再加上高屋建瓴的思维、广博的学识、缜密的分析和优美的文字功夫，他们对历史、对思想都有自己独树一帜的创建，为大众阅读吹来一股清新的风气。最可贵的是，他们都很年轻，都很勤奋，不仅读万卷书，而且行万里路，未来真的不可限量。

中国的大学数量和博士数量跟图书出版数量一样，都是世界第一，但社科类图书大多是引进版，中国原创书相对较少，这说明在中国，能青灯古佛、不辞辛劳伏案写作的人很少，能给大众读者写书的好作者更少。在当下像张笑宇、仇鹿鸣、李硕、周思成这样既有专业学识，又有通识写作能力的年轻作者实属凤毛麟角。希望能有更多的学者，为社会通识尽自己一份力，这其实也是一个现代知识分子的文化自觉。古人说"三不朽"，立功、立德不如立言，对一个学者来说，立言便是立功和立德。

这本书读起来不深不浅，尺寸拿捏恰到好处。非常值得赞赏的是，张笑宇的写作和思维方式都非常现代，一点也不拘泥于中国传统。这本书的副标题"我们的时代和未来"，更像是一句广告语——这本书确实很适合我们每个人好好看看。在某种程度上，《技术与文明》比赫拉利的《人类简史》更适合当下中国人阅读。虽然名为《技术与文明》，其实作者关心的并不是技术本身，文明才是真正的落脚点。所谓文明，其实也就是人与社会。

"道"与"术"

中国古代文化中有"道"和"术"之分，技术无疑属于"术"，技术背后的文明才是"道"。这种"道"与"术",有时候也可以看作"道"与"器"。古代社会中的"四民"即士、农、工、商,士从事"道",农、工、商从事"术"或者"器"。如果说古代社会重"道"轻"术"、有"道"无"术",那么现代社会则是重"术"轻"道"、有"术"无"道"。

在现代社会,知识人变成技术官僚或者技术专家,学校的主要功能是技术培训,传统的"士"消失了,农、工、商都依赖技术而生存。所以,现代社会一般都是"技术型社会",技术压倒一切,常常是为技术而技术,很少去考虑技术背后的"道"(伦理道德),导致了几乎所有技术的滥用,比如面孔识别技术出现以后,就无处不在。这其实与马克沁机枪和抗生素的滥用是一个道理。

中国古人崇尚"守拙""抱朴"。老子说,"小国寡民,使有什伯之器而不用,使民重死而不远徙。虽有舟舆,无所乘之;虽有甲兵,无所陈之。使民复结绳而用之。甘其食,美其服,安其居,乐其俗。邻国相望,鸡狗之声相闻,民至老死不相往来"。古代是反技术社会,现代社会则是一个技术型社会,人从生下来就被教育要学好技术,从幼儿园直到大学、到博士,每个人一生都在学技术,但对于技术,却鲜有人去思考它到底对人意味着什么,其实人活一生,总要思考下人生的意义。

人们很少去关注技术背后的文化和思想。《技术与文明》的最大意义就是启发人们去思考技术背后的深意。

作者指出,现代教育制造了大量高学历的工作者,但同时,不断进化的自动化技术又将大量就业人口甩出来。如此一来,只有极少数人能找到理想的工作,工业、农业和制造业需要的人越来越少,所谓第三产业也常常就是"低门槛服务业"。公务员、保安员、文员、售货员、收银员、司机、服务员、快递员、清洁工等等,这些都是人与机器竞争的失败者,他们只能以比机器更低廉的价格出卖自己。他们暂时依附于机器,服务于机器,但他们被机器取代只是早晚的事情。这些低门槛职业虽然可以在短时间内带来大量就业,但这些工作和职业即使不是临时的,也不会提升就业者的专业技能和满足感,不会鼓励健康的劳资关系,更不会让整个社会进步。用美国人类学家大卫·格雷伯的话来说，这些工作大都是毫无意义的"狗屁工作"[1]。

有人将人的行为分为两种：机械运动和自主行为。在机器时代，许多工作都是重复性劳动，属于纯粹的机械运动，只有极少数工作需要人的自主行为。所有的自主行为都需要人的独立思考，而这样的工作越来越少。现代人类从小接受的就是"听话训练"，已经习惯了人云亦云，别人怎样我就怎样，上级让做什么就做什么，无条件接受命令，从而丧失了自我判断能力和自主行为。

今天，人与机器的关系，关键不在于机器会变得怎样，而在于人会变得怎样，以及人类在多大程度上还相信并努力实现自由、平等、尊严——这些世代以来被我们奉为"好的生活标准"的价值。

对于中国崛起，作者提出了"产业合法性"这一概念。同时，他还指出中国作为大国，除边际效应，还具有其他国家不具备的产业链——"全产业链无限细分覆盖能力"。

"中国有全世界规模最庞大的高素质工业人口和最庞大的市场，这使我们几乎能够覆盖所有产业链；不仅如此，我们还能把目前工业发展水平上的技术改进所带来的几乎每一个新细分的领域都覆盖掉，而且制造成本还比别人低。这才是中国制造业的真正厉害之处。因为中国人口规模实在太大了，再加上性价比很高的公立教育体系，其所培养出来的能够参与工业化的技术型人才的规模，也足够大。不仅如此，一俟这些技术型人才拥有稳定的工作和体面的收入，他们本身的消费能力也会得到较大提升，而由此创造出的市场规模更是难以想象的大。最终的结果是，除了其他国家拥有核心技术优势或廉价资源优势的生产环节，在空间上，其余的环节都有可能集中到中国一个国家来。"

关于中国的改革，我个人还是比较接受科斯《变革中国》和李侃

---

[1] ［美］大卫·格雷伯：《毫无意义的工作》，吕宇珺译，中信出版社，2022。

第五 经济 | 387

如《治理中国》的分析，对外得到全球化的利好（资金、市场和技术扩散），对内得到私有经济爆发的优势。

最让我印象深刻的是粮食与人口这个话题，其中有趣处颇多，比如美国以绿色革命帮助各国发展农业，消除饥荒，试图用这种方法来阻止共产革命和社会动荡，比如哈伯制氨法对世界人口和"二战"的巨大影响，比如社会革命、消费主义与人口之间的关系。

尤其是25号宇宙的白鼠社会实验，给人理解当下社会提供了借鉴。随着空间日益逼仄，白鼠族群死亡率剧增，出生率骤降，绝育时代来临，雌鼠变成"宅女"，雄鼠变成"小鲜肉"——

"大规模绝育来临后，越来越多的雌鼠变成隐士，而雄鼠们开始表现出新的特征：它们之间拒绝打斗，也对雌鼠毫无性趣。这些雄鼠除了吃、睡和打理毛发之外，对其他的一切都漠不关心。由于毛发打理得油光水滑，这些雄鼠被称为'美丽鼠'，而美丽外皮表面下，是对生活完全丧失信心和兴趣的冷漠。如果自然世界中为自己的小家庭孜孜奋斗的老鼠有灵魂的话，那么这些美丽鼠的灵魂已死，只剩下无聊的躯壳。"

技术乌托邦

帕斯卡说，人是有思想的芦苇，但大多数时候，人其实也就只是一棵芦苇罢了，谈不上有什么思想；或者说，在很多人自己看来，自己只是一棵可怜的芦苇，他们没有意识到竟然还要有思想，因为人总是想不明白——对一棵芦苇来说，思想有什么用？

马基雅维利在《君主论》中写道："拥有武装的先知都胜利了，没有武装的先知都灭亡了。"在他看来，决定历史进程的是暴力，而不是思想。现代以来，大概没有任何进步比人类在暴力技术方面的进步更加神速。

这是一本充满反思的书，我常常放下书陷入沉思，技术最大的贡献或许就是权力，一部技术史，也是半部权力史。军国主义的历史远比人们想象的要更远，从墨家的弩机、西班牙火枪方阵、普鲁士的铁路、马克沁机枪，到广岛的原子弹，技术与国家联手互动，人变成技术和国家的囚徒。这让我想起记述世界工厂史的《巨兽》一书。

所谓乌托邦，其实就是人类的一种终极技术，人们以为这种技术可以实现自由、富足、公正和和平，但讽刺的是，要实现乌托邦，暴力和奴役是必不可少的手段，军国主义便成为乌托邦的前提，欲练此功，必先自宫。人们自以为一脚踏进了天堂，但地狱之门却在身后关上，让人无处可逃。

无论是边沁、福柯还是奥威尔，都想象不到现代监控技术能发展到今天这个地步。当初，边沁的全景监狱不过是一种惩戒社会的劳改场，如监狱、工厂、精神病院、医院和学校都属于全景监控，每时每刻，"老大哥"都在看着你。这些牢房彼此孤立，人们无法互相交流。如今的监控社会完全联网，在完全透明的监控下可以充分交流，每个人都通过自我展示和自己揭露而参与到它的建造和运营之中。暴露狂和偷窥癖互为表里，"当人们不是因为外部强迫，而是出于自发的需求去暴露自己之时，当对不得不放弃个人私密领域的恐惧让位于不知羞耻地展示自己的需求之时，监控社会便趋于完美了"[1]。

在技术社会，一切问题都是技术问题，而只要是技术问题，就没有任何技术都解决不了的。人们对技术的崇拜到最后难免变成对权力的崇拜，因为最终所有的技术都难免被权力所垄断。人类貌似匍匐在技术脚下，其实是被权力所奴役。

哈耶克很悲观，他认为人类永远无法摆脱乌托邦主义的诅咒，强大的政府将来一定会有计划地减少人口，以减少资源的消耗。哈耶克用尽一生向世人证明：人类的繁荣、幸福和尊严来自个人自由；乌托邦践踏私产、无视基本人性，在无尽的匮乏、混乱与奴役之后，其结局是经济崩

---

[1] ［德］韩炳哲：《透明社会》，吴琼译，中信出版社，2019，第79页。

溃、道德沦丧、真理消亡……

张笑宇在《技术与文明》中指出，在现代早期，技术是后工业的产物；在现代后期，科学成为技术之母，或者说，技术变成国家的产物。

很多人都对哈耶克的《通往奴役之路》非常熟知，其实最能代表哈耶克思想的是《科学的反革命》，他在书中批判某些用理性工具包装起来的意识形态，不断鼓励人们对他人发起仇恨、侵犯和攻击，总是试图寻找敌人，乌托邦主义寻找内部的敌人，族群主义寻找外部的敌人。

哈耶克思想的核心，是要警惕人性深处的恶，而所有的技术尤其是暴力技术，都出自这种恶。在奥斯威辛工作的工程师们也都拥有不错的技术。技术没有思想，技术是中性的，它既可以造福于人，也可以置人于死地。

比如，哈伯固然是一位天才科学家，但却是一个人文学白痴。他其实根本不知道他的技术会对人类社会产生什么影响。作为犹太人，他发明的毒气不仅在战场上杀死了无数英法士兵，也在奥斯威辛集中营杀死了数百万犹太人，其中包括他的妹妹一家人。他在德国得不到硝矿石的情况下为了发明出用煤炭制造炸药的方法，意外发明出制氨技术，这种廉价化肥让农业丰收，人口暴增，而他最大的担心却是植物会因此失去控制，以至于填满整个地球。

哈伯在1934年逃出德国，却没有一个国家愿意收留他，最后死在逃亡途中，而他的妻子早已因对他失望而自杀。

囚徒困境

《技术与文明》列举了人类在技术阶梯上的进步例子，张笑宇在书中小心翼翼地指出，技术进步并不必然意味着文明进步，在技术突飞猛进之时，最关键的步骤是如何保证社会公正。

"人类科技已经进步到这样的地步，一两个手握关键技术的人和一小撮在此技术基础上制定政策和方略的人，足以影响整个人类文明的走向。"

以技术为器官，人类的内稳态活动使他成为地球的主宰，然而，面对气候扰动、地震，以及罕见但致命的陨石，人类其实和上个冰河期一样无助。到目前为止，人类在任何维度上都没有变大，但他对其他人为善和作恶的能力都大大增强了。技术演化带来的坏处比好处多，人类变成了自己造物的囚徒。

博弈论中有一个著名的"囚徒困境"，在技术面前，个人的理性选择有时却会导致集体的非理性失败，这就像电影院里前排的观众站起来后，后面所有的观众都不得不站起来；类似的，战争从弓箭到枪炮，最大的进步是战争带来的死亡更大了。

马克思曾说："技术的胜利，似乎是以道德的败坏为代价换来的。随着人类愈益控制自然，个人却似乎愈益成为别人的奴隶或自身的卑劣行为的奴隶。甚至科学的纯洁光辉也只能在愚昧无知的黑暗背景上闪耀。我们的一切发现和进步，似乎结果是使物质力量成为有智慧的生命，而人的生命则化为愚钝的物质力量。"[1]

半个多世纪前，波兰科幻作家斯塔尼斯瓦夫·莱姆就在《技术大全》中说：

"我们似乎迎来了一个时代的终结。我指的不是蒸汽或电力时代的终结，然后人类进入了控制论和太空科学的时代。这类术语意味着臣服于众多技术手段——它们将会变得过于强大，让我们难以应对其自主性。人类文明就像一艘在没有任何设计图的情况下建造出来的船。建造过程却非常成功。这也导致船只内部巨大螺旋桨的出现，引发了内部发展的失衡——但这还是可以补救的。然而，这艘船却没有舵。"

在韩炳哲看来，数字媒体是一次"激进的范式转换"，"我们对数字媒体趋之若鹜，它却在我们的主观判断之外，极大地改变着我们的行为、我们的感知、我们的情感、我们的思维、我们的共同生活。如今，我们

---

[1] ［德］马克思：《在〈人民报〉创刊纪念会上的演说》，载《马克思恩格斯全集》第12卷，人民出版社，1965，第4页。

痴迷于数字媒体,却不能对痴迷的结果做出全面的判断。这种盲目,以及与之相伴的麻木即构成了当下的危机。"[1]

在技术统治一切的时代,荷兰学者格尔茨在《虚无主义》一书中,为现代人提出了一个似乎完美的政治方案:如果公民想要生活在一个免于受利己主义官僚的腐败作为影响的国家,那么一个由机器来管理的国家看起来要比由人管理的国家更值得信任。"由非人官僚——或者叫算法——进行的管理,能够让公民感到自己可以免受偏好与偏见的影响,也能够让政治领导人感到自己免受假公济私的指控。"[2]

技术的最终伦理必然指向一点,即人是手段还是目的。作为前所未有的复杂社会,现代社会存在严重割裂的社会分工,发明技术的人不管技术的使用,使用技术的人不考虑技术的后果。卡拉什尼科夫发明AK-47自动步枪时,绝对没有想到它会成为恐怖分子的杀人利器。

在很多时候,掌握先进技术的人与猴子没有多大的区别,他们并不关心技术本身和技术背后的东西,他们想要的仍跟猴子一样。

据说一只猴子想要一把枪,上帝就满足了它的愿望,上帝问猴子要枪做什么,猴子说,有了枪,所有母猴子就都属于我,所有公猴子都会听我的话。技术越来越先进,但人还是石器时代的那个猴子。这正是该书推荐语所说的——

"我们有石器时代的情感,中世纪的组织,却有着神一样的技术,这是最可怕的事情。"

---

1 [德]韩炳哲:《在群中:数字媒体时代的大众心理学》,程巍译,中信出版社,2019,前言。
2 [荷]诺伦·格尔茨:《虚无主义》,张红军译,商务印书馆,2022。

经济增长的秘密

——《商贸与文明》《产业与文明》[1]

张笑宇在写作《技术与文明》时，就已经计划了"文明三部曲"，后面还有《商贸与文明》《产业与文明》。《技术与文明》是从技术进步的角度解读了古今中外一些有趣的历史案例，表达了作者的思考，而《商贸与文明》则以商贸与暴力的博弈为主题，讲述了现代社会诞生之前，商贸集团如何营造商贸秩序，并实现经济的正增长；《产业与文明》剖析现代社会的运行法则，即所谓的复杂社会如何通过产缘关系实现资源的全球配置，并将技术通过"漏斗喇叭"模型实现商业化和产业化应用。

作者在《商贸与文明》的开篇引用《国家为什么会失败》一书说，美国和墨西哥仅仅一墙之隔，却因为两种不同的制度，造成了两个国家之间的巨大差异。

人类文明中最大的财富就是个人。个人的想象力、创造力、天赋和努力，是社会幸福和文明前进的最大来源。现代社会之所以能成为现代社会，正是因为现代社会尊重、嘉许和捍卫个人的权利，从而使得每个人都肯为社会贡献自己最大的价值。

传统社会以农耕为主，大多数人都是耕田挑水的农民，商人总是极

---

[1] 可参阅张笑宇：《商贸与文明：现代世界的诞生》，广西师范大学出版社，2021；张笑宇：《产业与文明：复杂社会的兴衰》，广西师范大学出版社，2023。

少数人。中国古人说的四民是"士农工商",农民和商人这两种生活状态、价值观、社会规则完全不同的群体,如果要进行交易,就必须有一种"居间规则",否则交易无法进行。这种"居间规则"被张笑宇称为"商贸秩序"。

做学术研究,最讲究作者的原创精神,在《商贸与文明》这本书中,我们可以读到张笑宇提出的许多新名词,和一些对历史的新说法,"商贸秩序"就是一种,相对的还有"暴力秩序",以及"零增长社会"与"正增长社会"等等。

无论中外,古代社会基本上是一个零增长社会,暴力秩序主宰一切,暴力集团压迫商贸集团,暴力秩序大于商贸秩序。无论暴力秩序还是权力秩序,都是依靠暴力和恐怖(合法伤害)维持的,而商贸秩序是基于信任的、非暴力的、公平公正的、和平协商的、契约化与文字化的文明法则。

对此,经济学家张维迎早就提出过"市场逻辑"与"强盗逻辑"的概念,基本上是一个意思。

张维迎认为,强盗逻辑是分配财富,不增加总量,甚至减少总财富,但是改变分配格局的发展方式;而市场逻辑是一个创造财富的过程,它使得蛋糕变得越来越大。"强盗逻辑"是通过使别人变得不幸福,而让自己变得幸福;"市场逻辑"是通过使别人幸福,让自己变得幸福。在人类历史上,"强盗逻辑"和"市场逻辑"同时在起作用,有时"市场逻辑"强一点,有时"强盗逻辑"强一点。[1]

现代社会是一个商业社会,而古代也有商业。在传统社会漫长的暴力秩序之下,暴力集团偶尔也会允许一些商贸集团自治,从而能够出现一些孤岛式的商贸秩序,也就有了一些局部正增长现象。从亚述帝国的推罗到清代的十三行都是如此。

总之,在现代社会诞生之前,商贸秩序其实只是局部的个别现象,

---

[1] 可参阅张维迎:《市场的逻辑》,西北大学出版社,2019。

而非普遍现象。用书名来说，所谓"现代世界的诞生"，也是"商贸与文明"的诞生。换言之，商贸秩序也是现代社会诞生的一个重要前提，进一步来说，"是商贸秩序催生了现代民主，而非现代民主决定了商贸秩序"。

商贸与自治

《商贸与文明》全书共分为六章，第一章主要讲述了罗马帝国这个军事暴力国家的社会结构。

在罗马帝国，商贸集团处于被压制状态。相比之下，迦太基则是一个商贸国家，但迦太基的商贸集团并不信任暴力集团，从而导致了迦太基的灭亡。在罗马帝国，出现了很多商贸城市，最著名的莫过于庞贝，庞贝最后毁灭于一场火山灾难。

罗马帝国灭亡之后，自治的传统在威尼斯被发扬光大，出现了一个不受任何国王统治的商贸共和国。威尼斯的自治权也得到了东罗马帝国的承认。

第二章中讲道：在中世纪时，威尼斯建立起了一个横跨地中海并影响世界的商贸秩序。在第四次十字军东征时，甚至占领了东罗马帝国的首都君士坦丁堡。至此，商贸集团完全控制了暴力集团，并联手十字军建立了一个"拉丁帝国"。

正是在威尼斯等城邦共和国的孕育之下，才出现了改变世界的文艺复兴。大学如雨后春笋般出现，人文主义的知识分子如过江之鲫，各种自治性的商业行会进一步将商贸秩序完善。在这里，作者举了一个《水浒传》中的例子，浪里白条张顺是个"渔牙子"，他负责维护渔民卖鱼的商贸秩序，李逵是个体制底层的暴徒，他试图以暴力侵犯这种秩序，便与张顺打斗起来。

相比来说，西方中世纪的行会的暴力色彩要弱得多，而专业性却要强得多。比如，佛罗伦萨有七个大型行会、五个中型行会和九个小型行会，其中七个大型行会分别覆盖法官与律师、布料商、羊毛商、银行、丝绸商、医生与药剂师、皮匠七个领域，每个领域的专业知识技能门槛都很高。

这些行会是商贸城市的主导者，也是城邦政治的主要力量，"是一个城市公民参与公共政治生活的组织和渠道"，而意大利的这些城邦国家的实质"就是一个以商人行会为组织基础建立起来的'公司国家'"。在整个中世纪历史上，很少有哪个国家像威尼斯这样将民众的幸福和利益当成一件事——

"多少国家元首一生平庸，碌碌无为，而那些志在开拓四方的有为君主呢？用零增长社会的分析框架来看，这批人无非就是最大化暴力价值的恶棍，本质上，他们是荼毒民众的人，是尽可能压榨农民集团劳动力成果的人。"

正是从威尼斯身上，我们看到了现代文明的曙光，"无论在哪种意义上，15—16世纪都可以说是现代社会的开端。"

威尼斯作为一个商贸集团国家，它是由贵族议会统治的，相比之下，汉萨同盟是一个更为广泛的欧洲商贸联盟，它没有统治者，或者说是"去中心化"的，是一个依靠"宪章"建立的商贸共同体。这就是第三章的内容。

威尼斯位于南欧，汉萨同盟位于北欧。"汉萨"的本意是堆积，商品堆积之处也就是货栈。汉萨同盟就是商人联盟，成立于1241年。随着汉萨同盟的壮大，不仅很多德国城市加入进来，就连一些国家甚至条顿骑士团也加入了汉萨同盟。

随着大航海运动的兴起，无论是南欧的威尼斯还是北欧的汉萨同盟，都迅速衰落下去。全球化时代将商贸集团带入一个更加广阔的世界。

在大航海之前，欧亚大陆的东西长途商贸路线以丝绸之路为主。因为丝绸之路，中国进入早期的全球商贸秩序，其间，作为胡人的安禄山、史思明和作为阿拉伯人的蒲寿庚成为改变历史的著名人物，纵横西太平洋的郑芝龙、郑成功父子不仅是一个海盗与商贸集团的首领，更成为左右东南亚政治走向的重要势力。

第四章讲述中国历史上这些跨国商贸集团如何在暴力秩序中艰难求生，并成为改变历史的新暴力集团。

第五章继续回到欧洲，讲述了十五世纪到十七世纪，商人与君主结盟，商贸集团与暴力集团互相联合，引发了欧洲一系列社会变革，如葡萄牙亨利王子和西班牙女王伊莎贝拉资助和支持大航海运动，火器和新式军队的军事革命，印刷术和新教的宗教改革，等等。其中，尤以荷兰共和国的诞生和英国光荣革命最具代表意义——国王的专制权力被关进宪法的牢笼，暴力被商贸驯服，商贸秩序与暴力秩序的联盟导致了资本主义的崛起，正增长时代从西方社会拉开序幕。

在我看来，"正增长秩序"就是这样一种东西，它有很多缺陷是我们一眼就可以看透的，但是它的真正价值就在于可以降低暴力的伤害。这样的世界，是迄今对每个人而言体现出最大善意的世界。

技术背后的商贸秩序

《商贸与文明》最终想说的主题是，一个商贸与暴力相结合的社会即是现代社会，工业革命就是现代社会的奠基礼。

从工业革命开始，人类社会的经济增长如脱缰野马一般一泻千里，实现了人类历史上前所未有的持续正增长。仅仅一二百年时间，所创造的财富就超过了人类有史以来所有财富的总和。这种天翻地覆的变化就在于商贸秩序的稳定和主导作用。

用哈耶克的话来说，市场经济是人类迄今所能发现的最有效率且较为理想的一种资源配置体制。在商贸秩序之下，依靠自由市场这只"看不见的手"，一切资源都得到最佳配置，劳动力资源得到充分释放，科学技术不断进步，教育提高了一个社会所有劳动者的普遍生产力。更为重要的是，商贸秩序让大自然积累的不可再生资源如煤炭和石油被人类所利用，从而让人类获得了前所未有的巨大能源，并将其转化为财富。

关于经济的正增长，张维迎将其归因于市场分工和企业家——"按照亚当·斯密的理论，国民财富的增长主要来自劳动生产率的提高，也就是每个人能生产越来越多的东西；劳动生产率的提高靠技术进步和创新；技术进步和创新依赖于社会分工和专业化；而分工的范围、深度依赖于市场和市场规模。这样，市场越发达、市场规模越大，分工就会越细，专业化程度就越高；更细的分工和更高程度的专业化带来技术进步和生产率的提高，从而促进财富的增加；财富增加之后带来市场规模的进一步扩大，分工进一步深化，技术进一步改进，由此形成一个良性循环。这是经济增长的基本逻辑。但这个良性循环能够转动起来，最核心的驱动力是什么呢？是企业家！这是熊彼特一百多年前告诉我们的。根据熊彼特的增长理论，如果没有企业家精神，经济生活不过是一个静态的循环流转；正是企业家精神打破了这个循环流转，使得经济增长成为可能。"[1]

现代社会是一个正增长社会，对现代人来说，增长是必须的，也成为人们习以为常、司空见惯的正常现象，甚至还出现了"摩尔定律"这种加速增长的现象。但人们常常会忘记，这在古代是不可能和不可想象的事情。

在这里，作者提出了一个有趣的细节。

很多人常常将科学与技术混为一谈，但科学家和技术人员是完全不同的两种人，用中国古人的说法，前者谋"道"，后者谋"器"——"形而上者谓之道，形而下者谓之器"。对工业革命来说，最重要的不是科学，而是技术，发明飞梭和珍妮纺织机的都是普通纺织工人，发明节能蒸汽机的瓦特也只是一个机修工。古希腊时代也有科学，但却没有工业革命，这恰是因为技术未能得到广泛发展——科学家的天才靠自己，工程师的天才却要靠社会。牛顿是人类历史上古往今来屈指可数的物理学天才，他在自己的书斋里就可以算出经典力学原理。但瓦特不一样，他

---

[1] 张维迎:《市场的逻辑》，西北大学出版社，2019，第381—382页。

的所有发明创造，必须得到工厂和企业家的支持——改良蒸汽机不是他个人的智力游戏，而是现实经济运行的需求。

工厂和企业家，乃至市场，这些都是商贸秩序的体现。由科学与技术的关系就可以发现，商贸秩序对现代社会的作用是多么重要。有人认为中国的宋代和明清社会也有可能自发地出现资本主义萌芽，确实，一个社会可以有暂时的商业繁荣，但如果没有产权保障，没有地方自治，没有个人自由的空间，这些商贸繁荣也会随时化为乌有，无法长久发展。

商业繁荣依赖于商贸秩序，也就是一系列制度，包括政治、法律、经济和社会制度。传统农耕社会不可能有完善的商贸秩序，起作用的常常是暴力秩序。从现代角度来说，也可以将商贸秩序与暴力秩序理解为古今之变。

在结语部分，作者提出了对历史的回望和对现实的思考。商贸秩序本身就意味着开放和法治，意味着公开、公平、公正，将权力和暴力伤害减小到最低程度。这也是现代社会被视为一种文明的核心所在。商贸秩序与暴力（权力）秩序之间经过几千年的战争与博弈，最后终于通过宪政让二者互相制衡；正是这脆弱而又微妙的平衡，才构成我们现代社会得以存在的基础。

回过头去再看刘瑜在《商贸与文明》的推荐序中的提醒，就让人不免感叹一切历史都是当代史——"人类跋山涉水几千年，终于摸索到这个脆弱的平衡，但是今天，权力的蛮横、国家间的角逐、仇商的民粹主义、各国不断升温的民族主义、不平等的扩大等等都可能重新打破这个平衡。"

产缘政治下的经济史

对于当下的人们来说，一切都已经数字化，是计算机将人类带入一个自动化的信息时代。而实际上，计算机的出现是一系列技术革命的结果。从最初的电报、电话、收音机、电视机算起，这条路走了半个多世纪，其中哪怕一点点进步背后，都有无数科学家为它做出贡献。

计算机的起步或许要从灯泡说起，由灯泡发展而来的真空管也叫电子管，电子管可以对信号进行过滤和放大，但缺点是体积大、寿命短，还很费电。接下来就有了半导体，也就是晶体管。晶体管最重要的是二极管和三极管，二极管可以控制信号，而三极管则可以放大信号。至此，信息技术开始迅速起飞，集成电路（也就是芯片）成为现代科技的重要核心。

说到这里，可以回到《产业与文明》一书，在这部书中，张笑宇提出了一个"漏斗—喇叭"模型，以此来解释复杂工业社会的技术进步逻辑，用他的话来说，就是任何新的科技发明，都需要经过"商业化/产业化应用"这个漏斗的检验；一旦通过检验，它将释放出不容易想象的巨大力量，即"喇叭"效应。简而言之，"漏斗"是过滤，将不成熟的或不能产生经济效益的技术排除掉，"喇叭"是放大，使技术实现规模化大量生产，从而实现巨大的经济效应。

在某种程度上，这其实也就是半导体原理。

为了说明"漏斗—喇叭"理论，作者分别讲述了蒸汽机、铁路、纺织、电力、化工和半导体的发展历程，从而进一步验证了这个经济发展铁律——"引发技术革命的并不仅仅是孤立的单一技术，而是由一系列技术组成的技术路径。再进一步，技术路径并不仅仅是由研发决定的，它其实更多是由产品形态和市场需求决定的。"

接下来，张笑宇还提出了两个政治经济学理论，他借鉴"地缘政治"提出了"产缘政治"，将能量流、产品流和资本流合称为"三流循环"。提出一种有效的理论工具，这是典型的学者思路，张笑宇对此驾轻就熟，这也是文明三部曲的趣味之处和可读之处。理论结合案例，有理有据，既可信，又好懂，最后让人得到思想启发。

纵观历史，人类战争往往是地缘政治的产物，而进入现代以来，尤其是两次世界大战结束以后，战争已经非常少见。

《圣经》有云："战争有时，和平有时。"欧洲列国林立，自古就打个不停，据说在"二战"之前的一千年里，只有十五年不打仗。但"二战"后各国之间不仅不设防，甚至在《申根协定》下连边界也畅通无阻。一个明显的事实是，越是经济发达的地方，发生武力冲突的可能越小。用赫拉利的话来说，战争与征服的收益率越来越低了。与其打仗，不如埋头搞经济，所以从地缘到产缘，我们更能看清当下的全球化时代。

作为一位国际政治学专家，张笑宇特别提醒中国读者："在过去的半个世纪里，绝大多数国家的绝大多数普通人并没有中国人这样幸运，能够在全球化时代经历像我们这样天翻地覆的变化。"尤其重要的是，中国制造业因其"全产业链无限细分覆盖"，对产缘政治的依赖程度前所未有。对中国来说，和平稳定是发展的前提，让人、财、物实现自由的"三流循环"，在完善的市场经济下，通过"漏斗－喇叭"模型实现经济增长，这是作者在书中心心念念的热切期许。

作为历史经验，书中还详细复盘了明代晚期的白银冲击、美国内战引发的棉花危机，以及石油帝国的发展困境，尤其是近代德国的兴起与衰落，读罢令人唏嘘。张笑宇留学德国多年，阅读与亲历，让他对德国史叙述得既详细，又充满感情，他想用这段典型的失败史来警醒人们，认清帝国主义与战争的可怕。

"人类是一种很容易创造力量，但很难驾驭力量的动物。"人类费尽千辛万苦才创造了一个复杂社会，然而战争一旦爆发，就如同一头驴闯进了瓷器店，无论财富、文明，或者生命、尊严，一切都会在瞬间鸡飞蛋打，化为乌有。

读历史，人们常说，战争塑造国家，张笑宇则提出"产业塑造国家"，亚当·斯密信奉自由市场经济，但按照凯恩斯理论，国家有必要维持一个健康有序的经济秩序，以保证复杂社会下产缘政治的发展。"中国有一个巨大的市场且购买力日益提升，正在把东南亚国家吸收进其经济体系内。日本与韩国也将不可避免地被吸收进去。中国无须动用武力就能对其他国家产生极强的影响力。"[1] 李光耀的这段话形象地说明了何为产缘。

生年不满百，常怀千岁忧。现代人之所以杞人忧天，关注全人类的发展，是因为我们都享受着全球化的红利，每个人首先都是人类一分子。张笑宇的独特在于，他用文明三部曲打通了中国与世界，将人类文明视为一体，并试图寻找到一些普遍性的历史规律。在《产业与文明》中，他将白银体系下大明王朝与哈布斯堡王朝的破产相提并论。这两个几乎发生在同一时间的历史事件虽然相隔甚远，却有着相同的原因和共同的结果。类似的还有浩罕汗国引发的中亚大变局。

在《产业与文明》中，张笑宇再度强调信任的社会基础，没有信任，也就没有市场和所谓的商贸秩序，产业基础就荡然无存。可以说，现代复杂社会的基础就是信任——

"不管是商鞅的'编户制'，还是朱元璋的'洪武体制'，本质上都是一种信任度极低的社会运作系统。古典暴力帝国对民众的压迫太深、剥夺太重，民众对政府的信任度极低，甚至不愿交税换取公共服务，而政府则只能进一步通过'编户制'把民众变成某种意义上的'国有农奴'，以解决动员能力不足的问题，组织军队，维护安全，打败敌人。现代社会则是一种高信任度系统。你买房要签贷款合同，出具工资流水，银行才会把数百万现金借贷给你。这当然是高信任，而背后则是政府建立的暴力机构可以有效震慑违约的个体，比如，倘若有一方违约，另一方会走司法流程。从古代社会到现代社会的发展，就是从低信任系统到高信任系统的进化过程。"

现代文明的颂歌

《技术与文明》中多处写到中国，甚至以秦弩作为开篇。相比之下，《商贸与文明》主要以西方和历史为主题，对于中国着墨并不多。在《产

---

[1] 《李光耀论中国与世界》，蒋宗强译，中信出版社，2013，第9页。

业与文明》的引言部分，作者讲述了《阅微草堂笔记》中的一个故事，非常趣味性地拉开了那段中西文明交流史的序幕。

其实应当承认，现代文明是西方文化的产物，中国传统文化始终是儒家和法家禁锢下的农耕文化，与现代文明并没有直接传承关系。

就现代史而言，中国从利玛窦时代就接触到现代文明，但基本上是敬而远之，直到鸦片战争这场悲剧的发生。

洋务运动中学为体，西学为用，尝试改革，后来却出现更大的悲剧，这就是甲午战争、八国联军侵华。五四运动是中国第一场现代化启蒙，这场启蒙运动范围仅限于极少数城市居民，中国社会的绝大多数仍然是乡村里的传统的农民，他们更相信秦始皇和陈胜、吴广的暴力法则。

四十年前，大多数人都生活在村子里，祖祖辈辈世世代代做着农民，家家都是男耕女织、自给自足，根本没有消费可言，出门只能依靠步行，所以很多人一辈子也没有离开自己的村子太远。

正是这四十年的改革开放，让中国全面进入全球商贸秩序，建立了市场经济，拥有了现代化的产缘政治，终于从零增长进入这四十年的正增长时代，有的人积累了以前做梦都想不到的财富。经常有人像发现房间里的大象一样宣称，中国这四十年高速增长不仅是七十年来的大变局，也是中国自鸦片战争以来的历史大变局，更是自秦始皇以来未有过的大变局。

老话说，小富靠勤，大富靠命。中国人所谓的"命"是指那些不可控的因素，比如改革开放对大多数人来说就是一种"命"。因为"命"的加持，十几亿中国人才一夜脱贫，走向富裕，这不是仅靠勤劳就可以实现的。

中国古人崇尚读书，读书人不同于一般平民。现在每个人都要经过学校教育，但学校里只教你考试，却不教你读书，结果大多数在学校里的人和从学校出来的人，一辈子都不会读书，所以即使现代社会里人人识字，读书人依然是少数。

中国古人论读书，讲究先经后史，经史不分，甚至有"刚日读经，柔日读史"说法。张笑宇的作品不同于一般的历史畅销书，比如《明朝那些事儿》那样的嬉戏娱乐之作。从《技术与文明》到《商贸与文明》，再到《产业与文明》，三部曲胜利收官。张笑宇的写作是严肃而深刻的，字里行间貌似行云流水，娓娓道来，但都是思想大于历史，以历史启迪思想，以古代烛照当下，这其实也是中国传统的文化精神。

张笑宇在《商贸与文明》中说："我们阅读历史，为的是理解与我们思维方式不同的人，而不是为了强化我们本身固有的思维方式。"中国古人常说，历史是一面镜子，其实世界更是一面大镜子，从历史和世界这面镜子中，可以更清楚地看到我们当下的处境。对于现实，我们因为身处其中而常不自觉，历史是现实的镜像，张笑宇先生用这样一部书提供了一个全新的视角，为我们深度揭示了现代社会运行背后的深层逻辑，其中洞见颇多，阅读过程总是不断让人有豁然开朗的快感。

我们虽然喜欢历史，但我们生活在现代社会，这个社会与传统儒家农耕社会几乎没有任何相似之处。如果仅读中国历史，根本不能理解现代社会，所以这些年来，世界史和现代史成为图书市场的一股清流。这方面的新书主要靠引进和翻译，能有张笑宇这样的本土作者立足中国写出一个现代文明的读本，真是令人惊喜。在某种意义上，张笑宇的文明三部曲正是献给现代文明的颂歌。

庄子曾借孔子之名说："古之人，外化而内不化；今之人，内化而外不化。"（《庄子·知北游》）意思是说，以前人只接受外在的东西，内在的东西坚持不变，现在人正好相反，内在改变了，但外在还是老样子。纵观整个人类史，技术的进步总比观念的进步来得容易。虽然很多人住在现代城市享受着现代技术，但内心深处还是帝王将相专制权谋厚黑学那一套，如同帝王陵里的恋尸癖，对现代文明一无所知。他们不知道"在人类进入工业革命之前，古代社会的整体状况是贫穷、悲惨、充满暴力，饥荒、战乱、杀婴、卖妻鬻女的历史记录比比皆是"。在犹太人哈伯发明化肥（固氮技术）之前，人们爱惜粪尿的程度丝毫不下于爱惜粮食，即使如此，大多数人仍然饥寒交迫。

张笑宇虽然是政治学博士，但他不同于一般的学院派作者，他有很多学院派作者不具备的阅历和国际视野，再加上历史和写作情怀，让他能够给我们提供一个具有他个人特色的人文视角。其行文与思考总是纵横万里，跨越古今，能够帮助读者打开一个更为宽广的视野。

其实，张笑宇写的并非高深的学术理论，而是应该人人皆知的社会常识——

"在古代社会，除了官僚、教会和职业军队有这样的晋升体系之外，几乎没有什么其他行当能保障一个不想赌博，只想掌握一门好技术的普通人有这种发展道路。但是，工业社会不一样，它给普通人提供了这个机会：稳扎稳打学好一门技术，一辈子都不用愁。"

吃货的历史
——阿梅斯托《吃》[1]

中国古语说，民以食为天。我们每个人都会吃，但对于吃的历史和吃的文化，不见得了解多少。所有的动物都会吃，但只有人将吃发展成一种文化和文明。从这个意义上，《吃》这本书并不是一般的"闲书"，而是一本很严肃、很正经的通识性历史书。

这本书已经出版过多次，书名各种各样，新世纪出版社的版本名为《文明的口味：人类食物的历史》。中信出版社擅长做畅销书，直接命名为《吃》，副书名叫作"食物如何改变我们人类和全球历史"。

顾名思义，这本书讲述人与食物的相关发展史。

实际上，类似题材的图书非常多，如王仁湘《饮食与中国文化》，再如中信出版社之前就出过《舌尖上的历史》，商务印书馆也出过《世界历史上的食物》。相对而言，这本书写得更加全面，也更加通俗一些，该书曾荣获国际烹饪专业协会最佳饮食写作奖。

再来说说这本书的作者，菲利普·费尔南多斯·阿梅斯托是英国广播公司（也就是BBC）的著名节目主持人。他是一位学者型和作家型的主持人，不仅主持了很多有思想有深度的电视节目，还从事大量的学

---

[1] 可参阅［英］菲利普·费尔南多－阿梅斯托：《吃：食物如何改变我们人类和全球历史》，韩良忆译，中信出版社，2020。

术研究，涵盖环境史、思想史、西班牙史和全球史等多个专业领域，任教于多所大学，目前担任英国圣母大学历史系教授。此外，他著书颇丰，写过许多畅销书，如《改变世界的观念》《大地上的文明》《大探险家》《美洲五百年》等，被译成各种不同语言，在世界各地拥有无数读者。

这些历史作品广受好评，为阿梅斯托赢得了很多荣誉，如约翰·卡特·布朗奖章、英国国家海洋博物馆凯尔德奖章、世界历史学会图书奖等。美国《纽约时报》称赞他是比肩吉本、汤因比、布罗代尔的历史学家，这当然有点吹嘘之嫌。

不管怎样，阿梅斯托确实是一个成功的历史畅销书作家。在阿梅斯托所有的作品中，《吃》这一本书较为典型，体现了他特有的小细节见大历史的写作方法。因为他对食物历史的出色研究，他荣获西班牙国家美食大奖。不仅如此，在2017年，他还获得西班牙政府授予人文学者的至高荣誉——智者阿方索十世大十字勋章。因此，不要小看吃这件事，这里面的学问绝不像我们想象的那么简单。

阿梅斯托擅长写人类大历史，这本书其实也不是仅仅为了写吃，而是想通过吃来讲述世界史这个大主题。

对当下我们来说，人与自然的关系正越来越敏感，在某种意义上，人是在"吃"大自然，或者说是"蚕食"。如果大自然发生一些剧变，人类可能会面临灭顶之灾。从吃这件事上，我们或许应该加以追溯，看清过去，放眼未来，重新调整人与自然的关系。

本文是应中信出版集团之邀而撰写的一份解读，我并不想照本宣科，而是想在原书的基础上进行发散式思维，让喜欢这本书的读者能从这本书走进食物的历史，由此也打开人类文明的一扇小门，一窥究竟。

发明烹饪

所有动物都会吃，但似乎只有人类会做饭，也就是烹饪。阿梅斯托认为，烹饪的发明是吃的第一次革命。

房龙说过：人类的历史其实就是饥饿的动物寻找食物的历史。在绝大多数的人类历史中，人类一直为食物而奔波，这花费了人们生命中绝大部分的时间。为了得到食物，他们开垦土地、辛勤劳作、艰苦战斗，此外没有其他的办法。只有当人们能保障食物的供应时，也就是将食物当成一种理所当然的东西时，人们才开始使自己变得文明起来。

我们都知道，远古人类依靠狩猎采集为生，往往是狩猎在先，采集在后，是野兽吃光了之后不得已才只好吃草。《礼记·礼运》中记载："昔者先王……未有火化，食草木之实，鸟兽之肉，饮其血，茹其毛。"疏曰："虽食鸟兽之肉，若不能饱者，则茹食其毛，以助饱也。若汉时苏武，以雪杂羊毛而食之，是其类也。"可见"茹毛饮血"这个成语并非夸张比喻，而是真实的历史。

文明的诞生并不是必然的。在人类的历史上，火的发现是一次革命。在古希腊神话中，普罗米修斯为人类盗来了火，文明因为火而诞生了。发明火，首先是为了做饭，用专业一点的词语来说就是烹饪。

因为火，人类与动物发生了分离，人成为唯一的熟食性动物。动物只能吃生冷的东西，而人却可以吃熟食。蒸煮会把淀粉变成胶状，这几乎让它提供的可消化的能量翻了一番。它让蛋白质变性，从而使得从一个鸡蛋或一块牛排中获得的可用能量增加了40%左右。牙齿和胃变得更小。

对人类来说，吃熟食至少有四种好处：

首先是节约了消化食物的时间，形象一点说，食物还没有进入人体，消化就已经开始了，熟食更容易消化和吸收；人用于吃饭的时间更少，这样就有时间思考一些复杂的事情。

其次，更精华的食物减少了胃的负担，胃的体积更小，人的身体负担更轻。

第三，人可以将更多的植物和动物列入食材，食物来源更加广泛。

第四，熟食也减少了病菌和病毒侵入人体的机会。

虽然人类还保留了一些生食的习惯，但这些新鲜的食品也都经过了仔细加工和处理，使之更加可口和卫生，这完全不同于动物的进食方式。

人类将食材加工成食物的过程主要是用火，或烤，或蒸，或煮，或炒，同样一种食材，会有各种不同的烹饪方式，最后加工成不同口味的食物。

在刚刚有火的时候，人类还没有发明锅，无论是陶制的还是石头的，更不用说金属锅了，此时人似乎只能对食物进行烧烤，但实际上，当时就已经发明了煮食。那么远古人类是怎么煮食物的？

其实说起来很简单，就是利用热量转移的方式：在地上挖一个坑，放上水和食物，然后用火烤石头，再把烤得滚烫的石头放进水中，石头里储存的热量就会慢慢把水加热，直至变成开水。用这种反复烤石头的方式，就可以将水里的食物煮熟。

在书中，作者阿梅斯托这样说："用火烹调堪称有史以来最伟大的革新之一，这并非由于煮食可以让食物产生变化，而是因为它改变了社会。生的食物一旦被煮熟，文化就从此时此地开始。"

吃的礼仪

《礼记·礼运》曰："夫礼之初，始诸饮食。"用大白话来说，人类文明是从吃饭开始的。说到文化，对每个中国人来说，都会想到"钟鸣鼎食"这个词。去博物馆，会看到各种陶制或青铜铸造的精美食器，比如著名的青铜鼎，这原本就是用来煮肉食的大锅，下面有三条腿支撑。

周天子有九鼎，鼎甚至是国家权力的象征。有人询问鼎的重量，叫"问鼎"，这是图谋不轨的意思。有趣的是，直到如今，一些闽南方言中仍将锅称为鼎。

在吃这方面，中国人要比西方人讲究得多，可以说是非常挑剔。

先秦时期，吃肉是贵族的专利，亦即列鼎而食。所谓"脍炙人口"，"脍"是细切的肉；"炙"是烤熟的肉；"脍炙人口"就是肉味鲜美，让人爱吃。

孔子在《论语·乡党》中说，食不厌精，脍不厌细，并在后面连着用了好几个"不食"：鱼馁而肉败，不食；色恶不食；臭恶不食；失饪不食；不时不食；割不正不食；不得其酱不食；沽酒市脯不食。不撤姜食，不多食；祭于公，不宿肉；祭肉，不出三日，出三日，不食之矣。意思是说：鱼肉腐败了不吃；变色了不吃；馊了不吃；不熟或过熟不吃；五谷未熟不吃；肉割得不正不吃；只有肉没有酱不吃；在街上买的酒肉不吃。吃饭要有姜，但吃姜不能过量；祭祀用的肉超过三天，就不能吃。

古代贵族对吃饭很讲究，这种饮食禁忌放在现在看，也都是有科学道理的。

对于吃饭礼仪，《礼记·曲礼》中还有更多禁忌："毋抟饭，毋放饭，毋流歠，毋咤食，毋啮骨，毋反鱼肉，毋投与狗骨，毋固获，毋扬饭；饭黍毋以箸，毋嚃羹，毋絮羹，毋刺齿，毋歠醢。"[1]其中还规定："凡进食之礼，左肴右胾。食居人之左，羹居人之右。脍炙处外，醯酱处内，葱渫处末，酒浆处右。以脯修置者，左朐右末。客若降等，执食兴辞，主人兴辞于客，然后客坐。"[2]

民以食为天，对中国人来说，吃是最能体现传统文化的方式。举个最简单的例子，中国的各种节日，甚至私人的婚丧嫁娶，最核心的事情其实就是吃饭。在中国，不管做什么，最终都会以吃饭的方式来解决。很多人都感叹，不吃饭，连生意都做不成。

该书作者阿梅斯托是西方人，他写的也基本上是西餐。

1　意思是说，不要把饭搓成团，不要把多取的饭再放回食器，不要大口喝，以免满口汁液外流，不要吃得啧啧作响，不要啃骨头，以免弄出声响，不要把咬过的鱼肉再放回食器，不要把骨头扔给狗，不要争着抢着好吃的东西，不要为了贪快而吹饭中的热气，吃黍米饭不要用筷子，羹汤中的菜要经过咀嚼，不可大口囫囵地吞下，不要当着主人的面调和羹汤。不要当众剔牙，不要喝肉酱。
2　意思是说，左边放带骨头的肉，右边放不带骨头的肉。饭食放在客人的左边，汤则放在右边。主菜也就是细切的肉和烤熟的肉放在外边，醋和酱等放在里边。葱末之类的放在案子的末端，酒浆之类的放在右边。如果再加脯、修两种干肉，那就使它们弯曲的部分朝左而放在最右边。客人的地位如果低于主人，就要拿起食物站起来致辞表示感谢，并表示自己的身份不配与主人同在堂上进食，自己还是去堂下吃吧。然后主人也起立劝阻客人，表示欢迎，之后客人才能落座。

西餐与中餐有很大不同，相比西餐，中餐的熟食比重要更高一些。中餐作为一种古老的烹饪方式，也更加复杂和多样化。西餐因为比较简单，尤其是生食很多，所以出现了"反烹饪浪潮"，要求更大范围的生食和快餐。

在一些外国电影中，常常有这样的场景，主人公随手拿过一些水果蔬菜和牛奶鸡蛋，扔进破壁机，然后将这种混合液体一饮而尽，就算吃完了饭。这从营养上应该是足够的，但确实没有什么烹饪过程。人这样吃饭跟给汽车加油一样，只是提供能量。这对吃惯中餐的中国人来说，或许有点不可思议。

对中国人来说，吃饭最重要的是过程，而不是结果。正如孙中山先生在《建国方略》中总结道："我中国近代文明进化，事事皆落人之后，惟饮食一道之进步，至今尚为文明各国所不及。中国所发明之食物，固大盛于欧美；而中国烹调法之精良，又非欧美所可并驾。"

从袁枚的《随园食单》到梁实秋的《雅舍谈吃》，中国文人大都对吃兴味盎然。跟汪曾祺的《人间有味》类似，朱学东的《江南旧闻录：故园归梦长》记录了故乡的传统食物，《人民的饮食》则记录了他在全国吃过的各种美食，很多美食其实都是"小吃"。

东坡有诗云："蒌蒿满地芦芽短，正是河豚欲上时。"河豚生活在南方江河湖泊中，其肉鲜美，被誉为"菜肴之冠"，但内脏、血液有毒。即使有中毒致死的危险，也阻挡不住人对美味的欲望。

畜牧革命

有了畜牧之后，人从狩猎采集变成了坐享其成的畜牧者，食物可以源源不断地生产出来，不用到处奔波了。

作者阿梅斯托在书中首先讲了一个饲养蜗牛的故事。虽然中国人的食谱上花样很多，但估计大多数中国人不会太喜欢吃蜗牛。这就跟西方人不喜欢吃小龙虾一样。

其实畜牧或者说游牧并不是人类的发明,据说有一种蚂蚁就擅长这个,它们俘获一种蚜虫,把蚜虫当作"奶牛"。蚜虫吃植物的汁液,挤出的"牛奶"含有丰富的糖,正好给蚂蚁作为食物。蚂蚁非常爱吃蚜虫的"牛奶",它们还会用触角拍打蚜虫的背部,以促使蚜虫分泌"牛奶",就像人给奶牛挤奶一样。据说一只蚜虫一天可以生产的"牛奶"是自己体重的好几倍,这足够养活很多蚂蚁。

这真是一件有趣的事情。

人类最早驯化的动物并不是牛或羊,甚至不是鸡和猪,而是狗。狗是人们在狩猎过程中驯化的。狗来自对狼的驯化,对狼来说,狗大概类似"狼奸",有了狗以后,人类进行狩猎就方便多了。这导致地球上绝大多数动物都被人类灭绝。

对中国人来说,有两种驯化动物很陌生,一个美洲的羊驼,一个是北欧的驯鹿。作者通过驯鹿这个例子,讲述了狩猎与畜牧之间的关系。说白了,就是人总是想用最少的投入,获得最大的产出。在这方面,火枪的发明带给人类比弓箭更高的猎杀效率,最后将所有的动物彻底赶尽杀绝,而人类几乎不用付出任何风险和代价。

作者最后讲了海上捕鱼,在作者看来,这其实就是海上狩猎。

欧洲有漫长的鳕鱼捕猎史。在中世纪后期,欧洲农业落后,人口增长又快,为了获取大量的廉价蛋白,北美的鳕鱼便成为主要鱼类来源,以至于为了捕鱼,英国人和荷兰人才在无意中完成了对北美的殖民。最早的清教徒登陆美洲的地方被称为"鳕鱼角"。

关于渔业发展史的书很热门,比如《利维坦——美国捕鲸史》《假如海洋空荡荡》《海洋文明史:渔业打造的世界》,以及《一条改变世界的鱼:鳕鱼往事》等等。正如狩猎导致陆地动物灭绝,渔业也导致海洋动物灭绝,现在的海洋并不像我们在动物世界上看到的那样五彩缤纷,如今的海洋只是一片蓝色沙漠,除过人类制造的垃圾,几乎什么都没有。我们现在能吃到的很多海鲜,其实都是人工饲养的。

读书这件事,每个人都有不同的经验。就我个人的体验,世界上从来没有一本独立的书，就如同没有独立的人一样，每本书背后，都有一堆书与它有关，或者与它相似，或者与它相反，更多的是与它背离。这就好比一个人背后，总离不开一群人，这包括他的父母兄弟、他的老师同学、他的朋友同事。要了解一个人，不妨去看看这个人的家人和朋友，同样，要读一本书，不妨也读一读其他与它相关的书。

书承载的是知识，所有知识都是成体系存在的，通过对相关书的延伸阅读，可以以一本书的内容为中心，进行发散思维，得到广阔的视野，让自己的思想获得一个更大的发挥空间。毕竟读书是为了有思想，不只是为了知道知识本身。

农耕史

说到农耕，全世界大概没有哪个民族能比中国更有发言权。中国是世界上最古老的农耕民族之一，在农耕方面积累的文化和农耕文明的发达程度，在世界历史上大概也无出其右者。

准确地说，中国也仅仅是最近四十年才走出农耕时代，在此之前的几千年里，从二里头算起，一直到四十年前，中国基本上一直处于农耕社会。几乎每个中国人都是生活在农村的农民，以种地务农为生。当下的中国人虽然已经离开了土地和农村，进入城市，但往上追一代人或两代人，他们的父母或爷爷辈，其实也都是农民。

虽然只是几十年，也就是一两代人的时间，但今天的年轻人已经不太了解农耕文化，对传统文化产生了很大的隔阂。

作者首先从蒙古火锅讲起，说到了游牧与农耕的差别。

所谓"游牧"，实际是人们为了利用农业资源匮乏的边缘地区，而不得已的一种经济生产方式。通过放牧，利用草食动物之食性，人们将人类无法直接消化、利用的植物资源，转换为肉类、乳类等食物，以供生活所需。

游牧生活主要依靠草食动物及其移动性。相对于农业，这是一种比较原始低效的生产方式。

农耕社会基本依赖植物（作物）生存，而游牧社会完全依赖动物（牲畜）生存，这是两种完全不同的生活方式，从而形成不同的性格、习惯、思想和观念，乃至经济、政治和军事形式。在中原农耕区，植物长出来就是粮食，可直接食用，但草原只能生长草。"草"在中原农民眼中，完全是无用的，甚至是有害的，必须除掉。

在中国比较好的农业地区，比如关中，一两亩地就能养活一家人。即使是贫瘠的山地，十几亩地也能够一家人生活。但在现在的内蒙古一些旗，二十亩地才能养一只羊，而要供养一个五口之家，至少要三四百只羊才行；也就是说，一个牧民家庭至少需要六千到八千亩地。由此可见，游牧地区在生产和人口方面相对于中原农耕区域有一定差距。

相比游牧，农业才是文明的真正起点。有了农业，文字才能出现，金属才能被发现，人类才有了发明创造的可能。有历史学家简单地总结整个人类史，认为人类历史上只发生过两次革命，一次是农业革命，一次是工业革命。

由此可见农业对人类的革命性意义。

人类是一种农业动物。因为农业，人类走向定居和群居，人口变得密集，形成文明与社会，出现政治与国家。在古代社会，无论社会经济还是政治结构，都以食物生产和分配为基础；农业生产出现富余，孕育了政治统治，粮食变成权力的工具，可用来征税、施舍、炫耀和支付。食物的流动产生了商业和货币，也形成文化与宗教。

对于农业，作者特意提到了小麦，而且专门讲述了小麦对中国历史的塑造过程。

虽然水稻也是一种好吃又常见的主粮，但似乎人类主要文明都诞生在小麦文化区，中国的传统二十四节气也基本是按照小麦种植各时期来设置的。在中国传统节日中，端午节是麦子成熟收割的节日，中秋节是麦子播种的节日，春节是小麦入冬蛰伏的时节。

周人和神农都发端于岐山，周原以产小麦而闻名，岐山这里崛起了周秦两代王朝，秦始皇的"秦"字，其甲骨文就是一个打谷脱粒的形象。岐山的饮食风俗非常丰富，著名的擀面皮、臊子面、麻花、锅盔等，其实都属于小麦文化的产物。不仅岐山，整个关中都是小麦产区，陈忠实的小说《白鹿原》所反映的便是一种小麦文化。或者说，人与土地的关系，就体现在小麦这种作物上，人对土地的崇拜，也是对小麦的崇拜。

农业主要是种植作物，在所有作物中，小麦提供的蛋白质是最好的。小麦生活在降雨较少的温带，在北半球分布广泛，沿着北纬四十度，形成了一个长长的小麦地带，这个地带至今依然是世界精英人群的所在地。中国人吃馒头，西方人吃面包，都是小麦制作的。

中国大约在公元前二世纪左右就开始种植小麦。用面粉制作的食物，如面条或饼是在西汉时期传入中国的，张骞凿空打通丝绸之路，从西域带回了小麦和制作面粉的技术，面食由此始兴，"二十四节气"也正式纳入《太初历》。

以前人们将小麦叫作细粮，将玉米、红薯、高粱等叫作粗粮，小麦的种植、灌溉、收割、脱粒、磨粉、储存、加工等，都是非常烦琐的，稍有不慎，就会导致失败。而玉米等粗粮就简单得多，这些复杂的工作基本不太需要，当然，粗粮可以加工成的食品形式也不多，吃起来口感比较差，虽然产量都很高。

与其他作物相比，小麦文化无疑具有某种独有的贵族性，因此它也具有不可抗拒的征服性。小麦的产量并不高，这使得小麦一直都非常珍贵，用小麦喂养的人也因此被珍视。相比之下，块茎和根茎类植物如土豆、红薯可以提供高热量，但在蛋白质方面就差强人意了，这种廉价食物可以养育很多人，其结果却导致人本身的贬值，这是食物与人最直接的一层关系。

中国人常说"五谷丰登"，五谷一般指稻、黍、粟、麦、豆之类。先秦时期，一般人以豆为主食，也只有士大夫以上的贵族才吃得起稻和粟，黍即黄米，也叫高粱。汉代以后，小麦开始普及；唐代以后，稻米在中原普及。据说最早汤匙才是用来吃饭的。后来由于小麦面食从片状变为条状，用筷子吃饭才逐渐流行起来，当然这是十六世纪才开始的事。[1]

食物的等级

关于食物与阶级，这是一个比较深刻的话题。

如果仅谈吃，或许只是生活史和经济史的范畴，但如果再进一步，就可能介入到文化史、社会史和政治史层面。历史的宽泛性也在于此。

以往我们在教科书中所学到的历史，主要偏重于国家、战争和统治权力的变迁，关注的是帝王将相和国家兴亡，这种统治者视角，对饮食男女这些平民日常根本不屑一顾。事实上，历史就如同这个世界，是丰富多彩的，随便翻起一页，都能看到很多有趣的东西，不能只见森林，不见树木。

我们现代人读历史，一般都不是为了考研、考博、评职称，而是为了了解当下社会，了解现代世界，因为现在所遇到的任何事情，它们的背后都有个来龙去脉，这个来龙去脉都在历史里；不读历史，就对这些一无所知，只知道它这样，却不知道它为什么这样。如果知道了它为什么这样，那么也就能大概地知道它将来会怎么样。

虽然读书人不是神仙，并不能掐会算，但读书，尤其是读些历史，一般都能从一个更大的时间线上来看待一切事，不会像井底之蛙一样鼠目寸光。夏虫不可以语冰，历史不见得能解决现实问题，但确实能减少一些迷茫和焦虑，让一个人面对世界时，更加理智和从容。

现在我们说的阶级，一般是指"中产阶级"，不像五六十年前那样专指"无产阶级""资产阶级"。

《礼记·王制》云："诸侯无故不杀牛，大夫无故不杀羊，士无故不

---

[1] 可参阅张竞：《餐桌上的中国史》，方明生、方祖鸿译，中信出版社，2022。

杀犬豕，庶人无故不食珍。"在中国古代，平民是吃不起肉的，吃肉是贵族的专享，即所谓"肉食者"，而鼎是专门煮肉的食器。《左传》中记载，齐兵入侵，曹刿请战，他的乡党都笑话他说："肉食者谋之，又何间焉？"意思是说：打仗是那些吃肉的贵族的事情，跟你有什么关系呢！

古人常说，安步以当车，晚食以当肉。意思是人饿了，吃什么都香得跟肉一样。平民吃不起肉，这很好理解，但如果说一个常年烤肉的人也吃不到肉，大概就有人不相信了。《世说新语》中记载，士族顾荣在洛阳时，某次赴宴，发现烤肉的人似乎很想吃烤肉，就割了一块肉给了他。同座人问为什么，顾荣说："岂有终日执之而不知其味？"后来战乱，他渡江逃难，一直与他共患难的，就是那个烤肉的人。

在关中地区，岐山臊子面非常出名，臊子即肉臊子，据说源于夏、商、周三代"尸祭制度"中的"竣余之礼"。其中"尸"是由人装扮的天神或死去的祖先，"尸祭"就是人们以"尸"为对象进行的祭祀活动。

尸祭过程要献牲，即献牛、羊、猪肉，献毕的"牲"要加工成精美的熟食，由"尸"代表天神和祖先先享用，即"尝汤"，再由君先吃"尸"的剩饭，之后从卿、大夫、士到百官依序吃"尸"的剩饭，最后让百姓享用。

《礼记·祭统》中说，尸祭吃剩饭，意为祭祀即将结束，"善终者如始"。古书里将这种层层吃剩的过程叫作"竣余之礼"。

《礼记·曲礼》中记载："主人延客祭，祭食，祭所先进，肴之序，遍祭之。"意思是说，进食之前，馔品摆好之后，主人要引导客人举行食前的祭礼。古人进食之前必行祭礼，每一种食物都要先拨出少许，放置在几案之上，以祭祀神灵祖先。所谓"祭所先进"，是指按进食的顺序，宴席先吃什么，就先用什么行祭，遍祭各种食物。

岐山习俗是吃臊子面之前，要把第一碗面端到大门两侧、土地堂前、灶神堂前等处"泼汤"，请天地祖先品尝，等他们吃过了，这时候才能动筷子吃面。吃面时先长后幼，先宾后主，只吃面不喝汤，正所谓"千碗面,一锅汤"。

村里一户人家做臊子面,左邻右舍都能闻着香气,臊子面做好,也要给邻居端上一碗以作分享。

按照阿城的说法,中国人把吃上升到意识形态的高度。中国对吃的讲究,古代时是为祭祀,天和在天上的祖宗要闻到飘上来的味儿,才知道俗世搞了些什么名堂,是否有诚意,所以供品要做出香味,味要分得出级别与种类,所谓"味道"。远古的"燎祭",其中就包括送味道上天。《诗经》《礼记》里这类描写很多。[1] 在《楚辞·招魂》里,屈原历数人间烹调美味,来引诱亡魂归来。[2]

《礼记·内则》将饮食分为饭、膳、馐、饮。青铜食器上铸饕餮纹,是警示不要贪食。先秦贵族以鼎食为尚,尝汤是一种极其尊贵的政治活动,《春秋左传》中专门记载了一次因为尝汤引发的政变:

楚国送了一只鳖给郑灵公,恰好公子宋来见,公子宋以为自己有口福,结果郑灵公炖好了鳖,偏不让公子宋尝汤,公子宋便把手指放进鼎中——"染指",然后吮指而出,硬算是尝了汤。郑灵公与公子宋从此结怨,郑灵公被杀。[3] 类似的还有"二桃杀三士"。

浪费与炫耀

作者在书中,对现代社会中的食物浪费提出强烈批判。这或许是个刻舟求剑的问题。

古代农耕社会以节约为美德,中国人常说俭以养德。那时候没有什

---

[1] 阿城《思乡与蛋白酶》,载《常识与通识》,江苏凤凰文艺出版社,2016,第7页。
[2] 《招魂》节选:室家遂宗,食多方些。稻粢穱麦,挐黄粱些。大苦咸酸,辛甘行些。肥牛之腱,臑若芳些。和酸若苦,陈吴羹些。胹鳖炮羔,有柘浆些。鹄酸臇凫,煎鸿鸧些。露鸡臛蠵,厉而不爽些。粔籹蜜饵,有餦餭些。瑶浆蜜勺,实羽觞些。挫糟冻饮,酎清凉些。华酌既陈,有琼浆些。归来反故室,敬而无妨些。
[3] 《左传·宣公四年》载,楚人献鼋于郑灵公。公子宋与子家将见。子公之食指动,以示子家,曰:"他日我如此,必尝异味。"及入,宰夫将解鼋,相视而笑。公问之,子家以告。及食大夫鼋,召子公而弗与也。子公怒,染指于鼎,尝之而出。公怒,欲杀子公。子公与子家谋先。子家曰:"畜老,犹惮杀之,而况君乎?"反谮子家,子家惧而从之。夏,弑灵公。

么消费，或者说没有大众消费文化，男耕女织，人人自给自足。只有贵族和皇族，或者说达官贵人，是由人供养，享受特权。现代社会就完全不同了，一切都实现了机器工业化，由此产生了一个丰裕社会，生产效率太高，人的消耗能力又太低，一切都过剩了，整个社会最大的追求就是鼓励消费，将过剩的东西消费掉，因此浪费渐渐成风。

举个例子，你请客人吃饭，如果一人一碗面，虽然都吃饱了，但这不算客气。如果你摆一桌子美酒佳肴，虽然吃不了，最后都扔进了垃圾桶，很浪费，但这显示了你的慷慨与诚意，会让客人非常满意和感动，然后拍照发在朋友圈，成为一桩社交美谈。在这里，浪费反成了最大的美德，这是现代社会最为讽刺的现象。

大厦千间，夜眠三尺。古代社会中，消费是一种特权，更不用说浪费，只有权贵和皇帝才有浪费的特权，皇宫很大，主要是为了浪费。在现代社会，每个人都有了浪费的权利，这种浪费不能简单地叫作消费，用凡勃伦的说法，应该叫"炫耀性消费"，用中国人的说法，叫"面子消费"。凡勃伦说，"炫耀性消费"是"有闲阶级"的普遍爱好。

达尔文研究动物时，对孔雀的大尾巴感到困惑不解，因为这个大尾巴很碍事，影响它飞行，又容易招惹天敌，危及自身安全，明显不符合动物进化论。但后来他悟到，这是为了"炫耀"。只有懂得炫耀的孔雀才能得到异性的青睐，从而传宗接代，万世千秋，那些默默无闻的小尾巴孔雀虽然可以躲开天敌，但却因为没有母孔雀喜欢，都断了香火。

因此，炫耀是人类和动物的本能，不同之处是动物用身体，人类用财富，而财富只有消费才能显现，比如豪宅、宴会和收藏。炫耀和囤积都是对权势和影响力的最大化体现。

因为边际效益递减法则，对现代人来说，过了温饱线后，金钱就很难增加太大的幸福感。如何用金钱增加幸福感，这是现在很多心理学家研究的热门课题，最后大家比较一致的观点是"请客"。与别人分享自己的食物，往往能带来最大的幸福感和满足感。相比之下，即使买一屋子奢侈品，它所带来的成就感和满足感，也只能维持很短的时间。

很多奢侈品，拥有之后，马上就变得失落起来，但请客不会这样。你会得到朋友持续而长久的赞扬和爱戴，期待你下次再请客。

对一个好客的现代人来说，宴会不再是为了吃饭，而是为了炫耀，或者说为了显示自己的地位。

在任何宴会中，主宾位置都显赫而分明。袁枚《随园食单·戒单》中记载，某太守请客，用如缸大的碗盛白煮的燕窝四两，这样宴请宾客，无非是说自己好客、有钱。所以袁枚调侃说："我辈来吃燕窝，非来贩燕窝也……若徒夸体面，不如碗中竟放明珠百粒，则价值万金矣。"

在《大狗》这本书里，写到罗士柴尔德家族的一件事，即他们引以为荣的待客之道是佳肴盛列，"自己却一口也不吃"。

作者对很多西方宫廷宴席的逸闻趣事信手拈来。其实中西餐饮文化差异还是比较大的，比如西方是分餐制，中国是共餐制（从文化上来说，西方盛行个人主义，中国则注重集体主义）。此外，虽然都是形式大于内容，但西方很讲究餐具，中国则更注重菜品。不管中西，在用餐礼仪方面其实都很讲究，吃饭确实是一件大事。

这些年，关于中国传统饮食文化的书比较多。中国历史上，关于宴席的故事很多，比如鸿门宴，比如二桃杀三士。其实在唐宋之前的宴席总体还是比较简单的，大家看唐代一些画，人们吃饭还是分餐制，每个人一个盘子，菜品也很简单，食物以主食为主。

古代中国人分餐进食，一般都是席地而坐，面前摆着一张低矮的小食案，案上放着轻巧的食具，重而大的器具直接放在席子外的地上。优良的分餐制比亲密接触的会食方式更古老，至少有三千年的历史。以小食案进食的方式，至迟在龙山文化时期便已发明，考古已经发掘到前2500年时的木案实物。陶寺遗址的发现更是将食案的历史提到了4500年以前。

据说在宋朝之前，只有芝麻油而没有菜籽油，这导致炒菜不怎么流行；宋朝以后，菜籽油普遍取代了芝麻油，炒菜才流行起来。宴席逐渐以炒菜为主，传统的菜品也日益复杂，出现了被引为国粹的官府菜。吃饭成为一件极其繁复而具有仪式感的事情。

南宋中兴四将中，有一个人叫张俊。历史上，他在岳飞被害时落井下石，很为人不齿。但在现实中，他和秦桧一样，都封王封侯，享尽荣华富贵，甚至死后也颇有哀荣。对于那些没有历史感，只在乎及时享乐的现代人来说，这或许算得上是极品的"成功人士"了。

张俊不像岳飞那么"不识时务"，他主动放弃兵权，一心只想安度晚年，被封为清河郡王，坐拥万贯家财。绍兴二十一年（1151）秋，他在家里摆了一桌有史以来最为豪华的宴席，宴请皇帝赵构。当时，岳飞已经死了九年有余。

据说赵构很少出宫，他只去过秦桧家和张俊家，去张俊家就是为了这次宴席。皇帝吃饭不叫吃饭，叫作用膳。皇帝参加宴席也不会那么简单。去张俊家做客，哪怕仅仅是吃个饭，流程也是相当复杂的，从初坐到正坐，极富有仪式感：

客人刚进门为初坐，这是宴席的序幕。要上七轮果盘，每轮是十几道珍稀水果。然后要举行一些参观祭拜之类的活动，之后净手上桌，叫再坐，上菜品六轮，每轮十一道，总共是六十六道菜。完毕后，正式的御筵才开始。

正式的筵席有下酒菜十五盏，每一盏是两道菜，总共三十道；光是吃螃蟹，就有四种不同的吃法。宴席到这里进入尾声，也就是歇坐，上的都是不计入正菜的小菜，共有二十八道。

孔子在论语中说："君赐食，必正席先尝之。"坐席必先安位，按尊卑确定主位，主位须坐北朝南，正对着门。虽然君臣欢宴，但仍然君臣有别，所以君臣各独自一桌，也就是说采取分餐制。

张俊是武将，打仗不咋样，但在吃饭方面很有研究。宋人庄绰在笔记《鸡肋编》中说："绍兴中，以财用窘匮，武臣以军功入仕者甚众，俸给米麦，虽宗室亦减半支给。其后半复中损，至于再三，遂至正任观察使才请两石六斗。唯统兵官依旧全支。"可见当时虽然人们普遍都穷得吃不上饭,但作为统兵官的张俊还是待遇极其丰厚的。

宋代笔记《后山丛谈》中记载,北宋仁宗吃饭很简单,非常反对侈靡行为。

> 仁宗每私宴,十阁分献熟食。是岁秋初,蛤蜊初至都,或以为献,仁宗问曰:"安得已有此邪?其价几何?"曰:"每枚千钱,一献凡二十八枚。"上不乐,曰:"我常戒尔辈勿为侈靡,今一下箸费二十八千,吾不堪也。"遂不食。

清朝宫廷宴分满席和汉席,康熙帝曾下旨:"每以一时宴会,多杀牲畜,朕心不忍。自后元旦赐宴,应改满席为汉席。"

清朝皇帝吃饭叫用膳,膳食标准从康熙帝玄烨到末代皇帝溥仪变化不大。溥仪每月消耗的食物包括810斤肉和240只鸡鸭。每次他传膳,太监们都要浩浩荡荡抬着膳桌,送来奢华的菜肴。食具为银器,下方托以盛有热水来保温的瓷瓦罐。溥仪面对这些美食一口也不尝,因为这些饭菜常常早好几天就做好了,放得久了很难吃。"御膳"转了一圈又回到御膳房,自然就进了宫女太监的肚子。

溥仪当然不会饿肚子,他实际上吃的是太后专门为他做的饭,味道要好得多。不管他吃了什么,太监们向太后禀告时用的都是同一套措辞:"奴才禀老主子,万岁爷进了一碗老米膳,一个馒头,进得香!"[1]

食物的东西交流

食物也是一种文化,所谓交流,不外乎两种方式,战争或者贸易。

在古代世界,战争和征服非常普遍。战争和征服会带来不同的饮食文化,有时候,恰好是不同的饮食习俗导致了战争。

---

[1] 薛爱华、史景迁等:《中国文化中的饮食》,张光直主编,王冲译,广西师范大学出版社,2023,第260页。

比如鸦片战争，就是因为英国人要喝中国的茶叶，却没有钱来支付购买茶叶的费用，只好用印度鸦片来作为支付手段。不知不觉中，中国上层精英喜欢上了鸦片，这引发清朝统治者不安，最后发生了战争。战争过后，鸦片便彻底成为中国人日常生活必不可少的一部分，造成严重的社会危害。

在所有食物中，上瘾性食物是最可怕的，但它是最"完美"的商品，因为它可以自动形成持续性的重复购买，从而形成稳定的市场。除了中国的茶叶和非洲的咖啡，美洲的烟草、蔗糖和印度的香料也同样发生过全球扩散，并引发文化连锁反应。

在殖民运动中，一些宗主国的饮食文化在殖民地被复制和传承，作者举了不少案例。最后，作者以香料和盐为例，讲述了全球贸易的发展。

拙作《新食货志》刚刚出版时，很多人天真地问："食货"跟"吃货"有什么不同啊？可见很多人连起码的历史常识都不懂。

中国的正史也就是二十四史，在每个正史中，都有专门的《食货志》。按照班固的解释，"食"指的是可食用的东西，"货"指的是可用来进行贸易的所有商品，一个是指食物，一个是指货物，也包括货币。在《食货志》中，"食货"基本涵盖了国民经济生活的方方面面。历史需要传承，所以我用了"食货志"这个历史传统，没有用"贸易改变世界"之类的通俗书名。在《新食货志》这本书中，我主要讲述了二十多种商品的全球贸易发展史，其中就包括香料和盐。

香料原本只是食物添加剂，是用来增进和改善食物色香味的，中世纪的贵族为了满足口腹之欲，对香料孜孜以求，香料便成为超级奢侈品。印度的香料要到达欧洲，要跨越漫长的旅途，而且这段旅程大都在阿拉伯帝国的控制之内；欧洲人没办法，只好另辟蹊径，这才导致了大航海运动，让哥伦布误打误撞，发现了新大陆。

盐同样如此，很多人以为中国古代社会中，朝廷是依靠农业税，也就是田赋，来作为财政支柱的，其实并不完全是这样。在很多时候，朝廷收入的大头是盐税。依靠垄断小小的食盐，朝廷从每个人舌头上勒索财富，让原本非常廉价的盐，贵得让人吃不起。一个人为了吃盐，严重时甚至要花去一半收入。最厉害的是元朝，朝廷百分之九十的财政收入靠的就是盐。

在中国古代，虽然不存在什么消费，但并不是没有商业，所谓的商业和商帮，大都是贩卖食盐的。自给自足的农业社会，只有食盐无法自己生产，所以只有食盐才是最主流的商品，人人要吃饭，吃饭离不开盐。

古代社会是个贫穷社会，绝大多数人都是穷人，所以能吃得起盐就已经是很不错的了。我们现在能吃到的很多所谓"传统名吃"，其实都是近现代才有的，都是粮食丰裕以后的产物。

需要说明一下，对于中国古代历史，我们不应该过度意淫，很多人都喜欢想象古人岁月静好，甚至拿现代白领生活往古代秀才身上套，还有不少"傻白甜"梦想穿越回汉唐。请别忘了，在那样的原始农耕社会，99%的人都是在土里刨食，挣扎在温饱线上的农民，如果真的穿越回去，有99%的可能，是成为一个连盐都吃不起的穷人，成为皇亲国戚达官贵人的可能性，大概跟中头彩一样，想都不要想。

随着互联网短视频的兴起，一批贩卖传统农耕田园生活的网红一夜暴富。在专业灯光、摄像和后期特效、剪辑的技术包装下，一身汉服，山清水秀，一个人耕田织布。但实际上，古人的生活要难得多。

我们可以想象一下，假如你是宋朝一个乡下女人，先不说折断脚趾的缠足让你举步维艰，就说做饭这件事——

首先要打水生火，水来自井，要摇半天辘轳，这绝对不是一件容易的事情，桶掉进井里是常有的事，有时人也会掉进井里。烧水要柴火，即使砍好了柴，要生火，用火镰引火就非常麻烦。

火镰不是火柴，也不是打火机，这些东西都是现代发明的，进入中国的时间也就一百年左右。我小时候，村里很多人买不起火柴，更买不起打火机，还在使用火镰。火镰打火并不容易。可以想象一下，左手拿一块铁,右手拿一块石头,互相撞击,打出火星,用这个火星来引燃火棉,然后用嘴吹火棉,引燃树叶,树叶再引燃柴火。这绝对是个技术活儿,天气不好,手不利索,连火都打不着。

引着火以后,柴火燃烧总是烟比火要多。不说窑洞,就是老式土房子,一般也没有排烟装置,人只能承受烟熏火燎。在传统社会中,几乎每个农村妇女年纪轻轻,就免不了慢性气管炎和肺气肿等疾病的折磨,喉咙里整天呼呼噜噜,咳不完的痰。这种不幸的现象直到二十世纪八十年代,在中国农村依然非常普遍。

由此可见,为了让一家人吃上一顿热饭,女人付出的代价是多么大。

回到近代贸易的话题。

殖民运动时期,工业还不发达,食物是主要的贸易商品,或者说,贸易基本都是围绕着可以食用的商品展开的。英国不仅用印度鸦片换取中国的茶叶,还通过控制北美和大洋洲等殖民地,释放和转移大量劳动力(包括奴隶),将甘蔗、棉花、小麦引进美洲,将绵羊奶牛引进大洋洲,这种世界扩张战略最大限度地控制了新大陆和欧洲之间的贸易。

在工业革命以前,工业制品在贸易中所占的比例是微乎其微的,日常交易的商品主要是衣和食。羊毛和棉花自然重要,但比它们更重要的是蔗糖、咖啡、茶叶之类的食品;控制"食品"方面的交易,即是控制世界经济。这就是英国继西班牙、葡萄牙开辟大航海时代之后所做的事情。实际上,美国当年也是通过发展农业壮大经济,并最终成为世界超级大国的,而且其农业大国的地位至今也没有动摇。

哥伦布大交换

中信"新思文化"和"见识城邦"这两个历史图书品牌让我感到,当下的历史热越来越走出传统精英主义的宏大叙事。

从《叫魂》《王氏之死》到《漫长的余生》,这些关于小人物的历史书越来越受欢迎；同时，历史阅读也在向经济史、社会史、日常生活史，或者说关注底层庶民世界的微观史方向转场。历史写作者从传统的政治、外交、战争等宏大主题，转向描写经济、文化和普通个体的生活史。比较有代表性的，如著名汉学家卜正民主编的《哈佛中国史》就体现了这种历史新风向。

关于地理大发现和哥伦布的历史读物可谓多矣。从现代文明的角度看，哥伦布的影响确实非常大，如果将视角缩小到粮食作物这个微观层面，就能以小见大，让历史阅读趣味横生。比如，从食物角度来看"哥伦布大交换"的历史效应，这种天翻地覆之感确实让人耳目一新。

在哥伦布之前，美洲不生产一颗麦粒，如今全球最大的麦田就在美洲，这里生产的小麦养活了差不多一小半地球人口。我们中国人当下吃的粮食中，有将近三分之一就来自美洲。

在哥伦布之前，中国也没有玉米、红薯、土豆、南瓜、花生和辣椒。没有辣椒，也就没有以麻辣闻名的川菜和湘菜。对中国无数吃货来说，无论如何是不能想象没有辣椒的食物。实际上，我们现在能吃到的很多大众美食，诞生的历史不超过一百年时间，许多都是近二三十年才出现的，比如大盘鸡、麻辣小龙虾等等。

有一本叫作《中国食辣史》的书，专门写到辣椒对西南民间文化尤其是江湖的塑造，辣椒真具有不可思议的作用。

哥伦布发现新大陆后，原住民都是吃玉米、红薯的，结果被吃小麦的欧洲人打败了。后来，欧洲人将小麦带到美洲，这些吃小麦的人聚居成为一个新的国家，这就是美国。美国后来成为一个超级大国，其影响是世界性的，从文化到科技，从农业到军事。

当然，哥伦布也改变了中国，在哥伦布之前，中国人口很少，三分之二生活在南方平原，以稻米为食，三分之一生活在北方平原，以小麦为食。美洲作物传入中国后，中国人口翻了几番，北方人口猛增，南北人口持平，虽然水稻和小麦没有被全面取代，但就人口主流而言，以番薯和玉米为食物的人口基本超过了以水稻和小麦为食物的人口。

美洲作物的普及与清政府的积极推广密不可分，因此有人将康乾盛世称为"番薯盛世"。

清代的农业发展史说明，中国农业在很大程度上，正是依赖这些来自美洲的作物品种，征服了一块又一块原本无人问津的土地——花生的种植，让人们征服了盐碱沙地；番薯的种植，让人们征服了贫瘠的旱地；玉米和土豆的种植，让人们征服了山地。这些美洲高产农作物的普及推广，让人们在只有耕牛和铁木工具可资利用的条件下，接近于徒手地充分开发了原本处于自然状态的土地，这些土地一般都位于交通极其不便的山区和边疆地区。

最终，这场"作物革命"彻底改变了中国传统农业和社会状况。

原来，小麦与大米作为贵族作物，产量较低（尤其是北方的小麦），形成不可逾越的人口瓶颈；同时，依靠精耕细作和灌溉农业的汉人，也只能聚居在交通方便的平原或盆地。

美洲作物进入以后，中国人口暴增，那些出自"穷山恶水"的大量"棚民"和"游民"，形成数量巨大但极其贫穷的"番薯汉人"群体：他们四处迁移，快速繁衍，在封闭、边远、原始的贫瘠山区或高寒荒漠地带，以刀耕火种的粗放方式开荒种植高产高热量的玉米、番薯、土豆、花生、向日葵和辣椒等美洲作物；从习惯上，他们抛弃了节俭惜物、安土重迁的传统，转向对环境的破坏和掠夺。换句话说，中国在自古就存在的"城里人"和"乡下人"之外，突然出现了新的"山里人"和"边疆人"，他们依靠美洲作物而生存和繁衍。

以前中国只有两种人，肉食者和素食者，前者是贵族，后者是平民，现在中国出现了第三种人，即粗食者，而且这些粗食者成为人口的大多数。食物与人，常常互为因果。人口数量的增加，也在一定程度上降低了人们的生活水平，许多人的饮食从"肉食"降为"素食"，再降为"粗食"。近代以来，这些粗食者成为改变并主宰时代的新生力量。美洲作物通过蚕食原先不适合农业的边远地带，尤其是北方草原，也消解了一直对汉民族构成暴力压力的北方游牧民族,将那里从游牧者的草原变成汉人的农业边疆。

在这种文化交流中,游牧民族最喜欢的火锅在全国流行,中国南北都开始围着火锅狂欢豪饮。

食物的工业化

工业革命早期,也就是18世纪初,英国人达比改进冶铁技术,让铁锅走进了千家万户。工业革命之后,铁制刀叉才开始普及,欧洲人结束了手抓饭的习惯。随着世界各地的食物涌向欧洲,西餐发生了一场天翻地覆的变化,并随着欧洲扩张走向世界。

韩炳哲有一段关于东西餐饮文化的比较分析,非常有趣——

"东亚饮食本身就是一种去领土化的饮食。这里的一切都被分割成小块。花样繁多的食材——蔬菜、菌菇、鸡鸭鱼肉,被充满想象力地拼成丰富的组合。盘子上几乎不会出现固定的或大块的东西,人们不需要用锋利的刀子去拆解它们。用餐的过程不是用叉子去刺,而是用筷子去夹。此外东亚饮食没有核心,它似乎瓦解成碎片或者平行的事件。人们并非守护着自己的盘子,而是让手和目光在多个盘子之间来回逡巡。从这一点上看,它也是去领土化的。诸多佳肴属于所有人,同时也不属于任何人。因此,东亚饮食给人一种去主观化或去个人化的感觉。与此相反,西方饮食中,摄取食物的所有流程和用具都是为了将就餐领土化、个人化。"[1]

随着工业化的无孔不入,对西餐而言,西餐工业化在20世纪似乎已经成为事实,但对中餐来说,似乎还为时尚早。但不管怎样,以生产食物为主的传统农业已经彻底变成工业的一种,农业走向农场化,养殖业走向工厂化,食品加工已经实现了无人化流水线生产。

在农业和工业都完成机器自动化后,人类面临着巨大的失业压力。

---

1 [德]韩炳哲:《不在场:东亚文化与哲学》,吴琼译,中信出版社,2023,第100—101页。

人要吃饭，就要工作，手停就要嘴停。当很多工作被机器夺走之后，人只能做那些机器无法完成的工作。

在中国，建筑行业一度因为自动化程度不高，容纳了大量农民工，但后来技术进步，对建筑工人的需求越来越小。相对而言，中式餐饮业仍是纯手工化的，这让它成为目前就业的主流。从后厨到服务员，餐饮业无疑是劳动力密集型行业。

对中餐而言，机器可以介入的空间很小，中餐烹饪在某种意义上像是一门只能依赖手工的艺术，而不是可以无限复制的技术，仍然只能靠人来完成。这或许是这个机器时代里，中国传统文化带来的几种好处之一。

然而，随着现代餐饮业不断走向规模化和连锁化，预制菜与其背后所代表的餐饮标准化流程，正在颠覆以往我们对于中式餐饮的认知。所谓的预制菜，本质上是以一种或多种农产品为主要原料，运用大规模标准化流水作业，经预加工或预烹调后，再进行包装的成品或半成品菜肴。预制菜以牺牲新鲜口感来提高效率，先是将饭店从生产工厂变成组装厂，最后可能会消灭饭店。有了预制菜，普通人在自己家里也可以轻松烧出一桌满汉全席来。

因为预制菜和标准化可以大大降低餐饮业的成本，其发展趋势已不可阻挡，日本便是前车之鉴。

中国人与西方人有很多不同。比如有句话说，西方人吃饭是为了活着，中国人活着是为了吃饭。

一直以来都有个很流行的词叫"吃货"，这跟以前的"饭桶"不一样，"吃货"并不是调侃，其中还有一点点自得的意思。孙隆基在《中国文化的深层结构》中曾严厉地批判过这种"口腔文化"，即将"口腔快感"当作人生最高追求。

对于经济利益至上的现代理性人来说，追求享乐确实算不得美德，但如果从生活情调和饮食审美而言，对食物至臻至美的追求也是一种不错的个人爱好。孔子说，吾未见好德如好色者也。孟子说：食色，性也。

既然好色都不是过错,好吃又算得了什么呢。

基督教中,将贪食列入七宗罪,但中国人从来都是世俗主义的。这种耽于享乐的文化在中国古代就很普遍,是士大夫最喜欢的事情。对那些过了温饱线的中国精英们来说,不断改变花样,增加食物带给人的愉悦感,是人生一大享受和乐趣,但对西方一心想发财的新教徒们来说,或许只是想吃完饭走人,赶紧干活去。

孔子说人吃饱了容易犯两种病:或者"饱食终日,无所用心,难矣哉";或者"群居终日,言不及义,好行小慧,难矣哉"。明朝吕坤愤世嫉俗地说:"士鲜衣美食,浮谈怪说,玩日愒时,而以农工为村鄙;女傅粉簪花、冶容学态、袖手乐游,而以勤俭为羞辱;官盛从丰供、繁文缛节、奔逐世态,而以教养为迂腐。世道可为伤心矣。"[1]

速食业在西方蔚为大观,在中国也出现了类似的现象,从最早的方便面,到后来的速冻水饺,互联网时代又出现了美团,在工作与生活之间,吃饭似乎正成为一个尴尬的问题。

对物质丰裕的现代人来说,如果简单地吃个饭,给身体提供热量和营养,那只是生存的基础而已,好好地吃上一顿美味,享受美食带来的幸福感,这才是真正的生活。即使对当下挣扎在生存边缘的大多数人来说,下馆子也是最容易实现的一种奢侈。

随着影像技术的进步和普及,逐渐有人将镜头对准向来无人问津的平民饮食。以美轮美奂的摄像画面精心制作的《舌尖上的中国》一经推出,便风靡中国南北市井街头。现代都市人终日辛劳,常常以夜生活的狂饮海吃来补偿白天的付出,甚至不顾身体为此付出的健康代价。

"玉食珍羞不谓荣,箪瓢陋巷岂为贫。"古人因营养匮乏而早逝,今人因营养过剩而早逝,这是何等讽刺。其实,对于生活在大城市、远离

---

[1] 载吕坤《呻吟语》卷四,大意是:读书人穿着鲜艳的衣服,吃着美味的食物,谈论时事,日日游玩,虚度时光,而认为农民工匠的劳作粗俗鄙陋;女子搽粉戴花,浓妆艳抹,故作媚态,游手好闲,把勤俭视为羞辱;官吏前呼后拥,供给丰盛,繁文缛节,追权逐利,把有教养当作迂腐。这样的世道真让人伤心失望。

大自然的人们来说，那种对农耕时代传统美食的追忆就像田园牧歌一样，只能是望梅止渴，更多的只是带来一种想象的空间，聊作慰藉。

一个有趣的事情是，西式快餐进入中国很多年，但仍然无法成为主流，人们只是偶尔带着孩子去一下，有人甚至将西式快餐视为"垃圾食品"。相比之下，传统中餐仍然是现在中国人吃饭的主流选择。

虽然餐饮业出现了很多全国性连锁品牌，但中餐业仍然对快餐不是很热衷。由此看来，中国人还是把吃饭看作人生中一个很重要的问题，不仅仅是提供热量那么简单。

"一口饭配一口菜"是中餐的独特之处。对每一个中国人来说，最好吃的饭是母亲做的饭。《晋书》记载，张翰"因见秋风起，乃思吴中菰菜、莼羹、鲈鱼脍"。人可以发生很多改变，但人的味蕾却有着极其固执的记忆力，正像作者阿梅斯托在书中说的："传统菜品必然包含有关地区盛产的几种主要食物和调味料，这些材料早已渗入大众集体口味，一再让味蕾尝到弥漫在记忆中的同样滋味，最终使人们普遍对其他的味道无动于衷乃至无法接受。"

走出农村后，人们的生活方式随着工作方式的改变而彻底改变，以前所有的食物都是自己种自己养的，现在根本不知道它的来源。关于食品安全的焦虑成为每个人挥之不去的心病，大型集约化的动物饲养工业也引发了许多道德伦理困惑。

如今，对没有故乡的现代人来说，大众口味跟方言一样越来越不确定了，一个北方内陆的孩子，也有可能特别喜欢吃海鲜，这完全取决于他家庭的消费能力。

现代家庭从本质上也是离散的，每个人有每个人的工作，有各种的作息时间，吃饭这件事越来越社会化，在这时候，跟自己家人一起吃顿饭或许已经成为节日一样的事情。

历史常常事关宏大主题，食物是历史最好的注脚。阿梅斯托在书的最后，很有些伤感地慨叹："工业化饮食侵蚀了社会，至少，它不能延续西方社会的传统家庭生活模式：厨房传出的香味和温暖是家庭生活的焦点，大伙儿一同用餐，也分享亲情。在某个层面上来说，工业化改变了家庭用餐习惯。其改变力量之大，人人都应该感受得到，因为人人都为了配合新的工作模式而调整了用餐时间。在现代的法国，汤变成晚餐食品。在美国和英国，一天吃四餐的日子早已一去不返。午餐几乎已经消逝无踪。"

看来这不仅是中国的现象，现代文化所到之处，无不如此。

食物的未来

总体而言，这是一本知识性、趣味性和思想性都不错的书。

需要说明的是，《吃》这本书出版很早，到现在大概有二十多年了。这二十多年也是中国加入全球化后发展最快的时期。二十多年前，中国还处于城市化的初级阶段，仅仅二十年时间，中国现在已经在各种硬件上与西方没有什么太大的不同了。

随着中国深度融入全球经济，西方社会所暴露出来的一些现代文明弊端，也在中国显现出来了，比如瘟疫和贸易的影响，比如世界粮食价格会影响到每个人的生活甚至生存，毕竟在如今这个时代，我们都已经远离了土地和农民，种地的事情不是交给机器，就是交给了全世界，谁也无法自给自足，独立地活下去。

根据《生机》一书披露，全球大约有四成人口都依赖其他国家出口的食物而生存。

随着中国人日益富裕，肉食在人们的食品中所占比例越来越高。虽然中国是世界主要粮食进口国之一，但大量进口粮食都用来饲养动物，以转化为肉蛋奶。蛋白质是人体的必需，就单位蛋白质的生产成本而言，肉蛋奶的土地成本非常高。

牛津大学专家计算，以豆腐的形态生产100克大豆蛋白，只需要差不多2平方米的土地。饲养含有100克蛋白的鸡蛋需要不到6平方米。鸡肉蛋白质需要7平方米，猪肉需要10平方米。鸡和猪比豆腐需要更多的土地，因为动物并不是百分之百的可供食用的蛋白质，它们还需要维持自己的生命及其他身体部位的生长。相比之下，为了得到100克蛋白质，牛奶平均需要27平方米土地，牛肉需要163平方米，羊肉需要185平方米。换句话说，羊肉蛋白需要的土地面积是大豆蛋白的84倍。如果我们都停止吃肉和奶制品，而改成完全以植物为基础饮食，将减少约76%的耕地使用面积。[1]

对一些传统的读书人来说，该书属于杂书和闲书，但这些貌似生活中熟视无睹的冷知识，有时仔细想想，说不定会颠覆你对生活的惯常认知。这大概就是读书的乐趣所在，只要读书，就不知道下一本书会读到什么，下一页会读到什么。

《了不起的面包》一书的开头，曾引述了法布尔的一段名言："我们在战场上流血死亡，历史加以颂扬；我们依赖耕地繁衍生息，历史却不屑一顾。历史记录下了国王私生子姓甚名谁，却不能说出小麦起源何处。人类的愚昧就在于此。"[2]

任何事物都有来历，所以处处皆历史，历史是人类最原始的宗教。西方人写历史与中国人有很多不同，他们更富于哲学化，或者说更有批评精神。你可以不认同他的批判，但起码他能带给你思考。读书最大的收获并不来自书本身，而是带给人的思考，只有思想才是自己的，书永远是作者的。

写历史的人常常遇到的提问是：你认为未来会怎样？因此，尤瓦尔·赫拉利在写完《人类简史》之后，又写了《未来简史》。《吃》这本书还有个贴心的小礼物，就是随书附赠一个小册子，名字叫《食物的未来》。

春光短暂，不可辜负，悠悠人生，读书就好。

---

1 [英]乔治·蒙比奥：《生机：如何喂饱全世界，并保住我们的星球》，李梦玮译，中国科学技术出版社，2023。
2 [德]H.E.雅各布：《了不起的面包：6000年神圣与日常的历史》，崔敏、文彤译，广东人民出版社，2022。

人异于禽兽者

——《伟大的共存》推荐序[1]

亚圣孟子说："人之所以异于禽兽者几希，庶民去之，君子存之。"（《孟子·离娄下》）意思是说，人之所以为人而不同于禽兽的地方很少，一般人早都忘了，只有君子还记得。

从乔治·布封（1707—1788）写作《自然史》开始，历史就不再只是人类的历史。《伟大的共存》正是继承了这种自然史的精神，将人类最为熟悉的八种动物置于历史的语境中加以审视，为我们提供了一份别样的历史阅读体验。

地球有四十六亿年历史，人类是地球上最高等的动物。农业的出现不过一万多年，而广义上的"文明人"在这个地球上已生活了二百万年。换言之，人类99%的时间是在狩猎和采集的阶段中度过的。长期以来，人类与动物基本是平等的，人只是动物中的一分子。在大多数时候，其他动物是人的猎物；但在有些时候，人也可能是其他动物的猎物。

农业的出现，彻底改变了人与自然的关系，也彻底改变了人与动物的关系。用一位法国学者的话说，农业使人依附于土地并"脱离"自然，使人与众不同，从而上升到一个比动物更高的层次。

---

[1] 可参阅［英］布莱恩·费根：《伟大的共存：改变人类历史的8个动物伙伴》，刘诗军译，中信出版社，2022。

农业生产出大量粮食，当农业出现剩余时，就有了驯化。驯化动物消耗了定居社会借以生活和生存的谷物剩余。这种"拘兽以为畜"的驯化过程，从一万多年前人类驯化狗开始，然后是食用型动物鸡、羊和猪，接着是动力型动物牛和驴，最后出场的是马和骆驼。

动物的驯化

亚里士多德曾说，动物是大自然赐给人类的礼物，既是好劳力，又是美味佳肴。对人类来说，最重要的是驴、牛、马、骆驼之类的动力型动物，它让人类获得了更大的肌肉力量，不仅可以耕种更多的田地，而且可以运输更多货物，或更快速地移动，人类世界由此发生了天翻地覆的变化。尤其是马对人类历史的影响，在一定程度上甚至要超过后来出现的火车、汽车和飞机。

《伟大的共存》所讲述的就是人类与动物共同经历的这段历史。作者布莱恩·费根作为剑桥大学考古学及人类学博士，具有一般人所不及的专业视角和广博知识。在费根看来，不仅人类改变了动物，动物也同时改变了人类；用书中的话来说，人类与动物地位平等，本无高低之分，直到人们开始驯化各种动物，支配和从属关系才出现。

荀子曰："北海则有走马吠犬焉，然而中国得而畜使之。"中国历史上，长期存在中原农耕文明与北方草原游牧文明的对抗。中原社会人们重视牛和猪，草原社会则重视马和羊，实际上，这两种不同文明形态的对抗也是两种动物之间的对抗——牛相对于马拥有生产优势，而马相对于牛则有着军事优势。

该书虽然也涉及猫和鸡等动物，但主要聚焦于狗、山羊、绵羊、猪、牛、驴、马和骆驼这八种动物，从它们被驯化的经过，到融入人类社会后产生的重要影响，书中都有独特的发现与揭示。

人们或许想不到，狗是人类驯化的第一种动物。很明显，狗的驯化是人类狩猎采集时代的产物。当时，面对冰河期结束、全球急剧变暖所带来的挑战，人与狼在狩猎过程中结为命运共同体，狼慢慢变成了狗。由此算来，狗和人在一起的时间已有大约15 000年之久。

在农业社会，山羊、绵羊、猪为人类提供了稳定的肉食来源，这比狩猎社会更加安全和可预期，这三种貌不惊人的动物也成为人类的财富源泉。

起初，周人先祖在"豳"开始农耕，并驯养了许多野猪。在汉字中，屋里养猪为"家"，由此可见猪对农业定居者的重要性。而山羊和绵羊也支撑了游牧社会人们的生存，牧民在大多数时候都是依靠羊奶和羊毛生产的，并不轻易地宰杀羊，因此羊群也是财富的象征。

牛的驯化非常早，这种大型动物对人类来说具有重要的革命意义。牛不仅用来拉车，也用来耕地，奶牛则提供了营养价值高的牛奶，牛肉也是一种极其完美而高级的肉食。《礼记·曲礼》中记载："天子以牺牛，诸侯以肥牛，大夫以索牛，士以羊豕。"

对牛的驯化体现了人类伟大的创新能力；用书中的话说，驯化是一个共生的过程，是动物和人类共同努力的结果。牛一旦被人类驯化，很快就成为人们可以积累的财富，以及向外炫耀的家产和竞相争夺的对象。在许多非洲社会，牛实际上相当于"钱"。

在非洲古老的努尔人部落，人们把牛视若神灵，牛群在这里过着悠闲安逸的生活。努尔人对牛的关怀无微不至，为牛生火驱蚊，为牛而不停搬迁，为牛制作装饰品，以保护它们免遭骚扰和攻击，他们甚至用牛的形态和颜色为自己取名字。这让一些外来人感叹："努尔人可谓是牛身上的寄生虫。"尽管努尔人很喜欢吃肉，但他们绝对不会为了吃肉而杀牛。他们只有在牛死掉以后才会吃其死尸，以此表示对牛的热爱。[1]

书中这段叙述，堪称人与动物"伟大的共存"的难忘一页。虽然努尔人是人类初民，不能跟现代人相提并论，但实际上，牛在现代印度依

---

[1] ［英］E.E.埃文思－普里查德：《努尔人：对一个尼罗特人群生活方式和政治制度的描述》，褚建芳译，商务印书馆，2014。

然享有尊贵的地位,去过印度的人都对那些在大街上闲庭信步的牛群印象深刻。

如果说人类驯化植物而发明了农业,那么推动农业发展的重要力量则是牛,甚至连牛粪也极大提高了农作物的产量。

费根将牛称为农业的引擎的同时,将驴和骆驼称为皮卡。在传统时代,陆路运输极其困难,每头驴大约可以载重 75 公斤,每天行进 25 公里,由数十头驴组成的毛驴商队相当于陆地上的海洋船队。骆驼负重更大,速度也比驴更快,哪怕不用喝水,也能在酷热的环境下行走很远的距离。如果说驴大规模地开启了商队贸易的全球化进程,那么骆驼则进一步将这一进程推而广之,将非洲和亚洲的财富带到了欧洲,甚至更远的地方。换言之,正是这些默默无闻的牲畜帮助我们建立了第一个真正的全球化世界。

事实上,正是动力型动物的出现,帮助人类形成了剩余,而剩余产生了掠夺和贸易。无论是丝绸之路还是茶马古道,都是由这些驯化的动力型动物帮助人完成了古代贸易,同时,也引发了残酷的战争。

从动物到机器

最后出场的往往是最重要的。费根在本书中,用了大量篇幅来写马;在他看来,马将动力型动物对人类的作用发挥到极致。在古罗马时代,良马稀有而昂贵,其价值相当于 7 头公牛、10 头驴或 30 名奴隶。这体现了那个时代人与动物生命的价值差异。

对人类历史来说,驯化马具有颠覆性的意义,游牧民族因此获得了无可匹敌的军事优势,他们可以毫无障碍地将生产技术变成军事技术,从而获得不可思议的战争能力。从最早使用马拉战车的赫梯与埃及,到后来的匈奴与蒙古,战马成为他们征服世界的决定性力量。

这本书着眼于整个人类世界,费根特别写到中国历代王朝用丝绸和茶叶换马的传统,并指出中原骑兵不敌游牧骑兵的深层原因并不在于马本身，而是人与马之间关系的疏离——

"只有当人们在马背上生活和呼吸，并和马建立极为密切的关系后，战马才能成为一种强大有效的武器。无论是面对蒙古人时，还是在后来的几百年里，许多汉族骑兵似乎从未与他们的战马建立亲密的关系。很明显，他们从来没有真正掌握养马和骑马的门道，或者说没有真正掌握与马并肩作战的艺术，因此他们不可避免地被北方的游牧民族征服。人与动物之间密切关系的重要性从来没有产生过更加深远的意义。"

从本质上来说，人类与动物的密切关系主要是建立在农业基础之上的，一旦历史从农业时代进入工业时代，动物就遇到了一种全新的替代品——机器。

如果说这些驯化动物只是人类与自然合作的产物，那么机器则完全由人类独立完成。从科学革命、启蒙运动到工业革命，机器步步为营，以不可逆的强势姿态进入人类世界，而动物则不断溃败和被淘汰。

机器不仅改变了人与动物，也改变了人看待动物的态度。在笛卡儿眼中，动物也不过是一种机器，而最好的动物是那些吃得最少、干得最多的牲畜，正如最好的机器消耗最少、干活最多。这就是被现代人奉为真理的效率。

1699年，法国科学院对马和人的工作效率进行了比较研究，最后得出的结论是，1匹马所做的功相当于6至7人所做的。1776年，瓦特蒸汽机开始商业化生产，马力被定义为蒸汽机的功率，1匹马在1秒内把75千克的水提高1米为1马力。这似乎也是动物与机器此消彼长、完成交接棒的历史瞬间。

很多人不知道，在相当长一段时期，蒸汽机驱动机器，而驱动蒸汽机的是煤，这些煤仍旧来自动物。在英国黑暗的煤矿中，有多达70 000匹矿井马在没日没夜地工作。因为矿井狭小，一般都用年幼的马驹。这些被骗过的小公马，从出生就在黑暗的矿井，性情温顺，身体强壮，吃苦耐劳，可连续服役十多年。这些马长期在矿井工作，甚至从未见过阳光,眼睛近乎全盲,它们即使退役后也无法适应牧群和露天生活,所以都活不长。

与矿井马相比,曾经驰骋疆场、扫平天下的战马命运更加悲惨,在钢铁和枪炮面前,它们常常还没有来得及昂首扬蹄,就已经灰飞烟灭。

当机器取代了马,便有了火车和汽车,现代社会就这样来临了。一切都发生了巨变,动力型动物被机器取代了,食用型动物则直接变成了机器——将饲料转化为肉蛋奶的食物机器。

家猪和野猪都是猪,野猪为自己活,家猪为人活。自然界优胜劣汰,能生存下来的猪都是獠牙锋利、性情凶猛、体格精瘦的;在人类圈养下,这样的猪都被人为地淘汰,留下来饲养的都是那些性情温顺、能吃能睡、肉质肥嫩且长得飞快的猪。

一位经济学家说,老鹰和人类都吃鸡肉,只不过老鹰越多,鸡越少;而人越多,鸡却越多。今天的地球上,人类只有 70 亿,而鸡则有 200 多亿。但在人类眼里,鸡只是制造鸡蛋或鸡肉的工具。

现代集约化养殖场追求的是"快周转,高密度,高机械化,低劳动力需求和高产品转换率",这使得人类对待猪、鸡、牛等动物的方式都面临严重的伦理拷问。1964 年,英国动物福利活动家露丝·哈里森出版了《动物机器》[1],与《寂静的春天》[2]一起引起社会震动。费根在这本书中基本继承了哈里森的观点,一方面对动物充满同情,另一方面对人类的"选择性仁慈"予以批评。他想提醒人们,人对待动物的态度也多少暗示着人对待人的态度。

社会学家鲍曼说:"我们被围困在地球上,我们无处可逃。"人类学家列维-斯特劳斯说:"这个世界开始的时候,人类并不存在;这个世界结束的时候,人类也不会存在。"[3] 一部人类史,也是一部人与动物的互动

---

1 [英]露丝·哈里森:《动物机器》,侯广旭译,江苏人民出版社,2019。
2 [美]蕾切尔·卡森:《寂静的春天》,吕瑞兰、李长生译,上海译文出版社,2007。
3 [法]克洛德·列维-斯特劳斯:《忧郁的热带》,王志明译,中国人民大学出版社,2009,第 543 页。

史，再回首，人与动物的关系免不了始乱终弃。在机器时代，人与动物的距离越来越远，而人与机器的关系越来越近。或许，猫和狗是唯一的例外；又或许，人类面临的最后一个问题是"机器狗和机器猫真的能代替狗和猫吗？"人生短暂，而机器永远不死。

1808年，诗人拜伦最喜爱的"水手长"死了，拜伦和朋友为这只纽芬兰犬写下墓志铭——"有人的所有美德，而没有人的恶习。"

经济学家的草根精神
——张维迎《回望》[1]

在社会学类图书中,有许多著名的私人生活史。相比那些宏大叙事的社会史,私人生活史具有其特殊的微观史学意义。因为这个原因,大多数私人生活史都是专业社会学家所写,都是出于社会学研究之用。

这些年来,因为非虚构写作的兴盛,也出现了很多普通人写的私人生活史。这种写作不同于以前《高玉宝》那种自传体写作,非常关注私人生活本身的历史变迁。这种写作也是现代文明冲击下的一种文化自觉。

张维迎的《回望》收录了十几篇回忆性的文章,主要是作者本人的成长过程,所叙及的人物包括他的父母、乡亲、朋友、老师、同事等等。这些文章很早以前就陆续在"经济学原理"公号上发表过,此次汇编成书,从风格和内容上更加统一、完整。对张维迎来说,该书呈现给读者的,也是一部比较完整的私人生活史,从时间上,跨越了从传统农耕文明到现代文明;从空间上,从陕北黄土高原走向全球化,虽然点点滴滴都是个人的经历,背后所映射的却是一个历史大时代的波澜壮阔。

---

[1] 可参阅张维迎:《回望:一个经济学家是如何长成的》,海南出版社,2022。

轻描淡写见功力

作为一位经济学家,张维迎的文笔显得过于完美了。说完美绝不是溢美之词。无论是什么,到了张维迎笔下,都像陕北的黄土一样质朴而厚重,从不矫揉造作。哪怕是苦难,都这样被不经意地一笔带过,用不着任何浓墨重彩。实际上,这恰恰是很多以文字为业的文学家一生都做不到的事情。

张维迎写他的母亲——

> 与天下所有的母亲一样,母亲爱她的每一个孩子,她把她所有的爱给了我们。母亲没有自己的事业,她唯一的事业就是儿女。她所做的一切,都是为了儿女。在那个生活困难的年代,把五个孩子拉扯大本身就不容易。但母亲吃苦耐劳,勤俭持家,无论生活多么艰难,总是想办法让儿女吃饱肚子,穿得干干净净,在人前体体面面。

张维迎写他的父亲——

> 不识字被人低看,父亲一直对此难以释怀。有次到集镇上卖粮,对方知道他没文化,给少算了几毛钱,父亲说你算错了,对方说没错,父亲坚持说错了,僵持了半天,对方最后不得不承认确实算错了。从此之后,这个收粮人再没有算错父亲的粮钱。
>
> 自上研究生后,我有时反倒庆幸父母不识字。如果他们识字的话,一定会看到我写的文章,免不了为我担心,会告诫我这不能写,那不能写。这样的话,为了不让他们为我提心吊胆,我写文章时就会谨小慎微,锋芒全无。

张维迎写他的发小玉平——

20世纪90年代初落实农村复员军人政策时，有些和他一样没有"参战"的老兵填了"参战"，都蒙混过关。他老实，没有填"参战"，结果他现在拿的补贴比别人少了一半。工作人员说，如果他觉得不公平，可以把他知道没有参战而享受了参战待遇的人告知民政局，民政局一定严肃处理。他说："我不能这样做。"

张维迎写"陕北活字典"王六——

王六自嘲自己有一项"发明专利"：把县人大常委会的门牌直接刻在大门的水泥墙面上，解决了木门牌累次被人插入公共茅厕的尴尬。

在写书的几年里，王六几乎拒绝了所有的应酬。甚至有时候开会，别的人在作报告，他就在笔记本上写自己的书稿，假装做笔记。不止一次，会议结束了，他不知不觉，还在继续做"笔记"。

张维迎写他中学时期的贫穷——

我在高中二年级之前，连裤头也没有穿过，睡觉时脱光衣服，赤条条躺下盖上被子。记得高中二年级下学期我们换了宿舍，我和薛亚平同学挨着睡。他看到我赤条条躺下，就问我怎么连裤头也不穿，我说我从来就不穿裤头，我没有裤头。他说，不穿裤头睡不文明。这样吧，我有两条，就借给你一条穿吧。这样，我就穿上了他的裤头，毕业的时候，又把裤头还给了他。亚平同学的父亲当时是榆林报社的社长，算个大官，又是文化人，但家在农村，也算不上富有，所以亚平生活很节俭。他因病英年早逝，我没有机会报答他，但我永远不会忘记他借我裤头穿。

我认为，张维迎写得最好的就是《我所经历的三次工业革命》：

在我年幼的时候，我穿的衣服和鞋都是母亲手工纺线、手工织布、手工缝制完成的。我至今仍然能回想起，我睡梦中听到的纺车发出的嗡嗡声和织布机发出的吱嘎声。

1786年，瓦特和博尔顿在伦敦建立了大不列颠面粉厂，两台蒸汽机推动50对磨石，每周生产435吨的面粉。这个面粉厂的开设轰动了整个伦敦，来这里参观成为一种风气，搞得瓦特很不耐烦。我老家的石磨和石碾从来没有被蒸汽机推动过，但在我离开家乡30年后，石磨和石碾基本上都被废弃了。村民们跨越了蒸汽机，直接进入内燃机和电动机时代。

不期而遇的人生

我出生虽然要比张维迎晚十年，但幼年的成长经历基本相似，或许我比他更苦一些。

我出生那一年，世界最大的新闻，是美国人阿姆斯特朗踏上月球——这是人类历史上第一次全球直播。那时候的中国，没有多少人知道阿姆斯特朗，更没有人看到人类第一次登月直播，人们甚至不知道电视为何物。

从前人都是在家里出生，在家里死去，如今人都是在医院出生，在医院死去。我是在我们家里的土炕上出生的。当时人们都是在自己家里生孩子，由一些老年妇女接生。我娘生我前一天还在干活。

我出生时正是十冬腊月，天寒地冻，滴水成冰，而且低矮破旧的土坯房四面漏风。当时口粮和柴草都是由生产队[1]定量分配，总是不够。没

---

[1] 当时农村实行人民公社制度，农业户籍制度下，每家每户都被编入"人民公社"，成年人为"社员"，"公社"下以村为单位设"大队"，"大队"下辖"小队"，即"生产队"，"生产队"为集体制劳动生活管理机构，由"生产队"安排社员劳动，并根据其劳动量和家庭人口分配粮食、蔬菜、柴草等生活必需品，这是农村人唯一的生活和经济来源。

有柴草烧炕，炕就冰凉冰凉的，我娘坐月子，只能一直把我抱在怀里保暖。缺吃少穿，没得烧，换洗的尿布也很少，湿尿布即使在屋里，也冻得硬邦邦。尿布干不了，一家人只能轮流把尿布捂在怀里，用自己的体热把尿布暖干。即使这样，我还是被冻得脸发紫，哭个不停。我娘自然也非常难过。我爹没办法，只好出去寻找能烧的东西。

陕北煤矿很多，但关中缺煤，何况那时候农村人根本没有钱买煤，也不敢砍树、折树枝，因为树要留着长大成材，做家具、做棺材。烧火只能靠庄稼秸秆和秋天落叶，庄稼秸秆大都被喂了生产队的牲口，导致农民家庭普遍缺燃料。人是熟食动物，人不仅要吃饭，而且要吃熟食，因此离不开火。没啥烧的，最起码要保证做饭的燃料。有的人家一天只能吃一顿热饭。

我爹先去了坡上，后来又沿着铁路走了很远，也没有找到几片树叶，最后在渭河滩上，挖开积雪，找到一些草根……我来到人世间的第一个冬天，大概就是靠这些草根的温暖活下来的。

古罗马哲学家塞内加说："任何人都逃不掉因出生而受到的惩罚。"人无法选择父母，也不能选择时代。和张维迎一样，我也是穿着母亲手织的布衣长大的，而且高三之前我连裤头都没有穿过，冬天是棉袄棉裤，其他季节单衣单裤。经历过那个时代的人都知道当时的生活条件是何等艰苦。对大多数人来说，连基本的温饱都是奢望。

在《回望》一书中，如果说张维迎在前面都是人生回顾，那么他在最后一篇其实对人生做了一个总结——人生不是设计出来的，人生其实是一连串不期而遇的偶然。

我是长子长孙，在我婆（祖母）怀里长大，从上学起，就盼望着长大点儿回家种地，这也是爹娘对我的指望。很多身体发育快的同学，小学刚毕业就回家劳动了；我因为营养不良，身体又瘦又小，就继续在学校混日子。等着念完初中，没想到考上了高中。高中生在当时农村还很少见。听人劝，我想再等三年，高中念完总可以回家了吧，那时候我个子应该比我爹还要高了。

我爹一辈子起早贪黑在地里干活，用他的话说，每日里把日头从东山背到西山。他的辛劳让我每次去学校上学都有一种"逃避劳动"的罪恶感。

高中功课很简单，我可能是全班甚至全校唯一逃避"补课"的学生，主要是不想花钱，对作业和晚自习也是能逃就逃，主要心思都放在种地卖菜上。有一件事是，我爹虽然连我上几年级都不知道，但还是请木匠到家里，好吃好招待，专门为我造了一个大书桌。这让我分外感动，以后在家时总是抢着干活，更难得清闲地坐下来看书。

三年风里来雨里去，熬到高中毕业，还要参加高考，我带着一只搪瓷碗去了县城，考完又抄了一份"志愿"交上，算是给学校彻底"交差"了，以后可以安心回家种地了。

谁知立秋不久，突然又收到了一份录取通知书，说我考上了中专，就这样稀里糊涂就坐上火车进了城。我行李不多，但我爹还是执意要拉着架子车送我到火车站，就这样穿过全村人的目光，显得好不隆重。

刚到火车站，就下起雨来，一会儿我娘浑身湿漉漉地赶来了，她从怀里掏出一本书。原来我和我爹走后，我娘发现桌子上放着一本书。她不识字，也不知道是啥书，以为是我落下的紧要东西，就沿着铁道（这是捷路）一路小跑地追赶。半路上突然下雨，她怕书淋湿，就赶紧揣在怀里。

这是我第一次离家住校。开学一看机械制造专业的课本，一页书上十几个公式，全靠死记硬背，我当时就头大了。

对我来说，考上中专最大的好处是终于可以吃饱饭了。韩愈《送穷文》中说："太学四年，朝齑暮盐。"中专两年，虽然很少吃肉，但稀饭馒头总还是管饱，我因此猛长了十厘米，前所未有。

每天吃饱了就去踢球，终于混到毕业，进了工厂。在厂里，那么一丁点儿工资，连肚子都吃不饱，还整天点名开会，每天听厂长废话连篇，我干脆又回家卖菜去了。谁能想到，折腾了半辈子，等到了天命之年，我竟然过起以笔为犁、以纸为田的耕读生活，真是造化弄人。

日本服装设计大师山本耀司说过："自己"这个东西，它是看不见的，需要撞上一些别的什么东西反弹回来，人才会了解"自己"是什么。吃一堑长一智，人都是在磕磕碰碰中长大的。孔子说"四十而不惑，五十而知天命"，其实是说，一个人经历风风雨雨，到了四五十岁才知道自己是谁，自己想要什么。我没有生在一个书香门第，爹娘没文化，家里没有书，后来也没有上什么大学，但这似乎并没有影响我后来读书写作。其实耕读写作与农民种地一样"天人合一"，既古老又传统，非常相似。

明人张岱讲过一个故事，说从前有个士子（读书人）与和尚一起坐夜航船。士子高谈阔论，和尚自觉读书不多，就老老实实地蜷腿缩在角落。听着听着，发现士子所言漏洞百出，和尚就不再紧张了，"这等说来，且待小僧伸伸脚"[1]。

与架子上的书相比，人生和社会是一部无字的大书，能读懂这部书，每个人都可以做个伸腿和尚，就像王小波说的："我来这个世界，不是为了繁衍后代，而是来看花怎么开，水怎么流，太阳怎么升起，夕阳何时落下。我活在世上，无非想要明白些道理，遇见些有趣的事，生命是一场偶然，我在其中寻找因果！"

性格即命运

人们常说，下一代人总是重复上一代人的命运；相对而言，一个人十八岁之前的经历对人生的影响可能更大。

然而遗憾的是，我们那一代人很少有人生规划，也没有哪怕最起码的人生指导，对未来没有任何计划和设想，在学校里只能得到许多无用

---

[1] 昔有一僧人，与一士子同宿夜航船。士子高谈阔论，僧畏慑，拳足而寝。僧人听其语有破绽，乃曰："请问相公，澹台灭明是一个人两个人？"士子曰："是两个人。"僧曰："这等，尧舜是一个人两个人？"士子曰："自然是一个人。"僧乃笑曰："这等说起来，且待小僧伸伸脚。"

的书本知识，结果对学校之外的东西一无所知，既没有自知之明，更没有知人之智，一出校门，便泥足深陷，无法自拔；甚至还没有离开学校，就已经像没头苍蝇般乱飞乱撞，慌不择路。

当然，如果乐观一点看，那是初生牛犊不怕虎，无知者无畏，很有闯劲和干劲。

想起当年，很多同龄人点灯熬油、废寝忘食地寒窗苦读，甚至复读好几年，就为了上个大学，而我懵懵懂懂，优哉游哉地长大成人，把课本当闲书看，从未受过读书与考试之苦，连文理分科都不懂，甚至不知道什么是大学，就这样信马由缰玩到高中毕业，糊里糊涂上了中专，又踢着足球玩到中专毕业，一直玩到父亲突然去世，自己也有了孩子，24岁的我这时才意识到"生命不可承受之重"。

在我眼里，学校首先是一种比赛体制。在这里，没人在乎你善良或幽默，不管你是谁，都要接受体制对你的考试和打分，而分数决定了你的地位和命运。这种冷酷僵硬令人望而生畏，我一辈子都在想方设法逃离。因为我既不愿接受别人的设置，也不接受别人的打分。

人生就像穿裈子，第一个纽扣扣错，所有的纽扣都难免跟着发生错位；要纠正回来，人生就过去了一大截。很多年后，我有时会想，人生固然无法重来，那么我是不是原本可以活得更好呢？

我常常设想另一个先知先觉的"完美人生"：假如我"识相"一点、"早熟"一点，或者爹娘"有远见"，懂得一点成功学，能为"跳出农门"而精心规划；具体来说，就是高中能让我"明智"地学文科，然后专心苦读甚至"复读"，能"精明"地填好"志愿"，考个名牌大学的中文系、历史系，或者政治、法律、经济等专业，这些对我似乎应该没问题。那么几年后大学毕业，或进机关做干部，或进学校做教师，或考研考博，在科层体制内循规蹈矩，温良恭俭让，一步步地攀爬，把人生过成一份完美的履历，这对别人可能没问题，但以我率真散漫、刚肠直言的生野性子，即使专业有成，也必然与环境方枘圆凿，格格不入，成为"异类"。"严陵高揖汉天子，何必长剑拄颐事玉阶"，既然不愿为五斗米折腰，最后可能还是挂冠而去；到了知天命之年，我可能还是鬻文煮字，"达亦不足贵，穷亦不足悲"。

其实，现实中这样的体制"落败者"比比皆是，北大毕业的陆步轩便是去摆摊卖猪肉了。经济学家汪丁丁说："在一个分工体系很成熟的社会里，社会为你安排好的是一种机械式的人生。所以尼采才非要辞去教职不可。但跳出这个分工体系的同时你也就失去了'合法性'，你得不到社会的承认。这个时候就需要道德勇气了，需要诚实地面对心灵的勇气。"

农村不同于城市。农村是熟人社会，家庭既是生活单位，也是劳动单位，男耕女织，家庭内部分工，每个人基本上都是独立劳动，自食其力，从生活到工作，生存所依赖的仅仅是土地，与家人之外的人很少有密切合作，所以人际关系非常简单、松弛。

相反，城市生活是一个陌生人社会，家庭只是生活单位，劳动分工完全走向社会化和体制化，人离开社会或体制便无法生存，因此人际关系极其复杂和紧张。僧多粥少，"自私的基因"决定了每个人必须发自本能地争权夺利，钩心斗角。这种处理复杂人际关系的能力不仅需要天赋遗传，也需要从小耳濡目染，从而养成见风使舵、左右逢源的生存优势，这样才能在优胜劣汰的城市内如鱼得水，混得人五人六。

相比之下，农民守着二亩三分地，祖祖辈辈都生活在封闭的村子里，每天跟牛一样独自沉默地耕田挑水，生活传统根深蒂固，这也让农民家庭出身的人在社会上能力普遍存在先天劣势。这些人既缺乏父母遗传，也没有家庭训练，成年后突然掉进社会，就如同一只在池塘长大的鸭子掉进鸡窝，根本不会处理复杂的人际关系。

老话说，人算不如天算。性格即命运，不管设计还是不设计，成功不成功，人最终都会活成他本来的样子。人活着要的是不曾苟且，富贵不可苟得，贫贱不可苟免。

这些年来，我遇到很多当年考进名校甚至北大的同龄人，步入中年，也不过百无一用的穷书生，除了孔乙己长袍似的文凭，与我这个没有上过大学的农民工近乎殊途同归。回头看看，很多过往的经历也不过像梦一样虚幻，自欺欺人罢了。

古人说人生有三不朽：立德、立言、立功，对应的是一个人的才、力、命。立德需要一个人像"圣贤"一样自砺和努力，甚至是自虐；立言是一种创造，靠的是天赋和才学。在历史上，很多伟大的诗人和作家都是科举失败者，如杜甫、李贺、温庭筠、姜夔、唐寅、吴承恩、徐渭、张岱、金圣叹、顾炎武、蒲松龄、吴敬梓等。立功——用现在人的说法就是事业，这多半要靠时运和机会；一个人要成功，需要"正确"的选择，需要与人合作，需要外界的支持和帮助。

路遥当年以为自己上了高中就不是农民了，后来又以为考上延安大学就会彻底改变人生，其实他一生都没有多大改变，真正改变他的是他写的那些小说，而这时候他在人世间的日子已经不多了。客观来说，写作那些小说与他上没上大学也没有多大关系。实际上，在路遥的小说中，他写过各种各样的人物和场景，唯独没有大学。

作为路遥的同龄人，农民出身的王六并没有上过什么大学，但这并没有妨碍他做官做得风生水起，写书写得登堂入室。

当然，对张维迎来说，上大学确实改变了他的人生，如果没有考上大学，他在吴堡干旱的庄稼地里是不可能成为经济学家的。然而也要承认，当年考上大学的人不少，学经济学专业的也很多，但能够成为张维迎的只有他一个。学校能教给你知识，但给不了你特殊的才华和胆识。

乡土之根

作为中国现当代两个非常有才华的经济学家，张维迎与杨小凯之间颇有惺惺相惜的情义。

杨小凯天赋甚高，非常有才华，但在他那个时代，经历就非常坎坷。在学术上，杨小凯无疑是对张维迎影响最大的人，而张维迎则认为杨小凯是"一个有企业家精神的经济学家"。

在该书中,有一封张维迎写给杨小凯的信。作为两个非常优秀且有创见的中国经济学家,张维迎与杨小凯不仅是中国两个时代的标志,也代表了两种不同的人生经历。相对而言,我觉得张维迎是幸运的。

天道酬勤,张维迎用他动情的笔记录了自己的心路历程,也记录了中国的现代化之路,仅从这一点来说,就是弥足珍贵的。事实上,张维迎始终是一位勤奋的学者,也是一个勤于笔耕、关心社会的大众写作者,保有一位现代知识分子最为珍贵的品格。

1984年,25岁的张维迎在《读书》杂志上发表了《时代需要具有创新精神的企业家》。这是中国经济学界有关企业家的第一篇文章。有人考证,张维迎很可能最早使用"企业家"这个名词,以前都是"商人""资本家"或"实业家"。

许多农民的儿子哪怕摆脱了农民的身份,但那种农民骨子里的倔强却永远都无法去除,这会让他们在进入城市和体制之后都显得格格不入。张维迎见证了中国四十年改革开放,但从某种意义上,他作为一个执着的思想者,也可能是时代的"失败者"。最终,张维迎又回到了他出生的原点,在家乡吴堡的窑洞里办起了一个企业家课堂,即辛庄课堂。

从当年"为钱正名"起,张维迎就一直为市场经济不遗余力地鼓与呼,尤其是为中国企业家群体两肋插刀,写书撰文,呼唤中国的企业家精神。将经济学的课堂从大学象牙塔搬到民间、搬到窑洞,面向苦心经营的企业家,这体现了一位经济学家脚踏实地的精神,这在国内外来说都是不多见的。正如吴晓波所言,被认为已经游离于边缘的张维迎,其实站在了学术创新的中心。而对于当今中国经济,张维迎的发现和主张,更带有鲜明的现实意义。

张维迎常常以自己出身农村、出身陕北而感到骄傲,他发自内心热爱着这片热土,和这片热土上的每一个父老乡亲,不离不弃,这就是一个典型的中国人的乡土情结。

无论身份如何变化，无论身在何处，张维迎都没有失去来自乡土的精神本色，用土话说没有"忘本"。

他在书中描写了许多细节，比如他母亲换粮——"一个夜深人静的时候，母亲起身离开家，天蒙蒙亮的时候，背回了一斗高粱。这是她用还长在地里的小麦青苗从邻村换来的，比价是1∶1.1，就是春天借一斗高粱，夏天还一斗一升小麦，她为此爬山下沟，走了几十里的路，那是一条到了晚上连男人也不愿走的路。"

这些细节每次读来，都让人不由唏嘘和感动。

我娘给我讲起她的童年时总是轻描淡写：她刚上学的第一天，就被我外婆从学堂里揪着耳朵拉回家，后来十年里一直和姐姐在磨坊里推磨，每天起早贪黑，两头不见太阳。一个石磨推了整十年，直到出嫁。

很多时候，父母是儿女的镜子，一个人总能从父母身上看到自己的命运。

有人说，一个人前半生的成就，主要靠本事，后半生的成就则主要靠人品。张维迎能有今天的成就，与他所受的家庭教育有很大关系。

中国的传统是"耕读传家"，张维迎的父亲深明大义，是一个有人生智慧的人。他经常嘱咐张维迎说："世事变化无常，今天对的，明天不一定对；今天错的，明天不一定错。今天富的人明天不一定富；今天穷的人明天不一定穷。所以为人处世不能太势利，一定要凭良心，千万不能做亏心事，因为只有良心是不变的。"

亚当·斯密曾说："捍卫市场是经济学家的基本职责。"张维迎说："中国过去三十年的成就，归根到底还是靠改革开放。未来中国能不能成为世界第一大经济强国，取决于是不是把市场化改革进行到底。所谓市场化改革，就是价格自由化、企业民营化、地方分权化、开放和全球化。"[1]

在中国体制内的经济学家中，张维迎几十年如一日，一直不遗余力

---

[1] 张维迎：《市场的逻辑》，西北大学出版社，2019，第371—372页。

地为市场经济和企业家精神鼓与呼,这既是出于专业诚实,也是发自乡土出处的良心与良知。

这或许也是张维迎的特殊之处。

吴堡秘史

常言说,一方水土养一方人。张维迎是中国当下很有批判精神的经济学家,中国的经济学基本都是南方人的天下,从顾准(苏州)、吴敬琏(南京)到杨小凯(湘潭),几乎都是南方人,尤其是江苏人,而张维迎是不太多见的北方人,而且长得非常温文尔雅,是典型的"北人南相"。

胡赳赳曾说:"北人豪率而失之粗疏,南人细致而失之小气。北人南相、南人北相者,则能守于中道,故多有成。或南北异地而居,亦能使性情平衡,成于一世也。"[1]

陕北作家狄马在《歌声响处是吾乡》一书中,无意中讲到了关于吴堡和吴堡人的一段秘闻——

原来,在魏晋南北朝时期,南朝刘裕从建康(南京)北伐灭后秦,占领后秦首都长安(西安),留幼子刘义真镇守。当时,匈奴人赫连勃勃占据陕北,兵强马壮,自立为大夏国,并修筑统万城。不久,赫连勃勃以兵马之利,南下进入关中,攻破长安城。刘义真所部军队全部沦为战俘。这些战俘为数众多,都被安置在陕北的堡寨,因其为吴人吴语,故将其驻地称为吴堡。

可以肯定的是,今天的吴堡人有南方江浙人的血统。最有力的证据是他们的方言。今天的吴堡方言与相邻各县皆不搭界,形成一座奇特的"语言孤岛"。说他们是陕北人没有错,但那是行政上的划分。一个地道的吴堡人,闯入陕北任意一个县生活,如果他操一口纯正的吴堡方言,没人能听得懂;但奇怪的是,二十世纪八十年代,吴堡籍的篆刻艺术家、

[1] 胡赳赳:《论孤独》,中译出版社,2021,第110页。

供职于陕西省委的高级新闻记者冯东旭先生，与吴堡县志办公室的两位朋友专程到江苏镇江一带"寻根"，原想自己的吴堡话南方人听不懂，谁料他们一开口，在座宾客皆惊讶得说不出话来，因为他们的土话与镇江方言很相近，根本用不着翻译。[1]

张维迎是土生土长的陕北吴堡人。从某种程度上来说，张维迎不仅是中国经济学家中的另类，也是陕北的另类。正像他说的，农村可以出作家，比如著名作家柳青就出自吴堡，但农村不大可能出经济学家。确实，从农村出来的乡土文学作家很多，如路遥、贾平凹、莫言、阎连科、刘震云等，而从农村出来的经济学家非常少。

文学写作主要依靠天赋和想象力，而经济学写作则要靠逻辑思维能力和专业训练。张维迎身上仍带有二十世纪八十年代特有的泥土气息和文艺气质，这也是《回望》这本书得以出自一位经济学家之手的原因。

我十八岁背井离乡进城上学，去了毗邻榆林的包头。我爹特意在背包里放了一块土，说是到了外地水土不服就吃点土。

那年春晚，费翔唱红了一首歌："我曾经豪情万丈，归来却空空的行囊。"我去学校报到的列车走了两天两夜，这首《故乡的云》唱了整整一路。

如今想起童年，如同故乡的油菜花，满坡满谷；那个曾经的故乡，如同冬天树上的最后一颗红柿子，摇摇欲坠。李白有诗云：浮云游子意，落日故人情。随着一个人即将老去，总免不了怀旧，思念故土和亲人。

回望过去，张维迎对故乡和童年充满感情，"如果说现在的我是一幅画，或明或暗，或深或浅，十九年的农村生活就是画的底色。没有这种底色，我将不是我。如果说现在的我是一棵树，根就深深扎在陕北的黄土地中，这块土地虽然贫瘠干燥，但我一直能从中汲取营养，因为我的根很深。没有了根，我将会枯萎。"

---

[1] 狄马：《歌声响处是吾乡》，天津人民出版社，2021，第237页。

有人辞官归故乡，有人星夜赶科场，少年不知愁滋味，老来方知行路难。路遥在他的小说中，一直纠结于一个人与时代的关系，从开始的对抗到最后的妥协，和其光同其尘，其实是彻底放弃自己。佛家讲"无我"，道家讲"无为"，路遥将这种妥协和放弃看作一种成熟——走向"平凡的世界"——因为每个人都是平凡的，一个人与另一个人没有什么不同，都是时代车轮下的沙子。所以一个人要想活得好、混得好，首先要"识时务"，用流行的话说就是"懂规矩"。

黄庭坚有句诗："毕竟几人真得鹿，不知终日梦为鱼。"意思是说，人人都想有权有钱，真正有权有钱的又有几个。关中有句土话：有牙的时候没有锅盔，有锅盔的时候没了牙。意思是说，年轻时牙口好，但穷得买不起锅盔馍吃，老了牙掉光了，给多少锅盔也是咬不动了。关中的锅盔又干又硬。

张维迎始终保持着植根于乡土的淳朴与正直。在一些趋炎附势、见利忘义的人看来，他对品德的坚守让他成为"另类"。他有一句流传极广的名言："一切灾难，都来自多数人的无知和少数人的无耻。"

黄宗羲云："大丈夫行事，论是非，不论利害；论逆顺，不论成败；论万世，不论一生。"作为经济学家，张维迎所思考的常常远超出经济学范畴，正如他的这部作品无关专业，无关上进，它是一部良心之作，也是一部灵魂之作，体现的是一种草根精神。无论张维迎写过多少作品，《回望》都是特别的，因为这里安放的是一颗赤子之心。

通识经济学的意义
——徐瑾《趋势》[1]

从经济角度来说，当下这个时代堪称有史以来最为美满的"盛世"，无论是对中国还是对世界而言都是如此，自"二战"之后，铸剑为犁，技术日益进步，而战争几乎销声匿迹。

自改革开放以来，中国经历了亘古未有的经济爆发和社会转型，短短一代人的时间，中国就从挣扎在温饱线上的贫穷国家跃升为世界上第二大经济体，从一个几乎处于封闭状态的农业国家转型成为世界首屈一指的商贸大国，正在引领新一波的全球化浪潮。

如果说在古代社会，政治就是军事，那么在现代社会，政治就是经济。

古代社会以农耕为主，生产力水平长期停滞，武力掠夺和争斗成为政治的主要表现方式。现代社会强调技术创新，尤其是在全球化的背景下，经济发展具有无限可能性，政治在某种程度上就变成了经济能力的博弈。

因此，对于当下的世界各国来说，不管是社会主义制度还是资本主义制度，说到底，都是经济主义，都以经济发展为目标、为动力，简单点说，政治即经济，经济即政治。中国的改革开放，其核心仍然是经济

---

[1] 可参阅徐瑾：《趋势：洞察未来经济的30个关键词》，东方出版社，2020。

改革；从某种程度上来说，是对经济学重新认识，纠正了过去对经济的误解。

经济学家李伯重说："如果从历史的角度重新审视中国的经济改革，可以看到，我们以往对中国历史上的小农经济、市场经济、民间企业等问题的错误看法，导致了一系列错误政策的出现，结果使得在中国改革开放之前三十年中，经济发展大大迟缓于东亚其他国家，而且也低于世界平均水平。"[1]

由此可见经济学是多么重要。

正是在这种"经济（发展）压倒一切"的大背景下，经济学成为现代社会的显学。就像军事家在古代社会一样，经济学家在现代社会扮演着同样举足轻重的角色。

对于一个现代人来说，可以不关心政治，但不可能不关心经济，经济学也不只是经济学家才会关心的事情。正因为如此，经济学在大众层面正越来越受到广泛关注，很多经济学常识变成大众通识。这正像徐瑾说的，"了解经济，不是为了炫耀智力，也不仅仅是为了投资才关心。对于每个人来说，经济都是一种常识，提供了对于时代的格局感"。

这些年来，很多经济学家都走出书斋，成为万众瞩目的知识分子。在西方，有诺斯、科斯、弗里德曼等，在中国，有吴敬琏、陈志武、张维迎等，他们不仅热衷于为普罗大众著书立说，其言论和观点也每每成为备受关注的大众话题。

作为中国的经济学新秀，徐瑾曾经在FT中文网撰写了大量有关经济和财经话题的时评文——她同时担任财经版主编，社会影响很大。这中间，她还写作出版了好几本好看好读的经济类畅销书，如《印钞者》《不迷路，不东京》《白银帝国》等。

《白银帝国》应当算是徐瑾写得最好的一部经济史专著，也是关于中国白银货币史的通俗作品中写得最好的，比弗兰克的《白银资本》更适

---

[1] 李伯重：《为何经济学需要历史》，《读书》2015年第11期。

合大众阅读，这样的书可以超越时代，一直再版。如果将徐瑾的《白银帝国》和刘三解讲述中国铜钱货币史的《青铜资本》放在一起读，那么读者基本可以了解中国金属货币史的全貌。

　　智能手机横空出世，带来了一场前所未有的媒体革命，传统媒体日落西山，各种自媒体如雨后春笋。这几年来，徐瑾在自媒体上倾注了很大精力，其公众号"徐瑾经济人"和得到读书会都做得风风火火。该书其实就是她做自媒体的一次系统性总结。

　　因为有自媒体的基础，这本实体书在可读性和知识性上都很到位。对于她自媒体的忠实粉丝来说，该书可用作回顾。对于其他人而言，通过该书，可以直接进入徐瑾精心打造的经济学世界，在其中轻松徜徉，发现经济发展的规律和趣味，既能增长新知，开阔眼界，也能够增强经济学的思维能力。应该说，不管是从宏观上还是从微观上，徐瑾在做的都是一件不可替代的事，可谓功德无量。

　　自媒体时代让很多原先禁锢于象牙塔的专业知识走向社会大众，人们正从知其然而不知其所以然的懵懂状态中走出。

　　对于急速发展的中国社会而言，常识和通识是眼下最欠缺的，不管是历史学还是经济学，都是如此。经济学研究过去，着眼于当下，为人们提供一个关于未来愿景的可行性参考，从这一点来说，经济学事关每个人的切身利益，甚至直接影响人们的生存状态，因此不能不予以重视。

　　《趋势》一书中，徐瑾从中国人的视角出发，结合一些经济学著作，打通了经济史、制度模式、国际关系等不同领域，试图拨开知识的迷雾，对金融、投资、经济、技术、创业的未来发展提供一系列极具洞察力的剖析与解读。

　　中国用了短短四十年时间，便从一个以乡村农耕为主的古代社会一下子跳进了以城市化和信息科技为主的现代社会。这种天翻地覆的剧变对许多人来说，根本无法理解，这就像一个农民突然中了百万头彩一样。

很多人即使身处其中，也只能发出文学化的无限感慨，而无法进行经济学的理性分析。这种暴富带来的茫然，既有可能导致盲目乐观，甚至自大，也可能带来非理性的挥霍和不可持续发展。

这本书其实是一张书单，徐瑾为当下中国人量身打造了一堂经济学速成课，从最早关注现代中国的李约瑟，到改革开放之初的杨小凯，再到科斯的《变革中国》，从人口红利到通货膨胀再到中等收入陷阱，从"四万亿"到房地产热潮和人工智能带来的失业威胁，尤其是疫情让世界经济水深火热，中美竞争亦是不可开交，甚至美国国内也一次次陷于选举内战之中……

从现在回望二十世纪，那堪称一个神奇的世纪，从电力、内燃机、抗生素、核能、石油化学，到晶体管、集成电路、电脑和互联网，这些革命性的发明与创新让人目不暇接，也让人们的生活日新月异。在当时的人看来，苏联的工业化堪称奇迹，然而这种大规模的工业化很快便走到了尽头，因为它长于复制而难以创新。

技术史的发展是由易到难，初期的工业技术相对比较简单，也容易计划和模仿，但后来的技术创新大多是在黑暗中摸索、试错，对模仿者来说几乎是无处下手、无迹可寻。

用经济学家的话来说，那些"低垂的果实"已经被人摘光了，高处的果实只留给那些勇于攀登并善于攀登的人。

本雅明说，英雄是现代性的真正主体。创新的前提是制度创新和思想创新，从这个意义上来说，一部现代经济学史，也构成现代经济的路标和镜子。

经济学虽然研究的是过去和当下，但经济学的主旨却是放眼未来，因此，经济学也堪称未来学。从亚当·斯密开始，经济学家便可以分为两类，一种是乐观派，比如亚当·斯密、凯恩斯、熊彼得、科斯等等，一种是悲观派，比如马克思、马尔萨斯、杨小凯等等。当年人们看到《寂静的春天》《增长的极限》后，对现代经济发展模式开始了反思，如今，《理性乐观派》似乎又让人们重拾信心。

人们说，历史没有终结，生活还在继续，经济学提出问题，解除焦虑。古人讲究道法自然，相信一切皆由天定，天意不可测，未来便是未知，只有最神通的人，才能通过观测天象预知未来，一部《推背图》流传了一千年。现代社会是一个技术主宰的世界，一切问题都是技术问题，而技术是由逻辑控制的，至于未来，只不过是技术的一种。因此，预知未来也只是一个按照逻辑存在的技术问题。现代经济学如同古代星象学，为人们提供对未来的期许，无论乐观还是悲观，都代表了人类社会对未来的理想。

"这个世界会好吗？"在疫情时代提出这个问题，显得分外沉重，沉重得让人无法面对。人是一种智力动物，但人类社会的生存与发展依靠的是文明而不是智力，文明代表的是一种方向，智力只是一种道路。实际上，我们常常太爱炫耀自己的智力，因而把方向搞错，最后南辕北辙，与文明背道而驰。

这就是经济学的真相。

任泽平这个昂贵的经济学家，也没能阻止庞大的地产帝国恒大破产。现代经济总是阴晴不定，忽冷忽热，而经济学也不是什么神仙卜卦。常见的事情是，每当经济学家对经济信誓旦旦时，马上就会被经济反噬。

不管是宏观的还是微观的，经济学都是人类文明的一个细节，这个细节就好比人体的温度，哪怕1℃的变化，都是人体是否健康的外在征兆，甚至可能代表人的死亡。因此，经济学可以说无关紧要，也可以说非常重要。不管有没有经济学，人类的经济并不是一直向前发展的，有时甚至会在一夜之间倒退到原始石器时代。当然，这不是经济学家的错误，但不管怎么说，所有经济学的灾难都是人类的灾难。

一个古人为生存需要掌握大量关于天时的知识，对一个现代人来说，则需要一定的经济学通识。徐瑾在书中提出"软阶层"这个新名词，就我理解，当所谓的中产阶层因为一时失业或一场大病便沦为城市贫民时，这个中产阶层也就是"软阶层"。

夏虫不可以语冰。人不能选择自己的父母和出处，也不能选择时代，尤其是在一些特殊年代，人的命运会和国家的命运紧紧捆绑在一起，动弹不得，如此，国家的命运往往也决定了个人的命运。司马迁《天官书》中说："夫天运，三十岁一小变，百年中变，五百载大变。"对国家来说，三十年、一百年都不算长，但对个人来说，十年时间已经足够让一个人从少年变成青年，或从青年变成中年。而三十年、五十年则是他的大半生了。

人类是天生的政治动物，尤其对现代人而言，公民身份即意味着政治色彩，但在很多时候，政治其实与大多数人无缘，或者说政治是一种危险品和禁忌品，在政治缺失的情况下，经济其实就是政治的替代品。我们经常津津乐道的所有经济问题，归根到底还是政治问题，经济不过是政治生态的一个细节表象罢了。

书痴者文必工,艺痴者技必良。

——蒲松龄

一个人的中国史

——蔡东藩《中国历代通俗演义》[1]

在世界所有国家中,中国的历史无疑是最为源远流长的。历史学家孟森先生说:"中国有史之系统,严正完美,实超乎万国之上。"历史作为一种话语权,在数千年里经历了从民间到官方的转移和衍变,最后留下了皇皇的"二十四史"。

"作史固难,读史亦难。"中国史籍浩如烟海,从二十四史、两通鉴、九通、五纪事本末,到其他各种别史、杂史和野史,一个人即使皓首穷经,也读不完这么多历史。

仅"二十四史"就有三千二百五十九卷,除非像吕思勉这样的历史研究者(吕将"二十四史"通读了三遍),对一般读者来说,这样的正史难免会让人望而却步。"尝考《明史》凡三百三十二卷,《明通鉴纲目》凡二十卷,《明史纪事本末》凡八十卷,每部辑录,多则数千百万言,少则不下百万言,非穷数年之目力不能举此三书而遍阅之。"

同时,这些高文典册的历史大多出自文人史官之手,并非为一般智识的普通民众而作,阅读难度可想而知。因此,便出现了大量的民间说史和写史,即演义小说兴起。

"一代肇兴,必有一代之史,而有信史,有野史。好事者蒐取而演

---

[1] 可参阅蔡东藩:《蔡东藩说中国史》系列,化学工业出版社,2017。

之，以通俗谕人，名曰演义，盖自罗贯中《水浒传》《三国传》始也。"（《东西晋演义·序》）《三国志》属于正史，《三国演义》则将历史民间化和文学化了，就社会影响而言，前者根本无以望后者之项背。"罗贯中尝辑《三国演义》，风行海内，几乎家喻户晓，大有掩盖陈寿《三国志》的势力。若论他内容事迹，半涉子虚。一般社会能有几个读过正史？甚至正稗不分，误把罗氏《三国演义》当作《三国志》相看。"

对任何一个历史写作者来说，都希望自己的作品能够传播久远，所谓"藏诸名山，传之其人"，这其实牵扯到"文"与"史"的差异性。文史既相通又相异，历史小说不同于真正的历史，小说偏重于情节营造，历史偏重于真实性。"夫正史尚直笔，小说尚曲笔，体裁原是不同，而世人之厌阅正史，乐观小说，亦即于此处分之。"因真实性可疑，这种似驴非马的历史演义小说往往为学者所诟病，章学诚指责《三国演义》"七分实事，三分虚构，以致观者往往为所惑乱"，认为后世以讹传讹，将无作有，劝善不足，导欺有余，凭虚捏造，以诬古而欺今。

一是乏人问津的所谓"正史"，一是真假难辨的各种"演义""戏说"，这在某种程度上导致中国历史始终陷于"贫困"，以至于鲁迅先生说："中国不但无正确之本国史，亦无世界史，妄人信口开河，青年莫名其妙，知今知古，知外知内，都谈不到。"[1]

近代西风东渐，大学兴起，中国结束帝制，走向民主，历史才开始在中国重新复苏，梁启超提出"新历史"之说。这场历史启蒙运动中掀起一股"历史热"，留下许多名篇巨作，其中影响最大的莫过于蔡东藩的中国历代通俗演义系列。

蔡东藩（1877—1945）一生恰逢清末民初，既接受过完整的传统教育，又接触过许多现代新思想，精通经史诗文，这使他对历史、国家和民族有更现代、更深刻的认知。他坚持历史的真实根基，"以正史为经，

---

[1] 文中所引用文字非特别注明者，均出自蔡东藩著作。

务求确凿,以轶闻为纬,不尚虚诬"。在文字方面,他要求"文不尚虚,语惟以俗",这或许是对同时期白话文运动的一种呼应。即使在今天看来,蔡东藩对写作的这种孜孜追求也不过时,即"理正词纯,明白晓畅,以发探新道德、新政治、新社会之精神","不求古奥,不阿时好,期于浅显切近"。

从1916年到1926年,从四十岁到五十岁,陋室孤灯,蔡东藩在浙江乡下写了整整十年。从《清史演义》始,他先后写作了元史、明史、民国史、宋史、唐史、五代史、南北朝史、两晋史、前汉史和后汉史等通俗演义。他以一人之力,竟然完成了这部长达七百多万字的中国通史,从秦汉到民国,历史跨度长达两千多年。

在某种程度上,蔡东藩对中国历史写作的贡献足可与司马迁相媲美,说他是"现代司马迁"也不为过。

作为中国第一部通史,五十余万字的《史记》叙述了自黄帝到西汉的三千年中国史,蔡东藩的"历代通俗演义"正好从前汉开始,这种衔接不仅是主题内容上的,也是历史精神的继承,即历史从官方到民间的回归,"究天人之际,通古今之变,成一家之言"。

余世存在《安身与立命》一书中说,现代西方社会有一个尺度,即文字达千万以上的作者,才算真正的作家。这就是通过写作数量来衡量一个作者的观念启蒙和文字行动,衡量他的作家身份、写作精神和敬业程度。从这个角度来说,蔡东藩先生作为一个严肃意义上的"作家"是当之无愧的。

与传统的历史通俗小说不同,蔡著采用的完全是专业历史写作的方法,重史轻文,注重真实和考据,无一事无来历,孤证不立。这需要大量的阅读和涉猎,更离不开洞隐烛微的思辨精神,写作《元史演义》时他就参考了大量中西史料,"是足以补中西史乘之缺,不得以小说目之"。这是史家才有的严谨,"语皆有本,不敢虚诬.笔愧如刀,但凭公理"。

史论总被视为历史写作的点睛之笔,在"历代通俗演义"中,除过一些历史知识的注释,还有大量的蔡氏史评作为批注。这自然会让人想到《史记》中的"太史公曰"。

《清史通俗演义》("历代通俗演义"第一部)首次出版于1916年,《后汉通俗演义》出版于1926年,蔡著中国通史历经百年巨变,其光辉仍不可磨灭,正如替蔡续写《民国通俗演义》后四十回的许廑父所言:"文笔之整饬,结构之精密,故成一完善之史学演义,出版后不胫而走遍天下。"

事实上,"历代通俗演义"自出版以来,便一直畅销不衰,为书商和出版社带来不可计数的利润,但蔡氏本人却贫寒一生,仅以行医教书为生。这或许就是一个真正写作者的历史和命运。

黄仁宇的历史遗产

——黄仁宇《我相信中国的前途》[1]

在大众视野里，黄仁宇已经成为中国历史领域的里程碑式人物。从1982年《万历十五年》首次在中国出版，中国历史阅读便进入了一个前所未有的新天地。甚至可以说，一个多世纪之前梁启超先生所倡导的"新历史"，直到黄仁宇的出现，才在大众层面落地生根。

很多年后，历史写作和历史阅读已经成为当下中国的一种文化热潮，遗憾的是，黄仁宇先生已经归于道山。

除过《万历十五年》，黄仁宇留下的作品并不是特别多，但这些作品出版后，都成为长销不衰的历史佳作。因此便有出版社试图挖掘其"新作"，这样便有了《现代中国的历程》和《我相信中国的前途》这两部文集。

从一开始，黄仁宇的《万历十五年》便由中华书局出版，虽然后来又有许多出版社出过黄仁宇的作品，甚至还有《黄仁宇全集》（九州出版社）出版，但就内容而言，《我相信中国的前途》和《现代中国的历程》确实属于首次出版。只不过这两本书都是后来由出版社编辑的，并非黄仁宇专门写作，书名也都是编辑所加。

---

[1] 可参阅黄仁宇：《我相信中国的前途》，中华书局，2015。

《我相信中国的前途》以中国现代史为主，也涉及中国与世界在经济、文化、制度等方面的对比，大都源自黄仁宇先生晚年在台湾地区进行的几场专题演讲和讲座，高屋建瓴，从古及今，相对比较贴近现实，体现了一个历史大家的独特视角——"历史学家的工作，主要在探询在我们面前发生的事情之前因后果"。

中国近代史的展开始于鸦片战争。"过去中国一百五十年的历史，是人类历史里一种极大规模的重新组织与重新构造，这当中很多事迹不能用平常的尺度衡量。"

黄仁宇不仅是历史书写者，也是历史参与者。

黄仁宇年轻时，为赴国难而投笔从戎，《我相信中国的前途》一书最动人之处，或许是黄仁宇先生将自己的亲身经历融入历史叙述，从而更增添了几分真切感。抗战时期，国军被驱入内地，工厂数只有全国6%，发电量只有全国4%，军人"半似乞丐，半似土匪"——

"1941年我们在云南边境，可以从一个县之东端行军到县之西端，当中不但看不见一部汽车，甚至连一部自行车也看不到……我们士兵每月薪饷只有法币十四元，还要扣除伙食，而在街上吃一碗面，即是三元。而附近土匪标价收买我们的轻机关枪，每挺七千元，照算是一个上等兵四十年的薪饷。"

"李宗仁所写《回忆录》述及他在徐州时，由他指挥的四川部队所用兵器'半系土造'，由他自己请发新兵器，也只有每师步枪250支。同时史迪威任驻华武官，他发现一个步兵团应有机枪百余，实际只有4挺，每挺配子弹200发，可在10分钟内射罄。"

黄仁宇提出的"大历史"，主张要"从技术上的角度看历史"。

黄仁宇先生曾与李约瑟博士有过大量合作，后又长期致力于研究中国古代——特别是明代的财政制度，因此他反对以道德概括一切的中国传统历史观。

"中国人写历史重褒贬，历史学家一定要把他笔下之人物，解释为至善与极恶，才算尽到了作史的宗旨。如康熙是圣明天子，万历是无道昏君……今日若仅以道德不离口，亦只见胸襟窄狭。"

《现代中国的历程》收录了数篇颇能代表黄仁宇在历史研究上之贡献的专业论文，论及中国社会特质、明代财政和军费、资本主义与中国、蒋介石与现代中国等。

黄仁宇先生原是工科毕业，生逢战乱年代，历经坎坷，中年以后重新回到大学读书，但弃工从文，专心研究中国历史。他所倡导的大历史观主张以世界看中国，从历史看未来。对此，王家范称赞说："先生中年始治史学（44—54岁），但先前丰富的社会阅历，无疑是助其治史自成风格的一笔宝贵财富。他以'大历史'观念写作出的诸多论著在大陆拥有广泛的读者，也多缘于论著富有现实感。"[1]

黄仁宇虽然身在海外，但对中国始终念兹在兹。

《现代中国的历程》中有一篇《中国社会的特质》。黄仁宇在文中指出，中国过去的困境，在本质上都是技术性的，现代科技肯定可以解决这些问题。但并不是技术就能解决所有问题，甚至有时候，技术本身就是问题。

"中国可能遇到的最大危险，也即中国领导人决心要避免的，就是新一代技术官僚的出现。在计划和协作经济中，大量问题的存在不可避免地导致了一定程度的专业主义；这很容易就为一个新的管理阶层铺平了道路。在受雇人员数量如此之大的背景下，这可能会把社会主义变为帝制中国官僚统治的复活。每念及此，足以让每个中国人毛发倒竖。对此，最好的预防手段是教育改革。因此，政治和道德教育至少应该获得与技术知识同等的重视；能否接受高等教育，很大程度上要取决于个人服务社会的热情和献身精神。"

---

[1] 王家范:《中国历史通论》，生活·读书·新知三联书店，2019，第5页。

历史侦探李开元

——从《秦谜》说起[1]

写作和阅读从来都是最主流的精神活动,任何精英或大众的艺术形式、娱乐形式,似乎都无法与读书相提并论。在二十世纪八十年代,现代中国的精神复苏,始于一场从官方到民间的文学热。随着影视技术和互联网技术的普及,传统文学类的写作和阅读逐渐被娱乐和商业所消解,反倒是历史热的兴起,使写作和阅读继续着一种不可取代的传统色彩。

就大众阅读而言,中国的历史写作向来以演义小说为主,黄仁宇先生的《万历十五年》开辟了一个新局面,三十年来,这部小书已经成为人人必读的历史经典。

有人说,所谓畅销书就是将人人都知道的事情换个说法讲一遍。这话确实有一定的道理,历史畅销书更是如此。从《万历十五年》到《明朝那些事儿》,其主要内容不外乎来自《明史》和相关史料,但它们却各自创造了一种别开生面的新写法,或者说制造了一次"写法革命"。这就像某位作家说的,每个读者其实只能读到已然存在于他内心的东西,书籍只不过是一种光学仪器,作者将其提供给读者,以便于他发现如果没有这本书的帮助他就发现不了的东西。

当然,真正的好书并不是新瓶装旧酒,而是推陈出新,能提供给读

---

[1] 可参阅李开元:《秦谜:重新发现秦始皇》,中信出版社,2017。

者全新的阅读感受和启发。如今，当大众历史读物越来越成为畅销书的主流，要推陈出新、独树一帜就很不容易了。在这一点上，李开元先生做得极其成功，他开创了一种历史写法，即所谓"历史推理"。

很多写历史的作者都是文学爱好者，或者说都喜欢小说。李开元先生是历史科班出身，也非常喜欢推理小说，特别是他在日本多年，而日本推理小说之丰富堪称举世独有。就这样，天时地利人和，李开元先生用《秦崩》《楚亡》《秦谜》《汉兴》等系列历史作品树立了一面闪亮的招牌，他带给我们的历史，既严谨又好看。

所谓历史，就是过去的事情，历史的主角都已不在现场，要了解历史真相，就必须用想象力和推理能力，尽可能地恢复历史现场。尤其是中国历史，往往经过后人和强权的反复篡改，已经面目全非。面对这样纷乱复杂的历史迷局，要拨乱反正，确实需要挖地三尺的苦功、洞察秋毫的观察和缜密严谨的逻辑思维，当然也离不开流畅通俗的好文笔。

从《秦谜》等系列书来说，李开元先生厚积薄发，举重若轻，对历史层层剥茧，又丝丝入扣，带领读者进入历史深处。这种阅读快感，让人想起当年抱着《福尔摩斯探案集》几宿不睡觉，一口气读完的兴奋感。

中国传统观念中，写作历史的目的是臧否人和事，阅读历史的目的是借鉴经验。这种基于现实需要的实用主义，常常使得历史与其本来面目发生分歧。现代人对历史的态度已经有了很大的超越性，在占有历史资讯方面也超出前人太多，这使得历史有了重构的可能，也有了对历史进行重新解释的很大余地。

严耕望先生将史学分为考史和释史，在他看来，发掘真相的钩沉考索非常重要，这是因为历史学兼有叙述学与解释学的双重功能，不仅追求最大限度复原真相，同时要求史家对历史真相进行论析与阐释，而且每个时代的史家都会对前代历史做出新的解释。唯其如此，历史之树才能常青。

历史离不开史料，新史料固然重要，然而作为历史学家，基本功夫仍然要放在旧史料上。真正高明的史家，应该看人人所能看得到的书，说人人所未说过的话。

李开元无疑就是这样一位"真正高明的史家"。

李开元先生虽然写的是中国历史中最为人所熟知的秦汉史，但他的眼光是现代的，方法是世界的。他不仅对古代文献和考古发现非常在意，同时也不忘进行实地考察。这样多方求证的学识背景，加上他的思维开阔，使他可以轻易打通文史哲之间的思维屏障，在文本叙述中闪展腾挪，长袖善舞，不仅对历史有很大的超越，也使其他写作者要想模仿都模仿不来。

在李开元看来，有时候，文学比史学更真实。

文学与历史向来各有偏向，文学求美，历史求真，但亚里士多德认为，诗比历史更真实，诗也就是文学。历史记述已经发生了的事情，而文学描述的是可能发生的事情；相对而言，可能发生的事情比已经发生了的事情更本质、更富有哲学意义，也就更真实。

伽利略在接受宗教裁判后被迫认罪，但他嘀咕道："不管怎么说，地球还在转。"这件事从历史来说可能是假的，但从文学来说却具有逻辑的真实性。类似这样的文学性描写在中国古代史书中比比皆是，尤其是《左传》《战国策》和《史记》。

在《楚亡》一书中，李开元大胆引述了侯公说服项羽的文学作品，侯公动之以情，晓之以理，成功说服项羽接受刘邦的和议，成全了那段历史。

史书中对侯公说项羽语焉不详，但文学家对此曾有生动描写，尤其是苏东坡《代侯公说项羽辞》，大气磅礴，逻辑缜密。用李开元自己的话来说，"力求打通文史哲，师法司马迁，力求用优美动人的文笔，用追寻往事的感触和踏勘古迹的体验，复活两千年前的那一段历史"。

李开元并不是单纯地"解构历史"，他是尊重历史的，尤其尊重司马迁和《史记》。但他很善于逆向思维，不断地从历史中发现问题，甚至对一些人们熟视无睹的常识展开质疑，然后用现代理性思维进行分析，最后自圆其说。

　　作为一个秦人和历史写作者，我对李开元和他的所有作品都保持敬意。读李开元的书，其实不是读历史，而是学习一种思维能力，学习一种对历史的态度。

杨斌的历史三书
——关于海贝、云南与印度洋[1]

继《海贝与贝币》[2]之后，杨斌在2023年几乎同时出版了两部历史地理新书：《季风之北，彩云之南》[3]和《人海之间》。这三部书在内容上互相连接，不仅构成了一个有趣的中国古代海洋贸易史，同时也为读者构建起一个杨斌的历史世界。

最早是2012年，我在写作《历史的细节》时，曾经专门写到世界海洋史和中国古代航海贸易史。当时没想到后来还会多次遇到这个历史话题。

在2017年，一个朋友邀请我给筹划中的纪录片《汪大渊》写剧本，我为此又系统地学习了宋元以来"下西洋"的相关历史。这个剧本写了三个月，前后八稿，几乎天天催稿。前几稿都顺利通过，而对最后的完成稿，片方却突然翻脸，说我的剧本"大失水准""大失所望"。我心里知道被骗稿了，但因事前出于信任没签合同，也只能吃哑巴亏。恰在当时有《看历史》杂志向我约稿，我便把《汪大渊》的剧本改了改文本，

---

[1] 可参阅杨斌著译：《海贝与贝币：鲜为人知的全球史》，社会科学文献出版社，2021；杨斌：《人海之间：海洋亚洲中的中国与世界》，广西师范大学出版社，2023；杨斌：《季风之北，彩云之南：多民族融合的地方因素》，韩翔中译，广西师范大学出版社，2023。

[2] 杨斌：《海贝与贝币：鲜为人知的全球史》，社会科学文献出版社，2021。

[3] 杨斌：《季风之北，彩云之南：多民族融合的地方因素》，韩翔中译，广西师范大学出版社，2023。

交给他们，最后发在了杂志上，还收到了《看历史》一笔不菲的稿费。失之东隅，得之桑榆，我当时刚搬到西安，无米下锅，《看历史》堪称雪里送炭。

或许是因为汪大渊的缘分吧，杨斌的书只要一出来我就马上买了看。杨斌在他的书中，多次写到汪大渊，尤其是《人海之间》中，汪大渊和他的《岛夷志略》占有重要的篇章。

汪大渊凭一己之力，在比郑和早七十年的时代，深入印度洋世界，其开拓性确实非倾举国之力的郑和宝船所能相比。"比起世界历史上赫赫有名的西方旅行家，如马可·波罗和伊本·白图泰，或者中国古代的法显、玄奘、义净乃至比其晚了七十多年的郑和，汪大渊似乎默默无闻。其实，汪大渊在中国海洋史上的地位被远远低估了。简单说，他是第一个由海上到达并深入西洋（印度洋世界）的中国人。在汪大渊之前，虽然有几个中国人在唐宋间亲自穿越印度洋东部，抵达印度洋西部（阿拉伯海），甚至到达红海，但他们或者没有留下记录，或者记录简略，远远比不上汪大渊的《岛夷志略》。"[1]

对于汪大渊，杨斌与我看法完全相同，汪大渊是一位不太为人所知的航海家，虽然人人都知道郑和下西洋，但其实汪大渊比郑和重要得多。这或许是因为一个来自官方，一个来自民间的缘故。汪大渊只是一个民间小商人，而郑和则是皇帝身边的大太监，汪大渊只是商业船队里的一名普通船员，而郑和则是一支上万人的大型远洋舰队的总司令。郑和是一位代表大明帝国怀柔天下的朝廷高官，而汪大渊则是一位喜欢读书、喜欢远行的历史写作者。以上种种，便是汪大渊与郑和的不同，他们其实是两个世界里的人，即使生活在一个时代，他们也绝对不会有任何交集。

小时候上语文课，老师总要我们写出"中心思想"，这对一本书来

[1] 杨斌：《人海之间：海洋亚洲中的中国与世界》，广西师范大学出版社，2023，第117—118页。

说，其实就是主题。读历史书，需要找到一个线索，这个线索往往比主题更重要，因为它可以让你有兴趣读书，并一路读下去。我从杨斌的每本书里，总是能找到自己感兴趣的线索。

读《海贝与贝币》之前，我正好为《新食货志》增写了一篇关于贝币历史的专题文章，所以一看到书，跟瞌睡了遇到枕头一样，书来得正是时候。

读《季风之北，彩云之南》和《人海之间》，除了汪大渊这个线索，还有郭建龙和他的《丝绸之路大历史》，所以虽是新书，却读起来如同他乡遇故人，既熟悉，又亲切；很多原先碎片化的新知识，到了杨斌这里，被重新勾连编织成一个全新的知识体系和思想世界。在很多方面，杨斌与郭建龙的历史写作颇有相似之处，事实上他们之间也确实是惺惺惜惺惺。

与郭建龙一样，杨斌的历史写作有一种说不出来的韵律感和精致感。这三本书的体量几乎在伯仲之间，但《人海之间》因为采用平装，比其他两本精装书几乎便宜了一半；若是电商搞活动，五折下来连三十元都不到，可以说是非常亲民了。以我的阅读体验和收获来说，《人海之间》也是这三本书里写得最好的。就其内容和主题而言，书名叫作《中国古代航海史》也未尝不可。给一本书取名字就如同给自己的孩子取名字一样，总是体现作者的情怀和偏好。杨斌这三部书的书名都不是很通俗大众，但其实阅读起来非常轻松。对喜欢历史的大众读者来说，其内容非常丰富广博，知识性和启迪性都很强，图文并茂，读其书如身临其境，堪比一场印度洋之历史游学。

我对历史地理一直兴趣盎然，从史念海、谭其骧到韩茂莉，他们基本都以讲陆地地理为主。杨斌的历史地理偏重于海洋地理，同时又加入贸易史和科技史的角度，比如他在《人海之间》写到印度洋的"无钉船"和椰子壳做成的"水钟"，就非常有趣。

全球化为历史提供了一个没有国界的大时代。马来西亚华人赖瑞和在他的《唐代高层文官》一书序言中说,"在清华任教之前,有超过十年的光景,我蜗居在赤道边缘我出生的故乡,亚洲大陆最南端的边城,马来西亚柔佛新山",互联网资料库"让我得以在赤道边缘,做最精深的唐史研究"。

与国内大多数历史学者不同,杨斌的学术背景让他具有更为广阔的全球化视野。他的《海贝与贝币》其实是以英文完成的,后来又自己把它翻译为中文,在此之前,自己翻译自己著作的,大概只有黄仁宇翻译《万历十五年》了。

在中国疆域内,云南堪称一个神奇的地方,不仅云南的地理极其多样,云南的历史也曲曲折折,但关于云南的历史读物其实不多。杨斌的这部云南史不仅是一部中国史,同时也是一部东南亚史和世界史。国内能这样写作的人似乎不多。我读过一部西方人写的《世界史中的中国》[1],觉得这是一部被忽视的好书,这部书的叙述角度基本上与杨斌一样,即着眼于贸易和文化交流的全球史。

读杨斌先生的书,常常让我想起汉学家卜正民的作品。众所周知,卜正民主编过《哈佛中国史》系列,他的《维米尔的帽子》《纵乐的困惑》《秩序的沦陷》《鸦片政权》等等,既是优秀的学术著作,又是雅俗共赏的历史通识书。尤其值得一提的是《塞尔登的中国地图:重返东方大航海时代》,这部书简直与杨斌的《人海之间》形成某种文本上的互文关系。

班固评论《史记》是"善序事理,辨而不华,质而不俚",所谓"质而不俚",就是语言质朴而不粗鄙流俗。《论语·雍也》云:"质胜文则野,文胜质则史,文质彬彬,然后君子。"我向来对那种戏说恶搞历史的文风厌烦,这种对历史的庸俗化和娱乐化虽然有一定的市场,但从长远看,却会败坏读者对历史的审美品位,更会消解历史的严肃性。

---

1 [英]S.A.M.艾兹赫德:《世界历史中的中国》,姜智芹译,上海人民出版社,2009。

慎终追远，我们应该尊重历史，首先应该尊重史籍和文字，诚实地引用史籍，认真客观地加以解读。历史是一门关于出处的学问，不能不谨慎地对待。苏轼参加科举会试时写有"皋陶曰杀之三，尧曰宥之三"，意思是法官皋陶多次要处死犯人，尧帝多次赦免。作为主考官的欧阳修精通历史，却对此闻所未闻，便问其出处，苏轼答："何须出处！"[1]

曹操打败袁绍后，将袁绍的儿媳给了儿子曹丕；孔融便说，周武王伐商，把妲己赐给弟弟周公。曹操差点信以为真。我刚开始写作时，轻率地采用了一些来自互联网的信息，后来才发现被误导。由此我发现，互联网和书面完全是两个平行而不交叉的世界，互联网上充斥着想当然的、以讹传讹甚至故意编造的伪信息和伪历史，对此千万不可不慎。

杨斌的历史写作，行文简约有致，夹叙夹议，穿插其中的许多史料和原文引用都让其书大为增色，在书后也都有详细的出处注释，涉及中外各种史料和考古研究成果，体现了全球化时代历史写作的从容与严谨。就总体阅读感受，杨斌的历史三书，写海贝，写云南，写印度洋，如同刺绣一般优雅从容，针脚细密有致，谋篇布局恰到好处，虽是历史，却让人有叹为观止之感，堪称历史写作的楷模。

---

[1]《苏轼集》，李之亮注评，中州古籍出版社，2010，前言。

教育者的情怀与理想

——杨林柯《与教育拔河》[1]

当下是一个信息时代,我们每天都可以得到大量的信息;这也是一个知识时代,大量知识都可以随时随地地免费获得。但事实上,这是一个粗鄙和低智时代,人们并没有获得应有的思考能力。

这是时代带给我们的一个悖论。

有人将这个问题归结于教育的弊病。教育不能解决所有问题。在古人看来,教育者的职责是传道授业解惑。思想是独立思考的结果,一个好的教育者,不仅懂得传授知识,更能启发学生的独立思考能力,即"授人以鱼,不如授人以渔"。

在古希腊语中,学校是休闲的意思,这与中国古人的"游于艺"不谋而合。在古希腊的雅典,"教育"与"治理"(统治)是同义的,培养维护"好生活"的教育与"好的治理"也是同义的。前5世纪,在雅典城邦里还几乎没有正规的教育,普通雅典人在青少年时已经学会了读和写,受过体育训练,学会了弹奏七弦琴。他们从城邦生活中学到的东西远远超过学校。城邦活动和公民会议、节日庆典和朋友聚会、日常社会生活,到处都有他们接受教育的地方和机会。教育不只是获得一些知识,而是学习成为城邦的公民。好公民和好生活,好的个人生活和好的城邦

---

[1] 可参阅杨林柯:《与教育拔河》,东方出版社,2019。

生活是一致的。[1]

教育作为现代文明的重要基石，在现代社会，教育几乎被提到一个前所未有的高度。除了职业训练之外，教育最根本的指向是人的培养，或者说是为了培养一个合格的"现代人"。用怀特海在《教育的目的》中的说法："我们的目标是，要塑造既有广泛的文化修养又有专业知识的人——专业知识是奠基起步的基础；而广泛的文化修养，使他们有艺术般的优雅，又有哲学般从容，通达高远深邃之境。"

在一切都在被机器取代的今天，只有教育依然离不开人，教师扮演着重要的角色。言传不如身教，从这个意义来说，教育者也应当是一位思想者。杨林柯老师和他的《与教育拔河》就体现了这种良师精神。

教育思想录

得天下英才而教育之，这是古代圣人的一大理想。杨林柯老师的价值，已经远远超过一个普通中学语文老师的身份，他不仅在教书和读书，更重要的是他还在思考和写作。对我这样一个读者来说，杨老师是一个充满社会关怀的教育思想者。这本《与教育拔河》就是他的教育思想录。

思想的本质在于批判，杨老师的特点也是批判。这不仅需要一种眼光，更需要一种勇敢，而后者在当下中国是非常稀缺的。

杨老师在写作和传播方面非常勤奋，尤其是有了自媒体以后，他很像是一个资深媒体人，我经常能从他的公号上阅读到各种关于文化和思想的好文章。从某种意义上，他是一位天生的好老师，因为他爱知识、爱人，永远都那么积极和热情，诲人不倦。

《与教育拔河》一书收入了四五十篇小文章，都以教育为主题，涉及学校、学生、教师、教材、课堂、家长、社会等方方面面，杨先生以他的眼光和情怀清扫着每一处角落，充满着睿智、担当和正义感，字里行间，无处不散发着良心的光芒。

---

[1] 徐贲：《统治与教育：从国民到公民》，中央编译出版社，2016，第572页。

杨老师并不是一位传统的老冬烘先生，他的思想是十分现代的，因此他面对的是未来。他为当下忧虑，也是因为他着眼于未来。人们常说，教育是一个国家的未来，孩子是家庭的未来。从这里，我们也就能更加深刻地理解杨老师的用心。

我们每个人都是为人父，为人母，为国家之国民，我们虽然活在当下，但所有的幸福都来自对未来的憧憬。如果没有未来，我们就会陷入万劫不复的绝望中不能自拔，无论当下是多么美好，也无济于事。

在中国古代，文化教育基本是精英化的，普通人接受的主要是家庭教育。无论是诵读经史还是接受长辈庭训，主要是完善一个人的道德修养，学会为人处世和待人接物，教人如何面对幸与不幸，将来成为一个有责任有廉耻的好人；如此长大后便可维护好一个家庭、家族和宗族，乃至为国家和天下苍生做出贡献。

孔子说："君子学道则爱人，小人学道则易使也。"（《论语·阳货》）可以解释为，君子学习是为了爱人类，小人学习是为了更容易被驱使。如果加以对比就会发现，现代教育基本没有传统家学那些内容。

现代社会将人和劳动一起商品化了，以金钱来衡量人的价值，在这种"异化"下，老师教书只是为了谋生，在教育实践中不知不觉会忽略对学生人格的点拨和启发，只追求实用化和功利化；即通过日复一日的反复练习、记忆、考试和排名，激励人去获得更多的物质财富和更高的社会地位，文凭实质上变成一种标签化的奖品。当这种功利化的现代教育走入一个极端时，除了成功这个目的之外，学习、思想、人格、健康、道德等等一切都变成手段，从而走到传统教育的反面。

当下教育存在的问题确实非常多，这或许是因为社会本身就有问题，现代性的弊端与传统文化的桎梏同时造成目前的困境。从洋务运动到改革开放，中国在一百多年中，一直为解决这些问题而努力，虽然收效甚微，但中国从来不乏一代又一代的教育思想者，对此奉献出自己的良心和智慧，以期烛照他人，推动进步。杨老师就是这样一个人，他的这本书就是他点亮的一盏小桔灯。

一盏小桔灯

一个人的青少年时期极其短暂，却是身体与精神最重要的塑造阶段，如同需要各种营养和锻炼一样，这个时期也需要有大量的课外阅读。如果只有功课没有阅读，就像只有馒头米饭没有蔬菜水果一样，必然会导致精神世界的残缺与空白。

想起二十世纪八十年代时，书非常昂贵，也很少见，但我们仍可以读到大量课外书。如今书到处都是，学生却被功课挤压得根本没时间读书。与功课相比，读书最重要的是选择，一个无法选择的人生绝不是真正的人生。一个人要掌握自己的人生，首先要学会主动而不是被动。

在《偶像的黄昏》中，尼采描述了三种任务：人应当学会观看、学会思考，以及学会说话和书写。为此人类需要一位导师。

在尼采看来，学习的目的在于形成一种"高雅的文化"。学习观看意味着"使眼睛适应于宁静、耐性，使自己接近自身"；换言之，使眼睛拥有沉思的专注力及持久而从容的目光。学习观看是"获得智慧的第一项预备训练"。

相信大多数人都会承认，教育不应该是培养一个干活机器、赚钱机器，或者谋生机器，而应该是培养一个独立、正直、智慧的人。用一位老教育者的话来说，就是真实、善良、健康、快乐。

在当下，每个人都对教育充满焦虑，中学教育想让学生上北大、清华，大学教育想让学生成为乔布斯、爱因斯坦，各种"鸡娃"和揠苗助长。爱因斯坦谈到教育时说，有价值的教育要培养年轻人独立的批判思考能力。负担过重必然导致肤浅。要让学生觉得教育是一件珍贵的礼物，而不是沉重的义务。"在我看来，最糟糕的事情是学校主要以恐惧、胁迫和人为权威的方式来进行教育。这种做法摧毁了学生健康的生活态度、正直和自信。"[1]

---

[1] ［美］阿尔伯特·爱因斯坦：《我的世界观》，方在庆编译，中信出版社，2018，第59、第65页。

我们每个现代人，虽然从父母那里得到了身体和生命，但很多行为、认知乃至思想道德，其实都是来自学校和老师。从这个意义上，教育是每个人的根，是一个社会的源头，不可谓不重要，但遗憾的是，我们关注最多的却是国内生产总值（GDP）和房价，很少有人去思考教育的问题。我们每个父母都很在乎孩子的身体和分数，却很少关心孩子的思想认知。

知识可以传授，但智慧不能，而教育其实是教人们如何运用知识的艺术，"运用之妙，存乎一心"。杨老师为学生倾尽一生，对教育精神有深邃的思考和深刻的领悟，真可谓"朝斯夕斯，念兹在兹"。

马克思主义哲学家马尔库塞对现代教育有过认真的反思，在他看来，这一切都是资本主义对人的异化的结果，人变成"单向度的人"。人是思想动物，不是干活的机器，思想是一个人的根本，而现代社会的规训，让学校越来越像监狱、工厂和军营，如同一个被事先设计好的游戏，孩子在童年缺失的教育生产线上，越来越变成一个不断复制的机械化产品，这是现代人最大的悲剧。

事实上，在严格的绩效考核制度下，老师与学生，同时接受着规训和惩罚，而且老师所面对的会更加严厉。从这里，我们也就能理解杨老师的处境和他的难得。

在这本书的最后一部分，杨老师介绍了他的成长和上学经历，这是我第一次知道。从这些经历来说，他从小就是一个好孩子、一个好学生，后来成为一个好老师。但就是这样的一个好老师，却并没有成为老师的模范，反而成为一个另类，简直不可思议。之所以成为另类，我猜唯一的原因，或许只是他没有泯灭自我罢了，哪怕这个自我只有最后一点残存。

《荀子·大略》云："岁不寒，无以知松柏；事不难，无以知君子。"想到这里，我不禁感到欣慰。

致敬堂吉诃德

现代社会有一个明显的特点，就是让几乎所有的奢侈品最后都沦为大众消费品。

在前现代社会，教育对普通人来说就是奢侈品，就连识字的人都非常少。在现代早期，上大学是奢侈品，大学生被誉为"天之骄子"，犹如古代状元被称为"天子门生"；但后来，上大学就越来越普及，变成人人都可拥有的一种职业培训。在某种程度上，所谓学历不过是大脑被加工改造的证明罢了，拥有学历的意义是为了作为一个齿轮嵌入某个组织机器。

如今人口逐年下降，找不到去处的大学生却越来越多。据说现在每年考上大学的人数高达一千多万，而他们的同龄人加在一起也才不过一千多万，大学录取率即使没有百分之百，应该也有一半左右。

我们那一代人正赶上"婴儿潮"，每年出生人口高达三千万，而每年高考录取人数却只有可怜的五六十万，考上大学的比例只有百分之二左右。如果考虑到大多数考生都是连胡子都长出来的"复读生"，那么应届生能考上大学的比例连百分之一都不到，这样的概率如同彩票中奖一样不易，说"千军万马过独木桥"真不为过。可以说，当时的大学生真是"百里挑一"的社会精英群体。现在的教育如同一门生意，不论天资良莠，只要付得起学费，几乎人人都能上大学，"大学生"跟"中学生"一样，已"泯然众人"，也就是普通年轻人罢了。

当年，杨老师是作为应届生考入师大的。因为特别喜欢语文，他在大二时费尽周折，才从政治系转入中文系。从师范大学毕业后，他一直在师大附中担任高三语文老师，亲身经历了中国大学从精英教育走向大众教育的转型或"沦落"过程。

吊诡的是，当年上大学虽然极难，但人们却很淡定甚至漠然，如今人人都上了大学，人们却焦虑到了无以复加的程度；从学生到家长到老师，很多人都跟"范进"一样疯魔。想必在杨老师看来，这一定很讽刺。

杨老师所在的是重点中学,生源远比一般中学要优秀得多。在一定程度上,杨老师所经历的精英教育也给他带来了困惑,这让他始终认为教育应当重视人的价值观和思想,而不是功利性的绩效。这让他有时难免陷入堂吉诃德的尴尬之中。

对堂吉诃德来说,骑士时代已经远去了,而他依然跃马挎枪,仗剑走天涯,梦想着扶危救困,做一名真正的骑士。

我想,这不是杨老师的错,也不是时代的错,这与内卷无关,这是理想与现实之间的对抗;用杨老师自己的话来说,是精英教育与职业教育之间的拔河。

在我们这个时代,浑浑噩噩、庸庸碌碌的人遍地皆是,桀骜不驯、独立思考的人如凤毛麟角。一个人想要苟且,其实是非常容易的事情,只是有的人只要还有一口气,就从来不曾苟且,活得坚硬、真实。杨老师就是这样的人。

超越自我

人们常常对二十世纪八十年代的思想解放念念不忘,在我看来,杨老师身上保留着二十世纪八十年代人的许多文化美德,比如他喜欢阅读、喜欢思考,也有写作的习惯。他不仅写过一些黄钟大吕式的长篇论文,也写了很多散文随笔式的深邃小文,经常发表在各种报纸杂志上。这些文章如草生于地,都是有感而发,如拈花一笑,不刻意,不雕琢,不计工拙,质朴自然,理性通达,言之有物,往往不乏上乘佳作,真是无心插柳柳成荫。

明人吕坤谈到文章的良莠时说,古人不写没有用处的文章,他们阐明道理时不得不表达,所以才有了言论。发表言论时不会说不成文的话,所以才形成了文章。这是通过文章来传道,与文章的古今工拙无关。唐、宋以来,人们逐渐崇尚文章,但更注重用道来修饰文章,他们的文章虽然不是古体，但仍旧传于后世。后人则是专门为了写文章而写文章了。他们更注重的是修饰文句，形成波澜壮阔的气势，苦心锤炼字句，使得开合转承奇巧玄妙，使文章的意旨深奥，道理则破碎支离，晦涩难懂。这样的文章，只能有害于道，但那些没有见识的人仍然推崇这样的文章，实在是太可悲了。[1]

写文章就像说话，那些只追求华丽辞藻的文章就像虚情假意的客套话一样，其实没有真正的见识和内容，只不过是用辞藻和客套来掩饰思想贫乏和心智空虚罢了。

杨老师说话从来都是心直口快，直言不讳，写文章也是开门见山，一针见血，从不隔靴搔痒绕弯子。"写作是一种特殊的个人劳动，需要热情和天赋。对教师而言，写作更是自我塑造、自我锤炼、自我提升的工具。"[2]

在中国，像杨老师这样热爱语文、喜欢思想、善于写作的中学语文老师其实并不少，比如深圳的田国宝、湖北的苏祖祥、上海的郭初阳等，而傅国涌、余世存和狄马也都是从中学语文老师改行成为作家的。傅国涌在给苏祖祥的《语文不是语文书》一书写的序言中说："真正的语文应该对人类文明采取开放包容的态度。只有对人类的精神生活、创造活动葆有永不衰竭的兴趣和爱好，对语言积累、言语活动、文学艺术有着强烈的好奇心，语文才有可能是活泼的、充满生命力的，语文之树才能长青。一个好的语文教师尤其如此。"[3]

杨老师不做研究，也算不上学者。他都是业余写作，这些文章先发于报刊，而后结集出版。在《与教育拔河》之前，杨林柯曾经出版过一部文集《推动自己，就是推动教育》。这部书受到包括钱理群在内的许多

---

[1] 吕坤《呻吟语》卷四原文：古人无无益之文章，其明道也不得不形而为言，其发言也不得不成而为文。所谓因文见道者也，其文之古今工拙无论。唐宋以来，渐尚文章，然犹以道饰文，意虽非古，而文犹可传。后世则专为文章矣。工其辞语，涣其波澜，炼其字句，怪其机轴，深其意指，而道则破碎支离，晦盲否塞矣。是道之贼也，而无识者犹以文章崇尚之，哀哉！
[2] 杨林柯：《闲话教师写作》，《教师博览》2023 年第 6 期。
[3] 苏祖祥：《语文不是语文书》，东方出版社，2017，第 4 页。

业内人士的好评。

用良心写作

我和杨老师年龄相仿,我们当年上小学时还是半日制,半天上学,半天放羊,作业也很少。即使后来上了中学,也基本没有什么家庭作业,天黑便是睡觉时间。如今的学生经常写作业到半夜,甚至有考试不及格而自杀者,真令人不可思议。

明代谢肇淛在他的笔记中写道:"夜读书不可过子时,盖人当是时,诸血归心,一不得睡,则血耗而生病矣。余尝见人勤读,有彻夜至呕血者,余尝笑之。古人之读书,明义理也;中古之读书,资学问也;今人之读书。不过以取科第也,而以身殉之,不亦惑哉?《庄子》所谓'臧谷异业,其于亡羊均'[1]者,此之谓也。"(《五杂俎·事部一》)

该书的附录中,有一篇《没有超越就没有教育》,我看了好几遍,很多语句让人有当头棒喝之感。

杨老师说,在世间万物中,只有人,才会寻找活着的意义,而动物是靠本能活着的。我们在学校学到了知识,但并没有得到文化,我们知道很多"什么",却从来不知道"为什么"。我们活得很快乐,却活得没有任何意义,就像许多流行的电影娱乐大片,从视觉上让眼睛嗨翻天,心里却毫无触动。

借助飞机、高铁、电话和互联网,现代人貌似得到了充分的自由,但其实却没有多大自由可言,甚至连最基本的内心自由都是奢望,就如同清澈的溪流一样,如今已经很难见到了。

一个人的价值,不在于他是否富贵,也不在于他是否长寿;同样,一本书的价值,不在于它的薄厚和长短,而在于它所承载的思想价值,或者说,是否用良心在写作。这本书就证明了这一点。

---

[1] 《庄子》:臧与谷,二人相与牧羊而俱亡其羊。问臧奚事,则挟策读书;问谷奚事,则博塞以游。二人者,事业不同,其于亡羊均也。

没有一本书是每个人都需要看的，书只写给拥有相同价值观的人，那么，杨老师的这本书也会证明，这个社会不缺乏良心，也不乏有良心的读者。杨老师很快就会发现，每一个读者都是和他一样的人，既然是拔河，那么就要承认，和自己在一起的人越多越好。

德不孤，必有邻。书是连接作者与读者的绳子，我相信，此书不仅能让很多读者得到启示，也会进一步坚定作者前行的步伐。

许倬云先生的序

中国历史上,有一个"三代之治"的大同梦想。对于中国读书人来说,似乎也有个"三代"的理想国,余生也晚,"三代"我都没有赶上。正经开始读书,其实已经是千禧年之后的事情了。

2000年在深圳时,我偶尔读到王小波的小说,竟喜欢得放不下书来,一口气看完他所有的书。其时,人间已无王小波,这让我有一种相见恨晚的沉痛感。

王小波说:"我活在世上,无非想要明白这些道理,遇见些有趣的事。倘能如我愿,我的一生就算成功。"从这句话来说,王小波无疑是成功的。王小波最爱写小说,但其实他最为人喜爱的是他的随笔小文章,他所讲的都是一些理性的常识。

王小波一定不会想到,在他死后,他多多少少已成为整整一代中国读书人的精神领袖。至少于我确实如此,正是他榜样般的存在,让我从蝇营狗苟的生存中抬起头来,向死而生,勇敢地去寻找生活的意义。从此,我逐渐走上了写作道路。

因为王小波,我知道了许倬云先生。

良师难遇

千里马常有，而伯乐不常有，其实老师也是常有的，但伯乐依然难觅。许先生不仅是王小波的老师，更是他的伯乐。

当一个人决定写作，他需要面对的最大麻烦就是"吃饭问题"，王小波就是如此。让我最感动的是，当王小波处于写作与生计两难之时，许先生将他的作品推荐给台湾《联合报》文学奖并获奖。在1991年的中国，大多数人月收入不足一百元，这笔约合二十五万元人民币的奖金绝对是一笔巨款。不仅解决了吃饭问题，王小波还用它买了房子。

许先生雪里送炭，帮助王小波得到了他生前最后一段心安理得的写作时光。可惜天不假年，王小波几年后便突然去世，白发人送黑发人，后来我多次看到许先生怀念小波的文章，每次都感到无限伤怀。

在某种意义上，王小波算是二十世纪八九十年代中国文化热潮的一个另类标杆，而许先生则或许是最后一个民国知识分子。中国这两个不同文化黄金时代的人物相遇相惜，不仅有一种承前启后的历史感，更有一种高山流水的古君子之风。

侠之大者，忧国忧民；侠之小者，救人困厄。许先生在年轻时候，写过大量时评文章，后来移居美国，写作了一系列讲述中国、美国和世界的历史文化类著作，无不充满家国情怀和天下忧乐。

许先生热切勤勉，那些年作为公共知识分子的思想贡献为人所共知，但在我看来，他与王小波之间的这段往事才是真正动人的士林佳话。

黄仁宇一生历经艰辛，中年赴美求学，对学术生涯颇感失意，且始终面临经济上的窘迫。《万历十五年》一出而洛阳纸贵，其时他已经六十四岁。王小波大致也是如此，四十岁辞职写作，煮字疗饥，眼看床头金尽，瓶中粟空，而出版又无望，他不得已之下，甚至准备考个驾照去做大货车司机。

小说家黑塞说："伟大的艺术家在生活上都是不幸的；当艺术家饥饿的时候，打开他的袋子，袋子里始终是不能充饥的珍珠。"

唐代王勃出身世家，少年成名，在《滕王阁序》中留下一句"冯唐易老，李广难封"。在一个功利的经济人社会，一个特立独行的知识人，试图靠写作来获得精神与生活的自由，在现实中则意味着更多的生存压力与风险。王小波何其幸运，而许先生的急公好义更是弥足珍贵。

热心编辑

黄仁宇是机械科班出身，王小波做过半导体厂的工人，这让我对他们感到非常亲切。

我当初学的是机械专业，后来做了半辈子工程技术，当我在四十岁也辞职写作时，写的是一部机器史。我发现，古人几乎是没有什么机器的，机器的大量出现始于工业革命，从钟表和印刷机开始，西方世界依靠机器文明迅速崛起，从而以"坚船利炮"征服了世界。一部机器史其实也是一部现代史，所以这部书我命名为《现代的历程》。

2016年，这部写了六年的书终于进入出版环节。恰好刚从磨铁图书公司辞职的编辑冯俊文来访，说起这书，他很仗义，主动请缨，愿向许先生说项。他说如果许先生能同意，可作为名家推荐此书，印在书腰。

我知道，许先生写过许多关于现代文明的书，如《现代社会的公平与正义》《现代文明的成坏》《现代文明的批判：剖析人类未来的困境》《这个世界病了吗？》等等。这些书都非常畅销，我都读过，而且对我写作《现代的历程》也有过诸多启发，我的书中也多有引用。

《现代的历程》以现代文明史为主题，明显也在许先生的知识视野之内，若由他推荐，也不算太出格。只是许先生是名满海内外的耆老名宿，而我只是一个初出茅庐的业余写作者，身份地位悬殊。其实，我之前也邀请过一些大学教授，都与我有过一面之识或一饭之缘，但一说做推荐，他们都婉言谢绝。自古都是锦上添花易，雪里送炭难。

冯俊文很热心，我自然感激，但也没太在意，因为我觉得这事情可能性不大。

谁知没多久，冯俊文打来电话，让我将书稿电子版发给他，说许先生要看看书稿再定。这让我大喜过望，然而等发完书稿之后，我总是感到惴惴不安——这部书稿有六七十万字，还有大量注释，对一个八九十岁的老人来说，要在屏幕上阅读，肯定是非常耗费眼力的，而且许先生还大病初愈。

这样的不安持续了很长一段时间，直到后来才慢慢散去，我开始宽慰自己，许先生肯定没顾上看，或者看了一点，又把这事情给忘了。毕竟，老人家事情很多，而且身体也一直不太好。所以，推荐的事情就不要想了。

意外来信

《现代的历程》在2016年8月出版，大概在出版前三个月，我的电子邮箱中突然收到了一份陌生来信，打开一看，竟然是许先生写的推荐序。这封邮件是许先生亲自发的。

我当时激动得有点手足无措，好长时间都回不过神来。我记得那天，我把许先生的序文反反复复看了整整一天，第二天起来又看。在序文中，许先生对我有很多勉励和赞扬，这让我对这份错爱感到惶惑不安。许先生在序中对现代文明提纲挈领的历史回顾和未来忧思，更让我感到历史大家的厚重分量。对《现代的历程》这本书来说，许先生的推荐序如同惊堂木一般，确实是一个无与伦比的精彩开篇。

过了几天，冯俊文打来电话，我才弄清楚事情原委。

原来他将书稿发给许先生后，许先生只顾着看书稿，等三个月过去，书稿看完了，许先生不仅同意推荐，还欣然写了一篇长序。很明显，这篇序一气呵成，极富有情感。写完序文后，大概是许先生想不起这书稿是谁送来的，无奈之下，就让他的助手陈航去找，陈先生按照我的名字辗转找到出版社，出版社将我的电子邮箱告诉他。就这样，许先生就将序文直接发给了我。

冯俊文也是事后才知道，许先生竟然真的给我写了序。

许先生后来又发了一次修订稿，有一些修改和补充，显得极其严谨和认真。我给许先生写信表示谢意，并告诉他我是岐山人，对他的《西周史》非常喜欢。许先生以前多次到过西安，也去过岐山周原。《现代的历程》出版后，我将书寄过去，并遵照他的嘱咐，将稿费付给他在江苏无锡的许氏宗亲，作为宗族公益金。

借助许先生这篇推荐序的神奇背书，《现代的历程》出版后，颇受社会各界欢迎，销售也非常好，并在年底被评选为当年的"十大好书"和国家图书馆文津图书奖推荐图书。我将获奖消息告诉许先生后，他也非常高兴。我每次给许先生发去电子邮件，他都会很快地回复，言语之间，透着殷殷温暖。许先生语重心长的谆谆鼓励，也让我对自己的写作更加有了信心。

对我来说，半生飘零，在底层挣扎，阅尽社会之阴暗，也尝尽人间冷眼；但自从写作以来，所受恩遇，我得到的远远超过我所付出的，每念及此，便觉得惭愧不已。人生如此，夫复何求。

贵人之手

《现代的历程》出版以来，我被问到最多的，就是像我这样籍籍无名的"草根"，怎么会得到许先生的垂青。每次我都要将上面的故事讲一遍，而每讲一遍，我就觉得又得到了许先生的一次帮助。

据我所知，许先生给他人作品写序的事情并不多，尤其是对我这样连大学都没有上过的所谓"民科"，真是绝无仅有。这让我感到万分荣幸，也倍感珍贵。作为中研院院士，许先生在台湾朋友故旧很多，很有社会影响力。2018年，《现代的历程》在台湾出版，书名为《人机文明传》，书做得非常好。

在许多人看来，许先生一生中最大的义举，就是帮助王小波成为"写作个体户"，从而让他圆了一个以笔为犁的作家梦。但实际上，许先生的这个义举并不是唯一的。

我能从一个生活在社会底层的农民工,而有幸成为一个靠稿费生活的写作者,同样也有赖于许先生在关键时刻的鼎力成全。或许在许先生看来,这只是举手之劳,他也不见得了解我当时的窘迫与彷徨,但他出于自己的善良与公心,不经意中做了一件改变我命运的"小事"——于他只是一件微不足道的小事,于我则是一件天大的大事。

江河万古,人心不易。从王小波到我,一个人在惊涛拍岸的历史河流中,总会偶尔邂逅一只"贵人之手",让作为后来者的我们避过险滩湍流,走出人生的峡谷。这种幸遇不是每个人都有;但如果有了,就值得一生铭记。

古语云:不凡之子,必异其生;大德之人,必得其寿。许先生的身体先天残疾,行动不便,但他性情恬淡,悲天悯人,古道热肠,品德高洁,用历史的智慧与人性的良善影响了海内外无数人,这里既有他的亲人和朋友,也有他的学生和读者,还有许多像我这样素昧平生的底层农民工。

在我看来,许先生以九十多岁的高龄,走过中国与世界,穿越秦汉与罗马,不仅活出了高度,活出了厚度,也活出了温度。正像他说的,全世界走过的路,都是他走过的路。他在《经纬华夏》的题签中谆谆告诫:"学问是培育、训练你生活的品质。学问不许作假,所以你生活中不能说谎;学问是只要有别人说得比你对,你就得放弃自己接受别人,所以你生活中要真诚、宽容。这些学问的原则亦是做人的原则。天可翻地可覆,这些原则永远都存在。对事如此,对人亦如此,所以书要读到性格里面去。"

为天地立心

天道无亲,常与善人。许先生学贯中西,勤于思考,笔耕不辍,著作等身,其所书所写,视野开阔,如登泰山而小天下;其所思所感,悠远深邃,如醍醐灌顶。许先生倡导有学无类,关怀众生,绝不以精英自居，而作象牙塔之困。他常说，读书固然重要，但更要读"社会"这本大书。

"中国的历史常常只注意到台面上的人物，能为常民写作、与大众讲话的人实在不多，我愿意承担起这个责任。"许倬云曾为普通大众读者写过好多历史通识好书，他说："今日读史的读者不同于旧时，在这平民时代，大率受过高中教育以上者都可能对历史有兴趣。他们关心的事情当为由自身投射于过去，希望了解自己何自来，现在的生活方式何自来。"

在我看来，许先生本人就是一本真正完美的大书，让后来者高山仰止，景行行止。这正是张子所说的"为天地立心，为生民立命，为往圣继绝学，为万世开太平"。

许先生人生之完美，多半由于他仁厚博大的精神世界。他为我们这个时代树立了一面澄澈明亮的镜子，让我们对这个历史怀有敬畏，对这个世界怀有希望，对自己充满警醒。

谨以此文恭贺许先生期颐之寿。[1]

附许倬云先生推荐序原文：

　　收到杜君立大作"现代的历程"，这部八百多页的著作，陈述从现代科学和资本主义开展以来，由欧洲发源的现代文明，在各个方面不断进展的过程。

　　诚如本书开头引用的狄更斯名言："这是一个最好的时代，这是一个最坏的时代。"现代文明的发展，四百年来，节奏越来越快，改变的幅度也越来越宏大，如果将人类从非洲出走，分散到各处的时段作为开始，假如以二十四万年的长时段，当做（作）一天，人类文化的开始不过只是一万年以内，文明的开始也不过三千年，现代的文明占了四百年，如果从子夜计算，到第二天的子夜，这四百年

---

[1] 本文被收入《倬彼云汉》一书，文章标题为《传统文明的一把薪火，现代文明的一面镜子》。可参阅冯俊文主编：《倬彼云汉：许倬云先生学思历程》，生活·读书·新知三联书店，2023。

的时间，在时钟上，已经是十一点五十八分。最近，科学界的奇才霍金斯预言，人类的发展将要终结了地球生命的历史，那个时候，也就离现在不会超过十万年左右。我们从十一点五十八分计算，往下走恐怕不需要五、六点钟，可能在一、两点，或是两、三点时，就已经到了不可收拾的局面。

这种对危机的紧迫感，自古以来，人类不断有之。战国时代，屈原曾经审视壁上历史图画，发为"天问"；犹太基督教信仰，常常提醒大家，劫难将至；佛家的教训，也经常提醒世人，在劫难逃。对近代变化的迅速与深刻，在最近半个世纪以来，已经不断有人提出警告，于是，二十世纪学术界的气氛，完全不同于十八、十九世纪的乐观，而是悲欣交集的复杂情绪。"现代的历程"引用了狄更斯的感慨，正是反映同样的情绪。

本书作者陈述，世界上不是一条主线，而是两条议题的交叉并行：一条是现代文明的发展过程，另一条则是，身为中国人经常会提出的问题，为什么中国稳定了两千多年，却在现代文明发展的比赛中，长期缺席，以致到今天，还在追赶"现代"？第二条轴线乃是，十九世纪以来，差不多两百年了，在中国方面，李鸿章、梁启超、孙中山、胡适、梁漱溟等等人士的另外一份"天问"。在西方学术界，这也是马克思、韦伯、李约瑟；以至于欧美的若干汉学家与历史学家，不断提出来的课题。

杜先生在这本大作中，虽然标题是"现代"，实际上，他第二条轴线的重要性，在他的心目之中，也在读者的心目之中，毋宁超过了对第一条轴线的陈述。

我个人认为，"现代"的竞技，西方参与，而中国长期缺席，乃是由于在文明开始的枢纽时代，东和西的曲调，有不同的定音。人类在提出超越的课题时，无论东、西圣人，基本上都假定有一个超越的理性，在东方为之"道"，在西方为之"圣"。儒家阐述的"道"，要兼顾个人的意志和全体人类的福祉，西方提出的"圣"，乃是盼望个人能力和意志的发挥，能尽其"至"，才配得上神的恩宠。

假如这无穷无尽的宇宙中，一个小小的星云群，其中有一个小小的星河系，星河系中又有一个小小的太阳系，其中又有一个更微细的地球。对于这个微小的个体，有一位"造物主"，亦即人格化的"道"和"圣"，发下两条指令，写在同一页的两面，东边和西边各看了一半；于是，东边尽力在神赐给的环境中，求得最大的平衡和稳定，以安其身，以立其命；西方从犹太教以来，始终是尽力求表现、求发展，甚至于不惜毁损自己寄生的地球。到了今天，人类，那一地球上的癌症，即刻就要毁损自己的寄主。到今天，那世界人口四分之一，前此没有介入大竞争的中国人，竟也奋不顾身，投入竞技的最后一节。那一位"道"与"圣"人格化的造物主，会是怎么样的感觉？

杜先生自己陈述，他不是一个专业的历史学家，正因为他是一个关怀众生的知识分子，而不是专家，他能比专家们关心更大的问题，于是我们才有这么一部好书。

我们现在的时代，是人类历史上快速改变的社会的时代。一方面过去的组织、过去的结构、过去的价值，都因为世界在逐渐混同，东方受到西方的挑战，西方受到东方的压力，都会有改变的需要。

同时，所谓科技的进展是祸是福，我们并不完全清楚。工业革命时候以机器代替人工，现在，人工智慧要代替我们的脑子。我们人一步步退下来，先向机器去让步，再向电子网络去让步。每次大转变都会有变化，可是从没有如这次急迫，急迫地压在我们心灵上，挑战我们的存在，挑战我们人类自身。

这几年来，中国文化圈内的各处，无论是中国本部，或者是本部以外的其他地区，包括海外的华人们，似乎都在警觉世变正亟，在各个领域，都有人关怀未来的发展。大家的情绪，常常呈现"悲欣交集"的情形，杜君立先生"现代的历程"乃是许多著作中，极可称赞的好书。作为读者，我感谢他；作为同样关心者之一，我也同意他的许多见解。我们盼望，杜先生的另一部著作（《历史的细节》），很快问世，庶得早读为快。

许倬云谨记。

译者戴大洪[1]

知道戴大洪是在二十多年前。

那时候足球非常火，河南建业足球队还在甲 B，而老戴就是建业队的总经理。那几年，建业队一直都在为冲 A 而焦虑。随着假球丑闻愈演愈烈，各种内幕和论战简直胜过球赛本身。因为仗义执言，老戴之名如雷贯耳。

我虽然经常踢足球，但从来算不上一个球迷。我曾经去省体育场看过一次现场比赛，人山人海，座位太远，感觉还不如在家看电视转播。

很多年后，我开始读书写作，到 2013 年，《历史的细节》出版了。这本书曾经火了一段时期，到年底时各种好书评选，也位列其中。我开始注意到同时被列入的历史书还有《古拉格：一部历史》，而且它要比《历史的细节》更受欢迎。

《古拉格：一部历史》拿到手，我看到封面上赫然印着戴大洪的名字。我多少有些疑惑。后来一打听，原来并非重名，他就是那个以前在建业队的老戴——难道现在"改行"做翻译了？

在广州的颁奖活动中，老戴并没有来。过了半年，我在郑州见到了老戴。

---

[1] 本文创作于 2016 年 11 月。

在郑州，城市之光书店算是一家地标性的独立书店，书店老板小开跟我和老戴都很熟，有次约了老戴一起喝茶。当时老戴正在翻译《西班牙内战》，非常沉迷。从中午开始，他就一直给我们讲述书里的内容，话别时已是午夜。

老戴译书基本上完全按照"工匠"的路数，这种出于对文字完美主义的强迫症，在一定程度上弥补了他英文功底的薄弱。完全依赖几本英汉词典，他就能把一部厚厚的原版外文书翻译为流畅的中文。他每天坐在书案前，一摞还没有翻译的英文原稿放在右边，翻译过的放在左边；随着工作进度，右边一摞越来越低，左边一摞越来越高；直到右边最后一页都放到了左边，那么这本书也就翻译完了。

说起他翻译的缘起，竟是当年带建业队时捉刀翻译了《国际足联章程》，当时国内还没有中文版。至于译书，则是离开建业集团后，赋闲在家，看书看得多了——他偏好外国书——便在好友止庵的鼓动下，起了译书的念头。

后来再见老戴，他还是给我讲西班牙内战那段历史。那种沉浸其中的乐趣特别感染人。

2016年，对我和老戴来说，都是收获的一年。这一年，我的《现代的历程》"杀青"，他的《西班牙内战》也付梓出版。这两本大部头的砖头书，我们各自都付出了数年的心血和努力。

老戴的书一出版，我第一时间就买到了。按我买书的习惯，还顺便捎带了几本关于西班牙内战和欧战的同类题材书。对比之下，老戴翻译的这本《西班牙内战》非常偏重于历史细节，全书的主题基本限于共和派内部的斗争史。这实际也反映了老戴的个人偏好。他翻译的《第三共和国的崩溃》大体也是如此。如果再加上他翻译的两部传记《雷蒙德·卡佛》和《陀思妥耶夫斯基》——他啃的基本都是大部头。博尔赫斯曾说，一个作家理所当然就应该为少数人而写作，而不是为了所谓的成功去赶流行。老戴的翻译正体现了这种"写作的骄傲"，对他来说，每次翻译不仅是一场旷日持久的马拉松，更像是一种精神思想的朝觐。

众所周知，翻译也是伏案写作，这基本上是一项体力活。我在《现代的历程》写作中途，身体就出了大问题，后来才开始坚持跑步。老戴跑步就从来没有停过。他还参加了很多马拉松比赛。他给我看马拉松获奖证书时，那种得意是真心的。

在家译书的老戴在郑州并没销声匿迹，而是变成了一个传奇。新书上市，朋友们庆贺，城市之光和松社两家书店都邀请老戴给读者来场分享会。这两场分享会都是我作陪。

一般而言，写作的人要么沉默寡言、不善言谈，要么滔滔不绝，充满倾诉欲。在老戴面前，我从来都插不上话，他的口头表达能力和思维缜密程度非一般人所能及。他出生在北京，后来长期在郑州，他的母语就是普通话，其实他在河南更喜欢说河南话。

城市之光的活动结束之后，小开请我们吃饭，一人一大碗烩面。我和老戴几乎一样的吃相，连吃带喝，眨眼间就剩下两只空碗。小开的发小——大明对俺俩的好胃口啧啧称奇，拿出手机拍了一张合影。

按传统生肖，老戴和我都属猴，他比我大一轮。但实际上，我们都深受二十世纪八十年代文化的影响，而且都是理工科出身。后来他经商开饭店，做职业经理，我也大体经历过，只不过没有他那么成功。

老戴从五十岁开始闭门译书，我从四十岁开始写作。回家的原因也大体相似——年纪大了，想过一种粗茶淡饭、自得其乐、不看人脸色的生活。虽然经常有人提起他在建业的那段高光岁月，但他更满意现在的隐士生活。

孔子奋斗一生，晚年退归林下，著书化人，他读《易经》韦编三绝，尤其对"潜龙勿用"感喟良多："像龙一样有德有才的隐士，世俗改变不了他，他也不追逐名利；不为人知不会郁闷，不被承认也不在乎；高兴就做做事，不高兴就不干，有信念，不动摇，这样的人就是潜龙。"（龙，德而隐者也。不易乎世，不成乎名，遁世无闷，不见是而无闷，乐则行

第六　人物　｜　501

之，忧则违之，确乎其不可拔，潜龙也。）

明人张岱年轻时名满天下，人们仰慕其风流倜傥和文采飞扬，从者如云，但张岱却不以为然，杜门谢客，避世三十年，等他再出山时，人们已经不知道他姓甚名谁，他为此窃喜不已。无人知道张岱后来的下落，但他留下许多作品，有人据此推算，张岱大概活了九十三岁。

钱穆先生晚年隐居素书楼，读书写作，远离尘嚣，"他总是强调学者不能太急于自售，致为时代风气卷去，变成吸尘器中的灰尘"。

或许是时代的不同，老戴比我更偏爱文学一些，尤其是苏俄文学，但思想上我们其实很接近。对他翻译的《古拉格：一部历史》，我非常喜欢，写作《现代的历程》时，还专门引用了该书的一段文字。老戴特意告诉我，引用外文翻译书，可以不必完全按照汉语译文。

两个写作者互相见面，免不了"以书交友"。我一直觉得自己的作品入不了老戴的法眼，直到《现代的历程》出版。我那天专门带了一本《现代的历程》。因为老戴对书的品相特别在意，我还专门挑了一本，层层包好。给老戴时我有点犹豫——他总说他不看中国书。结果书还是被他要去了。他小心地打开包装，看到里面我的签名，才放进包里。

小开给我讲过一个老戴买书的故事，没说是什么书，只说老戴为买这本书，把书店架子上同一版本的书都取下来，挨个儿检查比较。可能每本书都磕着碰着过，多少有些瑕疵，老戴又找来营业员，问清楚库房还有这书，就又跟着去库房找，最终从这些书中挑出一本品相最完美的书，这才心满意足地买书回家。

我从未见过有人像老戴这样爱书，据说爱讲究的英国绅士读报前会用电熨斗把报纸熨平，免得手指沾上油墨，想必也有人读书前要洗手，免得手指污了纸书。

那晚一直聊到烩面馆打烊，我们才回去骑车。

书店门前路灯昏暗，老戴的自行车和我的自行车靠在一起，几乎一样破旧，仔细看才能分得清。他抱怨他已经丢了好几辆车子，我则庆幸自己从未丢过自行车。言罢上车，各奔东西。

几日后又是松社书店的活动。我问起新书的稿费，老戴说总共六万，刚付过来，他当天交社保用了近四万。他随身带的包里有一大堆社保材料和证件。他感叹今年算是正式退休了，但还没有领到一次退休金。

转眼又是一年年底，老戴的《西班牙内战》和我的《现代的历程》再次相逢在各种年度好书评选活动中。在腾讯·商报华文好书颁奖典礼上，刘苏里先生给我颁完奖后，告诉我说，他第二天还要赶到北大，去参加《新京报》的好书颁奖，老戴已经来了……

对话俞敏洪[1]

俞敏洪：各位好，今天邀请杜君立老师聊一聊《历史的细节》。我们都知道，很多历史文字都是胜利者写的，一般都会过分强调胜利者在历史中起到的重大作用。但实际上，历史的进步是由无数因素推动的。杜君立老师认为，推动历史的主要要素是人类各种各样小的发明，比如像马镫这样一个小小的发明。在杜君立老师上来之前，我先回答大家的一些问题。

最近新东方及东方甄选比较热闹，有人说我们坚守初心，努力在扛，我觉得做事情主要在于乐趣，比如我觉得做直播和大家交流，对我来说就是挺有乐趣的事情。

对历史的兴趣

俞敏洪：杜老师好，最近一直在读你的书，感觉你真的是靠自己努力闯出了一片天。

---

[1] 本文源于 2022 年 6 月 12 日抖音直播"对话杜君立"，发布于 2022 年 12 月 5 日"老俞闲话"公众号，原标题为《人类历史中的进步与自大》。全文编入俞敏洪：《心灵激荡：老俞对谈录》，北京联合出版公司，2023。

杜君立：俞老师好，谢谢支持。

俞敏洪：我们的父母都是农民，没上过学，对学习也没什么概念，所以全靠我们自己奋斗。

杜君立：那一代人生存压力太大，我们过得不好，爹娘其实过得更不好，那一代人过得都很难。我和一起长大的小伙伴后来一聊，发现当时我们家应该是村里最难的。本来我们村在周边就算是最穷的，我们家还是村里最穷的一户人家。当时整个社会都不富，但是在很不富的家庭里也有一些最穷的，所以当时就是穷，穿衣吃饭都成问题。

俞敏洪：在那样的环境中你有喜欢读的书吗？

杜君立：那时候就读课本，每次开学课本发下来，一个月我就把所有课本都看完了。

俞敏洪：别的书没怎么读过吗？

杜君立：也看过一些。我整个上学阶段，都是在家里吃、住，从来没在学校生活过，没住过校，上完课就回家干农活，所以和同学接触少，借不到书，阅读很少，受同学影响也很少，反倒因为每天和父母在一起干活，受父母影响很大。

当时读不到什么东西，我记得对我影响最大的，是我上小学的时候，一个窑洞塌了，那是我们学校图书馆，有一套《十万个为什么》，窑洞塌了以后，我们就像挖藏宝图一样把那套书挖出来了，放在那里晒，晒的过程中我每天没事翻一翻，《十万个为什么》对我影响很大，我每天看，最后发现太阳比地球大，地球绕着太阳转，我就觉得这个很有意思，见了谁都给他讲这个。

后来我的写作其实也还是《十万个为什么》的写法。有人说第一本书对一个人的影响很大，我认识的很多同龄人里，特别是学文科的，他们说《金光大道》对他们的影响很大，后来就学了文科，走上了写作的道路，路遥就是这样。

俞敏洪：《金光大道》我们都读过，你高中的时候应该也读过这样的书？

杜君立：没有。我记得那时候跟同学借了《水浒传》，拿回家以后，我爹虽然不怎么看书，但一看那东西很厚，就知道不是课本，直接塞到炕里烧了。我在家里是不允许拿出书、作业本这些东西的，家里绝对不允许，回到家里就是干活。

俞敏洪：你在中专毕业以前没怎么读过书，但我从你的几本历史著作里发现，你对历史事实的了解和分析达到了深入浅出的状态，让我读完后第一个就想起了许倬云老师。

许老师在抗日战争中也没上过什么大学，最后变成了著名历史学家，去美国进修了；沈从文先生也没怎么上过学，先是跟着土匪，后来跟着军队，最后也成了中国著名小说家和研究家，研究古代文物，尤其是研究故宫的文物；钱穆没上过大学，也是自学，但他对中国历史的研究非常深刻。

你作为一个中专毕业生，对历史能有这么深刻的研究，纵是上下五千年，横是世界各国历史对照，真的非常厉害。我想问，你对读书的兴趣，尤其是对历史的兴趣，到底是从什么时候开始的？

杜君立：小学时期我看过《上下五千年》，当时是当故事书看的，印象很深刻。高中的时候看过《三国演义》，再以后就看文学书比较多。二十世纪八十年代文学热非常厉害，我当时看了很多文学书，文学书就是长篇小说，所以那时候看了很多长篇小说。那时候还写了很多很多诗，我们这一代人很多人都是诗人。

二十世纪八十年代非常狂热的文学热对我的影响就是，我不知道要读历史，印象里没有历史。中学时候的历史就是背一些历史概念，地理也是背一些概念，整个教育方式都是背诵性的，类似现在的硬盘教育，所以我作为学生对历史没有一点兴趣。

俞敏洪：你上的是中专，中专毕业以后又到工厂工作，后来自己还开过公司。在这个过程中，你周围原则上没有任何读书的氛围，你是怎么坚持读书的？如果读小说作为消遣还情有可原，但你居然慢慢进入了读严肃历史著作、研究历史的状态，这是怎么发生的？

杜君立： 那时候主要是看电影，大概 1991、1992 年，天天泡录像厅。当时没有互联网，要想看好莱坞大片或者好莱坞文艺片只能去录像厅。那时候每天看，看了好几年录像，后来有了 VCD（影音光碟）、DVD（数字化视频光盘），就开始买 VCD、DVD，再后来又有了美剧。我看了十多年电影，看到最后几乎没有什么电影可看。

电影对我影响很大，电影的思想、叙事、音乐、美术，是一种综合载体，是一个工业制品，但它有文学性、思想性、哲学性。很多文艺片都非常优秀，哲学性非常强，这给我带来了很全面的训练。当时还看了比较多的杂志，二十世纪九十年代看《南方周末》，每期必看，还有《南风窗》《三联生活周刊》，但基本上读书没有电影在我生活中占的时间多。所以我最初主要是看电影，后来看美剧，当时抱着娱乐的心态。

最大的改变是我去深圳和北京后，发现周围人都有文化生活、艺术生活，他们都在读书，读书在他们生活里占了挺大的分量，每个人都在读书。这时候我才发现，财富要分成两块：一个是物质财富，一个是精神财富。

一般情况下，内地的城市包括县城，和大城市没什么区别，都是高楼大厦电梯房，穿的用的也都差不多，但精神这一块儿还是差很多。我当时要不是在北京和深圳生活了很多年，后来可能也不会读书。我当时在深圳一个公司，书城就在公司隔壁，每天没事就去书城看书，而且当时手头比较宽裕，就买了很多书、很多碟片，回来看电影、看书，那段经历对我影响非常大，我也是在那时候开始看一些严肃的书。

俞敏洪： 你在深圳、北京每天工作的时间应该不会太短，在工作之余，怎么还有那么多时间看电影、看书？

杜君立： 当时我在一个央企，管理比较宽松，也不用打卡，所以当时比较自由，时间自由、金钱自由，每天有大量时间，没事儿就跑到潘家园、报国寺那边晃悠，去看电影，去观察人家过日子，看不同的生活方式，不同的人生态度。

我觉得从农村出来后，看电影对我影响最大的就是使我看到了不同的人生。要是在农村，家家户户都差不多，出来以后，我发现不一样，人们每天都在想太阳和地球哪个大，这是个正经、严肃的问题，这是电影告诉我的。

关于《历史的细节》

俞敏洪：有无数人喜欢看电影，但很少有人通过看电影把眼界看开了，最后还能往严肃历史的思考方向去走。有没有一个契机触动你，让你从看电影、读小说开始往历史的方向走？

杜君立：我当时想写哲学、思想一类的，还写过一本小说。我18岁之前都没想过进城，稀里糊涂就出来了。当时我想，那么多写农村小说的作家都没种过地，他们也就在农村待过，我才是正儿八经的农民，所以我就想写个小说。写完后发现我的文笔真不行，叙述也不行，慢慢就把这码事忘了。后来我想干脆写社会批评，结果也不知道从哪儿下手……

我那时候对历史不通，就开始一边看历史一边写，扶着墙学走路，所以我的书没什么故事性，有一些知识，但主要还是想表达一些自己的思想，想表达一些常识性的东西，人应该换一个眼光来看一些东西，这恰恰是我没事瞎琢磨的一些事，这样十年下来写了十几本书，基本也形成了自己的风格，就是若有所思、若有所想。

俞敏洪：很有意思的风格，你虽然没有经过科班训练，但我发现你对历史事实的引用，对其他人的评价、评估，还有一些观点的对照，在体例上都做得非常到位，这是你潜移默化琢磨出来的吗？

杜君立：这是被逼出来的。十年前我的第一本书《历史的细节》出版，当时初生牛犊不畏虎，不知道天高地厚，里面错误非常多，出版后就被人批评，所以该补的课早晚要补。

俞敏洪：大家以为你是个大学教授？

杜君立：然后人家就教我这个怎么做，那个怎么做，所以我后来用了十年时间,把这个课补上了,本科、研究生,现在感觉博士也差不多了,反正这十年一直在读历史。

俞敏洪: 从真实水平来说应该超过博士了,因为从体例、对历史事实的考据和严谨性来说,一般的博士写不出你这样又好读,又对历史事实编排得这么好,同时能把自己的观点和思想融入其中,还能变得畅销的书,一般的博士写不出来。

杜君立: 我就是反复改,一本书改好几年,一个字一个字地改,反复找错误。这样反复校对下来,现在错误率非常低,再加上现在出版社对书的质量把关也非常严,不像早几年。当然那时候我也是幸运,我现在要想再出这样的书,应该没有任何机会了。人这一辈子机遇很重要,我当时纯属尝试了一下,结果就走运成了,那成了一个契机,我后来就慢慢改。《历史的细节》现在已经是第四版了。我到现在,十年就写了一套《历史的细节》。

俞敏洪:《历史的细节》一共有五本,每一本刚好是一个主题,分别是有关帆船、轮子、马镫、火药、弓箭对人类社会发展的影响。我认真读了这五本书,后来我琢磨出来,你的书内涵比较简单,就是人类历史和文明的进程,有时候不是帝王将相决定的,而是人民的一些发明决定的。这些发明刚开始看上去不起眼,尤其像你说到的马镫,在很多人心目中甚至都不算是一个发明,但它对人类社会确实产生了重大影响。

你为什么要选这五个东西来写?为什么这五个东西在你心目中对人类历史的改变、人类文明的进步有比较大的象征意义?

杜君立: 2001年、2002年,当时已经有互联网了,我就在网上看了美国国家地理拍的纪录片《枪炮、病菌与钢铁》。看完这个纪录片我就很震惊,后来听说还有书,我就找到了《枪炮、病菌与钢铁》的书。我看了一遍,觉得这本书很简单,是戴蒙德写的,大量原创思想来自二十世纪六十年代出版的《哥伦布大交换》,但可能这本书的叙述文笔不行,后来被戴蒙德重新叙述成《枪炮、病菌与钢铁》,变成了超级畅销书,而且得了美国普利策图书大奖,在当时几乎成了一本世界范围内的"神作"。

我当时看完这本书，发现内容很简单，讲马镫、轮子、弓箭、文字、枪炮、农作物、牲畜、气候、地理、造船技术，他讲这些东西对人类的影响。当然他是西方中心主义的，整个书对中国基本是一笔带过，比如写到汉字、象形文字对中国的影响的时候，都是一笔带过。我觉得不管是马镫、火药、弩箭还是指南针，都是最早发源于中国的，我就觉得这本书在中国卖得这么火，怎么没有写中国人呢？

当时我也正准备写一部历史杂感、历史批判类的书，在想写什么话题，看完这本书我就在想，这么好的话题为什么没人写。我一开始就抱着好奇，想找找这些东西对中国有什么影响，找到以后我觉得很好玩，就接着找这类的书，结果发现没人写，马镫没人写，轮子没人写，火药在中国军事史上有，在中国火器史上也有，但都是学术书，好像没有写给大众看的，包括中国造船史、中国航海史都是专业书，所以相对来说，缺乏一本面向大众的书。

我觉得中国图书选题缺的地方非常多，我后来就想写一写，这就构成了一个契机。但我对历史不太懂，一边查找资料，就一边写了，有人说我是先有观点后找论据，这东西不合格，但我也不懂那么多，乱拳打死师傅，好读就行，毕竟这个没人写，你有本事你写，我写了你又说我写得不好，这当然是站着说话不腰疼。所以为什么我的第一本书能畅销？其中一个原因是这个选题。

俞敏洪：反而突破了一些规范，另出新奇。

杜君立：着实有空白点。我觉得这对中国的影响非常大，这些东西都来自中国，这是中国改变世界的事情，但很多人没发现。很多人认为书里没有自己的观点，我觉得有一个大的观点，但从细节来说，我又不搞学术，我不需要做那么多推究，我觉得书嘛，好看就行。还有一点，尽量不要撞车，别人写过了你再写，就有点浪费时间，因为写作确实很消耗身体，也耗费精力，尽可能写一些对社会有帮助、能填补空白的事情，这样付出劳动也值。

现代化的两面性

俞敏洪：像火药、指南针、纸、马镫，在某种意义上都是中国先发明，后来通过丝绸之路贸易交流传到了西方。从这个意义上来说，中国人非常聪明，中国人的发明水平也并不差，但为什么中国有这么多的发明，中国人民如此勤劳勇敢，这些发明却并没有把中国真正带向现代化，而这些发明传到西方以后，反而给西方走向现代资本主义带来了某种契机？

杜君立：因为中国不想要现代化，我觉得到现在也有相当一部分人潜意识里对现代化有一种排斥。

俞敏洪：对现代化的排斥？即使到今天也还有？

杜君立：现代化的缺点很明显，失业、贫富悬殊、家庭解体、老无所养、幼无所养等等，非常普遍。比如现在的小孩子，从小就要受大量的训练，从小学一直上到大学，现在甚至还要读到研究生才能活下来，所以学生每天压力都很大。

其实人到最后追求的并不是财富，而是心里的宁静、平和、幸福。我们从过去到现在也没有改变过，现在的人跟新石器、旧石器时代的人没有什么区别，知识上多了，但智慧并没有多出更多。很多人看《现代的历程》，发现前半截在给现代唱赞歌，后半截又批判现代，其实这并不矛盾。

俞敏洪：人类追求宁静、幸福的生活和现代的发明创造及现代科技是矛盾的吗？一种观点认为现代科技并不能增进人类生活的幸福宁静，但也有另一种观点认为，现代科技的发展其实增进了人类的生活质量。你的看法如何？

杜君立：我也比较矛盾，我的思想其实挺现代的，但从审美、生活方面来说，我又很传统。我是个农民，我屋里很多东西都是我小时候的，我还是非常怀念小时候那种生活。有人曾经说，宁愿用毕生积蓄换在未来的 20 年活一天，想看看未来的人过什么样的日子，我就宁愿用毕生的积蓄回到过去，过一天就够了。但人就是这样，既穿越不到未来，也回不到过去。

现在有些人星夜赶考场，有些人挂帽归故乡，有些人往城里跑，有些人回到乡下，我觉得这就是围城效应。有时候现代造成的灾难也非常多，比如战争。你说技术造福不造福人类？造福。但所有的技术都会失控，最后肯定都会走出合理使用的范围，这是人性天生的缺点，所以一旦接受了现代化，就得接受现代化带来的所有创伤。

人类几千年历史都是在传统中度过的，刚走向现代，就有这么大的变化，这么多事，以后呢？以后会变成什么样？以后的社会会变成什么样子？人的欲壑难填，未来意味着什么，这很难说。

俞敏洪：按照你的观点，任何一种技术发展到最后都有可能会失控。现代人类正在研究各种各样的新技术，比如人工智能、大数据、元宇宙、区块链，这些都是技术。面向人类的未来，我个人的观点跟你有所不同，我一直认为人类文明的发展、科技的发展，对人类的幸福起到了增加作用。人们一直有穿越到古代过平静生活的梦想，但真让你穿越到古代，比如回到北宋、盛唐，即使在那个时候，也会有饥荒、疾病、瘟疫，各种各样的不可控因素，人与人之间的互相保护肯定也比现代要差很多。

从寿命来说，人类的寿命从古代的30多岁，到现在我们的平均寿命是78岁。当然寿命长不等于幸福和快乐，但整体来说，我们现在之所以感觉到幸福快乐还不够，是因为我们内心的欲望也在不断上升。比如小时候，有一盏亮一点的煤油灯我们就觉得很幸福，现在家里开一下电灯开关，就有几十个灯同时亮，有时候甚至还觉得不够亮。小时候只要有一碗米饭、一碗青菜就很幸福，夹到一块肉就幸福到天上去了，现在一天吃五六个菜，有各种各样的菜和鱼肉，依然觉得不幸福。人类的欲望很容易被吊起来，并且不断上升，从这个意义上来说，人类如果按每天计算，可能并没有因为现代化变得更幸福和快乐，但从整体来说，人类的安全感、本身的尊严、互相之间的平等、人类寿命的长度、医疗条件和生活条件等等都有所进步，这毫无疑问是科学技术的发展带来的结果。

另一方面我也同意你的说法，当人类创造了某种科学技术时，这种科学技术实际上有可能会给人类的未来带来某种反作用。比如人类发明了核武器，我们就天天生活在它的阴影下，总害怕哪天有个疯子一按电钮，核武器就过来了。再比如，人工智能为我们的生活带来了很多便利，但我们的隐私在某种意义上又受到了侵犯，人工智能未来如果强大到比人类大脑高出好几倍，未来会不会掌控人类甚至把人类消灭掉，我们都没法判断。所以部分意义上，我也同意你说的话，人类创造了某种技术，但人类往往会对这种技术失控，一旦失控，技术可能会倒过来侵犯人类的某种生存状态。

此外，技术发展带来社会迅速地改变和转型，使人类在还没有适应一种生活状态的时候，就被抛到另一种生活状态。比如原来我们在农村生活一辈子，面朝黄土背朝天，日出而作日落而息，所有的一切都是可预料的，时间是静止的。但在现代社会中，时间不是静止的，地理也不是静止的，我们可能一下子就被抛到了陌生城市，比如农民工一下子就被抛到北京、上海、深圳这样的地方打工，这些地方的环境和他们原来生活的环境完全不一样，这也会给人类带来很多变化，尤其是心理上的改变。

一方面社会在不断进步，另一方面竞争在加剧；一方面人类获得了更多物质享受，另一方面人类的心理又受到了巨大的挑战。现在得抑郁症和心理疾病的人越来越多，从这个意义上来说，任何东西都有两面性，但人类的智力在这儿，欲望在这儿，所以不论如何，人类不可能停止前进的脚步。而在前进的过程中，人类只能边出现问题，边解决问题。

科技发展需要人文的力量

俞敏洪：你在《现代的历程》一书中讲到人类时间的发明、钟表的发明、对于时间的精确计算，一方面是人类发明了时间，人类发明了钟表，倒过来钟表又控制了人类的行为，让人类变得更守时、更精确，用作计算自己的生命也好，计算自己的事情也好，让人类进入了某种时间紧张的状态。我从你的书中读出来，人类发明的欲望和人类面对发明所产生的成就感，是不可压制的，那之后的发明会把人类带到什么地方去？

杜君立：在我来看，一个传统社会，包括西方及现在的中东也是如此，一直处于哲学化和宗教化的社会，按我们现在的说法，他们是由文科主导的社会，文科勒着工科的脖子，把着方向盘，踩着刹车，工科实际就是一个发动机引擎，在让车往前走。但现在以美国为典型的现代国家，基本就是以工科为主，创新、技术不断有大马力、不断有新引擎，GDP、财富在不断增长。各种技术，比如现在应用最多的面部识别技术，是美国人发明的，核酸技术，美国人发明的，美国人就是很喜欢技术。而只要是工科主导，这辆车就没完没了，速度越来越快，但是唯独没有刹车和方向盘。

现在这个社会最大的问题是文科被忽略了，我们现在主张学以致用，所有的东西都是为了用，但文科才是发展的方向盘和刹车。戴蒙德曾经提出这样的观点，如果全世界都走美国的道路，地球会受不了。美国就是要把所有的东西转化成财富，要开发地球，甚至要开发火星，这很可怕，因为技术是没完没了的。古代就是文科，以哲学和宗教为主，致力于人的幸福，以人的幸福感为主。

幸福又是什么？所有的幸福都是相对的，你刚买了一辆好车，但邻居家的车比你的还好，你马上就没幸福感了。所有的东西都是相对的，多巴胺的分泌其实就那一会儿，所以人类自古以来说的幸福总是维持在一个基本水准，并没有什么提高。一个人要幸福，唯一的办法就是跟自己的祖先比。跟自己身边的人比不太好，因为这样会搞得别人很不幸福，最好是跟自己的祖先比，所以要多读点历史，一读历史就会发现自己很幸福。

人不论在哪儿，比如我从我的村子里走到今天，我的幸福还是一样的，就跟我的姓一样，改不了，这个人还是这个人，人是有寿命的，会老，最后还会死，有些东西改变不了，幸福也像人的生死一样，改变不了。现在的人可能皮肤好一些，看起来没有那么老，但是寿命并没有比以前的人活太多，以前我父母到我这个年纪，因为风吹日晒，一脸的皱纹，但我的寿命不一定比我父母更长，幸福感也不一定比他们更多。所以说以幸福、以历史来看，站在文科的角度来看，很多东西要重新掂量究竟值不值得。

俞敏洪：这也恰恰是我要跟你讨论的问题，从幸福的角度来说，我们常常会认为在中国古代会更加幸福，原因是当时没有那么多竞争。但从实际来说，你研究历史，中国古代人类所碰到的，有跟草原民族的冲突，政府无能或者皇帝无能，官僚黑暗带来的统治上的腐败，老百姓动不动就遭受饥荒、自然灾害，蝗虫扫过以后粮食被吃得颗粒不剩，中国历史上的人口数量有无数次从几千万突然下降到几百万，后面慢慢起来了，又从几千万下降到几百万。我个人站在比较理性的角度看，尽管现代社会依然有各种各样的问题，但在对人生命可控性及生活基本状态方面，我认为现代比古代好。

此外，就算中国人民想宁静地生活在你说的中国古代以文科为主导的儒家思想社会，包括道家思想、佛教思想里，从古代知识分子留下来的文字来看，不论是苏东坡还是李白，好像都过得挺潇洒，但他们也就活到 60 岁左右便去世了，苏东坡就是因为一场小小的感冒和风寒去世，按照现代医学条件可能两片药就治好了。所以，就算古代的生活很好，但我们想过也不一定过得好，因为我们没办法让全世界 70 亿人民共同达到一个状态。中国之所以在 1840 年清朝被敲开了大门后要走向现代化，不就是因为中国跟西方列强比拼的时候，我们比不过、打不过，所以我们要自强吗？假如今天中国还是清朝的状态，我们会不会不断受别的国家欺负？

另外，不管是火药还是其他东西，都是中国率先发明的，但最后被西方用在现代化进步上，而这些发明，尤其是火药，他们用过以后，倒过来把中国打得稀里哗啦。以文科为主导的中国古代社会尽管有这么多发明，但它们并没有为中国人民走向更加现代化的社会做出贡献。中国现在以科技为先，如今在科技方面依然被某些国家卡脖子，我们现在意识到要进一步研究科技，这在某种意义上是不得不做的。所以有时候，是不是在接受传统的同时，也在接受一种落后，甚至接受一种狭隘？我想听听你的观点。

杜君立： 我们不能站在咱们的角度去想古代，古代有很多地方跟咱们不一样，价值观、生活观甚至贫富观念，我们现在的悲伤、恐惧并不是古代人的恐惧。像现在很多人都把生病看得重，很怕死，我小时候在农村见了很多人去世，我们村的同龄人包括我都出生在家里。孩子要生了，赶紧弄盆热水，找个老太太过来接生，孩子死了就死了，活了就活了。老人将要死了，抓两副汤药吃，还不管用，那就死了。现在人生在医院、死在医院，所有东西都变成了技术问题，如果生下来有问题，是医生的问题，死了一个人，也是医生的问题，所有的东西都变成了技术问题。在古代人看来，人死是自然规律，到五六十岁的时候就开始给自己打棺材、挖坟、做祖宗牌位等等。

一个人就是生有命、死有处，人类就是这样发展的，全世界那么多国家，不同的国家对见义勇为、拾金不昧、帮助穷人的观念，对钱财、朋友、家人的观念都是不一样的，所以为什么现在站在美国人的角度可能理解不了阿富汗人，因为大家对生命的看法和解释是不一样的。

如果现代社会按照美国这种以物质为导向的方式走下去，人到最后就会走向机器，就会失去幸福感，就会像蚂蚁社会一样，只想着生存、生存、生存，发展到后来就是不结婚、不生孩子。现在已经出现这样的问题了，大家不谈恋爱、不交朋友，每天玩手机，所有的快乐来自手机。如果一个古代人来到这里，看我对着一个玻璃盒子不停地说话，他肯定觉得不可思议。我非常喜欢一部电影《上帝也疯狂》，一个非洲本地人，面对着周围的一切，他觉得什么都很可笑，因为他觉得现代人很可笑。

所以，我们需要有文科的基础在，对任何一个技术都需要从人性方面做一个思考。我们现在对技术已经挖得够深了，但我们实际上对自己很不了解，不了解我们到底想要什么。就像我们有时候辛辛苦苦买到了一个东西，到手后却发现那个东西不是我们要的，因为在买之前我们并没有用大量的时间去做可行性分析，没有真正搞清楚我们要什么，而是用大量的时间去研究我怎么得到它。

人类是一个集体，这会产生一个社会导向：别人这样做，所以我也这样做。不是每个人都会反思，整个社会都是这样，就像我当初开公司挣钱，整个社会都在这样做，所以我必须这样做，走到最后才发现这东西其实不是我要的，我真正想要的很简单，就是想坐在那儿，没有人欺负我，我能坐在树底下乘凉。所以在哲学方面、文科方面有很多东西需要开拓。

现代中国是比较世俗的一个国家，再这样下去，社会还会出现很多精神方面、感情方面的危机。在西方，像福柯、卡夫卡都对现代做了大量的探讨和批判，中国相对来说世俗的东西比较多，反思性的东西少。

很多东西架不住细想，如果细想就会发现很多东西其实没必要。我本身是做技术出身的，做了很多工程，经常用大量的设备，也做了很多年设备项目，但我觉得它就是一个工具，而且那东西带来的后果，有时候根本想象不到。

张笑宇去年出了一本书《技术与文明》，他也在反复探讨这个问题，这两年西方也做了很多对技术的反思，咱们也引进了很多这方面的书。发展到最后可能就会像《麦琪的礼物》一样，这个卖了自己的头发，换来一个发卡，那个卖了自己的手表，换来一个表链，到最后所有人都失去了自己最心爱的东西，这是一个悲剧。物质真的没有精神重要。

俞敏洪：我从内心中希望每一个人精神世界更丰富，心灵更加充盈，对物质追求的欲望更少一点，而且有些欲望可以大大下降。我也同意一个人本身的丰富性是每个人都想要的，就像刚才讲到古代的时候，尽管医疗条件不那么好，寿命比较短，但有一个自足的、相对宁静的、没有太多心理压力的生活状态，这种东西不分古代和现代，每个人都想要。

在社会节奏如此之快、技术也变得如此方便的情况下，一个宁静、内心丰盈、充实、有预料的生活状态，可以让自己不那么焦虑，比如有时候去某个岛上旅游，发现岛民的生活好像比我们更加宁静幸福。比如我们到西藏看那些藏族同胞，他们载歌载舞、非常开心的生活状态，特别让人羡慕。

但从另一个角度来说，人类回不到过去的状态，即使是草原、高原上的牧民，他们也在享受现代生活带来的快乐。比如牧民现在用摩托车放牧，用吉普车运载东西，在蒙古包里也能装电灯、发电机。他们也会随身带很多药品，生病的时候可以通过药品来治疗。所以，人类追求宁静、幸福的生活状态，是每个人内心的渴望，如果没有这种渴望，人就不会焦虑，不会充满压力。压力和焦虑的来临是因为人发现自己回不到那种宁静的、内心丰盈的状态，而是一种处在一台机器中不断被搅和的感觉，这种感觉的来源是现代社会的生活节奏和竞争。

但人类是回不去的，任何人、任何一个国家都不会说我不要这些东西，我要回到一个安宁、平静的古代状态。人类也不可能只做一种选择，比如只留下最先进的医药，但其他技术都不要了，医药能保证我们生命的安全，剩下会给我们带来烦恼的都不要了。

机器对人类的解放与异化

俞敏洪：在工业革命初期，英国工人把机器都砸掉了，因为机器取代了人的工作。从那时候开始到今天，人类的数量增加了很多倍，但今天大量的人依然有工作，所以我不认为科学技术的发展会把人类的工作取代掉，让人无所事事。如果机器真的能把人类的工作完全取代并创造财富，那无所事事对人来说毫无疑问也是一件好事。现在人类依然要每个礼拜工作五天，每天工作八个小时，未来所有人只要每天工作五小时，或者每周只工作三天，剩下的时间就可以吃喝玩乐，这对人类来说不也是一种幸福状态吗？

面向未来，机器时代、人工智能时代、虚拟世界时代，人类本身具备的好奇心让人类发展到今天，面向未来，人类是回不去的。在回不去的前提下，你认为现在的机器社会、智能社会是消减掉人生的意义，还是未来会给人类带来另一种生存意义？人类会因为机器的存在而被解放还是被异化？

杜君立：我觉得解放是针对精英人群的，对大众来说异化会更多一些。精英会读书，他们有大量的思考，他们对人生和生活有大量精神方面的追求。这在蚂蚁社会里面也有，有一些精英蚂蚁，它们在思想上、行动力上、领导力上跟一般的蚂蚁不一样。

人类也是这样，精英阶层对技术会有一个清醒的认识，但大众是无意识的，大众对这个东西缺少鉴别、缺少批判，怕自己被淘汰，往往到最后会相信社会的主流。现代社会为什么会有国家？就是因为信任。有些东西的异化是不知不觉的，比如机器的异化，很多时候大家会相信机器不相信人，特别是在有些场合，人有时候做出一些判断，完全是机械性的，是个"机器人"。

现在"机器人"太多了，到处都是"机器人"，还说着"机器的语言"。我们小时候跟母亲学说话，说的是方言母语，你说江苏话，我说关中话，现在小孩生下来都是对着手机学"机器话"，类似"倒车了，倒车了"。

我是从农耕时代过来的，18岁之前是农民，后来当工人，去机械厂开车床，紧接着工厂倒闭，工人下岗，之后农民工去制造业，里面都是流水线，富士康搞了无人车间，又不要人了。牛奶工厂也基本不需要人，所有的牛都自己吃草，吃完草之后去挤奶机挤奶，挤完奶以后自动灌装，灌装之后自动打包，旁边就停着汽车，每天不停地拉就可以了。草也是自动收割，自动割草机割完以后自动送到目的地，整个环节都不需要人，整个社会就这样维持着。

所以大量的人在未来会异化得非常厉害，用机器的指标来核算，所有的东西都硬化、指标化，因为在那时候，只有被机器化的东西才是合格的，没有被机器化的东西是不合格的。所有的东西要剔除人性，剔除人的随意性和判断，比如让你把门，你就是个机器，如果你说自己认识某个人，你让这个人进去，这就不行，因为这是人性。所以你必须铁面无私、六亲不认，这就是机器美德。机器美德会在社会上非常普遍，既然变成了美德，人类就必须向机器学习，所有的东西都是向机器学习，所有的东西都是机器。

俞敏洪：人类的发展是这样一个过程，在古代，人类是一个自主的过程，比如我作为一个农民，我在地里种上粮食以后天天去耕耘，期待粮食成长，到收到打谷场的那天，变成米和面的那一天，内心会充满成就感。在原来相对原始的状态下，人的工作都是独立完成的，包括一个手工艺人，他做一个篮子，从一条竹子开始编，编到最后变成一个漂亮的篮子；做一个陶瓷，从泥做起，做到最后变成一个美丽的陶瓷。

但人类在发展过程中，自从有了机器的出现，就把人的工作分解掉了。比如福特汽车流水线出现，人造任何一个东西都看不到它的全貌。曾经有人讲过现代战争为什么杀人变得那么容易，有个观点是，因为他们不觉得自己在杀人，他们只是参加了杀人中间的一部分，他们并没有拿着一把刀把那个人剁成肉泥。从这个意义上来说，机器把人内心本来的追求成就感和意义感的天性磨灭了。所谓"人是挂在意义之网上的蜘蛛"，我们都要去寻找内心的满足、成就感和意义感，但机器的出现、工业革命的出现，把人变成了螺丝钉，把人的意义感消解掉了，到今天为止也没有停止。

你认为机器对于人类生活的改变、对于文明的改变，起了比较大的作用，包括一些发明，如马镫、火药等等。但另一方面，我个人认为有几种力量在推动历史文明的改变和进步，第一种力量是人类普通老百姓的发明创造、人民的智慧，这毫无疑问是推动历史的重要力量；第二种力量是那些有思想的人物提供的思想火花，不管是宗教上的，还是现实生活中的，比如古希腊的柏拉图、亚里士多德，中国的孔子、老子等等。当然每一个时代都有自己的思想家，比如法国的启蒙运动到法国大革命，主要是伏尔泰等优秀思想家带来了思想变革。英国产生自由经济，主要由亚当·斯密《国富论》的理论指导，这些思想家我认为也是推动人类社会往前进步的重大力量。

第三种是权力的力量，我们常说历史是被帝王写成的，中国的历史最有意思，整本《资治通鉴》读下来你会感觉历史就是帝王将相在那儿玩，跟普通老百姓好像没什么关系。帝王将相当然构成了历史的一部分，没有这些人也不会有人类社会的发展史。如果没有亚历山大，希腊文化就不可能传到中东地区；没有汉武帝，丝绸之路就不太可能打通；没有秦始皇统一六国，中国就没有大一统的局面。所以，我个人认为有三种力量带来了历史的发展：一个是发明的力量，一个是智慧的力量，一个是权力的力量。

在你的历史观中，你认为这三种力量，哪一种力量对人类社会的推进有更大的作用？

杜君立：我觉得历史上有很多偶然性，技术有偶然性，重要的历史人物也有偶然性。但技术有一个累积的过程，每一个技术的出现，手机的出现、汽车的出现，直接改变了社会，这不能拿人来比，拿现在任何一个伟人和手机相比，能比吗？没法比。汽车能比吗？没法比，因为它们的影响渗透到了每个家庭、每个人的生活中，所以有时候没有可比性。

但技术往往是被忽略的，我在写这本书的时候就注意到，技术的影响不比伟人对大家生活的影响小，比如当年化纤设备刚进入中国的时候，一夜之间解决了中国人"穿裤子"的问题。这是体面问题、尊严问题，这东西是最重要的。

幸福对于人来说是生命，但尊严也很重要。古代的时候虽然穷，但把尊严看得很重要，身体发肤受之父母，有一种敬畏，所有东西就是敬畏尊严的问题。古代对物质一直处于很压抑的阶段，因为这个东西一旦放开，尊严都不重要了。

中国古代说笑贫不笑娼，《史记》里就批判这些东西，《史记》里面有很多好的现代思想、现代观念，和春秋战国百家的思想很像，但后续的史书因为是官方制式，这些内容就少了很多。这是我的一个看法，整个社会、人类在走向一体化，很多东西越来越像，像英语现在对我们生活的影响也很大，因为整个人类在走向一体化。

人类的渺小与自大

俞敏洪：现在有一种观点认为，未来的机器，包括未来人工智能的出现，将来会解放人类。当所有的机器能够取代人工作的时候，有乐观者认为，这能把人类的双手解放出来做他们真正喜欢的事情，再次通过机器的进步回到人类自主的状态，在更高的层次上自我实现。根据你对现代社会发展的判断，对于大众来说，他们能回到那种自足的、不再被机器异化的生活状态，并且依然能够有比较良好的经济收入状态吗？还是说机器时代最终会把人类的幸福消解掉？

杜君立：如果去农村看一下，就知道未来是什么样了。在农村，孤寡老人没人管，每天回到家就是讨论谁家盖新楼了，谁家孩子发财了，全村可能就一家人高兴，剩下的几家都不高兴，就像你考了 99 分，剩下考 98 分的都不高兴一样。现在所有东西都建立在攀比、比较之上，而且全球化以后，很多东西都打通了，每个东西都分出了圈层，每个层都不停地竞争，从小学就开始排名、竞争，每个人都在找自己的敌人，找自己的竞争对手。就像美国在找自己的竞争对手一样，国家之间竞争，每个省市之间竞争，每个城市之间竞争，每个公司之间竞争，人和人之间竞争。

所以现代社会是一个竞争社会、绩效社会，这导致每个人都非常狂妄，缺乏敬畏。

但古代人不一样，古代人很无知，他没有知识，他特别敬畏，什么都害怕，见个蛇害怕，见个蜘蛛害怕。为什么？因为他害怕大自然，而且他觉得自己是自然里最卑微的那一个。为什么？因为一场饥荒过来、一场蝗灾过来，可能人就饿死了，所以人每天过得很敬畏，修各种庙，每天见庙就磕头。这里面有一个转嫁，把压力转嫁给老天爷了，天塌了老天爷顶着。

所以古代人其实有一种慰藉方式，现代人有吗？没有，现在人需要直接面对很多东西，比如现在房贷还不上，那和老天爷没关系，就是你没出息、没本事。

俞敏洪：在人类面向现代化发展的过程中，一方面人类觉得自己变渺小了，原因是人类觉得现代各种不可控因素越来越多，比如我们面对人工智能、信息泄露、互联网布局、国际关系冲突等等，甚至面对一个小小的病毒，我们依然没法控制，不确定性越来越强，不可预料性越来越强，失控的事情越来越多。

另一方面，人类又很自大，觉得自己无所不能，抛弃了古代的敬畏感，这种自大，包括个人的自大、公司的自大、国家的自大等等。一方面自己变得越来越渺小，一方面自己又觉得自己变得越来越牛。其实某种意义上，内心保持一点对老天或者对大自然的敬畏感，能让当今人类在社会中更好地生存下去，也会更好地保护大自然。

保持敬畏感也是保持人与人之间关系的良好方法。有一个故事，一个人借给了另一个人二十万，去要钱的时候，借钱的人死活不承认，本来互相都是好朋友，也没写借条，到了法官那儿争了半天也没办法，最后想出来一个土办法，拿一个观音菩萨，告诉他们两个人，你们俩对着观音菩萨说，你们说的到底是不是实话？民间有个说法，如果你对着观音菩萨说假话，是要遭天打五雷轰的。那个把钱借出去的人就对着观音菩萨说，我借给他二十万，他拿了我二十万，我如果说假话，就天打五雷轰。而那个借钱的人犹豫了一下，终于说，我借了他的钱，我还给他。

当人类对法律都没有敬畏感，可以随便说谎的时候，反而在面对观音菩萨的时候有敬畏感。所以敬畏感对人与人之间的关系是有好处的，因为当我们有了敬畏感，就会更加诚恳、更加诚实，内心会更容易受良心谴责，更愿意做好事。

对大自然抱有敬畏感还会让我们更好地爱护大自然，如果我们不爱护大自然，随着二氧化碳浓度越来越高，全球变暖，南北极融化以后，一大半人类就会被淹掉。在八亿年前，地球曾经变成了一个大雪球，连太平洋底都成了冰，最主要的原因就是当时二氧化碳被各种各样的微生物给消耗掉了，整个地球因为没有二氧化碳，就变成了一个大冰球，后来因为火山爆发，大气中的二氧化碳和氧气终于又平衡了，蓝色星球又回来了。

在今天，如果人类社会无限制地使用各种各样的热能，到最后人类社会可能就会自寻灭亡。从这个意义上来说，我完全同意你说的人类对自然应该要有敬畏感。

但是，人类对于技术的追求、对于更美好生活追求的欲望和愿望，也是不可改变的。所以，面向未来，你认为当技术发展不可改变的情况下，人类到底应该以一种什么态度来对待技术或者利用技术，才能使人类能够与技术和平相处，让技术给人类带来更幸福的状态？

杜君立： 历史有一点好处，能看到更长的时间段。人类用传统农耕方式过了几千年，全世界都是如此，包括西方、中东，都是农耕或者游牧这两种主要生活方式，而且过得挺好，一路过来也创造了很多文明。现在这个社会才过了多少年？按工业革命来算是200年，按中国的发展来看就是四十年，这就已经天翻地覆了，以后变成什么样就不一定了，谁都说不清楚未来会发生什么。

所有东西带来好处的同时必然带来坏处，比如一个东西好吃，但吃完以后可能对身体有损害。以前生活条件不好，因为穷、因为劳累，因为积劳成疾，人生了很多病，现在人因为不劳动，每天吃香的喝辣的，吃得太好，结果生病，这怪谁呢？现在不劳累了，照样成疾，普遍都有基础病，很多人身体有各种各样的问题，其实这些都是"富贵病"，比如肥胖之类的。

自然造出了人类这种动物，人类也是大自然的一部分，不可能逆着大自然走，但人类一直很狂妄，认为自己可以做到。

我读了很多这方面的书，都是反思性的，并没有建设性。人类的集体智慧到现在也没能形成集体的文科智慧，所以大多数时候决策取决于精英阶层，精英阶层可以全世界流动，可以寻求自己的生活方式，可以不考虑外界的东西，所以马斯克觉得地球不保险，就要去火星。

俞敏洪：人类现在的生活状态确实比古代好一些，社会制度、人类的生活状态、生活条件、人与人之间的关系也确实比原来好一些，包括战争大面积爆发的可能性也相对小一些。

从这次的俄乌战争可以看出来，如果是在古代，这么大一个国家跟另外一个小国家开战，早就打得稀里哗啦了，现在因为有各种平衡的力量，让双方都在某种克制之下进行战争。我想问的是，现在社会整体比原来好很多，中国这40年的繁荣发展也比过去好很多，为什么人类内心对未来却越来越不自信，对未来越来越焦虑？

杜君立：现在整个社会，国家和国家之间没有连通，人类集体智慧也不能决策，人类往什么方向走，谁来做这个决策？没有人来做。所以在未来每个国家都在比赛，就像在一个跑道上比赛，每一个赛车都拆掉了方向盘、刹车，玩命地造引擎，就这样往前冲，看谁的速度高，没有人会考虑前方会遇到什么，反正我要超过你。

现在人类的幸福、国家的幸福、社会的幸福都是参照旁边那部车决定的，我们的幸福取决于邻居，我们比邻居吃得好，我们比邻居的房子好，所有的东西都建立在竞争上。

现在整个社会都非常激进，以进步、竞争、绩效为主。这个社会没刹车，比速度，往前冲，未来是什么样？没人知道。总之，我们这一代人见证了很多非常离奇的变化。

找到真正的喜欢

俞敏洪：未来一代人，我们的孩子，尤其是孩子的孩子，你对他们未来在人类社会中生存的状态抱悲观态度还是乐观态度？你刚才说由于现代社会技术的发展，技术会带来社会变迁，带来人与人之间关系的改变，带来社会结构的改变，所带来的这种影响，你认为有回转的余地吗？

这次疫情就很有意思，很多邻居之间大家本来不认识，但由于疫情影响，大家被封控在同一个小区，经过一段时间以后，很多邻居就变成了好朋友，结果发现人和人之间的关系突然变得很温暖了。

面向未来社会，人与人之间的关系是否会有回暖？随着社会进一步的进步，未来的孩子们是否能生活在一个更温暖的、互相帮助的人类社会？

杜君立：这次封城也是一次社会实验，整个社会全部停下来，突然之间所有的生活被停止了。被停止以后，人每天要应对自己的情绪、感情，这时候你和你的绩效没关系，和你挣不挣钱没关系，消费没有了，投资也停了，所有以往正常的东西都没有了，人们忽然发现自己只剩下了情绪，或者对幸福感和自由的追求。

这时候，人们开始发现楼下草坪那么好，大家想去公园了，想去旅游了。其实在以往，我们都在过一种机器生活，封城以后，突然就激活了人性，但这是短暂地激活。

我觉得首先一点是，我不看好未来，因为现在的孩子童年都不幸福，整天各种各样训练、各种各样学习，他们没有童年。有一本《童年的消逝》就说，现在的孩子从小就在学生存训练，他们没有青春期，因为他们得写作业，玩命高考，最后也没怎么谈恋爱，毕业了得赶紧买房子、按揭。一个人其实最幸福的就是童年，每天无忧无虑，做各种各样的游戏，每天醒来就是找小朋友玩，这应该是小孩过的日子。

俞敏洪：面对现在机器社会对我们生活带来的扭曲，你有什么建议，能够让人至少部分地摆脱这种扭曲，回归一种更自在、自足、幸福、快乐、轻松的生活状态？

杜君立：最关键的是要找到自己喜欢什么、想要什么。我们以前没有互联网，只能靠自己多出去跑，多去了解社会，多交一些朋友。城市不同于农村，城市是一个陌生人社会，没有血缘，父母也帮不上忙，只能多交朋友，这时候朋友就提供了很多生活参照，能帮助我们更早发现自己未来的方向，当我们知道自己要做什么，要成为什么样的人，有了方向，即使会吃苦、受罪，都不重要，因为到了这时候，吃苦也是一件很幸福的事情。

俞敏洪：有目标、有意义感。

杜君立：对，打开镜子，多出去照照镜子，找一找自己要做什么。人有时候低着头走路，不抬头看路，不知道自己要什么，只是跟着前面人的脚后跟往前走，最后走到那地方，人家到地方了，你没到地方，人家到的那个地方不是你要到的地方，很痛苦。

现在人活得特别难，找对象很难，教育孩子很难，跟父母相处很难，跟老板相处很难，这些东西都难得不得了，但没有一门课在教我们这些。现代人总是把书本学习看得太重，其他东西却看得太淡，比如怎么生活、怎么做人、怎么交朋友、怎么跟人相处，这些东西学校也不教，家长也不教，全靠自己悟。如果没有悟性，就会把这些东西搞得一塌糊涂，最后无论学习好不好，人生都不会太好。

俞敏洪：完全同意。做讲座的时候我跟家长们说，孩子的学习成绩跟他们未来的关联最多有十分之一，五分之一就到顶了，剩下的他们怎么做人，怎么为人处事，是不是有跟人相处的能力，有没有乐观积极的个性，能不能克服人生困难，有没有人生的成长目标，等等，这些东西反而和孩子的幸福健康有更重大的关系。

全球化的理想与破碎的现实

俞敏洪：所谓人类一体化，现在也有一个代名词，global village（地球村）或者 globalization（全球化）。这本来应该是人类之间的思想、宗教、信念、经济体制、社会制度等越来越融合，互相之间进行借鉴、各取所长，最后慢慢达成一致，认可了一些底层观点及大家共同做事的规矩和做法，让人类社会尽可能减少冲突，互相之间繁荣经济，到最后处于大同社会的幸福状态。但现实结果是，近几年国家互相之间的冲突越来越厉害，为了很愚蠢的东西，比如土地的占领、民粹主义这样极端偏狭的想法、观点等等。不管机器技术多么先进、发达，人类这些问题都没有办法解决，机器的发展和技术的发展，也没有解决人类文明冲突的问题，甚至这种冲突变得更明显。

面向未来，你对这样的冲突有什么样的看法和建议？

杜君立：现代文明和机器文明是西方首先创造的，中国古代一直把那些东西看作奇技淫巧，态度也一直是排斥的。

在古代，士、农、工、商，士排第一位，是社会精英，是社会领导者；农，种地的，排第二位；工，即匠人，搞技术的，排第三位；商，做生意的，排在末尾。整个社会现在倒过来了，工、商排在第一位，读书人在大学待着，农民没有了，在社会上消失了。这和古代社会正好打了一个颠倒，导致整个社会发生了一些变化。

西方也是如此，中世纪的时候，西方的教士、神父也是天主教会派过来到每个地方的，权力非常大，现在完全不一样了。

中国迎接现代第一件事是什么？鸦片战争。鸦片过来了，搞得整个社会崩溃，地里不种庄稼，种鸦片，国家靠鸦片税来支撑造枪炮。当时中国对现代的印象就是这种印象。西方对现代印象是什么？是"一战""二战"，在这之前是德法战争，德国靠工业革命起来以后，第一件事是征服法国。

对于整个西方来说，战争是他们最大的一个体验，一直到原子弹出现，"一战""二战"以后是冷战。冷战时候的日子好过吗？不好过。那时候中国好过吗？苏联好过吗？西方好过吗？都不好过。所以那时候出现了像猫王这样的摇滚乐歌手，唱的都是末日崩溃的一些音乐。到了二十世纪八十年代冷战结束，紧接着又全球反恐。

现代文明，一是技术提高了，二是全球化了。

举个例子说，一个人吃饭，就无所谓口水不口水的，两个人吃饭，家里面跟自己家人也无所谓，一双筷子也无所谓。但如果是一群朋友或者全地球人在一起吃饭，就很需要公共治理、社会治理、人类治理、地球治理，但这些东西超出了人的自我管理。现在社会就像下棋一样，以前是三个格的棋，现在是九格，格子越来越多，因为人类的演变、社会的演变，里面有大量不可控的、随机性的、偶然性的东西。像这次疫情，你能想到吗？这就是全球化带来的灾难，没有全球化就没有这场席卷全世界的疫情。

俞敏洪： 回到古代的理想社会，老子所说的小国寡民，自己玩自己的，自己在一个村庄里别出来，这样也没有传染病，什么都没有，就是你说的这个状态。但实际上在古代，依然发生了重大瘟疫，比如欧洲十五世纪的鼠疫，蒙古人打仗打到那边把鼠疫带过去了。

人类流动是必然的，尽管现在社会流动的加剧带来了传染病等的加剧，但同时人类的防范能力也变强了。如果在古代，我觉得最初病毒的流行可能死掉的人要远远多于现在的人数，但由于现代健康机制的保障比较到位，医疗能跟得上，相对来说人就更安全一点。但我总觉得，你对于全球人民达到共同理解、共同谅解并且能够和谐共处的生活状态，好像抱着一种悲观态度？

杜君立： 我觉得现在有互联网，很多东西都被放在互联网这个广场上，有时候会产生一种广场效应。广场效应会对人类有一些正面的东西，也有负面的东西，这些东西会被提升到社会判断上，还会造成一些价值观的分裂。

现在人读书的时间越来越少，一个人独处的时间越来越少，没事儿就玩玩游戏，分泌多巴胺，最后每个人都处于一种"吸毒"状态。中国没有毒品，但现在电子"毒品"非常多。现代人想要快乐，刺激分泌多巴胺，每天遭受各种各样的刺激，导致人们精神病越来越多，抑郁症越来越多。

现在这个社会，每个人还是应该通过读书、通过自省、通过自我控制和自我把握，做一些减法，减少一些东西，因为我们改变不了社会，但很多时候我们可以找到一个跟社会相处的方式。

俞敏洪： 非常好，给了大家非常好的建议。你未来还有怎样的写作计划？

杜君立： 我写了十年，基本就是《历史的细节》这本书，以前我觉得写得不好，就慢慢改，改来改去，改了十年，现在改得差不多了，基本改完了。《红楼梦》也是改了十年。我觉得书实际是改出来的，你在修改过程中会发现一些错误并及时改正。一辈子能写好一本书就不得了了，所以我一直在改，自我反省。我才疏学浅，一定要把上面的错误找出来改掉，人还活着，就改一改。下一步如果可以，我想检讨一下我这五十多年的生活，这几年我总读很多非虚构的书，我很想把我童年那种放羊娃的生活写一写。

俞敏洪：最后再给大家介绍一下《历史的细节》吧。

杜君立：现在大多数书都是翻译的，中国人写这一类的书还是偏少，特别是世界史相关的书不是太多。西方人的书翻译过来以后，他们的思维观念、视角有好的地方，但是有些地方跟我们的阅读习惯不一样，特别是对孩子来说，读那个书有时候可能还觉得有点吃力。我这个书相对比较简单，很多孩子都挺喜欢。

俞敏洪：好的，今天就到这里了，谢谢杜老师，以后有机会到西安就跟你去吃油泼面。

杜君立：没问题，俞老师再见。

俞敏洪：这次和我对谈的是杜君立老师。杜君立老师是一位完全自学成才的历史学家，因为他是中专毕业，据他自己说还做过包工头，做过很多工程，跟各种机器打交道。在这过程中，他开始读书、开始写历史书，误打误撞把自己变成了一个优秀的历史学家。

他研究的主题是一些人类发明的东西对人类社会的进步、文明带来的影响，他的这五本《历史的细节》写了五个方面，即马镫的发明、轮子的发明、火药的发明、帆船的发明、弓箭的发明对人类社会的进步、历史的进程带来的影响，书中的故事和观点结合，非常翔实。这是他的一部力作，非常了不起。

在对谈中，大家也能感受到，我和杜君立在很多方面都有不同的观点，甚至有对立的地方，因为对于文明发展，对于技术给人类发展带来的影响，对于机器对于人类幸福的改变，每个人观点其实都不一样。通过这样观点的碰撞，我们能够不断提高自己的思考深度，对现实生活中碰到的问题产生更多思考，使我们在面向现代多变的、不确定的、复杂的社会体系时，面向更复杂的人与人之间的关系时，也许能多些更明智的想法，或者多些更深入的了解，让我们的生命或者生活变得更好一点。

最后再次推荐一下杜君立的《历史的细节》。一个没有经过正规史学体系培养的人，最后写出来的历史，从引证到注解到说明到旁征博引，真的已经超过了博士生水平，这是值得大家阅读的一本书。

世界上处处都有大家学习的榜样，就看你愿不愿意学习。如果你愿意学习，那必将点亮内心的某个角落，让那块地方亮起来。点亮多了，整个生命就会发光，你不光能照亮自己，还能照亮别人。今天就到这里了，大家再见！

书房

读书滋逸气
阅世签豪情

丈夫拥书万卷,何假南面百城。

——《北史·李谧传》

惟吾与书[1]

2023年9月,绿茶在《江南》杂志上主持了一期关于书房的话题讨论,主题是"我们需要什么样的书房"。以下为主要访谈内容。

【背景】每个读书人,都有着割舍不掉的书房情结,书房是读书人的精神坐标。每间书房,都有自己独特的精神气质,透露着书房主人的主张、立场和底色,还有些书房的潜在精神因素,甚至连书房主人都不自知……在我们身处的二十一世纪二十年代,由于受到房价高涨和纸质图书日渐式微等诸多现代化历程的影响,书房也不可避免地发生了变化……你的书房还好吗?你家书房的未来将会是什么模样?多年之后,我们的藏书将会何去何从?本期"非常观察"由文化学者绿茶先生主持,并邀请了相关人士,就上述话题展开探讨。

绿茶:书房对您意味着什么?请简要谈谈您的书房成长史,它对您的阅读、写作、研究和精神生活有着什么样的影响?

杜君立:我们都读过海伦·凯勒的《假如给我三天光明》,博尔赫斯不仅是一位作家,更是一个著名的书痴,他中年失明,无法读书,他的一段话让每个读书人都为之动容:"我现在是个盲人,但或许失明并不仅

---

[1] 刊登于《江南》杂志2024年第2期,原标题为《你的书房还好吗?》。本文为节选。

仅是一份悲伤。尽管我只需想到那些书籍就够了，它们是如此近在咫尺，又离我如此遥远，让我渴望用眼来看。直到我终于想起，如果我恢复了视力，我一定不再离开这个家，我要安顿下来，读遍我这里所有的书。"

我是一位全职写作者，书房就是我"工作"的地方。我写的主要是历史作品，需要阅读和查阅大量史料。我没有上过什么大学，也从来没有去过什么图书馆，完全依靠自己买书来完成相关的阅读和学习。这些年读书写作，不知不觉就积攒了很多书。我当初买房子，也主要是为了将这些书安置起来。其实一个人睡觉并不需要太大的地方，但书却非常占地方，整个一百多平方米的房子都是书，但凡靠墙都是书架，因此书才是房子的主人，人反倒像个客人。

我最早的房子是在郑州，只有五六十平方米，用来住人足够了，但书逐渐侵入了所有空间，后来人就没有了容身之地。前几年用稿费在西安买到了这个大房子。因为是小产权，房子并不贵。现在人和书总算能从容相处了。

绿茶：我们的一生，似乎都在坚持不懈地营造书房，如果让您形容一下自己的书房性格，会是什么性格？

杜君立：我生长在农村，父母都是农民，从我上学开始，家里才有了书，主要是课本。我上中学时，父亲请来木匠，专门为我打造了一个大书桌，我将从小学一年级到高中的所有课本都整整齐齐地摆放在书桌上，颇为壮观。长大后四海漂泊，虽然无论到哪里都要先买一个书桌，但书最终都四散飘零了。直到四十岁开始写作，过起了定居生活，书才有了落脚之处。没想到几年下来，书就喧宾夺主，将房子变成书房。

我大概有十几个书架，有些是找木工定做的，有些是万邦书店送我的，有些是我亲手做的，我还自己做了两对书架音箱。书房既是我的写作空间，也是我的生活空间。在环墙皆书的小空间里，可以一个人听音乐，可以和朋友喝茶。人过中年，知足就好，一切都慢了下来。对我来说，写书和读书一直是我的梦想，如今看来或许也是我的命运。我觉得生活在书的世界就足够了，书的命运也是我的命运。

绿茶：在您的书房中，哪些书是一直跟着您的？或者说，它一直深刻地影响着您？

杜君立：我读书是很晚的事情。年轻时四处奔波，连一个书桌都安放不下，偶尔读书，也是匆匆一翻，曾经有几年竟然没有去过一次书店，而我童年最幸福的记忆就是去镇上的书店，那对我宛如天堂一般。在我后来的日子里，读书和写作几乎是一起展开的，当然读书的时间要多得多。

我早期以为读书就是读文学、读小说，这其实是对阅读的误解，这让我的认知非常狭隘，所以我后来基本以人文社科类阅读为主，尤其是认为中国古代典籍值得反复阅读。除了很多读书人常见的大众通识类书籍，我书房里的大多数书都是写作所需的各种资料，当然也有一些我个人很喜欢的书。这些书不一定是写作所需，但我很喜欢看，这些多是一些文学类的书，尤其是古典文学。

人生难得一知己，与书为友，人永远都不会寂寞。在我看来，阅读要比写作的乐趣大得多。我一直认为我首先是一个读者，其次才是一个作者。因为书都是工业印刷品，其本身价值并不高，我也没有藏书的习惯，以前把很多书看过就送人了，留下来的主要是一些传统经典和思想名作，这类书跟秦腔戏一样，常看常新。作为一个资深阅读者，我认为单独一本书对人的价值也不是很大，但书读多了，互相比较和激发，书会对人产生很大的影响，我对此深有体会。

此外，只是读书还不够，还要写作，写读书笔记，阅读只有经过消化、吸收、整理才能转化为自身的认知，我这些年写的读书笔记不比正式的作品少多少，其实我所谓的作品也都是阅读的产物，说是读书笔记也可以。

绿茶：无疑，每个读书人都面临书房过度拥挤的问题，您如何优化和处理书房里的书？

杜君立：有人说，读书是个烧钱的事情。首先，所有书都是被消费的工业品和商品。从商品角度来看，书本身的价值并不高，买一本书花不了多少钱，比书价更高的是书的存放成本，因为房价非常高（尤其是一线城市）。对于一些大部头的书，我一般都是储存电子书，比如二十四史，虽然很常用，但实在太占地方，一套书就要一个书架。当然，对书的投入中，最高的还是读书成本。读一本书需要长时间专注才行，这个时间成本和专注对现代人来说才是最奢侈的。好在我是职业读书人，可以心安理得地读书。

我书房的书不算多，大约有七八千册，这是一个记忆力的极限。我的书都是按开本大小放在高低不同的架子上，读完书就随手放回去。我没有编目录，但我基本上知道每本书所在的位置，想起哪本书都会马上找到它。这些书我也都基本读过，至少都翻过，知道书的大致内容。

书是一种特殊商品，我对书有点实用主义倾向，比较反对形式主义的藏书嗜好，我觉得它本质上还是消费主义。对我来说，书的价值在于知识，不在于书本身，买书是为了看。读过的书就像喝光酒的酒瓶，除非特殊情况，长期保存的意义不大。很多人爱书藏书却不读书，把书金屋藏娇，就像皇帝后宫的三千佳丽一样寂寞无主，实在可叹。明代王世贞曾言："世有勤于聚而俭于读者，即所聚穷天下书，犹亡聚也；世有侈于读而俭于辞者，即所读穷天下书，犹亡读也。"

古人常说，多藏者厚亡。人不必为物所累，对于大多数暂时用不上的书，我一般会放在网上低价卖掉，让书流动起来，这样买新书时也少了书架空间不足的焦虑，对社会对环保也是一件好事。

如今物质丰裕，时间紧张，买书如山倒，读书如抽丝。很多书都是一次性的，即使卖出去的书，甚至一次都没人读过。对于当代读书人来说，书极其廉价，即使一个业余读书的普通人，也完全可以实现"买书自由"：如果买了书都会读，那么一个人一个月也要不了几本书，花不了多少钱。

古人说，书好而聚，聚而必散，势也。陈登原在《古今典籍聚散考》中将书难分为四厄：一曰政治，二曰兵燹，三曰藏弄，四曰人事。古代没有图书馆，藏书者众多。李清照和赵明诚曾经收藏了大量书籍、字画、古玩，号称"冠于诸家"。他们日常喜欢喝茶猜书，"每饭罢，坐归来堂，烹茶，指堆积书史，言某事在某书某卷第几叶第几行，以中否胜负，为饮茶先后"。后来靖康乱起，"凡所谓十余屋者，已皆为煨烬矣"。李清照在《金石录后序》中叹息："有有必有无，有聚必有散，乃理之常；人亡弓，人得之，又胡足道。"

绿茶：可否请您描述或想象一下，您理想的书房是什么样子的？

杜君立：传统时代，物力维艰，书都是手工艺品，无论是手抄本，还是雕版或活字印刷的书，价格都非常昂贵。在大众教育普及之前，一般人不仅买不起书，要想识字阅读，更是难之又难。

中国古代读书人称为"士"，属于社会精英阶层，读书必四书五经，还有琴棋书画。古代书属于奢侈品，足可以传世，所谓"耕读传家"。那些"书香门第"的士绅热衷于营造书房，同时还有各种清供雅好，个别富豪巨儒更要大兴土木来实现千秋书房梦，书房小者称"斋"，称"室"，称"轩"，大者称"园"，称"阁"，称"楼"。然而，就像随园主人袁枚在《黄生借书说》中所言："汗牛塞屋，富贵家之书，然富贵人读书者有几？其他祖父积，子孙弃者，无论焉。"

如果说书是为人而存在，那么书的意义就在于读，阅读才是书的本质，书房亦然。想当初，我为了书搬到西安，如今在这个秦汉皇城遗址上的书房里，夏有蝉鸣冬有雪，每天晴耕雨读，两耳不闻窗外事，远离手机和网络，心无旁骛地过着一种只有自己和书的生活，夫复何求。

实际上，一个读书人，追求的是精神世界，对物质要求不应该太高，能够安心读书就是最大的理想了。白居易《不出门》诗写得多好："鹤笼开处见君子，书卷展时逢古人。自静其心延寿命，无求于物长精神。"

绿茶：最后，我们不得不面对书房的归宿问题，您有想过这个问题或有什么解决方案吗？

杜君立：我以前做过房地产策划工作，前些年回到关中后，发现这里对旅游业非常倚重，每个旅游季到处都是人满为患。旅游经济之狂热，在自然景区和历史景区之外，这些年又建造了很多人工景区，主要以民俗村为主，但因为过于同质化，都是吃吃喝喝，最后大都虎头蛇尾，经营惨淡。

　　如果给一些文化度假旅游项目引进书房概念，像"瓦库"茶馆一样，将那些与主人离散、无人认领的旧书汇集在一起，用来营造一些独具特色文化空间。乐观的话，这不仅能让那些项目起死回生，还能让这些旧书找个体面的去处。尤其是许多作家学者，无论知名的，不知名的，他们身后留下的书房不仅是物质遗产，也是精神遗产；若作为文化遗产汇聚起来，像北京798艺术空间一样形成文化品牌，那样不仅让书和书房有了身后去处，也可以借助商业运营来保持经济上的可行性。

　　古人有敬惜字纸的传统，如今很多书在主人手里宝之若拱璧，离开主人便被弃之如敝屣，实在令人惋惜。

　　我将这个想法跟几个朋友都说过，可惜没有得到太多回应，任何事情都是说者易行者难。

书架上的世界

"夫天地间之有书籍也,犹人身之有性灵也,人身无性灵,则与禽兽何异?天地无书籍,则与草昧何异?故书籍者,天下之至宝也。人心之善恶,世道之得失,莫不辨于是焉。天下惟读书之人,而后能修身,而后能治国也,是书者,又人身中之至宝也。"

这是清代藏书家孙从添在《藏书纪要》中的一段话。

中国从先秦便有四民之分,作为读书人的"士"一直扮演着社会中坚的角色,如果说贵族的产生来自家族,那么士人的产生则来源于书,在某种意义上,书不仅是知识和思想的集散地,也是权力和文明的重要出处。正因为如此,中国自古便有藏书之风,尤其是唐宋出现印刷技术以后,世家大族几乎鲜有不藏书者。

谢肇淛尝云:"宋晏叔原,聚书甚多。每有迁徙,其妻厌之,谓之乞儿搬漆碗。余壮年从仕,亦有此癖。聚书常数万卷,每有移徙,载必兼两。"(《文海披沙》)谢肇淛是明代人,一生读书从政,间或藏书著书,留下许多读书笔记,其中最有名的是《五杂俎》,所谓"五杂"乃天、地、人、物、事。谢肇淛不认为自己是史家,而以杂家自居:"五行杂而成时,五色杂而成章,五声杂而成乐,五味杂而成食"。

好利之人，多于好色；好色之人，多于好酒；好酒之人，多于好弈；好弈之人，多于好书。好书之人有三病：其一，浮慕时名，徒为架上观美，牙签锦轴，装潢炫曜，骊牝之外，一切不知，谓之无书可也。其一，广收远括，毕尽心力，但图多蓄，不事讨论，徒浼灰尘，半束高阁，谓之书肆可也。其一，博学多识，泯泯穷年，而慧根短浅，难以自运，记诵如流，寸觚莫展，视之肉食面墙诚有间矣，其于没世无闻，均也。夫知而能好，好而能运，古人犹难之，况今日乎？（《五杂俎·事部一》）

为书找个家

人生烦恼读书始。有钱人常常为钱所累，读书人亦难免为书所累。

书是知识的载体，对人而言，书也是一种沉重的身外之物。每个读书人都免不了书带来的烦恼，这些烦恼中，书的放置问题可能是最普遍的。古代有钱人专门为书建藏书楼或藏书阁，防火、防水、防虫、防盗。现代社会有图书馆，不太有人会去修建私人的图书馆，但书房还是很常见的。

中国房地产一片火热，房价高，让读书人倍感疼痛。工业化复制技术的高效率，让书本身的价格越来越低，但书的存放成本却因为房价而越来越高。对很多"君子固穷"的书痴来说，可能买得起一屋子书，却不见得能买得起一间大城市的书房。对很多四处租房的漂泊者来说，每一次搬家简直都是一场痛苦的噩梦。

这些年蜗居，我从来没有觉得居住是个问题，因为家不过就是个睡觉的地方。老话说，大厦千间，夜眠八尺。但自从读书写作以后，越来越多的书，就像是中年赘肉一样，逐渐侵占了每一个可能的空间，到了最后，书几乎要将我完全淹没了。想来现代人喜欢杜甫那句"安得广厦千万间，大庇天下寒士俱欢颜"，或许也是因为藏书之苦吧。

为了找到一处可以放下书的居处，我曾经用了一年时间专门四处找房子，几乎跑遍了中国南北，当时完全不考虑地域，只要房子够大够便宜，哪怕小县城也可以。后来总算在西安找到了。

说起来，买房竟不是为了自己住，而是为书。搬家时，五吨的卡车，装得满满的，基本上全是书。没有电梯，加上我五个人，往七楼一麻袋一麻袋地搬了几个小时。朋友说，读书人首先必须是个有力气的搬运工，看来他是有经验的。

听说我搬到西安，万邦书店的魏红建先生古道热肠，送给了我五个大书架。这些书架又高又重，加上我自己的三个书架，那些让我头疼的书基本都有了体面的归处。看着四壁满满当当的书架，我心里长出了一口气。

买书是一种慢性病，没得治。

我并没有藏书的癖好，但要写作，就需要先看书，就只能买书，我从没想过去图书馆借书。就这样，读书，买书，过了一年多，我发现书又泛滥成灾。

我知道书架需要"扩容"了。

我去附近的宜家和大明宫家具城看了好几趟，也在淘宝上反复比较，最后决定干脆自己做书架。

"世风之狡诈多端，到底忠厚人颠扑不破；末俗以繁华相尚，终觉冷淡处趣味弥长。"正如我对生活的态度，我对书架的要求很简单，结实、朴素、便宜，这样就好。我的书桌是一扇旧榆木门板，书架只要两根柱子支起几层木板做架子即可，这样的书架不需要光鲜的外表和卖相，我觉得自己可以做。

前些年有个网络流行语叫"DIY"（Do It Yourself），意思是"自己动手做"。这个词语大概是从西方传过来的。想必只有在机器过度发达的背景下，自己动手做东西才会成为一种心理需求。

放下书卷，关上电脑和手机，两个月的劳动，如同一次独自远足，沉浸在另一个世界里，感觉非常好。每天日出而作，日落而息，一觉睡到天光大亮,这种睡眠真是酣畅。可以想象,如果衣食无忧,对一个在田野里劳作了一天的农民来说,饭后下上一盘象棋,那也该是一件多么快意的事情啊。

匠人时代

想起小时候在俺们村,物质极其匮乏,谁家都没有几件家具,仅有的家具也都是祖宗先人置办和留下来的,每件家具都有说不完的历史和故事。只有光景好的人家,才能请匠人打一两件新家具。那时候,所有家具都是木头的,有些甚至是石器。

对当时的农民来说,做家具的木材大都是来自自家院子里的树。一棵树需要十几年、几十年才能成材,也只能打一口出殡的棺材或一只结婚的衣柜。要是盖房子,一两棵树根本不够用。村里的大户人家有专门用来长树的园子,一般人家的院子人满为患,只能勉强有一两棵桐树或椿树。为了门前的树,邻里之间常常龃龉不断。

那时候木料短缺导致家具极其金贵,很多人家家徒四壁,只有一个睡觉的炕,来了客人就请"上炕",一个小炕桌是待客最体面的家具。至于自己,就没有什么家具了。因为没有凳子椅子,很多人都不会坐,而是习惯蹲着。

按照技术史学家芒福德在《技术与文明》中的说法,人类古代史可以分为石器时代和木器时代,石器时代也即原始社会,农业文明出现后,人类就长期停留于木器时代,直到现代工业革命后,铁器时代才全面取代了木器时代。也就是说,我们这一代人从木器时代进入铁器时代,也仅仅是最近三四十年的事情。

在我小时候,一个木匠是最典型的匠人,备受人们尊敬。遇到婚丧嫁娶或盖房立木,就要请匠人到家里,备上最好的食物和烟酒,每天敬为上宾。如果从解板(将圆木锯成木板)开始,一个木匠往往需要半个月乃至一个月的时间,才能做成一张桌子。如果讲究一点,还要雕花或描金画画，因为用的是土漆，匠人也免不了皮肤过敏，全身瘙痒，非常难受。

每次家里来了木匠做活，我都高兴得跟过年一样，跑前跑后，给匠人端茶端饭，打下手，问这问那。至今想起童年最幸福的感觉，依然还是细嗅满院子刨花的木香气息。

后来，我做过多年的机械师，也做过很多年的土建工程，比起精确、冰冷、油腻的钢铁和巨大无比的水泥建筑，我对木器木工还是情有独钟，木器轻盈而又坚韧，它美丽的花纹、醇厚的清香、横竖分明的纤维纹理，都让我感到迷恋。

在历史上，不乏迷恋木工者，明熹宗朱由校和路易十五都是爱木工胜过做皇帝的"疯子"。见猎心喜，这次做书架，终于给了我一个满足自己木匠梦的机会。

传统时代也是个手艺时代，没有复杂的机器，人们仅仅依靠简单的工具就创作了许许多多精美神奇的器物，甚至修建了伟大的工程。那也是一个手艺人的时代，动手是一门无穷无尽的艺术。工匠就像艺术家一样，他们是自由的、独立的，拥有自己的工作空间，可以在工作中自由地表达自我，可以根据自己的计划自由无拘地着手工作，而且在塑造产品的活动中，他们可以自由地修改其形状。

社会学家米尔斯认为，手工艺是一种完全理想化的工作模式，它除了制造的产品和其创作过程以外，没有其他动机；手艺人的日常细节是有意义的，因为人和产品没有分离；匠人自由地从事着自己的活动，并能够从自己的工作中获得满足，他们在运用技艺的同时也在发展自己的能力。对他们来说，工作和游戏，或者说工作和文化之间天衣无缝，他们的谋生方式决定并且充实了他们的生活方式。[1]

现代社会物质极度丰裕，机器取代了手，人们的生活与工作彻底分

---

[1] [美]查尔斯·赖特·米尔斯：《白领：美国的中产阶级》，周晓虹译，南京大学出版社，2016，第210页。

离,绝大多数人沦为自我出卖的打工者,手工艺降格为"业余爱好",成为一种闲暇消遣。对现代人来说,一切吃的用的几乎都是买的,需要的只是付款,这也让人感到自己的生活越来越乏味。远古的人类需要掌握很多技巧,需要做很多事情,这样才能生存下来,那时候的人不仅叫直立人,也叫作巧手人。现代人不仅很少步行,甚至很少直立了,无论吃饭、排泄或者出行,都是坐着,现代人也很少去做什么,只需要用手指点击几下屏幕即可"得到"(将艰辛的阅读简化为知识配给,"得到"二字真是意味深长)。从某种程度上,现代人不仅是坐姿人,也算是笨手人了。

在英文中,"数码(digital)"与"手指(digitus)"类似。有人预测说,使用数字设备的人们在当下过着未来的"非物质生活",这种新生活的一个特点就是"手的萎缩"。数字设备让人们的双手弯曲变形,但同时这又意味着摆脱物的重负。未来的人类将不再需要手。不再有任何事需要他们动手和加工,因为他们所处理的不是物质的东西,而只剩非物质的信息。取代手的是手指。新的人类将动指而不动手。他们将只想游戏和享受。他们生命的特点将不再是劳动而是闲适。[1]

人与动物的最大区别除了大脑,最重要的或许就是一双灵巧万能的手。古人与现代人最大的区别不仅在于手变笨了,而且老茧消失了。传统社会的人,无论农民还是工匠,双手都长满厚厚的老茧,就连商人和读书人也会因为经常打算盘和写字,在手指上形成老茧。

《匠人》一书中有个发现:"有些做手艺活的人手上会长出老茧,这些老茧在定位触摸时发挥了特殊的作用。按道理来说,变厚的皮层会降低触觉的灵敏度,但实际情况恰好相反。老茧对神经末梢起到保护的作用,从而使人们能够更果断地去进行这种探索的动作。虽然我们尚不是很清楚这个过程的生理学原理,但结果是这样的:老茧既让手对细微的物理空间变得更加敏感,也能刺激指尖的感觉。不妨这么理解吧,老茧

---

[1] [德]韩炳哲:《在群中:数字媒体时代的大众心理学》,程巍译,中信出版社,2019,第49页。

之于手，就像变焦镜头之于摄像机。"[1]

读书人在古代中国被称为士君子，那时读书是贵族的专利，贵族并不是好吃懒做四肢不勤，而是要学习各种技艺，著名的"六艺"就包括礼、乐、射、御、书、数，其中射和御绝对是体力活儿。可惜后来的读书人专事科举，便越来越文弱了，以至于被耻笑手无缚鸡之力，乃至"百无一用是书生"。

现代社会充满分工，每个人都必须有自己的职业，职业不同，不仅收入天上地下，而且社会地位也有高低贵贱。中国古代有"四民"之分，古罗马人看不起税吏和工匠。西塞罗嘱咐儿子选择职业要慎重，他说："首先，那些不怀好意的谋生方式应当受到谴责，例如收税和放债。一切受雇于人且只靠体力而非技艺来谋生的手段也是不自由的、卑贱的，因为他们获得的所有报酬都以受人奴役为代价。我们必须认为那些从商人处买入再卖给零售商的中间商也是卑贱的，因为如果他们不信口雌黄、满嘴谎言，就不能赚得利润……所有手工业者都从事着卑贱的行当，因为作坊没有提供适宜一个自由人体面存在的条件。"[2]

对现代人来说，现代技术分工是造成身心分裂的主要根源。分工从经济和技术上无可厚非，但对人的心智而言，过度的分工并不见得是好事。就跟食物来源一样，过度单一的食物必然导致人营养不健全。

在原始蛮荒时代，每个人都要像鲁滨孙一样，自己劈柴生火造田建屋，创造自己生活所需要的一切。在漫长的农耕时代，所有农民也基本都是自给自足的。在太行山的林州，每个人都要自己亲手给自己盖一所房子，来证明自己已经长大成人。

奥威尔在《通往维根码头之路》中说，"机械化导致品位的退化，而品位的退化导致了对于机器制造的产品的需求，因此加深了机械化的程度，从而形成一个恶性循环"。

---

[1] ［美］理查德·桑内特:《匠人》，李继宏译，上海译文出版社，2015，第186页。
[2] 转引自［美］李安敦:《秦汉工匠》，林稚晖译，上海三联书店，2023，第61页。

人类的进化史证明，人原本是万能的，只是后来逐渐退化了，现代人将一切都交给了机器，离开机器便寸步难行。在亚里士多德看来，一个生活在机器里的人永远都不会真正感到幸福，这与那些离不开轮椅或呼吸机的人不会感到幸福是一个道理。

劳动与工作

当年梭罗带着一把斧子跑到瓦尔登湖，自己伐木造屋，种植粮食与蔬菜，独自生活了很长时间，在这里思考和写作。在梭罗看来，将一切问题都变成经济问题是现代人最大的问题。

梭罗认为，人不应该被劳动所束缚，也不应该只将土地看作谋利的工具。他对土地充满敬畏，对豆苗付出感情。"我锄的不再是豆田，而锄田的人也不再是我"；"双手劳作纵然近乎苦差，却非十足的放逸，因为其中有某种垂之久远、永不磨灭的寓意，学者可以因之获得富于经典意味的成就"。

在梭罗眼里，一个写作者首先应该是一个"完整的人"。用林语堂的说法，真正的劳动从来都是脑力与体力的完美结合，写作者更是如此。

"无论是农夫观察自己的土豆田播种的进度，还是作家看到自己笔下的作品越来越丰富，快乐和满足的感觉都是一样的。体力劳动者只有运用自己的大脑，才能称为称职的体力劳动者；我也知道，任何一位写作者都会从写作时的体力消耗中获得乐趣，不管是连续敲打打字机，并看到他创作的文字源源不断地从压纸卷筒里打印出来，还是在持续的创作过程中听着钢笔有节奏地在纸上刷刷的摩擦声。"[1]

阿伦特在《人的境况》一书中，区分了"劳动"与"工作"这两个不同的概念：所谓劳动，就是自己为了满足自己的感情需要而不为获得金钱收入而做的事情，而工作纯粹是为了获得经济收入。在鲍曼看来，传统社会只有劳动，农民种地，士人读书，都是为自己。工作作为被去

---

[1] 林语堂：《美国的智慧》，刘启升译，当代世界出版社，2009，第194页。

除意义的劳动，只要人的身体而不要人的思想，每个人都变成另外一个人，它完全是现代化的产物。工作没有意义，但能带来物质利益。与工作相对应的是消费主义，人们为了满足自己的生存与消费，不得不去工作；天下没有免费的午餐，人只能依附于资本或权力，出卖自己的体力、智力、人格或时间。

马克思最早提出劳动对人的"异化"：劳动对工人来说是外在的东西，也就是说，劳动不属于他的本质性存在；因此，他在自己的劳动中不是肯定自己，而是否定自己，不是感到幸福，而是感到不幸，不是自由地发挥自己的体力和智力，而是使自己的肉体受折磨、心灵遭摧残。劳动者最好在工作时能够做一个活死人，因为只有这样才可以逃避工作的无意义性。

韩炳哲说，现代社会是一个绩效社会，每个人都沦为工作的奴隶，"在这里，主人自身也成了工作的奴隶。在这一规训社会中，每个人都身处自己的劳动营里。这种劳动营的特殊之处在于，一个人同时是囚犯和看守、受害者和施暴者。人类以这种方式进行自我剥削。在没有主人的情况下，剥削也能照常进行。"[1]

对现代人来说，普遍的问题是工作太多而劳动太少，相比之下，古代人倒是以劳动为主。乡村大多是自给自足的自耕农，人生大事不外乎生儿育女，传宗接代；城市里人人有职业，人人要工作，离开钱一天都活不了，钱成了命根子，金钱和权势是人们最大的追求，每天疲于奔命。现代人貌似拥有一切，却唯独不拥有自己。鲁迅先生在《两地书》中写道："在金钱下呼吸，实在太苦，苦还罢了，受气却难耐……我想此后只要能以工作赚得生活费，不受意外的气，又有一点自己玩玩的余暇，就可以算是幸福了。"

显然，在消费文化的背景下，自由变成消费的自由，任何议题都以金钱和市场为核心，曾经作为社会立法者的知识分子便没有了立锥之地。

[1] ［德］韩炳哲：《倦怠社会》，王一力译，中信出版社，2019，第33页。

原始人幕天席地，只有一把石斧，就开辟了文明世界。从瓦特蒸汽机开始，西方人发明了各种复杂的机器，有了这些机器，生产的事情似乎就可以全部交给机器了。按照科幻作家的设想，以后人类不再创造万物，而只需要创造机器即可；当所有物品都是机器所造时，人类就成为一种不劳而获的安逸动物。

然而事实上，机器越来越多，也越来越高效，但人似乎并没有闲下来，反而是越来越忙。现代人时间紧张，每天都忙忙碌碌，奔向成功的征途上根本顾不得欣赏路边的风景，买和卖是最高效的生活方式。

从经济上来说，买一个书架花不了多少钱，但自己做这样的书架，却要用一两个月时间，极其不划算。不过，从这件每天面对的书架带给人的亲切感来说，其价值是根本无法用金钱来计算的。

现代家具虽然也有不少木制的，但几乎都是流水线生产的标准件组装。各种大型自动化机器设备越来越先进，现代家具几乎不需要人的过分介入，完全可以由机器自动生产，从下料到打磨烤漆，每一个细节都精致到令人发指。

对我来说，从这样的家具上找不到任何与我有关的信息，唯一的关联就是价格和款式——价格代表支付能力，款式代表审美取向。面对这样一件家具，我能做的只有选择，再不能做更多；或许，它可以满足我的占有欲，但也仅限于此。

消费时代物质丰裕，一切似乎都唾手可得，然而我们却感觉不到幸福。鲍曼说：因为消费社会依赖的，就是我们的不幸福。如果需求得到满足，就没必要搞产品迭代了。[1]

机器代表效率，效率意味着时间与人的紧张关系。一个人在做某件事时，如果只想快点做完，多半是内心深处对这件事并不关心，只想赶紧完事去做别的。

---

[1] ［英］齐格蒙特·鲍曼、［瑞士］彼得·哈夫纳：《将熟悉变为陌生：与齐格蒙特·鲍曼对谈》，王立秋译，南京大学出版社，2023。

我以前学的是机械专业，后来特意写了一部机械史的书，这就是《现代的历程》。这部书我前前后后写了六年，后来又花了一两年时间修改成了一本《现代简史》。其实对机器下的现代文明，我至今依然感到困惑。从现实生活上，我和所有人一样是现代的，但在内心深处，我又对农耕时代的传统乡村生活无限怀念，甚至伤感。我不知道这是不是当代中国人的一种普遍情绪。

　　一个世纪之前的卡夫卡这样说他那个时代："我们生活在一个恶的时代。现在没有一样东西是名副其实的，比如现在，人的根早已从土地里拔了出去，人们却在谈论故乡和回归。"实际上，我儿时生活过的村子已经被全面擦写，新村子钢筋水泥，不见泥土，完全是城市化的，而老村子早已经埋没在荒草中，真是"柴门何萧条，狐兔翔我宇"。

　　罗大佑在歌曲《鹿港小镇》中唱道："家乡的人们得到他们想要的，却又失去他们拥有的。门上的一块斑驳的木板，刻着这么几句话：子子孙孙永保佑，世世代代传香火。"

　　自从我十八岁离家进入城市，所见所用几乎都是我小时候没有见过、用过的，一切都充满陌生感。当年的法显和尚在印度就是这样，"法显去汉地积年，所与交接悉异域人，山川草木，举目无旧，又同行分析，或留或亡，顾影唯己，心常怀悲。忽于此玉像边，见商人以晋地一白绢扇供养，不觉凄然，泪下满目（《佛国记》）。"

　　这些年，我从老家柴房里偶尔能找到一些旧时的物件，一只老石臼，一只老箱子，一件镰刀，一扇木格窗。村里人对它们弃如敝屣，我都当宝贝一样带回来，清洗，挲摩，将它们放在屋里最显眼的地方。但它们已经无法复原我童年里的场景。

　　"日出而作，日入而息。凿井而饮，耕田而食。帝力于我何有哉！"这首《击壤歌》不是一首歌，而是一种真实的生活，几千年来，人类都过着这样的生活，直到我小时候依然如此。对我们这些乡村出来的最后一代农夫来说，岂止是一个"物是人非"，如今连"物"也早已经面目全非了。野夫说："怀旧，是因为与当下的不谐。才过去二十几年的风物，一切又都恍若隔世。我们不得不坐在时光的此岸，再来转顾那些逝去的波涛。"

机器的高效率带来了大量生产和大量消费，在这样一个所谓的"丰裕社会"，到处流淌的都是人的欲望，这在古人看来并不是好事。"天地间之祸人者，莫如多；令人易多者，莫如美。美味令人多食，美色令人多欲，美声令人多听，美物令人多贪，美官令人多求，美室令人多居，美田令人多置，美寝令人多逸，美言令人多入，美事令人多恋，美景令人多留，美趣令人多思，皆祸媒也。不美则不令人多。不多则不令人败。"（吕坤《呻吟语》）

勤劳之手

中国古代把人分为劳力者和劳心者，用现代话来说就是体力劳动者和脑力劳动者，前者要勤劳吃苦，后者要聪明伶俐。一个人在社会立足，有力出力，有智使智，勤能补拙，最怕的是既不愿下苦力，又没有聪明智慧，这样的人真是无可救药。

人类区别于动物的不仅是大脑，还有无所不能的双手。现代社会大分工，导致力与智、手与脑的大分离，有智力的人不会动手，下力气的人不爱学习动脑，这严重妨碍了人格的发展与完善。许多体力劳动者长于动手，很少动脑，大脑几乎沦为双手的辅助器官，人一旦停歇下来，就手足无措，十分焦虑；反过来，脑力劳动者四体不勤，五谷不分，站着说话不腰疼，时不时闹出何不食肉糜的笑话。

在前现代社会，大多数人都是生活在乡村的农民，土里刨食，产出有限，人一辈子耕田挑水，男耕女织，日出而作，日落而息，手停嘴停，一刻也不得闲，才能勉强糊口，混个温饱。汉代晁错说："春不得避风尘，夏不得避暑热，秋不得避阴雨，冬不得避寒冻，四时之间，亡日休息。"（《论贵粟疏》）几千年的农耕生活，"规训"出了最勤劳刻苦的中国人，那些游手好闲的人几乎被淘汰光了。因为农耕生活的单调与枯燥，人们早就习惯了日复一日、胼手胝足的劳作，一停下来，人们反而不习惯，甚至无法忍受，所谓"一日不作，一日不食"。

英国作家德波顿在《工作颂歌》中写道："工作能够转移我们的注意力，给我们一个美好的气泡，让我们置身于其中，去使人生臻于完美。"确实，劳动和忙碌让人们感到充实，而不劳动或不劳而获则带有一种负罪感。从古到今，在全世界范围内，大概没有谁像中国人这样没日没夜、勤劳艰苦的民族。非洲人长期过着狩猎采集的游荡生活；中亚的草原游牧民族和中东的沙漠游牧民族也是优哉游哉；欧洲人很早就将繁重的劳动转嫁到奴隶头上。

在古希腊，所有劳动是由奴隶完成的。希腊公民认为，劳动会摧残他们的心灵，使他们无法适应道德实践，所以他们不劳动。古希腊人将思辨与休闲视为生命的本真，从而诞生了哲学和科学。后来的罗马和英国，也因为将劳动转嫁给了奴隶和机器，才涌现出一大批思想家、艺术家、科学家和企业家，哲学和宗教受到大众追捧，工商业极其繁荣。

回头去看，古希腊文明完全是建立在奴隶制之上的，恩格斯对此深以为然。[1] 希腊人也以多蓄奴隶为荣。在公元前5世纪，仅在雅典就有八至十万奴隶，平均每个自由人有三名奴隶。亚里士多德解释说："使用奴隶与使用家畜的确没有很大的区别，因为两者都是用体力换取生活必需品。"他认为奴隶制既是自然的，也是合乎道德的，除非有人发明出能代替奴隶的机器。

早期的基督教也把工作看作一件痛苦的事情，即上帝的惩罚。工作不仅是必需的负担，而且更灰暗的是，无法逃避的人类必须用辛苦劳作

---

[1] 恩格斯在《反杜林论》中写道："没有奴隶制，就没有希腊国家，就没有希腊的艺术和科学；没有奴隶制，就没有罗马帝国。没有希腊文化和罗马帝国所奠定的基础，也就没有现代的欧洲。我们永远不应该忘记，我们的全部经济、政治和智力的发展，是以奴隶制既成为必要，同样又得到公认这种状况为前提的。在这个意义上，我们有理由说：没有古代的奴隶制，就没有现代的社会主义。"（《马克思恩格斯选集》第3卷，人民出版社，1995，第524页）

作为一种惩罚，来弥补亚当之罪。圣奥古斯丁要奴隶服从主人，接受痛苦，这就是他在《上帝之城》中所说的"人类生存之苦"。

大航海拉开现代文明的序幕，同时也使奴隶贸易成为全球经济的重要推动力，几乎所有的殖民经济都依赖奴隶劳动。工业革命将世界带入机器时代，奴隶终于被机器取代；用王尔德的话说，这不过是"以机器为奴的机械奴隶制"。有人做过一项测算，当代一个美国人享受到的优裕生活在传统时代需要四百个奴隶劳动。

在某种程度上，正是为了与中国人（还有印度人）的双手竞争，西方人才发明了机器，工业革命因此而出现。工业革命消灭了乡村和农民，同时创造了工厂和工人。当时的工人阶级被马克思称为无产阶级。因为工业革命的缘故，机器几乎成为西方人的象征和专利，正如奥威尔所言，"西方人发明机器就像波利尼西亚岛民会游泳那样自然。给西方人一样差事，他会马上开始研究能替他做工的机器；给他一台机器，他会琢磨改进它的种种方法。"

现代经济学家认为，所谓工业革命其实是新教革命带来的"勤劳革命"[1]，尤其是英美的清教徒崇尚劳动和自律，反对散漫和享乐。但从西方传统来看，在暗无天日的工厂里没黑没明地工作是不道德和不正义的，机器是人压迫人、人剥削人的工具，马克思对工作如何使人痛苦有许多经典的描述和分析。

在思想家看来，忙忙碌碌的工作纯粹是让人像蚂蚁一样将生命献给无意义的生存。就像叔本华所说："多数昆虫的一生只不过是不停地劳动，为将来要破卵而出的幼虫准备粮食和住处。当幼虫吃完了粮食，到了化蝶的阶段，它们进入生命，只不过又周而复始地重复同样的劳动……我们不禁要问，这一切都有什么结果？……除了饥饿和性欲得到满足之外，什么都没有，只是在无穷无尽的劳动的间歇中短暂的满足。"

---

[1] 亚当·斯密在《国富论》(1776)中说，在现代社会里，"就连最下等最贫穷的劳动者，只要勤勉节俭，也比野蛮人享受更多的生活必需品和便利品。享受的生活必需品和各种便利就远非是任何原始人所能企求的"。

近代以来，勤奋劳动确实带来了大量财富，虽然西方社会出现了前所未有的人口大爆炸，但马克思预言的无产阶级革命并没有在工业发达的西欧发生，这是因为很多人并没有进工厂，而是从西方走向世界各地，经商、打仗、传教，成为坐享其成的殖民者。[1]

中国历史上，大多数时候不存在奴隶和奴隶制。农民占人口的绝大多数，他们勤勤恳恳，日夜劳作，只有极少数人才能读书识字，成为官员和书吏，而官员和皇帝依旧要日理万机，勤于政务。《史记》中记载，秦始皇事必躬亲，每天批阅的竹简奏章重达一百二十斤，夜以继日，不完成不休息。

农民勤劳苦干，士人勤学苦读，对中国人来说，勤劳不仅是一种美德，更是一种天性和本能。但这种勤劳似乎只限于双手，勤于动手而懒于动脑。如果一个人不喜欢动手干活，而是喜欢胡思乱想，那就是危险的"游手好闲"。彭更就对孟子说："读书人不做事还想吃饭，那是不可以的。"（《孟子·滕文公下》："士无事而食，不可也。"）

因此，每个人都勤于动手劳动，只要双手不停，人就处于平衡和满足状态，大脑运转自如，多巴胺分泌旺盛。如果双手停下来，大脑马上就要出故障。大概是因为双手不劳动时，大脑失去了指挥对象，便不知道怎么是好。对只会指挥双手的大脑来说，思考无疑是危险而不可承受的任务，就好比用计算器去完成计算机的工作。

双手的劳动主要靠力气或技巧，大脑的劳动则靠智力和创造。靠手劳动必须勤劳，以数量见长；脑力劳动相反，追求的是质量，忙碌毫无意义，妙手偶得，悠闲之中才能有所建树。尼采曾说："发明者的生活与行动者的生活截然不同，前者需要时间以等待那些无目的、不规则的行动出现，比如实验和新的路径。注重实际的行动者只走自己熟悉的道路，

---

[1] 工业革命诞生于英国，随后扩散到全欧，在这一过程中欧洲对全世界取得了支配地位。这种支配地位不仅仅因为工业革命带来的技术代差，还因为工业发展导致死亡率降低，从而又使人口爆炸式增加，此时欧洲人口占全世界人口的比重达到了顶峰。大量人口为工业发展提供更多廉价劳动力的同时，也为欧洲各国征服和统治全世界提供了更多人力。在某种程度上，两次世界大战也是因为欧洲列强争夺殖民霸权而爆发的。

发明者则需要更多的摸索。"

有一本书叫《年轻的手与被缚的足》，书中令人震撼地提出，中国女人缠足的真正原因，并不是中国男人出于特殊性趣而嗜好"三寸金莲"，主要是出于经济利益的理性选择，即因为纺棉。

宋元之前，中国没有棉纺，只有丝纺，采桑、养蚕和纺丝需要不断走动，那时乡村女子一般不缠足，只有一些达官贵人和青楼女子偶有缠足。宋元之后，棉花传入中国，棉纺在许多地方（尤其是北方）基本取代了丝纺。棉花可大面积种植，因而提供了充足的纺织材料，女人作为劳动力便被充分发动起来。

纺线属于轻体力工作，女童和老人都可胜任；织布属于重体力工作，由成年女性担当。因为纺线和织布只需要双手，为了禁锢劳动者，便以缠足这种残忍的手段剥夺了女性的行走能力。书中揭示，一个女童在最调皮的五六岁便被折断脚骨，不仅行走受限，连站立都困难，只能坐下不动。

更让人感到讽刺的是，对于这样一个失去自由的囚徒来说，用双手纺线不仅不是惩罚，反而是一种精神解脱，她可以在双手劳作中忘记痛苦，将纺织变成一种身体本能。一个女人从五六岁到五六十岁，就这样用双手为一个家庭劳动一辈子，常常是从天不亮一直忙到半夜，夜里漆黑，仅靠香头一点亮光纺织。

因为棉布可以大量交易，棉纺属于商品经济，所以从经济效益上来说，女人纺织的贡献甚至要超过男人耕田的收益，中国传统的男耕女织经济模式在明清时期发展到一个前所未有的极点，但女性为此付出了惨重的代价。[2]

---

1 ［加］劳拉·宝森、［美］葛希芝：《年轻的手与被缚的足：追溯中国乡村缠足现象的消失》，彭雅琦、张影舒译，生活·读书·新知三联书店，2021。
2 欧洲没有缠足，但在近代初期却有数十万妇女被当作"女巫"处死。有研究者发现，资本主义的兴起与针对妇女的战争是同时发生的，对女性生育和身体的控制（以攻击女巫为代表）是资本主义实现原始积累的关键步骤。可参阅［意］西尔维娅·费代里奇：《凯列班与女巫：妇女、身体与原始积累》，龚瑨译，上海三联书店，2023。［日］上野千鹤子：《父权制与资本主义》，邹韵、薛梅译，浙江大学出版社，2020。

这股缠足之风先起于乡间,后来蔓延到社会各个阶层。从明到清,从来不乏反对缠足者,甚至官方屡屡发文禁止,但人道终归敌不过利益。晚清时期,反缠足运动轰轰烈烈,民间依然不为所动。直到英国人发明的蒸汽纺织机和现代棉纺厂被大量引进中国,缠足之风几乎在一夜之间消弭不见。这一切距今不过百十年而已。

忙碌的双手

经济学家陈志武写过一本书,叫作《为什么中国人勤劳而不富有》,书中写道:"在我的老家湖南,农民每天早出晚归,甚至把老少留在家乡,自己常年在外打工,日复一日,一年到头就是为了一份糊口的收入,没有剩余财富,在温饱的边缘上活着。在世界另一个半球的美国,盖茨每天也早出晚归,但他不仅吃住都不愁,而且他的财富超过500亿美元,即使他什么都不做,每年的投资收入也可有50亿美元或更多!"[1]

中国有句老话,小富靠勤,大富靠命。客观来说,勤劳的双手确实为中国人带来了富足的生活。据经济史学家研究,中国自古以来都是地球上生活得比较富裕的民族之一,直到大航海和工业革命以后,才被西方超越,因为西方有奴隶和机器,而中国人只能靠自己的手。改革开放以后,中国人的双手再次让世界震惊,从来料加工到生产制造再到大型基建,机器干不了的活都被中国人的双手抢去。中国人走向全球,迅速积攒了大量金钱和财富。

中国人堪称是全人类的"劳动模范",四海无闲田,九州无闲人。中国人是如此勤劳,富裕从来是一种天经地义的事情。亚当·斯密说,管得最少的政府才是好政府,而中国自古以来最理想的德政就是"无为而治",也就是官府不太管老百姓——只要不捆住他们的双手,他们就不停地干活,很快就能生产很多财富。

苹果手机是乔布斯发明的,但却是富士康的几十万中国工人生产的,

---

[1] 陈志武:《为什么中国人勤劳而不富有》,中信出版社,2008。

前者用大脑赚钱，后者用双手赚钱。用双手赚钱是中国人最擅长的事情，自古以来便是如此，如今依然如此。作为对比，中国之外的人类，似乎大多数都躺平了，不是享受着福利，就是等着救济，只有少数精英在继续发明新机器，梦想着去火星。

人类文明始于石器，石器作为手的产物，也是为双手定制的。但到了现代，简单的工具纷纷被复杂的机器取代，而机器完全是大脑的产物。

现代社会之所以财富大爆炸，其根本原因是生产率的提高引发生产力的指数增长，而生产率之所以提高，关键是大脑。大脑的进化带来杠杆效应，手还是那手，但手里的工具越来越复杂，变成了机器，以前抡锄头的农民开上了挖掘机。当掌握机器的手仍旧像使用工具一样忙碌时，巨量的财富便源源不断，喷涌而出。

诺贝尔经济学奖获得者科斯在《变革中国》中感叹："中国人的勤奋，令世界惊叹和汗颜，甚至有一点恐惧。"[1] 西方一篇文章写道：世界上有群最勤奋的人，他们是中国的下乡知青、高考学子、出国留学生、下海闯荡的和进城务工的，短短二十多年创造了世界奇迹，把一个几乎最落后的中国变成经济总量世界第二。这群中国人晴天抢干，雨天巧干，白天大干，晚上加班干，当欧洲人每天工作五个小时，他们每天工作十五个小时。他们的双手编织出了不断扩大的飞机场、成千上万拔地而起的大中小城市、数不清的现代化购物城、全世界最多的大型工厂。

有人说，改革开放最大的成就就是解放了人们的双手。这四十年正赶上高生育率下婴儿潮一代长大成人，正是这一代数量庞大、成本低廉且勤苦顺从的劳动者，为中国赢得了"世界工厂"的称号。在一些外国人眼里，他们埋头苦干、任劳任怨，只干活不消费，只工作不生活，只动手不思考，甚至"只生不死"。

罗素说中国人有三个弱点：胆小、爱钱、冷漠，中国人确实最害怕

---

[1]［英］罗纳德·哈里·科斯、王宁：《变革中国：市场经济的中国之路》，徐尧、李哲民译，中信出版社，2013。

死亡和没钱，虽然有钱不见得就不死，但有钱可以让人活得长，而劳动不仅可以有钱，同样可以让人活得长。人活得越充实，对死也就越坦然。人在忙忙碌碌之中，忘掉了时间和死亡，或许可以得到某种永生的陶醉感，就像孔子那样"发愤忘食，乐以忘忧，不知老之将至"。

靠勤劳和吃苦赚钱自然没问题，但是如何花钱和生活，却需要相当的智力，甚至智慧；缺乏这种智慧，即使一夜暴富，最后也只能是一场空。

除了勤劳，中国人非常节俭，最爱囤积，积谷防饥，这是农耕时代遗留下来的传统，所以中国成为储蓄率最高的国家。靠双手积累的金钱一般有这样几个去处：一是医院，据说一个人终身积累的大部分钱会在死前几个月花光；二是房子，中国有"房奴"之说；三是赌场。

两个意大利记者通过走访中国移民，写了一本书《不死的中国人》，书中写道："中国人押宝，期盼运气，但他们不做计算，不研究排列组合，赢钱是对他们每天辛苦工作的补偿。但还是很奇怪，一个惊人的吃苦耐劳的能力，怎么可以跟一个出众的败掉成果的能力结合在一起。一个家庭的父亲，常年不开暖气，节约费用，竟然能够笑着说：'昨晚不走运，我在圣文森特输了两千欧元。'"[1]

随着社会发展，中国人也有了双休和八小时工作制，但实际上"996"和加班才是一种常态。大多数人仍然习惯于用双手赚钱，而不擅长用大脑思考。麻将与扑克的区别在于麻将离不开双手，所以麻将其实是中国传统劳动本能的一种释放与劳动替代。打麻将就像劳动一样让大脑润滑充盈，多巴胺让人不能自拔。

在中国，对一个人最常见的赞美是勤劳，最常见的批评是懒惰。这种教育和规训从小便开始，三更灯火五更鸡，孩子天不亮就要起床上学，作业写了一遍又一遍，小手磨出老茧。学校在中国是最忙碌的地方，学

---

[1] [意]拉菲尔-欧利阿尼、李卡多-斯达亚诺：《不死的中国人》：他们干活，挣钱，改变着意大利，因此令当地人害怕》，邓京红译，社会科学文献出版社，2011，第99页。

生除了学校学习,还有没完没了的课外补习。

专注会让人满足,在一个传统的中国人看来,脑子就是用来指挥手的,离开了手,大脑无法专注起来,它本身只会胡思乱想,平添烦恼。所以安抚一个人最好的办法是给他的双手找点事做,就如同给仓鼠一根磨牙棒。其实麻将就是不错的磨牙棒。

中国无论东西南北,人们都忙忙碌碌,貌似四川人最为悠闲,但四川人"偷得浮生半日闲",却在麻将桌上手忙脚乱,不亦乐乎。手机是为手定制的,它的发明简直是让手获得第二次生命,从此手终于有处安放,永远不会无所事事。抖音之所以能取代电视,大概也是因为它用得最多的是手而不是眼睛。

两千多年前,司马迁就说:"天下熙熙,皆为利来;天下攘攘,皆为利往。"人们忙忙碌碌貌似都是为了挣钱,其实挣钱只是一种借口,就如同钓鱼的人并不真的为了吃鱼。忙碌的意义就在于忙碌本身,因为这样可以不用思考,只管双手的大脑非常轻松。

古人云:"太闲则别念窃生,太忙则真性不现,故士君子不可不抱虚生之忧,亦不可不知有生之乐。"生活就像一辆自行车,车子不管跑得多快一般都不会摔倒,而车子一旦停下来则必倒无疑。人可以忙碌一生,但总有停下来的时候,这时候问题就来了,而这些问题与钱无关,钱也解决不了这些问题,就如同双手解决不了大脑的问题。这个问题就是人活着为了什么,或者说是人生的意义。

脆弱的芦苇

传统的写作首先是写字,一笔一画地写字,如今的写字已经取消了写字这个基本过程。电脑上写作近乎大脑的直接输出,双手与键盘就如同人机连接的两个端口,这让双手极度机械化,甚至失去了存在感。一般的双手劳动都是手、脑、眼三者联动,而双手打字时,人根本不会看手一眼。

海德格尔认为，手是"存在"的媒介，而存在是意义和真实的源泉。书写的手会与"存在"交流，而只用到指尖的打字机则会使我们远离存在："打字机掩盖了书写和文字的实质，它让人们放弃了手的核心区域，但人们对这层关系却并没有足够的了解和认识，即他们忽视了存在与人的本质之间的关系已经发生了变化。"也就是说，打字机导致了手的萎缩，书写的手的衰退同时也导致了存在的被遗忘。[1]

人类学家苏兹曼在《工作的意义》中指出，人类历史上超过95%的时间里，工作在人们的生活中都不居于主导地位，从狩猎采集到游牧农耕，都有大量的闲暇时间，充分释放了创新的力量；今天许多业余爱好和休闲活动，包括烹饪、制陶、绘画、铁器制作、木工和家庭工程，都涉及体力和智力的发展、完善和运用，而这些技能在我们的进化史中都是必不可少的，但在现代工作场所里面运用得却越来越少。[2]

奥威尔说，在任何事情都可以用机器完成的世界里，任何事情都会用机器完成。刻意回归原始，使用古老的工具或故意为自己制造点麻烦，这些都是肤浅之举，是附庸风雅的举动，就像一个人庄严地坐下来，拿着石头器皿吃饭一样。在机器时代回归手工劳动，就像回到了墙上装着假梁的仿古"老茶铺"或"都铎风格的别墅"。话虽如此，但身体力行的手工劳动对现代人来说并非多余。

现代人过于依赖机器，结果养尊处优，脑力劳动与体力劳动严重割裂，很多人长期缺乏身体劳动，要么有脑无手，要么有手无脑。所以现代人的生活中有两件事变得必不可少，那就是健身和读书。健身使身体保持健康，读书使大脑保持健康。一句网络流行语说，健身和读书是世界上成本最低的自我升值方式。在某种程度上，健身房和书店就如同车站和机场一样，已成为现代城市的象征，类似古代社会里的教堂或寺庙。

《小窗幽记》有言："心无机事，案有好书，饱食晏眠，时清体健，

---

[1] ［德］韩炳哲：《在群中：数字媒体时代的大众心理学》，程巍译，中信出版社，2019，第55—56页。
[2] ［英］詹姆斯·苏兹曼：《工作的意义：从史前到未来的人类变革》，蒋宗强译，中信出版社，2021，第290页。

此是上界真人。"中国古人崇尚耕读传家，这是一种传统，也是一种美德，耕与读其实就是体力劳动与脑力劳动结合。对于喜欢传统生活的人来说，养花种菜做手工似乎显得更加自然，这其实是一种本能需求，就如同口渴喝水一样。偶尔的手工劳动可以让双手成为双手，或者说让双手复活。

对一个老木匠来说，做一个书架是最熟悉不过的日常劳动，驾轻就熟，一蹴而就。但对从未做过木工活的人来说，就难以想象。人要做好任何一件事，都不是容易的，更何况是一件从未做过的事情，这里面有许多未知甚至冒险的成分。

从年初我决定动手做书架，准备木料就用了半年多时间。附近的城中村一直在拆迁，我有空就去转转，拉回来一些废弃的房梁、木柱和门板，价格非常便宜，近乎白捡，但将这些重物运回来搬上楼，着实花费了不少力气。

"真正的幸福得益于没有目的和实用价值的东西以及刻意的繁复，得益于不产出，得益于曲折的路、游荡和冗余，得益于不作用也不服务于任何事物的美好法则与姿态。"[1]小时候，人总是很容易满足，年龄越大，幸福和快乐越少。最幸福最快乐的无疑是孩童时期，而那时候竟然天天盼望着长大。本雅明一生童心未泯，他说，童年最幸福的时刻都是在野外无拘无束度过的，孩子们毫无功利心，常常用大人扔掉的废料构建起一个独特的世界。[2]

我小时候最喜欢的事情就是制作玩具，那时候的玩具几乎都是孩子们自己亲手做的，拙朴而独特，不像现在，几乎所有玩具都是工业化大

---

[1] ［德］韩炳哲：《沉思的生活，或无所事事》，陈曦译，中信出版社，2023，第5页。
[2] "孩子们感兴趣的正是世界最大地充满了各不相同的事物，提供给他们玩耍的器具，这些东西都独特无比。也就是说孩子们尤其喜欢出没于可以明显看出正在生产某种东西的现场。他们被建筑、园艺、家务、裁剪或木匠活的产生的废料深深吸引。从废弃的垃圾中，他们看到了物质世界直接向他们，而且唯独向他们展现面貌。在摆弄这些物品时，他们很少效仿成人的做法，而是按照自己游戏时的情形，将完全不同的材料形成一种关系，放进一种往往使人感到惊奇的全新的组合中去。由此，孩子们就创建了他们自己的物质世界，一个大世界中的小世界。"（本雅明《单行道》）

量生产的，精巧且一致。对我们那一代人来说，玩具带来的乐趣不仅在于玩耍，更在于制作本身，没有比看着心爱的玩具从自己手中诞生更令人惊喜的事情了。

俗话说：玩具多的孩子不一定幸福。工业消费品其实是现代人的玩具，而现代人跟长不大的孩子一样，对玩具的心态不再是沉浸其中，享受游戏的乐趣，而是在喜新厌旧中不断地拥有和抛弃。

本雅明生前默默无闻，死后声名赫赫，被称为"欧洲最后的知识分子"。他学识渊博，热爱读书和藏书；他懂书爱书，更热爱写作，他写了很多书评。实际上，他不仅评论文学和艺术，也评论城市、建筑、摄影、印刷和玩具。他对《圣经》毫无兴趣，但对生活的每一个细节都是那么的兴味盎然。作为"句子的工匠"，本雅明最大的野心是写作一部完全由引文组成的书，就像和尚的百衲衣，他其实想将他读过的所有好书都放进这一部书里，以"思想的图像"来分享给其他读者。

虽然从时空上相距甚远，但无论是对童年故乡还是对读书写作，我与本雅明都有着同样的"乡愁"。

帕斯卡有句名言，大意是说：人是脆弱的芦苇，但却是有思想的芦苇。在帕斯卡看来，人的双手并不重要，重要的是大脑；双手再灵巧，再有肌肉记忆，也不会有思想，而人是因为有思想而伟大。

对很多人来说，最可怕的并不是生与死——刚出生的婴儿并没有自己的意识，而即将死去的老人对一切都已无能为力——最危险也最容易迷失的是青春期和中年期。青春期的危险源自冲动和无知，中年期的危险则源自厌倦与无聊。

人到中年，如果事业无成，工作循规蹈矩，毫无意义，虽然双手忙忙碌碌，但大脑却空空如也，人就很难从工作或事业中找到自我价值和成就感，结果陷入身份焦虑和精神空虚，网络所称的"油腻男"便有此意，或饱食终日，无所事事，或群居终日，言不及义，过剩的力比多四处横溢，这时候，兴趣爱好往往具有某种麻痹、补偿、替代和转移作用。

如果没有什么业余爱好,那就只能从消费或性中寻找身份认同和存在感,通过满足占有欲来填充空虚。所以,很多中年人沉迷于收藏囤积或旅游消费,以此来慰藉心灵。也有人误入歧途,因为各种性丑闻而身败名裂。

本雅明非常欣赏卡夫卡。卡夫卡的小说都是在隐喻生活,在他笔下,现代人的生活是荒诞的,欲望之泉即寂寞之泉,人们为了获得生活,就得抛弃生活,人们称之为路的,其实是彷徨,每个人都生活在自己背负的铁栅栏后面。

现代中产阶级的生活摆脱不了卡夫卡,人活一生好不容易,不是灵魂无处安放,就是放不下沉重的肉身。相对于生和死,理智而有尊严地活着倒真是一件艰难的事情。人的困惑在于他总是要寻找意义:一种艰难是寻找,另一种艰难是意义本身——一个人该如何理解"意义"。

苏东坡曾作一篇小文《记游松风亭》:

"余尝寓居惠州嘉祐寺,纵步松风亭下,足力疲乏,思欲就林止息。望亭宇尚在木末,意谓是如何得到?良久忽曰:此间有甚么歇不得处!由是如挂钩之鱼,忽得解脱。若人悟此,虽兵阵相接,鼓声如雷霆,进则死敌,退则死法,当甚么时也不妨熟歇。"

回首往事,我曾经年少轻狂,在无知无畏中疲于奔命,直到青春不再,才不得不承认自己与富贵无缘;既如此,何不做回自己,从吾所好地读书写作,"由是如挂钩之鱼,忽得解脱"。我虽为年少无知付出很大代价,好在读书和写作又将我从中年危机中拯救出来,真是失之东隅,收之桑榆。

对我来说,没有书的生活几乎让人生无可恋。正如卡夫卡一样,读书写作倾尽了我的一切,甚至连做梦也是书里的世界——这是一个远离一切诱惑和刺激的世界,无关物质,无关金钱。"写作是我生命当中最有用的一个方向,当这一点在我的肌体里变得明晰之后,一切都朝那个方向挤去,使所有集中在性、吃、喝、哲学思考、音乐上的快乐的能力都腾空了。"

我相信对许多作家来说，写作都是一种无法摆脱的宿命，不写作，毋宁死，马尔克斯将自己的传记命名为《活着为了讲述》。无论有没有信仰，每个人都是向死而生，但死亡是不确定的，人往往因此失去了对时间的感知，以为人可以一直活下去，从而在无聊和焦虑中虚度了很多时光，只是为了等待死亡来临的那一刻。

卡夫卡说，生命之所以有意义，是因为它会停止。对于死亡的预见使我们能够追求我们内心深处最渴望的生活方式；因为在死亡面前，任何虚荣和世人的评价都毫无意义。

春花秋月，岁月如白驹过隙，对每个人都是一样的，两万多个日子从手指间轻易滑过。少年时，总以为最好的人生就是孟郊的《登科后》："昔日龌龊不足夸，今朝放荡思无涯。春风得意马蹄疾，一日看尽长安花。"等老了，才发现最好的人生不过是陆游的《一壶歌》："长安市上醉春风，乱插繁花满帽红。看尽人间兴废事，不曾富贵不曾穷。"

一个人的沉醉

法国作家雨果曾经说过："左撇子是值得敬佩的，他们选择了其他人觉得用起来不太方便的那只手。"对左撇子来说，不得不承认这是一个右撇子的世界。人没有自由，常常是没有选择的自由。很多时候，是职业选择了一个人，而不是一个人选择了职业。

历史学家常说，宋徽宗是一个成功的艺术家，但却是德不配位的糟糕皇帝。中国历史上这样的皇帝不在少数，比如明朝，嘉靖皇帝长达几十年不上朝，在皇宫里炼丹；天启皇帝将政务都交给魏忠贤，自己沉迷在木工作坊里不能自拔。

内向作为一种性格原本不是缺点，一个内向的人可以在农耕时代活得很好，耕田织布并不需要人能言善辩。然而在现代社会，人人追求成功，竞争无处不在，腼腆内向便天然地成为一种性格缺陷。无论是作为职业还是爱好，做木工或者做手工都是内向者的避难所。而实际上，写作更是一个性格内向的人最理想的生活方式。

"人类所有的问题都源于人类无法独自安静地坐在房间里。"这是帕斯卡说过的一句耐人寻味的话。中国古人常说"慎独",意思是一个人总是危险的。当一个人独处的时候,他不用面对别人,但要面对自己。一个内向的人天生就有独处的倾向,或者说喜欢独处;独处的好处是可以深刻,可以沉迷,可以把一件事做得很好,做到极致。

很多事情总是看着简单做起来难,而人最常犯的毛病是眼高手低。与其临渊羡鱼,不如退而结网。

面对一屋子虫蛀鼠啃的"烂木头",我早时的冲动逐渐没有了,开始感到压力,甚至有些后悔,想想要是买书架,要省多少事情。从春到夏,一直在拖延,几次拿起工具,几次都放下了。夏天过去,天凉了,我终于咬牙开始动手,强迫症战胜了拖延症。

古人说,百工居肆以成其事。用书房做木工房,场地当然逼仄,也没有专业设备。虽然我买了电钻、电锯、电刨和角磨机,但实际用起来并不如意,后来只能用最原始的锯子、凿子和斧子来解决问题。最大的麻烦是,因为长期不干体力活儿,双手肌肉明显严重退化,连续长时间拉扭用力,手掌和手指便剧烈疼痛起来。大概是因为没有老茧这个"变焦镜头",我笨手笨脚,结果出了几次意外,虽然算不上事故,但还是受伤流血,相比之下,手上打两个血泡倒是小事了,真是"不善于斫,血指汗颜"。

将近一个月的时间里,我一直沉醉在自己的木匠梦中。

寒露这天,书架装好,书全都上了架,新书房也整理完毕。我一个人坐在书架前,久久地凝视着它,酸甜苦辣,心中的感觉真的无以言表。杜甫诗云:"莫笑田家老瓦盆,自从盛酒长儿孙;倾银注瓦惊人眼,共醉终同卧竹根。"

真是敝帚自珍,它或许不够完美精细,但我了解它的每一个细节,我和它之间有很多共同的秘密和故事。我在想,买的书架肯定不会让我有这种感觉，或许会有一瞬间的惊喜，但不会有这么长久而深刻的温度。

一本叫《书架》的书中写道：

"并不是任何一个架子都能放书，书应当摆在合适的书架上。书架并非天生就是书架。每一座书架都有其独一无二的历史，每一座书架都反映了其所处的文化语境。书架是动态的不断更迭的物品，暗含着我们赋予书籍的社会价值，以及我们眼中正确的读书方式，是人们对书架结构、式样和功能做出的多重决定，让书架成为书架。"

书架为书而存在，正如书因为读书人而存在，但书总比人要长久。书不仅承载着作者的思想，也带着阅读者的记忆。正如每一个读书人都应该有个书房，每一本书也都应该有个书架。书架是为书安的窝，每本书都应该有一个体面的窝。之前堆在沙发和墙角的书是那么狼狈不堪，如今安放在书架上的书显得安详娴静，心里那种对书的内疚感终于一扫而光。

买一本书带回家，这本书就如同一块拼图，成为自己身心不可分割的一部分，当一个人浏览自己的书架时，也是在回顾过去的经历和过去的自己。

对读书人来说，书架就是他的世界。如果说读书人是一种动物，那么天下读书人都是同类。英国皇家历史学会会员、资深书虫汤姆·摩尔有这样一段心得体会：

"我的书终于全部摆放得井井有条了，凝视着密密匝匝的书脊，我意识到这也是在回顾我的人生。每一本书代表着我花在阅读上的时间，而整个书架则透露出我对某个主题或某位作者所怀有的热忱，这种热忱有些已经消退，还有一些则绵延至今。有些书是我二十年前买的，跟着我一次又一次搬家，书籍都被阳光晒得褪了色；有些书是以前的朋友推荐给我的，这些朋友现在已经断了联系；有些书是别人在一些重要的日子送给我的，还有一些书则是我在某个难忘的假期或平淡的航班上读过的。我顺着书架望去，许许多多有关书店和阅读体验的记忆扑面而来。每一本书都是对过去的回忆。

"把书在书架上依次排列开来——无论是何种顺序——就是在将时间转换成空间。每本书都要花费数小时才能读完,一整个书架的书可能要读上好几年,但当这些书在书架上并排而立时,一眼便能尽览。经历被空间化,时间变得扁平化。因此,我的书架让我感到安慰,即阅读是一种积累:我在阅读时,不仅是在花时间看书,也是在投入时间培养一个更博学的自己。书架逐渐被填满,阅读者的知识及涉猎的范围也越积越多。书中文本提供的是一段持续数小时的体验,而一本书却是一笔可以留存多年的财富。"[1]

---

[1] [英]汤姆·摩尔:《唯有书籍:读书、藏书及与书有关的一切》,李倩译,上海文化出版社,2023,第82、第220页。

余音绕梁

读书人大概没有不喜欢音乐的，很多年轻读者都是在书店里听着音乐喝着咖啡看书。书店里自然少不了背景音乐，对一间私人书房来说，光有背景音乐显然是不够的，读书间隙，总是想要听一段音乐来解解闷。

再进一步说，书房不仅是读书的空间，其实也应该是听音乐的空间。如果有三五个好友在书房小聚，那一定是要分享一些好音乐的，一张私藏老唱片甚至比一瓶私藏老酒更令人心动；这时候，一对精良的书架箱就必不可少。

书架箱即书架音箱，比起客厅常见的大落地音箱来，书架箱要小一些，但考虑到书房狭小的空间，用书架箱来听音乐足够了。

有音乐，人便不会寂寞。对于音乐，我从小就非常沉迷，哪怕是不吃饭，也不能少了音乐在耳畔响起。大半生时间，每天醒来第一件事就是打开音乐播放设备，正如睡觉前最后一件事是关掉它一样，真可谓是"朝歌夜弦"。

《礼记》云：君子无故不彻琴瑟。人间没有天堂，但对一个读书人来说，书房就是他的天堂。对天堂来说，又怎么能少了音乐呢？

罗曼·罗兰说："音乐不是一种单纯的消遣，它或是对于心灵的一种理智上的裨益，或是镇定灵魂的一种抚慰。音乐展示给我们的是在表面的死亡之下生命的延续，是在世界的废墟之中，一种永恒精神的绽放。"

大概所有的作家都不会不喜欢音乐。一个人在书房里边听音乐边写作，间或再品上一杯咖啡，这是一种多么平常而又奢侈的享受啊。

音乐与文学总是相伴而生，它们都需要灵感。村上春树的书房里收藏了近万张黑胶唱片，他的小说中，总是充满着爵士乐与唱片的元素。博尔赫斯认为听勃拉姆斯能让人才思泉涌，而听德彪西则带不来灵感，马尔克斯却喜欢德彪西，他创作《百年孤独》时，把两张唱片（德彪西的《牧神午后前奏曲》和披头士乐队的《一夜狂欢》）反复听，最后都听坏了。有人发现，他的小说《族长的秋天》从气质上与巴托克的《第三钢琴协奏曲》惊人地相似，后来颁发诺贝尔文学奖时，背景音乐便是这部协奏曲。

在马尔克斯看来，所有声音都是音乐，包括洗碗池里锅碗瓢盆的声音，只要它们能满足幻想，让我们看到生活正往何处去。

三月不知肉味

中国古人崇尚俭朴的生活，认为最容易让人堕落的就是声、色、犬、马，而"声"，也就是音乐，排在第一位，所谓"余音绕梁，三日不绝。"

人可以闭上眼睛，却无法关上耳朵，声音在任何时候都让人无法抗拒。确实，在古代，音乐作为声音的艺术，属于顶级奢侈品。子曰："兴于诗，立于礼，成于乐。"意思是说，表达靠诗，立身靠礼，完成靠乐。《礼记》中对"音乐"这样解释："凡音之起，由人心生也，人心之动，物使之然也，感于物而动，故形于声，声相应故生变，变成方，谓之音，比音而乐之，及干戚羽旄，谓之乐。"

音乐从创作到演奏，需要极其高超和专业的技艺，最关键的是古代一直没有声音复制和传播技术；因此，所有音乐的演奏和聆听都只能在一定时间和空间内同时进行。再加上乐器制作工艺复杂，音乐只能限于极少数贵族甚至君主享用。在中国早期历史中，音乐成为国家权力的象征。尤其是在青铜时代，只有在重大国家庆典中才会出现编钟合奏的音乐。

儒家将音乐视为陶冶性情的手段，据说"唐虞之际，音乐可感鸟兽"。荀子在《乐论》中说："夫声乐之入人也深，其化人也速……君子以钟鼓道志，以琴瑟乐心，动以干戚，饰以羽旄，从以磬管……乐者乐也，君子乐得其道，小人乐得其欲。"孔子认为，"六乐"之一的《韶》在音乐上达到尽善尽美的境界，他在齐听了《韶》之后，三月不知肉味，感叹不已。（子在齐闻《韶》，三月不知肉味。曰：不图为乐之至于斯也！）鲁卿季孙氏在家里欣赏歌舞《八佾》，孔子听说后严厉谴责："是可忍孰不可忍！"

当然，并不是普罗大众享受不到音乐。

人本身就是一件乐器，每个人都可以唱歌，丝竹之类的乐器也并不难得。但真正高雅的音乐，仍然需要技艺极高的专业艺术家才行，而这样的艺术家凤毛麟角，一生能给人演奏的机会也屈指可数。一般人因为能听到音乐的机会少得可怜，也就谈不上有多少音乐修养。如此一来，再好的音乐家，穷其一生，也可能默默无闻，难得遇见一位能听得懂他音乐的"知音"，所以才有了钟子期和俞伯牙高山流水的千古佳话。

正如中国戏曲分雅与花，传统音乐也分为雅和俗，所谓阳春白雪与下里巴人。宋玉《对楚王问》中说，有一个人在楚国的国都郢城唱歌，开始唱《下里》《巴人》，跟着唱的有数千人，后来唱《阳春》《白雪》时，跟着唱的不过几十人。《韩非子》中说，晋平公想听大乐师师旷给他演奏最高境界的清角音乐，师旷说"主君（平公）德薄，不足听之，听之将恐有败"。平公说，自己老了，就好音乐，想听一听。师旷只好演奏，结果一奏而玄云起，再奏而大风至，下起了大雨，房顶的瓦直往下掉落，把平公吓坏了。随后晋国大旱，赤地三年。

曲高则和寡，李白有诗云："折杨皇华合流俗，晋君听琴枉清角。巴人谁肯和阳春，楚地由来贱奇璞。"《庄子》中说，"大声不入于里耳，《折杨》《皇荂》则嗑然而笑"。对高雅的曲子（即"大声"）一般人根本听不进去，而像《折杨》《皇华》这样的曲子人们一听就高兴。

盛唐时期音乐一片繁荣，陇西董庭兰是著名琴师，据说他善用琴弹奏胡笳之乐，高适写诗赠之："莫愁前路无知己，天下谁人不识君。"

一场安史之乱，皇帝逃难，贵妃上吊，皇子皇孙沦为乞丐，宫廷豢养的乐师也成了流浪狗。这场灾难虽不值得幸灾乐祸，但确实有一些意外惊喜，那就是让普通人听到了从前只有皇帝才能享受的音乐。"此曲只应天上有，人间能得几回闻。"

古人要听音乐，一般都要先自学乐器，所以琴棋书画便成为文人必学的"四艺"，琴排第一位。孟子说："独乐乐不如众乐乐。"意思是说，一个人自弹自听不如弹给大家听，让更多人能欣赏到音乐。听音乐不能总靠朋友，那就只能雇请乐师前来演奏，这不是普通人能承受得起的，所以才有"岐王宅里寻常见，崔九堂前几度闻"。当然，民间也不乏街头卖艺的乐师，但这类演奏一般都是独奏，或者自弹自唱，如白居易诗中的"琵琶女"。

在中国古代，琴和瑟是最常见的乐器，它们既能独奏，也能伴奏，所谓"琴瑟和谐"。《荀子》说："昔者瓠巴鼓瑟而流鱼出听；伯牙鼓琴而六马仰秣。"《礼记》说："大夫无故不撤悬，士无故不撤琴瑟。"《诗经》说："窈窕淑女，琴瑟友之"（《关雎》）；"我有嘉宾，鼓瑟鼓琴"（《鹿鸣》）；"琴瑟在御，莫不静好"（《女曰鸡鸣》）。

相对于独奏，合奏要难得多。每种乐器都有各自的长处和短处，合奏往往能取长补短，相得益彰的和声更能体现音乐的完美境界。音乐本身就是一种审美艺术，追求完美是必然的，所以合奏也是音乐应有的常见的演奏方式，而独奏则是一种不得已，实在不行也应该有简单的伴奏。相比之下，合奏远比独奏复杂得多，也难得多，尤其是多达上百人演奏的大型交响乐，其复杂程度已经达到挑战人类指挥能力的境地。一首接近完美的合奏乐曲，要经过乐队反复演练，才可能配合得天衣无缝，集体合奏的艰辛与独奏的难度绝对不是一个层面的。

难得人间有乐声

身体是生命的容器，就如同啤酒瓶是啤酒的容器，失去生命的身体与一支空酒瓶相仿。佛家将人的身体称为"皮囊"，活着的人和死去的人其实就差一口气，皮囊依旧还是那皮囊。

人的身体来自父母，"身体发肤，受之父母"或"身也者，父母之遗体也"。用传统的说法，身体是从父母那里借的，只有身体中的"气"才是自己的。所谓"气"，其实就是精神，如喜怒哀乐，如仁义智勇，一个人能真正拥有的，能有所作为的，也就是精神。事业文章随身销毁，而精神万古常新；正如人们常说，真正的贫穷是精神贫穷。人们常常过于看重物质而轻视精神。早晚有一天，人都会像漏气的气球一样衰老、死去，只留下一副臭皮囊，可见佛家讲的"空"是有道理的。莫扎特死了，但他留下的音乐数百年余音不绝。

毛姆的《月亮与六便士》告诉人们，要记得在庸常的物质生活之上，还有更为迷人的精神世界，这个世界就像头顶上夜空中的月亮，它不耀眼，散发着宁静又平和的光芒。人类是一种灵性动物，大概没有什么比音乐更能体现人的精神世界了。

音乐是文明的产物，也是一种教化工具。但总的来说，在爱迪生发明唱机之前，人类在几千年里难得听到好音乐。

正像现代流行乐队的架子鼓，无论中外，民间都以铙钹和大鼓这两种最简单的乐器来为节日庆典演奏。铙钹是高音，大鼓是低音，这基本满足了人对声音的渴望。在草原和海疆等人烟稀少的边远地区，人们只能吹号角——牛角或海螺。一个有趣的现象是，某些偏远地方之所以流行山歌，其实多半是因为乐器缺失。

中国戏曲起源很早，但真正成形其实是晚近的事情，用两块木板做的梆子击节成为戏曲的重要基础；至于我们今天看到的乐队伴奏，也是近现代的产物。

《陋室铭》云:"可以调素琴,阅金经;无丝竹之乱耳,无案牍之劳形。"素琴为独奏,且是自弹自听,丝竹包括琴瑟琵琶箜篌笙笛箫竽等,一般都是合奏。"滥竽充数"出自《韩非子》,其中说:"齐宣王使人吹竽,必三百人。"以如此豪华的阵容来演奏音乐,也只有帝王才能享受得起,所以宫廷一般都设有专门的乐府。

墨家崇尚勤俭,批评"孔丘盛容修饰以蛊世,弦歌鼓舞以聚徒","弦歌鼓舞,习为声乐,此足以丧天下",并说:"仁者之为天下度也,非为其目之所美,耳之所乐,口之所甘,身体之所安,以此亏夺民衣食之财,仁者弗为也。"

春秋之际,周室衰微,雅乐沦落,孔子哀叹"礼崩乐坏","恶郑声之乱雅乐也"。齐宣王对孟子说:"寡人非能好先王之乐也,直好世俗之乐耳。"当时,民间音乐(俗乐)颇为兴盛,"夫击瓮、叩缶、弹筝、搏髀而歌呼呜呜,快耳目者,真秦之声也"。"临淄甚富而实,其民无不吹竽、鼓瑟、击筑、弹琴。"

荀子说:"夫乐者乐也,人情之所必不免也。"白居易在《琵琶行》中说:"浔阳地僻无音乐,终岁不闻丝竹声。"古人想听点音乐绝对是一种奢望,即使帝王将相,也不是想听就听,必须请来乐师现场演奏,能听的曲子可能也就那几首。"千呼万唤始出来,犹抱琵琶半遮面。转轴拨弦三两声,未成曲调先有情。"

安禄山当年攻下长安,第一件事不是去追唐明皇,而是把长安的教坊乐师全都掳到洛阳,让他们在凝碧池给自己演奏。乐师雷海青忍不住悲愤,摔了乐器,向西大哭,让安禄山很败兴,安禄山便杀了乐师。王维为此作诗:"万户伤心生野烟,百官何日再朝天。秋槐叶落空宫里,凝碧池头奏管弦。"

音乐和诗一样,都来自心灵深处的灵感。在某种意义上,正是唐代音乐的极度盛行,才造就了唐诗的巅峰状态。很多诗人都酷爱音乐,像王维完全是因为音乐才华而少年成名。"独坐幽篁里,弹琴复长啸。深林人不知,明月来相照。"

音乐与文学从来都是密切相关的两种艺术。正如《诗经》来自民歌，宋词元曲同样也属于歌曲之列。

沈从文前半辈子写小说，后半辈子研究丝织，虽然从未接受过专业训练，但他却从小就喜欢音乐和美术，"认识我自己生命，是从音乐而来；认识其他生命，实由美术而起"。

钢琴时代的来临

工业革命对人类文明有一个最根本的改变，那就是将一切奢侈品都变成了大众日用品，这其中就包括音乐。西方音乐革命其实是工业革命的副产品，因为标准钢琴被发明出来了。

钢琴在音乐中的地位就如同车床相对于机器；准确地说，它就是一件音乐机器。钢琴这种工业制造品在实现了标准化大批量流水线生产的同时，也实现了音乐的标准化。以钢琴为中心，加上五线谱的大量印刷，音乐迅速摆脱宗教的束缚，进入一个无比繁荣的世俗时代。从巴洛克到古典主义，在18—19世纪的欧洲，音乐受到大众宗教般的崇拜，音乐厅（歌剧院）取代教堂成为每个现代城市的新标志。

这个音乐的黄金时代与启蒙运动发生在差不多的时代，天才般的音乐家与先知般的启蒙思想家一样，如群星灿烂，如过江之鲫，不可胜数，如莫扎特、菲尔德、肖邦、舒曼、舒伯特、门德尔松、李斯特、帕格尼尼、柏辽兹、柴可夫斯基、海顿、德彪西、罗西尼、威尔第、瓦格纳等等。在人们眼中，贝多芬完全可以"与上帝平起平坐"。严格地说，现代乐队是贝多芬为我们创建的，然而他却听不到任何音乐，因为他是一位失聪者。

今天，我们把他们黄钟大吕的音乐称为古典音乐，遍及全世界各大城市（包括中国）的音乐厅或歌剧院都显得雍容华贵，无一例外也都是为它们而存在的，新年音乐会成为世界各国人民的节日活动。与古典音乐相对，现代流行音乐其实主要是指流行歌曲，它们只能在嘈杂的车载电台、街头路边或体育场里演出。直到今天，人们对待古典音乐的态度仍然是庄重严肃的、郑重其事的。

事实上，古典音乐从诞生之时起，依旧属于奢侈品，或者说是大众奢侈品。在爱迪生之前，音乐只能聆听现场演奏。每逢音乐会，人们一定要盛装前往，如同去教堂礼拜一样。音乐革命的贡献在于，音乐从贵族垄断走向商业化，面向社会开放的音乐厅变成一个公共空间，从而实现了对大众的音乐启蒙。

在 19 世纪，钢琴在富裕中产阶级的客厅占有最显赫的位置。在此之前，这个位置属于壁炉；进入 20 世纪，这个位置又先后被留声机、收音机和电视机取代。

吃货和美食家很多，技艺高超的好厨师就少得多。同样，喜爱音乐的人很多，会弹奏乐器的人就太少了。以前人们学习乐器，原本就是为了自己听音乐。但有了留声机之后，听音乐就不必非要学音乐、会演奏了，耳朵总比手用起来方便。有趣的是，在留声机出现之前，自动钢琴曾经大行其道，一度占到钢琴市场的七成以上。瞿秋白在莫斯科时，一架能自动演奏《蝴蝶夫人》的钢琴给他留下深刻印象，这被他写进《赤都心史》中。

从钢琴到电视的变迁，也代表了音乐从一种古典精英文化被逐步大众化和娱乐化的过程。《制造音乐》一书中说，录制音乐问世后，对很多人来说，拥有留声机的客厅取代了音乐厅和歌舞厅；麦克风问世后，强大的肺活量不再是歌手成功必备的要素。

电影刚诞生时是没有声音的，所以每个电影院都有一支乐队负责给电影现场配乐；有声电影出现后，电影自带对话和音乐，美国失业的音乐家数以万计。

在一个多世纪里，古典音乐仍保留了人工演奏、现场聆听的传统音乐接受方式，但随着声音复制和传播技术的出现，音乐就彻底变成一种声音，或者是声音的一种，可以被任意记录、复制、剪辑和传递，演奏和聆听变成毫无关联的两部分。从表面说，音乐因此丧失了仪式感；在深层上，音乐已经蜕变成一种机器产品，可以被机器（唱机）不断生产、复制，想听就听，随时随地。

张昊辰说：录音棚就像手术室，录音师就像拿手术刀的医生，对音乐演奏进行复杂的"剪辑"处理。录音的"切口"随着精确化的需求逐步细化：原先交响乐团的录音只需两三只话筒，近似我们双耳所能听到的现场，而今时几乎每一组乐手的谱架前都会放置一只。由此带来的变化是惊人的：许多被现场所遮蔽的、听不到的配器细节、隐秘声部都能在录音中被清晰而立体地捕捉到。[1]

古典音乐是一种复杂的艺术，需要不断学习才能慢慢领悟其中的妙处，正像张昊辰说的，艺术需要引导，而娱乐是取悦和迎合。

在《幻象》一书中，历史学家丹尼尔·布尔斯廷无限伤感地写道，"只在特别的正式场合才能听到音乐的那个时代，已经离我们很远了。在音乐会上听现场表演时，我们希望音乐本身为我们制造气氛。音乐本身就是事件。在音乐厅里，人们听到的完全是作曲家和演奏家在那一刻所能表达的一切。……然而现在，这不再是我们接触音乐的最普遍的方式了。比这远为普遍的，是我们开车时车载广播传出的声音，或是做饭、洗碗或在地下室工作时播放的 AM–FM 广播，或是伴着我们打牌、读书或聊天时播放唱片的 HIFI 设备。上层中产阶级家居中，一个常见要素就是 HIFI 收音电唱机，每间房都有个音箱。我们做事时，音乐总在抚慰我们、萦绕在周围。现在，适宜任何场合的音乐无须我们的倾听，只需像呼吸一样接收就好。简单来说，音乐不再是单独作曲、各自拥有专属形式的东西了。……音乐的定位如今处于工程和室内装潢之间——和空调、隔音天花板、间接照明与人体工学椅相当。"[2]

本雅明在《机械复制时代的艺术作品》中承认，留声机的发明虽然

---

[1] 张昊辰：《演奏之外》，北京日报出版社，2022，第 193 页。
[2] ［美］丹尼尔·布尔斯廷：《幻象》，符夏怡译，南海出版公司，2023，第 177 页。

无法复制音乐原有的语境，却有诸多便利之处："技术复制能把原作的摹本带到原作本身无法达到的境界。首先，不管它是以照片的形式出现，还是以留声机唱片的形式出现，它都使原作能随时为人所欣赏。大教堂挪了位置是为了在艺术爱好者的工作间里能被人观赏；在音乐厅或露天里演奏的合唱作品，在卧室里也能听见。"[1]

中国古代有个"知音"的故事：俞伯牙善弹琴，钟子期善听琴，钟子期一死，俞伯牙没有了知音，便摔琴绝弦不再弹琴了。古代社会，一个琴师能遇到知音的机会少得可怜，而在机器复制时代，任何一个演奏家都会有无数素未谋面的听众和拥趸。

"古调虽自爱，今人多不弹。"音乐一旦被复制，就如同书籍被出版，便与原先的作者失去了直接关系，甚至作者是否健在都对音乐毫无影响。

在电影《海上钢琴师》中，"1900"不仅拒绝将他的音乐制作成唱片，甚至拒绝踏上陆地，他最后选择了与他出生的轮船一起沉没。这部电影之所以感动了很多人，其中一部分是因为它以这种决绝的方式描述了古典音乐的传统魅力。

人们常说，音乐是灵魂的声音，这在很大程度上其实是对古典音乐而言的。相比现代流行歌曲，古典音乐更加依赖纯粹的音乐形式，它的内涵也更加含蓄和丰富。但遗憾的是，大众文化天生就反对复杂的、有门槛的东西，所以现代压倒古典，直白的歌曲取代婉转的音乐，这种娱乐至死的时代走向是无法改变的。

只不过，阳春白雪与下里巴人代表雅和俗两个审美方向，互相也不见得可以取代，并不矛盾和对立。流行音乐无疑是现代社会的主流，但它并不排斥古典音乐这个"非主流"。

卡带时代的流行乐

我生长在一个远离城市的乡村，在十八岁之前，我的生活范围几乎

---

[1] ［德］本雅明：《单向街》，陶林译，江苏凤凰文艺出版社，2015，第78页。

从没有超出过我的步行距离。我最先见到的是收音机，后来是电唱机，再后来是电视机和录音机。这些"洋戏匣子"在农村都属于超级奢侈品，一般人家根本买不起。我只是在村里一些当官人家里才见过几次，摸都不敢摸。

《百年孤独》用这样一句话开头："多年以后面对行刑队，奥雷连诺上校将会回想起父亲带他去见识冰块的那个遥远的下午。"据说非洲人没有见过冰，他们认为冰是滚烫的。十二岁上初中，我第一次见到风琴，我的音乐老师很年轻，他留着新烫的长发，穿着熨得笔直的喇叭裤，弹着一架四面漏气的脚踏板风琴，教我们唱"桑塔露琪亚"，我是全班唱得最欢的那一个。

我的童年是在"革命歌曲"中度过的，直到进入二十世纪八十年代，才第一次听到真正的音乐。我后来惊讶地发现，我所有的音乐启蒙几乎都来自村里高杆上的那只大喇叭。

当时，中国每个村庄都有一个大喇叭。我们村的大喇叭树立在山坡上，早上天不亮就响起《东方红》，比鸡叫都准时，直到傍晚鸡上了架，喇叭才在《国际歌》中停歇。这个大喇叭其实是全村人的公共收音机，一天到晚都是中央人民广播电台：上午主要是播歌曲和戏曲，中午是小说连播和电影录音剪辑，下午是相声和儿童节目（"小喇叭"），以及西洋音乐节目，傍晚是流行歌曲（今晚八点半）。

那时候农村人对娃娃念书都不当回事，我们上学纯属是为了玩耍，前晌在学校听先生上课，后晌自习就早早溜回家，帮爹娘在地里干活。我就这样在地里抡着锄头，听了好几年古典音乐节目。书没念好，地也没锄好，反倒对古典音乐听得入了迷。在以后的岁月里，不管我在哪里，不管我做什么，都离不开音乐。

那年冬天，我在煤场打了几个月蜂窝煤，年底工资发下来，我壮着胆买了一台单卡双喇叭收录机。这是我第一次给自己买东西，心心念念了快一年，终于抱在了怀里，花了整整一个月工资（这也是我挣的第一份工资），算是平生第一件奢侈品。爹娘知道后竟然没有骂我乱花钱，只是担心录音机很费电池，知道了是交直流两用，他们就放心了。当时磁带很贵，我们镇上能买到的磁带也很少。在后来大半年里，我总共只有两盒磁带：一盒是荷东（美国迪斯科流行歌曲）；一盒是圣桑的《动物狂欢节》，我特别喜欢其中大提琴演奏的《天鹅》。

中专时住校，一个宿舍里就数我年龄小，也数我家最穷，但只有我有收录机；大家每天都是在我的音乐声中起床、吃饭、睡觉。其实我的收录机也是全班的唯一，经常有同学不知从哪里借来磁带，然后找我借录音机。因为我这录音机，周末晚上教室里总有迪斯科舞会。

北方的冬天来得特别早，九月刚开学，白杨树的叶子便已经落尽。周日午后，我一个人走在空荡荡的校园，突然听到操场的大喇叭里传来一段钢琴曲。我的身子当时就定住了，一曲未了，就感觉泪水潸然。这是我第一次听到理查德·克莱德曼的《秋日私语》。

毕业离校那天，我背着行李，听到卡拉扬去世的消息。

在北京转车，我和同学顺便去八达岭玩。在山脚下，有一个美国中学生交响乐团在露天演出。我站在那里看了大半天；要不是同学死拉硬拽，我连长城都不想爬。这是我在村里大喇叭上听了多年西洋音乐之后，平生第一次亲耳听到现场演奏，也是我第一次亲眼看见西洋乐器的真容，那种震撼给我留下无比深刻的印象。

自得其乐发烧友

长大意味着自由。

在后来的日子里，我先是买磁带，后来买 CD，以至于变成了囤积狂，几个书架都不够用。手头稍微宽裕，我最先购置的便是音响。从录音机到 CD 机，我不知买过多少个。在我漂泊的那段时期，北京的出租屋和深圳的出租屋里，各自都有一整套的音响。

音乐听多了，人便对声音越来越敏感。中国古人有"丝不如竹，竹不如肉"的说法，"丝"指弦乐，"竹"指管乐，"肉"当然是指人声了。

其实从音乐难度上，唱不如吹，吹不如弹拉，也就是肉不如竹，竹不如丝。古代没有声音处理技术，人能听到的都是自然声音——吹拉弹唱。

声音在一定的空间传播，要想好听，必须大小合适，高低音分明，并有一定的回响，因此，最好是在一定的密闭空间听音乐；简单点说，音乐在室内比室外更悦耳。现代拾音设备（话筒）和专业录音棚大大提高了自然声音的美感，而以扩音为主的音响系统更是起到锦上添花的效果。也就是说，现代人听到的音乐几乎全部都是经过反复美化和加工的人工音乐，这就如同相机的美颜功能，带来的体验已经远远超越传统的自然声音。

虽说音响发烧友不见得就是音乐发烧友，但音响对音乐的影响仍是明显的。同一首曲子在不同的音响上播放，效果的差异就像是同一首乐曲由不同乐队演奏。好的音响价格不菲，但价格昂贵的音响却不一定就能给人满意的听音效果。

如果说音响属于家电的一种，那么它一定是家电中知识含量最高而又主观性最强的商品。冰箱看制冷，电视看色彩，买音响是为了听音乐。不同的乐曲和不同的音质信号自然会带来不同的感受，不同的电路设计和元器件也会导致不同的信号变化，而声音的传播又受空间影响：喇叭是小空间，音箱是中空间，房间是大空间，然后再由耳朵接受还原；声音在这些空间传播的过程中，被反复放大、反射、回弹、压缩、还原，每一个环节都会造成变形和扭曲，或美化或恶化。

当然，不同听者或同一听者在不同时间也会有不同感受。一首曲子，第一次听与第一百次听，感受绝对是不同的，所谓"久居兰室不闻其香，久居鲍市不闻其臭"。有时候，第一次听时惊为仙乐，三月不知肉味，但听多了却感到厌倦；相反，有的曲子刚开始听一般，后来越听越有味道。所以，听音乐是很主观的事情，"感时花溅泪，恨别鸟惊心"，不同心境下自有不同感受。

这些年，我不知买过多少音响，其中一对落地音箱跟随我辗转几个城市，说起来已有将近三十年了。去年换了功放后，一直感觉这对老爷箱音质浑浊，想扔掉又舍不得，便在网上买了几只惠威喇叭。我以为是喇叭胶圈老化，想换个喇叭就行；等取下喇叭，打开音箱，才发现里面的隔音棉都已经老化成粉末了。在音箱中，隔音棉起到过滤和迟滞声波的作用，对低音的影响尤其关键。等我换了新隔音棉，这对老音箱的音质马上如敲金击石，完美如初。

这次意外的发现启发了我，让我多少有了经验。还有几只不错的喇叭，再加上对声音的痴迷和技术好奇心，我最终决定自己动手，看看能否做个书架箱。

淘宝与煲机

终南阴岭秀，积雪浮云端，林表明霁色，城中增暮寒。初冬十一月，关中天气总会特别好。窗外阳光充足，这让我觉得坐在书房看书实在有些暴殄天物。所以每年这时候，我都要放下书，做一段时间手工。前年这时节，我在书房做了一个超大的书架。面对这个书架，我一直觉得缺一对书架箱，这次正好可以自己做。

为了做音箱，我买了一大堆东西。以前买音响配件，总是要跑到城郊的家电城批发，有时转了半天也找不到东西。现在网购非常方便，也非常便宜。一套不错的电烙铁加上焊锡松香，也不过二十多元；至于自攻螺钉、螺丝刀之类的工具，更是应有尽有。我给手钻买了一套电锯头和磨头后，切割木板和打磨也更加顺手方便了。

买东西花不了多少钱，动手也不是很难，关键在于要买什么东西，以及动手做什么，这是一件需要专业知识和技术的事情。拿一只喇叭来说，牵扯一系列技术规格，如阻抗、功率、灵敏度等，单单功率就在不同商家那里有不同说法，诸如额定功率、最大功率、音乐功率等。不同的喇叭需要匹配不同体积的音箱，而音箱的内部结构也有很多种，倒相孔有大致的参考，隔音棉的处理则要完全凭试听经验。

对一套音响系统来说，包括音源、功放和音箱三大部分，我在折腾了三个多月后，才找到了一台中意的甲级功放。在这三个月里，我前后买了七八台功放，试听几天后都退货了。一台胆机功放动辄十几斤，退货也是实在不得已。想想一台功放存在瑕疵，比如底噪（电流的刺啦声）很明显，每次听音乐都要忍受噪声，也是令人沮丧。

到了元旦前，西安突然封城，网上买不成东西，偶尔无聊中打开了闲鱼，这是一个网上跳蚤市场。也可能是我买功放比较多，闲鱼自动推送的全是各种功放。就这样，我从本地发烧友老张手里买到了一台不错的功放，虽说是二手的，但却品质极佳。

新音响都需要使用一段时间才能达到理想状态，人们管这叫"煲机"。"煲机"大概来自"煲汤"，音响和发烧友多出自富庶的广东。喜欢音响的人常常被称为发烧友，这是因为功放工作时一般都会发热，尤其是电子管（胆机）更是烧得烫手。

老张从年轻时就发烧，算得上是一位资深发烧友，家里还有一个专门的听音室。我在他的听音室里听了一下午音乐，喝了他三壶西湖龙井，临别时他还又送了我一台前级。

有了满意的功放，就像三条腿的凳子有了一条腿做基准，接下来就是音源和音箱。

这时，我又在闲鱼上以废品的价格淘到了一台落地收音机，是宝鸡长岭机器厂1982年生产的老式电子管，还带有唱机。我从里面打扫出来的尘土能有二斤，真如同出土文物一般。更换过保险丝后，机器便通了电。换了新唱头后，电唱机也是正常的。我在机箱里还发现了一大摞薄膜老唱片，都是苏小明、沈小岑、蒋大为他们的老歌，算是一个意外惊喜。

里里外外重新整理之后，我又给它换了新的音箱线和喇叭布。两个八寸老环球喇叭，加上新蓝牙，放在书房一角，听着醇厚的老歌从这台老收音机里传出来，那澎湃的感觉真是美不胜收。

实际上，用这台老爷机收听电台节目的效果并不好。电子管极其古老，现在仍是发烧友的最爱，但以前缺乏理想的音源，无论是中波信号还是薄膜唱机，都谈不上什么音质。网络为音乐提供了一个近乎无限的资源库，人们再也不需要买唱片、买磁带了，想要获得更好的音源，只需要加个像样点的解码器即可，有些电脑自带的声卡也不错。相比电脑高品质的音源，传统的黑胶唱机则是另一种风格。如果说音乐和声音是一种审美，那么精致与古朴是两种完全不同的美。

小说家毛姆说："随着年岁的增长，人生的乐趣也就逐渐减少，可我的体验是：人能从剩下的几项乐趣当中得到更大的享受。"正如在数码相机无所不在的今天，照样有人执迷于胶卷摄影，在一个一切都变成网络数据的年代，黑胶的生命力在于它仍保留着最原始的音乐韵味，它的模拟格式虽不完美，但却赋予音乐尤其是人声以特有的"老派"温度。

在如今这个数字时代，黑胶唱片竟然再次受到大众喜爱，在实体唱片市场，力压 CD 和磁带，成为唱片主流。在这场黑胶复兴潮流中，年轻人成为消费黑胶的主力军。令人意想不到的是，这些在 CD 和数字音乐时代出生和成长的音乐爱好者，反而更痴迷于原本不属于他们时代的黑胶唱片。

音乐泛滥时代的选择

因为进入现代较早，西方社会从爱迪生始，曾经有过一个漫长的黑胶时代。除过电台，黑胶唱机几乎是普通人在家中听音乐的唯一载体。人们像买书买杂志一样买唱片，"畅销"一词不仅指书，更多的是指唱片，仅在"二战"结束的那一年（1945），美国就卖出了 2.25 亿张黑胶唱片。

早期的唱片技术非常原始，声音的震动直接刻在碟片上，唱片表面凹凸不平，通过唱针直接拾取的声音也很失真，后来电子技术突飞猛进，高保真的 HIFI 音响进入家庭，音质几乎与现场演出没有区别。到了二十世纪六十年代成年的婴儿潮一代，黑胶创造了一个梦幻般的音乐大繁荣时代，摇滚、爵士和乡村音乐等风靡一时，至今仍留下许多关于白金唱片的神奇往事。

到了二十世纪七八十年代，电子管逐渐被晶体管取代。录音机尤其是小型"随身听"出现，硕大无朋的黑胶被廉价小巧的卡带取代。后者搭载有喇叭或音箱，可以直接播放，完全省却了笨重的功放和音箱。刚刚开放的中国从此与世界同步，从录音机到CD、VCD和DVD，华语流行音乐在此期间达到一个空前绝后的高峰。

随着西方婴儿潮一代纷纷老去，他们年轻时珍藏囤积的大量黑胶唱片变成无人继承的"遗产"，所幸这些"洋垃圾"在中国发现了"新大陆"。对中国音乐迷来说，他们大多没有经历过黑胶时代。就如同咖啡一样，无论从形式还是内容，黑胶都带给人们一种新奇的异域感和怀旧的年代感。虽然未开封的新版黑胶唱片常常贵得令人咋舌，但数量巨大的二手黑胶并不比当年的打口CD贵多少，而且人们一般都很爱惜黑胶，这让黑胶唱片的使用寿命远比磁带和CD长得多。

对互联网一代人来说，他们从未经历过短缺时代。对今天的人们来说，音乐俯拾即是，但近乎免费的音乐并没有让更多的人爱上音乐。这一切正像音乐节目主持人王东所叹息的那样。大卫·拜恩在《制造音乐》中说："在供过于求的时代，音乐俯拾皆是，获取不是问题，关键在于找到自己感兴趣的音乐。"

现代电子技术让音乐变成空气的一部分，然而对很多执着的乐迷来说，他们依然看重音乐的现场感，而无视录音棚的存在。在他们看来，音乐就是现场演奏演唱的音乐：摇滚在野外，爵士在酒吧，Rap在街头，蓝调在剧场，民谣在路上，古典在音乐厅。一些音乐发烧友认为，音乐只有在现场，才能实现与灵魂的真正沟通。

今天，去现场聆听一场音乐会虽然算不得多么奢侈，但相对而言，越来越成熟的录音和音响技术完全可以营造出完美的现场感，让人足不出户就可以满足欣赏音乐的愿望。这就如同电视出现以后，越来越多的球迷选择了观看电视直播；实际上，在万人体育场看球体验的是那种狂热的氛围，反而通过电视更能了解足球比赛的每一个细节。

马尔克斯在他的自传《活着为了讲述》中写道:"直到今天,我都很少去听音乐会,感觉会跟邻座建立起某种暧昧的亲密之感。然而,时光流逝,好音乐走进家门,我学会了为写作挑选合适的背景音乐。平缓的段落听肖邦的小夜曲,幸福的下午听勃拉姆斯的六重奏。"[1]

听音乐离不开音响,与电视相比,音响属于小众消费品,甚至谈不上什么主流的品牌。有趣的是,生产功放的常常不生产音箱,生产音箱的不生产功放;还有一些在发烧友中颇有口碑的喇叭厂,它们只有喇叭,却不生产音箱。功放与音箱之间能否匹配,离不开相关参数。我吃惊地发现,不同产品标明的规格参数都很随意,甚至常常缺失,也很少有商家像电视机一样提供说明书。

正像发烧友老张反复跟我说的,音响这东西,不过手就不会了解,只有亲耳听过,才知道它对你合适不合适。

大概正因为这个原因,几乎每个发烧友都免不了白花很多冤枉钱。这个"学费"极其高昂,为了一套好音响而倾家荡产的并不少见。很多音响设备价值连城,动辄上万。在一些资深发烧友眼中,几万十几万的机器并不算贵,甚至连一条镀金纯银的喇叭线都买不了。最奢侈的其实是专门装修一间听音室,再好的音箱也好不过听音室,就如同再好的相机也好不过摄影棚一样,毕竟房子在中国才是顶级奢侈品。

绘画虽然可以复制,但再好的复制品也无法媲美原作,音乐不同于绘画,出现了各种不同的版本。同样一首曲子,不同人演奏、不同录音都会造成不同的效果和感受,所以才有"因为伯恩斯坦,贝多芬才具有伟大的力量"。也正因为如此,才有很多人试图复原最本色的录音效果。然而最普遍的现象是,很多发烧友都步入买椟还珠的误区,痴迷于音响而忘记了音乐本身。

贝多芬说:"音乐是比一切智慧、一切哲学更高的启示。"叔本华说,

---

[1] [哥伦比亚]马尔克斯:《活着为了讲述》,李静译,南海出版公司,2015,第420页。

即便是没有人类，宇宙间也会有音乐。海顿在自己的音乐会中忽然站起来叫道："这不是我写的，这是天启，上帝的通知！"很难想象这个世界没有音乐是什么样子，也很难去解释音乐的魅力何在，但它似乎能带给我们一切。

动手的乐趣

古人说玩物丧志，音乐能带给人愉悦和享受，不顾一切代价的沉迷自然大可不必，但有一套普通的音响来听音乐算不得奢侈。当我对音响系统的各个环节有所熟悉，也就知道了自己想要什么、要做什么。

音箱制作包括木工和电工两部分。做过书架后，木工工具都已齐备，制作音箱的材料都是我捡的废旧木板。有一个一米长的柜子，被我改造成了连体音箱，装上两个八寸全频喇叭后，效果相当不错，而且放在书架上刚刚好。

书房里的书越来越多，去年又添了新书架之后，书房已没有多少空间留给太大的音箱。小音箱的声音比较紧张，音箱大点，喇叭就可以大一些，出来的声音也更加松弛和从容。最后我发现只有飘窗还有很大的空间，足够放下一对十到十二寸的大号书架箱。

正在这时，在闲鱼上我认识了一个小发烧友。目前，他倾家荡产买装备，正面临着众叛亲离的压力，希望能转让一些东西给我。虽然他那对十五寸全频喇叭对我来说有点过大，但最后我还是接下了。

我收到他从绥德寄来的两只喇叭时，发现巨大的黑色纸盆上落了厚厚一层陕北的黄土，喇叭接线柱上连锡都没上，可见他的学费真是交得不低，让这么好的宝贝放在窑洞里落灰。这对喇叭主打电影音箱，网上评价颇高，但销量有限——价格贵是一方面，更主要是这么大的喇叭，需要的音箱体积极其硕大，除非超大客厅，一般家里不好安放。但实际上，这个喇叭功率并不高，不一定要用很大的箱子，而且普通胆机就可以轻松推动。

有了喇叭，音箱让我犯了难。我自己做的几个音箱都是六寸八寸的，如果做十五寸的音箱，无论是板材还是制作工艺都要求很高，还要有足够的内部强度。

我画好音箱图纸后，准备在网上定制，然而一番咨询后令人好不泄气。原来，这么大的音箱，必须用厚板材，加上内部加强筋，重量就有几十公斤，体积也非常大，长途运输还要打木架，整个下来价格超贵。在我看来，音响最重要的是功放，正如音箱最重要的是喇叭，我在功放和喇叭上的花费还不及空木箱，这让我觉得没必要。

我突然想到，能否还像上一个书架箱一样，找两个旧柜子旧箱子加以改装。在一定尺寸要求下，想找两个二手箱柜，大概只能碰运气了。我运气真好，果真在闲鱼上"捡"到了两只老樟木箱，尺寸略小，但也足够，类似于定做了。箱子又大又重，我从那个上海老太家里把她当年的陪嫁箱搬下楼，就累出了一身汗。

东西都齐备了，剩下就是按图施工，这就非常容易了。

忙忙碌碌中，年已经过完了，城市仍然半封着，午后的阳台每天都温暖明亮，我慢悠悠地给音箱打孔，安装迷宫箱，填充隔音棉。为了美观起见，我专门定制了两块面板，都是机器切割打磨的，这倒没有花多少钱。

音箱的木工活干完了，我开始安装喇叭。十五寸全频喇叭在低音上肯定长袖善舞，但高音就有点勉为其难，我加装了一对高音头。最后接线时，我又给音箱添加了一对陷波器。本来这就算完工了，可我总觉得哪里有点不对劲。涂完一层复古绿漆后，这对东拼西凑起来的土炮箱"终成正果"。敝帚自珍，虽然还没有听到声音，但仅颜值就足以令我感到惊艳了。

二月二，龙抬头，天气晴好，我在书房正式试机，那种期待的心情就像收到自己刚出版的新书。

打开功放，将一张1976年日本版的卡朋特《昨日重现》放在黑胶唱机上，移动唱臂，黝黑的唱片如同老石磨一般开始无声地转动。

声音是音箱的生命，唱针在唱片细密的纹路中滑行，如同岁月转动的年轮。当音乐像泉水一样在巨大的音箱中缓缓流淌，一种无可名状的感动从我内心深处奔涌而出。

名利不如闲

纸上得来终觉浅，绝知此事要躬行。自己动手跟直接购买现成音响绝对不是殊途同归。这就如同一步一步登上山顶与脚不沾地坐缆车上去的差别。如今，人们越来越有钱，也越来越无趣；有钱的人很多，有趣的人很少。当生活中的一切都沦为简单的消费和买买买，我们已经失去了太多活着的乐趣。"在自己老派的世界里怡然自得，如此足矣。"哈贝马斯这句话深得我心。

古语说，名利不如闲。"富贵贫贱，总难称意，知足即为称意；山水花竹，无恒主人，得闲便是主人。"古人的生活是悠闲的，无论道家还是佛家，都讲求清静无为，古人眼中最美好的事情是"饱食终日，无所事事"。王维写诗："人闲桂花落，夜静春山空。月出惊山鸟，时鸣春涧中。"中国人最传统的幸福是乐天知命——"故君子之得志也，位足以行道，财足以博施，不亦乐乎！持盈守谦，慎终如始，若朽索之驭六马，不亦忧乎！其贫贱也，卷而怀之，独洁一己，无多财之祸，绝高位之危，此其乐也。"（耶律楚材）所谓现代，既是城市文明的赞歌，也是乡土传统的挽歌。现代工业摧毁了天人合一的小农经济，将人类带入一场没完没了的西西弗游戏中。钱穆先生叹息："功利也并非人生之终极理想，到底值不得崇拜，而且中国人在以往长时期的闲散生活中，实在亦有许多宝贵而可爱的经验，还常使我们回忆与流连。"

当今之世，每个人都有钟表，却唯独没有时间。在现代这样一个消费社会，人们要的都是结果，而不是过程。从前很慢，人用自己的双手造物，这是一个漫长的过程，任何物品都有一个类似生命的形成和成形的时间感。现代人都有了阿拉丁神灯，手指在屏幕上点一下，东西就马上放在那里了。没有时间和过程,物便没有了生命。跟直接领养一个十八岁的儿子一样,人类在不知不觉中就失去了作为造物主的父亲角色。

歌剧《费加罗的婚礼》中,费加罗对贵族老爷说:"因为你是一个了不起的贵族,所以你就觉得自己是个了不起的天才。事实上,你除过花了一点力气出生以外,你什么都没有做。"

雷蒙德·钱德勒在《漫长的告别》中说:"人生的悲剧不在于美丽的事物夭亡,而在于变老、变得下贱。"一个美好的时代,人们可以批判丑恶的东西;一个丑恶的时代,则要学会寻找和珍藏美好的东西,否则人真的就没有活着的希望了。南宋时,胡铨官场失意被贬,好友张元幹写诗安慰:

> 白衣苍狗变浮云,千古功名一聚尘。
> 好是悲歌将进酒,不妨同赋惜余春。
> 风光全似中原日,臭味要须我辈人。
> 雨后飞花知底数,醉来赢取自由身。

"有些鸟,注定是不会被关在笼子里的,因为它们的每一片羽毛,都闪耀着自由的光辉。"阳光下的吊兰已经开花,冲上一杯绿茶,音乐盛满整个书房,仿佛要溢出早春的窗外。

"人生若只如初见,何事秋风悲画扇。等闲变却故人心,却道故人心易变。"再好的音乐也架不住经常听,听得多了,难免厌倦。对现代人来说,音乐之动人并不是因为好音响,而是初次相逢或邂逅偶遇。

我想起电影《肖申克的救赎》中的场景,在监狱长的办公室里,安迪打开唱机,播放《费加罗的婚礼》中的咏叹调,声音越开越大,安迪微笑着闭上眼睛;天籁般的音乐从空中飘落,肖申克的囚徒们纷纷抬起头,仰望着喇叭出神……

读书先读史

虽然过去了三十多年，我至今依然记得当年的高考作文题目：一幅漫画上，两个人在挖井：一个人挖了很多井，但每个井都很浅，没有挖到水；另外一个人只挖了一口井，却非常深，因而挖到了水。

对于这幅漫画，可以有无数种解读。我已经忘记自己当年是怎么答卷的。但三十多年后，已经写作和出版了一些书的我，常常会想起这幅高考试卷上的漫画。

刚开始写作的时候，我给自己制订了许多写作计划，就像漫画上的那个人挖了很多井一样，但随着时间推移，我发现自己成为漫画上那个只挖了一口井的人。十余年时间，我只写作了三部书：《历史的细节》《现代的历程》《新食货志》。这三部著作我写了三年，改了三年又三年，一遍又一遍，一直到今天还在修改。

古人写书，大多数人一辈子只能写一部书：司马迁一辈子写了一部《史记》，郦道元一辈子写了一部《水经注》，曹雪芹一辈子写了一部《红楼梦》。这些书在他们生前甚至几乎没有读者，但一部经过时间沉淀的书，终归会超越历史，从而拥有它长久的生命力。

历史的视野

著名历史作家塔奇曼在《历史的技艺》中写道:"目前,公众对小说的兴趣正在下降,同时一落千丈的还有诗歌和戏剧,人们把兴趣都转移到了纪实类文学。在这样一个充满不确定、长期紧张的时代,历史学家的声音是最为需要的,尤其在其他作家产量不足、质量堪忧的情况下更是如此。"[1]

在塔奇曼看来,当下社会对历史学家和历史作家来说,都意味着一个前所未有的机遇——"满足大众兴趣,提供对人类处境的见解。"

从《历史的细节》、《现代的历程》到《新食货志》,我的历史写作已经有了十几年,基本形成了自己的写作风格。我也在群星灿烂的历史写作者中找到了自己的定位,即历史通识。

实际上,从一开始,我就在每本书的序言和后记中反复提醒读者,我写的是大众通识性的通史作品,写给喜欢历史常识的普通大众读者,想以此来与许多历史学术作品划开界限。我从不认为我的作品是写给专业研究者的专业著作。

虽然每次新书出版,总免不了有一些读者批评我没有在书中提出自己独特的历史观点,但这明显是读者的一种误解,他们把书当成了专业学术论文。实际上,写历史离不开史料选择与剪裁,因此写作自有立场。说到观点,选题本身多少就已经代表了我的观点。

在我看来,通识写作的目的是满足通识阅读,而通识阅读则是现代人必备的一种知识体系。

从历史渊源来说,这种百科全书式的写作其来有自。启蒙运动时,卢梭、伏尔泰、狄德罗、孟德斯鸠等,他们都写过不少大众通识作品,后来马克思也写过机器史、鸦片史,而恩格斯给百科全书写了舰船史、炮兵史、骑兵史。这些大众读物以提供知识(常识)为主,并不强调作

---

[1] [美]巴巴拉·W.塔奇曼:《历史的技艺:塔奇曼论历史》,张孝铎译,中信出版社,2016,第41页。

者的学术创造。因此,作者常常处于隐身状态,既没有"太史公曰",也没有"笔者认为"。

应该承认,这些常识性的历史写作对一个现代社会是必需的,因为不只是学院里的研究者才读书、看书。除过那些流传于象牙塔内的专业学术性的历史专著之外,还有更大量的通俗大众历史读物,尤其是通史和通识类的"大历史"。对一般普通人来说,最重要和最需要的是基本常识,而不是某个专家学者的独特创见。即使在当下这个互联网时代,也并不意味着某某百科和某乎就可以解决所有的知识问题。

从我的切身体会来说,写作可能是世界上最苦、最累、最毁身体的事情,若无必要,没有人会去写作。从《历史的细节》、《现代的历程》到《新食货志》,这些书中所叙述的历史,其实都是一些历史常识。作为一个普通人,尤其是成年人,缺乏这些常识,就无法作为孩子的父母尽到对孩子的思想启蒙责任。然而,我发现很少有人把它们以浅显简单的文字写出来,所以我认为我的历史写作的意义就在于此。

拿《现代的历程》来说,虽然我们生活在一个机器的时代,机器比空气和水还重要,无论是生活还是工作,离开机器,人们几乎寸步难行,片刻也生存不了,但据本人目力所见,目前市面上却没有一本讲述机器对我们的生活和社会产生了怎么样历史影响的书。若说创建,写作这本书本身就是一种最大的创建。

再回到写作这个问题上。我曾经去过一个大学历史学院,见到了数十位讲师、博士或教授,聊了以后才知道,他们几乎没有人写过书,甚至连写书的想法都没有。我还遇到一位研究中国古代粮食史的专家,我听了他的高睨大谈,觉得非常有趣,就问他怎么不写成书给大家看看;他反问道:为什么要写书?写给谁看?如果写给大众,根本没有这个必要;如果写给同行,只需要几页纸的论文就能把自己的观点讲清楚。

类似的事情遇到多次后,我多少明白了一些自己原来的困惑,这其实是一个很简单的情况。简单来说,专业研究者一般不必要著书,更不必要面向大众，他们原则上只针对行业和专业内部进行学术交流讨论，以论文或者专著的方式提出自己的观点和论点，读者甚至只限于三五个业内同行。

相对而言，作家以写作为能事，专门著书立说，他们不同于专业学者，他们的写作属于私人性质的大众写作。对他们来说，写作是一种独白，不一定要有明确的目标对象，更不会只针对某个专业群体写作，一般中等文化的社会大众都可以成为他们的读者。或者说，他们的写作与学术无关，甚至也与专业无关，他们只是以自己的方式讲述自己喜欢的事情。

"治史有考史、论史与撰史的不同，而相辅为用。考史要把历史事实的现象找出来，论史要把事实现象加以评论解释，然后才能作综合的撰述工作。"[1] 正如史学研究走向专业化，历史写作也同样在专业化，所以我们有必要分清研究者与写作者之间的区别，而这本身也是一个人本应该明白的常识。

学者与作者

在这方面，房龙是一个活生生的例子。

在房龙的写作生涯中，他曾不断遭受美国学院派历史专家的指责和批评。但事实上，房龙告诉人们的与其说是历史，不如说都是常识。而且，房龙本人也是历史学博士。如果今天我们回头再看房龙的《人类的故事》，或者茨威格的《人类群星闪耀时》，又能从中找到多少他们个人的创见呢？

戴蒙德的《枪炮、病菌与钢铁》已成经典，很多人都对他佩服得五体投地，认为他在书中有无数创见。事实上，如果看书足够多，就会发现戴蒙德的这本书，其主要观点都来自克罗斯比的《哥伦布大交换》。克罗斯比在二十世纪六十年代就写出了那本书，但影响并不大，三十年后，戴蒙德以他悬念式的叙述和史诗般的文笔，重新构建了一部人类史，让

---

[1] 严耕望：《治史三书》，上海人民出版社，2016，第8页。

克罗斯比当年的研究和创见传遍全世界。但人们只知道戴蒙德，却不知道克罗斯比。有趣的是，戴蒙德大器晚成，老而弥坚，后半生著述无数，但他的其他书大都反响一般。

研究是一门技术活儿，这个大家都懂，但事实上，写作也是一门技术活儿，而这常常被人们有意无意地忽略了。

北大历史学教授罗新在接受采访时曾专门谈道："《人类简史》是近年来大历史著作当中最成功的，仔细读的话，会有很多佩服作者的地方，其中可能没有一项知识是他的原创，但他得消化那么多知识，再组织成自己的书，这是了不起的。"

从写作文体上来说，我的历史写作都属于散文随笔体裁，并非严肃的学术论文。因此，不宜用学术的眼光来看待我的作品。

对我而言，只要在历史叙述中不出现张冠李戴、关公战秦琼的原则性错误，言之有物，言之有理，能带给读者有趣的历史知识，尤其是一些被大众熟视无睹的、常识性的"冷知识"，另外还能有一些有益的思想启发，读起来又非常轻松，非常舒服，我觉得就已经很好了。其实，一般人读书，也是如此。

至于读者在阅读中关注我个人有没有什么观点，这个其实并不重要。在叙述中，我的个人倾向其实早已表露无遗了。至于我的倾向对不对，这并不重要。我也没有想要"误导"读者，我最想做的只是呈现，将历史以我心目中最恰当、最得体的方式呈现给读者。如果说历史任由后人评说，那么每个读者心中都会有自己的看法和观点。

当然，任何写作都不可能是对阅读的复述，就像胡赳赳说的："一个懂得书写技术的人，他在写作时，一定是写出未知的部分，而非写出已知的部分。只有在写作中，思路才得以整理。对写作具有信仰的人士会说，写作是与上帝一起创造，上帝与作者一起参与到构建中来。对写作越持久的人，越会有这种态度。"[1]

---

[1] 胡赳赳：《论孤独》，中译出版社，2021，第163—164页。

人生是有限的，而书是无限的，尤其是在知识全球化，出版工业化的现代社会，一个人穷其一生，哪怕废寝忘食，手不释卷，其实也读不了多少书。

如果说历史可分为专业史学和公共史学，那么我们所读到的历史图书，大致可以分为专业学术著作和大众通俗著作两种，后者又可分为趣味类作品和通识性作品。那些插科打诨戏说性的作品属于趣味类，我的写作既不幽默也不搞笑，基本全部属于通识类，面向非专业的大众读者，以历史常识普及为主。

所谓通识，就是通用知识、通俗知识，这是每个人都应该有所了解的历史知识。如《颜氏家训》云："夫学者贵能博闻也。郡国山川，官位姓族，衣服饮食，器皿制度，皆欲根寻，得其原本。"

严耕望先生在《治史三书》中特别强调，治史既要专精，又要博通。"专不一定能精，能精则一定有相当的专；博不一定能通，能通就一定有相当的博。治学要能专精，才能有成绩表现，这是尽人皆知的事，所以近代治学愈来愈走上专精之路，要成为一个专家；虽然近已注意到科际的研究，但过分重视专精的观念仍然未改。其实，为要专精，就必须有相当博通。各种学问都当如此，尤其治史；因为历史牵涉人类生活的各方面，非有相当博通，就不可能专而能精，甚至于出笑话。所以治史为吃力，很难有一个真正的青年史学家！"[1] 严耕望先生还指出，写历史不一定非要有新奇的史料，还可以"看人人所能看得到的书，说人人所未说过的话"。

在常见的历史知识之外，我主要关注的是对历史的态度和立场，或者说思考方式，这其实要比历史知识本身更加重要。正因为这样，才会开卷有益，读书才会影响人的心智。德国诗人黑塞有句话："世界上任何书籍都不能带给你好运，但是它们能让你悄悄成为你自己。"

---

[1] 严耕望：《治史三书》，上海人民出版社，2016，第7页。

专精与博通

大学起源于中世纪的西方，现代大学除过艺术之外，主要学科分为文科、理科和工科。工科是实用技术，理科基本等同于科学，而包括文史哲在内的文科原本是"自由技艺"，那些没有衣食之忧的贵族阶层喜欢养"食客"，以此作为饭桌上的谈资。然而，现代社会非常功利，每个人上完大学都要找到一份职业才能生存，工科自然最受欢迎，理科可以做科研，文科的出路有两种，或者模仿理科，将自己变成一种"科研"，或者找到像传统贵族那样的消费者。

从文艺复兴开始，读书便是西方上层社会的标志。正如叔本华所说："只有和达官贵人共处一室，才能发现无知是件多么不体面的事。穷人受到贫困和匮乏的束缚：劳动取代知识，占据了他的思想。但是那些无知的富人只为自己的欲望而生活，就像野外的猛兽。屡见不鲜的场景是：财富和闲暇是他们最大的价值所在，如果荒废了这二者难免显得有失身份。"

在中国古代也是如此，读书写作的人若不能作为官僚谋士建功立业，或者作为刀笔吏狐假虎威，就只能游走服务于豪门权贵，被称为儒生、书生；因其依附性，他们常常被人轻视，甚至被斥为"腐儒""小人儒"。司马迁在《报任安书》中说，"文史星历，近乎卜祝之间，固主上所戏弄，倡优畜之，流俗之所轻也"。班彪精文墨，好古史，曾续写《史记》，其子女班固、班昭亦长于史笔，唯独班超毅然投笔从戎。班超起初也是书吏，"尝辍业投笔叹曰：大丈夫无他志略，犹当效傅介子、张骞立功异域，以取封侯，安能久事笔砚间乎？"

唐代杨炯《从军行》曰："宁为百夫长，胜作一书生。"苏东坡《赠李兕彦威秀才》亦云："弃书捐剑学万人，纨绔儒冠皆误身。"清代黄景仁更有"十有九人堪白眼，百无一用是书生"之叹。[1]

---

[1] 黄景仁，常州人，生活在乾隆年间，出身清贫，少年时即负诗名，为谋生计，曾四方奔波，一生怀才不遇，穷困潦倒，后授县丞，未及补官即在贫病交加中客死他乡，年仅35岁。

最为人所知的是《三国演义》第四十三回《诸葛亮舌战群儒》。严畯"问孔明治何经典",类似"最近读什么书",诸葛亮讥讽道:"寻章摘句,世之腐儒也,何能兴邦立事?且古耕莘伊尹,钓渭子牙,张良、陈平之流,邓禹、耿弇之辈,皆有匡扶宇宙之才,未审其生平治何经典,岂亦效书生,区区于笔砚之间,数黑论黄,舞文弄墨而已乎?"汝阳程德枢批评诸葛亮没有真才实学,"恐适为儒者所笑耳",结果遭到诸葛亮痛骂:"儒有君子小人之别。君子之儒,忠君爱国,守正恶邪,务使泽及当时,名留后世。若夫小人之儒,惟务雕虫,专工翰墨,青春作赋,皓首穷经;笔下虽有千言,胸中实无一策。且如杨(扬)雄以文章名世,而屈身事莽,不免投阁而死,此所谓小人之儒也,虽日赋万言,亦何取哉!"

实际上,扬雄原本以辞赋成名,后来放弃这种"童子雕虫篆刻"[1],转而致力于思想,他对孔子尤其推崇,并模仿《论语》作《法言》,模仿《易经》作《太玄经》。

现代分工社会里,文化艺术的消费者从贵族变成了中产阶级。与少数贵族的保守不同,社会大众总是善变的,一个人文艺术工作者必须与时俱进,去想方设法满足大众的兴趣偏好。曲高和寡,严肃的总不如庸俗的作品更受欢迎。一本思想严肃的书能卖上万册就属于畅销书了,而那些内容低俗的小说动辄能卖上百万册。与自由职业者相比,主流体制内的文科人更加稳定和安全。文科"科研化"的结果,是文史哲格式化,从业者科层化,论文和职称相对应,构建起一个学院象牙塔。

传统时代里只有地主贵族才能有闲余关注人文,享受读书、写作,学习琴棋书画,从历史和艺术中或自娱,或娱人。如今社会里一切都丰裕而廉价,让越来越多拥有智识的普通人也可以享受这些古老的奢侈品。

按照现代专业分工,从事科研的科学家与从事写作的科普作家是两种人,好的科学家不一定是好的科普作家,好的科普作家也不一定是科

---

[1] 据《颜氏家训》载,或问扬雄曰:"吾子少而好赋?"雄曰:"然。童子雕虫篆刻,壮夫不为也。"

学家。同样，作家与学者原本就不一样，无论如何也不能混为一谈。如果说历史是科学之一种，那么我或许可以算作一个科普作家，因此，不能把我错认作从事历史研究的"科学家"。

2016年，《现代的历程》获得华文原创好书十佳，当时是作为新知类图书而非历史书获奖的。用评委会的说法，我的作品属于大众的"历普书"。历史普及与科学普及是一样的，在现代社会中，都属于很重要的社会阅读范畴。对大多数人来说，他们需要知道最基本的历史知识，犹如一加一等于二这样的常识，而不是数学家终其一生也难以攻破的哥德巴赫猜想。

或许塔奇曼的这段话说得更清楚："我更愿意把区别设置在学院作者和自由作者之间，或者学者和作家之间，而不是专业作家和业余写手之间，因为问题的关键不是谁更专业，而是职业不同。大学老师是专业的历史学家，大学门外的我们是专业作家。现在他们借用了我们写作的功能，我们借用了他们研究的对象，双方都有很多东西要向对方学习。"[1]

专业与通识

二十世纪上半叶的民国时代，中国现代历史学刚刚发轫，当时很多历史学家或者没有接受过专业系统的教育，或者学贯中西，即使背景不同，但都会倾尽全力留下一部通史性著作，很多《中国通史》都诞生于当时。进入下半叶之后，历史学专业逐渐精细化和体制化，学者们如同铁路警察，各管一段，结果再也没有人试图去写"通史"。研究宋代经济史的人一辈子都心无旁骛，专门研究宋代经济史，对其他历史便不求甚解，这就像医院分科一样，内科不懂外科，眼科不懂妇科。

日益精细化的分工，既是今日大学学术研究最大的优势，也是其最致命的弱点。当专业上的深入成为学者的主要追求时，专家往往看不上知识的整合，特别是将高度整合的人文历史向外行讲述。现代学术发展

---

[1] ［美］巴巴拉·W.塔奇曼：《历史的技艺：塔奇曼论历史》，张孝铎译，中信出版社，2016，第47页。

的一个明显特点是专业门槛越来越高，与普通人距离越来越远。任何事情都是物极必反，过犹不及。现代学术研究因为科层化和专业分工，在某种意义上越来越碎片化，那些专业学者也往往只关注某一狭窄领域，对更广泛的通识领域无心顾及。

从学术角度来说，现代历史学是一门严谨的专业科学，一直在深度和广度上不断拓展，很多专业历史研究者更关注的往往是历史新知识，即对一个新的知识点的挖掘和发现，来获得"突破"，甚至颠覆性的"革命"。如此也出现了一个有趣的悖论，使学术变成一种技术，学术问题变成了技术问题，这些专业学者对历史本身并无立场，因为他们只追求"真相"。这有点像是"盲人摸象"的困局，虽然专家们对大象的某一个局部非常精通，但对大众来说，其实只需要知道那是一头象就足够了。换言之，同样是历史，大众与专家的关注点并不相同。

历史学教授包伟民不无中肯地指出，当前中国的历史学科虽然深受传统史学的影响，却并不是它的自然延续，而是近代以来在西学影响下形成的一门新学问，其主旨也从传统的记述先贤史迹——也就是讲述祖先的故事，转向了社会科学式的对前人社会的解剖与分析。于是，丰富多彩的人类社会历史，在现代史家笔下就只剩下了性质、规律等一大堆生涩的专业术语，以及常常与历史上人们生活充满隔阂的分析讨论。这样的研究工作虽然为我们深入理解历史社会所必不可少，极有价值，却也使得专业的史学论著远离一般的读者，成了专业人士的圈中之物。史学另一个同样重要的向公众传递历史知识、提供怡情养性读物的功能则被忽略了。

可喜的是，近些年来，大众历史阅读渐成趋势，很多专业历史学者也纷纷走出象牙塔，投身大众通俗历史写作，涌现出不少雅俗共赏的历史畅销书。

宋史专家王瑞来就主张，"学者有义务走出象牙塔，将研究成果推广给大众，挤压戏说、胡说历史的存在空间"。他在写给一本通俗历史书的推荐序中直言："书不是日记，是写给人看的，所以无论是学术著作，还是通俗读物，可读性是第一要义。唯其可读，方能把作者的所述所思完整地传达给读者，方能像艺术品一样，让人把玩欣赏。史学著作尤其应当在信、达之上，强调一个雅字。即使是象牙塔，也须玲珑剔透。历史学的无用之用，才能得到完美地展现。"[1]

在现代社会，一方面分工越来越细致，另一方面技术进步越来越快。老的东西不断消失，新的东西不断涌现，整个社会新陈代谢的周期越来越短。在这种背景下，各种专业技术知识虽然重要，但最后都免不了被淘汰和替代的命运；相比之下，以文史哲为主的人文通识类知识，反倒会让人一辈子都受用不尽，直接塑造了人的知识涵养和人生观。到最后，一个人一生的成就，其实都是由通识和常识构成综合素养决定的。正如尤瓦尔·赫拉利所说，历史和其他那些所谓科学的学科不同，历史不能试验和实验，不能反复发生，也不可预测。学习和研究历史不是为了预测未来，而是为了扩大人类的视野，健全自己的知识结构，理解我们现在所处的社会。

我们当下社会正值新旧交替，物质和观念在传统与现代的时空中交错重叠。从生活工作和衣食住行来看，我们的生活完全现代化了，高楼大厦，车水马龙，与西方发达国家几无二致。然而这一切表面现象之下，许多人的思想观念和常见的社会文化仍然属于传统中国的延续，这种传统与现代的冲突与嫁接造就了独具特色的中国。要了解中国社会，不仅要从世界的眼光看中国，也要从历史的眼光看当下。不懂历史的人既不懂过去，也不懂当下，更无法思考未来。

历史不仅仅是一种知识，仅有历史知识是很低级的一件事，即使一些所谓的"冷知识"，在网络时代也俯拾即是。我觉得对一个现代人来说，最重要的是看待历史的方式，而不是历史本身。所以，我觉得写作与阅读，所追求的不外乎是思想和价值观，这也是读书的根本。

---

1 黄博：《如朕亲临：帝王肖像崇拜与宋代政治生活》，山西人民出版社，2023，推荐序。

刺猬与狐狸

蒙田在《随笔集》的结尾说："如果我有信心做我真正想做的事，我就会不顾一切，彻底地自说自话。"我十分喜欢随笔这种写法，如果说学术著作是教授拿着高头讲章，正襟危坐地给你上课，那么随笔作品就像是朋友聊天拉家常，轻轻松松，不知不觉，就和你讨论了很多人类生存的小细节和大命题，这是一种非常个人化的写作。我觉得对非专业人士来说，随笔是最合适的文体。

读书这件事，首先需要读者懂得如何选择。一本书是专业的历史学术书，还是通识"历普"（历史普及）书，这是每一个读者在读书之前首先应该明白的一件事，否则就可能上错车，买错书。没有一本书能适合所有读者，从来没有错误的书，只有买错的书。

很多年前，《收获》杂志同时邀请阿城和余秋雨这两位作家开专栏。阿城因为小说《孩子王》被拍成电影并获奖，名气很大，当时已经移居美国。身在异国他乡，这让阿城能够以他者的眼光重新审视中国。他敏锐地发现，对一个刚刚踏入现代社会的中国来说，最缺的是常识。所以他的专栏名字就叫《常识与通识》。

阿城说，人与人之间"没有代沟，只有知识结构沟"，一个人思维材料越多，知识结构越完整，也就越通达，越不容易焦虑。阿城虽以文学成名，但他却说自己最感兴趣的永远是常识与通识。事实上，阿城连大学也没有上过，只念到高一，但他读书非常多，经历也极其丰富。

有人说，一个人的文化素养主要体现在三个方面：现代意识、世界视野和人类文明。现代社会里，大多数人都接受过很多教育，甚至在某个狭窄的专业上成为硕士、博士，但这并不代表他在常识和通识上足够完善。说句玩笑话，现代大学体系下的所谓"硕士""博士"，其实都是"专士"，不求广度，只求深度，所以"硕士"一点儿也不"硕"，"博士"一点儿也不"博"，都只是"专"而已。对很多人——尤其是一些受过专业教育的知识人来说,最欠缺的就是通识知识,反过来说,通过阅读来完成通识教育也是必不可少的。

叔本华就说:人类目光所及的范围十分有限,而人类知识的全部领域早已远远超出这个范围;并且,一个人所能了解的知识甚至不及他应掌握的全部知识的十分之一。科学的各个分支越来越繁多,以至于一个人若想有所成就,便不得不放弃所有其他学科,而专注于某一研究领域。这让一个人在他自己的研究领域中确实要比一般人高明,但在其他领域,他却和一般人没有什么两样。一个这样的专家就像工厂里的工人一样,他穷其一生去制造某种特殊的诸如螺丝钉、老虎钳或曲柄摇杆之类的零件;的确,就某些特定的机械仪器讲,他确实达到令人难以置信的熟练程度。这种专家也可以被比作一个从未离开过自己居所的人,在那里,他完全熟悉所有的一切:每一层台阶,每一个角落,每一块木板,就像《巴黎圣母院》里卡西莫多熟悉教堂一样,而教堂外面的一切对他来说都是陌生的、不可知的。[1]

美国心理学家泰特洛克的书《狐狸与刺猬》有一个有趣的说法,他说这个世界有两种人才——刺猬型人才和狐狸型人才。刺猬型人才专精于一,但知识面狭窄;狐狸型人才什么都懂一点,但不够精深。毫无疑问,现代教育主要是生产专业的刺猬型人才,但狐狸型人才对人生和世界往往会有更准确的判断。社会是一个错综复杂的系统,牵一发而动全身。"狐狸"比"刺猬"拥有更大的视野,从而能够做出正确的分析判断。

爱因斯坦在《纽约时报》上发表过一篇谈教育的文章,开宗明义的一段话是:"只教给人专业知识是不够的。专业知识可能使人成为一种有用的机器,却无法使人格得到和谐发展。务必让学生对价值观有所了解并产生热烈的感情,对于美和善也必须有强烈的感受,否则,拥有专业知识的人更像是一条训练有素的狗,而不像一个和谐发展的人。"[2]

对一个作家,随笔不仅是一种写作锻炼,更是一种日常,几乎每个

---

1 [德]叔本华:《听大师讲哲学:叔本华的人生智慧》,赵一凡编译,中国画报出版社,2012,第155—156页。
2 [美]阿尔伯特·爱因斯坦:《我的世界观》,方在庆译,中信出版社,2018,第59页。

作家都有写专栏的经历，而且这些专栏往往都会汇编成书出版。后来，阿城和余秋雨的这些专栏也都结集出版了。然而讽刺的是，阿城的《常识与通识》反响平平，而余秋雨《文化苦旅》却因为文字优美而风靡一时。再后来，余秋雨的作品遭到知识界和文化界不少人诟病，认为是文学多于历史，情绪多于思想，之所以被批评，其实主要的硬伤是缺乏常识，或者常识错误。

事实上，缺乏常识和基本的通识，是我们当下这个社会的普遍现象，这甚至从很多社会精英身上暴露出来。明人张岱说："天下学问，惟夜航船中最难对付。"所谓夜航船，指的就是普通人所应该知晓的常识。从鲁迅到王小波，他们的文学道路都经历了从小说到杂文的蜕变，所谓杂文，抛开其幽默讽刺的意味，其核心仍是通识和常识。

从我自己来说，与其说我是一个历史作家，我更愿意承认自己是一个专注于大众常识的写作者。

美国作家塔奇曼以大众历史写作而著名，她的作品被认为是严谨学术研究和精致文字的完美结合，并有深刻的批评与反思，让读者着迷不已。她常常说："我是个作家，只是以历史为题材而已。"

英国作家马特·里德利写过很多通识类的畅销书，涉及经济史、科技史和社会史等，如《创新的起源》《理性乐观派》等。他在《性别的历史》一书的序言中说：科普作家是集思广益的高智商"抄袭者"，善于从那些忙于思考却无暇发表高见的思想者那里挖掘材料，归纳到自己书里，并能谋划全局，其角色是把别人发现的一块块零碎骨骼拼凑成它的原始模样。

与历史对话

"今人不见古时月，今月曾经照古人。古人今人若流水，共看明月皆如此。"从历史来说，世界在变化，人类也在变化，而且这种变化不可阻挡、不可逆转。我们必须与时俱进，用发展的眼光看待历史、看待社会、看待一切人和事。

俞敏洪在与张朝阳对话时说：文科在某种程度上能让人管好自己的灵魂，因为如果内心不够充实，那么不管拥有多少物质财富，你都不会感觉幸福。按照知识的文理分科，文科偏重于人内在的精神关怀，而理科则偏重于对外在世界的探索。历史兼顾内外，对每个人来说都不可或缺；缺乏历史感的人不仅无法认识世界，也无法认识自我。

历史不是史料和档案，历史是与现实的对话，不同时代有不同语境，因而有不同历史，历史的多面与多变使其成为最具理论性的人文学科之一。太史公云，历史是"究天人之际，通古今之变，成一家之言"。一位西方学者总结说，历史写作要求有超常的判断，有高贵、清晰而简洁的风格，有出色的道德感，要完全笃诚正直，要有许多极好的资料，并有将它们安排得井然有序的技巧。

傅斯年曾说传统史家是"取伦理家的手段，作文章家的本事"。严耕望先生说，通识之作不同于考据之作，尤其通史，重在综合，重视章节布局，通变古今，不在一事一物之点滴考证。我认为好的通识写作应该有四个特点：一是注重文学与文字的典雅大气，二是具有逻辑理性，三是对传统农耕文化充满温情和理解，四是充满强烈的现代思想与批判精神。在我看来，一个作家具有其中一项两项者很多，能有三项的就很少了，而四项兼具者非常难得，能让读者从阅读中获得最全面的精神收获。

"深心托毫素，怀抱观古今。"如果说写作于我是一种宿命，那这或许是命运的安排——我从未接受过任何专业科班训练，没有学校，也没有老师。我就像荒野中一位孤独的行者，江湖夜雨十年灯，唯一可以依靠的只有书。有了书，我就可以自己读，自己想，自己写，从阅读者到写作者，我的逻辑因此可以自洽。

如果说阅读是与历史对话，与别人对话，那么从实质上讲，写作是与自己对话。《追忆似水年华》的作者普鲁斯特说过："一本书是另一个自我的产物，这自我与我们在自己的习惯、社交生活、弊病中呈现的自我不同。"通过阅读和写作，人是否有可能跨越这二者之间的鸿沟？

横渠先生张载有言:"为天地立心,为生民立命,为往圣继绝学,为万世开太平。"灵魂借作家之口,说出了自己。

西塞罗对智力工作的推崇近乎夸张,"没有比做学问更美妙的职业了;做学问就是使我们在今世了解物质的无限,了解自然界、天、地、海洋的无比伟大;做学问教给我们虔诚、克己、心胸宽大,它把我们的灵魂从黑暗中拉出来,让它见识万物——最高的、最低的、最先的、最后的,以及所有在两端中间的;做学问给我们以过美好幸福生活的手段,它教给我们如何无怨无惑地度过一生"。

做任何事情都需要一定的专长。对一个写作的人来说,才华必不可少,最重要的是勤奋和努力。这对一个真正热爱写作的人来说并不难,乐此自然不疲。人一辈子最幸福的事情就是与自己爱的人在一起,然而,比这更幸福的是做自己喜欢的事情。确实,读书写作对我来说非常轻松快乐,就像在花园里散步,时不时地遇见花朵与大树,或驻足欣赏,或继续前行,乐而忘返,悠然自得。

世间也苦,人生也难。人常说,父亲在,人就是孩子。我要说,不经历苦难,人永远不会长大。

我一生的眼泪大概都在父亲出殡那一天流尽了。我突然发现,童年那些饥寒交迫的贫寒日子竟然也是幸福的。刚出校门,我就不得不用瘦弱的肩膀挑起生活的重担,偿还父亲看病欠下的巨债,照顾多病的母亲和弟弟妹妹,而我不久也有了孩子。那或许是我人生最艰难的时候。我刚刚停止了长个子,尚在懵懵懂懂中,生活就给了我一记当头重击。没有安慰,没有同情,是书陪我走过那段时光。亲人会分离,朋友会走散,只有书永远在你身边。

常言说,三穷三富过到老。人这种势利动物,没有享不了的福,也没有受不了的罪。再完美的一生,也难免三起三伏,有最得意时,也有最失落时,这时候最能看出一个人的心性。富贵不淫,贫贱不移,知道自己是谁,这需要精神的力量,而这种力量只有书能给你。

"一卧沧江惊岁晚,几回青琐点朝班。"人生很长,盛宴很短,曲终人散，人总要耐得住寂寞和清苦。一个人的时候，总要有书陪伴。古代雅士以梅妻鹤子自诩，于我而言，则是以书为妻、以书为子了。人不能没有爱好，中年之好书如少年之好色，"读你千遍也不厌倦，读你的感觉像春天"。阅读是一场恋爱，写作则是一场孕育。人类娶妻生子，既是为了生命延续，也是为了让生命有另外一种可能。读书写作也是如此，在书的世界里思想和想象可以尽情飞舞。读到每一本书都是一次邂逅，写出的每一本书都是自己的孩子。写作是面对另一个自己，发现一个新的世界，所谓"苟日新，日日新，又日新"。

无论阅读还是写作，都是孤独的，但这种孤独是充实的、幸福的，甚至是奢侈的。不是每个读书人和写作者都是知识分子，但知识分子都习惯孤独，甚至享受孤独，"因为与伟大的思想或知识相处，知识分子获得的安宁是至高无上的。这个时候他对不对世界发言已经没有那么重要，甚至是毫无必要，因为在智慧之学的层面上来讲，你不应该改变世界，而是改变你看待世界的方式"[1]。

朝花夕拾犹未晚

古人说，读书最乐，但读史书则喜少怒多。或许是因为这个缘故，人总是年轻时不爱看历史，随着年龄渐长，越来越喜欢历史，愤怒不仅能让人清醒，也能让人保持年轻。

弗洛姆在《逃避自由》中说，孤独是现代人的无法摆脱的隐痛，因为孤独是自由的代价。

今天的世界物质丰裕、技术发达，从制造业到服务业，越来越智能的机器人不断取代人类。有人担心，要不了多久，或许所有的东西会都交给机器人生产，而人类只能失业在家。如果真是这样，等到那时，人们为了打发时间，排解无聊，精神商品生产或将成为主要的生产领域，创作与写作可能成为未来的主流职业。即使当下，在一个分工合作的社

---

[1] 胡赳赳：《论孤独》，中译出版社，2021，第143页。

会里，写作也是不多的可以独自一个人完成的工作。

在西方文化中，写作被视为一种自由技艺，这有两层意思：一是写作可以让人获得最大限度的自由；二是写作者也必然是一个自由的人。

电影配乐大师坂本龙一在他的自传《音乐即自由》中写道：

"记忆一旦淡去、消逝，事情可能就此淹没在历史的洪流中，彻底消失无踪。但是只要一谱写成歌曲，就可能成为民族或时代的共有记忆，不断流下去。将事情从个人体验中抽离而出，实际留存在音乐世界中，能借此跨越时空的限制，逐渐与他人共有，音乐正具备这样的力量。"

现代人无所不有，最缺的是专注。所谓专注，就是知道自己是谁，知道自己往哪里去，知道自己想成为什么样的人。专注会让人每一天都过得无比充实，所以专注的人是幸福的，而阅读和写作最能让人专注起来。荒歌犹自唱，写作即修行。

在日复一日的晴耕雨读中，我并不追求在历史领域有什么研究和新的发现。绠短无以汲深，而常识既非深不可测，也非高不可攀。我所努力的，只想将原本人人都应该了解的历史常识，用最合适的方式讲述出来，让每个非历史专业的普通人都能了解最起码的历史常识，从而能够认识和理解当下社会，以及自身的处境。我想，这是一件非常有意义且非常有意思的事情，也非常值得去做。然后，我真的去做了，并且我相信，这个事情可以继续做下去。

少年听雨歌楼上，壮年听雨客舟中，如今听雨在僧庐。"老年时最大的安慰莫过于意识到，已把全部青春的力量都献给了永不衰老的事业。"叔本华的这句话恰好印证了卢梭在《一个孤独的散步者的遐想》中所说："青年期是增长才智的时期，老年期则是运用才智的时期。"

《容斋随笔》中有一篇"人生五计"：十几岁为长大成人叫"生计"；二十几岁为成家立业叫"身计"；三十四十为养儿育女叫"家计"；人过了五十，"心怠力疲，俯仰世间，智术用尽，西山之日渐逼，过隙之驹不留，当随缘任运，息念休心，善刀而藏，如蚕作茧，其名曰老计"。年轻人努力成功，求富求贵，人老了就要淡泊名利，不求多积。曾子七十乃学，荀卿五十始学，大器不怕晚成。

"闭户著书多岁月，种松皆作老龙鳞。"西汉严君平，淡泊名利，知足常乐。一生隐于成都市井，为人卜筮算卦，日得百钱，即闭户下帘，读书写作，活到九十五岁。扬雄称其"不作苟见，不治苟得，久幽而不改其操"。

"万卷古今消永日，一窗昏晓送流年。"陆游壮游半生，晚年回到故乡，在镜湖边筑了两间茅屋以读书，名之"老学庵"，取师旷"老而学如秉烛夜行"之语。陆游在老学庵闭门读书，写下许多笔记，后来结集出版，是为《老学庵笔记》。

> 穷冬短景苦匆忙，老学庵中日自长。
> 名誉不如心自肯，文辞终与道相妨。
> 吾心本自同天地，俗学何知溺秕糠。
> 已与儿曹相约定，勿为无益费年光。

古人知天达命，常说"五十不盖房，六十不栽树"，似乎唯有读书写作最适合一个人的老年，尤其是历史哲学，朝花夕拾，朝闻夕死。

现代社会物欲横流，金钱至上，功成名就，鸡犬升天，而知识是最无关成功的事情。知识人天生与世无争，耻于自售，晚食以当肉，安步以当车，无罪以当贵，清静以自娱，安分以养福，谦卑收敛是应有之道。所以古人常说"名利不如闲"——所谓闲者，不徇利，不求名，澹（淡）然无营，俯仰自足之谓也；而闲之中，可以进德，可以立言，可以了死生之故，可以通万物之理，所谓"终日干干而夕犹惕若"也。

"元亨利贞，谓之四德。元者，万物之始；亨者，万物之长；利者，万物之遂；贞者，万物之成。"余世存喜欢周易，他用"四德"来比拟人的一生：青少年是学习阶段（元），青壮年是努力尽责阶段（亨），中年是散财修道阶段（利），晚年是布道传道阶段（贞）。所以有人说，年轻人不会懂得历史的真谛,历史从来都是老年人的专好。历史不只在于阅读,更重要的是阅历。无论阅读还是阅历,都需要时间。张之洞曾说:"史学须渐次为之,亦须穷年累月。"(《輶轩语》)

1952年,正在研究中国古人服饰的沈从文写道:从生命全部去看,万千人在历史中而动,或一时功名赫赫,或身边财富万千,存在的即俨然千载永保;但是,一通过时间,什么也不留下,过去了。另外一些生死两寂寞的人,从文字保留下来的东东西西,却成了唯一连接历史、沟通人我的工具。因之历史如相连续,为时空所阻隔的情感,千载之下,百世之后还如相晤对。

司马迁少年耕读,青年壮游,中年写作,到五十五岁完成《史记》,"藏之名山,传之其人","可为智者道,难为俗人言"。我大体也经过这样一段人生历程,留下三部"全球史"以敝帚自珍。傅山临终整理自己的文稿,对儿女叮嘱再三:"人无百年不死之人,所留在天地间,可以增光岳之气,表五行之灵者,只此文章耳!"

私人书单

一本书，始于序，终于跋，才算得善始善终。对历史书而言，关于史料出处的脚注尾注自然少不了，此外，在书末还应列出一份作为参考文献的书目。

孟子说："学问之道无他，求其放心而已矣。"(《孟子·告子上》)文学写作者可以不读书，但写历史，不仅要读书，而且要"博览群书"。一本历史作品背后，总会有许多历史文献和著作为其"背书"，所以每个历史写作者都是勤奋的阅读者。

古人读书主要是读经，书籍主要是经、史、子、集。《幽梦影》云："读经宜冬，其神专也；读史宜夏，其时久也；读诸子宜秋，其致别也；读诸集宜春，其机畅也。"又说："经传宜独坐读，史鉴宜与友共读。"

在传统时代，无论中外，书是阶级的标志，无书不贵，书卷气即贵族气质；传统社会的上层几乎是被书主宰的。对农民和穷人来说，书是可望而不可即的，即使偶尔得到一本书，他们也因为不识字而不知所云。在今天的美国，每一届总统新上任，都要对着《圣经》宣誓；当选的众议院议员宣誓时所使用的书，不一定非得是宗教书，但必须得有一本书，否则就不能宣誓就职。可见书籍的象征意义比书本身的内容更重要。

古人称一个人知识渊博，常说"才高八斗""学富五车"。在前印刷时代，一个读者能读到的书毕竟是有限的。对现代人来说，古今中外几乎所有的书都唾手可得，真可谓书海无涯，但这也让人陷入选择困境。

经常有读者要求给他推荐一些值得阅读的好书，这大概是每个写作者都会经常遇到的一件事。对此，我总是不以为然。

在我看来，读书跟吃饭一样，是一件非常私人的事情，如人饮水，冷暖自知。每个人的口味偏好不同，对书的兴趣和评价差异也很大，有人喜欢历史，有人喜欢文学，所谓萝卜青菜，各有所爱。衣不如新，人不如故，还有很多人偏偏喜欢旧书。

《唯有书籍》中写了两个爱书的朋友：一个是高雅的爱书人，身材苗条，对每本书都爱如至宝，小心呵护，读书先净手，从不在书上乱写乱画；另一个是世俗的爱书人，身体丰满，嗜书如命，读书如吃书，书中到处都是笔迹墨痕，每本书都被她读得要散架。这两个爱书人因为对书的方式不同而势不两立。

古人曾经这样形容一个人爱读书："饥读之以当肉，寒读之以当裘，孤寂而读之以当友朋，幽忧而读之以当金石琴瑟。"古人读的都是线装书，大多是手抄本，少数是雕版印刷，而雕版印刷其实也是手工镌刻、手工印刷，非常宝贵。"聚书藏书，良匪易事。善观书者，澄神端虑，净几焚香。勿卷脑，勿折角，勿以爪侵字，勿以唾揭幅，勿以作枕，勿以夹刺，随损随修，随开随掩"（《经籍会通》）。

如果将读书比作吃饭，那么读书这件事首先就要"杂"，这跟吃饭最好不要太偏食一样。读书不是上学，不是考研，纯属心智所需；读各种各样的"杂书"，可以细读精读，也可以随便翻翻。跟孔乙己一样，咬文嚼字，皓首穷经，只读一种书或一类书，难免造成知识单一、思想片面，这跟严重偏食的人营养不良一样。对于社会阅历少的人来说，这样狭隘地读书，有时还不如不读书。

我认识一些藏书家，因为时代原因，年轻时读了许多苏俄文学作品，这种偏好持续一生。说起来虽然藏书万卷，读书也不少，但却对中国传统文化和现代思想文明了解不多，眼界和思维难免偏颇受限。

有一句流传很广的话：书犹药也，善读之可以医愚，不善读可以致病。我就遇到过一些读书人，自称中了书的"毒"，受了读书的"害"。这其实不是书有问题，而是他读书的方式有问题。读书不是装潢门面，读书的最终目的是扩展知识面，激发思考；只读书不思考，没有怀疑和批判精神，读多少书都白搭，尽信书不如无书，人们常说的"书呆子"就是这意思。

叔本华说："如果有人几乎整天的时间都在读书，放松心态，清空思绪，那么他就会逐渐失去思考的能力，就像一个总是骑马的人，最后忘记了如何走路。许多有学问的人就是这样，他们越读越蠢。"

说到底，实践出真知。对所有读书人来说，社会才是最大最厚的书。一个人想要真正地会读书，没有社会阅历是不行的。如果说书是盐，那么社会就是饭菜，人依赖社会而活，但读书会让人活得更有意义。或者说，读书是为了更好地生活，人没有必要为读书而读书；读书能为生活提供一面镜子，让人更加了解自己与社会。

虽然我读书较晚，但相对而言，我读书的时间要比写作的时间长得多。早期读文学书偏多，后来逐渐转向社科历史类。虽然总体上比较杂，但对读书也有一些自己的偏好。这种个人偏好与大众口味绝对是两码事。我觉得好看的书，在许多人那里或许闻所未闻，然而，却是这些书给我留下深刻的印象，甚至改变了我的思想。正像卡夫卡说的，一本书，如果我们读了不能在我们脑门儿上猛击一掌，让我们惊醒，那我们为什么要读它呢？

常言说，相由心生。一个人年轻时，相貌只是父母的镜像，中年以后，身体相貌则是自己内心的镜像。正如一个人的吃饭习惯会塑造他的身体和面容，对一个读书人来说，他读过的书最后都会化为他思想的底色。用一串书目来为本书"压箱底"，只当是一份不期而遇的私人礼物。

"常把汉书挂牛角，独出郊原更谁与？"看一个人，先看他的朋友。一个人家里的陈设，也往往会显现一个人的内心世界；一个内心独特的人，他的家里也必然别具一格。当一个读书人遇见另一个读书人，总喜欢参观对方的书房，去看看对方的书架。正像一本书的名字《一个人的世界在书架上》，扫一眼书架上的书目，也就可以了解这个人的思想和情趣。有位读书人说：你的书揭示出了你是谁，将它们陈列在别人看得到的地方，就是在展示你的部分自我。

这份单薄的书单，就权当一瓣心香，像"私房菜"的菜谱一样，不一定适合别人的胃口，但对一些志趣相投的同好者来说，或许从这份货真价实的书单上，可以了解一个阅读者和写作者的精神图谱。

读书人都喜欢西塞罗那句名言："一间没有书的房间就像一具没有灵魂的躯体。"然而在茫茫人海之中，读书的人和写作的人永远是极少数。万卷如海一身藏，写作与阅读互为镜像。写作的人是孤独的，正如阅读的人一样孤独，阅读和写作都是孤独的解药。

据说每条鲸鱼都有它独特的发声频率，一般鲸鱼的发声频率在 15 赫兹到 25 赫兹之间，但却有这样一条鲸鱼，它发声的频率是 52 赫兹。多年以来，它一直游走在世界各大洋，寻找它的同伴。

在这个人人都在刷手机的时代，总还有人像你我一样在看书。

在书中，我们可以邂逅古人，期待来者，穿越时空，任意徜徉。相濡以沫，不如相忘于江湖；相逢一笑，或只因读过同一本书。苏子曰："何夜无月？何处无竹柏？但少闲人如吾两人者耳！"

经典

司马迁:《史记》

司马光:《资治通鉴》

宋应星:《天工开物》

张瀚:《松窗梦语》

唐甄:《潜书》

王夫之:《读通鉴论》

顾炎武:《日知录》

赵翼:《廿二史札记》

[意]马基雅维利:《君主论》

[英]亚当·斯密:《国富论》

[英]查尔斯·达尔文:《物种起源》

[德]卡尔·马克思:《资本论》

[美]约翰·罗尔斯:《正义论》

[英]阿弗里德·马歇尔:《经济学原理》

[德]克劳塞维茨:《战争论》

思想

费孝通:《乡土中国》,上海人民出版社,2006。

刘再复、林岗:《传统与中国人》,中信出版社,2010。

梁漱溟:《中国文化要义》,上海人民出版社,2011。

冯友兰:《中国哲学史》,商务印书馆,1976。

[美]明恩溥,陶林、韩利利译:《中国人的性格》,江苏凤凰文艺出版社,2018。

[美]孙隆基:《中国文化的深层结构》,广西师范大学出版社,

2011。

［美］费正清:《中国:传统与变迁》,张沛、张源、顾思秉译,吉林出版集团,2008。

金观涛、刘青峰:《兴盛与危机:论中国社会超稳定结构》,法律出版社,2011。

［美］罗兰·斯特龙伯格:《西方现代思想史》,刘北成、赵国新译,中央编译出版社,2005。

［法］米歇尔·福柯:《规训与惩罚:监狱的诞生》,刘北成、杨远婴译,生活·读书·新知三联书店,2003。

［美］赫伯特·马尔库塞:《单向度的人:发达工业社会意识形态研究》,刘继译,上海译文出版社,2006。

［美］汉娜·阿伦特:《极权主义的起源》,林骧华译,生活·读书·新知三联书店,2008。

［英］哈耶克:《通往奴役之路》,王明毅、冯兴元译,中国社会科学出版社1997。

［法］古斯塔夫·勒庞:《乌合之众:大众心理研究》,冯克利译,中央编译出版社,2005。

［英］约翰·阿克顿:《自由与权力》,侯健等译,译林出版社,2014。

［西］奥尔特加·加塞特:《大众的反叛》,刘训练等译,吉林人民出版社,2004。

［美］埃里希·弗罗姆:《逃避自由》,刘林海译,国际文化出版公司,2002。

［德］卡尔·雅斯贝斯:《时代的精神状况》,王德峰译,上海译文出版社,2013。

［美］埃里克·霍弗:《狂热分子:群众运动圣经》,梁永安译,广西师范大学出版社,2011。

［英］齐格蒙·鲍曼:《现代性与大屠杀》,杨渝东、史建华译,译

林出版社，2011。

［美］塞缪尔·亨廷顿：《文明的冲突与世界秩序的重建》，周琪等译，新华出版社，1998。

［英］卡尔·波普尔：《开放的社会及其敌人》，陆衡等译，中国社会科学出版社，1999。

［奥］路德维希·冯·米塞斯：《人的行为》，夏道平译，上海社会科学院出版社，2015。

［美］汉娜·阿伦特：《人的境况》，王寅丽译，上海人民出版社，2009。

［美］贾雷德·戴蒙德：《第三种黑猩猩：人类的身世与未来》，王道还译，上海译文出版社，2012。

［美］本尼迪克特·安德森：《想象的共同体：民族主义的起源与散布》，吴叡人译，上海人民出版社，2016。

［日］福泽谕吉：《文明论概略》，商务印书馆，1998。

［美］鲁思·本尼迪克特：《菊花与刀：日本文化的诸模式》，孙志民等译，九州出版社，2005

［日］新渡户稻造：《武士道》，张俊彦译，商务印书馆，1993。

［英］伯特兰·罗素：《权力论》，吴友三译，商务印书馆，1991。

［美］芭芭拉·沃德、勒内·杜博思：《只有一个地球：对一个小小行星的关怀和维护》，吉林人民出版社，1997。

李泽厚：《美的历程》，天津社会科学院出版社，2001。

中国历史

钱穆：《国史大纲》，商务印书馆，1996。

许倬云：《万古江河：中国历史文化的转折与开展》，上海文艺出版社，2006。

吕思勉：《秦汉史》，新世界出版社，2009。

［法］谢和耐：《中国社会史》，耿昇译，江苏人民出版社，1995。

侯家驹：《中国经济史》，新星出版社，2008。

［美］费正清：《美国与中国》，张理京译，世界知识出版社，1999。

［美］黄仁宇：《万历十五年》，生活·读书·新知三联书店，1997。

丁易：《明代特务政治》，群众出版社，2008。

许倬云：《台湾四百年》，浙江人民出版社，2013。

［日］宫崎市定：《中国史》，邱添生译，华世出版社，1980。

蒋廷黻：《中国近代史》，中华书局，2016。

徐中约：《中国的奋斗1600—2000》，世界图书出版公司，2014。

萧公权：《中国乡村：19世纪的帝国控制》，九州出版社，2018。

［英］S.A.M.艾兹赫德，姜智芹译：《世界历史中的中国》，上海人民出版社，2009。

李怀印：《现代中国的形成：1600—1949》，广西师范大学出版社，2022。

台湾三军大学：《中国历代战争史》，中信出版社，2013。

宋杰：《中国古代战争的地理枢纽》，北京科学技术出版社，2022。

陈旭麓：《近代中国社会的新陈代谢》，上海人民出版社，1992。

王家范：《中国历史通论》，生活·读书·新知三联书店，2019。

茅海建：《天朝的崩溃：鸦片战争再研究》，生活·读书·新知三联书店，2005。

［美］柯文：《历史三调：作为事件、经历和神话的义和团》，杜继东译，江苏人民出版社，2005。

［法］佩雷法特：《停滞的帝国：两个世界的撞击》，王国卿等译，三联书店，1993。

吕迅：《大棋局中的国共关系》，社会科学文献出版社，2015。

钱穆：《中国历史研究法》，生活·读书·新知三联书店，2001。

［美］费正清等编：《剑桥中国史》（全十册），杨品泉等译，中国社会科学出版社，2012。

严耕望:《治史三书》,上海人民出版社,2016。

世界历史

罗三洋:《我们从哪里来:史前环境与中华文明的起源》,北京联合出版公司,2022。

[美]斯塔夫理阿诺斯:《全球通史:从史前史到21世纪》,董书慧等译,北京大学出版社,2005。

[美]费尔南德兹-阿迈斯托:《世界:一部历史》,钱乘旦译,北京大学出版社,2010。

[美]亨德里克·房龙:《人类的故事》,刘缘子等译,三联书店,1988。

[美]帕尔默等:《现代世界史》,孙福生等译,世界图书出版社,2009。

[英]格里高利·克拉克:《告别施舍:世界经济简史》,洪世民译,广西师范大学出版社,2020。

[美]摩尔根:《古代社会》,杨东莼等译,中央编译出版社,2007。

[古希腊]希罗多德:《历史:希腊波斯战争史》,王以铸译,商务印书馆,1959。

[英]吉本:《罗马帝国衰亡史》,席代岳译,吉林出版集团,2008。

[法]勒内格鲁塞:《草原帝国》,蓝琪译,商务印书馆,2007。

[美]威廉·夏伊勒:《第三帝国的兴亡:纳粹德国史》,董乐山等译,世界知识出版社,1979。

[英]J.F.C.富勒:《西洋世界军事史》,钮先钟译,广西师范大学出版社,2004。

[美]保罗·肯尼迪:《大国的兴衰:1500—2000年的经济变革与军事冲突》,王保存、王章辉、余昌楷译,中信出版社,2013。

[奥]斯蒂芬·茨威格:《人类的群星闪耀时:十四篇历史特写》,舒

昌善译，生活·读书·新知三联书店，1982。

［日］吉田茂：《激荡的百年史》，李杜译，陕西师范大学出版社，2010。

［英］阿诺德·汤因比：《历史研究》，刘北成译，上海人民出版社，2005。

社会政经

［意］利玛窦、金尼阁：《利玛窦中国札记》，中华书局，2010。
雷海宗：《中国的兵》，中华书局，2012。
瞿同祖：《中国法律与中国社会》，商务印书馆，2010。
王亚南：《中国官僚政治研究：中国官僚政治之经济的历史的解析》，中国社会科学出版社，1981。
费孝通：《江村经济：中国农民的生活》，商务印书馆，2021。
秦晖、金雁：《田园诗与狂想曲：关中模式与前近代社会的再认识》，语文出版社，2010。
侯永禄：《农民日记：一个农民的生存实录》，中国青年出版社，2006。
阎云翔：《私人生活的变革：一个中国村庄里的爱情、家庭与亲密关系（1949—1999）》，上海人民出版社，2017。
［美］彼得·海斯勒：《奇石：来自东西方的报道》，李雪顺译，上海译文出版社，2014。
王学泰：《游民文化与中国社会》，山西人民出版社，2014。
［加］劳拉·宝森、［美］葛希芝：《年轻的手与被缚的足：追溯中国乡村缠足现象的消失》，彭雅琦、张影舒译，生活·读书·新知三联书店，2021。
罗志田：《权势转移：近代中国的思想与社会》，北京师范大学出版社，2014。

［美］彭慕兰:《大分流:欧洲、中国及现代世界经济的发展》,史建云译,江苏人民出版社,2010。

仲伟民:《茶叶与鸦片:十九世纪经济全球化中的中国》,生活·读书·新知三联书店,2010。

路伟东:《清代陕甘人口专题研究》,上海书店出版社,2011。

郝平:《丁戊奇荒:光绪初年山西灾荒与救济研究》,北京大学出版社,2012。

［美］孔飞力:《叫魂:1768年中国妖术大恐慌》,陈兼、刘昶译,生活·读书·新知三联书店,上海三联书店,2014。

［美］史景迁:《王氏之死:大历史背后的小人物命运》,李孝恺译,广西师范大学出版社,2011。

［美］李侃如:《治理中国:从革命到改革》,胡国成、赵梅译,中国社会科学出版社,2010。

［美］科斯、王宁:《变革中国:市场经济的中国之路》,徐尧、李哲民译,中信出版社,2013。

［美］傅高义:《邓小平时代》,冯克利译,生活·读书·新知三联书店,2013。

吴国盛:《科学的历程》,北京大学出版社,2002。

［英］约翰·麦克里兰:《西方政治思想史》,彭淮栋译,中信出版社,2014。

［美］道格拉斯·诺斯、罗伯特·托马斯:《西方世界的兴起》,厉以平、蔡磊译,华夏出版社,2009。

［德］斯宾格勒:《西方的没落》,张兰平译,中国社会出版社,2000。

［英］约·阿·霍布森:《帝国主义》,纪明译,上海人民出版社,1964。

［法］托克维尔:《旧制度与大革命》,冯棠译,商务印书馆,1992。

［法］托克维尔:《论美国的民主》,董果良译,商务印书馆,1991。

刘瑜:《民主的细节:美国当代政治观察随笔》,上海三联书店,2009。

刘海龙:《宣传:观念、话语及其正当性》,中国大百科全书出版社,2013。

[美]沃尔特·李普曼:《舆论》,常江、肖寒译,北京大学出版社,2018。

[法]阿斯托尔夫·德·屈斯蒂纳:《俄国来信》,李晓江译,广西师范大学出版社,2023。

[美]巴林顿·摩尔:《专制与民主的社会起源:现代世界形成过程中的地主和农民》,王茁、顾洁译,上海译文出版社,2012。

[美]布热津斯基:《大棋局:美国的首要地位及其地缘战略》,上海人民出版社,2007。

[美]亨廷顿:《第三波:20世纪后期的民主化浪潮》,欧阳景根译,中国人民大学出版社,2013。

[美]德隆·阿西莫格鲁、詹姆斯·罗宾逊:《国家为什么会失败:权力、富裕与贫困的根源》,李增刚译,湖南科学技术出版社,2015。

[英]劳伦斯·里斯:《奥斯维辛:一部历史》,刘爽译,广西师范大学出版社,2016。

[美]安妮·阿普尔鲍姆:《古拉格:一部历史》,戴大洪译,新星出版社,2013。

[俄]列昂尼德·姆列钦:《勃列日涅夫时代》,王尊贤译,中共党史出版社,2013。

万昌华:《波兰政治体制转轨研究》,齐鲁书社,2013。

[波兰]雷沙德·卡普钦斯基:《皇帝:一个独裁政权的倾覆》,乌兰译,新星出版社,2011。

[美]巴巴拉·塔奇曼:《八月炮火》,张岱云等译,上海三联书店,2018。

[挪威]埃丽卡·法特兰:《中亚行纪:土库曼斯坦、哈萨克斯坦、

塔吉克斯坦、吉尔吉斯斯坦与乌兹别克斯坦之旅》，杨晓琼译，河南文艺出版社，2022。

［美］玛丽·阿拉纳：《银、剑、石：拉丁美洲的三重烙印》，林华译，中信出版社，2021。

［美］罗伯特·哈姆斯：《泪之地：殖民、贸易与非洲全球化的残酷历史》，冯筱媛译，广东人民出版社，2022。

［白俄罗斯］阿列克谢耶维奇：《切尔诺贝利的回忆：核灾难口述史》，王甜甜译，凤凰出版社，2012。

［美］斯塔夫里阿诺斯：《全球分裂：第三世界的历史进程》，王红生等译，北京大学出版社，2017。

［英］韦尔斯：《世界史纲：生物和人类的简明史》，曼叶平、李敏译，北京燕山出版社，2004。

［美］约翰·R.麦克尼尔：《太阳底下的新鲜事：20世纪人与环境的全球互动》，李芬芳译，中信出版社，2017。

［法］克洛德·列维-斯特劳斯：《忧郁的热带》，王志明译，中国人民大学出版社，2009。

［美］马歇尔·萨林斯：《石器时代经济学》，张经纬等译，生活·读书·新知三联书店，2009。

［美］阿尔文·托夫勒：《第三次浪潮》，朱志焱等译，生活·读书·新知三联书店，1983。

［法］让·鲍德里亚：《消费社会》，刘成富、全志钢译，南京大学出版社，2008。

［美］C.莱特·米尔斯：《白领：美国的中产阶级》，周晓虹译，南京大学出版社，2016。

［美］戴维·S.兰德斯：《国富国穷》，门洪华等译，新华出版社，2001。

［美］艾尔弗雷德·克罗斯比：《哥伦布大交换：1492年以后的生物影响和文化冲击》，郑明萱译，中国环境科学出版社，2010。

［美］西敏司:《甜与权力:糖在近代历史上的地位》,朱健刚、王超译,商务印书馆,2010。

［美］斯文·贝克特:《棉花帝国:一部资本主义全球史》,徐轶杰、杨燕译,民主与建设出版社,2019。

［以色列］尤瓦尔·赫拉利:《人类简史:从动物到上帝》,林俊宏译,中信出版社,2014。

［美］贾雷德·戴蒙德:《枪炮、病菌与钢铁:人类社会的命运》,谢延光译,上海译文出版社,2006。

［美］约翰·H.立恩哈德:《智慧的动力》,刘晶、肖美玲、燕丽勤译,湖南科学技术出版社,2004。

［美］彼得·德鲁克:《工业人的未来》,余向华、张珺译,机械工业出版社,2006。

［美］威廉·麦克尼尔:《竞逐富强:公元1000年以来的技术、军事与社会》,孙岳译,中信出版社,2020。

［法］费尔南·布罗代尔:《15至18世纪的物质文明、经济和资本主义》,顾良、施康强译,生活·读书·新知三联书店,1997。

［英］查尔斯·辛格主编:《技术史》,上海科技教育出版社,2004。

［美］刘易斯·芒福德:《技术与文明》,陈允明、王克仁、李华山译,中国建筑工业出版社,2009。

［英］罗兰·恩诺斯:《木材与文明:一部树木塑造的人类史》,王楚媛译,天津人民出版社,2023。

［加］马歇尔·麦克卢汉:《理解媒介:论人的延伸》,何道宽译,商务印书馆,2000。

［加］伊尼斯:《帝国与传播》,何道宽译,中国人民大学出版社,2003。

［美］尼尔·波兹曼:《娱乐至死》,章艳译,广西师范大学出版社,2004。

［英］E.F.舒马赫:《小的是美好的:一本把人当回事的经济学著作》,

李华夏译，译林出版社，2007。

［英］李约瑟：《文明的滴定：东西方的科学与社会》，张卜天译，商务印书馆，2016。

［加拿大］简·雅各布斯：《美国大城市的死与生》，金衡山译，译林出版社，2006。

［美］理查德·桑内特：《匠人》，李继宏译，上海译文出版社，2015。

［英］詹姆斯·苏兹曼：《工作的意义：从史前到未来的人类变革》，蒋宗强译，中信出版社，2021。

［美］伦道夫·M.尼斯、乔治·C.威廉斯：《我们为什么会生病》，易凡等译，湖南科学技术出版社，2018。

文学

王小波：《我的精神家园：王小波杂文自选集》，文化艺术出版社，1997。

王开岭：《跟随勇敢的心：我最难忘的读书之旅》，中国工人出版社，2002。

林贤治编选：《我是农民的儿子》，花城出版社，2005。

熊培云：《一个村庄里的中国》，新星出版社，2011。

冯骥才：《一百个人的十年》，文化艺术出版社，2014。

季羡林：《牛棚杂忆》，人民文学出版社，2014。

齐邦媛：《巨流河》，生活·读书·新知三联书店，2011。

王学泰：《监狱琐记》，生活·读书·新知三联书店，2013。

高尔泰：《寻找家园》，北京十月文艺出版社，2014。

［英］赫胥黎：《美妙的新世界》，孙法理译，译林出版社，2008。

［英］乔治·奥威尔：《动物庄园》，隗静秋译，上海三联书店，2009。

［美］梭罗:《瓦尔登湖》,徐迟译,上海译文出版社,1997。

［英］培根:《培根论说文集》,水天同译,商务印书馆,1983。

［英］阿兰·德波顿:《身份的焦虑》,陈广兴、南治国译,上海译文出版社,2009。

［德］瓦尔特·本雅明:《单向街》,陶林译,江苏凤凰文艺出版社,2015。

［奥地利］斯蒂芬·茨威格:《昨日的世界:一个欧洲人的回忆》,舒昌善译,生活·读书·新知三联书店,2018。

［英］玛琳娜·柳薇卡:《乌克兰拖拉机简史》,邵文实译,吉林出版集团,2011。

［波兰］切斯瓦夫·米沃什:《被禁锢的头脑》,乌兰、易丽君译,广西师范大学出版社,2013。

［意］伊塔洛·卡尔维诺:《看不见的城市》,张密译,译林出版社,2012。

［哥伦比亚］加西亚·马尔克斯:《活着为了讲述》,李静译,南海出版公司,2015。

［美］安妮·拉莫特:《关于写作:一只鸟接着一只鸟》,朱耘译,商务印书馆,2013。

［日］坂本龙一:《音乐即自由》,何启宏译,中信出版社,2017。

［英］维吉尼亚·伍尔夫:《一间只属于自己的房间》,周颖琪译,天津人民出版社,2019。

［法］卡里埃尔、［意］翁贝托·埃科:《别想摆脱书:艾柯、卡里埃尔对话录》,吴雅凌译,广西师范大学出版社,2010。